Guttentagsche Sammlung
Nr. 15. Deutscher Reichsgesetze. Nr. 15.
Textausgaben mit Anmerkungen und Sachregister.

Deutsches Gerichtskostengesetz

nebst

Gebührenordnungen

für Gerichtsvollzieher

und

für Zeugen und Sachverständige

in den neuesten Fassungen

Auf der Grundlage der Sydow-Busch'schen Textausgabe
mit Anmerkungen neu bearbeitet in

elfter Auflage

von

Dr. L. Busch und O. Krieg,
Reichsgerichtsrat i. R. Landgerichtsdirektor.

Berlin und Leipzig 1928
Walter de Gruyter & Co.
vormals G. J. Göschen'sche Verlagshandlung — J. Guttentag, Verlags-
buchhandlung — Georg Reimer — Karl J. Trübner — Veit & Comp.

Vorwort.

Von den Auflagen dieser Textausgabe mit Anmerkungen sind herausgegeben worden:

die 1. (1879) bis 5. (1899) von R. Sydow,
die 6. (1900) und 7. (1903) von L. Busch unter Mitwirkung von R. Sydow,
die 8. (1909) von L. Busch,
die 9. (1912) von L. Busch zugleich mit A. Busch,
die 10. (1919) von L. Busch zugleich mit F. Koehler,
die 11. (1928) von L. Busch und O. Krieg.

Ursprünglich waren die Anmerkungen hauptsächlich darauf beschränkt, die einzelnen Stichworte durch Darstellung der Ergebnisse der in der amtlichen Sammlung veröffentlichten Entscheidungen des Reichsgerichts zu erläutern. Aus Anlaß der eingetretenen mehrfachen Gesetzesänderungen wurde dann seit der 6. Auflage dazu übergegangen, die Erläuterungen durch Berücksichtigung der gesetzgeberischen Vorarbeiten zu den einzelnen Novellen und insbesondere auch der in der Juristischen Wochenschrift, in Gruchots Beiträgen, in Warneyers Rechtsprechung, in Jahrbuch der Entscheidungen des Kammergerichts und in Rechtsprechung der Oberlandesgerichte veröffentlichten Entscheidungen zu erweitern. Seit der 10. Auflage ist das Deutsche Gerichtskostengesetz, nach mehrfachen vorübergehenden Änderungen während des Währungsverfalls, welche die Herausgabe einer neuen Auflage nicht angebracht erscheinen ließen, durch das Gesetz vom 21. Dezember 1922 und nachfolgende Verordnungen und Gesetze wesentlich umgestaltet worden. Infolgedessen konnte in der jetzt nach Eintritt stabiler Verhältnisse herausgegebenen neuen Auflage die ältere Rechtsprechung nur noch in beschränktem Maße verwertet werden und erforderten die Anmerkungen zum größten Teil eine völlig neue Bearbeitung. Diese setzt sich zum Ziele, die Stichworte der Paragraphen namentlich durch Klarstellung ihrer Bedeutung, durch Darlegung des Zusammenhangs der Gesetzesvorschriften und durch Heranziehung anderer einschlägiger Gesetze für den praktischen Gebrauch übersichtlich zu erläutern. Deshalb ist davon abgesehen worden, auf praktisch wenig wichtige Einzelfragen einzugehen. Auch die Gebührenordnung für Gerichtsvollzieher und die Gebührenordnung für Zeugen und Sachverständige sind nach dem neuesten Stande der Gesetzgebung erläutert worden.

Die Herausgeber.

Inhaltsverzeichnis.

Abkürzungen.

Begr.	bedeutet	Begründung zum Entwurf eines Einführungsgesetzes zu dem Gesetze, betr. Änderungen der Zivilprozeßordnung (Drucksachen des Reichstages: 9. Legislaturperiode, V. Session 1897/98 Nr. 61).
Blum	„	Urteile und Annalen des Reichsgerichts in Zivilsachen. Herausgegeben von Blum. Bd. I—III.
Braun u. Blum	„	Annalen des Reichsgerichts. Unter Mitwirkung von Braun. Herausgegeben von Blum. Bd. I—X.
EG.	„	Einführungsgesetz.
GO. f. RA.	„	Gebührenordnung für Rechtsanwälte.
Gr.	„	Beiträge zur Erläuterung des Deutschen Rechts. Begründet von Gruchot. Bis Bd. 68.
GVG.	„	Gerichtsverfassungsgesetz.
JMBl.	„	Justizministerialblatt.
JW.	„	Juristische Wochenschrift. Bis Jahrgang 1927.
KGJ.	„	Jahrbuch für Entscheidungen des Kammergerichts in Sachen der nichtstreitigen Gerichtsbarkeit und in Strafsachen. Bd. 1—53.
KO.	„	Konkursordnung.
KomBer.	„	Mündlicher Bericht der XI. Kommission über die Entwürfe 1. eines Gerichtskostengesetzes, 2. einer Gebührenordnung für Gerichtsvollzieher, 3. einer Gebührenordnung für Zeugen und Sachverständige (Drucksachen des Deutschen Reichstages: 3. Legislaturperiode, II. Session 1878 Nr. 228).

Mot.	bedeutet	Motive zum Entwurfe 1. eines Gerichtskostengesetzes, 2. einer Gebührenordnung für Gerichtsvollzieher, 3. einer Gebührenordnung für Zeugen und Sachverständige (Drucksachen des Deutschen Reichstages: 3. Legislaturperiode, II. Session 1878 Nr. 76).
OLG.	„	Die Rechtsprechung der Oberlandesgerichte (Mugdan-Falkmann). Bd. 1—45.
RG.	„	Entscheidungen des Reichsgerichts in Zivilsachen. Herausgegeben von den Mitgliedern des Gerichtshofes. Bd. 1 bis 116.
RG.	„	Entscheidungen des Reichsgerichts in Strafsachen. Herausgegeben von den Mitgliedern des Gerichtshofes. Bd. 1 bis 60.
RGBl.	„	Reichsgesetzblatt.
RMBl.	„	Reichs-Ministerialblatt.
StGB.	„	Strafgesetzbuch für das Deutsche Reich.
StPO.	„	Strafprozeßordnung.
W.	„	Warneyer „Rechtsprechung des Reichsgerichts“, 1908—1926.
ZPO.	„	Zivilprozeßordnung.

I.

Deutsches Gerichtskostengesetz.

Vom 18. Juni 1878 (RGBl. 141).

In der Fassung der Bek. vom 5. Juli 1927 (RGBl. I 152).
In Kraft getreten am 1. Oktober 1879.
§ 102. — § 1 EG.GVG.

Eingeführt in Helgoland seit 1. 4. 91: Art. I Nr. VIII, 6 RGes. v. 22. 3. 91 (RGBl. 22).

Abgeändert durch das Gesetz, betr. die Abänderung von Bestimmungen des Gerichtskostengesetzes usw., vom 29. Juni 1881 und durch Art. 4 des Einführungsgesetzes zu dem Gesetze, betr. Änderungen der Zivilprozeßordnung, vom 17. Mai 1898. Die neue Fassung wurde durch die Bekanntmachung des Reichskanzlers vom 20. Mai 1898 (RGBl. 659) festgestellt.

Demnächst wurde das Gesetz weiter abgeändert durch das Gesetz, betr. Änderungen des Gerichtsverfassungsgesetzes, der Zivilprozeßordnung, des Gerichtskostengesetzes und der Gebührenordnung für Rechtsanwälte, vom 1. Juni 1909, durch das Gesetz, betr. die Zuständigkeit des Reichsgerichts, vom 22. Mai 1910 und durch das Gesetz, betr. Änderungen des Gerichtskostengesetzes, der Gebührenordnung für Rechtsanwälte und der Gebührenordnung für Gerichtsvollzieher, vom 8. November 1916.

Hinsichtlich des **Gegenstandes dieser Änderungen** wird folgendes bemerkt:

a) Das Gesetz v. 29. 6. 1881 (Gerichtskostengesetz-Novelle) ersetzte im Art. I die §§ 22, 23, 34—38, 39 Abs. 2, §§ 40, 41, 44, 46, 47 Nr. 14, §§ 53, 70, 78, 101 durch neue Bestimmungen und stellte durch Art. II die §§ 80a, 80b neu ein.

b) Art. IV des Gesetzes v. 17. 5. 1898 (Einführungsgesetz zur ersten Zivilprozeß-Novelle) änderte § 4 Abs. 2, §§ 15, 16 Abs. 2, § 20 Nr. 1, § 26 Abs. 1 Nr. 2, 3, 8, 10, §§ 34, 35 Nr. 1, 2, §§ 38, 42, 43, 44, 47 Abs. 1 Nr. 3, 9, 12, 16 Abs. 2, § 48 Abs. 2, § 53 Abs. 2, § 57 Abs. 2, § 92, fügte zu § 39 den Abs. 3 hinzu und stellte die §§ 9a, 10a neu ein.

c) Art. III des Gesetzes v. 1. 6. 1909 (zweite Zivilprozeß-Novelle) änderte §§ 30, 38 Nr. 1, § 39 Abs. 3, §§ 41, 47 Abs. 1 Nr. 16, Abs. 2, § 79 Nr. 1, 2, §§ 80, 80a, 80b, 86 Abs. 2, § 97 Abs. 1, fügte dem § 47 Abs. 1 die Nr. 5a und dem § 79 den Abs. 2 hinzu und stellte die §§ 22a, 97a neu ein.

d) Art. VIII des Gesetzes v. 22. 5. 1910 (Reichsgerichtszuständigkeits-Gesetz) änderte den § 49 Abs. 1.

e) Art. I des Gesetzes v. 8. 11. 1916 stellte einen Zusatz zu § 79 Abs. 1 Nr. 2 ein und erhöhte die Pauschsätze des § 80b.

Danach betrafen die Änderungen zumeist nur Einzelbestimmungen. Von größerer Bedeutung war aber, daß das Gesetz zu c (1909) die bisherige Einzelberechnung der Schreib- und Postgebühren durch die Erhebung eines von der Gebühr prozentual berechneten Auslagenpauschsatzes (10%), der demnächst durch das Gesetz zu e (1916) erhöht wurde (15%), ersetzte, neben dem nur einzelne bestimmte Schreibgebühren und sonstige Auslagen zu erheben waren.

Sodann wurde durch das Gesetz v. 29. 6. 1921 der Zuschlagspauschsatz in die Gebühr selbst einbezogen.

Grundlegende Änderungen brachte demnächst der die Vereinfachung der Gerichtskostenerhebung verfolgende Art. 1 des Gesetzes v. 21. 12. 1922, auf Grund dessen das GKG. die neue Fassung v. 21. 12. 1922 (RGBl. 1923 I, 1) erhielt. Von diesen Änderungen ist folgendes hervorzuheben: Auf dem Gebiete der bürgerlichen Rechtsstreitigkeiten wurden früher im ordentlichen Prozeßverfahren volle Gebühren erhoben für die kontradiktorische mündliche Verhandlung (Verhandlungsgebühr), für die Anordnung einer Beweisaufnahme (Beweisgebühr), für eine andere Entscheidung (Entscheidungsgebühr), und waren daneben für die Fälle der Klagezurücknahme, des Anerkenntnisses und des Verzichts, des Vergleichs sowie für eine Reihe von Nebenakten Bruchteilsgebühren in verschiedenen Höhen vorgesehen, gelangten ferner für das Mahnverfahren, für die richterlichen Akte in der Zwangsvollstreckung und für sonstige in der ZPO. geregelte Sonderverfahren verschiedentlich abgestufte Bruchteilsgebühren zur Erhebung. Nunmehr ist die Verhandlungsgebühr durch eine allgemeine Prozeßgebühr ersetzt, wodurch im Hauptstreitverfahren die gesamte richterliche Tätigkeit mit Ausnahme der Beweisanordnung und der auf Grund streitiger Verhandlung erfolgenden Urteilsfällung abgegolten wird, und ist für die übrigen Verfahren (Mahn-, Zwangsvollstreckungs-, Arrest-, Aufgebotsverfahren usw.) die Kostenerhebung dadurch wesentlich vereinfacht, daß die früher teils für das Verfahren als solches, teils für die Verhandlung, teils für die Entscheidung erhobenen Gebühren meistens gleichmäßig durch einheitliche, die gesamte gerichtliche Tätigkeit abgeltende Verfahrensgebühren ersetzt sind; die Zahl der Bruchteilsgebührensätze ist auf zwei, die halbe und die Viertelgebühr, vermindert.

Vorübergehende Änderungen brachten im Zusammenhang mit dem Währungsverfall die die Goldmark in das Gerichtskostenwesen einführende VO. v. 13. 12. 1923 und die die Schreibgebühren betreffende VO. v. 27. 6. 1924; die VO. v. 12. 12. 1924 setzte die Reichsmark an die Stelle der Goldmark.

Demnächst wurden durch Art. V der VO. v. 13. 2. 1924 Bestimmungen gegeben, die auf die Änderungen der ZPO. durch Art. I der nämlichen VO. Bezug haben, namentlich die Neuerungen einer Entscheidung nach Lage der Akten und des Güteverfahrens betreffen (Änderung der §§ 21, 30, 36 und Einfügung der §§ 30a, 31a, 34 Nr. 3, § 74a). Auch wurde durch das JugendGerG. v. 26. 2. 1923 der § 52 geändert.

Sodann wurden durch das Gesetz über die Gerichtskosten und die Gebühren der Rechtsanwälte v. 28. 1. 1927 zum Zwecke der Herabsetzung der Kosten die Gebührentarife, namentlich für bürgerliche Rechtsstreitigkeiten, geändert und ferner einzelne minderwichtige Gebührenvorschriften anders geregelt oder zur Klarstellung anders gefaßt (§§ 10, 25, 29, 30a, 32, 33, 34, 47, 49, 52, 53, 54, 71, 72, 74, 76, 77, 80 geändert, §§ 74b, 79a eingefügt).

Schließlich ist dann auf Grund der Ermächtigung in Art. VI dieses Gesetzes, nachdem noch durch das am 1. 10. 1927 in Kraft getretene Gesetz über den Vergleich zur Abwendung des Konkurses v. 5. 7. 1927 die §§ 1, 40, 74 geändert und die §§ 48a—48c und 78a eingefügt sind, das GKG. in der vom 1. 4. bzw. 1. 10. 1927 geltenden Fassung durch Bek. v. 5. 7. 1927 (RGBl. I 152) neu bekannt gemacht.

Erster Abschnitt.

Allgemeine Bestimmungen.

Ansatz und Einziehung von Gebühren und Auslagen des Reichsgerichts: Dienstanweisung über Einziehung und Verrechnung der für die Geschäfte des Reichsgerichts in Ansatz kommenden Kosten (früher v. 13. 3. 13, jetzt) v. 30. 3. 22 (Zentralbl. 155), geändert durch VO. v. 14. 1. 26 (RMBl. 31). Dazu vgl. auch Preuß. Verf. v. 17. 5. 22 (JMBl. 186) und (Vertretung des Reichsfiskus in Prozessen über diese Kosten durch den Vorsteher der Kasse des Reichsgerichts) v. 24. 7. 22 (JMBl. 278) — **Ansatz und Einziehung der Kosten der Landesgerichte: Preußen:** §§ 15, 115 PrGKG. v. 25. 7. 10 in d. Fass. v. 28. 10. 22 (GS. 363); VO. betr. das Verwaltungszwangsverf. wegen Beitreibung von Geldbeträgen, v. 15. 11. 99 (GS. 545), abgeändert durch mehrere VO.en, namentlich v. 22. 10. 21, 11. 5. 22, 12. 4. 24: §§ 12, 14 ff., 24 ff., 33 ff. Kassenordnung v. 28. 3. 07 (JMBl. 127) in d. Fass. d. Verf. v. 19. 3. 10 (JMBl. 119) und 26. 2. 13 (JMBl. 59). Dazu vgl. Anm. 4 § 4 (Einwendungen gegen die Art und Weise der Zwangsbeitreibung). — Wenn bei der Zwangsvollstreckung wegen Gerichtskosten die Zahlungspflicht des als Kostenschuldner Inanspruchgenommenen streitig wird, **vertritt** in Preußen den **Fiskus** in dem **von dem Kostenschuldner angestrengten Prozesse** nicht der Rendant der Gerichtskasse, sondern (nach dem Ges. v. 14. 3. 85, betr. die Vertretung des Fiskus in bürgerlichen Rechtsstreitigkeiten der Justizverwaltung, und AVerf. v. 23. 3. 85) der Oberstaatsanwalt beim zuständigen Oberlandesgericht. Gr. 58, 693. — **Dem Kassenkurator** steht in Preußen eine Befugnis zur

Vertretung des Justizfiskus (an Stelle des Rendanten der Gerichtskasse) in bürgerlichen Rechtsstreitigkeiten, die sich aus der Beitreibung von Gerichtskosten ergeben, nicht zu (AVerf. v. 23. 5. 85 Nr. 2 und § 5 Kassen-O.). OLG. 31, 223. — **Rechtshilfe der einziehenden Behörden:** § 91 u. Anm. dazu. — Grundsätzlich hat der **Gebührenansatz** überall zu **erfolgen**, wo nicht kraft gesetzlicher Ermächtigung (z. B. § 38 Abs. 2) oder kraft eines auf gesetzlicher Ermächtigung erfolgenden gerichtlichen Ausspruchs (z. B. § 6) von vornherein feststeht, daß eine Gebührenerhebung überhaupt nicht in Frage kommt. OLG. 22, 276. — Über **Prüfung des Gebührenansatzes** s. Anm. 3 § 4.

1. In den vor die ordentlichen Gerichte[1] gehörigen Rechtssachen[2], auf welche die Zivilprozeßordnung[3], die Strafprozeßordnung[4], die Konkursordnung oder das Gesetz über den Vergleich zur Abwendung des Konkurses[4a] Anwendung findet[5], werden Gebühren und Auslagen der Gerichte nur nach Maßgabe dieses Gesetzes erhoben[6].

[1] **Ordentliche Gerichte:** § 12 GVG. (Amtsgerichte, Landgerichte, Oberlandesgerichte, Reichsgericht) sowie § 8 EGGVG. (Bayer. Oberstes Landesgericht). Auf Angelegenheiten, die nicht vor die ordentlichen Gerichte, sondern vor andere Behörden (z. B. Verwaltungsbehörden, Verwaltungsgerichte, Staatsanwaltschaft), oder vor besondere Gerichte (s. Anm. 2) gehören, findet das GKG. in der Regel nicht Anwendung. Vgl. jedoch hinsichtlich der besonderen Gerichte Anm. 5. — Dagegen ist es anzuwenden: in Sachen der **Konsulargerichtsbarkeit**, §§ 19, 73 RGes. über die Konsulargerichtsb. v. 7. 4. 00 (RGBl. 213) (die Gebühren werden in den Sachen vor den Konsuln und Konsulargerichten [nicht auch in der Berufungs- und Beschwerdeinstanz vor dem Reichsgericht] im doppelten Betrage der Sätze des GKG. erhoben); Konsulargerichte nur noch in Persien, Abessinien, Spanisch-Marokko und neuerdings (Ges. v. 24. 7. und VO. v. 31. 7. 25) wieder in Ägypten.

[3] **Das** sind gemäß §§ 13, 14, 16 GVG., § 3 EG. z. GVG. alle **bürgerlichen Rechtsstreitigkeiten und Strafsachen**, für welche nicht entweder die Zuständigkeit von Verwaltungsbehörden oder Verwaltungsgerichten begründet ist oder reichsgesetzlich besondere Gerichte bestellt oder zugelassen sind. – **Bestellte besondere Gerichte** sind: Arbeitsgerichte, ArbGG. v. 23. 12. 26, Gebühren § 12; arbeitsgerichtliche Schlichtungsausschüsse, VO. v. 30. 10. 23; Innungen und Innungsschiedsgerichte, GewO. § 81a Nr. 4, § 81b Nr. 4; Reichswirtschaftsgericht, VO. v. 21. 5. 20 und Ges. v. 30. 7. 21, Gebühren: VO. v. 13. 2. 24; Kartellgericht, VO. v. 2. 11. 23; von den früheren Militärgerichten noch (Ges. betr. Aufh. der MilGerichtsb. v. 17. 8. 20) Bordkriegsgerichte, MilStrGO. v. 1. 12. 98 (nach § 469 Gebührenfreiheit); Prisengerichte, RGes. v. 3. 5. 84 und VO. v. 15. 4. 11. — **Zugelassene besondere Gerichte** sind: Rheinschiffahrts- und Elbschiffahrtsgerichte, Rev. Rheinsch.-Akte v. 17. 10. 68 (PrGS. 69 S. 814), Elbsch.-Akte v. 22. 2. 22 (RGBl. 23 II 183, 349) und Zusatz-Übereink. v. 27. 1. 23 (RGBl. II 485, 1924 II 37), auch Preuß. Ges. v. 4. 6. 24 (GS. 543); Auseinandersetzungsbehörden, vgl. Preuß. Ges. über die Landeskulturbehörden, v. 3. 6. 19 (GS. 101). Bezüglich der Kosten der Verfahren vor diesen Gerichten gelten besondere Bestimmungen. Vor den Rheinsch.-Gerichten sind nur bare Auslagen zu erheben (Art. 39 der Rheinsch.-Akte). Wegen der Gebühren im Verfahren vor den Elbsch.-Gerichten vgl. § 116 Abs. 1 PrGKG. v. 25. 7. 10 in d. Fass. v. 28. 10. 22. Für Auseinandersetzungssachen in Preußen vgl. ferner § 29 Ges. v. 3. 6. 19 und § 116 Abs. 3 PrGKG. — **Dagegen findet das GKG.** auf solche Rechtssachen **Anwendung**, die zunächst vor anderen Behörden verhandelt und erst durch Berufung auf den Rechtsweg oder durch einen **Antrag auf gerichtliche Entscheidung** bei den ordentlichen Gerichten anhängig gemacht worden sind. Vgl. §§ 55, 60 GewerbegerGes., § 16 KaufmannsgerGes. (Berufungen gegen Entscheidungen der früheren Gewerbe- und Kaufmannsgerichte, die jetzt durch die Arbeitsgerichte [s. oben] ersetzt sind), § 91b GewO. (Klage bei dem ordentlichen Gericht gegen Entscheidungen der Innungen und der Innungsschiedsgerichte), § 124 SeemO. v. 2. 6. 02 (RGBl. 175), § 5 EG. z. StPO. (Antrag auf gerichtliche Entscheidung

gegen Bescheid des Seemannsamts); ferner §§ 172, 413 ff., 419 ff. StPO. Vgl. auch Anm. 5.

[3] **Die Zivilprozeßordnung findet Anwendung gemäß** § 3 Abs. 1 EG. z. ZPO. auf alle bürgerlichen Rechtsstreitigkeiten, welche vor die ordentlichen Gerichte gehören. — Jedoch: §§ 11, 15 Nr. 2 EG. z. ZPO. (landesgesetzliche Regelung des Verfahrens: in einzelnen Aufgebotssachen, für die Zwangsenteignung). — Auch im Zwangsvollstreckungsverfahren in den früheren gewerbegerichtlichen Sachen war das GKG. anzuwenden: § 60 GewerbegerGes. (vgl. Anm. 2). — Der Ansatz der Kosten des Beschwerdeverfahrens bei Zurückweisung der **Anmeldung eines Vereins zum Vereinsregister** (§§ 60, 73 BGB.) erfolgt, wiewohl sich das Beschwerdeverfahren nach den Vorschriften der ZPO. richtet, nicht nach dem DGKG., sondern nach den landesgesetzlichen Vorschriften über die Kosten in nichtstreitigen Angelegenheiten (in Preußen PrGKG. v. 6. 8. 10 in d. Fass. v. 28. 10. 22). KGJ. 36, B 38.

[4] **Die Strafprozeßordnung findet Anwendung** gemäß § 3 Abs. 1 EG. z. StPO. auf alle Strafsachen, die vor die ordentlichen Gerichte gehören. — Jedoch: § 3 Abs. 3 EG. z. StPO. (landesgesetzliche Regelung des Verfahrens in Forst- und Feldrügesachen; vgl. für Forstdiebstahlssachen in Preußen § 117 PrGKG. [Anm. 3]). — Disziplinar- und Ehrengerichtssachen sind keine Strafsachen. Vgl. für Preußen § 119 PrGKG. (Anm. 3).

[4a] Die Vergleichsordnung ist eingefügt durch § 99 Ges. über den Vergleich zur Abwendung des Konkurses v. 5. 7. 27 (RGBl. I 139). Auf das frühere Geschäftsaufsichtsverfahren nach den VO.en v. 14. 12. 16, 8. 2. 24, 14. 6. 24 fand das GKG. keine unmittelbare Anwendung. JW. **26**, 2586[3].

[5] In der Regel ist also (s. Anm. 1—4a) die Anwendung des GKG. ausgeschlossen, wenn das Verfahren weder eine bürgerliche Rechtsstreitigkeit noch eine Strafsache betrifft oder wenn die Angelegenheit nicht vor die ordentlichen Gerichte gehört, es sei denn, daß die Anwendung besonders gesetzlich bestimmt ist. Ohne weiteres kommt jedoch das **GKG. zur Anwendung** in den den **besonderen Gerichten** überlassenen **Rechtssachen** (vgl. Anm. 2), die durch die Landesgesetzgebung bzw. Kaiserliche Verordnung **den ordentlichen Gerichten** gemäß § 3 Abs. 1, 2 EG. z. GVG. **übertragen werden**, sofern in ihnen

kein von der ZPO. oder StPO. abweichendes Verfahren vorgeschrieben wird: § 3 Abs. 2 EG. z. ZPO., § 3 Abs. 2 z. StPO. Für Preußen bestimmt § 116 PrGKG. (Anm. 3), daß das DGKG., soweit nicht ein anderes bestimmt ist, auf die vor die ordentlichen oder vor besondere Gerichte gehörigen Rechtssachen, für welche die ZPO. oder die StPO. kraft landesgesetzlicher Vorschrift maßgebend sind (z. B. Elbschiffgerichte, s. Anm. 2), Anwendung findet. — **Nicht unter das GKG.** fallen namentlich die Angelegenheiten der **freiwilligen Gerichtsbarkeit,** die Grundbuchangelegenheiten, die **Zwangsvollstreckung in das unbewegliche Vermögen** (vgl. KGJ. 27, B 64), die **Zwangsenteignung.** Vgl. jedoch Anm. 3 und für Preußen den oben zit. § 116 PrGKG. — Handelt es sich um eine **Angelegenheit,** die nicht **vor die ordentlichen Gerichte** gehört, aber **irrtümlich** vor diese **gebracht** ist, oder ist ein Rechtsmittel bei einer für dieses unzuständigen Gerichtsinstanz eingelegt, so kommt es bei der Frage, ob ein nach den Vorschriften der Kostengesetze zu behandelnder Fall vorliegt, nicht auf das Vorhandensein der objektiven Voraussetzungen für die Anwendung einer Kostenvorschrift, sondern darauf an, ob dem Parteiantrage Behauptungen über die Zuständigkeit des von den Parteien angerufenen Gerichts zugrunde liegen, die, wenn sie richtig wären, die Anwendung der Kostengesetze rechtfertigen würden. RG. 22, 415; 52, 248. — Auf die Akte des **schiedsrichterlichen Verfahrens** findet das Gesetz nicht Anwendung. RG. 30, 224. Vgl. aber §§ 30a, 33 Nr. 7 (Gebühren für Akte, welche betreffen: die Niederlegung eines Schiedsspruchs, die Zulassung der Zwangsvollstreckung aus einem Schiedsspruche, die Ernennung oder Ablehnung eines Schiedsrichters, das Erlöschen eines Schiedsvertrags usw.).

[6] Für das im **vorliegenden Gesetz** angeordnete **Verfahren** werden Gebühren nur erhoben, soweit auf dasselbe die Vorschriften der ZPO. oder StPO. für anwendbar erklärt sind. Mot. 27. Vgl. § 4 Abs. 2 (Beschwerde gegen Entscheidungen über Erinnerungen des Zahlungspflichtigen), § 18 Abs. 2 (Beschwerde gegen Festsetzung des Streitwerts), § 38 Abs. 2 (für Beschwerdeverfahren eine Gebühr nur, soweit die Beschwerde als unzulässig verworfen oder zurückgewiesen ist), § 39 Abs. 2 (Beschwerde gegen Festsetzung einer Verzögerungsgebühr). — Die **Höhe der Gebühren** bestimmt sich in bürger-

lichen Rechtsstreitigkeiten und in Konkurssachen nach der Wertsklasse und dem Gebührensatz, in Strafsachen regelmäßig nach der rechtskräftig erkannten Strafe und den Sätzen des § 52 GKG. — Für Handlungen und Entscheidungen, die das **GKG. als gebührenpflichtig nicht bezeichnet**, sind Gebühren nicht zu erheben; ebensowenig andere Auslagen als die in §§ 71 ff. aufgezählten.

2. Eine Erhebung von Stempeln und anderen Abgaben neben den Gebühren findet nicht statt[1].

Urkunden, von denen im Verfahren Gebrauch gemacht wird, sind nur insoweit einem Stempel oder einer anderen Abgabe unterworfen, als sie es ohne diesen Gebrauch sein würden[2].

Urkunden, welche im Verfahren errichtet werden, bleiben, soweit ihr Inhalt über den Gegenstand des Verfahrens hinausgeht[3], den allgemeinen Vorschriften über Erhebung von Stempeln oder anderen Abgaben unterworfen[4].

[1] Der Prozeß soll zwecks einheitlicher Regelung der Gebühren dem landesgesetzlichen Besteuerungsrecht entzogen sein. Es sollen daher **neben den Gebühren des GKG. keinerlei andere Abgaben** zum Ansatz kommen (Abs. 1), es sei denn (Abs. 2, 3), daß solche andere Abgaben auch ohne das gerichtliche Verfahren hätten entrichtet werden müssen. Mot. zu § 2. — Die früheren Ausnahmen nach §§ 100, 101 a. F. (landesgesetzlich noch besonders zu erhebende Urteils- bzw. Vergleichsgebühren) sind fortgefallen.

[2] Die Vorschrift schließt die Erhebung eines Stempels nicht nur insoweit aus, als sie an den Gebrauch der Urkunde geknüpft ist, sondern greift auch dann Platz, wenn die Urkunde nach der Landesgesetzgebung der Stempelpflicht schon deshalb unterworfen ist, weil sie zum Gebrauch bei Gericht bestimmt ist; denn auch in diesem Fall liegt Erhebung des Stempels mit Rücksicht auf den Gebrauch der Urkunde in dem Rechtsstreit vor. OLG. **33**, 172. — Wird eine **Prozeßvollmacht** im Verfahren selbst mündlich zum Protokoll des Gerichtsschreibers

erteilt und von diesem beurkundet, so unterliegt sie gemäß Abs. 1, 3 einem Stempel nicht. RG. **17**, 427. Andere in einer öffentlichen oder einer Privaturkunde erteilte Prozeßvollmachten sind stempelpflichtig, wenn nach Landesrecht die Stempelpflicht bereits mit der Ausstellung, nicht erst mit ihrem Gebrauch im Prozeß beginnt. Vgl. KGJ. **3**, 260, auch RG. **17**, 427. In Preußen ist zu Prozeßvollmachten, die ohne den vorgeschriebenen Stempel (s. unten) zu den Prozeßakten eingereicht werden, gemäß §§ 115, 29, 30 PrGKG. v. 25. 7. 10 in d. Fass. v. 22. 10. 22 der Betrag des Stempels als Gerichtsgebühr einzuziehen. — Die **im Auslande von Ausländern** zur Vertretung **vor** einem **preußischen Gericht** im Verfahren nach der ZPO., StPO. oder KO. **erteilten Prozeßvollmachten** sind nicht dem Vollmachtstempel unterworfen, und zwar, wenn von ihnen kein Gebrauch gemacht worden, sie z. B. bei den Handakten des Anwalts verblieben sind, deswegen, weil sie nach §§ 2, 16 Abs. 1 lit. d StStG. v. 31. 7. 95 in d. Fass. v. 27. 10. 24 (GS. 627) erst durch den Gebrauch hätten stempelpflichtig werden können, RG. **46**, 247, und wenn sie im Prozeßverfahren gebraucht worden sind, zufolge der Vorschrift des § 2 Abs. 2 GKG., da sie vor diesem Gebrauch noch nicht stempelpflichtig waren, RG. **54**, 426 (anders KGJ. **16**, 289). Letzteres gilt auch dann, wenn der Inhalt der Vollmacht über den durch § 81 ZPO. gegebenen Rahmen einer Prozeßvollmacht hinausgeht, z. B. die Ermächtigung zur Empfangnahme von Sachen, Geldern usw. von der Gegenpartei und Dritten enthält. RG. **54**, 428. Dagegen ist stempelpflichtig die von einem Ausländer im Ausland ausgestellte Vollmacht für ein preußisches Zwangsversteigerungsverfahren, weil auf dieses Verfahren das GKG. überhaupt nicht, also auch nicht § 2 Abs. 2, Anwendung findet. OLG. **9**, 178, KGJ. **27**, B 63, auch **31**, B 50. — In Sachsen sind Prozeßvollmachten stempelflichtig. Vgl. hierüber JW. **26**, 1618[1]. — **In Preußen** sind **Prozeßvollmachten** jetzt gemäß Tarifst. 19 Abs. 7a StStG. in d. Fass. v. 27. 10. 24 (s. oben) in allen durch die ZPO. oder durch die StPO. geregelten Angelegenheiten stempelfrei (früher nach § 4 Abs. 1 Nr. a, Abs. 2 StStG. a. F. stempelfrei nur bei einem 150 M. nicht übersteigenden Wert des Streitgegenstandes). Geht aber die für einen Zivilprozeß erteilte Vollmacht über den Rahmen einer Prozeßvollmacht nach § 81 ZPO. hinaus, enthält sie z. B. auch die Ermächtigung zur Empfangnahme des Streitgegenstandes, so besteht die Stempelfreiheit insoweit nicht (Stempelsatz beträgt nach Tarifst. 19 Abs. 1 StStG. insoweit $^{1}/_{10}$%). Vgl. über die daraus sich ergebende Folge, daß wegen Bewilligung des **Armenrechts** die betreffende Partei nicht gemäß § 115 Nr. 1, § 120 ZPO. einstweilen von der Berichtigung der Stempelsteuer befreit ist, KGJ. **18**, 198; **19**, 207; **21**, B 16; **22**, B 40; **23**, B 29; **28**, B 39; **32**, B 66; OLG. **9**, 180. Eine außerhalb Preußens (z. B. in Bayern) von einem Nichtpreußen ausgestellte Prozeßvollmacht, von der in Preußen durch Einreichung zu den Gerichtsakten Gebrauch gemacht wird, ist aber auch dann nicht stempelpflichtig, wenn sie den Bevollmächtigten zu Handlungen ermächtigt, die außerhalb des Prozeßverfahrens liegen. JW. **25**, 1044[3]. Vgl. ferner über Prozeßvollmachten-Stempelberechnung bei Vollmachten: für **Vertretung von Konkursgläubigern** im Konkursverfahren KGJ. **28**, B 34, 41; **31**, B 49; für Vertretung der Beteiligten **im Zwangsversteigerungsverfahren** KGJ. 31, B 47. — Nach der preußischen Stempelgesetzgebung (§ 13 StStG.) **haftet** auch der **Rechtsanwalt** für den etwa erforderlichen Stempel der von ihm produzierten Vollmacht persönlich, sofern nicht der Aussteller gemäß § 115 Nr. 1 ZPO. Stempelfreiheit genießt. Gr. **32**, 708; JW. **01**, 593; 02, 60; KGJ. **16**, 291.

[3] Zur **Stempelfreiheit** wird vorausgesetzt, daß der **Inhalt der Urkunde sich auf den Gegenstand des Verfahrens beschränkt** und daß die **Errichtung der Urkunde zum Prozeßverfahren gehört**, sich nach Form und Inhalt als ein Akt desselben darstellt. Mot. zu § 2. Z. B. unterliegen danach die vom **Gerichtsvollzieher über Vollstreckungshandlungen** aufzunehmenden **Protokolle** (§ 762 ZPO.) dem landesgesetzlichen Stempel nicht, sofern sie nicht Weiteres als die Vornahme einer Vollstreckungshandlung beurkunden. Desgleichen nicht ein **Vergleich** über den Gegenstand des Rechtsstreits. Wird aber durch den Vergleich an die Stelle des streitig gewesenen Rechtsverhältnisses ein anderes neu festgesetzt oder erstreckt sich der Vergleich auf Ansprüche, die nicht Gegenstand des Rechtsstreits waren, oder wird er nicht in der Verhandlung vor dem Gerichte, sondern z. B. durch einen Notariatsakt beurkundet, so ist die Urkunde dem landesgesetzlichen Stempel unterworfen. Mot. zu § 2. — Wegen der über die Vornahme von

Prozeßhandlungen hinausgehenden **Prozeßvollmachten** vgl. Anm. 2. — Die **bei Zwangsvergleichen** in Konkursen vor dem Konkursgericht abgegebenen **Bürgschaftserklärungen** unterliegen keinem Stempel. PrVerf. v. 12. 5. 93 (JMBl. 142).

[4] **Enthält** in einer strittigen Angelegenheit die **Kostenrechnung** neben den Gerichtsgebühren einen **Stempelansatz** (s. Anm. 2: unter Umständen Prozeßvollmacht in Preußen), so richtet sich die Erinnerung und Beschwerde bezüglich der Gerichtsgebühren nach § 4 Abs. 2, 3 DGKG., dagegen bezüglich des Stempelansatzes nach Landesrecht (in Preußen nach §§ 25 ff. PrGKG. v. 25. 7. 10 in d. Fass. v. 22. 10. 22). KGJ. 36, B 44, Anm. 5 § 4.

3. In einem weiteren Umfang, als die Prozeßordnungen[1] und dieses Gesetz[2] es gestatten, darf die Tätigkeit der Gerichte von der Sicherstellung oder Zahlung der Gebühren oder Auslagen nicht abhängig gemacht werden[3].

[1] ZPO. §§ 379, 402 (Ladung von Zeugen oder Sachverständigen), 519 Abs. 6, 554 Abs. 7 (Prozeßgebühr für die Berufungs- und die Revisionsinstanz), 911 (Kosten der Haft behufs Leistung des Offenbarungseides), StPO. § 176 (Entscheidung über den Antrag des Antragstellers auf Erhebung der öffentlichen Klage), KO. § 107 (Deckung der Massekosten), VerglO. § 22 Nr. 5 (Deckung der gerichtlichen Kosten des Verfahrens).

[2] GKG. § 74 Abs. 2 (Termin in erster Instanz erst nach Zahlung der Prozeßgebühr), § 74 Abs. 3 (Zahlungsbefehl erst nach Zahlung der Mahngebühr), § 74a (Termin zur Güteverhandlung erst nach Zahlung der Gebühr und Eintritt in die Streitverhandlung erst nach Zahlung der Prozeßgebühr), § 76 (Anfertigung von Ausfertigungen und Abschriften), § 83 (im Privatklageverfahren keine gerichtliche Handlung vor Zahlung des Gebührenvorschusses), § 84 (Vornahme einer Handlung kann von Zahlung eines zur Deckung der baren Auslagen ausreichenden Vorschusses abhängig gemacht werden; in Strafsachen nur gegenüber dem Privatkläger, dem Widerkläger sowie dem Nebenkläger, der ein Rechtsmittel eingelegt hat), § 85 Abs. 5 (Ausländervorschuß).

[3] Früher war es unzulässig, in bürgerlichen Rechtsstreitigkeiten die Erhebung eines anderen **Beweises** als die Vernehmung von Zeugen oder Sachverständigen (§§ 379, 402 ZPO., Anm. 1), z. B. **des Beweises durch Augenschein**, von der Zahlung eines Auslagenvorschusses abhängig zu machen. Nach § 84 n. F. (s. Anm. 2) kann jede **Beweisaufnahme**, mit der bare Auslagen verbunden sind, von Zahlung eines Auslagenvorschusses abhängig gemacht werden. — Ist einer Partei das **Armenrecht** bewilligt, so findet auch die in den §§ 379, 402 ZPO., §§ 76, 84, 85 Abs. 5 GKG. (vgl. Anm. 1, 2) vorgesehene vorschußweise Deckung barer Auslagen nicht statt, RG. 7, 386; **23**, 355; **42**, 368; **55**, 268; Gr. **41**, 166; **43**, 516; JW. **96**, 102[3]; **98**, 599[6]; **99**, 89[3], und zwar gemäß § 115 Nr. 1, § 120 ZPO. nicht bloß zugunsten der armen Partei, sondern auch zugunsten des vermögenden Gegners, falls dieser Beklagter, Berufungsbeklagter oder Revisionsbeklagter ist, es sei denn, daß er durch Erhebung einer Widerklage oder Anschließung an ein Rechtsmittel selbst angriffsweise vorgeht, RG. **6**, 418; **23**, 352; **24**, 437; **44**, 416; **55**, 268; JW. 95, 521[14]; 97, 326[15]; **00**, 647[3]. — Nach einer Entschließung des Reichstags bei der Beratung der Nov. v. 28. 1. 27 sollen die Bestimmungen über die Abhängigmachung gerichtlicher Handlungen von Zahlung von Gebühren (s. Anm. 1, 2) bis zum 1. 1. 29 in Wegfall kommen.

4. Über Erinnerungen[1] des Zahlungspflichtigen[2] oder der Staatskasse[3] gegen den Ansatz[4] von Gebühren oder Auslagen[5] entscheidet das Gericht der Instanz[5a] gebührenfrei[6]. Die Entscheidung kann von dem Gerichte, welches dieselbe getroffen hat, sowie von dem Gerichte der höheren Instanz[6a] von Amts wegen geändert werden[7].

Gegen die Entscheidung findet Beschwerde nach Maßgabe des § 567 Abs. 3 und der §§ 568 bis 575 der Zivilprozeßordnung[8], in Strafsachen nach Maßgabe der §§ 304 bis 310 der Strafprozeßordnung[9] statt[10].

Die Einlegung von Erinnerungen oder Beschwerden kann durch Erklärung zum Protokoll der Geschäfts-

stelle oder schriftlich ohne Mitwirkung eines Anwalts erfolgen[11].

[1] Die **Erinnerung** ist **kein Rechtsmittel** im Sinne der Prozeßordnungen: ihr Zweck ist die an eine Frist nicht gebundene Gewährung der Möglichkeit, eine formlose und kostenfreie Entscheidung des Gerichts über den Kostenansatz herbeizuführen. Mot. zu § 4. Sie kann **auch noch nach** der rechtskräftigen **Entscheidung** oder nach **Zahlung** der Kosten geltend gemacht werden. Vgl. RG. 28, 422; JW. 91, 11[30]; OLG. 23, 125. — Sind die von der einen Partei gezahlten Gebühren oder Auslagen gegenüber dem Gegner zur Erstattung festgesetzt, so kann dieser in der Erinnerung gegen den Festsetzungsbeschluß (§ 104 Abs. 2 ZPO.) die Höhe und Notwendigkeit der Gebühren anfechten. Dringt er mit der Erinnerung (oder mit der sofortigen Beschwerde gegen die Entscheidung auf die Erinnerung, § 104 Abs. 3 ZPO.) durch, so ist es Sache der anderen Partei, sich den Betrag aus der Staatskasse zurückzahlen zu lassen. JW. 99, 139[4].

[2] Auch demjenigen steht die Erinnerung zu, der als **Universalrechtsnachfolger** der kostenpflichtigen Partei oder gemäß § 88 oder nach §§ 82, 86 als **zweiter Schuldner** auf Zahlung von Kosten in Anspruch genommen wird. RG. (BZS.)16, 291; JW. 95, 330[26]; W. 16, 139; RG. 45, 407, auch Anm. 4. Dagegen kann der erste Zahlungspflichtige nicht deswegen eine Erinnerung erheben, weil die Kosten nicht vom Zweitschuldner (z. B. im Falle des § 82 Abs. 2), sondern von ihm hätten erfordert werden müssen (z. B. weil er mit der Gerichtskasse Ratenzahlungen vereinbart habe). JW. 99, 371[24].

[3] Der **Staatskasse** steht die **Erinnerung** oder die **Beschwerde** aus § 4 Abs. 1, 2 behufs Herbeiführung einer gerichtlichen Entscheidung über den Kostenansatz nur dann zu, wenn sie sich als Kostengläubigerin benachteiligt erachtet und eine Erhöhung des Kostenansatzes verfolgt, **nicht zugunsten des Kostenschuldners.** OLG. 19, 245. Wenn es sich jedoch um Entrichtung von Gebühren an den Armenanwalt aus der Staatskasse handelt, kann die Staatskasse Festsetzung des Streitwerts zwecks dessen Herabsetzung verlangen, um dadurch eine Ermäßigung der zu entrichtenden Gebühren herbeizuführen. JW. 27, 862[24]. — Gegen Beschlüsse, betreffend

Bewilligung des Armenrechts, steht der Staatskasse auf Grund des § 4 nicht die Erinnerung oder die Beschwerde zu, weil es sich um einen Kostenansatz nicht handelt. JW. 87, 93[3]. — Das Erinnerungs- und Beschwerderecht der Staatskasse erstreckt sich aber auch auf **Beschlüsse gemäß § 6** (vgl. Anm. 4). Ist dagegen die Niederschlagung der Kosten (wenn auch unrichtig) im Urteil selbst, nicht durch besonderen Beschluß erfolgt, so steht der Staatskasse ein Rechtsbehelf hiergegen nicht zu. OLG. 27, 222. — Nach § 3 Ges. über die Erstattung von Rechtsanwaltsgebühren in Armensachen v. 6. 2. 23/14. 7. 25 steht auch dem Armenanwalt die Erinnerung gegen den Ansatz der aus der Staatskasse zu erstattenden Gebühren gemäß § 4 GKG. zu. Entsprechend wird dies auch für den Rechtsanwalt zu gelten haben, der zum Verteidiger bestellt ist und dem die Gebühren gemäß § 150 StPO. aus der Staatskasse als Auslagen im Sinne des § 76 Nr. 6 GKG. zu zahlen sind. JW. 24, 1625[1]. — Soweit landesrechtlich **Prüfung des Kostenansatzes von Amts wegen** vorgeschrieben ist, können bei der Prüfung Berichtigungen der Kostenrechnungen auch von Amts wegen erfolgen. Vgl. für **Preußen:** Erinnerungen des Rechnungsrevisors: §§ 3 ff. Verf., betr. die Prüfung des Gerichtskostenansatzes, v. 28. 2. 85 (JMBl. 90), §§ 14, 15 jetzt in d. Fass. v. 12. 9. 18 (JMBl. 90); des Stempelfiskals: § 21 Verf., betr. das gerichtliche Stempelwesen, v. 29. 2. 96 (JMBl. 63) in d. Fass. der Verf. v. 17. 7. 00 (JMBl. 505). Früher war in Preußen, wenn durch eine gerichtliche Entscheidung der Kostenansatz ermäßigt wurde, die Entscheidung dem Präsidenten des Landgerichts bzw. Oberlandesgerichts vorzulegen; dieser war befugt, die Staatsanwaltschaft, welche die Staatskasse vertrat, zur Beschwerdeführung zu veranlassen. § 15 Verf. v. 28. 2. 85. Jedoch konnte die Staatsanwaltschaft auch gegen den Willen des Präsidenten Beschwerde erheben. **KGJ. 19, 114.** Nach der jetzigen Fassung der vorbezeichneten §§ 14, 15 vertritt im Beschwerdeverfahren die Staatskasse, wenn die Beschwerde sich gegen eine amtsgerichtliche Entscheidung richtet, der Rechnungsrevisor bei dem übergeordneten Landgericht (Entscheidungen des Amtsgerichts Berlin-Mitte: der Rechnungsrevisor bei diesem Gericht), wenn die Beschwerde eine landgerichtliche Entscheidung betrifft, der Rechnungsdirektor bei dem übergeordneten Oberlandesgericht, und ist im Falle der Ermäßigung des Kostensatzes jede Entscheidung (sofern sie mit der Beschwerde anfechtbar ist) dem Präsidenten des Landgerichts (bzw. dem Präsidenten des Amtsgerichts Berlin-Mitte) vorzulegen zur Prüfung, ob sie dem nach Vorstehendem zur Erhebung der Beschwerde zuständigen Beamten mitzuteilen ist. — Mit Wahrnehmung der Rechte der Reichskasse in Verfahren vor dem Reichsgericht ist durch RJMErl. v. 19. 10. 22 der Bureaudirektor des Reichsgerichts beauftragt.

[4] **Gebührenansatz** ist die der künftigen Befriedigung der Staatskasse dienende Rechnungsaufstellung. OLG. 22, 276. Jedoch ist § 4 nicht auf diejenigen Fälle beschränkt, in denen die Höhe angesetzter Gebühren oder die Notwendigkeit angesetzter Auslagen den Gegenstand der Erinnerung bildet, sondern bezieht sich **auf alle Fälle, in denen geltend gemacht wird**, daß **Kosten** unter **Verletzung von Normen des Gerichtskostengesetzes**, insbesondere also auch unter Verletzung der Bestimmungen des sechsten und siebenten Abschnitts dieses Gesetzes über die Verpflichtung zur Kostenzahlung und über die Gebührenfreiheit, **angesetzt** seien. Der Ansatz umfaßt demnach z. B. auch: die Arten der entstandenen Gebühren, die bezüglich der Höhe der einzelnen Posten anzuwendenden Gesetzesbestimmungen, die Anrechnung von Gebühren, die Verrechnung von Vorschüssen und deren etwaige Rückzahlung, die Erforderung von Auslagen, die nach §§ 71—73 nicht erhoben werden sollen, die Bemessung des Streitwertes sowie die Angabe des Zahlungspflichtigen. RG. 16, 291 (VZS.), auch 28, 421 und JW. 86, 118[21]; 91, 555[14]; 93, 385[16]; 95, 330[26], 521[16]; 05, 117[22], 401[29]; 26, 70[4] (Zahlungspflicht); OLG. 3, 160. Bezüglich der **Angabe des Zahlungspflichtigen** insbesondere umfaßt § 4 auch die Fälle der Bestimmung eines zweiten Schuldners, der nach den Vorschriften des bürgerlichen Rechts für die Kostenschuld aufzukommen hat (§ 88). RG. 16, 291 (VZS.); JW. 95, 330[26]; W. 16, 139; RG. 45, 407, auch Anm. 2. Beruht jedoch die Angabe des Zahlungspflichtigen auf einer gerichtlichen Entscheidung und handelt es sich nicht bloß um die Frage, wer nach dieser Entscheidung oder nach den §§ 77 bis 88 GKG. als Zahlungspflichtiger zu gelten habe, sondern richtet sich der Angriff gegen die Entscheidung selbst, so muß diese mit den dagegen zulässigen Rechtsmitteln angefoch-

ten werden. Desgleichen ist, wenn der zugrunde gelegte **Streitwert** durch Gerichtsbeschluß gemäß § 18 Abs. 1 GKG. festgesetzt ist, nur Beschwerde gegen diesen Beschluß nach Maßgabe des § 18 Abs. 2 GKG. zulässig. OLG. **31**, 200. — Zu den Normen des GKG., deren Verletzung durch den Kostenansatz im Wege der Erinnerung gerügt werden darf, gehören auch die Vorschriften des Gesetzes über Gewährung der **Gebührenfreiheit**, insbesondere des § 6 (Niederschlagung der Gerichtsgebühren und Gewährung der Gebührenfreiheit wegen unrichtiger Sachbehandlung oder nicht anzurechnender Unkenntnis). RG. **28**, 421; KGJ. **4**, 213, auch Anm. 7 § 6. — Mit der Erinnerung kann auch der Einwand der **Verjährung** geltend gemacht werden, sofern zur Zeit des Kostenansatzes zufolge der Verjährung die Kostenpflicht bereits erloschen war. KGJ. **12**, 145. — Die **Erhebung**, d. h. die Einforderung und Beitreibung der angesetzten Gerichtskosten (vgl. Vorbem. vor § 1), ist lediglich Sache der zuständigen Verwaltungsbehörde. Diese ist allein der Aufsicht und Revision der vorgesetzten Verwaltungsinstanz unterworfen; die Beseitigung der angeordneten Maßregeln der Kassenverwaltung (z. B. Vermögensbeschlagnahme, Arrest, Zwangseintragung in das Grundbuch) und Einwendungen gegen die Art und Weise der Zwangsbeitreibung können seitens des Zahlungspflichtigen nicht im Wege der Klage, auch nicht in dem des Erinnerungsverfahrens gemäß § 4, sondern nur im Wege der Beschwerde an die vorgesetzte Verwaltungsinstanz verfolgt werden. Reichsgericht v. 1. 12. 86 (PrJMBl. 1887 S. 85); RG. **25**, 332; RG. **24**, 377; JW. **95**, 521[16]; **99**, 371[24]. Dagegen sind **Einwendungen Dritter** gegen ihre Inanspruchnahme als Kostenschuldner oder gegen die Zulässigkeit der Zwangsvollstreckung mit der Aufsichtsbeschwerde oder im Rechtswege zu verfolgen. Vgl. für Preußen §§ 2, 3, 19 Pr. Verordn. v. 15. 11. 99 (Vorbem. vor § 1) und § 17 Abs. 7d, § 33 Abs. 2 KassO. v. 28. 3. 07 (JMBl. 127).

[5] Auch über die Notwendigkeit und die Höhe der aus der Staatskasse gezahlten, einer Partei in Rechnung gestellten **Zeugen- und Sachverständigengebühren**, die gemäß § 72 Nr. 4 zu den Auslagen im Sinne der §§ 1, 4 gehören, RG. **55**, 313; JW. **98**, 598[3]; **99**, 162[7]; OLG. **11**, 147; **14**, 272, es sei denn, daß das Gericht (z. B. weil es sich um Gebühren handelt, die

seitens eines ausländischen Gerichts an den Zeugen gezahlt sind) die Gebühren nicht nachprüfen darf, JW. **99**, 492[28]. Die Beschwerde aus § 20 GO. f. Z. u. S. ist nur dem Empfangsberechtigten, nicht auch der zahlungspflichtigen Partei gegeben. Daher findet seitens dieser erst gegen die Entscheidung auf eine Erinnerung wegen des Gebührenansatzes die **Beschwerde** nach § 4 Abs. 2 statt. RG. **55**, 312; OLG. **11**, 147: **14**, 272. — Dagegen richten sich die **Rechtsmittel gegen den Ansatz von Stempeln** in gerichtlichen Angelegenheiten nach Landesrecht, auch wenn die Stempel als Gerichtsgebühr erhoben werden. RG. **9**, 258; KGJ. **36**, B 44, Anm. 4 § 2. — Ansprüche auf Rückzahlung von Vorschüssen **gegen den Gerichtsvollzieher** (z. B. wegen Nichtausführung der aufgetragenen Vollstreckungshandlung) können nur im ordentlichen Klagewege verfolgt werden. Gr. **35**, 1187 (JW. **91**, 89[7]).

5a Bei Kollegialgerichten nicht der Einzelrichter nach §§ 348, 349 ZPO. — Das Reichgericht hat zwar über Erinnerungen gegen den **Ansatz** der **Kosten** der Revisionsinstanz als Gericht der Instanz zu entscheiden. Dagegen ist es nicht zuständig zur Entscheidung bezüglich der Kosten, die durch Versuch der Beitreibung der angesetzten Kosten der Revisionsinstanz entstanden sind; wegen dieser Kosten hat sich der als Zahlungspflichtiger Inanspruchgenommene an die Beitreibungsbehörde und nötigenfalls im Wege der Beschwerde an die ihr vorgesetzten Verwaltungsstellen zu wenden. W. **16**, 139.

6 Dagegen keine Befreiung von den **baren Auslagen,** soweit solche ausnahmsweise (§§ 71, 73) zu erheben sind. — Die dem erinnernden Kostenschuldner durch die Erinnerung entstandenen **außergerichtlichen Kosten** können auch dann nicht der Staatskasse auferlegt werden, wenn die Erinnerung Erfolg hat; das GKG. bietet für eine solche Entscheidung keinen Raum. OLG. **19**, 241; **21**, 126, auch KGJ. **37**, B 6. — Das Verfahren auf die **Beschwerde** gegen eine solche Entscheidung ist nicht gebührenfrei. JW. **95**, 521[15]; OLG. **19**, 241. Vgl. Anm. 10. — **Erinnerungen gegen** die vom **Gerichtsvollzieher** in Ansatz gebrachten Kosten der Zwangsvollstreckung gemäß § 766 Abs. 2 ZPO. (§ 25 GO. f. GV., unten II): (früher § 35 Nr. 4, § 47 Nr. 14 GKG. a. F., jetzt) keine Gebühr bestimmt.

6a Gericht der höheren Instanz ist nur das mit der Sache **in zulässiger Weise** befaßte übergeordnete Gericht. Die bloße Anrufung dieses Gerichts durch ein Rechtsmittel genügt nicht, wenn das Rechtsmittel (z. B. die Beschwerde gemäß § 567 Abs. 3, § 568 Abs. 3 ZPO.) unzulässig ist; das Gericht muß auch materiell zur Prüfung der Sache befugt sein. OLG. **25**, 279.

[7] Auf die Beschwerde gegen die Entscheidung kann jedoch diese **nicht zum Nachteile des Beschwerdeführers geändert** werden. JW. **97**, 171[22], vgl. auch Anm. 6 § 18.

[8] In bürgerlichen Rechtsstreitigkeiten findet nach § 567 Abs. 3 ZPO. gegen Entscheidungen der Oberlandesgerichte keine Beschwerde statt, und nach § 568 Abs. 3 auch gegen Entscheidungen der Landgerichte über Erinnerungen gegen den Kostenansatz keine weitere Beschwerde. — Gleiches gilt nach § 25 GO. f. GV. (unten II) auch für die Beschwerde und die weitere Beschwerde über den Ansatz von **Gebühren** oder **Auslagen** des **Gerichtsvollziehers**. KGJ. **43**, 341.

[9] In **Strafsachen** findet gemäß § 304 Abs. 3, § 310 Abs. 2 StPO. gegen die Entscheidung der Oberlandesgerichte über die Erinnerung keine Beschwerde und gegen die Entscheidung der Strafkammern der Landgerichte in der Beschwerdeinstanz (§ 73 GVG.) keine weitere Beschwerde statt.

[10] **Kosten der** zurückgewiesenen **Beschwerde:** § 97 ZPO., § 473 StPO.; Gebühren: § 38 bzw. § 69 GKG. — Der **Rechtsweg** (Klage) findet wegen der Höhe des Gerichtskostenansatzes **nicht** statt. JW. **95**, 521[16]; OLG. **17**, 250.

[11] **Anwaltszwang** (§ 78 Abs. 1 ZPO.) besteht daher für die Beschwerde **nicht**. JW. 87, 208. Gegen den Kostenansatz in zweiter Instanz kann auch der Anwalt erster Instanz Beschwerde einlegen, selbst wenn er bei dem Gericht zweiter Instanz nicht zugelassen ist. JW. 95, 480[15]. — Weitere Anwendung der Vorschrift des Abs. 3 auf Beschwerden: § 18 Abs. 2, § 39 Abs. 2 GKG. (Wertfestsetzung, Verzögerungsgebühr), § 20 Abs. 3 GO. f. Z. u. S.

5. Eine Nachforderung[1] von Gerichtskosten[2] wegen irrigen Ansatzes[3] ist nur zulässig[4], wenn der berichtigte Ansatz vor Ablauf des nächsten Kalenderjahrs nach

rechtskräftiger oder endgültiger Erledigung des Verfahrens dem Zahlungspflichtigen eröffnet ist[5].

[1] Eine **Nachforderung liegt** nur **vor**, wenn nachträglich und infolge einer Berichtigung der dem betreffenden Zahlungspflichtigen bereits mitgeteilten Kostenrechnung **ein das ursprüngliche Gesamtliquidat übersteigender Kostenbetrag gefordert** wird, nicht wenn einzelne Kostenansätze erhöht oder neu eingestellt, andere dagegen gleichzeitig entsprechend gemindert oder abgesetzt werden. Die letztere Berichtigung ist auch nach Ablauf der Frist noch zulässig. KGJ. **9,** 8. Ferner ist für die Frage, ob eine Nachforderung vorliegt, der **Inhalt der ersten** dem Zahlungspflichtigen mitgeteilten **Kostenrechnung maßgebend.** OLG. **19,** 235. Daher handelt es sich nicht um Nachforderung, wenn der Kostenansatz auf Erinnerung (§ 4) ermäßigt worden ist, dann aber auf Beschwerde wieder erhöht wird. Eine solche Wiederherstellung des ursprünglichen Ansatzes kann deshalb auch noch nach Ablauf eines Jahres im Beschwerdewege beantragt werden. KGJ. **13,** 202; OLG. **19,** 235, auch KGJ. **37,** B 46.

[2] **Gerichtskosten sind:** Gebühren und Auslagen.

[3] Ist dem Zahlungspflichtigen eine Gebührenberechnung zugestellt worden, in der die sämtlichen bereits fälligen Gerichtskosten liquidiert sind, so liegt ein **irriger Ansatz** vor, wenn der eine oder andere Gebührenposten nicht oder nicht gehörig berücksichtigt und deshalb eine niedrigere Gesamtrechnung aufgestellt worden ist, mag dies aus einem materiell unrichtigen Erwägungsgrund oder aus einem Versehen, einer bloßen Vergeßlichkeit oder einer sonstigen Nachlässigkeit geschehen sein. JW. 88, 234[14].

[4] Grund der **Ausschließungsfrist** ist, daß eine Partei, die die ihr zugestellte Kostenrechnung bezahlt hat, nach mehr als Jahresfrist nicht mit Nachforderungen behelligt werden soll. KommBer. 72. — **Sind** daher **die gesamten Kosten** aus Versehen oder wegen Armut der Partei (§ 121 ZPO.) oder, weil irrigerweise zunächst ein anderer als Kostenschuldner in Anspruch genommen worden ist, **nicht gefordert,** so findet die **Fristbestimmung** des § 5 **nicht** statt; ebensowenig, wenn eine Partei nachträglich gemäß § 82 Abs. 2 oder § 86 GKG. als Zweitschuldner in Anspruch genommen wird. KGJ. **13,** 202.

[5] Die Frist beginnt, wenn das Verfahren durch eine Entscheidung abzuschließen ist und abgeschlossen wird, mit deren Rechtskraft, sonst, sobald für eine gerichtliche Tätigkeit nach den Prozeßgesetzen bezüglich des anhängig gewordenen Verfahrens kein Raum mehr ist. — Die **Verjährung rechtzeitig eingeforderter Kosten** bestimmt sich nach Landesrecht. Vgl. für Preußen § 13 Abs. 1—4, § 115 Abs. 1 PrGKG. v. 25. 7. 10 in d. Fass. v. 28. 10. 22/12. 4. 23 (4 Jahre seit dem Schluß des Jahres, in dem die Kostenrechnung fällig wird).

6. [1]**Gebühren und Auslagen, die bei richtiger Behandlung der Sache nicht entstanden wären**[2]**, sind niederzuschlagen. Das gleiche gilt von Auslagen, die durch eine von Amts wegen veranlaßte Verlegung eines Termins oder Vertagung einer Verhandlung**[3] **oder durch eine für begründet befundene Beschwerde**[4] **entstanden sind. Für abweisende Bescheide sowie im Falle der Zurücknahme eines Antrags kann Gebühren- und Auslagenfreiheit gewährt werden**[5]**, wenn der Antrag auf nicht anzurechnende Unkenntnis der Verhältnisse oder auf Unwissenheit**[6] **beruht.**

Über die Ausübung der im Abs. 1 vorgesehenen Befugnisse entscheidet das Gericht[7]**. Solange nicht das Gericht entschieden hat, können die gleichen Anordnungen im Verwaltungswege getroffen werden**[8]**. Eine im Verwaltungswege getroffene Anordnung kann nur im Verwaltungswege geändert werden**[9].

[1] § 6 lautete früher: „Die Gerichte sind befugt, Gebühren, welche durch eine unrichtige Behandlung der Sache ohne Schuld der Beteiligten entstanden sind, niederzuschlagen, und für abweisende Bescheide, wenn der Antrag auf nicht anzurechnender Unkenntnis der Verhältnisse oder auf Unwissenheit beruht, Gebührenfreiheit zu gewähren". Während früher bei unrichtiger Sachbehandlung die Kostenniederschlagung im Ermessen der Gerichte stand, ist sie nach der jetzigen Fassung des § 6 durch die Nov. v. 21. 12. 22 obligatorisch. Ferner sind

fortgefallen die Worte „ohne Schuld der Beteiligten", die im Gegensatz zu „Richtern und Gerichtsbeamten" zu verstehen waren und zu denen auch die Prozeßbevollmächtigten gehörten (OLG. **23**, 259; **31**, 200). Jedoch wird auch jetzt noch das Verhalten der Beteiligten im Einzelfalle von Bedeutung sein können für die Frage, ob das Gericht die Sache unrichtig behandelt hat. Weiter konnte früher die Kostenniederschlagung bei unrichtiger Sachbehandlung sowie die Gewährung der Kostenfreiheit für abweisende Bescheide nur bezüglich der Gerichtsgebühren erfolgen, nicht auch bezüglich der Gerichtsauslagen (RG. **45**, 270; **46**, 170; JW. **96**, 205[22]; **99**, 492[28]). Jetzt ist die Pflicht zur Niederschlagung bzw. die Gewährung der Kostenfreiheit auch auf die Auslagen ausgedehnt. Endlich ist die Aufsichtsbehörde zur Niederschlagung bzw. Gewährung der Kostenfreiheit für befugt erklärt, solange noch nicht eine Entscheidung des Gerichts hierüber ergangen ist. — Es sind aber nur Gebühren für die Tätigkeit des **Gerichts** und Auslagen des Gerichts niederschlagungsfähig; dagegen nicht Gebühren und Auslagen eines Gerichtsvollziehers, es sei denn, daß sie zu Auslagen des Gerichts im Sinne des § 72 Nr. 6 GKG. geworden sind. JW. **25**, 2343.

[3] Die Entstehung von Kosten durch nicht richtige Sachbehandlung tritt in erster Linie zutage bei prozessual fehlerhafter Behandlung der Rechtssache durch die Gerichtsbehörde, sei es durch den Richter, den Gerichtsschreiber oder einen sonstigen Gerichtsbeamten (z. B. auch eine Briefannahmestelle). OLG. **23**, 259. Beispiele: W. **14**, 263; **16**, 256 (wenn das Gericht das von ihm erlassene Urteil, das nach seinem Inhalt als ein Zwischenurteil im Sinne des § 303 ZPO. anzusehen ist, in der Begründung unrichtig als Teilurteil bezeichnet und hierdurch die eine Partei zur Einlegung der Berufung oder der Revision veranlaßt hat), W. **16**, 259 (wenn das Berufungsgericht in einer Ehescheidungssache anstatt eines Versäumnisurteils ein kontradiktorisches Urteil erlassen und hierdurch eine Partei zur Einlegung der Revision veranlaßt hat), OLG. 25, 280 (unrichtige Auffassung einer Parteiangabe als Beschwerde), OLG. **35**, 206 (Erlaß eines Versäumnisurteils im Beweisaufnahmetermin des § 370 ZPO. vor sachlicher Erledigung der Beweisaufnahme). Daraus aber, daß eine Entscheidung bei der Nachprüfung durch die höhere

Instanz sich als auf rechtsirrtümlicher Beurteilung beruhend erweist, ist in der Regel eine unrichtige „Behandlung" der Sache im Sinne des § 6 nicht zu entnehmen. JW. **96**, 205[22]; OLG. **19**, 236; **31**, 200, auch RG. **29**, 106; JW. **88**, 453[9] (Mehrkosten einer ausgedehnteren Untersuchung), **98**, 501[6] (Übergehung eines Streitpunktes oder des Kostenpunktes in einer Entscheidung). In dieser Hinsicht kann die Anwendbarkeit des § 6 jedoch insoweit in Frage kommen, als gegen eine klare Gesetzesvorschrift sachlich unrichtig entschieden ist. OLG. **33**, 172. — Dadurch, daß die unrichtige Behandlung **durch die Partei** selbst **mitverschuldet** ist (z. B. wenn der Vorsitzende die unterbliebene Unterzeichnung einer Rechtsmittelschrift nicht hat nachholen lassen), wird die Anwendung des § 6 nach seiner jetzigen Fassung (s. Anm. 1) nicht ausgeschlossen. JW. **26** 2589[8], Anm. 1. — Der Niederschlagung unterliegen gegebenenfalls auch die Gerichtsgebühren und Auslagen einer **Rechtsmittelinstanz**, so z. B. wenn die Vorinstanz die Sache in tatsächlicher Hinsicht unrichtig behandelt, z. B. eine Beweisurkunde als mit einem neueren Datum versehen erachtet hat JW. **97**, 547[16], oder wenn die Verwerfung des Rechtsmittels durch ein Versehen der Vorinstanz, z. B. durch unrichtige Bezeichnung des Prozeßbevollmächtigten einer Partei in dem Urteil, herbeigeführt worden ist, Gr. **41**, 1134 (JW. **97**, 131[3]). Desgleichen die Gerichtsgebühren und Auslagen der Revisionsinstanz in einem Strafverfahren. JW. **96**, 510[35]. — Wird aber zur Erlangung des versehentlich unterlassenen Vorbehalts der Ausführung der Rechte bei Verurteilung im Urkunden- oder Wechselprozeß (§ 599 ZPO.) nicht die Ergänzung des Urteils nach § 321 ZPO. beantragt, sondern Berufung eingelegt, so ist § 6 nicht anwendbar, weil die Kosten des Rechtsmittels durch Geltendmachung des Rechtsbehelfs des § 321 ZPO. hätten vermieden werden können. OLG. **35**, 206.

[3] Der Fall der Entstehung von Auslagen durch **Terminsverlegung** oder Vertagung von Amts wegen wird z. B. dann gegeben sein, wenn geladene Zeugen oder Sachverständige wegen eines nicht die Parteien treffenden Grundes, wie Erkrankung oder sonstiger Behinderung des Richters, zu einem anderen Termin geladen werden müssen.

[4] Ist die **Beschwerde** zurückgewiesen oder verworfen, so kommt die Anwendung des Abs. 1 Satz 3 in Frage. Ist die

Beschwerde für begründet befunden, so müssen die Auslagen der Beschwerdeinstanz niedergeschlagen werden; Gerichtsgebühren entstehen nach § 38 Abs. 2 in der Regel schon an sich nicht. Würden die Auslagen nicht niedergeschlagen, so würden sie als allgemeine Kosten des Rechtsstreits dem in diesem schließlich Unterliegenden, möglicherweise dem Beschwerdeführer selbst zur Last fallen. Hierin liegt der Grund für die Vorschrift der Niederschlagungspflicht. Die Vorschrift ist deshalb für nicht anwendbar zu erachten, wenn ein Beschwerdegegner vorhanden ist und diesem die Kosten der Beschwerdeinstanz durch das Beschwerdegericht auferlegt werden.

[5] In Abs. 1 Satz 3 ist auch durch die Nov. v. 21. 12. 22 dem Gericht **nicht die Pflicht** zur Gewährung der Kostenfreiheit (jetzt nicht nur Gebühren-, sondern auch Auslagenfreiheit, s. Anm. 1) auferlegt, sondern ist es bei der bisherigen Erteilung der Befugnis dazu verblieben. Zu den abweisenden Bescheiden über gestellte Anträge, wozu auch die Zurückweisung und die Verwerfung von Beschwerden gehören, hat die Nov. die **Zurücknahme eines Antrags** hinzugefügt.

[6] Zur **Unwissenheit** gehört auch Rechtsunkenntnis. KommBer. 73. Daß die Unwissenheit (z. B. hinsichtlich Prozeßvorschriften oder Geschäftseinrichtungen der Gerichte) nicht anzurechnen ist, wird nicht erfordert. JW. **92**, 164[22].

[7] Die obligatorische Niederschlagung in den Fällen des Abs. 1 Satz 1 und 2 sowie die im freien Ermessen des Gerichts (OLG. **31**, 201; **33**, 172) stehende Gewährung der Gebühren- und Auslagenfreiheit im Falle des Abs. 1 Satz 3 kann **sowohl von Amts wegen als auf Antrag** erfolgen. Sie ist an eine Frist nicht gebunden. Selbst nach rechtskräftiger Entscheidung des Kostenpunktes und Bezahlung der Kosten ist Niederschlagung bzw. Gewährung der Kostenfreiheit und nötigenfalls Rückzahlung zulässig. RG. **28**, 421; Gr. **41**, 1134 (JW. **97**, 131[3]). Auch kann eine nachträgliche kostenfreie Bearbeitung der Sache angeordnet werden. KommBer. 73. Ein seitens einer Partei gestellter **Antrag auf Niederschlagung** ist als eine Erinnerung gegen den Kostenansatz (§ 4) anzusehen. Gegen den abweisenden Gerichtsbeschluß steht der Partei die **Beschwerde** zu. RG **28**. 421, auch JW. **86**, 118[21]; **91**, 273[12]; **93**, 385[16], vgl. Anm. 4 § 4 GKG. Auch der Staatskasse steht

gegen die Anordnung der Niederschlagung nach § 4 die Beschwerde zu.

[8] Die Befugnis der **Aufsichtsbehörde** zum Erlaß einer Anordnung nach Abs. 1 wird durch eine vom Gericht über die betreffende Anordnung erlassene Entscheidung ausgeschlossen, gleichviel ob das Gericht die Niederschlagung bzw. die Gewährung der Kostenfreiheit bestimmt oder abgelehnt hat. Umgekehrt aber kann das Gericht noch die Niederschlagung bzw. die Gewährung der Kostenfreiheit bestimmen, auch wenn sie von der Aufsichtsbehörde abgelehnt ist.

[9] **Niederschlagung und Stundung** von Kosten **wegen Armut** oder zufolge **Gnadenerlasses: Preußen:** §§ 17, 115 PrGKG. v. 25. 7. 10 in d. Fass. v. 28. 10. 22, §§ 20, 37 Nr. 2, § 53 Nr. 3b, 6, 9a, c, Kassenordn. v. 28. 3. 07 (JMBl. 127) in d. Fass. d. Verf. v. 19. 3. 10 (JMBl. 119). Hinsichtlich der vor dem **Reichsgericht** entstandenen Kosten sind gemäß der Dienstanweisung v. 30. 3. 22 (s. Vorbem. vor § 1) zur Stundung und zur Niederschlagung wegen Uneinbringlichkeit die Landesbehörden befugt. — **Verurteilung** der Gerichtsschreiber, Rechtsanwälte und Gerichtsvollzieher zur Tragung der **durch grobes Verschulden verursachten Kosten:** § 102 ZPO.

7. Der Mindestbetrag einer Gebühr[1] beträgt 0,50 Reichsmark.

Pfennigbeträge sind auf volle 10 Reichspfennig aufzurunden[2].

[1] § 7 bezieht sich nur auf **Gebühren**, aber auf alle unter § 1 fallende Verfahren (nach ZPO., StPO., KO., VerglO.). Hinsichtlich der **Auslagen** sind einzelne entsprechende Vorschriften sonst gegeben. RG. 78, 128.

[2] **Bei jeder einzelnen Gebühr.** — Nicht auch bei Auslagen.

Zweiter Abschnitt.

Gebühren in bürgerlichen Rechtsstreitigkeiten.

Vgl. auch die angehängte Tabelle A.

Wertklassen und Gebührensatz.

8. In bürgerlichen Rechtsstreitigkeiten werden die Gebühren nach dem Werte des Streitgegenstandes[1] erhoben.

Die volle Gebühr[2] beträgt[3] bei Gegenständen im Werte

bis zu 20 Reichsmark einschließlich 1 Reichsmark,
von mehr als 20 bis zu 60 Reichsmark einschließlich . . . . . 2 Reichsmark.

Bei Gegenständen mit höherem Streitwert beträgt die volle Gebühr von dem Werte

bis zu 1000 Reichsmark einschließlich . . . . 3 vom Hundert,
von dem Mehrbetrage bis zu 2000 Reichsmark einschließlich 2 vom Hundert,
von dem Mehrbetrage bis zu 10 000 Reichsmark einschließlich 1 vom Hundert,
von dem Mehrbetrage . . . . ½ vom Hundert.

Dabei ist der Wert auf die nächsthöheren 100 Reichsmark, bei Gegenständen mit einem Streitwert von mehr als 20 000 Reichsmark auf die nächsthöheren 1000 Reichsmark aufzurunden.

[1] **„Streitgegenstand"** im Sinne des GKG. sowie des im § 9 in bezug genommenen § 3 ZPO. ist nicht nur dasjenige, was im eigentlichen Prozeßverfahren durch Klage oder Widerklage beansprucht wird, sondern auch dasjenige, worauf in den Verfahrensarten, bei denen eine Klageerhebung nicht stattfindet, wie z. B. in Mahn-, Sühne-, Arrest-, Zwangsvoll-

streckungs-, Aufgebotssachen, der einleitende Antrag gerichtet ist.

[2] Die **volle Gebühr** ist zu erheben auf Grund der §§ 20 (Prozeß-, Beweis-, Urteilsgebühr), 30a (Erklärung der Vollstreckbarkeit von Schiedssprüchen und von Vergleichen vor Schiedsgerichten), 38 (Beschwerdeinstanz), 39 (Verzögerungsstrafgebühr). — Die frühere größere Anzahl von Bruchteilgebühren ist durch die Nov. v. 21. 12. 22 auf zwei, nämlich die halbe Gebühr und die Viertelgebühr, vermindert. Die **halbe Gebühr** ist zu erheben auf Grund der §§ 30 (Verwerfung und Zurücknahme der Berufung und der Revision), 31 (Mahnverfahren), 31a (Güteverfahren), 32 (Arrestverfahren, wenn nicht durch Urteil entschieden wird), 33 Nr. 1—7 (Beweissicherung, Entmündigung, Verteilungsverfahren, Zwangsvollstreckung zur Erwirkung von Handlungen und Unterlassungen, Offenbarungseidverfahren, Aufgebotsverfahren, gewisse gerichtliche Handlungen im schiedsrichterlichen Verfahren). Die **Viertelgebühr** ist zu erheben auf Grund der §§ 29 (Zurücknahme der Klage nach Terminsbestimmung), 30a Abs. 1 (Niederlegung von Schiedssprüchen und schiedsrichterlichen Vergleichen), 34 Nr. 1—3 (vorläufige Einstellung usw. der Zwangsvollstreckung, gewisse gerichtliche Handlungen der Zwangsvollstreckung, Vergleiche vor besonderen Gütestellen), 36 (über den Streitgegenstand hinausgehende Vergleiche). Alle Akte, für die **nicht eine Gebühr bestimmt** ist, sind nach § 1 gebührenfrei. Im eigentlichen Prozeßverfahren werden solche Nebenakte, wie Kostenfestsetzung, Rückgabe einer Sicherheit, Erteilung der Vollstreckungsklausel (§§ 104, 109, 704, 706 ZPO.) namentlich durch die Prozeßgebühr mitabgegolten. — Die sämtlichen in § 47 a. F. ausdrücklich für gebührenfrei erklärten Akte sind auch jetzt gebührenfrei. Vgl. Anm. 1 § 22.

[3] Der frühere Gebührentarif wurde zunächst durch die Nov. v. 21. 12. 22 geändert. Sodann erfolgten vorübergehende Änderungen zufolge des Währungsverfalls durch die VO. v. 8. 3. 23, 7. und 3. 10. 23. Durch VO. v. 13. 12. 23 wurde die Goldrechnung eingeführt. Durch VO. v. 12. 12. 24 wurde an die Stelle der Goldmark die Reichsmark gesetzt. Der jetzige Gebührentarif (s. Tabelle) ist durch das Ges. v. 28. 1. 27 eingeführt. — In der Berufungsinstanz erhöhen sich die Ge-

bührensätze um die Hälfte, in der Revisionsinstanz auf das Doppelte (§ 28).

Wertberechnung.

9. Für die Wertberechnung sind die Vorschriften der Zivilprozeßordnung §§ 3—9* und der Konkursordnung § 148 mit den nachstehenden Bestimmungen maßgebend.**

Ist der Wert des Streitgegenstandes bei dem Erlasse des Urteils oder der anderweitigen Beendigung der Instanz höher als im Zeitpunkt der Erhebung der Klage oder der Einlegung des Rechtsmittels, so ist den in der Instanz entstandenen Gebühren der höhere Wert zugrunde zu legen. In der Zwangsvollstreckung ist für die Wertberechnung der Zeitpunkt der die Zwangsvollstreckung einleitenden Prozeßhandlung entscheidend*.**

* Die §§ 3—9 ZPO., nach denen prozeßrechtlich sich die sachliche Zuständigkeit der Gerichte, das Vorhandensein der Berufungs- und der Revisionssumme (§§ 511a, 546) und die Zulässigkeit der vorläufigen Vollstreckbarkeit (§ 709 Nr. 4 ZPO.) entscheiden, **beziehen sich nur auf vermögensrechtliche Ansprüche**; für die nichtvermögensrechtlichen ist § 11 GKG. maßgebend. Dabei gehen die Gebührengesetze davon aus, daß der Gegenstand eines jeden vermögensrechtlichen Anspruchs sich in Geld abschätzen läßt; einen unschätzbaren Streitgegenstand gibt es auf dem Gebiete des Vermögensrechtes nicht. Vgl. über vermögensrechtliche und nicht vermögensrechtliche Ansprüche Anm. 1 § 11 GKG. — **Eingeschränkt** ist die **Anwendung der §§** 8, 9 **ZPO.** in § 10 GKG., indem jene Vorschriften in gewissen Angelegenheiten für die Wertberechnung nicht maßgebend sein sollen.

A. Wortlaut der §§ 3—9 ZPO.:

3. Der Wert des Streitgegenstandes wird von dem Gerichte nach freiem Ermessen festgesetzt; dasselbe kann

eine beantragte Beweisaufnahme sowie von Amts wegen die Einnahme des Augenscheins und die Begutachtung durch Sachverständige anordnen.

4. Für die Wertsberechnung ist der Zeitpunkt der Erhebung der Klage, in der Berufungs- und Revisionsinstanz der Zeitpunkt der Einlegung des Rechtsmittels entscheidend; Früchte, Nutzungen, Zinsen und Kosten bleiben unberücksichtigt, wenn sie als Nebenforderungen geltend gemacht werden.

Bei Ansprüchen aus Wechseln im Sinne der Wechselordnung sind Zinsen, Kosten und Provision, welche außer der Wechselsumme gefordert werden, als Nebenforderungen anzusehen.

5. Mehrere in einer Klage geltend gemachte Ansprüche werden zusammengerechnet; eine Zusammenrechnung des Gegenstandes der Klage und der Widerklage findet nicht statt.

6. Der Wert des Streitgegenstandes wird bestimmt: durch den Wert einer Sache, wenn deren Besitz, und durch den Betrag einer Forderung, wenn deren Sicherstellung oder ein Pfandrecht Gegenstand des Streits ist. Hat der Gegenstand des Pfandrechts einen geringeren Wert, so ist dieser maßgebend.

7. Der Wert einer Grunddienstbarkeit wird durch den Wert, welchen dieselbe für das herrschende Grundstück hat, und wenn der Betrag, um welchen sich der Wert des dienenden Grundstücks durch die Dienstbarkeit mindert, größer ist, durch diesen Betrag bestimmt.

8. Ist das Bestehen oder die Dauer eines Pacht- oder Mietverhältnisses streitig, so ist der Betrag des auf die gesamte streitige Zeit fallenden Zinses und, wenn der fünfundzwanzigfache Betrag des einjährigen Zinses geringer ist, dieser Betrag für die Wertsberechnung entscheidend.

9. Der Wert des Rechts auf wiederkehrende Nutzungen oder Leistungen wird nach dem Werte des einjährigen Bezugs berechnet, und zwar:

auf den zwölfundeinhalbfachen Betrag, wenn der künftige Wegfall des Bezugsrechts gewiß, die Zeit des Wegfalls aber ungewiß ist;

auf den fünfundzwanzigfachen Betrag, bei unbeschränkter oder bestimmter Dauer des Bezugsrechts. Bei bestimmter Dauer des Bezugsrechts ist der Gesamtbetrag der künftigen Bezüge maßgebend, wenn er der geringere ist.

B. Erläuterung der §§ 3—9 ZPO.

I. § 3 ZPO.

Der Wert des Streitgegenstandes[1] wird von dem Gerichte nach freiem Ermessen[2] festgesetzt[3]; dasselbe kann eine beantragte Beweisaufnahme sowie von Amts wegen die Einnahme des Augenscheins und die Begutachtung durch Sachverständige anordnen[4].

[1] Was Gegenstand des Streites ist, richtet sich nach dem in dem Klagantrag enthaltenen **Begehren des Klägers** (Wider-, Berufungs- oder Revisionsklägers in dem eigentlichen Prozeßverfahren, des Antragstellers in den nicht durch Klage eingeleiteten Verfahrensarten, s. Anm. 1 § 8 GKG.), ohne Rücksicht auf die wirtschaftliche Bedeutung, welche der Kläger dem Antrage beimißt, auf sein bloß mittelbares wirtschaftliches Interesse im Gegensatz zu seinem unmittelbaren Parteiinteresse, RG. 93, 130; JW. 96, 248[12]; 98, 109[3]; 00, 520[3]; W. 11, 300; es ist aber die Begründung der Klage als Auslegungsmittel zu berücksichtigen. JW. 98, 2[1]. — Die **Einwendungen des Beklagten** kommen nicht in Betracht. JW. 93, 73[1]; 98, 68[2], 348[2]; 00, 47[1]; 25, 2324[2]; W. 11, 300. Ebensowenig, ob Beklagter durch Zugeständnisse den Umfang des Streitstoffes mehr oder minder verringert. JW. 90, 255[1]; 91, 411[2]; 93, 466[2]; 00, 47[2]; Gr. 44, 1144. Auch wenn nur prozeßhindernde Einreden erhoben werden, ist der Streitwert des Klaganspruchs maßgebend, sei es auch, daß über die Einreden in einem besonderen Zwischenstreit verhandelt und entschieden wird. RG. 40, 416. Bringt aber der Kläger selbst von vornherein eine Gegenforderung des Beklagten aufrechnungsweise in Abzug, so bildet nur der in der Klage verlangte

Überschuß den Streitgegenstand. JW. 87, 37[1]. — Bei **alternativen Klagen** ist, wenn dem Kläger die Wahl zusteht, die höhere, wenn der Beklagte die Wahl hat, die geringwertigere Alternative entscheidend. RG. 55, 81; JW. 90, 24[1]; 97, 145[1]; 99, 71[1]; 02, 130[20]; 06, 431[18]; W. 08, 153. — Bei **prinzipalem** und zugleich **eventuellem** (Klage oder Widerklage-) Antrag ist der höhere Wert des einen oder des anderen Antrags maßgebend, JW. 91, 465[2]; 00, 10[1]; 01, 717[2]; 11, 222[32]; 25, 2370; Gr. 45, 647; W. 08, 153; 15, 191; auch RG. 58, 295; JW. 91, 305[2]; 95, 4[2]; 97, 190[15]; 03, 174[2]; 04, 437[15], auch wenn der Fall, für den der eventuelle Antrag geltend gemacht worden, nicht eingetreten ist, JW. 00, 10[1] (Gr. 45, 647). Wenn jedoch nur der erstere, nicht auch der letztere Antrag in die höhere Instanz gediehen ist, ist der Streitwert der höheren Instanz nur nach dem Wert des ersteren zu bemessen, selbst wenn der Wert des letzteren höher ist. JW. 97, 49[2]. — **Zweite Klaganträge, die keinen selbständigen Vermögenswert haben**, oder die nur zur Rechtfertigung der anderen Klaganträge dienen, bleiben bei der Berechnung des Streitwertes außer Betracht. RG. 3, 390; JW. 91, 411[2]; 92, 270[3]; 94, 572[1]. Dies gilt auch hinsichtlich: der mit der Pfandklage verbundenen persönlichen Klage, der mit der Leistungsklage verbundenen Feststellungsklage (z. B. im Falle der Widerspruchsklage aus § 771 ZPO.), des mit dem Leistungsanspruch verbundenen Anspruchs auf Sicherstellung, JW. 92, 372[10]; 96, 270[2]; W. 08, 661; OLG. 13, 68, sowie der mit Anträgen auf Leistung verbundenen Anträge auf Duldung der Zwangsvollstreckung in den Fällen der §§ 737, 739, 743, 745, 748 ZPO. (gegen den Nießbraucher, Ehemann usw.), JW. 26, 868[29] (a. M. OLG. 42, 33). Ferner bleibt bei Bemessung des Streitwerts außer Betracht: der Anspruch auf Abnahme der Ware neben dem auf Zahlung des Kaufpreises, JW. 95, 221[1]; der Anspruch auf Rückzahlung des Kaufpreises neben dem auf Rücknahme der Ware, JW. 97, 2[3]; OLG. 33, 15; der Anspruch des Beklagten in höherer Instanz auf Rückzahlung des beigetriebenen Betrags neben der Klageforderung, RG. 23, 351; der Anspruch des Klägers in höherer Instanz auf Einwilligung in die Rückgabe der behufs Zwangsvollstreckung hinterlegten Sicherheit neben dem ursprünglichen Klageanspruch, RG. 31, 380. Vgl. Anm. 1 § 5 ZPO. (keine mehreren Ansprüche).

Neben der Klage des unehelichen Kindes auf Zahlung von Alimenten (§ 10 GKG.) bleibt ein Antrag auf Anerkennung der Vaterschaft außer Betracht, wenn er sich lediglich als Feststellung einer Voraussetzung für den ersteren Anspruch darstellt. Hat er aber nach der Begründung der Klage eine selbständige Bedeutung, so ist für die Berechnung des Streitwerts beider Ansprüche § 11 Abs. 1, 2 GKG. maßgebend. Vgl. OLG. **4**, 395; **5**, 43; **33**, 18; **35**, 207; JW. **02**, 61, 63, 485. — Bei **positiven Feststellungsklagen** (§ 256 ZPO.) ist der Streitwert in der Regel gleich dem des Leistungsanspruchs, RG. **66**, 424; JW. **85**, 193[2]; **86**, 313[2]; **89**, 401[1]; **92**, 11[1]; **93**, 466[2]; **07**, 837[15]; **21**, 1251[1]; Gr. **29**, 1047; auch RG. **25**, 366 (Feststellung einer Bürgschaftsschuld), OLG. **23**, 74 (Klage auf Abtretung einer Forderung); ist jedoch die Forderung, auf deren Feststellung geklagt wird, nicht summenmäßig angegeben, so ist der Wert des Anspruchs nach freiem Ermessen festzusetzen, RG. **66**, 424; JW. **98**, 197[1]; **01**, 57[1]; auch W. **13**, 142 (eine aus § 844 Abs. 2 BGB. oder § 10 Abs. 2 KraftFahrGes. erhobene unbezifferte Feststellungsklage). Handelt es sich daher um einen Anspruch mit Teilleistungen, die sich in die Zukunft auf längere Zeit erstrecken und in ihrem Umfange von wechselnden Verhältnissen abhängig sind, so ist nicht der Betrag aller künftigen Leistungen maßgebend, sondern der Streitwert nach freiem Ermessen zu bestimmen. RG. **66**, 424; JW. **11**, 817[32], 947[13]; OLG. **23**, 78; **37**, 82; **41**, 240 (anders RG. **57**, 411, vgl. Anm. 3 § 9 ZPO.). Letzteres gilt auch dann, wenn nur die Feststellung begehrt wird, daß eine Forderung zu einer gewissen Zeit bestanden habe. JW. **05**, 206[11]. Ferner auch, wenn auf Feststellung der Verpflichtung zum Ersatz „allen" durch einen Unfall erlittenen Schadens geklagt ist. W. **12**, 42. — Bei **negativen Feststellungsklagen** (auf Feststellung des Nichtbestehens einer Schuldverbindlichkeit) ist der ziffermäßige Betrag desjenigen Anspruchs maßgebend, dessen sich der Beklagte nach Angabe des Klägers (die allein und ohne Rücksicht auf die Verteidigung des Beklagten in Betracht zu ziehen ist) berühmt hat. RG. **12**, 361; **71**, 69; JW. **85**, 121[2]; **86**, 38[2], 293[1]; **87**, 415[1]; **89**, 401[1]; **05**, 401[29]; **11**, 816[27]; W. **17**, 281. Der Betrag dieses Anspruchs ist in voller Höhe auch dann maßgebend, wenn gegen mehrere untereinander ausgleichungspflichtige Gesamtschuldner ein Anspruch behauptet wird und nur einer von ihnen auf Feststellung des Nichtbestehens des Anspruchs klagt. OLG. 33, 15. Richtet sich aber das Feststellungsbegehren auf das Nichtbestehen einer der Höhe nach bestimmt angegebenen Forderung, so darf die Wertfestsetzung über diesen Betrag nicht hinausgehen, selbst wenn der Beklagte sich einer höheren Forderung berühmt hat. JW. 25, 1144. Klagt der Kläger auf Schadensersatz wegen Nichterfüllung, weil er Vertragserfüllung nicht mehr beanspruchen kann und will, so ist für den Wert einer Widerklage des Beklagten auf Feststellung, daß eine Lieferungspflicht für ihn nicht bestehe, das Interesse des Beklagten an dem Nichtbestehen des Ersatzanspruchs des Klägers maßgebend, aber nicht nur in Höhe der Klageforderung, sondern in Höhe des ganzen nach Behauptung des Klägers durch die Nichtlieferung entstandenen Schadens. OLG. 41, 242. Bei einer Klage auf Feststellung der Richtigkeit eines Versicherungsvertrages ist der Wert gleich der Versicherungssumme, die der Versicherer beim Inkraftbleiben des Vertrags an den Versicherten zu zahlen haben könnte. JW. 20, 58[3]. Ist eine bestimmte Summe nicht angegeben, so ist auch hier der Wert des Anspruchs nach freiem Ermessen zu schätzen. JW. 98, 197[1]; 00, 179[1]; 01, 57[1]; 02, 253[17]; 05, 401[29]; 06, 755[27]; 25, 1144[18]; Gr. 46, 1041; W. 13, 116; auch OLG. 15, 51; 31, 4. — Die erhobenen Einwendungen kommen in keinem der vorgenannten Fälle der Feststellungsklagen in Betracht. JW. 93, 466[2]. Hat die Klage nicht das Bestehen oder Nichtbestehen der Forderung an sich, sondern nur die Art und Weise der Erfüllung (z. B. den Erfüllungsort, die Zeit der Fälligkeit) zum Gegenstande, so ist, auch wenn die Forderung auf einen bestimmten Betrag gerichtet ist, der Wert nach freiem Ermessen zu bestimmen. JW. 93, 466[2]. — Den Streitwert des Zwischenstreits über die Zulässigkeit der **Nebenintervention** (§ 71 ZPO.) bildet nicht der Klaganspruch, sondern das Interesse des Nebenintervenienten an seiner Zulassung, RG. 111, 410; OLG. 25, 63 (a. M. OLG. 27, 31; 35, 163 [JW. 18, 741[9]]), während, wenn es sich um die im Rechtsstreite tatsächlich zur Durchführung gelangte Nebenintervention handelt, für sie der Streitwert nach dem Streitgegenstand des Hauptprozesses zu bemessen ist. RG. 111, 411. — In einem **Zwischenstreit** über die Verpflichtung zur Stellung einer **Sicherheit** (§ 112

ZPO.) entspricht der Streitwert dem Werte des Streitgegenstandes der Klage. RG. 40, 416. Auf den Betrag der verlangten Sicherheit kommt es nicht an. JW. 98, 657[1]. — Bei Urteilen über den **Grund des Anspruchs** (§ 304 ZPO.) ist der Streitwert gleich dem des von dem Kläger geltend gemachten Anspruchs, ohne Rücksicht darauf, inwieweit der geforderte Betrag später zuerkannt wird, JW. 96, 596[2]; dies gilt auch für die lediglich mit dem Grund des Anspruchs befaßte zweite Instanz. JW. 98, 385[1]. — Der Streitwert der **Beweissicherung** (§§ 485 ff. ZPO.) ist in der Regel gleich dem Werte des geltend gemachten Anspruchs zu bemessen. OLG. 19, 50. — Bei Klagen auf **Wiederaufnahme** des Verfahrens (§§ 578 ff. ZPO.) ist der Streitwert niemals höher als der der Hauptsache, auch wenn Hauptgeld nebst Zinsen und Kosten zurückgefordert wird. Gr. 54, 168 (W. 09, 544). — Bei Klagen, durch welche geltend gemacht wird, es sei dem Urteil im Vorprozeß genügt und daher die **Zwangsvollstreckung aus dem Urteil einzustellen** (§ 767 ZPO.), ist der Streitwert derselbe wie im Vorprozeß, JW. 95, 197[1]; OLG. 15, 4, es sei denn, daß die Vollstreckungsgegenklage sich nur gegen die Zulässigkeit der Vollstreckung wegen eines angeblichen Restes oder Teiles des Urteilsanspruches richtet, in welchem Falle nur der Betrag des Restes oder Teiles den Streitwert bildet. OLG. 23, 159; 31, 3. Dagegen ist, wenn lediglich Herausgabe des vollstreckbaren Titels wegen Tilgung der vollstreckbaren Forderung verlangt wird, der Streitwert nach freiem Ermessen abzuschätzen. Gr. 41, 1151; OLG. 15, 4. Der Streitwert eines Antrags auf **Rückerstattung** des vom Beklagten im Wege der Zwangsvollstreckung **Geleisteten gemäß § 717 Abs. 3 ZPO.** ist niemals höher als der des Prozesses, insbesondere sind zu den beigetriebenen Beträgen, die zurückgefordert werden, nicht Zinsen oder Kosten hinzuzurechnen. Gr. 53, 1116; JW. 09, 23[22]; OLG. 15, 157; auch 23, 76. — Bei **einstweiligen Verfügungen** (§§ 935 ff. ZPO.) ist der Streitwert, sofern nicht die Erfüllung des streitigen Anspruchs völlig vorweggenommen wird, wie bei Anordnung der Räumung gemieteter Räume, der Herausgabe von Sachen (JW. 27, 856[6]), nicht stets dem der Hauptsache gleich; vielmehr bildet der letztere nur die Maximalgrenze. Es ist der Streitwert für die Anordnung der einstweiligen Verfügung nach dem Interesse zu bemessen, welches der Antragsteller an der sofortigen Sicherung der Individualleistung oder an der Regelung des einstweiligen Zustandes hat, RG. 7, 395; 15, 434; 16, 333; 22, 128, 425; 34, 405; JW. 89, 39[1]; 90, 7[1]; 96, 1[1]; 97, 105[1], 131[1], 206[3], 417[2]; 99, 175[1], 739[2]; 03, 125[10], 174[3]; 05, 233[13], 500[20]; 23, 696[8]; Gr. 49, 456; OLG. 33, 135; 39, 29; 41, 242, während, wenn der Beklagte Aufhebung der angeordneten einstweiligen Verfügung verfolgt, sein Interesse an der Befreiung von der Verfügungsbeschränkung maßgebend ist. JW. 00, 150[2]; 03, 174[3]; 05, 113[10], 233[13], 500[20]; W. 08, 433 (a. M. OLG. 41, 240). Bei Widerspruch im Arrestverfahren s. auch JW. 21, 1253[7]. Vgl. auch Anm. 3 § 6 ZPO. Auch wenn die einstweilige Verfügung die vorläufige Räumung eines Grundstücks zum Gegenstande hat, kommt nicht § 6 zur Anwendung, sondern ist gemäß § 3 ZPO. der Streitwert nach freiem Ermessen zu bestimmen. Gr. 51, 401; OLG. 19, 50; 37, 84, Anm. 1 § 6 ZPO. — Bei Anträgen, welche die **Ernennung oder Ablehnung eines Schiedsrichters** oder ähnliche zur Vorbereitung eines schiedsrichterlichen Verfahrens dienende Vorgänge betreffen (§ 1045 ZPO.), ist der Streitwert zwar unter Berücksichtigung des der Entscheidung des Schiedsgerichts zu unterbreitenden Anspruchs, aber erheblich geringer zu bemessen. RG. 41, 362; OLG. 19, 166. — Bei Anträgen auf Erklärung der **Vollstreckbarkeit eines Schiedsspruchs** (§ 1042 ZPO.) ist der Streitwert identisch mit dem des Schiedsspruchs selbst. JW. 96, 685[2]. — Bezüglich des Streitwerts der **höheren Instanzen** ist das Interesse der Partei, welche das Rechtsmittel eingelegt hat, an der Verfolgung des letzteren maßgebend. JW. 00, 47[2] (Gr. 44, 1144); W. 11, 300. Solange noch kein Rechtsmittelantrag gestellt ist, bestimmt sich der Streitwert eines Rechtsmittels danach, inwieweit in der unteren Instanz gegen den Antrag des Rechtsmittelklägers erkannt ist. RG. 17, 374; 25, 380; JW. 96, 302[18]; 97, 185[1]; 98, 144[15]; 03, 174[4]. Ist ein Antrag gestellt, so ist das Interesse des Rechtsmittelklägers maßgebend, auch wenn dieser der Beklagte ist. RG. 16, 342; 47, 420; 63, 99; JW. 94, 542[1]; 95, 181[2], 537[1]; 96, 1[1], 74[26]; 97, 57[27], 287[9]. Jedoch darf, auch im letzteren Falle, der Wert des Beschwerdegegenstandes nicht über den sich nach dem Interesse des Klägers richtenden Wert des Streitgegenstandes hinaus bemessen werden, weil der Beklagte sich nur darüber beschweren kann, daß die Klage auf den Streitgegenstand nicht in demselben Umfange, wie er beantragt hatte, abgewiesen worden ist. RG. **47**, 420; **63**, 99; **93**, 128; JW. **94**, 542[1]; **95**, 181[2], 537[1]; **96**, 1[1], 74[26]; **97**, 57[27], 287[9]; **02**, 269[2], 362[16], 391[4]; **03**, 26[19], 180[26]; **06**, 476[30]; **07**, 54[19]; **14**, 543[21]; Gr. **46**, 1145; W. **08**, 540, 661; **09**, 41; **11**, 210, 300; **16**, 57; **17**, 184; **18**, 149. Über eine Ausnahme in dem Falle des § 7 s. dort Anm. 2. Wird nach Zurücknahme des Rechtsmittels beantragt, den Zurücknehmenden in die Kosten zu verurteilen und ihn des Rechtsmittels für verlustig zu erklären, so ist der Wert der Hauptsache maßgebend. JW. **94**, 85[10]. — Ist ein Urteil in höherer Instanz aufgehoben und die **Sache in die Vorinstanz zurückverwiesen**, so ist, wenn unterdes keine Änderung eingetreten ist, der Streitwert nach der Zurückverweisung derselben wie vorher. JW. **97**, 77[2].

[2] Ist Zahlung einer **bestimmten Summe** oder Befreiung von einer Schuld in bestimmter Summe verlangt, so ist diese maßgebend, nicht das materielle Interesse der Partei, auch wenn die Entscheidung in das Ermessen des Gerichts gestellt worden ist oder die Partei selbst zu erkennen gibt, daß ihr Interesse geringer ist, als was mit ihren Anträgen verlangt wird. RG. **5**, 409; **12**, 155; JW. **82**, 90; **89**, 499; **90**, 369; **96**, 596[2]; **98**, 385[1]; OLG. **19**, 242. Dabei ist ferner lediglich der im Klagantrag wirklich verlangte und bezifferte Betrag maßgebend; eine Erklärung in der Begründung, es werde von der Forderung dieser Betrag mindestens verlangt, ist für den Streitwert belanglos, solange nicht der Antrag erweitert ist. W. **12**, 226. Auch bei Einklagung einer auf einen Geldbetrag gerichteten Nachlaßforderung ist die Höhe der beanspruchten Summe maßgebend, wenn der Alleinerbe oder wenn bei einer Mehrheit von Erben ein Miterbe (nicht in Geltendmachung seines Individualrechts, sondern) auf Grund Vollmacht der anderen Miterben in Vertretung der Erbengemeinschaft Klage auf Zahlung der Schuld (an ihn selbst, nicht zur Nachlaßmasse) erhebt. RG. **93**, 129; Gr. **61**, 950 (anders bei der Klage eines Miterben nach § 2039 BGB., s. unten). Bei einer Klage auf Gewährung der Darlehnssumme aus einem Darlehnsversprechen wird jedoch der Streitwert durch das Interesse begrenzt, das der Kläger an dem Zustandekommen

des Darlehnsvertrages hat. OLG. 25, 43. Bei Klagen auf Zahlung **in ausländischer Valuta** ist der Kurswert, nach § 4 im Zeitpunkte der Klagerhebung, maßgebend, JW. 22, 514[41], 1138[7, 8], 1142[16]; 23, 57[5], 524[7, 8], 945[11]; OLG. 42, 2 (a. M. JW. 21, 1463[1]; 22, 171[5]: nach § 244 Abs. 2 BGB. sei für den Kurswert der Zeitpunkt der tatsächlich erfolgenden Zahlung und demnach für die Streitwertfestsetzung der jeweils zurzeit geltende Kursstand maßgebend), und zwar der Kurswert am Erfüllungsort, JW. 22, 1138[7], dies auch dann, wenn der Kläger gleichzeitig mit jenem Hauptantrag den Alternativ- oder Eventualantrag stellt, den Beklagten zur Zahlung der in ausländischer Valuta ausgedrückten Summe „in Markwährung zum Tageskurse" zu verurteilen, JW. 22, 1138[8]; 23, 191[6], 521[5], 525[9], 951[21]; auch RG. 98, 86 (a. M. OLG. 41, 239; JW. 23, 192[8, 9], 520[2]). Wird dagegen der Antrag auf Zahlung in Reichsmark erst im Laufe des Rechtsstreits gestellt, so ist für die Festsetzung seines Werts der Kurswert am Tage der Antragstellung maßgebend. JW. 23, 191[6], 945[11] (a. M. JW. 23, 953[25]). — Im übrigen ist auch sonst **im allgemeinen das Interesse des Klägers** (Wider-, Berufungs-, Revisionsklägers), nicht des Beklagten (Wider-, Berufungs-, Revisionsbeklagten) maßgebend, also was vom Kläger begehrt, nicht, was vom Beklagten eingebüßt wird. RG. 16, 342; 24, 428; 33, 427; 45, 402; 93, 139; auch Anm. 1 unter „höheren Instanzen". Jedoch bleibt der wirtschaftliche Nutzen, den der Kläger davon erwartet, daß er in den Besitz des Klagegegenstandes gelangt, außer Betracht, JW. 00, 520[3], und ist überhaupt von dem bloß mittelbaren wirtschaftlichen Interesse des Klägers abzusehen, RG. 93, 130, auch Anm. 1 a. A. Es ist aber das Interesse des Klägers auch dann maßgebend, wenn die von ihm begehrte Entscheidung auch Rechtsfolgen für andere an dem Rechtsstreit nicht beteiligte Personen nach sich zieht (z. B. bei Anfechtung eines Generalversammlungsbeschlusses einer Aktiengesellschaft durch einzelne Aktionäre oder eines Gewerkschaftsbeschlusses durch einen Gewerken). RG. 24, 428; 48, 381; JW. 06, 476[39]. — Bei Klagen auf **Erfüllung gegenseitiger Verträge** entscheidet der Wert der geforderten Leistung ohne Abzug der Gegenleistung, auch wenn der Kläger sich zu letzterer (z. B. Zahlung eines Kaufpreises) erbietet oder Erfüllung Zug um Zug gegen die schuldige Gegenleistung verlangt. RG. **5**, 410; **46, 422**; JW. **97**, 267[2], 400[1]; **99**, 482[1]; **00**, 447[3], 827[3]; auch OLG. **35**, 188 (bei Klage aus Milchlieferungsvertrag Wert der zu liefernden Milch; anders OLG. **35**, 23: Verdienst beim Weiterverkauf der Milch). Ebensowenig findet eine Zusammenrechnung des Wertes der geforderten Leistung mit dem der Gegenleistung statt, auch wenn der Kläger ausdrücklich Verurteilung des Gegners zur Annahme der Gegenleistung begehrt. JW. **95**, 222[1]. Klagt der Käufer auf Herausgabe der Kaufsache oder im Falle des Grundstückskaufs auf Erteilung der Auflassung, so kommt § 6 ZPO. zur Anwendung und ist der Wert der Kaufsache (des Grundstücks) maßgebend. JW. **93**, 467[5]; **99**, 694[1]; **00**, 10; **02**, 630[1]; **20**, 394[4]; Gr. **44**, 1146, OLG. **19**, 48; **33**, 17; auch Anm. 1 zu § 6 ZPO. Klagt der Verkäufer lediglich auf **Abnahme der Kaufsache** oder im Falle des Grundstückskaufs auf Entgegennahme der Auflassung, so bestimmt sich der Streitwert nicht nach dem Werte der abzunehmenden Kaufsache (des aufzulassenden Grundstücks), sondern ist das Interesse des Klägers an Abnahme (Entgegennahme der Auflassung) maßgebend, das gemäß § 3 ZPO. nach freiem Ermessen zu schätzen ist; § 6 ZPO. ist nicht anwendbar. RG. **57**, 400; JW. **99**, 739[1]; **01**, 718[4]; **05**, 24[28]; **06**, 688[8]; Gr. **34**, 1138; **51**, 399; OLG. **19**, 48; **21**, 59; **39**, 27. Bei der Schätzung ist der Wert der vom Käufer noch zu entrichtenden Leistungen in Betracht zu ziehen. JW. **99**, 739[1]; **01**, 718[4]; **05**, 24[28]; Gr. **34**, 1138 (anders: OLG. **21**, 59, wonach im Falle der Klage auf Abnahme fortlaufender Lieferungen, z. B. von Milch, der Gesamtpreis der Lieferungen maßgebend sein soll, weil es sich um einen Streit über Erfüllung des ganzen Vertrages handele; OLG. **29**, 8, wonach bei einem Klaganspruch auf Abruf gekaufter Waren aus Sukzessivlieferungsvertrag sich der Streitwert nach dem Wert der Zahlungspflicht des Käufers bestimmen soll). Wird bei der Klage auf Entgegennahme der Auflassung die Sicherstellung des Restkaufpreises zum Gegenstand eines besonderen Antrags gemacht, so kommt bezüglich der Auflassung kein selbständiger Streitwert in Betracht, da der erste Antrag nur die notwendige Voraussetzung des zweiten ist; eine Zusammenrechnung findet daher nicht statt. OLG. **39**, 27; Anm. 1 oben unter „zweite Klaganträge", Anm. 1 § 5 ZPO. Bei der Klage auf

Entgegennahme der Auflassung unter Übernahme von Hypotheken ist das Interesse des Klägers hinsichtlich der Übernahme weder stets dem vollen Nennwert der Hypotheken gleichzusetzen noch stets niedriger als das Kapital zu bestimmen, sondern nach freiem Ermessen nach § 3 ZPO. zu schätzen. OLG. **39,** 26. Wenn Käufer und Verkäufer unter gegenseitiger Behauptung des Verzuges der Gegenpartei Klage und Widerklage auf Erteilung bzw. Entgegennahme der Auflassung erheben, so richtet sich der gesamte Streitwert nach dem Werte des gekauften Grundstücks (§ 6). JW. **97,** 2[3]. — Geht ein Klagantrag dahin, einen **gegenseitigen Vertrag** (z. B. wegen arglistiger Täuschung) **für aufgehoben** oder **für nichtig** oder (z. B. zufolge berechtigten Rücktritts) **für unverbindlich zu erklären,** so ist für die Bemessung des Streitwertes dieses Antrags (a b g e s e h e n v o n d e m S t r e i t w e r t d e r e t w a a u ß e r d e m z u r ü c k v e r l a n g t e n L e i s t u n g e n) das Interesse des Klägers am Nichtbestehen des Vertrags maßgebend, und zwar in der Weise, daß die Vorteile und Nachteile, die der Kläger einerseits bei Aufhebung, anderseits bei Fortsetzung des Vertrages zu erwarten hätte, in Betracht zu ziehen sind (z. B. daß er für den festgesetzten Kaufpreis nicht den mangelhaften Kaufgegenstand zu übernehmen braucht). RG. **40,** 407; **52,** 427; **66,** 330; Gr. **49,** 1005; JW. **94,** 572[1]; **99,** 27[2], 87[1], 482[2]; **00,** 179[1], 746[2], **03,** 3[1]; OLG. **2,** 432; **11,** 166; **17,** 75; **23,** 66; nicht ist für einen solchen Klagantrag der Wert oder der vertragliche Preis der veräußerten Sache maßgebend, RG. **52,** 427; JW. **00,** 179[1]; **02,** 248[1], 253[17], 630[1]; OLG. **11,** 166; **15,** 49; **17,** 79; **19,** 48; **21,** 60; **29,** 222; auch sind nicht die Werte der beiderseits zu bewirkenden Rückleistungen zusammenzurechnen, RG. **46,** 422; OLG. **19,** 48; vgl. JW. **99,** 276[3]. Insbesondere ist für einen Klagantrag auf Erklärung der Nichtigkeit eines Grundstückskaufvertrages das Interesse des Klägers daran maßgebend, daß er den Vertrag nicht zu erfüllen braucht, vielmehr einen Anspruch auf Rückgabe des dem Käufer übergebenen Grundstücks hat, anderseits den Kaufpreis zurückzahlen muß. RG. **66,** 330; OLG. **37,** 80. — **Bei der Klage des Vermieters auf Räumung** wegen Ablaufs der Mietzeit ist der Wert nach freiem Ermessen zu bestimmen, wenn der Kläger den Räumungsanspruch darauf stützt, daß die vertragsmäßige Mietzeit abgelaufen sei. OLG. **35**, 24. **Anders**, wenn zugleich das Bestehen oder die Dauer des Mietverhältnisses den Gegenstand des Rechtsstreits bildet. Vgl. Anm. 3 § 10 GKG. — Bei Klagen auf **Teilung einer Gemeinschaft** (z. B. einer Erbschaft) ist der Betrag desjenigen maßgebend, was der Kläger schließlich (z. B. als Erbteil) erlangen will, JW. **95**, 537[1], sofern nicht bloß über die Art oder den Zeitpunkt der Teilung gestritten wird, JW. **94**, 193[3]. — Ebenso ist, wenn ein **Miterbe sein Individualrecht** (nach § 2039 BGB.; anders bei Klagen in Vertretung der Erbengemeinschaft, RG. **93**, 129; Gr. **61**, 950; JW. **25**, 2370; s. oben) auf Zahlung einer Nachlaßforderung zur Nachlaßmasse (Hinterlegung) oder an alle Erben geltend macht, der Streitwert nicht nach dem Betrage der Forderung, sondern in der Regel nur nach dem der Erbquote entsprechenden Teil zu bemessen. RG. **38**, 422; **93**, 127; Gr. **48**, 1083; **53**, 1094; JW. **02**, 391[5]; **03**, 26[18]; **17**, 721[20]; W. **08**, 661; **12**, 274; **17**, 184. Dies gilt auch für eine Klage auf Herausgabe von Hypothekenbriefen zur Nachlaßmasse. OLG. **35**, 23. Dabei ist es gleichgültig, ob das Verlangte hinterlegt ist und bleibt oder ausgezahlt werden soll, und ebenso, ob in dem Wortlaute des Klagantrages zum Ausdruck gebracht worden ist, daß Gegenstand des Streites nur der Anteil eines der mehreren Miterben ist, sofern dies nur aus dem die Klage stützenden Tatbestande deutlich erhellt. W. **12**, 274. Desgleichen ist das Erbquoteninteresse des Miterben maßgebend, wenn er gegen den anderen Miterben auf Einwerfung einer Sache in den Nachlaß oder auf deren Herausgabe behufs Teilung oder auf Anerkennung der Zugehörigkeit der Sache zur Nachlaßmasse klagt, RG. **33**, 427; JW. **96**, 412[23], 583[3]; **98**, 474[1]; **99**, 672[2], 700[12]; **00**, 47[2]; **01**, 717[3]; **02**, 362[17]; Gr. **43**, 1215; **44**, 1144; auch **53**, 1093; oder auf Aufstellung und eidliche Erhärtung eines Nachlaßinventars, JW. **91**, 509[2]; **98**, 279[10]; OLG. **23**, 68; oder auf Feststellung der Richtigkeit eines Testaments, JW. **25**, 2370[36]; oder wenn er auf Erfüllung von Verbindlichkeiten gegenüber dem Nachlasse von seinen Miterben in Anspruch genommen wird, JW. **04**, 237[13]; Gr. **48**, 1083. Klagt ein Miterbe gegen den anderen Miterben auf Herausgabe von Wertpapieren, so ist nicht der gesamte Wert der Papiere, sondern der dem Erbanteil des Klägers entsprechende Teil des Wertes maßgebend. OLG. 27, 12. Auch wenn der Grundstückseigentümer gegen einen der mehreren Erben auf Löschung einer für den Erblasser eingetragenen Hypothek klagt, ist der Anteil des Erben, nicht der Betrag der ganzen Forderung maßgebend. JW. 91, 551[1] (99, 334[1]); Gr. 43, 1215. Klagt der Käufer eines von mehreren Miterben verkauften Grundstücks auf Auflassung gegen nur einen Miterben, so ist nicht der Wert des Grundstücks nach § 6 ZPO., sondern der dem Erbanteil des Beklagten entsprechende Teil des Wertes maßgebend. OLG. 17, 78; 23, 67; 25, 42. Das gleiche gilt, wenn Erben eines Grundstückskäufers, die zugleich auch mit dem Beklagten zusammen Erben des Verkäufers sind, vom Beklagten Erteilung der Auflassung an einen Dritten verlangen, dem das Grundstück weiterverkauft ist. OLG. 21, 62. Auch wenn auf Abtretung einer zum Nachlaß gehörigen Hypothek gegen einen der mehreren zur Abtretung verpflichteten Erben geklagt wird, bildet nicht der volle Wert der Hypothek, sondern der dem Erbanteil entsprechende Wertsteil den Streitwert. OLG. 23, 67. Überhaupt findet bei Klagen eines von mehreren Miterben in Geltendmachung seines Individualrechts (nach § 2039 BGB.) § 6 keine Anwendung. RG. 93, 128. — Auch bei der Klage der Ehefrau gegen den als Alleineigentümer im Grundbuch eingetragenen Ehemann auf Einwilligung in ihre Miteintragung als Eigentümerin in ehelicher Gütergemeinschaft ist der Streitwert nicht gleich dem Wert des Grundstücks (§ 6), sondern niedriger zu veranschlagen. OLG. 39, 28. — Wird auf Aufhebung einer **ehelichen Gütergemeinschaft** geklagt, so bemißt sich der Streitwert nach dem Interesse des Klägers daran, daß die Gemeinschaft nicht länger besteht. OLG. 15, 52. — Bei Klagen eines **Gesellschafters** gegen den anderen auf Befreiung von Gesellschaftsschulden gegen sein Ausscheiden aus der Gesellschaft bildet der Gesamtwert der Schulden den Streitwert. JW. 98, 2[1]; 01, 395[2]. Handelt es sich um Anerkennung der Teilhaberschaft, so bemißt sich der Streitwert nach dem Interesse des Klägers daran, daß er Teilhaber an dem Gewinne der Gesellschaft wird. JW. 98, 597[2]; auch 02, 130[30]. Vgl. auch JW. 02, 391[5] (Klagen gegen einen von mehreren Gesellschaftern auf Feststellung des Anteilrechts), 94, 170[2]; 01, 395[2]; OLG. 9, 50; 25, 124; 31, 5 (Klage auf Auflösung einer Gesellschaft seitens eines Gesellschafters), 31, 4 (Klage auf Ausschluß eines Gesellschafters aus der Gesellschaft), 25, 43 (Klage auf Feststellung des Fortbestehens eines Vertrages im Falle der Liquidation der beklagten Gesellschaft nach Klagerhebung), 29, 7 (Klage eines Gesellschafters auf Feststellung der Unwirksamkeit der Kündigung einer Kommanditgesellschaft). — Bei Klagen, die auf **Rechnungslegung** oder auf Errichtung eines **Vermögensverzeichnisses** oder auf **Vorlegung** von (Beweis-) **Urkunden**, insbesondere beweiserheblichen (Geschäfts-) Büchern, oder auf Leistung des **Offenbarungseides** gemäß §§ 259, 260, 2006, 2028, 2057 BGB. gerichtet sind **oder sonst** einen die Geltendmachung eines Leistungsanspruchs **vorbereitenden Charakter** haben (z. B. **Auskunfterteilung**), ist der Streitwert nach freiem Ermessen unter Berücksichtigung des Interesses des Klägers an dem zu gewährenden Anspruchsbegründungsmittel festzusetzen, JW. 89, 324[1]; 90, 409[1]; 91, 509[2]; 94, 542[2]; 95, 2[2]; 27, 532[15]; Gr. 33, 1138; 54, 1105; W. 08, 86, 421; 09, 41; OLG. 4, 266; 11, 45; 23, 158; auch 29, 10 (Antrag auf Sequestrierung einer Sache zur Sicherung eines angeblichen Eigentumsanspruchs), JW. 27, 865[30] (Klage auf Feststellung des im Aufwertungsverfahren nach dem AufwGes. streitig gewordenen persönlichen Schuldverhältnisses); jedoch sind dabei die dem Kläger bereits bekannten Tatsachen nicht mit in Betracht zu ziehen, Gr. 33, 1129; JW. 97, 227[1]. Vgl. auch § 12 GKG. (Klage nach § 254 ZPO. auf Rechnungslegung und Auskehr des Guthabens). — Bei Klagen auf **Herausgabe** (im Gegensatz zu „Vorlegung") von **Beweisurkunden** (z. B. Schuldscheinen, Hypothekenurkunden, Wechseln, auch vollstreckbaren Urkunden) ist der Streitwert nicht stets gleich dem Betrage der in den Urkunden verbrieften Forderungen, sondern je nach den Umständen gemäß dem Interesse des Klägers an der Herausgabe zu bemessen. RG. 2, 403; OHG. 11, 44 (Geschäftsbücher); Gr. 29, 418; JW. 84, 298[11]; 91, 384[2]; 99, 276[2]; 05, 113[9]; OLG. 15, 46 (Wechsel); Gr. 30, 1100; JW. 94, 239[1]; 97, 446[2]; W. 10, 397; OLG. 25, 124 (Hypotheken- und Grundschuldbriefe; s. dazu Anm. 5 § 6 ZPO., anders OLG. 14, 115; 15, 48); JW. 94, 193[2] (Schuldscheine), RG. 22, 411; 28, 182; 37, 415; OLG. 9, 50; 15, 47; 23, 73; 29, 8 (Lebensversicherungspolicen); Gr. 41, 1151; OLG. 15, 4 (vollstreckbare Urkunden); OLG. 15, 47 (Testamentsurkunde). Dies gilt auch, wenn der Kläger Beschaffung der Urkunden zur Löschung einer Hypothek verlangt, deren Auszahlung er vornehmen will und der Beklagte entgegenzunehmen verpflichtet ist. OLG. 17, 78. Ferner ist bei Klagen, mit denen der wirkliche Erbe gemäß § 2362 Abs. 1 BGB. die Herausgabe eines angeblich unrichtigen Erbscheins an das Nachlaßgericht verlangt, der Streitwert nicht nach dem Interesse des Klägers an Feststellung dieser Unrichtigkeit, sondern nach dem Interesse zu bemessen, das der Kläger gerade an der Herausgabe des Erbscheins hat. JW. 11, 813[22]. Über den Wert eines Anspruchs auf Herausgabe eines Erbvertrags behufs Eröffnung vgl. JW. 11, 190[22]. Handelt es sich aber nicht lediglich darum, welches Interesse der Kläger an dem Besitze der Urkunden selbst hat, sondern darum, welcher Partei die in den Urkunden verbrieften Forderungen zukommen, so ist der Betrag der Forderungen maßgebend. OLG. 37, 83. — Ein Sparkassenbuch, auf dessen Herausgabe geklagt wird, ist nicht bloß als Beweisstück, anderseits auch nicht als Wertpapier zu bewerten, so daß der Wert gleich dem eingezahlten Betrage wäre, sondern als **Legitimationspapier** nach freiem Ermessen zu schätzen. JW. 02, 358[1]. — Bei Klagen auf **Vornahme einer Handlung** ist neben dem Interesse des Klägers auch zu berücksichtigen, welchen Kostenaufwand die Vornahme der Handlung für den Beklagten erfordert. JW. 96, 583[1]; 97, 57[27]. — Bei Klagen auf Löschung eines **Patents** oder eines **Gebrauchsmusters** ist das Interesse des Klägers an Beseitigung der Konkurrenz und der Beeinträchtigung seines Geschäftsbetriebes maßgebend. JW. 96, 1[2]; 02, 309[1, 2]; 06, 30[39]. Jedoch ist bei Popularklagen des Patentrechts oder Gebrauchsmusterschutzes nicht das wirtschaftliche Interesse des Klägers bestimmend, sondern der Wert, den das Patent oder Gebrauchsmuster allgemein in der Hand eines Gewerbetreibenden hat. JW. 02, 131[34]. Bezüglich des Streitwerts bei Entschädigungsansprüchen wegen Patentverletzung vgl. JW. 01, 651[5]; 03, 101[14]. — Bei Klagen auf **Befreiung** von der persönlichen **Haftung** für eine Hypothekenschuld ist der Betrag dieser Schuld maßgebend ohne Rücksicht auf die Wahrscheinlichkeit der Inanspruchnahme des persönlichen Schuldners Gr. 34, 1137. Das gleiche gilt von einer Klage auf Befreiung von einer Bürgschaftsverpflichtung. OLG. 15, 53 (a. M.

33, 73). — **Hängt das Entstehen** eines vom Kläger im Wege der Feststellungsklage geltend gemachten **Anspruchs von einer** noch nicht feststehenden Voraussetzung oder einer **künftigen Tatsache** ab (z. B. Schadensersatz, falls Erwerbsunfähigkeit eintreten sollte), so ist der Streitwert unter Berücksichtigung der Wahrscheinlichkeit des Eintritts des Ereignisses abzuschätzen. JW. **96,** 187[1], **08,** 13[15]. — Bezüglich des Streitwerts bei Klagen: auf **Ausstellung einer Quittung** dahin, daß der Beklagte wegen aller Ansprüche gegen den Kläger befriedigt sei, s. OLG. **21,** 59; auf Erstattung des **negativen Vertragsinteresses,** wenn der Vertrag wegen Betruges aufgehoben wird, s. RG. **40,** 407; aus Verträgen über die **Gewinnung von Bodenbestandteilen** s. JW. **03,** 49[17]; OLG. **4,** 263; auf Feststellung der Verpflichtung eines Hypothekengläubigers, seine **Hypothek** dem Eigentümer bis zu einem bestimmten Zeitpunkte zu kreditieren, s. JW. **06,** 169[14]; auf Grund **Vorkaufsrechts** bei einem Streit über Bestehen des Rechtes s. JW. **00,** 339[1] (handelt es sich dagegen um Ausübung des Rechtes [Herausgabe], so findet § 6 Anwendung, Anm. 1 § 6 ZPO.); auf **Aufhebung** oder Löschung einer (eingetragenen) **Verfügungsbeschränkung** s. JW. **02,** 124[1]; OLG. **15,** 54; auf Löschung eines **Widerspruchs** gegen die Löschung einer Sicherungshypothek s. OLG. **17,** 76; auf Löschung eines **Nießbrauchs** s. OLG. **29,** 79; **33,** 147; der Ehefrau auf **Entziehung der Verwaltung des Ehemannes** am Frauengut s. Gr. **49,** 655; JW. **05,** 24[27]; auf **Duldung der Zwangsvollstreckung** in Frauengut **aus** § 739 **ZPO.** s. OLG. **25,** 46; **27,** 165; **29,** 172; vgl. jedoch Anm. 4 § 6 ZPO.; auf Richtigerklärung eines **Testaments** s. JW. **95,** 537[1]; auf Anerkennung des Rechts zur Sukzession in ein **Familienfideikommiß** s. JW. **02,** 212[1]; auf Beseitigung eines **Konkurrenzverbots** s. JW. **99,** 179[15]; auf Untersagung des Konkurrenzkampfes durch **unlauteren Wettbewerb** s. JW. **02,** 130[31], 169[26]; **03,** 8[17]; **05,** 113[10]; auf Anerkennung der Berechtigung zur **Jagdausübung** s. JW. **02,** 418[2]; auf Anerkennung der Berechtigung zum Eintritt in einen Jagdpachtvertrag als Pächter s. W. **10,** 381, Anm. 1 § 10 GKG.; auf Beseitigung eines widerrechtlichen Eingriffs in ein **Bergwerksregal** s. JW. **97,** 71[71]; auf Anfechtung des Beschlusses einer Gewerkenversammlung s. JW. **06,** 476[39]; auf Fortschaffung einer **eingetragenen Last** sowie auf Unterlassung von **Immissionen** s. Anm. 1 § 7 ZPO.; auf **Anfechtung von Rechtshandlungen** des Schuldners seitens des Konkursverwalters und außerhalb des Konkurses s. Anm. 6 § 6 ZPO.

[3] **Festsetzung des Wertes** des Streitgegenstandes: §§ 16 ff. GKG.

[4] Eine Pflicht zur **Beweisaufnahme besteht nicht**, sei es auch, daß die Parteien sie übereinstimmend beantragt haben. JW. 93, 252[10]. — Wegen der Kosten der Beweisaufnahme vgl. unten Anm. 1 § 19 GKG.

II. § 4 ZPO.

Für die Wertsberechnung ist der Zeitpunkt der Erhebung der Klage[1], in der Berufungs- und Revisionsinstanz der Zeitpunkt der Einlegung des Rechtsmittels[1a] entscheidend; Früchte, Nutzungen, Zinsen und Kosten bleiben unberücksichtigt, wenn sie als Nebenforderungen[2] geltend gemacht werden[3].

Bei Ansprüchen aus Wechseln im Sinne der Wechselordnung sind Zinsen, Kosten und Provision, welche außer der Wechselsumme gefordert werden, als Nebenforderungen anzusehen[4].

[1] **Erhebung der Klage:** durch Zustellung: ZPO §§ 253, 498 (Klage), 693, 696 (Zahlungsbefehl); durch mündlichen Vortrag in einem Verhandlungstermin oder durch Zustellung: § 281 in Verb. mit § 268 Abs. 2, 3, §§ 264, 269, 33, 280 (Erweiterung des Klagantrags, Forderung eines andern Gegenstandes oder des Interesses, Zulassung des Gerichts, Einwilligung des Beklagten zur Klagänderung, Widerklage, Inzidentfeststellungsklage); durch mündlichen Vortrag: §§ 499e, 500 (Klaganbringung beim Amtsgericht nach Güteverfahren). Wird das Verfahren nicht durch Klagerhebung eingeleitet, wie z. B. im Zwangsvollstreckungs-, Entmündigungs-, Aufgebotsverfahren, so ist der Zeitpunkt der **Antragstellung** maßgebend; vgl. für die Gebührenberechnung bei der Zwangsvollstreckung § 9 Abs. 2 S. 2 GKG. — Eine im Laufe des Rechtsstreites eintretende **Veränderung des Streitgegenstandes** (z. B. Erweiterung oder Ermäßigung des Anspruchs,

Aufhören des Bestehens des ursprünglich verlangten Gegenstandes oder zeitlich begrenzten Rechtes, für den Rechtsstreit wesentliche Veränderung auf dem Grundstücke, gegen das eine Legalservitut geltend gemacht wird), wirkt nur für den späteren Prozeßteil (z. B. für die höhere Instanz, wenn inzwischen die Veränderung eingetreten ist), RG. **67**, 82; JW. **93**, 126[8]; **96**, 657[2]; OLG. **43**, 124; auch JW. **91**, 130[5], **98**, 657[2]; **08**, 16[20], und zwar nur unter der Voraussetzung, daß der **Klagantrag** entsprechend **geändert** wird, JW. **96**, 410[2]; **98**, 261[15]; **99**, 275[1]; **05**, 372[13]. Eine **Änderung** lediglich des **Wertes** der streitigen Sache ist für die Frage der sachlichen Zuständigkeit des Gerichts einflußlos. RG. **67**, 82; JW. **89**, 107[1]; **93**, 126[8]; **97**, 77[2]; **05**, 372[13]; OLG. **41**, 239; so auch eine Änderung des Kurswerts für Geldforderungen in ausländischer Währung, OLG. **41**, 238 (s. unten). Desgl. wenn das Interesse der Parteien an dem Ausfalle des Rechtsstreits sich geändert hat. OLG. **27**, 10. Aber für die Gebührenberechnung ist gemäß § 9 Abs. 2 GKG., wenn sich der Wert des Streitgegenstandes zur Zeit des Urteils oder der anderweitigen Beendigung der Instanz (z. B. Klagzurücknahme, Vergleich) erhöht hat (vgl. JW. **24**, 977[2]), der höhere Wert zugrunde zu legen, während eine Verminderung des Wertes auch für die Gebührenberechnung einflußlos ist. Jedoch führt die Vorschrift weder von selbst eine Änderung des Streitwerts (ohne richterliche Festsetzung nach § 18) herbei noch gestattet sie ein selbständiges Abweichen von einer überholten richterlichen Wertfestsetzung; sie stellt sich lediglich als eine für die richterliche Wertfestsetzung zu beachtende Regel dar, die in einschlägigen Fällen eine Abänderung der früheren Wertfestsetzung notwendig macht. JW. **26**, 2173[2]. Eine **Veränderung** der **tatsächlichen Umstände** kann nur bei Änderung des Klagantrags berücksichtigt werden. JW. **96**, 410[2]; **98**, 261[15]; **99**, 275[1]; **08**, 16[20]; **21**, 42[7]. — Jedoch wird dabei vorausgesetzt, daß es sich um denselben Gegenstand handelt, den die Klage betraf. Dies ist nicht der Fall, wenn die Forderung, um deren Sicherung es sich handelt, im Laufe des Verfahrens geringer geworden, auch wenn die Sicherungsmaßregel dieselbe geblieben ist. JW. **98**, 657[2]. Hat der Verkäufer auf Zahlung des Kaufpreises geklagt, so bleibt der Betrag desselben der Streitwert, auch wenn zufolge Vereinbarung der

Parteien der Kaufgegenstand veräußert wird und der Erlös ein geringerer ist. JW. 05, 344[20]. — Bei **Forderungen**, die den **Grund des Wachsens in sich** tragen (wie Lagergelder, Futterkosten), ändert sich dagegen der Streitwert fortgesetzt. JW. 98, 353[17]. — Bei Klagen auf Feststellung des **Nichtbestehens eines Rechts** (z. B. Patentrechts) ist der Inhalt des Rechts allgemeinhin, nicht der tatsächliche Zustand zur Zeit der Klagerhebung maßgebend. JW. 96, 30[2]. — Über den für die Umrechnung maßgebenden Zeitpunkt bei Klagen auf Zahlung in **ausländischer Valuta** vgl. Anm. 2 § 3 ZPO.

1a Die Worte „in der Berufungs- und Revisionsinstanz der Zeitpunkt der Einlegung des Rechtsmittels" sind eingefügt durch das Gesetz v. 8. 7. 22. Danach bestimmt sich der Wert des Streitgegenstandes in der Rechtsmittelinstanz nicht mehr, wie früher (auch im Falle der zwischenzeitlichen Wertsteigerung, RG. 98, 87; W. 18, 149; 20, 24, 59), nach dem Zeitpunkt der Klagerhebung, sondern nach dem Zeitpunkt der Rechtsmitteleinlegung. Gleiches gilt auch für die Frage des Vorhandenseins der Berufungs- und der Revisionssumme (§§ 511a, 546 ZPO.). Vgl. aber wegen der Rückstände aus der Zeit zwischen Klagerhebung und Rechtsmitteleinlegung bei Ansprüchen auf wiederkehrende Leistungen Anm. 2 § 9 ZPO. — Bei der Aufhebung eines Urteils durch die höhere Instanz und Zurückverweisung der Sache in die Vorinstanz (§§ 538, 539, 565 ZPO.) wird keine neue Instanz eröffnet und tritt eine Änderung des für die Vorinstanz ursprünglich (nach dem Zeitpunkt der Klagerhebung in der ersten, nach dem Zeitpunkt der Einlegung der Berufung in der zweiten Instanz) maßgeblichen Streitwerts nicht ein, sofern sich nicht inzwischen der Streitgegenstand selbst geändert hat. JW. 23, 24[7].

2 „**Nebenforderungen**" sind nur die in Abs. 1 aufgeführten, nicht z. B solche Ansprüche, die betreffen Zubehör (§§ 97 ff. BGB.), die Nebenleistungen der §§ 507, 1158 BGB. (Vorkaufsrecht, Umfang der Hypothek). — „**Früchte**": § 99 BGB. — „**Nutzungen**": § 100 BGB., auch Aktien-Dividendenscheine, JW. 93, 535[1]. — Unter „**Zinsen**" sind sowohl die vertragsmäßigen wie die gesetzlichen und die Verzugszinsen zu verstehen. Ein Anspruch auf höhere als die gesetzlichen Zinsen, die der Kläger zugleich mit der Hauptforderung bean-

spruch, weil wegen des Zahlungsverzugs des Beklagten die Zinsbeträge ihm entgangen seien oder für in Anspruch genommenen Bankkredit von ihm hätten gezahlt werden müssen, ist als Nebenforderung und nicht als selbständige Forderung, insbesondere nicht als „Schäden", die nach der neuen Fassung des § 4 (s. unten a. E.) mit zu berücksichtigen wären, anzusehen, da er in der Form des von der Hauptforderung abhängigen Zinsanspruchs geltend gemacht wird. JW. **25,** 832[61], 2374[46], 2638[4]; **26,** 883, 2113 (a. M. JW. **25,** 390, 813, 2638[2]; **26,** 1612, 2480). – **„Kosten"** sind die vor der Klagerhebung zur Begründung des Anspruchs gemachten Aufwendungen (z. B. Gebühren für die zur Information zugezogenen Sachverständigen). JW. **93,** 12[1]; **94,** 364[16]; **97,** 207[8], 210[22]; **98,** 45[2]; OLG. **9,** 57. Auch Kosten eines vorangegangenen Schiedsgerichtsverfahrens. JW. **25,** 2005[1]. — Der **Begriff der „Nebenforderungen"** setzt voraus, daß die betreffende Forderung in einem Abhängigkeitsverhältnisse zu der Hauptforderung steht, und nicht allein und losgelöst von der Hauptforderung, sondern mit dieser geltend gemacht wird. RG. **18,** 373; **55,** 82; JW. **89,** 167[1]; **98,** 3[2], 353[17]; **09,** 691[21]; W. **09,** 163. Es steht nicht im Belieben einer klagenden Partei, einen als Nebenforderung anzusehenden Anspruch durch getrennte Berechnung zum Hauptanspruch zu machen. Eine Geltendmachung z. B. von „Zinsen" oder „Kosten" als Hauptanspruch liegt nur dann vor, wenn sie in einem besonderen Verfahren, unabhängig vom Hauptanspruch gefordert werden, oder wenn ein aus Haupt- und Nebenforderung bestehender Anspruch durch Rechtsgeschäft in einen neuen einheitlichen Anspruch umgewandelt und nur dieser neue Anspruch eingeklagt wird. JW. **25,** 2005[1]. **Nebenforderungen sind z. B.**: Zinsen einer fälligen Entschädigungsforderung (z. B. im Enteignungsverfahren), RG. **32,** 210; JW. **97,** 205[1]; **09,** 691[21], auch wenn sie im Klagantrage mit dem Kapital zusammengerechnet sind, RG. **32,** 210; JW. **97,** 205[1]; W. **09,** 163; bei einer Klage gegen den Bürgen der Anspruch auf Erstattung der Kosten des gegen den Hauptschuldner geführten Prozesses, RG. **56,** 256; die neben dem Anspruch auf Ersatz verauslagter Provision geltend gemachte Forderung von Zinsen sowie Kosten des Vorprozesses des Provisionsberechtigten gegen den Kläger, Gr. **49,** 1006 (JW. **05,** 114[11]); ein zur Klarstellung von Nebenforderungen erhobener Anspruch auf Rechnungslegung, RG. 29, 395; Ansprüche auf Rechnungslegung und Ausantwortung der Nutzungen neben dem Anspruch auf Anerkennung des Eigentums einer Sache, JW. 02, 391[5]; ein Anspruch auf Herausgabe des Gewinnanteilscheins neben dem Anspruch auf Herausgabe der Aktien, OLG. 35, 22. — Wird der Anspruch auf Erstattung von Kosten mit der Hauptforderung geltend gemacht, so wird der Anspruch nicht schon dadurch zum Hauptanspruch, daß der Kläger ihn getrennt berechnet und einen besonderen Klagantrag für ihn stellt, sondern eine Geltendmachung von Kosten als Hauptanspruch liegt nur vor, wenn sie in einem besonderen Verfahren erfolgt oder wenn ein aus Haupt- und Kostenforderung bestehender Anspruch, nachdem er durch Rechtsgeschäft zu einem neuen einheitlichen Anspruch umgewandelt ist, als solcher eingeklagt wird. JW. 25, 2005[1]. Bei Berechnung der **Beschwerdesumme gemäß § 567 Abs. 2 ZPO.** (Beschwerde gegen Entscheidung allein über den Kostenpunkt im Falle des § 99 Abs. 3 ZPO.) sind die Kosten der Entscheidung über die Prozeßkosten sowie die Kosten des Beschwerdeverfahrens nicht zu berücksichtigen, sondern es kommen nur diejenigen Kosten in Betracht, über welche die erste Instanz entschieden hat. JW. 00, 647[2]; 01, 329[10]. Im Falle der **Anfechtung eines** (nach § 105 ZPO. vom Gerichtsschreiber erlassenen) **Kostenfestsetzungsbeschlusses** sind die gerichtlichen und außergerichtlichen Kosten des Kostenfestsetzungsverfahrens als Nebenforderungen nicht mit in Ansatz zu bringen. JW. 02, 181[1]. — Dagegen sind **keine Nebenforderungen z. B.** Ansprüche auf: im Regreßwege vom Zessionar gegen den Zedenten geltend gemachte Kosten eines vom Zessionar gegen den Schuldner geführten Prozesses, RG. 8, 365, ähnlich RG. 12, 259; Gestattung der Zwangsvollstreckung wegen der neben der Hauptforderung zuerkannten Zinsen, RG. 26, 413; JW. 87, 311[1]; 96, 172[14], 201[1]; Rückzahlung von Zinsen neben dem Anspruch auf Rückzahlung des bezahlten Betrages der Hauptforderung bei der Klage aus ungerechtfertigter Bereicherung (§ 812 BGB.), JW. 96, 300[2]; 09, 691[21]; Zinsen, die durch ausdrückliche Vereinbarung zum Kapital geschlagen sind, RG. 32, 377, insbesondere beim Kontokurrent (nicht aber bei einem bloß gegenseitigen Rechnungsverhältnis, sog. uneigentlichen Kontokurrent), W. 09, 163;

rückständige Zinsen einer bezahlten Schuld neben dem Anspruch auf dem Kapitalrest, Gr. **31,** 1141; rückständige Bezüge neben einem Anspruch auf Zuerkennung des Rechtes auf wiederkehrende Nutzungen oder Leistungen, RG. (VZS.) **19,** 416; JW. 87, 432[4]; das Bezugsrecht auf neue Aktien neben dem Anspruch auf Herausgabe von Aktien, OLG. 35, 22. — Fälle, in denen Hauptforderungen und Nebenforderungen auf **verschiedenen Rechtsgründen** beruhen: JW. 87, 111[1]; **98,** 219[8]; **09,** 691[12]; jedoch **93,** 469[12]. — Durch Art. III 1 Ges. v. 18. 8. 23 (RGBl. I 813) ist das Wort **„Schäden"** zwischen „Zinsen" und „und" gestrichen. Danach sind nunmehr Schadensersatzforderungen, auch wenn sie als Nebenforderungen geltend gemacht werden (wie z. B. Schadensersatzanspruch wegen verspäteter Erfüllung neben dem Anspruch auf Erfüllung [RG. **66,** 310], Ansprüche auf Ersatz von Lagerkosten, Fracht, Zoll u. dgl. neben einem Wandlungsanspruch [JW. **99,** 28[3]; **06,** 202[21]]), bei Bemessung des Wertes des Streitgegenstandes mit zu berücksichtigen sind. JW. **26,** 2113[5], 2480[19], s. oben bezüglich der Zinsen. Schon früher waren nicht als unberücksichtigt zu lassende Nebenforderungen z. B. anzusehen: Schadensersatz wegen Nichtbefolgung eines Urteils neben dem Anspruch auf Herausgabe der behufs Vollstreckung gestellten Sicherheit, JW. **96,** 68[2]; Schadensersatz neben dem Anspruch auf Untersagung der Störung bei Patentstreitigkeiten, JW. 98, 3[2]. Über Schadensersatzforderungen aus § 302 Abs. 4, § 600 Abs. 2, § 717 Abs. 2 ZPO., wenn sie in dem anhängigen Hauptprozeß geltend gemacht werden, vgl. Anm. 2 § 5 ZPO.

[3] Bei **Anfechtungsprozessen** nach dem AnfGes. gelten die Hauptforderung, wegen welcher angefochten wird, und Zinsen und Kosten als einheitliche Forderung, so daß die letzteren bei Berechnung des Streitwertes zu berücksichtigen sind. RG. **26,** 413; JW. **92,** 460[1]; **96,** 172[14]; **99,** 423[2]; **00,** 437[2]; **09,** 691[21]; **10,** 114[18]. — Dagegen bleiben bei **Widerspruchsklagen gegen eine Zwangsvollstreckung** (§§ 767, 771 ZPO.) die Zinsen der Forderung, wegen welcher die Zwangsvollstreckung ausgebracht ist, außer Anschlag. RG. **10,** 393; JW. **99,** 423[2]; **02,** 358[2]; **10,** 114[18]. Vgl. auch Anm. 4 zu § 6 ZPO. Dies gilt auch, wenn der Konkursverwalter eine Pfändung anficht. JW. **10,** 114[18]. — Ferner finden Zinsen und Kosten keine Berücksichtigung: bei Streitigkeiten über die **vorzugsweise Befriedigung**

aus dem Erlöse von Pfandstücken, RG. 4, 366; 18, 373; auch RG. 7, 327; JW. 84, 109[1]; bei **Vorrechtsstreitigkeiten** in der Zwangsvollstreckungsinstanz, JW. 00, 292[1]. Bei Bemessung des Streitwertes für **Zwangsvollstreckungsakte** (z. B. Pfändung auf Grund Arrestbefehls) werden **Kosten** nicht mitgerechnet. OLG. 29, 11. Bezüglich der Zinsen der Vollstreckungsforderung vgl. dagegen § 15 Abs. 2 GKG. Vgl. auch § 866 Abs. 3 Satz 2 ZPO. (wonach die Zwangshypothek die für die Zuständigkeit der Amtsgerichte festgesetzte Wertgrenze [§ 23 Nr. 1 GVG.] übersteigen muß und zur Erreichung der Mindestsumme Nebenforderungen nicht hinzuzurechnen sind). — Werden Nebenforderungen neben einer Hauptforderung mit einem Rechtsmittel verfolgt, so bleiben sie bei **Berechnung der Beschwerdesumme** (§§ 511a, 546 ZPO.) außer Betracht. RG. 9, 415; 47, 256; 52, 164; 60, 114; JW. 04, 113[10]. — Ist der **Hauptanspruch** durch rechtskräftiges Urteil oder in anderer Weise (z. B. durch Zurücknahme, Verzicht, Anerkenntnis) im Laufe des Rechtsstreits **zur Erledigung gebracht**, so erlangt der Anspruch auf Nebenforderungen, insbesondere **Zinsen**, für die Dauer des weiteren Prozesses den Charakter einer selbständigen Forderung. RG. 9, 414; 10, 345; 11, 387; 39, 386; 60, 114; Gr. 31, 1141; 40, 699; 41, 703; JW. 91, 570[1]; 94, 504[1]; 96, 247[1], 371[12], 398[11], 410[4]; OLG. 23, 69. Auch die Beschwerdesumme (§§ 511a, 546 ZPO.) berechnet sich in diesem Falle nach dem Betrage der Nebenforderungen, so daß das Rechtsmittel zulässig ist, wenn die Nebenforderungen die Beschwerdesumme erreichen. RG. 47, 256; 60, 112; JW. 96, 371[12]; 03, 97[1]; W. 09, 163; 25, 8. Wird ein Rechtsmittel (Berufung, Revision) vor der mündlichen Verhandlung in der Rechtsmittelinstanz auf die in erster Instanz als Nebenforderungen geltend gemachten Zinsen beschränkt, so verlieren diese den Charakter als Nebenforderungen. JW. 03, 174[4]. Auch dann, wenn der Hauptanspruch nur zum Teil sich erledigt, sind die Zinsen von diesem Teil keine Nebenforderungen. OLG. 23, 69. Über Streitwert der **Prozeßkosten** sowie darüber, daß diese neben einem Teil- oder einem Zinsanspruch bei Bemessung des Streitwerts außer Betracht bleiben, vgl. Anm. 4 § 15 GKG.

[4] Abs. 2 ist von der Nov. z. ZPO. v. 17. 5. 98 hinzugefügt, um im Gegensatz zum Reichsgericht, das zwar bei Wechselklagen aus Art. 50 WO. (RG. 1, 229; 9, 411) und bei Wechsel-

regreßklagen gegen den Akzeptanten (**RG. 29**, 33), nicht aber bei **Wechselregreßklagen** aus Art. 51 WO. gegen den Trassanten, **Aussteller** und Indossanten (**RG. 32**, 76) die Protestkosten, Provision und Porti zu den Nebenforderungen zählte, zum Ausdruck zu bringen, daß auch bei **Klagen** auf Erstattung der gezahlten **Regreßsumme gegen den Indossanten** usw. die genannten Kosten usw. als Nebenforderungen zu gelten haben. KB. 26. — Wenn aber der Kläger, der im Regreßwege einen Wechsel eingelöst hat, neben der Wechselsumme die entrichteten **Wechselkosten** vom Beklagten als Bürgen erstattet verlangt, sind diese Kosten nicht als bei Bemessung des Streitwerts unberücksichtigt zu lassende Nebenforderung anzusehen. OLG. 21, 63.

III. § 5 ZPO.

Mehrere in einer Klage geltend gemachte Ansprüche[1] werden zusammengerechnet; eine Zusammenrechnung des Gegenstandes der Klage und der Widerklage findet nicht statt[2].

[1] **Auch wenn die mehreren in einer Klage verbundenen Ansprüche auf verschiedenen Gründen beruhen und wenn sie von mehreren Klägern oder gegen mehrere Beklagte erhoben sind.** Mot. zu § 5 ZPO. — **„Mehrere Ansprüche sind z. B. nicht**: der Anspruch auf Leistung und der auf Sicherstellung, JW. **96**, 270[2]; OLG. **13**, 68; der Anspruch auf Zahlung des Kaufpreises und der auf Abnahme der Ware, JW. **95**, 222[1]; **97**, 2[3]; Gr. **34**, 1138; der Anspruch auf Entgegennahme der Auflassung und der auf Sicherstellung des Restkaufpreises, OLG. **39**, 27; der Anspruch auf Herausgabe von Sachen und der auf Wertersatz, der für den Fall gefordert wird, daß der Beklagte dem Herausgabeanspruch nicht genügen kann, OLG. **39**, 29, 30 (vgl. Anm. 1 § 6 ZPO.): der Anspruch auf Vornahme einer Handlung (§§ 887 ff. ZPO.) und der auf Zahlung einer Entschädigung, der nach § 510b ZPO. für den Fall erhoben wird, daß der Beklagte die Handlung nicht binnen bestimmter Frist vornimmt, OLG. **39**, 29; der Anspruch im Hauptverfahren und der im getrennten Arrestverfahren geltend gemachte, wenn über beide zusammen ein Vergleich geschlossen ist, JW. **92**, 372[10]; die Klageforderung und der Anspruch auf Rückzahlung des auf Grund eines Aufrechnungsteilurteils (§ 302 Abs. 4

ZPO.), eines Urkundenprozeßurteils (§ 600 Abs. 2 ZPO.) oder eines vorläufig vollstreckbaren Urteils (§ 717 Abs. 3 ZPO.) beigetriebenen Betrages, RG. **9**, 410; **23**, 350; **31**, 379 (Schadensersatzforderungen in diesen Fällen: Anm. 2 hier); der Anspruch auf Herausgabe einer Kaution und der des Gegners auf Befriedigung wegen seiner Gegenforderungen aus der Kaution, RG. **31**, 386. Vgl. auch Anm. 1 § 3 ZPO. (zweite Klaganträge). — Dagegen liegen **mehrere zusammenzurechnende Ansprüche** vor: wenn der Kläger die von ihm behufs Vollstreckung des ersten Urteils gestellte Sicherheit herausverlangt und außerdem Schadensersatz wegen Nichtbefolgung des ersten Urteils beansprucht, JW. **96**, 68[2]; wenn auf Grund des Gesetzes v. 9. 1. 07 wegen Verletzung des Urheberrechts Schadensersatz und ferner Vernichtung der noch vorhandenen Abdrücke verlangt wird, OLG. **21**, 62. — Im Falle der **Verbindung mehrerer anhängiger Prozesse** gemäß § 147 ZPO. bildet von dem Zeitpunkt der Verbindung ab der Gesamtbetrag der einzelnen Klagansprüche den Streitwert, auch für die Berufungs- und die Revisionsinstanz. RG. **5**, 354; **6**, 416; **30**, 335; **44**, 419; JW. **98**, 74[30]; **99**, 90[9]; **00**, 510[8]; **09**, 77[18]. Für die vor der Verbindung vorgenommenen gebührenpflichtigen Akte sind die Gebühren gesondert nach den einzelnen Streitwerten zu berechnen. RG. **44**, 419; Gr. **44**, 1228. — Bezüglich des Streitwertes bei gleichzeitiger Erhebung der im § 254 ZPO. erwähnten mehreren Ansprüche s. unten § 12 GKG. — Bei der **Berufung** oder der **Revision mehrerer Streitgenossen** sind gemäß § 5 hinsichtlich der Beschwerdesumme (§§ 511a, 546 ZPO.) die einzelnen Beschwerdewerte zusammenzurechnen, auch wenn die Beschwerden verschiedene Ansprüche betreffen. RG. **5**, 355; **41**, 414; **46**, 397; JW. **97**, 420[16]; **00**, 565[5]; **09**, 77[13]; **11**, 817[31] (W. **11**, 415). Jedoch ist dabei Voraussetzung, daß das Rechtsmittel von den Streitgenossen in einem gemeinschaftlichen Schriftsatz eingelegt ist. Ist dagegen zunächst von dem einen und dann nachträglich von einem anderen Streitgenossen je in einem besonderen Schriftsatz das Rechtsmittel eingelegt, so ist hinsichtlich des Vorhandenseins der Beschwerdesumme jede Revision für sich allein in Betracht zu ziehen. JW. **11**, 817[31] (W. **11**, 415). — Auf einen **Vergleich**, der **über** den **Streitgegenstand** hinausgeht (vgl. § 36 GKG.), findet § 5 keine Anwendung. OLG. **31**, 217.

[2] Satz 2 **ist nur** für die Frage der **sachlichen Zuständigkeit** maßgebend. Für die Berechnung der Kosten und Anwaltsgebühren gilt die Vorschrift des § 13 GKG. Vgl. Anm. 3 dazu. — Auch **hinsichtlich der Berechnung der Beschwerdesumme** (§§ 511a, 546 ZPO.) kommt Satz 2 **nicht** zur Anwendung. Vielmehr findet Zusammenrechnung in Ansehung der Beschwerdesumme statt, wenn von derselben Partei zur Klage und zur Widerklage das Rechtsmittel eingelegt ist. RG. (VZS.) **7,** 385, 388; **46,** 397; Gr. **32,** 1170; JW. **91,** 305[1]; **06,** 202[22]; **09,** 727[4]. Dies gilt jedoch nicht, wenn es sich nicht um mehrere selbständige Ansprüche der Parteien gegeneinander handelt, sondern der Widerklaganspruch nur das Widerspiel des Klaganspruchs ist (wie z. B. bei der Klage auf Löschung eines eingetragenen Rechtes und der Widerklage auf Zahlung auf Grund des Rechtes). Gr. **32,** 1170; JW. **91,** 305[1]; **06,** 202[22]; **09,** 727[24]; W. **08,** 565; OLG. **23,** 69; **25,** 45. — **Schadensersatzansprüche wegen Vollstreckung** eines demnächst aufgehobenen Urteils aus § 308 Abs. 4, § 600 Abs. 2, § 717 Abs. 2 ZPO. haben auf den Wert des Streitgegenstandes (oder des Beschwerdegegenstandes in der Berufungs- und in der Revisionsinstanz) nur dann Einfluß, wenn sie mit einer Widerklage verfolgt werden, indem dann eine Zusammenrechnung mit den Ansprüchen, die Gegenstand des aufgehobenen Urteils waren, stattzufinden hat, nicht aber dann, wenn sie in dem anhängigen Rechtsstreit durch einfachen Antrag geltend gemacht werden, weil hierdurch nicht ein neuer Streitpunkt geschaffen wird. RG. **9,** 410; **63,** 369; Gr. **53,** 1116 (JW. **09,** 23[22]); W. **21,** 77.

IV. § 6 ZPO.

Der Wert des Streitgegenstandes wird bestimmt: durch den Wert einer Sache[1], wenn deren Besitz[1a], und durch den Betrag einer Forderung[2], wenn deren Sicherstellung[3] oder ein Pfandrecht[4] Gegenstand des Streits ist. Hat der Gegenstand des Pfandrechts[5] einen geringeren Wert, so ist dieser maßgebend[6].

[1] Der **Wert der Sache** bestimmt sich nicht nach rechtlichen, sondern nach wirtschaftlichen Erwägungen. Es kommt dabei auf die im Verkehr übliche Wertschätzung an. Z. B. ist bei

einem Grundstück als wertsteigernder Faktor zu berücksichtigen, wenn mit ihm eine Realgerechtigkeit verbunden ist, und auch, wenn es ein Gastwirtschaftsgrundstück ist. OLG. **35**, 24. Bei der Abschätzung des Wertes eines zum Wirtschaftsbetrieb eingerichteten Grundstücks ist ferner der Umstand, daß auf dem Grundstück eine, wenn auch persönliche, Konzession ruht, die der Regel nach für den Erwerber bei Verzicht des Veräußerers neu begründet werden kann, nicht außer acht zu lassen. JW. **20**, 394[4]. Die „sog. „Einheitswertbescheide" stellen nur fiktive Steuerwerte dar, sind also für die gerichtliche Wertermittlung nicht maßgeblich. JW. **27**, 406[16]. Bei Räumungsklagen ist, wenn das Bestehen oder die Dauer eines Mietverhältnisses nicht in Streit ist, der Verkehrswert der Räume maßgebend. JW. **23**, 773[22]; **24**, 848[7]. Bei Klagen auf Feststellung des Miteigentums an einer Sache ist der Wert des beanspruchten ideellen Anteils maßgebend, JW. **96**, 130[1], 355[1]; **97**, 106[3]; W. 12, 450; bei Streitigkeiten über die Höhe des Anteils der Wertunterschied zwischen dem vom Kläger und dem vom Beklagten behaupteten Anteil, JW. **96**, 270[3]. Sind aber mehrere Miterben auf Erteilung der Auflassung eines Nachlaßgrundstücks verklagt, so bestimmt sich der Streitwert eines jeden Beklagten nach dem Werte des ganzen Grundstücks, nicht nach dem Wertteil, der dem Verhältnisse des Erbschaftsanteils entspricht. OLG. **15**, 46 (anders, wenn gegen einen der Miterben vom Käufer des Grundstücks auf Auflassung geklagt wird, vgl. Anm. 2 § 3 ZPO. unter „Miterbe sein Individualrecht"). Bei einem Geschäftsanteil an einer G. m. b. H. bestimmt sich der Wert nicht nach dem Nennbetrage, sondern nach dem Verkaufswerte. OLG. **40**, 342. Bei Ansprüchen auf Herausgabe von Lebensversicherungspolizen entscheidet dagegen die Versicherungssumme, nicht der Rückkaufswert. RG. **37**, 415; vgl. Anm. 2 § 3 ZPO. — Bei Klagen auf Lieferung der verkauften Sache oder Auflassung des verkauften Grundstücks kommt es auf die Höhe des Kaufpreises nicht an. JW. **20**, 1042[8], 1043[11]; **21**, 249[1]; OLG. **41**, 240. Der Wert der Sachen (Grundstücke) ist allein maßgebend, und zwar ohne Abzug der Lasten (z. B. Luxussteuer) und Schulden, RG. **22**, 388; JW. **96**, 2[3]; OLG. **40**, 344; **43**, 124, anderseits ohne Hinzurechnung des Wertes eines Nebenanspruchs auf Beschaffung der Lastenfreiheit,

OLG. **13**, 69. Eine dem Kläger angebotene Gegenleistung ändert den Streitgegenstand nicht. JW. **93**, 467[5], **95**, 597[21]; **97**, 267[1], 400[1]. Wird aber die Herausgabe (Auflassung) nicht als solche verweigert, sondern streiten die Parteien über die Gegenansprüche allein, auf deren Verneinung die Klage gerichtet ist, so ist der Streitwert nicht nach dem Werte der Sache, sondern nach dem Betrag der Gegenansprüche zu bestimmen. OLG. **39**, 27; **41**, 241.

1a „**Besitz**" ist **im weitesten Sinne** zu verstehen. Der Ausdruck umfaßt alle Arten der tatsächlichen Gewalt über eine Sache, den unmittelbaren wie den mittelbaren Besitz, den Eigenbesitz und den Fremdbesitz. RG. **61**, 92. Daher nicht bloß Besitzstreitigkeiten, vielmehr alle Klagen, durch welche die Erlangung des Besitzes einer Sache angestrebt wird, selbst wenn der Anspruch sich auf ein obligatorisches Rechtsverhältnis stützt und die Besitzübertragung die Erfüllung einer Obligation enthält. JW. **90**, 235[1]; **99**, 423[1]. Deshalb fallen unter § 6: die Klage des Eigentümers auf Räumung der Sache, JW. **92**, 329[1]; **93**, 73[1], auch eines Grundstücksteils, JW. **23**, 773[22]; **24**, 848[7], und die sonstigen Eigentumsklagen, JW. **93**, 73[1]; **96**, 355[1]; **99**, 423[1]; OLG. **15**, 46; **40**, 342, auch betreffend Eigentum: eines Dritten an Sachen, an denen ein Vermieterpfandrecht geltend gemacht wird, Gr. **49**, 1008; JW. **94**, 260[2], an Friedhöfen, OLG. **15**, 45, sowie solche, die nur das Miteigentum an einem Grundstück, als dessen Alleineigentümer der Beklagte eingetragen ist, verfolgen, JW. **00**, 735[1]. Ferner Klagen auf: Feststellung einer streitigen Forderung behufs unmittelbarer Realisierung derselben, weil gleich einem Streit über Eigentum an einer Sache (z. B. Feststellung des Anspruchs auf Bezug fortdauernder Lieferungen), RG. **57**, 411, auch Anm. 2 hier; vertragsmäßige Lieferung von Sachen, JW. **97**, 267[1]; **20**, 1042[8]; **24**, 1271; Rückgewähr einer veräußerten Sache (Grundstücks) wegen Nichtigkeit des Vertrages, JW. **97**, 541[1]; OLG. **35**, 24 (über den Streitwert eines außerdem vorangestellten Klagantrags auf Erklärung der Nichtigkeit des Vertrages s. Anm. 2 § 3 ZPO.); Übergabe eines Grundstücksteils, das der Beklagte auf Grund eines die Einräumung eines Baurechts betreffenden Vertrages im Besitz hat, RG. **61**, 92; Auflassung des verkauften Grundstücks, JW. **93**, 467[5]; **99**, 694[1]; **00**, 10[2]; **02**,

630[1]; **20**, 394[4]; **23**, 774[25]; Gr. **44**, 1146, auch Anm. 2 § 3 ZPO.: Übergabe des verkauften und auch bereits aufgelassenen Grundstücks, JW. **98**, 244[1]; **99**, 423[1]; OLG. **15**, 45; Räumung und Umschreibung eines in Tausch gegebenen Grundstücks im Grundbuch, JW. **00**, 746[2]; Recht zum vorübergehenden Besitz von Räumen, JW. **25**, 2387[3]. — Weiter findet § 6 Anwendung bei Klagen auf Herausgabe: aus einem **Leihvertrage** (§ 604 BGB.), JW. **81**, 4[1], aus einem **Verwahrungsvertrage** (§ 695 BGB.), JW. **86**, 21, aus **Vorkaufsrechten**, JW. **86**, 71[1]; **96**, 596[1]; **02**, 181[3]; W. **20**, 59 (handelt es sich dagegen um Feststellung des Bestehens oder Nichtbestehens des Vorkaufsrechtes, so findet § 3 Anwendung, JW. **00**, 339[1]). — Hat aber der zur Lieferung von Sachen verurteilte Beklagte ein Rechtsmittel nur deswegen eingelegt, weil Gegenleistungen, von denen die Lieferung abhängig gemacht worden ist, nicht zu dem von ihm geltend gemachten höheren Betrage anerkannt worden seien, so ist der Streitwert für die Rechtsmittelinstanz nicht gemäß § 6 nach dem Werte der zu liefernden Sachen, sondern nach dem Wert der streitigen Gegenleistungen zu bestimmen. RG. **112**, 209. — **Nicht § 6, sondern § 3** kommt zur Anwendung: bei Klagen auf Herausgabe von Beweisurkunden, Gr. **29**, 418 (s. Anm. 2 § 3 ZPO.); bei Klagen des Verkäufers auf Entgegennahme der Auflassung des veräußerten Grundstücks, Gr. **34**, 1138; OLG. **39**, 26, 27 (s. Anm. 2 § 3 ZPO.); bei negatorischen und konfessorischen Klagen, RG. **3**, 390; JW. **97**, 71[71]; OLG. **23**, 72 (betreffen sie eine Grunddienstbarkeit: § 7 ZPO.); bei Klagen gegen den Verkäufer eines Hausgrundstücks, der sich zur Freimachung einer Wohnung bis zu einer bestimmten Zeit verpflichtet hat, auf Räumung der Wohnung, W. **20**, 120; bei Klagen eines von mehreren Miterben in Geltendmachung eines Individualrechts (nach § 2039 BGB.), RG. **93**, 128, Anm. 2 § 3 ZPO.; und ferner, wenn nicht Besitzeinräumung, sondern einstweilige Überlassung zur Verwahrung zwecks Sicherung vor Schäden verlangt wird, OLG. **19**, 50, oder wenn nur eine vorläufige Regelung des Besitzstandes durch einstweilige Verfügung angestrebt wird, Gr. **51**, 401; OLG. **37**, 84, Anm. 1 § 3 ZPO. unter „einstweilige Verfügung". — Wird Herausgabe von Sachen oder, sofern der Beklagte dazu nicht in der Lage sei, Werterſatz verlangt, so ist der Streitwert nach der Höhe des Zahlungsanspruchs zu bemessen. OLG. 39, 29.

[2] Ohne Rücksicht darauf, ob die Forderung bereits fällig oder betagt oder bedingt ist (z. B. auch Betrag der Forderung auf die künftig zu zahlende Lebensversicherungssumme). W. 19, 43; JW. 25, 1799. — Der Betrag von **Nebenforderungen** (§ 4 ZPO.) kommt nicht mit in Anschlag. RG. 7, 327; 10, 346, 394; 26, 412; JW. 93, 381[2]; 99, 423[2]; 00, 292[1], auch Anm. 2 § 4 ZPO. — Der **Betrag der Forderung** ist nicht nur in den im § 6 bezeichneten Fällen, sondern auch bei Klagen auf **Zahlung** oder auf **Feststellung des Bestehens oder Nichtbestehens** einer Forderung maßgebend, weil der Streit gleich dem über das Eigentum an einer Sache ist, und zwar ohne Rücksicht auf die erhobenen Einwendungen. RG. 57, 411; W. 19, 43; Anm. 1 § 3 ZPO. Dies gilt auch dann, wenn die Parteien darüber streiten, wem von ihnen eine Lebensversicherungssumme bei Eintritt des Versicherungsfalles zusteht. W. 19, 43. Verlangt aber der Kläger Feststellung, daß gewisse Forderungen **nicht dem Beklagten, sondern ihm zustehen,** so ist der Streitwert gemäß § 3 ZPO. zu bemessen, OLG. 17, 74, wobei davon als dem Regelfall auszugehen ist, daß Forderungen denjenigen Betrag, auf den sie lauten, auch wert sind, JW. 93, 466[1]; OLG. 17, 75; 31, 6. — Handelt es sich um Sicherstellung einer Geldrente (z. B. nach § 324 ZPO. oder Unterhaltsrente), so ist, wenn der Streitwert, falls der Anspruch auf die Rente selbst Gegenstand des Streites wäre, sich nach § 10 Abs. 2 oder 3 GKG. bestimmen würde, dies auch für den Streitwert des Anspruchs auf Sicherstellung maßgebend. JW. 25, 2154[13]; 27, 1169[10].

[3] Wenn also Gegenstand der Klage eine **erst noch** (durch Pfand, Bürgschaft) **zu leistende Sicherheit** ist, gleichviel ob die Parteien über die Verpflichtung zur Bestellung allein oder auch über die Höhe des Betrages, mit welchem Sicherheit geleistet werden soll, streiten. RG. 25, 366; JW. 89, 283[2]; OLG. 23, 73. — § 6 findet auch Anwendung bei Ansprüchen auf **Herausgabe einer Kaution** und bei Gegenansprüchen, für die sie bestellt ist. RG. 31, 386; JW. 94, 260[1]. — Bei Sicherung der künftigen Zwangsvollstreckung durch **Arreste und einstweilige Verfügungen** kommt § 3 zur Anwendung, § 6 nur analog. RG. 15, 435; JW. 03, 125[10]; 22, 508[29]; 23,

850[26]; **25,** 2373[45]; **26,** 270[6], 855[32]; OLG. **27,** 11, Anm. 1 § 3 ZPO. unter „einstweilige Verfügung" (a. M. JW. **23,** 848[21]; **27,** 406[15]). Dies gilt auch, wenn durch die einstweilige Verfügung der Gefährdung der für eine Forderung (durch Eintragung ins Grundbuch) bereits bestehenden Sicherheit abgeholfen werden soll. JW. **98,** 657[2]; **99,** 138[1]. Handelt es sich aber um Eintragung einer Vormerkung ins Grundbuch zur Sicherung einer Geldforderung, so ist gemäß § 6 der Betrag dieser Forderung der Streitwert der einstweiligen Verfügung. RG. **35,** 394; JW. **99,** 138[1]; **25,** 2387[2]. — Es kommt nicht darauf an, ob es sich um eine **Leistungs- oder** um eine **Feststellungsklage** handelt. Daher gilt bei Klagen auf Feststellung einer Bürgschaftsverpflichtung der Betrag der Hauptforderung als der Streitwert. RG. **25,** 367; JW. **98,** 3[4]. Desgl. bei Klagen auf Feststellung des Nichtbestehens einer Bürgschaftsverpflichtung. OLG. **25,** 46. — Bei **Sicherstellung anderer Vermögensrechte als Geldforderungen** (z. B. eines Nießbrauchs, eines fideikommissarischen Erbfolgerechts) ist § 6 analog anzuwenden. JW. **91,** 329[2]; Gr. **35,** 1177; OLG. **13,** 72. — Gleichzeitige Geltendmachung der Forderung und ihrer Sicherstellung: Anm. 1 § 5 ZPO. (nur der einfache Betrag der Forderung).

[4] Wenn also die Klage ein **bereits bestehendes Pfandrecht,** sei es ein vertragsmäßiges oder ein gesetzliches oder ein Pfändungspfandrecht, sei es ein Pfandrecht an beweglichen Sachen oder eine Hypothek, Grundschuld, Rentenschuld, zum Gegenstande hat, gleichviel, ob sie auf Durchführung des Pfandrechts (§§ 1147 ff., 1227 BGB.) oder auf Aufhebung (Löschung) oder auf Feststellung des Bestehens oder Nichtbestehens gerichtet ist. OLG. **15,** 47; **23,** 74; JW. **24,** 858[13], 2051[13]; **26,** 855[32]. — Daher ist auch bei einer **Widerspruchsklage** gemäß § 771 Abs. 1 ZPO. der Streitwert nach dem Betrage der der Pfändung zugrunde liegenden Forderung zu bemessen, falls diese nicht etwa den Wert der gepfändeten Gegenstände übersteigt, RG. **10,** 394; JW. 88, 269[1]; **90,** 333[7]; **93,** 381[2]; **99,** 423[2]; **02,** 358[2]; **06,** 769[41]; **10,** 114[18]; **25,** 755[1], 2371 (W. **25,** 43); OLG. **23,** 65; auch wenn die Pfändung nicht auf Grund vollstreckbaren Schuldtitels, sondern auf Grund Arrestbefehls erfolgt ist, JW. **25,** 755[1], 1147[25]. — Dies gilt auch für Klagen auf vorzugsweise Befriedigung aus dem Erlöse gepfändeter

Sachen nach § 805 ZPO. OLG. 23, 74. **Desgleichen**, wenn **im Konkursverfahren** ein Gläubiger aus dem Erlöse von Pfandstücken **abgesonderte Befriedigung** gegenüber der Konkursmasse beansprucht. RG. 22, 338; JW. 96, 281[1]; OLG. 35, 25. Ferner auch, wenn der **Konkursverwalter** eine **Pfändung anficht**. JW. 10, 114[18]. — Bei Klagen auf **Feststellung** des Bestehens einer nach dem AufwGes. v. 16. 7. 25 **aufzuwertenden Hypothek** bestimmt sich der Streitwert nach der gesicherten Forderung in Höhe ihres Aufwertungsbetrages ohne Rücksicht auf ihre erst am 1. 1. 32 eintretende Fälligkeit. JW. 25, 1146[23], 1625[21], 1799[2]; 26, 2476[9] (a. M. [Wert der Hypothek maßgebend, Abzug des Zwischenzinses] OLG. 25, 649[19]; 26, 210[2]). Gleiches gilt für Klagen auf **Löschung** einer **aufgewerteten Hypothek**. JW. 24, 983[17]; 26, 854[26]. Hat aber die aufgewertete Hypothek eine geringere Aufwertung als die gesicherte Forderung erfahren, so ist für den Streitwert der Löschungsklage der Aufwertungsbetrag der Hypothek maßgebend. JW. 25, 2323[2]; 26, 157[1]. — Dagegen ist, wenn ein **Dritter** Sachen, an denen ein **Pfandrecht** geltend gemacht wird, **herausverlangt**, der Wert der herausverlangten Sachen (§ 6 Halbs. 1) maßgebend. Gr. 49, 1008; auch OLG. 23, 71 (wonach aber, wenn das vom Beklagten geltend gemachte Pfandrecht schon in der Klage erwähnt ist, § 6 Halbs. 2 maßgebend sein soll). — Wird auf **Löschung einer Hypothek** geklagt, so ist der eingetragene Betrag der Hypothek maßgebend, selbst wenn die Forderung, für welche die Hypothek bestellt ist, unstreitig ganz oder zum Teil getilgt ist. JW. 93, 125[3]; 96, 170[1]; 98, 348[2], 433[1]; 00, 827[2]; 23, 1039[2]; Gr. 42, 1166; auch RG. 34, 173; JW. 01, 649[1] (vgl. jedoch OLG. 23, 75, wonach, wenn der Bürge auf Rückübertragung der für die Bürgschaftsschuld bestellten Hypothek wegen Nichtbestehens der Schuld klagt, der Betrag der vom Beklagten behaupteten Forderung maßgebend sein soll). Bei Sicherungshöchstbetraghypotheken (§ 1190 BGB.) entscheidet der eingetragene Höchstbetrag. JW. 92, 330[2]; Gr. 36, 1195; OLG. 31, 7. — Auch bei einer Klage auf **Herausgabe** der **zur Sicherung übereigneten Sache**, um daraus Befriedigung zu erlangen, bildet das in der Sicherungsübereignung begründete Pfandrecht den Gegenstand des Rechtsstreits (so daß gegebenenfalls der geringere Betrag der Forderung maßgebend ist).

OLG. 35, 16; 37, 83. — Auf die Geltendmachung eines **Zurückbehaltungsrechts** (§ 273 BGB.) ist § 6 Halbs. 2 S. 2 nicht anwendbar. RG. 12, 155; JW. 93, 382[3]; 99, 424[3]; 01, 120[1]. Daher bestimmt sich bei Klagen auf Herausgabe einer Sache der Streitwert auch dann nach § 6 Halbs. 1, wenn diese Klage durch einen Zurückbehaltungsanspruch des Beklagten veranlaßt worden ist. JW. 94, 260[2]; 99, 424[3]; OLG. 23, 72. Ist ferner eine negative Feststellungsklage lediglich darauf gerichtet, daß dem Beklagten ein Anspruch nicht zustehe, so bestimmt sich der Streitwert nach diesem Anspruch, auch wenn deswegen vom Beklagten eine Sache zurückbehalten wird. JW. 06, 174[22]. — Bei der Klage **gegen** den **Ehemann** auf **Duldung der Zwangsvollstreckung** in das Frauengut gemäß § 739 ZPO. ist § 6 entsprechend anzuwenden und der Streitwert nach dem Betrage der Forderung zu bemessen, es sei denn, daß das eingebrachte Gut einen geringeren Wert hat. OLG. 25, 45; 31, 4 (anders OLG. 25, 46; 27, 165; 29, 172; 42, 33: Interesse des Klägers an der Erleichterung der Vollstreckung nach § 3 ZPO. zu schätzen). — **Nicht § 6, sondern § 3** kommt zur Anwendung: bei Ansprüchen eines Hypothekengläubigers aus § 1134 BGB. wegen drohender Verschlechterung des belasteten Grundstücks, OLG. 23, 66: bei Klagen des Hypothekenschuldners auf Feststellung der Unzulässigkeit der Kündigung der Hypothek, OLG. 23, 70; bei einem Streit darüber, ob der Kläger, wenn und insoweit er den Beklagten wegen seiner Forderung befriedigt, nicht nur die zu deren Sicherung eingetragene Hypothek erwirbt, worüber kein Streit besteht, sondern auch einen entsprechenden Teil einer anderen Hypothek, die ein ebenfalls zur Sicherung der Forderung dienendes Nebenrecht sein soll, W. 11, 98; bei einer Klage auf Abtretung einer dem Kläger bereits verpfändeten Hypothek, OLG. 31, 5; bei Klagen auf Löschung eines auf Grund des § 16 Abs. 2 AufwGes. v. 16. 7. 25 eingetragenen Widerspruchs, JW. 26, 2644[2]; 27, 407[21].

[5] Für die Frage, ob der **Wert des Pfandgegenstandes geringer** ist als der Betrag der Forderung, ist der Zeitpunkt der Klagerhebung maßgebend, es sei denn (vgl. § 9 Abs. 2 GKG.), daß sich der Umfang des Streitgegenstandes bis zum Urteil erhöht hat. JW. 25, 2371[40]. Wenn der Wert des Pfandgegenstandes maßgebend sein soll, sind vorhergehende

auf dem Pfandobjekte ruhende Pfandforderungen nicht in Abzug zu bringen. RG. 22, 388; JW. 96, 281[5]. Dagegen ist bei Klagen auf Eintragung eines fideikommissarischen Erbrechts in das Grundbuch der Wert der voreingetragenen Lasten abzuziehen. JW. 91, 329[20] (Gr. 35, 1177). — Ist eine **Lebensversicherungspolice verpfändet,** so ist, wenn der Versicherte noch lebt, aber eine Fortsetzung der Versicherung (z. B. zufolge Konkurses) von seiner Seite nicht anzunehmen ist, der Wert nach dem zur Zeit der Klagerhebung bestehenden Rückkaufspreise zu bemessen. OLG. 15, 47, vgl. jedoch 23, 73. — Wenn der Kläger, der wegen einer vollstreckbaren Forderung eine **Briefhypothek** seines Schuldners gepfändet hat, auf **Herausgabe des Hypothekenbriefes** zwecks Verwirklichung seines Pfändungspfandrechts (vgl. §§ 830, 837 ZPO.) klagt, ist unter entsprechender Anwendung des § 6 ZPO. das für den Streitwert nach § 3 ZPO. maßgebende Interesse des Klägers an der Herausgabe auf den im Verhältnis zur vollstreckbaren Forderung geringeren Verkehrswert der Hypothek als des Gegenstandes des Pfändungspfandrechts zu bemessen. W. 10, 397.

[6] In **Anfechtungsstreitigkeiten** aus dem **Anfechtungsgesetz** ist der Streitwert an sich nach § 3 ZPO. zu schätzen, jedoch § 6 dahin entsprechend anzuwenden, daß die Schätzung nach oben durch die Höhe der Forderung, zu deren Befriedigung die Anfechtung dienen soll, begrenzt wird, und daß, wenn der Wert des Gegenstandes, dessen Rückgewähr verlangt wird, geringer, dieser für den Streitwert maßgebend ist. RG. 7, 394; 47, 375; JW. 03, 180[26]; 10, 335[13]; OLG. 40, 342 (a. M. JW. 00, 520[2]). Daher ist bei einer Anfechtungsklage auf Gestattung der Zwangsvollstreckung in ein Grundstück der Wert des Grundstücks nach Abzug der Hypotheken maßgebend, wenn er geringer ist als die Forderung. JW. 03, 180[26]. Wird eine Hypothek angefochten und fällt sie bei der Zwangsversteigerung teilweise aus, so bildet der zur Hebung gelangte Betrag den Streitwert. JW. 97, 105[1]; 25, 44. — Bei **Anfechtungsklagen des Konkursverwalters** ist der Streitwert nicht gemäß § 6 ZPO. nach dem Werte der zurückzugewährenden Sache zu bemessen, sondern gemäß § 3 ZPO. nach dem Interesse, das die Konkursmasse an der Beseitigung der aus der angefochtenen Handlung ihr entstandenen

Nachteile hat. RG. **34**, 405; JW. **02**, 391[3]; **10**, 114[18]; OLG. 19, 48, 49; 25, 44; **40**, 342. — Bei **Vorrechtsstreitigkeiten in der Zwangsvollstreckung** entscheidet der Betrag der geringeren unter den konkurrierenden Forderungen bis zur Höhe des Wertes der Pfandsache. RG. **4**, 366; JW. **00**, 292[1]; OLG. 13, 70.

V. § 7 ZPO.

Der Wert einer Grunddienstbarkeit[1] wird durch den Wert, welchen dieselbe für das herrschende Grundstück hat, und wenn der Betrag, um welchen sich der Wert des dienenden Grundstücks durch die Dienstbarkeit mindert, größer ist, durch diesen Betrag bestimmt[2].

[1] Wenn über **Bestehen** oder den **Umfang** der Dienstbarkeit (§§ 1018 ff. BGB.) gestritten wird. JW. **08**, 277[15], W. **10**, 169. — Wegedienstbarkeit: JW. **02**, 587[1], 603[1]. — Entsprechende Anwendung bei grunddienstbarkeitsähnlichen nachbarrechtlichen Eigentumsbeschränkungen, sog. **Legalservituten**. RG. **67**, 81; auch W. **16**, 57 (s. unten: Voraussetzung für eine entsprechende Anwendung des § 7). Auch ist bei Klagen auf Unterlassung von **Immissionen** (§§ 903, 906, 907, 1004 BGB.), wenn das Grundstück des Klägers im Falle der Zulassung der Immissionen eine Wertverminderung auf unbestimmte Zeit erleiden würde, der an sich nicht anwendbare § 7 insofern zum Vorbild zu nehmen, als bei Ausübung des nach § 3 maßgebenden richterlichen Ermessens die Wertminderung des Grundstücks zu berücksichtigen ist. JW. **98**, 153[1], vgl. jedoch **02**, 391[4] (bei einer Klage auf Verbot der Einwirkung einer Drahtseilbahn auf das Grundstück des Klägers § 7 nicht anwendbar, sondern das nach freiem Ermessen gemäß § 3 ZPO. zu bestimmende Interesse des Klägers an der Eigentumsfreiheit maßgebend). — Bei der **Negatorienklage** wegen Störung des Eigentums (§ 1004 BGB.) gilt § 7 nur, wenn nach dem Inhalt der Klage die Störungen sich als Ausübung einer Dienstbarkeit darstellen; sonst § 3. RG. **3**, 394; JW. **95**, 143[1]; **99**, 482[3]; W. **11**, 300; auch JW. **02**, 391[4]; OLG. **23**, 159. — Wenn **lediglich** die **Beseitigung** der **Störung** (Beeinträchtigung) in der Ausübung **einer** unter den Parteien an sich nicht strittigen (weder hinsichtlich des Bestehens noch des

Umfangs, **Grunddienstbarkeit** Gegenstand der Klage ist, findet nicht § 7, sondern § 3 Anwendung. W. **09**, 374, auch JW. **08**, 277[15] (§ 7 dagegen für den anderen Fall eines Streites über die Beeinträchtigung, der zugleich den Umfang der Grunddienstbarkeit betrifft. JW. **06**, 311[17]; OLG. **33**, 73). — Ist **im Streit, ob** ein unstreitig dem Beklagten zustehendes Fischereirecht **ablösbar** ist, so ist nicht der Wert des Fischereirechts maßgebend, sondern das nach § 3 ZPO. zu schätzende Interesse des Klägers an der Ablösbarkeit. JW. **11**, 549[34].

Rein **obligatorische Rechte** der einen Partei **auf Duldung** der Vornahme einer Handlung (z. B. Durchlegung von Wasserleitungsröhren, Entnahme von Ton zur Ziegelfabrikation) auf dem Grundstück der anderen Partei fallen nicht unter § 7. W. **11**, 300; OLG. **4**, 263. Auch ist in W. **10**, 293 die entsprechende Anwendung des § 7 auf eine persönliche Verpflichtung zur Unterlassung von Bauten verneint, weil § 7 als Ausnahmebestimmung nach der feststehenden Rechtsprechung des Reichsgerichts (RG. **3**, 394; JW. **94**, 180[7]; **99**, 482[3]; **02**, 391[4]) überhaupt nicht auf ähnliche Fälle entsprechend angewendet werden könne. In RG. **29**, 406 ist allerdings auf ein von einer Behörde vertragsmäßig erworbenes Recht auf Baubeschränkung, auf Grund dessen Beseitigung vertragswidriger Aufbauten verlangt wurde, § 7 entsprechend angewendet worden (vgl. dagegen JW. **94**, 180[7], 420[2]). Dazu ist aber in W. **16**, 57 bemerkt, daß diese Entscheidung für das Gebiet des gemeinen Rechts ergangen sei, das als Grunddienstbarkeiten auch die sog. irregulären Servituten zugunsten einer physischen oder juristischen Person zugelassen habe, daß jedoch nach dem Begriff der Grunddienstbarkeit aus dem BGB. eine entsprechende Anwendung des § 7 auf der einen Seite ein dienendes, auf der anderen Seite ein herrschendes Grundstück zur Voraussetzung habe, so daß die Wertminderung des einen mit der Werterhöhung des anderen verglichen werden könne. Von diesem Gesichtspunkt aus ist bei einer Klage eines Grundstückseigentümers auf Unterlassung der Entnahme von Wasser gegen eine Stadtgemeinde, die sich auf eine vertraglich ihr gegenüber übernommene Verpflichtung zur Duldung der Wasserentnahme stützen zu können meinte, der § 7 für nicht anwendbar erklärt worden. Vgl. auch JW. **14**, 543[21]. — Soll Beklagter als Dritter **eine**

Grundlast zufolge vertraglicher Verpflichtung beseitigen, so ist weder § 7, noch § 6 ZPO. anwendbar, vielmehr ist der Streitwert nach dem Betrage der zur Befreiung des Grundstücks von der Last notwendigen Ausgaben gemäß § 3 ZPO. zu bemessen. JW. **95,** 181[2]. Dabei ist, auch wenn die Last noch auf anderen Grundstücken zur Mithaft eingetragen ist, doch die ganze Last, nicht bloß ein verhältnismäßiger Anteil davon, in Betracht zu ziehen. JW. **98,** 385[2], 603[1]. Verlangt der Käufer von dem Grundstücksverkäufer, der an sich zur Auflassung bereit ist, Auflassung des Grundstücks „frei von einer eingetragenen Last", so ist der Streitwert gemäß § 3 ZPO. nach dem Werte der Last (z. B. einer Rente) zu bemessen. OLG. 21, 60.

[2] **In der Revisionsinstanz** (sowie Berufungsinstanz) findet, wenn das Bestehen oder Nichtbestehen einer Grunddienstbarkeit Gegenstand des Streites ist, gemäß § 546 Abs. 2 (§ 511a Abs. 2) ZPO. auf den Wert des Beschwerdegegenstandes § 7 in der Weise Anwendung, daß abweichend von den sonst geltenden Grundsätzen (s. Anm. 1 § 3 ZPO. unter „höheren Instanzen") das Interesse des revidierenden (berufenden) Beklagten nicht dem Höchstbetrage nach durch das Interesse des Klägers begrenzt wird, denn er hat nach § 7 das Recht, den Streitgegenstand nach seinem etwa höheren Interesse, das sich, je nachdem er Eigentümer des herrschenden oder des dienenden Grundstückes ist, aus dem Mehrwert des herrschenden oder aus dem Minderwert des dienenden Grundstücks ergibt, bemessen zu lassen, auch wenn dies in den Vorinstanzen nicht geschehen ist. RG. **63,** 100; **67,** 81; JW. **08,** 277[15]; **09,** 319[20]; W. **11,** 300. Jedoch gilt dies nur mit der Einschränkung, daß, wiewohl es sich um eine Grunddienstbarkeit handelt, der Revisionskläger (Berufungskläger), dessen Interesse an dem Bestehen oder dem Nichtbestehen der Grunddienstbarkeit den Betrag der Revisionssumme (Berufungssumme) nicht erreicht, sich nicht auf das höhere Interesse des Revisionsbeklagten (Berufungsbeklagten) berufen kann. RG. **16,** 342; **45,** 404; **63,** 99; JW. **87,** 431[2]; **88,** 408[9]; **97,** 109[14]; **09,** 319[20], 395[14]; **11,** 948[10]; W. **09,** 430. Ist also der Eigentümer des dienenden Grundstücks der Revisionskläger (Berufungskläger), so kommt hinsichtlich der Berechnung der Beschwerdesumme stets nur die Wertminderung

des dienenden Grundstücks in Betracht, gleichviel, ob der Revisionskläger (Berufungskläger) auf Feststellung des Bestehens der Grunddienstbarkeit verklagt ist oder er auf Feststellung des Nichtbestehens der Grundienstbarkeit geklagt hat, und gleichviel, ob der Minderwert des dienenden Grundstücks höher oder niedriger als der Mehrwert des herrschenden Grundstücks ist. Wenn der Eigentümer des herrschenden Grundstücks der Revisionskläger (Berufungskläger) ist, bestimmt sich die Beschwerdesumme stets nur nach dem Mehrwert des herrschenden Grundstücks, gleichviel, ob der Revisionskläger (Berufungskläger) auf Feststellung des Bestehens der Grunddienstbarkeit geklagt hat oder er auf Feststellung des Nichtbestehens der Grunddienstbarkeit verklagt ist, und gleichviel, ob der Mehrwert des herrschenden Grundstücks höher oder niedriger als der Minderwert des dienenden Grundstücks ist.

VI. § 8 ZPO.

Ist das Bestehen oder die Dauer eines Pacht- oder Mietverhältnisses streitig, so ist der Betrag des auf die gesamte streitige Zeit fallenden Zinses und, wenn der fünfundzwanzigfache Betrag des einjährigen Zinses geringer ist, dieser Betrag für die Wertsberechnung entscheidend[1].

[1] § 8 ist nur für den Fall, daß der Zins für die streitige Zeit geringer als der einjährige Zins ist, sowie für die zur Feststellung der sachlichen Zuständigkeit erforderliche Wertberechnung maßgebend. Im übrigen gilt hinsichtlich der **Gebührenberechnung bei Pacht- oder Mietstreitigkeiten** § 10 Abs. 1 GKG. Vgl. Anm. 1, 2, 3 dazu.

VII. § 9 ZPO.

Der Wert des Rechts auf wiederkehrende Nutzungen oder Leistungen[1] wird[2] nach dem Werte des einjährigen Bezugs berechnet[3] und zwar:

auf den zwölfundeinhalbfachen Betrag, wenn der künftige Wegfall des Bezugsrechts gewiß, die Zeit des Wegfalls aber ungewiß ist[4];

auf den fünfundzwanzigfachen Betrag, bei unbeschränkter[5] oder bestimmter Dauer des Bezugsrechts. Bei bestimmter Dauer des Bezugsrechts[5a] ist der Gesamtbetrag der künftigen Bezüge maßgebend, wenn er der geringere ist[6].

[1] Rechte auf **wiederkehrende Nutzungen oder Leistungen:** Vgl. BGB. § 520 (schenkweise Unterstützungen), § 759 (Leibrente), § 912 (Überbaurente), § 917 (Notwegrente), § 1105 (Reallasten); Art. 15 preuß. AG. z. BGB. v. 20. 9. 99 (Altenteil). Als Ansprüche auf wiederkehrende Leistungen sind auch Forderungen auf Mietzinsen (z. B. im Falle eines Mietvertrages auf unbestimmte Zeit) zu erachten (a. M. JW. **24,** 2043[23]; **27,** 858[10]). Wegen der Unterhalts- und Rentenforderungen, bezüglich deren für die Gebührenberechnung nicht § 9 ZPO., sondern § 10 GKG. gilt, s. Anm. 6. — § 9 setzt „wiederkehrende", d. h. **gleichbleibende** Leistungen voraus. Bei wechselnden Beträgen erfolgt die Festsetzung des Streitwerts nach freiem Ermessen gemäß § 3 ZPO. RG. **66,** 424; JW. **00,** 48[4]; **04,** 473[15]; auch Anm. 6 § 10 GKG. Vgl. jedoch RG. **36,** 416; JW. **96,** 583[2]; **99,** 1[3]; **00,** 48[4]. — Wenn ein **Wohnungsrecht** lediglich als solches, nicht als Teil eines Rechts auf wiederkehrende Leistungen (z. B. Altenteil) geltend gemacht wird, kommt nicht § 9, sondern § 3 ZPO. zur Anwendung. JW. **99,** 1[1]; OLG. **40,** 345. Vgl. jedoch JW. **97,** 305[12].

[2] § 9 findet nur Anwendung, wenn **das (ganze) Bezugsrecht** (auf wiederkehrende Leistungen) selbst Gegenstand einer Verurteilungs- oder Feststellungsklage (positiven oder negativen) ist, nicht, wenn nur einzelne Leistungen auf Grund des Rechts geltend gemacht werden. JW. 24, 2043[23]. Der Streitwert des Rechts nach § 9 umfaßt also alle, aber auch nur die **zur Zeit der Klagerhebung noch nicht fälligen** Bezüge; Rückstände (vor der Klagerhebung schon fällige Einzelleistungen) werden besonders berechnet und dem Werte des Rechts auf wiederkehrende Nutzungen oder Leistungen hinzugezählt. RG. (VZS.) **19,** 416; **58,** 294; **77,** 325; JW. **87,** 432[4]; **04,** 473[15]; **21,** 1251[1]; **25,** 382[13], 2153[9]. Die nach der Klagerhebung fällig werdenden Bezüge sind nicht als Rückstände neben dem nach § 9 ZPO. für das Bezugsrecht selbst zu berechnenden Kapital noch besonders zu berechnen. RG. **23,** 359; **77,** 325; JW. **91,** 221[1];

94, 117[2], 420[1]; **27**, 842[3]. Dies gilt auch für die Wertberechnung in der Berufungs- und der Revisionsinstanz, wiewohl nach § 4 ZPO. für die Wertberechnung in diesen Instanzen der Zeitpunkt der Einlegung des Rechtsmittels entscheidend ist. RG. **114**, 275; JW. **25**, 381[10], 382[13], 2153[9], 2154[11] (a. M. JW. **27**, 1169[12]). Wenn aber der Kläger ursprünglich auf Feststellung, daß der Beklagte zum Ersatz allen dem Kläger etwa künftig noch entstehenden Schadens in Gestalt der Zahlung einer Rente von unbestimmter Dauer verpflichtet sei, geklagt hat und dann im Laufe des Rechtsstreits zur Leistungsklage auf Zahlung von Renten übergegangen ist, sind die fälligen Renten für die Zeit bis zu diesem Übergange als Rückstände selbständig in Rechnung zu stellen. RG. **77**, 324; JW. **21**, 1251[1].

[3] Sowohl bei **Leistungs-**, als auch bei **Feststellungsklagen**, JW. **84**, 169[3]; auch RG. **71**, 69 (s. jedoch Anm. 2 wegen der Berechnung der Rückstände). — Die vertragsmäßige Festsetzung der schon auf gesetzlicher Vorschrift beruhenden Ansprüche steht der Anwendung des § 9 nicht entgegen. OLG. **25**, 125. — Handelt es sich aber um Feststellung **bedingter Ansprüche**, so kommt nicht § 9, sondern § 3 ZPO. zur Anwendung, so daß der Streitwert nach freiem Ermessen zu bestimmen ist. JW. **90**, 177[2]; **98**, 197[1]; **08**, 13[16]. Desgleichen: bei jährlichen Leistungen, die **erst nach einer Reihe von Jahren beginnen** sollen, RG. **26**, 409; JW. **90**, 235[2]; **94**, 117[2]; **08**, 44[19]; wenn es erst **von einem später**, vielleicht zu einem noch gar nicht zu bestimmenden Zeitpunkt **eintretenden Ereignis abhängt**, ob eine Zahlung überhaupt wird gefordert werden können, JW. **09**, 663[13] (W. **09**, 545); bei der Klage auf Feststellung eines ziffermäßig nicht bestimmten Anspruchs mit Teilleistungen, die sich auf längere Zeit in die Zukunft erstrecken und in ihrem **Umfange von wechselnden Verhältnissen abhängig** sind (z. B. auf Ersatz „allen" durch ein Ereignis erlittenen Schadens), RG. **66**, 424; JW. **12**, 41[34] (W. **12**, 42), auch (Bierbezugsrecht auf längere Zeit) OLG. **15**, 45. (Die Ansicht in RG. **57**, 412, daß der Streitwert gemäß §§ 9, 6 ZPO. nach dem Gesamtwerte aller künftigen, voraussichtlich zu machenden Leistungen zu bemessen sei, ist vom RG. aufgegeben). — Handelt es sich um Leistungen, deren **Wert wechselt**, so ist der Wert des einjährigen Bezugs auf einen gemäß

§ 3 ZPO. frei zu schätzenden Jahreswert zu bemessen. OLG. **41,** 243. Sind die Zeitabschnitte, für die Leistungen von wechselndem Wert entrichtet werden sollen, ungleich, so ist hierbei nicht ein durchschnittlicher Jahreswert, sondern für die einzelnen Zeitabschnitte sind die wechselnden Werte zugrunde zu legen. OLG. **42,** 54; JW. **23,** 614. Wenn die Leistungen im Laufe der Zeit höher werden, ist gemäß § 3 ZPO. der Streitwert zwischen dem 12½fachen Betrage der niedrigsten und dem 12½fachen Betrage der höchsten Leistung festzusetzen. RG. **36,** 416; JW. **99,** 1[3]; **00,** 48[4].

[4] Ein **Bezugsrecht,** dessen **Wegfall in unbestimmter Zeit gewiß** ist, ist z. B. das Zinsrecht von einer Hypothekenforderung, auch wenn diese erst nach Kündigung fällig wird. OLG. **23,** 77. Dagegen nicht Rechte, von denen es **gewiß** ist, daß sie **weniger als** 12½ **Jahre** dauern werden. Hier gilt § 3 ZPO. RG. (VZS.) **24,** 375; **37,** 382; JW. **92,** 237[8]; **93,** 265[1]; **95,** 477[1], 537[2]; **96,** 69[3], 300[3]; W. **09,** 374; OLG. **33,** 17; vgl. auch JW. **00,** 180[2]. Ist dagegen zwar der **Wegfall** des Rechts gewiß, aber **unbestimmt,** ob er **vor oder nach Ablauf der** 12½ **Jahre** eintreten wird, so kommt § 9 Abs. 1 ZPO. zur Anwendung. JW. **93,** 196[1]; **94,** 117[2]; **97,** 342[3]. Dies gilt namentlich von Rechten, welche **auf Lebenszeit** währen. JW. **94,** 117[2]; **97,** 342[2] (a. M. JW. **26,** 70[4] [für den Fall hohen Alters des Bezugsberechtigten vermutliche Lebensdauer maßgebend, was aber irrig ist]). So auch von Gehaltsansprüchen der Beamten. JW. **24,** 1988[22], s. jedoch Anm. 6. — § 9 ist aber auch dann anwendbar, wenn der **Wegfall** oder die Minderung des Rechts auch **durch andere Umstände als** Eintritt des **Todes,** z. B. durch Veränderung in den Vermögens- und Erwerbsverhältnissen der Beteiligten, herbeigeführt werden kann. RG. **44,** 370; JW. **92,** 320[3]; **97,** 228[2].

[5] **Bezugsrechte von unbeschränkter Dauer** sind z. B. eine Rentenschuld, eine aktiv vererbliche Reallast. OLG. **23,** 77. Auch der Wegfall einer geforderten Überbaurente aus § 912 BGB. ist nicht als gewiß anzusehen, so daß der Streitwert nach dem 25fachen Betrage zu bemessen ist. OLG. **17,** 77; 23, 77.

5a Um ein **Bezugsrecht** von **bestimmter Dauer,** auf das der Schlußsatz Anwendung findet, handelt es sich z. B., wenn der Kläger, nachdem der Beklagte zur Zahlung einer Rente bis zu einem bestimmten Lebensalter des Klägers verurteilt worden ist, gemäß § 323 ZPO. Erhöhung der Rente verlangt. JW. 25, 2154[10].

[6] Bezüglich der auf gesetzlichen Vorschriften beruhenden Unterhaltungsansprüche, der Rentenansprüche aus unerlaubter Handlung und Unfallshaftung sowie der Gehalts- und Lohnansprüche gilt hinsichtlich der Gebührenberechnung § 10 Abs. 2, 3 GKG., so daß § 9 ZPO. in dieser Beziehung nur hinsichtlich der Frage der sachlichen Zuständigkeit maßgebend ist. — Bei Berechnung der Revisionssumme (oder Berufungssumme, §§ 511a, 546 ZPO.) kommt in diesen Fällen ebenfalls § 9 ZPO., nicht § 10 GKG. zur Anwendung. RG. 71, 69; JW. 00, 413[7]; 03, 27[26]; Gr. 52, 1112.

**** § 148 KO. lautet:**

Der Wert des Streitgegenstandes eines Prozesses über die Richtigkeit oder das Vorrecht einer Forderung[1] ist mit Rücksicht auf das Verhältnis der Teilungs- zur Schuldenmasse[2] von dem Prozeßgerichte nach freiem Ermessen festzusetzen[3].

[1] D. i. **Richtigkeit oder Vorrecht einer Konkursforderung** (§§ 61 ff., 146 KO.). Nicht hierher gehören Masseforderungen (§§ 57 ff.), Aussonderungsansprüche (§§ 43 ff.), Ansprüche auf abgesonderte Befriedigung (§§ 47 ff. KO.). Im letzteren Falle kommt, wenn der Kläger abgesonderte Befriedigung aus dem Erlöse der ihm verpfändeten Gegenstände beansprucht, § 6 ZPO. zur Anwendung. JW. 96, 281[1]. Auch Ansprüche gegen den bestreitenden Gemeinschuldner (§ 144 Abs. 2 KO.) fallen nicht unter § 148 KO., vielmehr bildet hier der ganze Betrag der Forderung den Streitwert. RG. 24, 405. Daher ist, wenn eine Klage auf Feststellung einer bestrittenen Forderung gegen den Konkursverwalter und zugleich gemäß § 144 Abs. 2 KO. auch gegen den Gemeinschuldner gerichtet ist, der volle Betrag der Forderung für die Bestimmung des Streitwerts maßgebend. OLG. 15, 50. Ein **Pfändungspfandrecht** jedoch, das der Gläubiger auf Grund eines nach der Klagerhebung erlassenen Arrestes erlangt hat, schließt, wenn nach demnächstiger Konkurseröffnung der Rechtsstreit mit dem Antrag auf Feststellung der im Prüfungstermin bestrittenen Forderung aufgenommen wird, die Anwendung des § 148 nicht aus. OLG. 27, 14.

[2] Auch im Rechtsstreite befangene sowie sonstige **bestrittene**, noch nicht zur Feststellung gebrachte oder garnicht mit der Feststellungsklage verfolgte **Konkursforderungen** sind **in die Berechnung einzustellen**, und zwar mit einer der Wahrscheinlichkeit entsprechenden Quote. JW. 96, 602[22]; 99, 228[17].

[3] Gemäß den §§ 3, 4 ZPO. bestimmt sich der Streitwert für nicht bevorrechtigte Konkursforderungen nach der **zur Zeit der Klagerhebung vorhanden gewesenen Masse**, so daß durch eine spätere, damals nicht vorauszusehende Steigerung der Dividende der Streitwert nicht erhöht wird. Gr. 43, 1217 (VI. ZS.), anders (Zeitpunkt der Festsetzung maßgebend) Gr. 38, 1180 (IV. ZS.). — Ist der **Rechtsstreit zur Zeit der Konkurseröffnung anhängig**, so ist von dem Zeitpunkte der Fortsetzung des Rechtsstreits ab die Forderung als Konkursforderung gemäß § 148 KO. bei der Festsetzung des Streitwerts in Betracht zu ziehen, JW. 94, 114[7], sofern an die Stelle des bisherigen Klagantrags nunmehr ein Antrag auf Feststellung der im Konkurse bestrittenen Forderung getreten ist, JW. 93, 126[8].

*** Abs. 2 ist dem § 9 GKG. durch Art. IV Ges. v. 18. 8. 23 (RGBl. I 814) angefügt. Vgl. über diese Bestimmungen Anm. 1 § 4 ZPO.

10 (9a). Ist das Bestehen oder die Dauer eines Pacht- oder Mietverhältnisses[1] für einen längeren als einjährigen Zeitraum[2] streitig[3], so wird der Wert auf den Betrag des einjährigen Zinses[4] berechnet.

Bei Ansprüchen auf Erfüllung einer auf gesetzlicher Vorschrift beruhenden Unterhaltspflicht[5] wird der Wert des Rechtes auf die wiederkehrenden Leistungen, falls nicht der Gesamtbetrag der geforderten Leistungen geringer ist, auf den Betrag des einjährigen Bezugs berechnet[6].

[7]**Bei Ansprüchen auf Entrichtung einer Geldrente, die nach den §§ 843, 844 des Bürgerlichen Gesetzbuchs (Reichsgesetzbl. 1896 S. 195), den §§ 3, 3a, 7 des Ge-**

setzes, betreffend die Verbindlichkeit zum Schadensersatze für die bei dem Betriebe von Eisenbahnen, Bergwerken usw. herbeigeführten Tötungen und Körperverletzungen (Reichsgesetzbl. 1871 S. 207, 1896 S. 616), den §§ 10, 11, 13 des Gesetzes über den Verkehr mit Kraftfahrzeugen (Reichsgesetzbl. 1909 S. 437) oder den §§ 21, 22, 24 des Luftverkehrsgesetzes (Reichsgesetzbl. 1922 I S. 681) erhoben werden, wird der Wert des Rechtes auf die wiederkehrenden Leistungen, falls nicht der Gesamtbetrag der geforderten Leistungen geringer ist, auf den fünffachen Betrag des einjährigen Bezugs berechnet[8]. Das gleiche gilt für die Berechnung des Wertes bei Geltendmachung der Ansprüche auf wiederkehrende Leistungen aus dem Beamten- und Arbeitsverhältnis[9].

Ist für die Dauer des Rechtsstreits, welcher eine Ehesache betrifft, über die Unterhaltspflicht der Ehegatten[5] zu entscheiden[10], so wird der Wert des Rechtes auf Entrichtung einer Geldrente auf den halbjährigen Betrag derselben berechnet[11].

[1] Gleichviel, ob es sich um ein **Haupt-** oder um ein **Unter-miet- (pacht-) verhältnis** handelt. Gr. 54, 1107 (JW. 10, 291[27]). — Findet auch auf **Jagdpachtverträge** Anwendung. Gr. 54, 1107 (JW. 10, 291[27]), W. 10, 381. — Gilt dagegen **nicht** für Ansprüche aus **Dienstmietverträgen.** RG. 4, 399; vgl. RG. 30, 372 (Räumung einer Dienstwohnung), JW. 99, 1[1] (unentgeltliches Wohnungsrecht). Auch nicht für Ansprüche aus einem sog. Pachtvertrag über die Gewinnung von Bodenbestandteilen. JW. 03, 49[17]. — Es muß sich um **Klagen zwischen Mieter und Vermieter** handeln; auf Streitigkeiten zwischen anderen Personen zufolge eines Mietverhältnisses (z. B. über den Eintritt des Erben eines Mitpächters in das Rechtsverhältnis des Erblassers zu den anderen Pächtern, oder wenn zwar nach dem Klagantrag Feststellung der Richtigkeit

eines Pachtvertrags begehrt wird, dieser aber mit einem Dritten geschlossen ist und die Parteien als Miteigentümer des Pachtgrundstücks über die Gültigkeit des nach § 745 BGB. gefaßten Mehrheitsbeschlusses streiten, auf Grund dessen der Beklagte die Verpachtung vorgenommen hat), ist § 10 nicht anwendbar. RG. **3,** 424; W. **13,** 116. Vgl. jedoch OLG. **13,** 71; JW. **26,** 2477[12] (Klage gegen einen Bürgen des Mieters). Ist Streit zwischen den Parteien, ob der Kläger oder der Beklagte die Rechte des Pächters geltend machen kann, **ob** also der Kläger **in den Pachtvertrag** als Pächter **eingetreten** ist, so bestimmt sich der Streitwert zwar gemäß § 3 ZPO., § 9 GKG. nach dem Interesse des Klägers an dem Eintritt, jedoch ist bei der Schätzung die im § 10 GKG. angeordnete Art der Berechnung zu beachten. Vgl. W. **10,** 381.

[2] Erstreckt sich der Streit auf einen **geringeren Zeitraum als ein Jahr,** so ist nach dem dann zur Anwendung kommenden § 8 ZPO. (s. Anm. 1 dort unter § 9 GKG.) der Betrag des auf die gesamte streitige Zeit fallenden Zinses entscheidend. — Ist **nicht** ein **auf bestimmte Zeit geschlossener Mietvertrag** behauptet, so ist der Streitwert nach § 3 ZPO. (§ 9 GKG.) zu bemessen und dabei die gesetzliche Mindestdauer sowie die gesetzliche Kündigungsbefugnis für die Bemessung des Streitwerts in Betracht zu ziehen. RG. **17,** 376; JW. **95,** 537[3]. Verlangt der Mieter Auflösung eines auf unbestimmte Zeit, aber unter Festsetzung einer Kündigungsfrist geschlossenen Mietvertrages ohne Einhaltung der Kündigungsfrist, so ist der Mietpreis für die Dauer der vertragsmäßigen Kündigungszeit maßgebend, JW. **98,** 500[3], auch OLG. **13,** 70, jedoch für die Gebührenberechnung gemäß § 10 GKG. höchstens der einjährige Mietzinsbetrag. Da nach der Mieterschutzgesetzgebung (jetzt Ges. v. 30. 6. 26) unbestimmt ist, ob und wann das Mietverhältnis aufgehoben werden kann, kommt bei der Räumungsklage (s. Anm. 3) zur Zeit die Kündigungsfrist nicht in Betracht, sondern ist der Streitwert nach freiem Ermessen zu bestimmen, jedoch für die Gebührenberechnung nach § 10 GKG. auf den Betrag des einjährigen Mietzinses. JW. **25,** 821; auch OLG. **40,** 388. Bei der Aufhebungsklage nach §§ 2 ff. Mieterschutzges. ist nach § 13 Abs. 5 das. der Betrag des einvierteljährigen Mietzinses maßgebend und zwar (JW.

24, 2037[11], OLG. **44,** 3) für das erste Vierteljahr nach der vom Kläger beantragten Vertragsaufhebung.

[3] Nicht bloß im Falle der (positiven oder negativen) Feststellungsklage (§§ 256, 280 ZPO.) über das Bestehen oder die Dauer des Pacht- oder Mietverhältnisses. Auch bei der **Räumungsklage** (nicht § 6 ZPO., sondern § 10 Abs. 1 GKG.), wenn die mit dem Klagantrage begehrte Verurteilung zugleich eine Entscheidung über das streitige Bestehen oder die streitige Fortdauer des Pacht- oder Mietverhältnisses in sich schließt und die Negierung der Fortdauer des Vertragsverhältnisses über den Zeitpunkt der verlangten Räumung hinaus den Klagegrund bildet. RG. **17,** 376; (VZS.) **33,** 3; JW. **96,** 685[2]; **98,** 348[1]; **99,** 1[2]; **00,** 526[19]; **23,** 1043[10]; **25,** 809[13], 821[38], 2386[14]; **26,** 1041[13]; **27,** 408[25]; OLG. **19,** 50; **23,** 75, 76; **40,** 344 (entgegen: RG. **26,** 431; Gr. **35,** 1176). Dagegen nicht, sondern § 6 ZPO. anzuwenden, wenn sich der Streit nur auf die Gründe und Folgen der unstreitigen Auflösung des Mietverhältnisses bezieht, JW. **95,** 322[2]; **23,** 771[14]; **24,** 848[7]; **25,** 821[39]; OLG. **35,** 24 (a. M. JW. **23,** 779[7] [§ 3 ZPO. anzuwenden]), oder nur auf die Zulässigkeit einer gewissen Aufkündigung des Mietverhältnisses, JW. **91,** 4[1] (a. M. JW. **23,** 784[20] [§ 3 ZPO. anzuwenden]). — Ist nicht die Frage streitig, ob der zwischen den Parteien geschlossene Mietvertrag besteht oder fortbesteht, sondern nur die Frage, ob der Kläger berechtigt ist, aus dem Mietverhältnisse auszuscheiden und einen Dritten als Mieter an seine Stelle treten zu lassen, so ist der Streitwert gemäß § 3 ZPO. (§ 9 GKG.) nach freiem Ermessen zu bestimmen. OLG. **37,** 82. — Betrifft der **Streit** die Frage, **ob ein Grundstücksteil mitvermietet** ist, so ist der Mietwert dieses Teiles maßgebend. OLG. **4,** 261. Klagt der Mieter auf mietweise Überlassung weiterer Räumlichkeiten, so ist der Streitwert gemäß § 3 ZPO. (§ 9 GKG.) nach dem gemeinen Mietwert der Räumlichkeiten für den Zeitraum, auf dessen Ende zulässigerweise gekündigt werden konnte, zu bemessen. OLG. **43,** 122. — § 10 findet auch nicht Anwendung, sondern § 9 ZPO. (§ 9 GKG.) bei Klagen auf Zahlung künftiger Miete gemäß § 259 ZPO., wenn über das Bestehen oder die Dauer des Mietverhältnisses nicht **Streit** besteht, sondern **nur über die Gefahr nicht rechtzeitiger Erfüllung des Mietvertrages.** OLG. 17, 80.

[4] Es ist der gesamte Mietzins, den der Mieter zu zahlen hat, zu berücksichtigen, nicht bloß der Teil des Mietzinses, der dem Vermieter nach Abzug der Steuern usw. verbleibt. JW. **25,** 809[13]; **26,** 1041[13]. **Andere Faktoren** aber als die **Zinsbeträge** (z. B. beim Jagdpachtvertrage vereinbarte Wiedererstattung des Wildschadens) sind bei der Wertberechnung nicht zu berücksichtigen. Gr. **54,** 1107 (JW. **10,** 291[27]). — Erhöht sich der Mietzins im Laufe einer Instanz des Rechtsstreits bis zum Erlasse des Urteils oder der anderweitigen Beendigung der Instanz, so ist in entsprechender Anwendung des § 9 Abs. 2 GKG. für die Gebührenberechnung der höhere Mietzins der Wertfestsetzung zugrunde zu legen. JW. **25,** 809; **26,** 1041.

[5] Fälle **gesetzlicher** (Gegensatz: auf Vertrag, letztwilliger Verfügung beruhender) **Ansprüche auf Unterhalt:** BGB. § 528 (Unterhaltspflicht gegenüber dem bedürftigen Schenker), §§ 1360, 1361, 1386, 1389, 1608 (Unterhaltspflicht der Ehegatten während Bestehens der Ehe, OLG. **19,** 242; **21,** 216, 220), §§ 1578 ff., 1585 (Unterhaltspflicht der Ehegatten nach erfolgter Scheidung), §§ 1601 ff., 1703, 1739 (Unterhaltspflicht der Verwandten in gerader Linie), §§ 1708 ff. (Unterhaltspflicht des unehelichen Vaters). Vgl. ferner Anm. 11. — Ob die Ansprüche gerichtet sind auf Geldrenten oder auf wiederkehrende Naturalleistungen, macht für die Anwendung des Abs. 2 S. 1 keinen Unterschied. OLG. **21,** 216. — Die Versorgungsgebührnisse der aus dem Dienst ausgeschiedenen Militärpersonen nach dem Offizierpensions- oder dem Mannschaftsversorgungsgesetz sind nicht Ansprüche auf Unterhalt im Sinne des § 10 Abs. 2. OLG. **19,** 242. Vgl. jedoch jetzt Abs. 3 S. 2. — Streitig ist, ob die Vorschrift lediglich auf Klagen zwischen dem Unterhaltsberechtigten und dem Unterhaltspflichtigen zu beschränken ist (s. auch für Ansprüche aus Mietverhältnissen Anm. 1). Nach JW. **26,** 2477[12] soll die Vorschrift auch Anwendung finden, wenn gegen den Bürgen des Unterhaltspflichtigen auf Zahlung von Renten geklagt wird; jedoch erfordert die Vorschrift, daß die Unterhaltspflicht und deren Erfüllung Gegenstand des Streites ist, und dieser Streit kann nur mit dem Unterhaltspflichtigen selbst ausgemacht werden.

[6] Früher war der fünffache Jahresbetrag bestimmt. Durch die Nov. v. 21. 12. 22 ist der Streitwert auf den einjährigen Betrag herabgesetzt. Hinsichtlich der Rückstände gilt das in Anm. 2 § 9 ZPO. Bemerkte hier ebenfalls. JW. **25**, 2153[9]. — Ob unmittelbar auf Grund des Gesetzes oder eines gemäß der gesetzlichen Verpflichtung geschlossenen Vertrags (z. B. des unehelichen Kindes mit seinem Vater) geklagt wird, macht keinen Unterschied. OLG. **7**, 217; **19**, 243; **33**, 175. — Wegen besonderer Berechnung der zur Zeit der Klagerhebung bereits **rückständigen Beträge** vgl. Anm. 2 § 9 ZPO. (§ 9 GKG.), RG. **58**, 294; **77**, 325; auch JW. **03**, 205; OLG. **4**, 262. — Wegen Berechnung des Streitwerts bei Klagen des unehelichen Kindes auf Anerkennung der Vaterschaft neben dem Anspruch auf Zahlung von Alimenten vgl. Anm. 1 § 3 ZPO. (zweite Klaganträge) unter § 9 GKG. — Sind die geforderten Leistungen **nicht ziffermäßig** Jahr für Jahr **gleich**bleibende oder werden für die ersten Jahre verschiedene Geldbeträge und erst für die spätere Zeit fortlaufende gleiche jährliche Renten verlangt, so ist § 10 nicht unmittelbar, sondern nur entsprechend anzuwenden, und zwar dahin, daß als Streitwert der einfache Betrag der durchschnittlichen Jahresleistung anzunehmen ist. OLG. **21**, 133; **23**, 78. Vgl. auch Anm. 1, 3 § 9 ZPO. (bei § 9 GKG.).

[7] Früher enthielt der Abs. 2 zwei Sätze. Durch die Nov. v. 21. 12. 22 wurde im Satz 1 außer der in Anm. 6 erwähnten Herabsetzung des Streitwerts auf den einjährigen Betrag an Stelle der Worte „auf Alimente, welche auf gesetzlicher Vorschrift beruhen" gesetzt „auf Erfüllung einer auf gesetzlicher Vorschrift beruhenden Unterhaltspflicht" und ferner der Satz 2 gestrichen, wonach gleiches wie nach Satz 1 gelten sollte bei Ansprüchen auf Entrichtung einer Geldrente nach den §§ 843, 844 BGB. oder nach den §§ 3, 3a, 7 HaftpflGes. Danach war es streitig, ob der übriggebliebene Satz 1 auch Rentenansprüche aus unerlaubter Handlung umfaßte (RG. **106**, 411; JW. **24**, 412[3]; **26**, 1610[1]; **27**, 527[2] einerseits, RG. **113**, 63; **114**, 275; JW. **25**, 2371[39]; **27**, 860[15] anderseits), sowie die Beamtengehaltsansprüche (JW. **24**, 1542[11], 1988[22]). Durch das Ges. v. 28. 1. 27 ist dann der Abs. 3 eingefügt, der wieder die zuletzt genannten Ansprüche aufgenommen, jedoch, nun abweichend von Satz 1 (jetzt Abs. 2), den Streitwert für diese

Ansprüche nicht auch auf den einjährigen Betrag herabgesetzt, sondern den früheren fünffachen Betrag beibehalten hat, und ferner die Ansprüche aus dem Kraftfahrzeug- und dem Luftverkehrsgesetz sowie die Ansprüche aus dem Beamten- und Arbeitsverhältnis hinzugefügt hat.

[8] Ist ein Anspruch auf Geldrente wegen verschuldeter Körperverletzung **sowohl auf §§ 843, 844 BGB.** oder §§ 3, 3a, 7 HaftpflGes., als **auch auf Vertrag** (z. B. einen Dienstvertrag, § 618 BGB.) gegründet, so ist der Streitwert nicht nach § 10 Abs. 3 GKG., sondern nach § 9 ZPO. (§ 9 GKG.) zu bestimmen. JW. **17,** 231[20]; **27,** 855[1] (W. **17,** 67); OLG. **23,** 260 (a. M. OLG. **13,** 71, 252; **19,** 243, wonach es bezüglich der Anwendung des früheren § 9a Abs. 2, jetzigen § 10 Abs. 3 auf die Rentenansprüche keinen Unterschied macht, ob der Anspruch auf eine unerlaubte Handlung oder auf Verletzung einer vertragsmäßigen Sorgfaltspflicht sich gründet; s. auch Anm. 9). Gleiches gilt von Ansprüchen aus dem in § 10 Abs. 3 nicht mitangezogenen § 845 BGB. JW. **27,** 868[30]. Auch bezieht sich die Vorschrift des § 10 Abs. 3 GKG. nicht auf Regreßansprüche gegen einen Dritten wegen der an den Verletzten zu zahlenden Renten (z. B. einer Berufsgenossenschaft wegen Unfallrenten). JW. **11,** 952[27]; OLG. **11,** 168. — Ferner nicht auf solche Geldrentenansprüche, die in den seit dem 1. 1. 00, dem Inkrafttreten der Nov. z. GKG., durch welche § 9a (jetzt § 10) eingefügt ist, nicht mehr geltenden Rechten ihre Begründung finden. JW. **01,** 458[6], 724[18], 833[2]; Gr. **45,** 383. — Beträge, die der Beklagte von einem Dritten ersetzt verlangen kann, sind nicht in Abzug zu bringen. JW. **02,** 161[1], Anm. 1 § 9 ZPO. — Der Umstand, daß infolge des Ablebens des Klägers im Laufe des Rechtsstreits der Gesamtbetrag der Rente noch nicht das Fünffache der einjährigen Rente erreicht, bewirkt keine Änderung des Streitwerts für die vorhergehenden Prozeßabschnitte, für die bereits Gebühren erwachsen, wenn sie auch nach § 75 noch nicht fällig sind. Vgl. OLG. **35,** 215.

[9] Die Ansprüche aus dem **Beamten- oder Arbeitsverhältnis** müssen das Recht auf wiederkehrende Geld- oder Naturalleistungen betreffen. Es fallen darunter außer Gehalts- und Lohnansprüchen (sofern es sich nicht bloß um einzelne Leistungen handelt; für diese ist § 3 ZPO. [§ 9 GKG.] maßgebend)

auch Schadensersatzansprüche aus dem Beamtenverhältnis oder dem **Arbeitsvertrag** (z. B. nach § 618 BGB.; s. Anm. 8). Früher (s. Anm. 7) fielen Gehalts- und Ruhegehaltsansprüche der Beamten unter § 9 ZPO. JW. **27,** 842[3].

[10] Vgl. § 627 ZPO. (einstweilige Verfügung), auch JW. **00,** 826[1].

[11] Vor der Nov. z. GKG., durch welche der § 9a eingefügt wurde (s. Vorbem. vor § 1), war bei **Alimentationsklagen einer Ehefrau während der Dauer des Ehescheidungsprozesses** der Streitwert nach § 3 ZPO. zu bemessen (RG. [VZS.] **24,** 375; **37,** 382; JW. **92,** 237[8]; **93,** 265[1]; **95,** 477[1], 532[2]), während, wenn Alimentationsansprüche von der Ehefrau ohne zeitliche Endbeschränkung und ohne Rücksicht auf einen von ihr etwa bereits angestellten oder noch anzustellenden Ehescheidungsprozeß geltend gemacht wurden, § 9 ZPO. maßgebend war (JW. **91,** 509; **92,** 213; **94,** 572[2]; **97,** 341[1]; Gr. **38,** 1193). Nach der Nov. bestimmte sich der Streitwert für die Gebührenberechnung im ersteren Falle nach Abs. 3 (einjährige Rente), im letzteren Falle nach Abs. 2 § 9a GKG. (fünffacher Betrag der einjährigen Rente). OLG. **15,** 54; **21,** 216, 220. Durch die Nov. v. 21. 12. 22 wurde im Abs. 3 des § 9a, der nun die Zahl 10 erhielt, an Stelle der Worte „einjährigen Betrag" gesetzt „halbjährigen Betrag", und durch das Ges. v. 28. 1. 27 wurde der Abs. 3 zum Abs. 4. Danach gilt das Vorbemerkte jetzt dahin: Der Streitwert für die Gebührenberechnung bestimmt sich im ersteren Falle nach Abs. 4 (halbjähriger Betrag der Geldrente), im letzteren Falle nach Abs. 2 § 10 GKG. (Betrag des einjährigen Bezugs). Abs. 2 kommt auch dann zur Anwendung, wenn **Alimente bis zur Erlangung eines eigenen Erwerbes oder wirtschaftlicher Selbständigkeit** eines Kindes verlangt werden (JW. **92,** 230[3]; **97,** 228[2]), sowie bei Klagen auf Alimentation eines unehelichen Kindes bis zu einem bestimmten Lebensalter, das aber nur äußerster Endtermin ist (JW. **93,** 196[1]). Handelt es sich um die einstweilige Entscheidung über die Unterhaltspflicht zwischen **Verwandten** für die Dauer des über die Unterhaltspflicht geführten Hauptprozesses, so ist für die Berechnung des Streitwerts nicht Abs. 4, der nur für Ehegatten gilt, sondern ebenfalls Abs. 2 maßgebend. — Unter Umständen, z. B. mit Rücksicht auf die voraussichtlich kurze Dauer des

Hauptprozesses, kann der Streitwert hinter dem halbjährigen Betrag der Geldrente zurückbleiben. Vgl. OLG. 33, 175.

11 (10). **Bei nichtvermögensrechtlichen Ansprüchen**[1] **wird der Wert des Streitgegenstandes zu 2000 Reichsmark, ausnahmsweise niedriger oder höher, jedoch nicht unter 500 Reichsmark und nicht über 50 000 Reichsmark angenommen**[2].

Ist mit einem nichtvermögensrechtlichen Anspruch ein aus ihm hergeleiteter vermögensrechtlicher verbunden[3], **so ist nur ein Anspruch, und zwar der höhere, maßgebend.**

[1] Für die Frage, ob eine Rechtsstreitigkeit über einen vermögensrechtlichen Anspruch vorliegt, ist die **Natur desjenigen Rechts, für das** die **Klagepartei** richterlichen **Schutz verlangt,** maßgebend; ist dieses ein Vermögensrecht, so ist es (hinsichtlich des Streitwerts) einflußlos, wenn der Beklagte geltend macht, er habe die Eingriffe in das klägerische Recht zur Wahrung von Interessen nicht vermögensrechtlicher Natur vorgenommen (z. B. Boykottierung einer Brauerei). RG. 61, 90; JW. 08, 456[25]; 09, 499[25] (W. 08, 433; 09, 524). — **„Nicht vermögensrechtliche Ansprüche"** sind solche, die nicht auf eine Leistung in Geld oder Geldeswert hinauslaufen, namentlich Personenstand, Familien- und Standesverhältnisse, Ehesachen (§§ 606 ff. ZPO.), Entmündigungen (§§ 645 ff. ZPO.), Todeserklärungen (§§ 960 ff. ZPO.), Rechtsverhältnisse zwischen Eltern und Kindern (§§ 640—644 ZPO.) sowie Ehrenrechte betreffen. RG. 40, 412; JW. 00, 797. — **Vermögensrechtliche Ansprüche** sind zunächst alle Ansprüche, die aus Vermögensrechten abgeleitet werden; sodann aber auch die Ansprüche aus nichtvermögensrechtlichen Verhältnissen, sofern sie eine vermögensrechtliche Leistung zum Gegenstande haben. RG. 88, 333; JW. 00, 853[5]. Dazu gehören auch Ansprüche: eines früheren Mitgliedes einer eingetragenen Genossenschaft gegen diese auf Anerkennung, daß der gefaßte Beschluß auf seine Ausschließung aus der Genossenschaft ungerechtfertigt und er noch Genosse sei, RG. 89, 337; W. 08, 176; JW. 16, 267[12] (vgl. dagegen unten hinsichtlich eines Vereins); des

Schriftstellers aus einem Verlagsvertrage gegen den Verleger, JW. **04**, 391[20]; auf Unterhalt aus einem Familien- oder Eheverhältnisse, JW. **00**, 853[5]; gegen den Ehemann auf Leistung eines Prozeßkostenvorschusses für die Ehefrau im Laufe des Ehescheidungsprozesses, JW. **00**, 853[5]; eines Kaufmanns auf den ungestörten Gebrauch seiner Firma, JW. **01**, 652[7]; auf Grund der §§ 3, 13, 14 RGes. gegen d. unl. Wettbew. v. 7. 6. 09 (RGBl. 499), vgl. RG. **40**, 412; JW. **99**, 311[28]; auf Grund widerrechtlichen Eingriffs in einen Gewerbebetrieb, RG. **61**, 89; auf Rückgängigmachung eines vom Konkursverwalter abgeschlossenen Rechtsgeschäfts, JW. **99**, 701[16]; eines Gewerbegehilfen auf Erteilung eines Führungszeugnisses, JW. **02**, 362[16]; auf eine bestimmte angeblich gekaufte Grabstelle, JW. **90**, 150[2], vgl. Gr. **32**, 885 (s. jedoch RG. **12**, 280); auf Aufhebung einer gegen den Kläger verhängten Sperre und Aushändigung eines Handscheins, JW. **09**, 499[25] (W. **09**, 524). — Dagegen liegen **nichtvermögensrechtliche Ansprüche** vor, wenn es sich z. B. handelt: um Geltendmachung eines Namensrechts (§ 12 BGB.), JW. **99**, 574[8]; um die Anfechtung eines Beschlusses auf Ausschließung eines Mitgliedes aus einem Vereine, sofern es ein solcher Verein (§ 21 BGB.) ist, dessen Zweck nicht auf einen wirtschaftlichen Geschäftsbetrieb gerichtet ist, RG. **88**, 333; JW. **97**, 134[15], 531[9]; **00**, 417[10], mögen auch einzelne zur Erreichung seines Zweckes nach der Satzung in Aussicht genommene Veranstaltungen auf günstige Gestaltung der allgemeinen wirtschaftlichen Lage der Vereinsmitglieder abzielen (wie z. B. bei einem Haus- und Grundbesitzerverein), RG. **88**, 334 (vgl. dagegen oben hinsichtlich einer Genossenschaft); um einen Anspruch auf Widerruf einer üblen Nachrede und Veröffentlichung einer Abbitte, W. **14**, 159; um Gestattung des Getrenntlebens einer Ehefrau von ihrem Ehemanne während des Ehescheidungsprozesses, RG. **46**, 382; JW. **00**, 797; um Feststellung der Ungültigkeit einer polizeilichen Verfügung, JW. **97**, 167[11]; um Gewährung eines ehrlichen Begräbnisses, JW. **02**, 93[19].

[2] Nach mehrfachen Änderungen des regelmäßigen, des Mindest- und des Höchstbetrages aus Anlaß des Währungsverfalls ist schließlich durch das Ges. v. 28. 1. 27 ersetzt der ursprüngliche regelmäßige Betrag von „2000 M." durch „2000 Reichsmark", der ursprüngliche Mindestbetrag von „200 M."

durch „500 Reichsmark" und der ursprüngliche Höchstbetrag von „50 000 M." durch „50 000 Reichsmark". — Bei Beurteilung der Frage, ob ein anderer Betrag als der regelmäßige von 2000 Reichsmark als Streitwert festzusetzen sei, sind die **Standes- und Vermögensverhältnisse der Parteien** nicht außer Betracht zu lassen. JW. **93**, 488[12]; **96**, 373[19]; OLG. **13**, 72; **15**, 171; **21**, 134. So ist bei einem Streit über die Überweisung der minderjährigen Kinder während eines Ehescheidungsprozesses einerseits auf die beschränkte Dauer des Verfahrens, anderseits auf die Vermögensverhältnisse der Parteien Rücksicht zu nehmen. JW. **95**, 537[2]. Auch in Ehesachen ist die Vermögenslage der Parteien in Betracht zu ziehen; es kann mit Rücksicht hierauf und auf den gesamten Inhalt des Rechtsstreits der Wert auch auf den Mindestbetrag von (jetzt) 500 RM. festgesetzt werden. JW. **90**, 332[2]; **93**, 488[12]; **24**, 985[19]; OLG. **15**, 171 (a. M. OLG. **33**, 18: Die Vermögensverhältnisse müssen gänzlich außer Betracht bleiben). Zu berücksichtigen ist in Ehesachen aber außer den Verhältnissen der Parteien, insbesondere ihrer Vermögenslage, auch die Bedeutung und Schwierigkeit des Prozesses. JW. **25**, 2153[7], 2154[12]; **26**, 1612[8]. — Auf **vermögensrechtliche** Ansprüche ist die Bestimmung des Abs. 1 **auch nicht analog** anzuwenden. RG. **10**, 322; JW. **99**, 701[16]; auch **91**, 311[21]; **98**, 120[19]. — § 9 Abs. 2 GKG., wonach, wenn sich der Wert des Streitgegenstandes im Laufe der Instanz erhöht, der Gebührenberechnung der höhere Streitwert zugrunde zu legen ist, findet auch bei nichtvermögensrechtlichen Anspüchen Anwendung, so z. B. wenn in Ehesachen sich die Vermögensverhältnisse der Parteien verbessern. JW. **24**, 427[26]; auch **23**, 56[3].

[3] Eine solche **Verbindung eines vermögensrechtlichen mit einem nichtvermögensrechtlichen Anspruche** liegt z. B. vor, wenn mit einem Anspruche der Ehefrau auf Getrenntleben von ihrem Ehemann während des Scheidungsprozesses Ansprüche auf Zahlung von Alimenten und Herausgabe von Sachen geltend gemacht werden. RG. **46**, 382; JW. **00**, 797. — Ist die Verbindung unzulässig (z. B. in Ehe-, Kindschafts-, Entmündigungssachen den Vorschriften der §§ 615, 633, 638 bzw. § 640 Abs. 2 bzw. § 667 ZPO. zuwider erfolgt), so findet nicht § 11 Abs. 2 Anwendung, sondern sind die Werte

der mehreren Ansprüche stets gemäß § 5 ZPO. (§ 9 GKG.) zusammenzurechnen. — Über Wertbemessung bei einer Klage des unehelichen Kindes auf Anerkennung der Vaterschaft neben dem Anspruch auf Zahlung von Alimenten vgl. Anm. 1 § 3 ZPO. (zweite Klaganträge) unter § 9 GKG.

12 (10a). **Im Falle des § 254 der Zivilprozeßordnung ist für die Wertberechnung nur einer der verbundenen Ansprüche, und zwar der höhere, maßgebend[1].**

[1] D. i. wenn mit der **Klage auf Rechnungslegung** oder auf Vorlegung eines **Vermögensverzeichnisses** oder auf Leistung des **Offenbarungseides** (vgl. §§ 259, 260, 1890 ff., 2027, 2028 BGB.) die **Klage auf Herausgabe** desjenigen **verbunden** ist, was der Beklagte aus dem zugrunde liegenden Rechtsverhältnisse schuldet (vgl. §§ 581, 666, 681, 713, 1035, 1048, 1055, 1214, 1421, 1546, 1681, 1890, 1915, 1978, 1990 ff., 2027, 2028, 2130, 2218 BGB.), sollen die mehreren Ansprüche nicht gemäß § 5 ZPO. (§ 9 GKG.) zusammengerechnet werden, sondern es soll für die Wertberechnung nur der höhere Anspruch maßgebend sein. Diese Vorschrift der Novelle v. 17. 5. 98 (früher § 10a, nach d. Fass. v. 21. 12. 22 dann § 12) beruht darauf, daß die ersteren Ansprüche nur vorbereitender Natur sind und das Interesse des Klägers an dem ganzen Prozesse sich in der Regel auf den Wert der Leistungen beschränkt, die er als Ergebnis jener Feststellungen beansprucht. Begr. 208. Vgl. Anm. 1 § 3 ZPO. (zweite Klaganträge) unter § 9 GKG. — Hinsichtlich des Streitwerts bei Klagen auf Rechnungslegung oder auf Vorlegung eines Vermögensverzeichnisses vgl. Anm. 2 § 3 ZPO. unter § 9 GKG., OLG. 13, 67.

13 (11). **[1]Soweit Klage und Widerklage[2], welche nicht in getrennten Prozessen verhandelt werden[3], denselben Streitgegenstand[4] betreffen, sind die Gebühren nach dem einfachen Werte dieses Gegenstandes zu berechnen. Soweit beide Klagen nicht denselben Streitgegenstand betreffen, sind die Gegenstände zusammenzurechnen[5].**

Das gleiche gilt für wechselseitig eingelegte Rechtsmittel[1], welche nicht in getrennten Prozessen verhandelt[2, 3] werden[7].

[1] Der frühere § 11, jetzt nach der Fass. v. 21. 12. 22 § 13 enthält eine **Abweichung von der Vorschrift des § 5 Satz 2 ZPO.** Letzterer ist nur für die sachliche Zuständigkeit des Gerichts maßgebend. Vgl. Anm. 2 § 5 ZPO. unter § 9 GKG.

[2] Die Widerklage wird gemäß § 281 ZPO. in der mündlichen Verhandlung vor dem erkennenden Gericht oder durch Zustellung (vor dem Amtsgericht durch Mitteilung nach § 496 Abs. 4) eines den Erfordernissen des § 253 Abs. 2 Nr. 2 ZPO. entsprechenden Schriftsatzes erhoben. Der **Wert des Gegenstandes der Widerklage** richtet sich daher ausschließlich nach dem Umfange des in diesen Verfahrensabschnitten mit der Widerklage geltend gemachten Anspruchs. Ein in einem vorbereitenden Schriftsatz lediglich angekündigter Widerklageantrag kommt, auch hinsichtlich der Gebührenberechnung, nicht in Betracht, wenn die Widerklage demnächst nicht in der obigen Weise erhoben wird. JW. **99,** 339[11]; Gr. **43,** 1236. — Werden **zwei Prozesse,** in denen von beiden Parteien Ansprüche gegeneinander erhoben sind, durch Gerichtsbeschluß gemäß § 147 ZPO. zum Zwecke gleichzeitiger Verhandlung und Entscheidung **verbunden** und verbleiben sie bis zur Beendigung der Instanz in dieser Verbindung, so sind die Prozesse als Klage und Widerklage im Sinne des § 13 aufzufassen, so daß ihre Gegenstände, wenn sie nicht denselben Streitgegenstand betreffen, zusammenzurechnen sind. RG. **5,** 354; **6,** 416.

[3] Die **Verhandlung in „getrennten Prozessen"** kann gemäß § 145 Abs. 1, 2 ZPO. durch Beschluß angeordnet werden, wenn der Gegenanspruch mit dem in der Klage geltend gemachten Anspruche nicht in rechtlichem Zusammenhange steht. Dann bilden für die Gebührenberechnung der Klaganspruch und der Widerklagegegenanspruch zwei gesonderte Streitwerte. — Eine Verhandlung in „getrennten Prozessen" liegt auch vor, wenn zunächst durch Teilurteil (§ 301 ZPO.) über die Klageforderung entschieden wurde und dann über die Widerklage in einem besonderen Verfahren verhandelt und

entschieden worden ist. JW. **90,** 203[5]. Wird aber über Klage und Widerklage nur **in demselben Prozesse getrennt „verhandelt"** (§ 146 ZPO.), so ist § 13 Abs. 1 auch dann anwendbar, wenn zunächst über die Klage oder die Widerklage ein Teilurteil (§ 301 ZPO.) erlassen wird. — Ferner wird die Anwendung des § 13 Abs. 1 nicht dadurch ausgeschlossen, daß die erhobene **Widerklage** auf Grund des § 33 ZPO. (wegen Mangels des Zusammenhangs mit der Klage) oder sonst (z. B. weil sie nur eventuell erhoben ist, RG. **40,** 331; auch JW. **87,** 115[19]; **88,** 341[1]; **92,** 214[3]) **als unstatthaft abgewiesen** wird. Reichsgericht v. 11. 6. 84 (Braun u. Blum **10,** 423); JW. **84,** 197[14]; **92,** 214[3].

[4] Für die **Beurteilung der Frage, ob Identität des Streitgegenstandes** vorliegt, ist die Verschiedenheit des Rechtsgrundes oder die Verschiedenheit der vom Beklagten gestellten Anträge (z. B. Abweisung der Klage und Verurteilung auf die Widerklage) nicht entscheidend. JW. **96,** 358[21]; **97,** 205[1]; **98,** 433[1]. Können insbesondere die beiderseitigen Ansprüche nebeneinander bestehen, so betreffen sie nicht denselben Streitgegenstand, sei es auch, daß sie dasselbe Rechtsverhältnis zu ihrer Grundlage haben. JW. **97,** 190[15]. **Identität liegt z. B. vor:** soweit gegen den Klaganspruch nur das Zurückbehaltungsrecht (§ 273 BGB.) wegen der Widerklageforderung geltend gemacht wird, RG. **5,** 410; wenn der Kläger einen Teilbetrag einer Forderung einklagt und der Beklagte Widerklage auf Feststellung des Nichtbestehens der ganzen Forderung erhebt, JW. **86,** 38[3]; **89,** 401[1]; wenn der Kläger eine Forderung aus einem Schuldschein geltend macht und der Beklagte mit der Widerklage Herausgabe des Schuldscheins verlangt, sei es auch, daß nach dem Schuldschein der (ursprüngliche) Betrag der Forderung ein höherer ist, JW. **91,** 305[1]; wenn der Kläger Feststellung des Bestehens eines Mietverhältnisses, der Beklagte unter Bestreiten des Mietverhältnisses mit der Widerklage Räumung verlangt, JW. **24,** 416[10]; wenn der Kläger auf Löschung einer Hypothek klagt, weil der persönliche Schuldgrund seine Erledigung gefunden habe, und umgekehrt der Beklagte widerklagend den Anspruch auf Zahlung erhebt, JW. **91,** 297[1] (vgl. auch OLG. **23,** 69 und Anm. 2 § 5 ZPO. bei § 9 GKG.); wenn der Kläger, der als Bürge eine Hypothek für die Bürgschaftsschuld bestellt hat, Rücküber-

tragung der Hypothek wegen Nichtbestehens der Schuld verlangt, dagegen der widerklagende Beklagte Zahlung auf seine noch bestehende Forderung beansprucht, OLG. 23, 75; wenn der Kläger auf Feststellung klagt, daß ihm an einem ihm übergebenen Grundschuldbrief ein Pfandrecht zustehe, während der Beklagte widerklagend Herausgabe des Grundschuldbriefs verlangt, OLG. 7, 218; wenn der Kläger Leistung aus einem Vertrage geltend macht und der Beklagte zum Zwecke der Verteidigung mit der Widerklage Nichtigerklärung des Vertrages beantragt, JW. **86**, 38[3]; **92**, 213[2]; **98**, 433[1]; wenn der Kläger Herausgabe von Sachen, die ihm zur Sicherheit übereignet worden sind, verlangt und der Beklagte mit der Widerklage festgestellt wissen will, daß die Sicherungsübereignung nichtig sei, OLG. 21, 63; wenn der Kläger auf Herausgabe einer Kaution klagt und der Beklagte mit der Widerklage Gegenansprüche geltend macht, für welche die Kaution bestellt ist, RG. 31, 386; JW. **94**, 260[1]; wenn mit der Klage Herstellung der häuslichen Gemeinschaft und mit der Widerklage Trennung der Ehe verlangt wird, OLG. 4, 265. — **Identität liegt z. B. nicht** vor: wenn Abweisung der Klage und Verurteilung zum vollen Betrage der Widerklageforderung verlangt wird, RG. 5, 408; JW. 88, 341[1]; **90**, 369[1]; wenn der Kläger auf Auflassung des gekauften Grundstücks klagt und der Beklagte Widerklage auf Zahlung des Kaufpreises erhebt, JW. **97**, 190[15]; wenn Kläger auf Aufhebung des Kaufvertrages und Rückzahlung der Anzahlung klagt und der Beklagte widerklagend Zahlung des Kaufgeldrestes verlangt, OLG. 2, 432; wenn Gegenstand der Klage Feststellung des Nichtbestehens eines Pachtvertrages, Gegenstand der Widerklage Zahlung des Pachtzinses ist, OLG. **19**, 236; wenn der Beklagte, gegen den zugleich dinglicher Arrest beantragt war, widerklagend Zurückzahlung des zur Abwendung des Arrestes hinterlegten Betrages verlangt, JW. **00**, 11[3]; wenn der Kläger bestimmte Schadensersatzforderungen aus einem Unfall auf Grund des Haftpflichtgesetzes v. 7. 6. 71 geltend macht, die Widerklage aber zum Gegenstande hat, ob der Kläger noch weitere Ansprüche aus dem Unfall erheben kann, JW. **99**, 256[2]; wenn die Klage einen Teil der Früchte, die Widerklage aber die Substanz des Familienfideikommisses betrifft, JW. **02**, 212[1].

[5] Vgl. Anm. 2 aE. — Es ist unzulässig, die Kosten im Urteil zu scheiden, je nachdem sie sich auf die Klage oder auf die Widerklage beziehen; daher kann in einem gemäß § 301 ZPO. **über die Klage allein erlassenen Teilurteil** eine Entscheidung über die Kosten überhaupt noch nicht getroffen werden. JW. **97,** 106[4]. — Die Prozeßgebühr (§ 20 Nr. 1) für die Widerklage wird nach § 74 Abs. 1 mit der Erhebung der Widerklage (Anm. 2) fällig. Schuldner dieser Gebühr sowie, wenn eine Beweisanordnung oder ein Urteil auf Grund streitiger Verhandlung die Widerklage betreffen, der Beweisgebühr (§ 20 Nr. 2) bzw. der Urteilsgebühr (§ 20 Nr. 3) ist nach § 77 der Widerkläger. Betreffen Klage und Widerklage denselben Streitgegenstand und sind die Streitgegenstände gleichwertig, so haften nach § 82 Abs. 1 der Kläger und der Widerkläger für die nach dem einfachen Wert des Streitgegenstandes (§ 13 Abs. 1 S. 1) zu berechnenden Gebühren als Gesamtschuldner. Übersteigt im Identitätsfalle der Widerklaganspruch den Klaganspruch (wie z. B. wenn die Klage einen Teil des Anspruchs, die Widerklage den ganzen Anspruch betrifft), so haftet für die Gebühren, soweit sie bei ihrer Berechnung nach dem Werte des höheren Streitgegenstandes verhältnismäßig auf den übersteigenden Streitgegenstand entfallen, der Widerkläger allein, sofern nicht (§§ 79, 82 Abs. 2) dem Gegner die Kosten des Rechtsstreits zur Last fallen. Sind die Streitgegenstände der beiden Klagen voneinander verschieden, so haften, wenn die Beweisanordnung oder das Urteil beide Klagen betreffen, für die nach dem zusammenzurechnenden (§ 13 Abs. 1 S. 2) Gesamtwert beider Streitgegenstände (vgl. JW. **27,** 1171[3]) zu berechnende Beweisgebühr bzw. Urteilsgebühr beide Parteien als Gesamtschuldner (§ 82 Abs. 1). Betreffen die genannten Akte nur den Streitgegenstand der Widerklage, so sind jene Gebühren nach § 14 von dem Widerkläger allein zu erheben.

[6] „**Wechselseitig eingelegte Rechtsmittel**" liegen auch dann vor, wenn nur die eine Partei das Rechtsmittel eingelegt, die andere Partei aber sich dem Rechtsmittel angeschlossen hat RG. **29,** 351. — Eine „**Verhandlung der Rechtsmittel in getrennten Prozessen**" setzt einen ausdrücklichen Trennungsbeschluß gemäß § 145 ZPO. voraus. RG. **29,** 350; JW. **92,** 97[13], 219[20]. Der Umstand, daß gegen ein und dasselbe Urteil

beide Parteien ein Rechtsmittel einlegen, hat für sich allein nicht die Folge, daß zwei „getrennte Prozesse" entstehen. RG. **29**, 350; JW. **92**, 97[13], 219[20]; auch OLG. **5**, 228; **7**, 222. — **Identität des Streitgegenstandes der Rechtsmittel z. B.**: wenn der Kläger, der das seitens des Beklagten mit Berufung angefochtene Urteil gegen Sicherheitsleistung hat vollstrecken lassen, im Wege der Anschließung Rückgabe der Sicherheit beansprucht. RG. **31**, 380; auch Anm. 1 § 3 ZPO. (zweite Klaganträge) unter § 9 GKG., wenn gegen ein Urteil in Ehesachen beide Parteien Rechtsmittel einlegen. — Wegen Anwendbarkeit der Vorschrift des § 4 ZPO. (Nichtberücksichtigung von Nebenforderungen), wenn die eine Partei wegen der Hauptsumme, die andere wegen Nebenforderungen (Zinsen, Kosten) Rechtsmittel einlegt, vgl. JW. **97**, 301[1].

[7] Betreffen die **wechselseitig eingelegten Rechtsmittel denselben Streitgegenstand**, so ist die Prozeßgebühr (§ 20 Nr. 1, § 28) von jedem der Rechtsmittelkläger, die nach §§ 77, 82 Abs. 1 als Gesamtschuldner haften, nach dem einfachen Wert des Streitgegenstandes zu erfordern; jedoch wird durch die Zahlung des einen auch der andere Rechtsmittelkläger befreit und ist, wenn der erste Rechtsmittelkläger die Gebühr bereits bezahlt hat, bevor der zweite sein Rechtsmittel einlegte, von diesem keine Prozeßgebühr mehr zu erfordern, was besonders auch für die Abhängigkeit der Zulässigkeit der Berufung und der Revision von Zahlung der Prozeßgebühr nach § 519 Abs. 6 und § 554 Abs. 7 ZPO. von Bedeutung ist. RG. **110**, 366. Sind die Streitgegenstände der wechselseitigen Rechtsmittel voneinander verschieden, so ist die Prozeßgebühr nach dem zusammenzurechnenden Gesamtwert der beiden Streitgegenstände zu berechnen. Ist, wenn die Rechtsmittel zu verschiedenen Zeiten eingelegt werden, vom ersten Rechtsmittelkläger bereits die Prozeßgebühr erfordert, und zwar nach dem Wert des Streitgegenstandes seines Rechtsmittels, so ist von dem zweiten Rechtsmittelkläger noch der Betrag, der sich bei Berechnung der Prozeßgebühr nach dem Gesamtwert der beiden Streitgegenstände als Mehrbetrag ergibt, zu erheben. Betrifft die Beweisaufnahme oder das Urteil nur einen der verschiedenen Streitgegenstände, so ist die Beweisgebühr bzw. die Urteilsgebühr nach dem Werte dieses Gegenstandes zu berechnen und haftet dafür nach § 77 der betreffende Rechtsmittelkläger.

14 (12). **Für Akte**[1]**, welche einen Teil des Streitgegenstandes betreffen, sind die Gebühren nur nach dem Werte dieses Teiles zu berechnen**[2]**.**

Sind von einzelnen Wertsteilen in derselben Instanz für gleiche Akte Gebühren zu berechnen, so darf nicht mehr erhoben werden, als wenn die Gebühr von dem Gesamtbetrage der Wertsteile zu berechnen wäre[3]**; treten für die Akte verschiedene Gebührensätze ein, so ist der höchste Satz maßgebend**[4]**.**

[1] D. i. **die im § 20 bezeichneten Akte:** Prozeßbetrieb im allgemeinen, Beweisaufnahme, Urteil.

[2] Z. B. ist, wenn das auf Grund **streitiger Verhandlung** erlassene Urteil **oder** die **Beweisaufnahme** sich **nur auf einen Teil des Streitgegenstandes** oder nur auf die Prozeßkosten erstreckt hat, die Urteils- oder die Beweisgebühr nur nach dem Werte dieses Teils bzw. der Prozeßkosten zu berechnen. JW. **99, 44**[42].

[3] Z. B. darf für **zwei Teilurteile,** deren jedes die Hälfte des Streitgegenstandes erledigt, zusammen nicht mehr als die Gebühr für Entscheidung über den ganzen Streitgegenstand erhoben werden. — Für jeden gebührenpflichtigen Akt ist der **Wert des betreffenden Teils des Streitgegenstandes gesondert festzustellen** und danach die Gebühr zu berechnen. Sind die **Akte** hinsichtlich der einzelnen Streitgegenstandsteile **gleicher Art** (s. Anm. 1), so darf der Gesamtbetrag der Gebühren nicht die Gebühr übersteigen, die hinsichtlich des ganzen Streitgegenstandes für einen solchen Akt zu berechnen wäre. Mot. 55. — Die Gebührenerhebung für **ungleiche Akte** hinsichtlich verschiedener Wertteile unterliegt einer Maximalbeschränkung nicht. Vgl. JW. **02,** 120. Betreffen **gleiche Akte mehrmals** nacheinander **ein und denselben Teil** des Streitgegenstandes, so wird hinsichtlich dieses Teils gemäß § 25 Abs. 1 nur eine einmalige Gebühr für die Akte erhoben. — Hinsichtlich der Gebührenberechnung bei **Verbindung mehrerer Prozesse,** wenn vor der Verbindung bereits gebührenpflichtige Akte stattgefunden haben, vgl. Anm. 1 § 5 ZPO. unter § 9 GKG. — Sind die **Kosten den Parteien nicht nach**

Bruchteilen, sondern „soweit sie durch Geltendmachung bestimmter Teilbeträge der Klageforderung entstanden sind" **auferlegt**, so sind die Gebühren des Gesamtstreitwertes nach Verhältnis der Beträge zu verteilen. OLG. 17, 217.

[4] „**Höchster Satz" bedeutet**: wenn hinsichtlich verschiedener Teile des Streitgegenstandes für die gleichen Akte (s. Anm. 1) verschiedene Gebührensätze (volle Gebühr und Bruchteilsgebühr) eintreten, soll der nicht zu überschreitende Gesamtbetrag nach dem höchsten Gebührensatz, welcher für den Gesamtbetrag der Wertsteile gelten würde, berechnet werden. KommBer. 73. Reichsgericht v. 8. 2. 83 (Braun u. Blum 7, 293; JW. 83, 142). Z. B. durfte früher, wenn über einen Teil des Streitgegenstandes nach kontradiktorischer Verhandlung zur Hauptsache, über einen anderen Teil nach kontradiktorischer Verhandlung über eine prozeßhindernde Einrede erkannt war, die zu berechnende Gebührensumme den Satz nicht überschreiten, der in Ansatz käme, wenn über den ganzen Streitgegenstand zur Hauptsache verhandelt wäre. Reichsgericht aaO. Ebenso durfte früher bei gleichzeitiger Verhandlung über die Rechtmäßigkeit einer einstweiligen Verfügung und über eine Widerklage der Gesamtbetrag der für beide Akte an sich gesondert zu berechnenden Gebühren nicht die Gebühr überschreiten, die bei einer die Summe beider Streitwerte betreffenden Widerklage in Ansatz zu bringen wäre. JW. 94, 264[13]. Jetzt ist durch die Nov. v. 21. 12. 22 die Anzahl der Bruchteilsgebühren so verringert, daß die Anwendung des Abs. 2 Halbs. 2 nur selten in Betracht kommen wird, z. B. etwa, wenn das Rechtsmittel über einen Teil des Streitgegenstandes durch Beschluß als unzulässig verworfen ist (halbe Prozeßgebühr [§ 30 Satz 1]), das Rechtsmittel über einen anderen Teil nach kontradiktorischer Verhandlung durch Urteil erledigt ist (außer Urteilsgebühr volle Prozeßgebühr; die nach dem Wert des ganzen Streitgegenstandes berechnete volle Gebühr stellt den maßgebenden Höchstbetrag für die zusammengerechneten beiden Prozeßgebühren dar).

15 (13). **Für Akte, welche Früchte, Nutzungen, Zinsen oder Kosten als Nebenforderungen ohne den Hauptanspruch betreffen**[1], **ist der Wert der Nebenforde-**

rungen insoweit maßgebend, als er den Wert des Hauptanspruchs nicht übersteigt[2].

Für Akte der Zwangsvollstreckung wegen einer Geldforderung[3] werden die einzuziehenden Zinsen mitberechnet[4].

Für Akte, welche die Kosten des Rechtsstreits ohne den Hauptanspruch betreffen, ist der Betrag der Kosten maßgebend[5].

[1]) Wegen des **Begriffs der „Nebenforderungen"**, sowie darüber, daß sie in Verbindung mit dem Hauptanspruch oder einen Teil davon außer Berechnung bleiben, anderseits bei Erledigung des Hauptanspruchs sie selbst zur Hauptforderung werden, s. Anm. 2, 3 § 4 ZPO. unter § 9 GKG. — **Im § 15 Abs. 1** wird nur der Fall behandelt, daß **Nebenforderungen „ohne den Hauptanspruch"**, also ohne ihre Eigenschaft als Nebenforderungen zu verlieren, **Gegenstand besonderer Akte** (§ 20) werden (wenn z. B. nur über die Zinsen nach kontradiktorischer Verhandlung Urteilserlaß oder Beweisaufnahme stattfindet, während der Hauptanspruch unstreitig ist). JW. **94**, 504[1].

[2] Betrifft **ein Akt** (z. B. Beweisaufnahme oder kontradiktorisches Urteil) **nur Nebenforderungen** (nicht auch den Hauptanspruch), so sind die Gebühren für den Akt (Beweisgebühr, Urteilsgebühr) nach dem Werte der Nebenforderungen zu berechnen. Dabei bildet jedoch der Wert des Hauptanspruchs den für die Berechnung maßgebenden Werthöchstbetrag. — Betrifft ein Akt Nebenforderungen und ein gleichartiger Akt (z. B. je eine Beweisaufnahme) den Hauptanspruch, so sind die Gebühren für die beiden Akte an sich gesondert nach dem Werte der Nebenforderungen und nach dem Werte des Hauptanspruchs zu berechnen; jedoch ist nach § 14 als Gesamtsumme der Gebühren kein höherer Betrag in Ansatz zu bringen als der Betrag, der sich ergibt, wenn die Gebühr nach dem Gesamtwert aller Ansprüche berechnet wird. — Der Wert der Nebenforderungen bestimmt sich gemäß § 4 ZPO. nach dem Zeitpunkt der Klagerhebung oder der Einlegung des Rechtsmittels. Tritt jedoch eine Erhöhung

der Nebenforderungen (wie z. B. bei laufenden Zinsen) im Laufe der Instanz ein, so findet § 9 Abs. 2 GKG. Anwendung (Wert zur Zeit des Urteils oder sonstiger Beendigung der Instanz mit der Maßgabe, daß nach § 15 Abs. 1 der Wert des Hauptanspruchs auch hier die Höchstgrenze bildet).

[3] „**Akte der Zwangsvollstreckung**" sind **nicht** diejenigen Verfahren und Entscheidungen, **die nur zur Vorbereitung des Vollstreckungsverfahrens dienen**, z. B. nicht diejenigen, die betreffen die Erteilung: von Attesten der Rechtskraft (§ 706 ZPO.), RG. **25,** 290; **31,** 410 (VZS.); **42,** 421; JW. **92,** 575[10]; **01,** 38[2]; von vollstreckbaren Ausfertigungen (§§ 724, 730 ZPO.), RG. **31,** 410; JW. **97,** 84[20]; einer weiteren vollstreckbaren Ausfertigung (§ 733 ZPO.), RG. **31,** 410 (VZS.); **42,** 421; JW. **99,** 575[10]; **00,** 605[8]; sowie die Vollstreckbarerklärung eines Schiedsspruchs oder eines von dem Schiedsgericht vermittelten Vergleichs (§§ 1042, 1044a ZPO.). **Ferner** sind **nicht Akte der Zwangsvollstreckung:** das die Anordnung oder Aufhebung eines Arrestes oder einer einstweiligen Verfügung betreffende Verfahren, RG. **26,** 412; Einwendungen gemäß § 767 ZPO. (gegen den Urteilsanspruch), selbst wenn gleichzeitig Aufhebung der erwirkten Zwangsvollstreckung beantragt wird, RG. **28,** 429; Klagen aus § 771 ZPO. (Widerspruch eines Dritten), RG. **10,** 393. In diesen Fällen werden also gemäß § 4 ZPO. (§ 9 GKG.) die Zinsen nicht mitberechnet.

[4] Abs. 2 ist eine Ausnahme von der Regel des § 4 ZPO. (§ 9 GKG.) nur hinsichtlich der einzuziehenden (auch der nach dem Schuldtitel laufenden) **Zinsen** der vollstreckbaren Geldforderung. Die gerichtlichen und außergerichtlichen **Kosten** des Zwangsvollstreckungsaktes (z. B. Pfändung auf Grund Arrestbefehls) bleiben, wie sich durch Rückschluß aus Abs. 3 ergibt, bei Bemessung des Streitwertes **des Aktes** außer Betracht. OLG. **29,** 11; JW. **23,** 856[40] (a. M. JW. **23,** 620[2]). — Ist der **Wert der gepfändeten Sachen geringer,** so ist dieser maßgebend. Analog § 6 ZPO. Mot. 44. — **Abs. 2** findet **auch in der Beschwerdeinstanz** (§ 38 Abs. 2) Anwendung, wenn mit der Beschwerde eine Entscheidung, betreffend „Akte der Zwangsvollstreckung" im Sinne des Abs. 2 angefochten wird.

[5] **Abs. 3** bezieht sich auf die gerichtlichen und außergerichtlichen **Kosten, die erst im Laufe und infolge des Rechtsstreits**

(d. i. eines jeden Verfahrens [eigentlicher Hauptprozeß einschließlich der Zwangsvollstreckung] in bürgerlichen Rechtsstreitigkeiten) **erwachsen**, nicht auf „Kosten", die im Sinne des Abs. 1 als Nebenforderungen schon in der Klage (bzw. dem Verfahrensantrag) neben dem Hauptanspruch geltend gemacht werden (Anm. 1). Auf die Prozeßkosten findet sonach die beschränkende Vorschrift des Abs. 1 nicht Anwendung; sofern sie ausschließlich den Gegenstand eines Aktes (§ 20) bilden, ist ihr Gesamtbetrag maßgebend, auch wenn er den Wert des Hauptanspruchs übersteigt. JW. 85, 93; OLG. 9, 161. — **Voraussetzung** für die Anwendung des Abs. 3 ist, daß der **betreffende Akt ausschließlich die Kosten des Rechtsstreits** (des Verfahrens) **betrifft.** RG. 39, 388; JW. 94, 366[22]; 97, 210[22], 234[3]; 99, 540[30]. Daher gelten z. B. zwar, wenn die Hauptsache (z. B. durch Verzicht, Zurücknahme der Klage oder des Rechtsmittels, Anerkenntnis) erledigt wird, die bis zu dieser Erledigung erwachsenen Kosten als der demnächstige Streitwert (während die durch das Weiterprozessieren entstandenen Kosten sich als gemäß § 4 ZPO. [§ 9 GKG.] nicht zu berücksichtigende Nebenforderungen darstellen), JW. 90, 24[2]; 97, 3[4]; auch bilden, wenn zur Zeit der Einlegung der Berufung seitens des abgewiesenen Klägers die Hauptsache in der Zwischenzeit bereits erledigt war, die Kosten den Streitgegenstand, JW. 97, 132[4]. Für **Akte** aber, die **außer den Prozeßkosten noch** einen **Restteil des** im übrigen erledigten **Hauptanspruchs** betreffen, ist dieser Restteil allein, ohne Zusammenrechnung der Kosten, der Streitwert, JW. 94, 366[22]; Gr. 38, 1132; ebenso bildet, wenn auch nach Erledigung des Hauptanspruchs im übrigen nur noch ein Zinsanspruch geltend gemacht wird, dieser allein den Streitwert, und die Kosten bleiben, auch soweit sie durch Einklagung des Kapitals entstanden sind, außer Betracht, RG. 39, 388; JW. 94, 366[20], 430[31], 504[1]; 16, 976[7]. Ist, nachdem durch **Teilurteil über** die **Hauptsache** und durch **Schlußurteil über** die **Kosten** erkannt worden war, gegen beide Urteile von der unterlegenen Partei ein **Rechtsmittel** eingelegt, so kommen für die Bemessung des Streitwerts der Rechtsmittelinstanz die Kosten nicht in Betracht, sondern lediglich die Hauptsache, da Teilurteil und Schlußurteil hinsichtlich der Kostenentscheidung ein einheitliches Ganzes bilden und die Kosten nicht Streitgegenstand ohne Hauptanspruch sind. Gr. 57, 1097. — Wenn der prinzipale Antrag des Rechtsmittelklägers nur auf die Prozeßkosten gerichtet ist, ein eventueller Antrag aber den Hauptanspruch betrifft, so ist dieser, nicht der Betrag der Kosten für die Berechnung des Streitwerts maßgebend. JW. 99, 540[30]. — Ein Akt, der nur die Kosten des Rechtsstreits ohne den Hauptanspruch betrifft, ist (insbesondere für den Fall der Beschwerde) auch die gemäß § 18 lediglich zum Zwecke der Kostenberechnung erfolgende Festsetzung des Streitwerts. JW. 97, 136[21]; Gr. 41, 1137.

Wertfestsetzung.

16 (14). **Bei jedem Antrag ist der Wert des Streitgegenstandes, sofern derselbe nicht in einer bestimmten Geldsumme besteht oder aus früheren Anträgen erhellt, und auf Erfordern auch der Wert eines Teiles desselben schriftlich oder zu Protokoll der Geschäftsstelle anzugeben[1].**

Die Angabe kann jederzeit berichtigt werden[2].

[1] Verallgemeinerung der Vorschrift des § 253 Abs. 3 Nr. 2 ZPO. (Angabe des Streitwerts in der **Klage**, wenn davon die Zuständigkeit des Gerichts abhängt). — Für einen Zwangsvollstreckungsantrag ist der Streitwert besonders anzugeben. Gr. 30, 1103; JW. 86, 147[13].

[2] Auch für das Gericht ist weder eine stillschweigende Billigung der seitens des Klägers gemachten Wertangabe durch den Beklagten noch eine übereinstimmende Angabe des Werts durch beide Parteien bindend. RG. 3, 94; JW. 92, 38[1]; 95, 480[16]; 97, 57[27]. — Folge der Unterlassung der Angabe: § 19 Satz 2 (Kosten der Abschätzung).

17 (15). **Die zum Zwecke der Entscheidung über die Zuständigkeit des Prozeßgerichts[1] oder die Zulässigkeit des Rechtsmittels[2] erfolgte Festsetzung des Wertes ist, unbeschadet der Vorschriften der §§ 10, 13[3], für die Berechnung der Gebühren maßgebend[4].**

[1] § 23 Nr. 1, § 71 Abs. 1 GVG. (sachliche Zuständigkeit der Amtsgerichte und der Landgerichte).

[2] Durch die Novelle vom 17. 5. 98 an die Stelle von „der Revision" gesetzt, weil durch die Novelle zur ZPO. v. 17. 5. 98 auch für gewisse Beschwerden in betreff der Prozeßkosten das Erfordernis der Beschwerdesumme eingeführt wurde. Nach der ferneren Novelle zur ZPO. v. 5. 6. 05 kam außer der **Beschwerdesumme für die Revision** von mehr als 4000 M. (§ 546 ZPO. in der Fass. d. Nov. v. 22. 5. 10) nur noch die **Beschwerdesumme des § 568 Abs. 3 ZPO.** (mehr als 50 M. für die weitere Beschwerde gegen Entscheidungen der Landgerichte in betreff der Prozeßkosten) in Betracht. Diese Beschwerdesumme ist demnächst weggefallen. Nach der auf der VO. v. 13. 2. 24 beruhenden Fassung der ZPO. kommen jetzt in Betracht außer der Revisionssumme nach § 546 (zur Zeit mehr als 4000 RM.) die neu eingeführte Berufungssumme nach § 511a Abs. 1 (zur Zeit mehr als 50 RM.) sowie die Beschwerdesumme (zur Zeit mehr als 30 RM.) bei Beschwerden nach § 567 Abs. 2 (sofortige Beschwerde gegen eine lediglich den Kostenpunkt betreffende Entscheidung nach § 99 Abs. 3). Vgl. ferner § 43 KonsGerG. v. 7. 4. 00 (Berufungssumme bei Entscheidungen des Konsuls 300 RM. [VO. v. 18. 6. 26]), früher § 55 Abs. 1 GewGerG., § 16 KaufmGerG. in d. Fass. v. 6. 6. 24 (Berufungssumme mehr als 300 RM.) sowie § 13 Abs. 4 MieterschutzG. in d. Fass. v. 30. 6. 26 (bei Aufhebungsklagen aus § 4 selbständige Anfechtung der Kostenentscheidung durch sofortige Beschwerde, jedoch Beschwerdesumme von mehr als 30 RM.).

[3] Ausnahme von § 9a, jetzt § 10; Zusatz der Novelle v. 17. 5. 98 mit Rücksicht auf die für gewisse **Mietstreitigkeiten** und **Alimentationsansprüche** die Bestimmung des Streitwerts hinsichtlich der Gebührenberechnung anders als hinsichtlich der sachlichen Zuständigkeit des Gerichts regelnde Vorschrift des § 9a. In diesem Ausnahmefall ist also die hinsichtlich der sachlichen Zuständigkeit getroffene Wertfestsetzung nicht für die Gebührenberechnung maßgebend, so daß hinsichtlich dieser eine andere Festsetzung erfolgen kann. — Die Ausnahme des § 13 (Zusammenrechnung der Werte der Klage und der Widerklage bei Nichtidentität der Streitgegenstände) durch die Nov. v. 21. 12. 22 hinzugefügt.

[4] Desgleichen die **auf Beschwerde des Rechtsanwalts** gemäß § 12 DGO. f. RA. **erfolgte Festsetzung.** RG. 31, 394, auch Anm. 6 § 18. — **Die Festsetzung des § 17** erfolgt, wenn das Prozeßgericht auf Grund der von Amts wegen vorzunehmenden Prüfung seiner sachlichen Zuständigkeit oder der Zulässigkeit eines Rechtsmittels hinsichtlich des Erfordernisses einer Beschwerdesumme (s. Anm. 2) oder auf die Einrede der sachlichen Unzuständigkeit oder der Unzulässigkeit des Rechtsmittels seitens des Beklagten bzw. Rechtsmittelbeklagten sich für unzuständig erklärt bzw. das Rechtsmittel als unzulässig verwirft bzw. über die Einrede des Beklagten Entscheidung trifft. Sie **geschieht durch Urteil,** in den Fällen der Entscheidung über die Zulässigkeit der Berufung und der Revision kann sie nach § 519b, § 554a ZPO. auch durch Beschluß erfolgen, und zwar in den Gründen der Entscheidung. Sie kann nicht für sich allein auf Grund des § 18 von Amts wegen oder auf Beschwerde geändert, vielmehr **nur mit** dem ordentlichen **Rechtsmittel gegen die Sachentscheidung angefochten** werden. JW. 93, 236[14]. Ist die Einrede der sachlichen Unzuständigkeit des Landgerichts verworfen, weil der Streitwert die Grenze für die Zuständigkeit der Amtsgerichte (zur Zeit nach § 23 Nr. 1 GVG. 500 Reichsmark) übersteige, so kann bei einer demnächstigen Festsetzung des Streitwerts nicht auf eine niedrigere Stufe heruntergegangen werden. JW. 98, 279[10]. Ist die **Berufung** oder die **Revision zugelassen,** so ist, auch wenn eine ausdrückliche Entscheidung über die Höhe des Streitwerts nicht gegeben ist, doch aus der Zulassung des Rechtsmittels zu schließen, daß ein die Berufungs- bzw. die Revisionssumme übersteigender Streitwert angenommen ist, und ist dies bei Festsetzung des Streitwerts der unteren Instanzen zu berücksichtigen. JW. 94, 316[15]. Ist die **Berufung** oder die **Revision** wegen Fehlens der Berufungs- bzw. der Revisionssumme als unzulässig **verworfen,** so darf bei späterer Festsetzung des Streitwerts nicht über die Berufungs- bzw. die Revisionssumme hinausgegangen werden. OLG. 31, 3. — Eine Ausnahme kann sich im Falle der **Widerklage** ergeben mit Rücksicht darauf, daß hinsichtlich der sachlichen Zuständigkeit gemäß § 5 ZPO. eine Zusammenrechnung der Klage- und Widerklagegegenstände nicht stattfindet, während hinsichtlich der Gebührenberechnung nach § 13

GKG. die Gegenstände, sofern sie nicht denselben Streitgegenstand betreffen, zusammenzurechnen sind. Jedoch ist bei Feststellung der **Berufungs-** oder der **Revisionssumme** (s. Anm. 2), **wenn nur eine Partei** (nicht, wenn beide) **Berufung** oder **Revision eingelegt** hat, ebenfalls der Gegenstand der Klage und der Widerklage, sofern sie nicht etwa denselben Streitgegenstand betreffen, zusammenzurechnen. RG. (VZS.) 7, 383; 46, 398; Gr. 32, 1170; JW. 91, 305[1]; 06, 202[22].

18 (16). **Soweit eine Entscheidung gemäß § 17 nicht stattfindet[1], setzt das Prozeßgericht[2] den Wert durch Beschluß fest[3], falls dies eine Partei beantragt oder das Gericht für angemessen erachtet[3, 4]. Auf den Antrag findet § 4 Abs. 3 entsprechende Anwendung[5]. Bei der Zwangsvollstreckung tritt an die Stelle des Prozeßgerichts das Vollstreckungsgericht[7]. Die Festsetzung kann von dem Gerichte, das sie getroffen hat, sowie von dem Gerichte der höheren Instanz im Laufe des Verfahrens von Amts wegen geändert werden[8].**

Gegen den Beschluß findet Beschwerde nach Maßgabe des § 567 Abs. 3 und der §§ 568 bis 576 der Zivilprozeßordnung[9] sowie des § 4 Abs. 3 dieses Gesetzes[10] statt[11]

[1] Über die Bindung des den Streitwert festsetzenden Gerichts an eine Entscheidung in Gemäßheit des § 17 vgl. Anm. 4 § 17.

[2] **Voraussetzung** einer jeden Wertfestsetzung ist, daß eine **gerichtliche Gebühr**, deren Höhe vom Werte des Gegenstandes abhängt, **entsteht**. Ist eine solche Gebühr überhaupt nicht zu erheben (wie z. B. bei begründet befundenen Beschwerden, vgl. § 38 Abs. 2 GKG., oder im Verfahren betr. Bewilligung des Armenrechts), so findet auch eine Wertfestsetzung nicht statt, OLG. 19, 264, auch nicht, wenn Anwaltsgebühren entstanden sind, JW. 26, 859[9], 868[29]. Dies gilt auch: für zweite Klaganträge (s. § 3 ZPO. Anm. 1 unter § 9 GKG.),

die einen besonderen Streitwert nicht abgeben (z. B. Klagantrag gegen den Ehemann auf Duldung der Zwangsvollstreckung in das Frauengut), JW. **26**, 868[29]; wenn das Rechtsmittelgericht das Gesuch einer Partei um Bewilligung des Armenrechts zwecks Einlegung des Rechtsmittels abgelehnt hat, da für die Entscheidung über das Gesuch eine Gerichtsgebühr mangels einer Gebührenbestimmung (§ 1) nicht zu erheben war, W. **15**, 221; JW. **26**, 859[9]. Desgleichen kann für einen über den Streitgegenstand **hinausgehenden Vergleich** eine Wertfestsetzung nicht verlangt werden. OLG. **2**, 427. — Die **Entscheidung** über die Höhe des Streitwerts ist **nach den** in der mündlichen Verhandlung **verlesenen Anträgen** zu treffen. Nicht verlesene Anträge in den Schriftsätzen sind für die Festsetzung nicht maßgebend. JW. **95**, 10[28]. Vgl. hinsichtlich der W.derklage in dieser Beziehung Anm. 2 § 13 und hinsichtlich des Falles, daß es nach Ankündigung erweiterter Klag- oder Rechtsmittelanträge zum Vergleich kommt, JW. **00**, 46[1]. Die, sei es auch übereinstimmenden **Angaben der Parteien** über den Wert sind für das Gericht nicht bindend. JW. **92**, 38[1]; **95**, 480[17]; **97**, 57[27], 171[22]; auch Anm. 2 § 14. Vgl. jedoch JW. **11**, 459[35] (zu berücksichtigen ein von den Parteien im Laufe der Revisionsinstanz geschlossener Vergleich, aus dem erst die wirkliche Bedeutung des Revisionsantrages erhellt). — Der Frage, ob den prozeßbevollmächtigten **Rechtsanwälten für einzelne Akte** ihrer Tätigkeit eine von einem höheren als dem festgesetzten Streitwerte zu berechnende Gebühr zusteht, kann bei der von dem Prozeßgericht in Gemäßheit des § 18 zu treffenden Wertbestimmung nicht zur Erörterung gezogen werden; sie ist zwischen den Beteiligten im Wege des Kostenfestsetzungsverfahrens oder in einem besonderen Rechtsstreit zum Austrag zu bringen. JW. **95**, 10[28]; **98**, 348[2]; **99**, 540[30]; **03**, 9[21] (Gr. **42**, 1166). Überhaupt erfolgt die **Wertfestsetzung nicht für einzelne** zu berechnende **Gebühren**, sondern für das Verfahren der Instanz als solches, wobei es allerdings vorkommen kann, daß für **einzelne Abschnitte** des Verfahrens ein **verschiedener Wert** anzusetzen ist. JW. **00**, 46[1]. — Ist, nachdem durch **Teilurteil über** die **Hauptsache** und durch **Schlußurteil über** die **Kosten** entschieden worden war, gegen beide Urteile von der unterlegenen Partei ein **Rechtsmittel** eingelegt, so ist eine Festsetzung des Streitwertes für die Rechtsmittelinstanz bezüglich der Kosten nicht zulässig, da für die Bemessung des Streitwertes lediglich die Hauptsache als Streitgegenstand in Betracht kommt. Gr. 57, 1097, Anm. 5 § 15.

[3] Nach der früheren Fassung des Satzes 1 erfolgte die Festsetzung des Streitwerts, wenn sie „nach der Natur des Streitgegenstandes oder durch den Antrag einer Partei erforderlich wurde". Durch die Nov. v. 21. 12 22 hat Satz 1 die jetzige Fassung erhalten, wonach, abgesehen von einem **Parteiantrag**, allgemein das **Ermessen des Prozeßgerichts** entscheidet, ob eine Festsetzung des Streitwerts zu erfolgen hat. Zunächst aber hat beim Kostenansatz der **Gerichtsschreiber**, auch soweit „nach der Natur des Streitgegenstandes" eine Festsetzung zweckmäßig sein möchte (wie z. B. wenn der Wert nicht durch den Betrag einer Geldforderung so bestimmt wird, daß für das freie Ermessen des Gerichts kein Raum mehr bleibt, vgl. JW. **97**, 400[1]; **98**, 385[1]), über den Streitwert zu befinden, auch wenn ihm nicht auf Grund des Art. VI § 1 EntlGes. v. 11. 3. 21 von der Landesjustizverwaltung die Wertfestsetzung überhaupt übertragen worden ist. — Die **Festsetzung** (welche zweckmäßigerweise durch besonderen Beschluß, nicht etwa im Zusammenhange mit anderen Entscheidungen zu treffen ist, JW. **97**, 240[18]) **kann jederzeit von Amts wegen** erfolgen, ohne daß ein Streit darüber unter den Parteien zu bestehen braucht. JW. **97**, 57[27]. Anderseits **muß** jedes Instanzgericht **auf Antrag einer Partei** den Streitwert für seine Instanz festsetzen, und zwar gleichviel, ob diese beendet ist oder nicht, Gr. **35**, 1168; JW. **91**, 11[30], 336[14]; **95**, 382[15], 480[14]; **96**, 671[3]; **97**, 57[27], und unabhängig davon, daß das Verfahren in der Instanz bis zu einem gewissen Grade vorgeschritten ist, JW. **02**, 391[2]. Auch wenn der Gegner des armen Klägers die Festsetzung beantragt. Gr. **48**, 1163 (JW. **04**, 149[22]). Der Partei kann auch nicht verwehrt werden, wegen eingetretener Änderung die Festsetzung in jeder Instanz von neuem zu beantragen, so auch in der zweiten Instanz, vor welcher die Sache anhängig ist, selbst wenn diese Instanz auf Beschwerde bereits über den Streitwert der ersten Instanz entschieden hat. Gr. **42**, 1164 (JW. **98**, 418[11]). Auch die **Staatskasse** kann nach § 4 Festsetzung des Streitwerts verlangen, um seine Herabsetzung und damit eine Ermäßigung

der an den Armenanwalt zu entrichtenden Gebühren herbeizuführen. JW. 27, 862[24].

[4] Durch den von der Nov. v. 21. 12. 22 eingefügten Satz 2 ist (was nach richtiger Ansicht auch schon früher galt, W. **11,** 306) klargestellt, daß für den Antrag auf Festsetzung auch in Landgerichtssachen ein **Anwaltszwang nicht** besteht. Stellt ein **Rechtsanwalt** im Namen einer Partei den Antrag auf Festsetzung, so muß er sich durch schriftliche Vollmacht ausweisen. W. **11,** 306; **15,** 221. Aus eigenem Recht und in eigenem Namen ist ein prozeßbevollmächtigter Anwalt zur Stellung des Antrags auf Festsetzung nicht berechtigt. W. **15,** 221. Nur die Beschwerde gegen eine erfolgte Festsetzung steht ihm nach § 12 GO f.RA. aus eigenem Recht zu. Anm. 10, 11.

[5] Das Verfahren auf **Festsetzung** des Streitwerts ist **gebührenfrei,** auch im Falle eines auf Festsetzung gestellten Antrags, da eine Gebühr nicht bestimmt ist (§ 1; die frühere ausdrückliche Bestimmung der Gebührenfreiheit ist durch die Nov. v. 21. 12. 22 gestrichen). Nicht aber das Verfahren auf Beschwerden über eine Wertfestsetzung. Vgl. JW. **95,** 521[15], § 38 Abs. 2.

[6] D. i. das **Gericht der Instanz, für die der Streitgegenstand festgesetzt werden soll** (auch das Berufungsgericht oder Revisionsgericht), selbst wenn das Verfahren in dieser Instanz bereits geschlossen ist. Gr. **35,** 1168; JW. **91,** 336[14]; **95,** 382[15], 480[14]; **96,** 671[8]; **97,** 57[27]; **98,** 576[18]; OLG. **19,** 237; auch RG. (VZS.) **44,** 407. — Da die Wertfestsetzung, solange die Hauptsache noch nicht erledigt ist, einen Teil des Hauptverfahrens bildet, wird sie bei **Unterbrechung** oder **Aussetzung** des letzteren (§§ 239 ff. ZPO.) unzulässig. OLG. **29,** 309. — Hat das Amtsgericht den Anspruch dem Grunde nach für gerechtfertigt erklärt (§ 304 ZPO.) und darauf, nachdem der Kläger seinen Anspruch erhöht hat, die Sache gemäß § 506 ZPO. an das Landgericht verwiesen, so ist dieses zur Festsetzung des Streitwertes des Anspruchs, der dem Grunde nach für gerechtfertigt erklärt worden, zuständig. OLG. **19,** 237. — Erfolgt die Festsetzung durch das Gericht der **höheren Instanz,** so äußert sie bei gleichem Streitgegenstand auch für die untere Instanz Wirkung, RG. **35,** 395, sofern nicht ersichtlich ist, daß die Festsetzung auf den Streitwert der Rechtsmittelinstanz beschränkt sein soll. Hat auf Beschwerde einer Partei

das Beschwerdegericht den Streitwert festgesetzt, so kann die untere Instanz nicht auf Antrag einer Partei die Streitwertfestsetzung ändern. JW. **27, 406**[16]. — Die auf die Beschwerde eines prozeßbevollmächtigten Rechtsanwalts gemäß § 12 DGO.f.RA. erfolgte Festsetzung des Streitwerts ist auch für die Berechnung der Gerichtsgebühren und der Gebühren des Gegenanwalts maßgebend. RG. **31**, 395; auch Anm. 4 § 17. **Anderseits** ist, wenn der Wert des Streitgegenstandes durch gerichtlichen Beschluß festgesetzt ist, dieser gemäß § 11 DGO.f.RA. auch für die Berechnung der Gebühren der Rechtsanwälte maßgebend, sowie auch für die Festsetzung der von dem Gegner der obsiegenden Partei zu erstattenden Kosten des Rechtsstreits, insbesondere der Anwaltsgebühren. JW. **93**, 233[2]; **98**, 419[13]. **Klagt ein Anwalt seine Gebühren ein,** so kann das Gericht dieses Prozesses grundsätzlich auch über die Höhe des der Gebührenberechnung zugrundegelegten Streitwerts des Vorprozesses entscheiden. Ist jedoch der Streitwert des Vorprozesses durch das Prozeßgericht (nicht: durch den Gerichtsschreiber) festgesetzt, so ist das Gericht des Gebührenprozesses an diese Streitwertfestsetzung bei seiner Entscheidung gebunden, solange sie nicht von jenem Prozeßgericht auf Antrag oder von Amts wegen geändert ist. JW. **26**, 2473[2], 2704[3].

[7] § 764 ZPO. — Hinsichtlich des **Streitwertes** in der **Zwangsvollstreckungsinstanz** vgl. Anm. 1 § 3 ZPO. unter § 9 GKG.). — Nach der früheren Fassung des Satzes 1 („wenn der Wert noch nicht festgesetzt ist") fand, wenn eine **Festsetzung** des Streitwerts **bereits durch** das **Prozeßgericht** erfolgt und der Streitwert der Zwangsvollstreckung der gleiche war, eine weitere Festsetzung des Streitwerts durch das Vollstreckungsgericht nicht statt. OLG. **31**, 205. Nach der jetzigen Fassung durch die Nov. v. 18. 8. 23 (wodurch die Worte in der obigen Klammer gestrichen wurden) hat das **Vollstreckungsgericht selbständig** und unabhängig vom Prozeßgericht den Streitwert nach dem Umfang des beizutreibenden Anspruchs und nach dem Zeitpunkt der Einleitung der Zwangsvollstreckung (§ 9 Abs. 2 S. 2 GKG.) festzusetzen. — Die **Kosten** (Gebühren und Auslagen) der **Zwangsvollstreckung,** die der Schuldner dem Gläubiger zu erstatten hat, können, sofern sie nicht gemäß § 788 Abs. 1 S. 2 ZPO. bei der

Zwangsvollstreckung mitbeigetrieben werden, auf dem Wege des § 103 ZPO. festgesetzt werden. Zuständig für diese **Festsetzung** ist **im allgemeinen** nicht das Vollstreckungsgericht, sondern gemäß § 103 Abs. 2 ZPO. das **Prozeßgericht**. RG. 85, 132; OLG. 31, 205. Jedoch ist das Vollstreckungsgericht in solchen Fällen, in denen es nicht bloß die Vollstreckung durchzuführen, sondern gleich dem Prozeßrichter einen besonderen Streit zu entscheiden hat (vgl. §§ 766, 769 Abs. 1, §§ 899 ff. ZPO.), zur Festsetzung der Kosten dieser Entscheidung befugt. RG. 85, 133.

[8] Die **Befugnis der höheren Instanz zur Abänderung** (Minderung oder Erhöhung) der von keiner Seite angefochtenen Festsetzung des Streitwerts der Vorinstanz setzt voraus, daß die Sache selbst infolge eines zulässigen Rechtsmittels an die höhere Instanz gelangt ist. Diese Voraussetzung ist nicht gegeben, wenn die höhere Instanz nur mit einer Beschwerde über die Festsetzung des Streitwerts selbst befaßt ist (streitig). RG. **14,** 352; JW. **93,** 488[11]; **96,** 693[22]; **97,** 466[26]; **02,** 133[45]; auch **07,** 678[21] (a. M. OLG. **19,** 237, s. auch unten RG. **71,** 321). Dagegen ist die Abänderung zulässig: wenn die Sache infolge einer Beschwerde über einen Kostenfestsetzungsbeschluß an die höhere Instanz gelangt ist, RG. (VZS.) **44,** 403; Gr. 38, 1166; JW. **94,** 182[13]; **99,** 3[8] (entgegen RG. **14,** 352; JW. **97,** 608[25]; **98,** 419[13]); wenn die höhere Instanz mit der Beschwerde über Festsetzung der dem Armenanwalt nach dem Ges. v. 6. 2. 23/18. 8. 23 und Ges. v. 14. 7. 25 aus der Staatskasse zu erstattenden Gebühren befaßt ist, JW. **26,** 71[6]. — Die Änderung von Amts wegen kann nur „im Laufe des Verfahrens" erfolgen. Diese Worte beziehen sich sowohl auf das Gericht der höheren Instanz wie auf das Gericht, das die Festsetzung des Streitwerts getroffen hat. JW. **25,** 1420[11]; **26,** 859[11]. In der Regel hat mit Erlaß eines Urteils der Lauf des Verfahrens in der betreffenden Instanz aufgehört. JW. **26,** 859[11]. Hat daher die höhere Instanz bereits ein Urteil erlassen, so kann sie den Streitwert der Vorinstanzen nur auf Beschwerde einer Partei, nicht mehr von Amts wegen, anderweitig festsetzen. JW. **95,** 382[16]; **96,** 74[28]. Ferner kann in Armensachen nach erfolgter Festsetzung der dem Armenanwalt aus der Staatskasse zu erstattenden Gebühren das festsetzende Gericht nicht

nachträglich von Amts wegen den der Gebührenberechnung zugrundegelegten Streitwert ändern. JW. **26**, 859[11]. Jedoch ist in RG. **71**, 321 als Konsequenz von RG. (VZS.) **44**, 403 angenommen, daß die Abänderung der Wertfestsetzungen der unteren Instanzen auch dann zulässig sei, wenn nach Erlassung des Urteils die Festsetzung des Werts für die höhere Instanz beantragt werde, da das Wertfestsetzungsverfahren dem Kostenfestsetzungsverfahren gleichzustellen sei. Ebenso OLG. **19**, 237. — Wenn die höhere Instanz auf Beschwerde einer Partei den Streitwert festgesetzt hat, kann die untere Instanz diese Festsetzung nicht ändern. RG. **37**, 383. Nach OLG. **31**, 2 gilt dies auch, wenn das Reichsgericht von Amts wegen den Streitwert anders als die untere Instanz festgesetzt hat. Wohl aber kann die **höhere Instanz die von ihr** früher im Beschwerdewege hinsichtlich des Streitwerts der Vorinstanz **getroffene Festsetzung**, auch von Amts wegen, wiederum **ändern.** RG. **33**, 377; **37**, 383; JW. **96**, 301[8]; **98**, 418[11] (Gr. **42**, 1164). — Satz 4 setzt voraus, daß das Gericht der Vorinstanz den Streitwert durch einen Beschluß gemäß § 18 festgesetzt hat. Ist ein solcher Beschluß in der Vorinstanz nicht erfolgt, so kann das **Gericht höherer Instanz nicht von sich aus** den **Streitwert der Vorinstanz festsetzen.** JW. **98**, 576[18]. Bei gleichem Streitgegenstande wirkt die Festsetzung der höheren Instanz aber auch für die Vorinstanz. S. Anm. 6. — Über Unzulässigkeit der Änderung von Amts wegen, wenn eine Festsetzung des Streitwerts gemäß § 17 erfolgt ist, vgl. Anm. 4 § 17.

[9] Die Festsetzung des Streitwerts kann nur auf dem **Beschwerdewege, nicht** durch **Erinnerung** gemäß § 4 angegriffen werden. OLG. **31**, 200, Anm. 4 § 4. Ist die Festsetzung durch den nach Art. VI § 1 EntlG. (s. Anm. 3) ermächtigten Gerichtsschreiber erfolgt, so ist vor der Beschwerde zunächst gemäß § 576 ZPO. die Entscheidung des Gerichts nachzusuchen. Gegen die erstinstanzlichen Wertfestsetzungen des Amtsgerichts oder des Landgerichts findet **Beschwerde** ohne Beschränkung statt. Dagegen sind nach den § 567 Abs. 3, § 568 Abs. 3 ZPO. Festsetzungen der Oberlandesgerichte mit der Beschwerde nicht anfechtbar und findet gegen beschwerdeinstanzliche Entscheidungen der Landgerichte, da sie die Prozeßkosten im Sinne des § 568 Abs. 3 betreffen (RG. **61**, 417;

JW. 07, 678[3]), eine weitere Beschwerde nicht statt. — Der Streitwert der Beschwerde besteht, wenn seitens einer Partei Herabsetzung des festgesetzten Streitwerts verlangt wird, nicht in der Differenz zwischen dem festgesetzten und dem von dem Beschwerdeführer für angemessen erachteten Wertbetrage, sondern in dem Unterschied zwischen denjenigen beiden Kostenbeträgen, welche sich ergeben, je nachdem die Kosten (Gerichtskosten und Anwaltsgebühren) nach Maßgabe des vom Beschwerdeführer in Antrag gebrachten oder des festgesetzten Streitwerts berechnet werden. Gr. 41, 1135 (JW. 97, 136[21]). Wenn dagegen ein Rechtsanwalt mit der gemäß § 12 DGO. f. RA. eingelegten Beschwerde Erhöhung des Streitwerts beantragt, besteht der Wert des Streitgegenstandes der Beschwerde in dem Unterschied zwischen den Gebühren, welche dem beschwerdeführenden Anwalt bei Zugrundelegung der von ihm angefochtenen Wertfestsetzung, und denjenigen, die ihm nach der von ihm beanspruchten Festsetzung zustehen würden. RG. (VZS.) 45, 402; JW. 00, 146, 147. Jedoch kommen nur die Gebühren einer Instanz in Betracht, auch wenn der Anwalt in mehreren Instanzen Prozeßbevollmächtigter gewesen ist. RG. 46, 365. Wenn die Anwälte beider Parteien Beschwerde einlegen, findet eine Zusammenrechnung der Beschwerdesummen nicht statt. RG. 51, 173. — Die Beschwerde muß **derart begründet** sein, daß aus ihr zu erkennen ist, inwieweit die Abänderung der Festsetzung des Streitwerts verlangt wird. JW. 04, 491[16]. — Für die Beschwerde sind auch die nach den §§ 568 ff. ZPO. bezüglich der Beschwerden **allgemein geltenden Grundsätze** maßgebend. Deshalb ist eine Abänderung der Vorentscheidung zum Nachteil des Beschwerdeführers nicht statthaft. JW. 97, 171[22], 466[26]. — Die **Beschwerde** findet ferner **nur gegen den Beschluß** statt, durch welchen die **Festsetzung** des Streitwerts **erfolgt** ist, und gegen den, durch welchen die Festsetzung im Laufe des Verfahrens von Amts wegen geändert wird. JW. 95, 480[15]; 01, 226[2]. Deshalb ist die Beschwerde gegen einen Beschluß, durch welchen die Anregung einer Partei, die erfolgte Festsetzung des Streitwerts im Laufe des Verfahrens von Amts wegen zu ändern, abgelehnt wird, nicht zulässig. JW. 95, 480[15]; 96, 57[6]. — Über Unzulässigkeit der Beschwerde, wenn eine Festsetzung des Streitwerts gemäß § 17 erfolgt ist, vgl. Anm. 4 § 17.

[10] Danach kann die **Einlegung der Beschwerde** seitens einer Partei oder eines Anwalts in ihrem Namen auch im Anwaltsprozesse durch Erklärung zum Protokolle des Gerichtsschreibers oder schriftlich ohne Mitwirkung eines Anwalts erfolgen. Demgemäß kann gegen die Festsetzung des Streitwerts der höheren Instanz auch der bei diesem Gerichte nicht zugelassene Anwalt der unteren Instanz Beschwerde einlegen. JW. **95**, 480[15]; OLG. **19**, 253. Wird dagegen die Beschwerde von dem Anwalt im eigenen Namen gemäß § 12 DGO. f. RA. eingelegt, so besteht, wenn der Rechtsstreit nicht bei einem Amtsgericht anhängig war, Anwaltszwang im Sinne der §§ 78, 569 Abs. 2 ZPO. (streitig). RG. **10**, 374; JW. **94**, 514[3]; **02**, 610[19]; OLG. **19**, 253. Der Anwalt muß also, wenn er die Beschwerde bei einem Gericht einlegt, bei dem er nicht zugelassen ist, sich eines zugelassenen Anwalts bedienen. JW. **89**, 528[5]; **96**, 584[5]; **02**, 610[19]; OLG. **19**, 253.

[11] Die Beschwerde steht auch der **Staatskasse** zu. Gr. **28**, 1178 (JW. **91**, 305[2]). Dagegen nicht dem ohne Kostenpflicht aus dem Prozesse tretenden Teil. Reichsgericht v. 9. 6. 85 (Blum **3**, 44). — Die **Beschwerde einer Partei** selbst oder des Anwalts im Namen und Auftrage seiner Partei ist **nur auf Herabsetzung**, nicht auf Erhöhung des festgesetzten Streitwerts zulässig, weil die Partei durch die zu niedrige Festsetzung nicht beschwert wird. RG. **22**, 425; JW. **94**, 55[3], 514[3], 544[11]; **95**, 102[6]; **97**, 268[5]; **98**, 576[20]; **99**, 439[23]; **03**, 67[11]. Die Beschwerde ist auch nicht zulässig: gegen einen amtsgerichtlichen Festsetzungsbeschluß zu dem Zwecke, sich zu vergewissern, ob das Landgericht die Berufungssumme (§ 511a ZPO.) annehmen werde (vgl. für die frühere gleiche Beschwerde an das Revisionsgericht bezüglich der Revisionssumme JW. **92**, 213[1]; **94**, 55[2]; **95**, 102[6]; **97**, 263[5]); ferner nicht, wenn die Partei Sicherheit für Prozeßkosten zu verlangen berechtigt ist (§ 110 ZPO.), da die Festsetzung des Streitwerts auch für die Gebühren der Anwälte gemäß § 11 DGO. f. RA. maßgebend und danach die Sicherheit zu berechnen ist, JW. **96**, 150[28]. Dagegen kann der **Anwalt** der Partei **aus eigenem Recht** gemäß § 12 DGO. f. RA. Beschwerde **auf Erhöhung** (nicht auf Herabsetzung) des Streitwerts einlegen. RG. **22**, 425; **31**, 393; **45**, 402. Die Beschwerde steht **nur demjenigen Anwalt** zu, **der an der Erhöhung** des Streitwerts in An-

setzung seiner Gebührenforderung **ein Interesse hat.** Daher nicht dem prozeßbevollmächtigten Anwalt zweiter Instanz gegen die Wertfestsetzung für die erste Instanz. JW. **99,** 335[3]. Auch kann der prozeßbevollmächtigte Anwalt erster Instanz die für die zweite Instanz erfolgte Festsetzung des Streitwerts nur bei Nachweis eines besonderen Interesses anfechten. JW. **97,** 572[23]; **98,** 576[19]; **01,** 226[3]. Ein solches Interesse liegt vor, wenn die vom Berufungsgericht erlassene Festsetzung bei gleichem Streitgegenstand auch für die erste Instanz Wirkung äußert. JW. **97,** 572[23]. Nach OLG. **23,** 260 soll dem Anwalt die Beschwerde wegen zu niedriger Festsetzung des Streitwerts dann nicht zustehen, wenn der Anwalt den Rechtsstreit für sich selbst führt. A. M. JW. **16,** 1433[10]. **Voraussetzung** für die Beschwerde des Anwalts ist **Vorliegen eines besonderen Beschlusses** bezüglich des Streitwerts. Dies ist nicht der Fall, wenn in einem Kostenfestsetzungsbeschlusse zur Begründung dargelegt wird, daß der Streitwert auf einen geringeren Betrag, als er der Gebührenrechnung des Anwalts zugrunde gelegt worden, anzunehmen sei. JW. **93,** 563[35]; **97,** 240[45]. — Die Partei selbst dagegen kann einen nach § 104 Abs. 1 ZPO. vom Gerichtsschreiber erlassenen **Kostenfestsetzungsbeschluß** wegen zu niedriger Bemessung der ihr von dem Gegner zu erstattenden Anwaltskosten gemäß § 104 Abs. 3 ZPO. anfechten, JW. **93,** 344[8]; jedoch nur, wenn eine Wertfestsetzung durch besonderen Beschluß nicht stattgefunden hat, JW. **96,** 599[15]; **98,** 419[18]. Vgl. auch § 107 ZPO. (jede nachträgliche Änderung der Streitwertfestsetzung berechtigt zum Antrag auf entsprechende Änderung des Kostenfestsetzungsbeschlusses). — Die Partei, deren Anwalt in eigenem Namen eine Erhöhung des festgesetzten Streitwerts beantragt und erwirkt hat, ist dadurch nicht behindert, ihr eigenes entgegengesetztes Interesse zu verfolgen und die Wiederherabsetzung des Streitwerts zu beantragen. RG. **37,** 384. Ist umgekehrt auf Beschwerde der Partei der Streitwert herabgesetzt, so steht dem Anwalt nur in Höhe des Mehrbetrags des erstinstanzlichen Beschlusses die Beschwerde zu. JW. **96,** 693[22]. — Es muß aus der Fassung der Beschwerde hervorgehen, daß der **Anwalt in eigenem Namen, nicht im Namen der Partei** Beschwerde einlegt. JW. **98,** 279[10], vgl. RG. **17,** 377; **22,** 426; JW. **86,** 42[18]; **87,** 328[8];

94, 514[3]. Im Zweifel ist ersteres anzunehmen, so, wenn nicht erwähnt ist, in wessen Namen Beschwerde eingelegt werde. JW. 99, 439[21]. Jedoch soll das Gericht, wenn Zweifel bestehen, den Anwalt zunächst befragen. JW. 99, 163[10]; 00, 124[3]. — Die gegnerische Partei ist nicht Beschwerdegegnerin des Anwalts. Daher treffen die Kosten der Beschwerde des Anwalts, auch wenn sie zu seinen Gunsten entschieden wird, weder ganz, noch zum Teil die gegnerische Partei. RG. 12, 361; JW. 97, 466[26]; 98, 153[1]; OLG. 19, 237. Die Kosten der zurückgewiesenen Beschwerde (§ 97 ZPO., § 15 Abs. 3, § 38 Abs. 2 GKG.) hat der Anwalt, nicht seine Partei zu tragen. JW. 91, 311[18]; 98, 279[10]. — In **Preußen** ist im Verfahren nach dem MietSchutzG. v. 30. 6. 26 ein Beschluß der Rechtsbeschwerdestelle über die Festsetzung des Streitwerts gemäß § 15 VerfAno. v. 19. 9. 23 unanfechtbar. JW. 26, 1034[7] (a. M. 24, 2036[10]).

19 (17). **Wird eine Abschätzung durch Sachverständige erforderlich, so ist in dem Beschlusse, durch welchen der Wert festgesetzt wird (§ 18), über die Kosten der Abschätzung zu entscheiden. Dieselben können ganz oder teilweise der Partei zur Last gelegt werden, welche durch Unterlassung der ihr obliegenden Wertangabe oder durch unrichtige Wertangabe, unbegründetes Bestreiten der Wertangabe oder unbegründete Beschwerde die Abschätzung veranlaßt hat[1].**

[1] Wenn das Gericht gemäß § 3 ZPO. bezüglich der Frage der sachlichen **Zuständigkeit** oder der Zulässigkeit eines Rechtsmittels (§§ 511a, 546, 567 Abs. 2 ZPO.) behufs Ermittelung des Wertes des Streitgegenstandes eine beantragte Beweisaufnahme oder von Amts wegen die Einnahme des Augenscheins oder die Begutachtung durch Sachverständige anordnet (vgl. Anm. 4 § 3 ZPO. unter § 9 GKG.), so gehören die hierdurch entstehenden Kosten zu den allgemeinen Kosten des Rechtsstreits, die von der unterliegenden Partei zu tragen sind. Erachtet das Gericht dagegen zwecks Festsetzung des Streitwerts für die **Gebührenberechnung** (§ 18) die Abschätzung durch Sachverständige für erforderlich, so

kommt § 19 GKG. zur Anwendung. Danach fallen die hierdurch entstehenden Kosten, wenn keiner der in Satz 2 aufgeführten Gründe (namentlich Unterlassung der nach § 16 dem Antragsteller obliegenden Wertangabe) zur Auferlegung an eine Partei vorliegt, der Staatskasse zur Last, gleichviel, ob die Abschätzung von Amts wegen oder auf Antrag angeordnet wird. Mot. 46, JW. 00, 894[4]. — Eine **Beschwerde** gegen die auf Grund der Abschätzung erfolgende Wertfestsetzung nach § 18 Abs. 2 umfaßt auch die Entscheidung über die Kosten der Abschätzung. Dagegen kann der Beschluß gemäß § 99 Abs. 1 ZPO. nicht wegen etwaiger Auferlegung der Abschätzungskosten allein mit der Beschwerde angefochten werden. JW. 00, 894[5]. Die Parteien haben auch kein Beschwerderecht darüber, daß dem Sachverständigen zu hohe Gebühren gezahlt seien. JW. 99, 492[23].

Tarifsystem.

a) Prozeßverfahren.

20 (18). **Im Prozeßverfahren[1] wird die volle Gebühr (§ 8) erhoben[2]:**

1. **für das Verfahren im allgemeinen (Prozeßgebühr)[3],**
2. **für die Anordnung einer Beweisaufnahme (Beweisgebühr)[4],**
3. **für ein auf Grund streitiger Verhandlung[5] ergehendes End- oder Zwischenurteil (Urteilsgebühr)[6, 7].**

[1] Unter „**Prozeßverfahren**" ist der Gang des auf sachliche Entscheidung über den streitigen Anspruch gerichteten Hauptverfahrens in bürgerlichen Rechtsstreitigkeiten zu verstehen. Auch die besonderen Verfahrensarten der ZPO. in dieser Hinsicht fallen darunter, so der Urkunden- und Wechselprozeß (§§ 592 ff.), die Ehesachen (§§ 606 ff.), die Kindschaftsprozesse (§§ 640 ff.), die vor die Landgerichte gehörenden Entmündigungssachen (§§ 664 ff.), die Anfechtung eines Aufgebotsausschlußurteils (§§ 957 ff.). Auf diese Prozeßverfahren beziehen sich die §§ 20—30. Das Arrestverfahren fällt nicht darunter; für dieses gilt § 32.

[2] Die frühere Dreiteilung der vollen Gebühr in Verhandlungsgebühr (bei kontradiktorischer Verhandlung), Beweisgebühr (für Beweisanordnung) und Entscheidungsgebühr (für eine andere Entscheidung) hat die Nov. v. 21. 12. 22 durch die Prozeß-, Beweis-, Urteilsgebühren ersetzt. Durch sie wird die gesamte gerichtliche Tätigkeit im „Prozeßverfahren" abgegolten. Siehe die Zusammenstellung der abgegoltenen Akte in Anm. 1 § 22. — **Mehrmalige Akte** (d. i. Prozeßvorgänge der unter Nr. 1, 2 oder 3 des § 20 bezeichneten Art) gleicher Art in derselben Instanz: betreffend denselben Streitgegenstand: § 25 Abs. 1 (nur eine einmalige Gebühr); betreffend verschiedene Teile eines Streitgegenstandes: § 14 Abs. 2 (Höchstbetrag: Gebühr von dem Gesamtbetrage der Wertteile).

[3] Die **Prozeßgebühr** wird für das ganze Verfahren im allgemeinen, soweit dieses nicht durch die Beweisgebühr und die Urteilsgebühr abzugelten ist, erhoben. Für eine mündliche Verhandlung als solche, auch eine kontradiktorische, kommt nicht, wie früher, eine besondere Gebühr (Verhandlungsgebühr für kontradiktorische Verhandlung) zum Ansatz; die kontradiktorische Verhandlung ist gebührenrechtlich nur als Voraussetzung für Entstehung der Urteilsgebühr von Bedeutung. — Über Fälligkeit der Prozeßgebühr und Abhängigkeit der Vornahme von Prozeßhandlungen von vorheriger Zahlung der Prozeßgebühr vgl. GKG. §§ 74, 74a, ZPO. § 519 Abs. 6 (Berufung), § 554 Abs. 7 (Revision).

[4] Die **Beweisgebühr** wird nur erhoben **für die Anordnung**, nicht auch noch außerdem für die **Beweisaufnahme** selbst, und überhaupt keine Gebühr für eine Beweisaufnahme, die ohne eine erkennbar auf Beweiserhebung gerichtete Anordnung des Gerichts erfolgt. Mot. 51. Jedoch hat die Beweisgebühr nicht zur Voraussetzung, daß die Anordnung der Beweisaufnahme durch einen dem § 359 ZPO. entsprechenden Beschluß erfolgt ist. Vielmehr genügt es, daß die Absicht, eine Beweisaufnahme anzuordnen, deutlich erkennbar ist. JW. **89**, 403[12]; **95,** 10[26]; **96,** 35[27], 151[30]; **97,** 532[11]; **99,** 6[20] (entgegen: RG. **10,** 371; JW. **88,** 100[13]; **91,** 274[13]). Auch ist **nicht notwendig,** daß die Beweisaufnahme in einem von dem Verhandlungstermine **zeitlich getrennten Beweistermin** erfolgt (z. B. ist die Beweisgebühr zu erheben, wenn

nach Erlassung eines Beweisbeschlusses in demselben Termine die Vernehmung von Zeugen oder die Abnahme des auferlegten Eides stattfindet). RG. **32**, 410; **36**, 386 (entgegen: RG. **14**, 394; JW. **88**, 100[13]; **90**, 333[8]; **92**, 421[3]). — Im Arrestverfahren, in dem nur eine Glaubhaftmachung, nicht ein Beweis erfolgt, ist hinsichtlich des Gebührenansatzes die Glaubhaftmachung dem Beweis gleichzustellen. OLG. **42**, 63. Es war daher früher, wenn die vom Antragsteller gestellten Zeugen behufs Glaubhaftmachung vernommen wurden, die Beweisgebühr begründet. OLG. **15**, 187 (a. M. **21**, 128). Jedoch jetzt umfaßt die Gebühr nach § 32 (s. dort Anm. 1) auch eine etwaige Beweisaufnahme im Arrestverfahren. — Bei **Vorlegung von Akten** insbesondere ist es zum Ansatze der Gebühr genügend, wenn ersichtlich ist, daß die Vorlegung zwecks Beweiserhebung über eine streitige Behauptung, nicht bloß zur Information des Gerichts angeordnet ist. JW. **90**, 180[9]; **95**, 10[26], 242[15]; **96**, 35[17], 176[32]; **97**, 532[11]; **99**, 6[20]; **03**, 124[5]; OLG. **11**, 150, 151; **15**, 187. Diese Voraussetzung ist aber nicht gegeben, wenn die Herbeiziehung der Akten auf einseitigen Antrag einer Partei ohne mündliche Verhandlung erfolgt ist, OLG. **31**, 205, wenn es auch anderseits zur Begründung der Gebühr eines förmlichen Beweisbeschlusses (§§ 358, 359 ZPO.) nicht bedarf, OLG. **31**, 206. Unerheblich ist es, ob die Akten sich in Verwahrung des Prozeßgerichts selbst befanden oder nicht. JW. **97**, 532[11]. Auch durch die Anordnung der Vorlegung von Akten über ein vorangegangenes Verfahren zur Sicherung des Beweises wird die Gebühr begründet. JW. **90**, 180[9], 374[12]. Ist aber ungewiß, ob die Einforderung von Akten zum Zwecke der Beweiserhebung oder nur zur Information erfolgt ist, so kommt die Gebühr nicht zum Ansatz. JW. **91**, 274[13]; **95**, 242[12]; **97**, 532[10]. — Eine **Einnahme des Augenscheins**, die auf Grund einer von Amts wegen **gemäß § 144 ZPO.** getroffenen Anordnung erfolgt, ist ebenfalls eine Beweisaufnahme. JW. **96**, 151[30]. — Auch für Beweisanordnungen zum Zwecke der Feststellung der formellen **Voraussetzungen der prozessualen Geltendmachung**, insbesondere der Rechtzeitigkeit der Einlegung eines Rechtsmittels, ist die Beweisgebühr zu erheben. JW. **84**, 138[13]. — Dagegen ist, weil die Beweisaufnahme auf Beschaffung von Urteilsunterlagen tatsächlicher Natur gerichtet sein muß, für die angeordnete Ermittelung ausländischen Rechtes (§ 293 ZPO.) keine Beweisgebühr anzusetzen. OLG. 21, 127. Ferner wird durch **Anordnung** des persönlichen **Erscheinens einer Partei** zur Aufklärung des Sachverhalts nach § 141 ZPO. oder in Ehesachen nach § 619 ZPO. und durch persönliche Vernehmung der erschienenen Partei die Beweisgebühr nicht ausgelöst, da es sich hierbei nicht um eine Beweisaufnahme, sondern nur um Anordnung und Ausführung einer prozeßleitenden Verfügung handelt. JW. **26**, 2479[17], 2587[3], 2591[13]; OLG. **42**, 57 (a. M. JW. 25, 2370[35]). Aber die Vernehmung des zu Entmündigenden nach §§ 654, 671, 679 ZPO. in Entmündigungssachen ist als eine die Beweisgebühr zur Entstehung bringende Beweisaufnahme anzusehen, da sie zum Zwecke der Feststellung des Geisteszustandes des zu Entmündigenden erfolgt. JW. 25, 2370[35]. — Ob die Beweisanordnung **den ganzen Streitgegenstand oder nur einen Teil betrifft**, ist, wenn der Beweisbeschluß nicht bestimmten Anhalt dafür gibt, nach der ganzen Sachlage zu beurteilen. RG. **42**, 309; JW. **96**, 685[1]. — Fällig wird die Beweisgebühr nach § 74 Abs. 1 Halbs. 2 mit der Beweisanordnung. — Früher bestimmte § 22 a. F.:

„Die Beweisgebühr wird nur zur Hälfte erhoben, wenn die angeordnete Beweisaufnahme weder ganz noch teilweise stattgefunden hat.

Dasselbe findet statt, soweit bezüglich des durch die Beweisanordnung betroffenen Gegenstandes ein zur Beilegung des Rechtsstreits abgeschlossener Vergleich aufgenommen oder auf Grund eines Anerkenntnisses oder Verzichts eine Entscheidung erlassen wird."

Durch die Nov. v. 21. 12. 22 ist dieser frühere § 22 gestrichen. Bezüglich des Abs. 1 des § 22 ist zu bemerken, daß jetzt die Beweisgebühr **unabhängig** ist **von der Ausführung der Beweisanordnung**, daß also die volle (nicht ermäßigte) Beweisgebühr auch dann zu erheben ist, wenn die angeordnete Beweisaufnahme weder ganz noch teilweise stattgefunden hat. Bezüglich des **Vergleichs** (§ 22 Abs. 2 a. F.) ist jetzt **im § 23** die neue Bestimmung gegeben, daß im Falle der nachträglichen Erledigung des Rechtsstreits durch gerichtlichen Vergleich eine bereits entstandene Beweisgebühr ganz fortfällt. Dagegen hat es jetzt mangels einer entsprechenden Bestimmung auf eine bereits entstandene Beweisgebühr keinen Einfluß, wenn demnächst auf Grund eines **Anerkenntnisses** oder **Verzichts** eine Entscheidung (Urteil nach §§ 306, 307 ZPO.) erlassen wird. Auch wenn nach der Beweisanordnung Anerkenntnis- oder Verzichtsurteil erlassen wird, ist die volle Beweisgebühr zu erheben. — Jedoch für eine **auf Grund des § 272b ZPO.** (durch den Vorsitzenden oder ein Mitglied des Prozeßgerichts vorbereitend vor der mündlichen Verhandlung) **getroffene Beweisanordnung** wird gemäß § 24 eine Beweisgebühr nur dann erhoben, wenn die Beweisaufnahme vor der mündlichen Verhandlung auch tatsächlich stattgefunden hat. Ferner bestimmt für das **Schiedsurteilsverfahren nach der EntlVO.** in d. Fass. v. 13. 5. 24 der § 18 Abs. 3 der VO., daß die in dem Verfahren entstehenden Gerichtsgebühren mit Ausnahme der Prozeßgebühr nur zur Hälfte erhoben werden.

[5] Erste Voraussetzung für die Entstehung der Urteilsgebühr ist, daß **auf Grund streitiger Verhandlung** ein Urteil ergangen ist. Bezüglich des Begriffs der streitigen Verhandlung bestimmt der durch die Nov. v. 21. 12. 22 gestrichene § 19 a. F.: „Die Verhandlung gilt als kontradiktorisch im Sinne des § 18 Nr. 1, soweit in derselben von beiden Parteien einander widersprechende Anträge gestellt werden." Ein gleicher Begriff ist auch jetzt für § 20 Nr. 3 anzunehmen. Es kommt für die Frage, ob eine **Verhandlung als kontradiktorisch** zu gelten hat, darauf an, ob und inwieweit die von den Parteien in der mündlichen Verhandlung vorgetragenen **Anträge sich widersprechen**, Reichsgericht v. 30. 6. 85 (Blum 3, 200); JW. **94**, 430[21]; W. **12**, 354, mag dies auch nur bei ihren eventuellen Anträgen der Fall sein, JW. **94**, 515[6]; **95**, 127[10]. Zum Vorliegen einer kontradiktorischen Verhandlung im Sinne des § 20 Nr. 3 ist nicht erforderlich, daß außer der Verlesung widersprechender Anträge noch eine weitere Verhandlung zur Sache stattgefunden hat oder sonst im Sinne der Zivilprozeßordnung (§ 137) kontradiktorisch verhandelt worden ist. JW. **94**, 515[6]; **98**, 607[24]; W. **12**, 354; OLG. **9**, 167; **27**, 106; auch RG. **18**, 66 (a. M. OLG. **27**, 223, wonach neben der Stellung widersprechender Anträge eine sachliche Erörterung des Streitstoffes stattgefunden haben muß). — Die im Termin abgegebene Erklärung, die Klage zurückzunehmen, oder zu vertagen, ist überhaupt kein Ver-

handeln zur Sache, auch kein „nichtkontradiktorisches". JW. 82, 95; **97**, 136[22]; OLG. **11**, 19. — Dagegen macht der Antrag auf Klagabweisung die **Verhandlung auch dann** zu einer **kontradiktorischen**, wenn in der Verhandlung die Verpflichtung an sich zugestanden wird, Reichsgericht v. 14. 11. 82 (Braun und Blum 7, 86); JW. **82**, 83[5]; OLG. **21**, 72, ebenso der Antrag, den Klaganspruch für erledigt zu erachten, wenn der Gegner die Erledigung bestreitet. JW. **86**, 317[13]; auch **92**, 481[14]; **94**, 81[7]. Eine kontradiktorische Verhandlung liegt auch schon vor, wenn der Beklagte vor dem Amtsgericht Widerklage erhebt und Verweisung an das Landgericht beantragt und der Kläger den Antrag auf Zurückweisung der Widerklage stellt, JW. **98**, 418[12], oder wenn der Berufungsbeklagte für den Fall, daß die Berufung des Gegners nicht zurückgewiesen werden sollte, beantragt, der eventuell eingelegten Anschlußberufung stattzugeben, und der Berufungskläger Zurückweisung der Anschlußberufung beantragt, JW. **95**, 127[10], oder wenn im Urkundenprozesse der Beklagte, ohne einen förmlichen Sachantrag zu stellen, lediglich beantragt, ihm die Ausführung seiner Rechte (im ordentlichen Verfahren) gemäß § 599 ZPO. vorzubehalten. OLG. **2**, 269 (a. M. OLG. **27**, 106; **31**, 206). — Stehen sich **Antrag und Gegenantrag nur zum Teil** gegenüber, so liegt eine kontradiktorische Verhandlung nur bezüglich dieses Teils vor: § 14 Abs. 1 (Gebühr nur nach dem Wert dieses Teils zu berechnen). Vgl. RG. **33**, 403. Es kann auch über die Prozeßkosten allein kontradiktorisch verhandelt werden, während die Verhandlung zur Hauptsache eine nicht kontradiktorische ist. RG. **33**, 403; JW. **86**, 118[22]; **91**, 93[16]; **92**, 481[14]; **93**, 470[15]; OLG. **21**, 126. Vgl. Anm. 4 § 13. — Eine kontradiktorische Verhandlung erfordert nicht, daß die widersprechenden **Anträge in das Sitzungsprotokoll** aufgenommen sind. Es genügt, daß der Tatbestand des Urteils die Anträge aufführt, auch, daß schon die ganze Sachlage ergibt, daß die Parteien Widersprechendes begehrt haben. RG. **10**, 366; JW. **97**, 86[29]; **98**, 418[12]. — Eine **nicht kontradiktorische Verhandlung** liegt im Falle des Versäumnisverfahrens vor. Jedoch ist dies nicht der einzige Fall. Vielmehr ist die Verhandlung auch dann nicht kontradiktorisch, wenn die Anträge der Parteien (ganz oder doch hinsichtlich eines Teils) übereinstimmen oder nur eine Partei allein zur Hauptsache verhandelt. RG. 23, 394; 33, 403. Über nicht kontradiktorische Verhandlung bezüglich des infolge Zurücknahme eingetretenen Verlustes eines Rechtsmittels (§§ 515, 566 ZPO.) vgl. JW. 94, 85[19]. — Die letzte der Urteilsfällung unmittelbar vorausgehende Verhandlung muß eine kontradiktorische (streitige) sein, um als „auf Grund" solcher Verhandlung das Urteil erlassen anzusehen. Haben früher kontradiktorische Verhandlungen stattgefunden, ist aber schließlich ein Urteil nach letzter nicht kontradiktorischer Verhandlung erlassen, so kommt die Urteilsgebühr nicht zum Ansatz. Es ist dann nur die Prozeßgebühr zu erheben sowie, wenn etwa eine Beweisanordnung stattgefunden hatte, auch die Beweisgebühr. Daher bringen Anerkenntnisurteile (§ 307 ZPO.), Verzichtsurteile (§ 306 ZPO.), Versäumnisurteile (§§ 330, 331, 542, 566 ZPO.), denen unmittelbar nichtkontradiktorische Verhandlungen vorangegangen sind, indem eine Partei den Klaganspruch anerkennt bzw. auf ihn verzichtet hat oder nicht erschienen ist, die Urteilsgebühr auch dann nicht zur Entstehung, wenn in früheren Prozeßabschnitten kontradiktorisch verhandelt worden ist. **Im Falle der Versäumnis** insbesondere war früher nach § 18 Nr. 3 a. F. für ein Versäumnisurteil die Entscheidungsgebühr zu erheben und wurde nach § 32 Abs. 2 a. F., wenn gegen das Versäumnisurteil zulässig Einspruch eingelegt wurde, also das Verfahren infolge des Einspruchs als Fortsetzung der Instanz galt, durch diese Gebühr eine andere Entscheidungsgebühr derselben Instanz (Ausnahme von dem Grundsatz nur einmaliger Erhebung gleichartiger Gebühr in derselben Instanz nach § 28 a. F.) nicht ausgeschlossen (RG. 27, 392), auch nicht die Gebühr für ein weiteres Versäumnisurteil (JW. 88, 179[10]). — Jetzt kann eine Urteilsgebühr nur zur Erhebung kommen, wenn nach eingelegtem Einspruch auf Grund nunmehriger streitiger Verhandlung ein Urteil erlassen wird, mag es auch auf Verwerfung des Einspruchs lauten, nicht aber, wenn ein weiteres Versäumnisurteil ergeht. Auch ein Urteil, das trotz Ausbleibens des Gegners gegen die erschienene Partei erlassen wird, sog. unechtes kontradiktorisches Urteil, wie Abweisung der Klage (§ 331 Abs. 2 ZPO.), Verwerfung des Rechtsmittels (§§ 519b, 554a ZPO.) trotz Nichterscheinens des Gegners, löst mangels kontradiktorischer Verhandlung die Urteilsgebühr nicht aus. — **Ausnahmen** von dem Erfordernis streitiger Verhandlung für die Urteilsgebühr bestimmt § 21 für die dort genannten Verfahren. Ferner bestimmt § 8 EntlVO. in der Fass. v. 13. 5. 24, daß ein gemäß § 7 der VO. ohne mündliche Verhandlung geführtes Verfahren hinsichtlich der Gerichtskosten einem Verfahren mit mündlicher Verhandlung gleichsteht. Danach wird hier durch schriftliche Mitteilung eines Urteils ohne zuvorige mündliche Verhandlung nach § 7 VO. die Urteilsgebühr begründet.

[8] Nach dem früheren § 18 Nr. 3 a. F. begründeten Entscheidungen aller Art, auch Beschlüsse (z. B. auf Verweisung der Sache vom Amtsgericht an das Landgericht gemäß § 506 ZPO. [RG. 30, 330; OLG. 17, 218]) sowie Entscheidungen des Gerichtsschreibers (z. B. nach §§ 706, 724 ZPO.) die Entscheidungsgebühr, sofern nicht im Gesetz eine besondere Gebühr oder Gebührenfreiheit dafür vorgesehen war (RG. 40, 380). Jetzt setzt die Urteilsgebühr den **Erlaß eines Urteils** voraus. Beschlüsse, auch solche auf Verwerfung eines Rechtsmittels nach §§ 519b, 554a oder auf Verweisung einer Sache an ein anderes Gericht nach §§ 276, 506 ZPO. bringen diese Gebühr nicht zur Entstehung. Anderseits betrifft die Gebühr Urteile aller Art: nicht nur End- (Schluß-) Urteile nach § 300 ZPO., sondern auch Teilurteile (§ 301), Zwischenurteile (§§ 275, 303, 304). Ferner **bedingte Urteile** auf Eidesleistung nach § 460 ZPO. Der durch die Nov. v. 21. 12. 22 gestrichene § 24 a. F. bestimmte, daß diese Urteile für die Gebührenerhebung als Beweisanordnung (Beweisgebühr nach § 18 Nr. 2 a. F.) gelten sollten, dagegen die sie erledigenden Läuterungsurteile nach § 462 Abs. 2 ZPO. als Entscheidung (Entscheidungsgebühr nach § 18 Nr. 3 a. F.). Jetzt löst das bedingte Urteil selbst die Urteilsgebühr aus, während für das Läuterungsurteil, auch wenn es etwa auf Grund streitiger Verhandlung ergeht, gemäß § 25 eine Gebühr nicht mehr zu erheben ist. Der durch die Nov. v. 21. 12. 22 ebenfalls gestrichene § 23 a. F. sah für die auf Grund Anerkenntnisses oder Verzichts erlassenen Entscheidungen sowie für einen zur Beilegung des Rechtsstreits abgeschlossenen Vergleich eine $^{5}/_{10}$ Entscheidungsgebühr (§ 18 Nr. 3 a. F.) vor. Jetzt entsteht durch **Anerkenntnis- und Verzichtsurteile**, weil sie nicht auf Grund streitiger Verhandlung ergehen

(s. Anm. 5), keine Urteilsgebühr (es verbleibt bei der Prozeßgebühr und nur, wenn etwa in früheren Verfahrensabschnitten eine Beweisanordnung oder ein kontradiktorisches Zwischen- oder bedingtes Urteil erlassen ist, kommt für diese noch die Beweisgebühr bzw. die Urteilsgebühr zum Ansatz), und für den **Vergleich** ist, abgesehen von dem in Anm. 4 bezüglich des Fortfalls der Beweisgebühr erwähnten § 23, keine Gebührenbestimmung getroffen. — Hinsichtlich der kontradiktorischen Zwischenurteile enthält § 22 eine Ausnahmebestimmung dahin, daß **Zwischenurteile gemäß § 135** (Verpflichtung des Anwalts zur Rückgabe von Urkunden) **und § 387 ZPO.** (Zeugnisverweigerung) nicht als Urteile im Sinne des § 20 Nr. 3 gelten, wonach also durch sie eine Urteilsgebühr nicht entsteht. Anderseits bestimmt § 25 Abs. 3, daß für **Zwischenurteile gemäß § 71 ZPO.** (Zulässigkeit der Nebenintervention) die Urteilsgebühr besonders erhoben wird. — Fällig wird die Urteilsgebühr gemäß § 74 Abs. 1 mit Erlaß des Urteils.

[7] Der durch die Nov. v. 21. 12. 22 gestrichene § 25 a. F. hatte für den **Urkunden- und Wechselprozeß** (§§ 592—605 ZPO.) eine Ermäßigung der Gebührensätze auf $^6/_{10}$ vorgesehen, und der ebenfalls gestrichene § 33 a. F. hatte bestimmt, daß das solchem Prozeß nachfolgende ordentliche Verfahren (§§ 596, 600 ZPO.) für die Gebührenerhebung als besonderer Rechtsstreit gelte. Jetzt ist der Urkunden- und Wechselprozeß (nach § 28 Scheckges. v. 11. 3. 08 daher auch der Scheckprozeß) dem ordentlichen Prozeß völlig gleichgestellt, so daß auch für ihn die Gebühren des § 20 ungekürzt zu erheben sind. Das Nachverfahren bildet mit dem vorangegangenen Urkunden- oder Wechselprozeß jetzt für die Gebührenerhebung an sich **eine** Instanz, jedoch bestimmt § 25 Abs. 2, daß durch die Gebühr für das in diesem Prozeß nach § 599 ZPO. erlassene Vorbehaltsurteil eine weitere Urteilsgebühr in derselben Instanz nicht ausgeschlossen wird. — Der ferner durch die Nov. v. 21. 12. 22 gestrichene § 26 a. F. bestimmte:

„Fünf Zehnteile der Gebühr (§§ 18 bis 24) werden erhoben, wenn der Akt ausschließlich betrifft:

1. prozeßhindernde Einreden (Zivilprozeßordnung § 274);

2. die Unzuständigkeit des Gerichts, die Unzulässigkeit des Rechtsweges, den Mangel der Parteifähigkeit, der Prozeßfähigkeit, der Legitimation eines gesetzlichen Vertreters oder der erforderlichen Ermächtigung zur Prozeßführung, sofern dieselben von Amts wegen berücksichtigt sind (Gerichtsverfassungsgesetz § 17 Abs. 1, Zivilprozeßordnung §§ 40, 56);
3. die Entlassung des Beklagten aus dem Rechtsstreite (Zivilprozeßordnung §§ 75 bis 77) oder die Übernahme des Rechtsstreits durch den Rechtsnachfolger (Zivilprozeßordnung § 266);
4. die Aufnahme eines unterbrochenen oder ausgesetzten Verfahrens (Zivilprozeßordnung §§ 239 bis 250);
5. die Zulässigkeit der Wiedereinsetzung in den vorigen Stand, der Berufung, Revision oder der Wiederaufnahme des Verfahrens oder die Zurücknahme eines Rechtsmittels (Zivilprozeßordnung §§ 238, 515 Abs. 3, §§ 535, 566, 589);
6. den Einspruch (Zivilprozeßordnung §§ 341, 345, 346, 700), sowie die gegen ein Versäumnisurteil eingelegten Rechtsmittel (Zivilprozeßordnung § 513 Abs. 2, § 566);
7. die vorläufige Vollstreckbarkeit eines Urteils;
8. die Erteilung der Vollstreckungsklausel, sofern sie im Wege der Klage beantragt oder angefochten wird (Zivilprozeßordnung §§ 731, 738, 742, 744, 745 Abs. 2, §§ 749, 768), oder Einwendungen gegen die Zwangsvollstreckung, welche den Anspruch selbst betreffen, sofern der § 767 Abs. 2 oder § 796 Abs. 2 der Zivilprozeßordnung Anwendung findet, oder die Zulassung der Zwangsvollstreckung aus dem Urteil eines ausländischen Gerichts oder aus einem Schiedsspruche (Zivilprozeßordnung §§ 722, 1042);
9. die Anordnung, Abänderung oder Aufhebung eines Arrestes oder einer einstweiligen Verfügung, sofern die Entscheidung durch Endurteil zu treffen ist (Zivilprozeßordnung § 922 Abs. 1, §§ 925, 926 Abs. 2, §§ 927, 936);
10. die Unzulässigkeit des schiedsrichterlichen Verfahrens oder die Aufhebung eines Schiedsspruchs (Zivilprozeßordnung § 1046).

Ist in den Fällen der Nr. 1, 2 der Kläger abgewiesen, oder in den Fällen der Nr. 5, 6 die Wiedereinsetzung, Berufung, Revision, Wiederaufnahme oder der Einspruch als unzulässig verworfen, so werden auch für eine Verhandlung zur Hauptsache nur fünf Zehnteile der Gebühr erhoben, sofern die Entscheidung auf diese Verhandlung ergangen ist."

Jetzt ist die **Ermäßigung** der Gebühren **für diese Akte auf die Hälfte fortgefallen.** Soweit für diese Akte Gebühren gemäß § 20 (Prozeß-, Beweis-, Urteilsgebühr) neben den gleichen Gebühren für das sonstige Prozeßverfahren in derselben Instanz nach § 25 überhaupt zu erheben sind, kommen sie als Vollgebühren zum Ansatz. Dies gilt namentlich bezüglich der zwischen Entscheidungen über die Streitsache selbst und solchen über prozessuale Streitpunkte keinen Unterschied machenden Urteilsgebühr für Urteile nach Nr. 1 (prozeßhindernde Einreden), 2 (Unzuständigkeit des Gerichts usw.), 5, 6 (Zulässigkeit des Rechtsmittels usw.), 8 (Vollstreckungsgegenklage usw.), 10 (Unzulässigkeit des schiedsrichterlichen Verfahrens usw.), sofern sie auf Grund streitiger Verhandlung ergehen, gleichviel ob sie End- oder Zwischenurteile sind. Die Zulassung der **Vollstreckung aus einem Schiedsspruch** (Nr. 8 a. F.) erfolgt jetzt nach § 1042 ZPO. n. F. durch Beschluß; für diesen Beschluß ist aber im § 30a Abs. 2 die volle Gebühr ausdrücklich bestimmt. Die Gebühren für das **Arrestverfahren** (Nr. 9) sind im § 32 besonders geregelt.

21 (20 Nr. 1). **Die Urteilsgebühr wird auch[1] für Urteile erhoben, die nach Lage der Akten erlassen werden (Zivilprozeßordnung §§ 251a, 331a)[2], sowie für Urteile, die in Ehesachen[3], in Rechtsstreitigkeiten, welche die Feststellung des Rechtsverhältnisses zwischen Eltern und Kindern[4] zum Gegenstande haben, in den vor die Landgerichte gehörigen Entmündigungssachen[5] und in dem Verfahren über die gegen eine Todeserklärung erhobene Anfechtungsklage[6] auf Grund nicht streitiger Verhandlung ergehen, sofern der Kläger verhandelt hat[7].**

[1] Wie § 20 a. F. als Ausnahme von § 18 Nr. 1 a. F. die Gebühr für kontradiktorische Verhandlung, so bestimmt § 21 in d. Fass. der Nov. v. 21. 12. 22 als **Ausnahme von § 20 Nr. 3** die Gebühr für Urteile auch bei nicht streitiger Verhandlung in den darin bezeichneten Verfahren unter Hinzufügung der durch die VO. v. 13. 2. 24 in die ZPO. eingeführten Urteile nach Lage der Akten.

[2] Ein **Urteil nach Lage der Akten** kann beim Ausbleiben beider Parteien unter den Voraussetzungen des § 251a ZPO. erlassen werden und ist beim Ausbleiben einer Partei nach § 331a auf Antrag des Gegners statt eines Versäumnisurteils zu erlassen, wenn der Sachverhalt hinreichend geklärt erscheint. Die Urteilsgebühr greift hier im letzteren Falle auch dann (s. dagegen § 20 Anm. 5 unter „Versäumnisverfahren") Platz, wenn gegen die erschienene Partei erkannt wird.

[3] **Ehesachen** sind nach § 606 ZPO. Rechtsstreitigkeiten, welche die Scheidung (§ 1564), die Aufhebung der ehelichen Gemeinschaft (§ 1575), die Nichtigkeit (§§ 1324 ff.) oder Anfechtung einer Ehe (§§ 1331 ff., 1350 BGB.) oder die Feststellung des Bestehens oder Nichtbestehens einer Ehe zwischen den Parteien (vgl. § 154 ZPO.) oder die Herstellung des ehelichen Lebens (§ 1353 BGB.) zum Gegenstande haben. Nicht „Ehesachen" sind die Rechtsstreitigkeiten zwischen Eheleuten bezüglich ihrer güterrechtlichen Verhältnisse (§§ 1418, 1425, 1468, 1469, 1542, 1547 BGB.), auch nicht die gemäß § 627 ZPO. während der Dauer des eine Ehesache betreffenden Rechtsstreits erlassenen einstweiligen Verfügungen (Getrenntleben, Unterhaltspflicht der Ehegatten, Erziehung der Kinder).

[4] Die **Rechtsstreitigkeiten zwischen Eltern und Kindern** waren schon durch die Nov. v. 17. 5. 98 eingefügt worden, um die früher nur für Ehe- und Entmündigungssachen gegebene Ausnahmevorschrift des § 20 (jetzt 21) auf diejenigen Rechtsstreitigkeiten auszudehnen, für welche die Nov. z. ZPO. v. 17. 5. 98 das Verfahren in Anlehnung an die für Ehe- und Entmündigungssachen geltenden Vorschriften ordnet, insbesondere die Erlassung eines Versäumnisurteils gegen den Beklagten ausschließt. — **Rechtsstreitigkeiten, betreffend Feststellung des Rechtsverhältnisses zwischen Eltern und Kindern** sind nach § 640 ZPO. Rechtsstreitigkeiten, welche die Fest-

stellung des Bestehens oder Nichtbestehens eines Eltern- und Kindesverhältnisses zwischen den Parteien (z. B. Gültigkeit: einer Annahme an Kindesstatt, §§ 1741 ff., 1755 BGB., oder der Legitimation eines unehelichen Kindes, §§ 1719 ff., 1731 BGB.), die Feststellung des Bestehens oder Nichtbestehens der elterlichen Gewalt der einen Partei über die andere (z. B. Gültigkeit einer Volljährigkeitserklärung, §§ 3 ff. BGB., oder Verlust der elterlichen Gewalt, §§ 1680, 1697, 1771 BGB.) zum Gegenstande haben, und nach § 641 ZPO. Anfechtungsklagen des Ehemanns der Mutter gegen die Ehelichkeit oder gegen die Anerkennung der Ehelichkeit eines Kindes (§§ 1593, 1596, 1599 BGB.). Nicht auch Rechtsstreitigkeiten, betreffend die Feststellung des Bestehens oder Nichtbestehens der unehelichen Vaterschaft (§ 644 ZPO.).

[5] **Vor die Landgerichte gehörige Entmündigungssachen** sind Anfechtungsklagen gegen den die Entmündigung (wegen Geisteskrankheit, Geistesschwäche oder Trunksucht, § 6 BGB.) aussprechenden oder den die Wiederaufhebung der Entmündigung ablehnenden Beschluß des Amtsgerichts (§§ 664 ff., 679, 684, 686 ZPO.).

[6] Die **Anfechtungsklage gegen eine Todeserklärung** richtet sich gegen das im Wege des Aufgebotsverfahrens (vgl. § 33 Nr. 6 GKG.) erlassene Ausschlußurteil auf Todeserklärung (§§ 13 ff. BGB., §§ 960 ff., 970 ZPO.).

[7] Auch wenn **der Beklagte nicht erscheint** oder keine Anträge stellt. Ein Versäumnisurteil ist in diesen Fällen (abgesehen von dem der Entscheidung nach Lage der Akten, s. Anm. 2) unzulässig (§ 618 Abs. 5, §§ 640, 641, 670, 679 Abs. 4, § 684 Abs. 4 ZPO.); es wird gegen den Beklagten ein sog. **einseitig kontradiktorisches Urteil** erlassen, JW. 16, 751[17]; W. 16, 259. Dies gilt auch in höherer Instanz, wenn der verhandelnde Kläger Rechtsmittelkläger ist; nicht aber, wenn er Rechtsmittelbeklagter ist. Vgl. RG. 27, 362; 28, 394; 35, 347. Gegen den ausbleibenden Rechtsmittelkläger, mag er in erster Instanz Kläger oder Beklagter gewesen sein, kann auf Antrag des erschienenen Gegners Versäumnisurteil (auf Zurückweisung des Rechtsmittels) ergehen. RG. 27, 362; 35, 347; W. 16, 259. — Der **Begriff des „Verhandelns"** aber erfordert, daß Anträge zur Hauptsache, zum mindesten seitens des

Klägers, gestellt werden. Ein bloßer Vertagungsantrag genügt nicht.

Gebührenfreie Akte.

22 (47 Nr. 6, 7). **Die Zwischenurteile gemäß §§ 135 und 387 der Zivilprozeßordnung gelten nicht als Urteile im Sinne des § 20 Nr. 3**[1].

[1] Der durch die Nov. v. 21. 12. 22 **gestrichene § 47 a. F.** bestimmte:

„Gebühren werden nicht erhoben für die Verhandlung und Entscheidung:

1. über die Prozeß- oder Sachleitung, einschließlich der Bestimmung oder Änderung von Terminen und Fristen;
2. über die Bewilligung oder Entziehung des Armenrechts, sowie die Verpflichtung zur Nachzahlung von Kosten (Zivilprozeßordnung § 126);
3. über die Zuständigkeit des obersten Landesgerichts (§ 7 des Einführungsgesetzes zur Zivilprozeßordnung) oder der Kammer für Handelssachen (Gerichtsverfassungsgesetz §§ 103 bis 106), über die Bestimmung des zuständigen Gerichts (Zivilprozeßordnung § 36), die Übernahme eines Entmündigungsverfahrens (Zivilprozeßordnung § 650 Abs. 3, § 651 Abs. 2), die Bestimmung eines Gerichtsvollziehers (Zivilprozeßordnung § 827 Abs. 1, § 854 Abs. 1) oder eines Sequesters (Zivilprozeßordnung §§ 848, 855);
4. über die Ablehnung eines Richters, eines Gerichtsschreibers oder eines Sachverständigen (Zivilprozeßordnung §§ 42 bis 49, 406);
5. über die Verpflichtung eines Gerichtsschreibers, gesetzlichen Vertreters, Rechtsanwalts oder anderen Bevollmächtigten, sowie eines Gerichtsvollziehers zur Tragung der durch Verschulden derselben veranlaßten Kosten (Zivilprozeßordnung § 102);

5a. über Erinnerungen gegen den Kostenfestsetzungsbeschluß (Zivilprozeßordnung § 104 Abs. 3);

6. über die Verpflichtung eines Rechtsanwalts zur Zurückgabe einer vom Gegner ihm mitgeteilten Urkunde (Zivilprozeßordnung § 135);
7. über die Verpflichtung zur Abgabe eines Zeugnisses oder Gutachtens (Zivilprozeßordnung §§ 386 bis 389, 408);
8. über die Zwangsmaßnahmen gegen einen Zeugen oder Sachverständigen, sowie die Verurteilung derselben zu Kosten und Strafe (Zivilprozeßordnung §§ 380, 381, 390, 409);
9. über die Bestellung eines Vertreters für eine nicht prozeßfähige oder unbekannte Partei, für ein von dem Eigentümer aufgegebenes Grundstück oder für einen Erben, der die Erbschaft noch nicht angenommen hat (Zivilprozeßordnung §§ 57, 58, 494, 668, 679, 686, 779, 787);
10. über die Berichtigung eines Urteils oder des Tatbestandes desselben (Zivilprozeßordnung §§ 319, 320);
11. über die Vollstreckbarkeit der durch Rechtsmittelanträge nicht angefochtenen Teile eines Urteils (Zivilprozeßordnung §§ 534, 560);
12. über die Zulassung einer Zustellung oder eines Aktes der Zwangsvollstreckung zur Nachtzeit oder an einem Sonntag oder allgemeinen Feiertage (Zivilprozeßordnung §§ 188, 761);
13. über die Mitwirkung des Gerichts bei Handlungen der Zwangsvollstreckung in den Fällen des § 758 Abs. 3, der §§ 789, 790 Abs. 1, § 912 der Zivilprozeßordnung;
14. über die in § 35 Nr. 4 bezeichneten Anträge, Einwendungen oder Erinnerungen, soweit dieselben für begründet befunden werden und die Kosten des Verfahrens nicht dem Gegner, sondern dem Gerichtsvollzieher zur Last fallen;
15. über Anträge auf Erteilung der Vollstreckungsklausel (Zivilprozeßordnung §§ 724, 725, 795, 797 Abs. 1), sofern nicht Gebühren nach den Vorschriften des § 26 Nr. 8 oder des § 38 zu erheben sind;
16. über Anträge auf Anordnung der Rückgabe einer Sicherheit im Falle des § 715 der Zivilprozeßordnung, sowie über Gesuche um Erteilung des Zeugnisses der

Rechtskraft oder um Erteilung des Zeugnisses, daß innerhalb der Notfrist ein Rechtsmittelschriftsatz nicht eingereicht sei (Zivilprozeßordnung § 706).

Ist in den Fällen der Nr. 2, 4, 5, 5a, 6, 7, 10 das Verfahren nach freier richterlicher Überzeugung mutwillig veranlaßt, so hat das Gericht von Amts wegen die besondere Erhebung von drei Zehnteilen der Gebühr (§ 8) zu beschließen. Gegen den Beschluß findet Beschwerde nach Maßgabe des § 567 Abs. 2 und der §§ 568 bis 575 der Zivilprozeßordnung sowie des § 4 Abs. 3 dieses Gesetzes statt.

In der Beschwerdeinstanz findet die Bestimmung des ersten Absatzes keine Anwendung, wenn die Beschwerde als unzulässig verworfen oder zurückgewiesen wird."

Alle im § 47 Abs. 1 **unter Nr. 1—16** aufgeführten Akte sind **auch jetzt gebührenfrei.** Ausdrücklich bestimmt ist dies jetzt nur hinsichtlich der Akte Nr. 6 und 7 im § 22 bezüglich der Urteilsgebühr, weil mangels einer solchen Bestimmung sonst für eine auf Grund streitiger Verhandlung durch Zwischenurteil erlassene Entscheidung über die Verpflichtung des Rechtsanwalts zur Rückgabe der ihm vom Gegenanwalt eingehändigten Urkunde (§ 135 ZPO.) bzw. über die Verpflichtung zur Abgabe eines Zeugnisses oder Gutachtens (§§ 387, 402, 408 ZPO.) die Urteilsgebühr aus § 20 Nr. 3 erhoben werden müßte. Im übrigen ergibt sich die Gebührenfreiheit aus den Worten des § 1: „Gebühren ... nur nach Maßgabe dieses Gesetzes", da sonst eine Gebührenbestimmung für die Akte nicht gegeben ist. Die Bestimmung des § 47 Abs. 2 über die Auferlegung einer Gebühr für den Fall der mutwilligen Veranlassung des Verfahrens ist in die neue Fassung des GKG. nicht mehr aufgenommen. Dagegen ergibt sich aus der allgemeinen Fassung des § 38 Abs. 2, daß auch jetzt, wie § 47 Abs. 3 a. F. ausdrücklich bestimmte, die Gebührenfreiheit für die Akte in der Beschwerdeinstanz nicht gilt, wenn die Beschwerde als unzulässig verworfen oder zurückgewiesen wird.

Weiter bestimmte **§ 38 a. F.:**

„Ein Zehnteil der Gebühr (§ 8) wird erhoben für die Entscheidung, einschließlich des vorangegangenen Verfahrens, über Anträge:

1. auf Festsetzung der vom Gegner zu erstattenden Prozeßkosten oder auf Abänderung der Kostenfestsetzung (Zivilprozeßordnung § 107);
2. auf Bestimmung einer Frist zur Rückgabe und auf Anordnung der Rückgabe einer Sicherheit in den Fällen des § 109 Abs. 1, 2 der Zivilprozeßordnung;
3. auf Erteilung der Vollstreckungsklausel in den Fällen, in welchen dieselbe auf Anordnung des Vorsitzenden zu erfolgen hat, oder auf Zurücknahme der Vollstreckungsklausel, sofern diese Anträge nicht im Wege der Klage gestellt werden (Zivilprozeßordnung §§ 726 bis 730, 732, 738, 742, 744, 745 Abs. 2, §§ 749, 795, 796 Abs. 1, § 797 Abs. 3, § 929), oder auf Erteilung einer weiteren vollstreckbaren Ausfertigung (Zivilprozeßordnung § 733)."

Jetzt ist für die Verfahren über diese Anträge **ebenfalls** eine **Gebühr nicht bestimmt**, so daß sie nach § 1 auch gebührenfrei sind. Sie werden durch die Prozeßgebühr (§ 20 Nr. 1) mitabgegolten.

Vergleich.

23 (22 Abs. 2, 23). [1]**Wird ein Rechtsstreit durch einen vor Gericht abgeschlossenen oder dem Gerichte mitgeteilten Vergleich erledigt[2], so fällt eine bereits entstandene Beweisgebühr fort[3].**

[1] Nach § 22 Abs. 2, § 23 a. F. wurde im Falle eines den Rechtsstreit erledigenden Vergleichs die Beweisgebühr (§ 18 Nr. 2 a. F.) für eine vorangegangene Beweisanordnung nur zur Hälfte, für die Aufnahme des Vergleichs die Entscheidungsgebühr (§ 18 Nr. 3 a. F.) zu $^{5}/_{10}$ erhoben. Nach der dem GKG. durch die Nov. v. 21. 12. 22 gegebenen neuen Fassung enthält das GKG. **für den Vergleich nur** die Bestimmung über den gänzlichen **Fortfall einer** bereits entstandenen **Beweisgebühr.**

[2] Ein „**Vergleich**" liegt vor, wenn unter gegenseitigem Nachgeben der Parteien die zwischen ihnen bestehende Streitigkeit durch Vertrag erledigt wird (§ 779 BGB.); die Bezeichnung des Abkommens durch die Parteien ist nicht maßgebend. RG. 20, 414; JW. 95, 481[19]; 98, 75[31]; auch Gr. 45, 363; JW. 01, 138. Ist **über einen Teil** des geltend gemachten An-

spruchs oder über einen von mehreren eingeklagten Ansprüchen bereits **rechtskräftig entschieden,** so gilt ein demnächst geschlossener Vergleich, auch wenn er den durch die rechtskräftige Entscheidung bereits erledigten Teil des Rechtsstreits mitumfaßt, doch nur hinsichtlich des unerledigten, noch schwebenden Teiles des Rechtsstreits als Vergleich, da nur noch für diesen Teil eine rechtliche Ungewißheit (§ 779 BGB.), die vergleichsweise erledigt werden kann, besteht. W. **16**, 60; **17**, 159. Deshalb fällt für eine Beweisanordnung, die sich lediglich auf den abgeurteilten Teilanspruch bezogen hat, die Beweisgebühr nicht fort. Überhaupt aber ist Voraussetzung für die Anwendung des § 23, daß der Rechtsstreit „durch den Vergleich erledigt" ist. Wird ein Vergleich erst abgeschlossen, nachdem die Instanz durch ein unbedingtes, sei es auch noch nicht rechtskräftiges, Endurteil beendigt ist, so ist durch dieses, nicht durch den Vergleich die Instanz erledigt, so daß eine Beweisanordnung in dieser Instanz nicht von der Beweisgebühr frei wird. JW. **25**, 815[28]. — § 22 Abs. 2, § 23 a. F. erforderten „Aufnahme" des Vergleichs, wozu gehörte, daß der Vergleich entweder vor dem Gericht abgeschlossen oder gemäß § 160 Abs. 2 Nr. 3 ZPO. von dem Gericht im Sitzungsprotokoll beurkundet oder daß eine den Vergleich enthaltende Schrift gemäß § 160 Abs. 3 ZPO. dem Protokoll als Anlage beigefügt und in demselben als solche bezeichnet wurde. Gr. **35**, 1169 (JW. **91**, 393[25]). Auch jetzt wird unter „vor Gericht abgeschlossen" zu verstehen sein, daß, nachdem der Abschluß des Vergleichs von den Parteien vor besetztem Gericht mündlich erklärt worden ist, er in der vornannten Weise beurkundet worden ist. Die ferner für genügend erklärte „Mitteilung des Vergleichs" an das Gericht erfordert, daß, wenn nicht die Urschrift oder eine beglaubigte Abschrift des Vergleichs zu den Gerichtsakten eingereicht wird, doch mindestens eine den Inhalt des Vergleichs wiedergebende von beiden Parteien unterzeichnete Schrift dem Gericht vorgelegt wird. Daher und weil ein Vergleich im obigen Sinne überhaupt nicht vorliegt, begründet die vor der mündlichen Verhandlung des Beklagten mit dessen Zustimmung erklärte Klagerücknahme unter Übernahme der Kosten nicht die Anwendung des § 23, vgl. RG. **20**, 414, ebensowenig die Zurücknahme des Rechtsmittels seitens des Rechtsmittelklägers unter Übernahme der Kosten der Rechtsmittelinstanz, vgl. JW. 95, 481[15], ferner nicht die bloße Anzeige der Parteien, daß der Rechtsstreit in der Hauptsache erledigt sei und Beklagter die Kosten übernommen habe, vgl. JW. 98, 75[31], oder daß außergerichtlich ein Vergleich geschlossen worden sei, vgl. Gr. 35, 1169; JW. 98, 261[18]. — Unter den Begriff des Vergleichs im Sinne dieser Vorschrift fällt **nicht ein zur Erledigung eines Arrestverfahrens abgeschlossener Vergleich,** wenn die **Hauptsache nicht anhängig** ist. Dabei macht es keinen Unterschied, ob die Parteien durch den Vergleich nur das Arrestverfahren erledigen und den Anspruch, zu dessen Sicherung der Arrest dienen soll, unberührt lassen oder sich zugleich über die nicht anhängige Hauptsache einigen und damit dem Rechtsstreit über diese vorbeugen. Im letzteren Falle liegt lediglich ein schuldrechtlicher Vergleich nach § 779 BGB. vor, der keine prozeßrechtliche Bedeutung hat. OLG. 35, 210. Sind durch den Vergleich die **anhängige Hauptsache und die Arrestsache** gleichzeitig erledigt, so kommt für den Fortfall einer Beweisgebühr nur eine Beweisanordnung im Hauptprozeß in Betracht, da § 23 sich nur auf das (Haupt-) Prozeßverfahren bezieht und die im § 32 bestimmte einmalige Gebühr das ganze Arrestverfahren einschließlich einer etwaigen Beweisaufnahme umfaßt, also § 32 keine besondere Beweisgebühr festsetzt. — **Durch** einen den ganzen Streitgegenstand umfassenden gerichtlichen **Vergleich wird der Rechtsstreit wie durch ein rechtskräftiges Urteil erledigt.** Das Gericht hat weitere Anträge der Parteien nicht entgegenzunehmen. Geschieht letzteres gleichwohl, oder wird über einen Antrag auf Fortsetzung der Verhandlung durch Urteil entschieden, so ist dies ein unzulässiges Verfahren. JW. 95, 359[4]; OLG. 21, 128. Jedoch kommt diese Wirkung nur einem in formeller und materieller Beziehung **gültigen Vergleich** zu. RG. 65, 420; Gr. 50, 425, 428; JW. 95, 359[4]; 05, 333[16]. Eine Partei, die den Vergleich (z. B. wegen Irrtums oder wegen gesetzlich unzulässigen Versprechens) anficht, ist berechtigt, das Verfahren fortzusetzen zwecks Herbeiführung einer Entscheidung darüber, ob der Vergleich gültig ist und den Rechtsstreit beendet hat. RG. 65, 420; Gr. 50, 425; JW. 05, 333[16]; OLG. 11, 106; 15, 115; 16, 282; 17, 192; auch Gr. 54, 680 (anders JW. 95, 359[4], wo die Fortsetzung des Rechtsstreits allgemein für unzulässig erklärt wird, und wiederum anders RG. 78, 286; Gr. 50, 428, wo die Fortsetzung des Rechtsstreits hinsichtlich der unter den Parteien streitigen Frage, ob der Vergleich nach Form oder Inhalt wesentliche Mängel hat, zugelassen wird; dagegen nicht zwecks Anfechtung wegen Irrtums oder Betrugs auf Grund neuen Vorbringens). In einem solchen Falle wird die Instanz im Sinne des § 25 erst durch das über die Gültigkeit des Vergleichs ergehende Urteil beendigt, so daß für das erste und zweite Verfahren die Gebühren des § 20 nur einmal zu erheben sind. OLG. 21, 130, 131. Ergeben aber die Anträge der den Vergleich anfechtenden Partei einen weiteren als den bisherigen Streitgegenstand, wird z. B. Rückzahlung des auf Grund des Vergleichs Gezahlten verlangt, so sind die Gebühren für diesen besonderen Gegenstand nochmals zu berechnen. OLG. 21, 130.

[3] **Nur** die **Beweisgebühr** für eine vorangegangene Beweisanordnung (§ 20 Nr. 2), einschließlich der nach § 24, wird durch den den Rechtsstreit erledigenden Vergleich **in Fortfall** gebracht. Bei der **Prozeßgebühr** (§ 20 Nr. 1) **verbleibt** es; desgleichen wenn ein **bedingtes Endurteil** oder **Zwischenurteil** (z. B. über den Grund des Anspruchs nach § 304 oder über eine prozeßhindernde Einrede nach § 275 ZPO.) auf Grund streitiger Verhandlung vor dem Vergleich erlassen worden ist, bleibt die nach § 74 Abs. 1 bereits entstandene Urteilsgebühr (§ 20 Nr. 3) bestehen (anders JW. 22, 500[9]; 23, 24[4] für den früheren § 23a in d. Fass. d. Ges. v. 29. 6. 21, wonach die Gerichtsgebühren nur zur Hälfte zu erheben waren, wenn der Rechtsstreit vor Erlaß eines „erstinstanzlichen Urteils" durch Vergleich erledigt wurde, indem ein Zwischenurteil nach § 304 nicht als ein erstinstanzliches Urteil im Sinne des § 23a erachtet wurde; entgegen schon hier mit Recht OLG. 42, 58).

24 (22a)[1]. **Für eine auf Grund des § 272b der Zivilprozeßordnung getroffene Anordnung des Gerichts wird die Beweisgebühr nur dann[2] erhoben, wenn auf Grund der Anordnung vor der mündlichen Verhandlung eine Beweisaufnahme stattgefunden hat[3].**

[1] Durch die Nov. v. 1. 6. 09 war der § 22a eingefügt, um die Gebührenfrage hinsichtlich der durch dieselbe Nov. für das amtsgerichtliche Verfahren geschaffenen Bestimmungen des § 501 ZPO. zu regeln. Durch die VO. v. 13. 2. 24 wurde § 501 gestrichen und durch den zugleich auch für das landgerichtliche Verfahren geltenden § 272b ZPO. ersetzt, wonach der Vorsitzende oder ein von ihm zu bestimmendes Mitglied des Prozeßgerichts schon vor der mündlichen Verhandlung alle Anordnungen zur tunlichsten Erledigung des Rechtsstreits in einer mündlichen Verhandlung zu treffen hat und er zu diesem Zweck insbesondere die in Abs. 2 unter Nr. 1—5 bezeichneten Maßnahmen treffen kann, von denen hier namentlich in Betracht kommen: die Anordnung und Ausführung der Einnahme des Augenscheins sowie der Begutachtung durch Sachverständige. Demgemäß ist in der neuen Fassung des GKG. v. 5. 7. 27 (s. Vorbem. vor § 1) § 501 im § 22a (jetzt § 24) ersetzt durch § 272b.

[2] Durch die Vorschrift wird klargestellt, daß die **Anordnungen nach § 272b ZPO.** für sich allein **keine Beweisanordnungen** im Sinne des § 20 Nr. 2, sie also für sich gebührenfrei sind. Eine Beweisgebühr könnte daher an sich erst entstehen, wenn die durch Anordnungen nach § 272b ZPO. lediglich vorbereitete Beweisaufnahme vom Prozeßgericht in der mündlichen Verhandlung beschlossen würde (z. B. die Vernehmung der schon vorher geladenen Zeugen oder Sachverständigen). § 24 aber bestimmt als **Ausnahme**, daß die Beweisgebühr auch schon dann zu erheben ist, wenn auf Grund der Anordnung eine **Beweisaufnahme** vor der mündlichen Verhandlung **stattgefunden** hat. Dies kann namentlich dann der Fall sein (s. Anm. 1), wenn die Einnahme des Augenscheins oder die Begutachtung durch Sachverständige angeordnet wird.

[3] Die Beweisgebühr bleibt bestehen, auch wenn die **Beweisaufnahme** demnächst bei der Entscheidung des Rechtsstreits, etwa weil ein Anerkenntnis- oder Versäumnisurteil ergeht oder wegen Unerheblichkeit der Beweisfrage, **keine Verwertung** findet. — Ist diese Beweisgebühr (nach § 74 Abs. 1 mit der Beweiserhebung) entstanden, so kann nach § 25 Abs. 1 für eine spätere Beweisanordnung **nicht nochmals** eine **Beweisgebühr** erhoben werden.

Instanz.

25 (28). **Jede der im § 20 bezeichneten Gebühren wird in jeder Instanz[1] rücksichtlich eines jeden Teiles des Streitgegenstandes[2] nur einmal erhoben[3].**

[4]Ist ein Urteil unter Vorbehalt der Entscheidung über die Aufrechnung (Zivilprozeßordnung § 302) oder im Urkunden- oder Wechselprozeß unter Vorbehalt der Rechte des Beklagten (Zivilprozeßordnung § 599) erlassen worden, so wird durch die Gebühr für diese Entscheidung eine weitere Urteilsgebühr in derselben Instanz nicht ausgeschlossen[5].

Für Zwischenurteile gemäß § 71 der Zivilprozeßordnung wird die Urteilsgebühr besonders erhoben[6].

[1] **„Instanz"** ist die Gesamtheit der Tätigkeit, welche das Gericht einer bestimmten im Rechtsmittelzuge geordneten Stufe vorzunehmen hat, um den ganzen zum Prozesse gehörigen Stoff zu erledigen. RG. 57, 302. Prozeßrechtlich beginnt im „Prozeßverfahren" (s. Anm. 1 § 20) die Instanz mit der Klagezustellung (§ 263 ZPO.) und endigt sie, wenn ein Urteil ergeht, nicht schon mit dessen Verkündung, sondern erst mit seiner Zustellung. RG. 10, 345; 19, 397; (VZS.) 41, 427; JW. 91, 4[6]; 03, 176[11]. Vgl. auch RG. (VZS.) 68, 251 ff. (Fortdauer der Instanz über die Zustellung des Urteils hinaus bis zur Einlegung eines Rechtsmittels). Gebührenrechtlich aber beginnt die Instanz schon mit der Einreichung der Klageschrift (vgl. § 74 Abs. 1) und endigt sie bereits mit der Verkündung eines unbedingten Endurteils oder, wenn ein Teilurteil erlassen ist, mit der Verkündung des Schlußurteils. JW. 23, 696[11]; 24, 418[13]. Beendigungsgründe sind ferner: Mitteilung einer gemäß § 271 Abs. 2 ZPO. erfolgten Zurücknahme der Klage, Anzeige des Abschlusses eines Vergleichs an das Gericht. Zwischen jenem Beginn und dieser Beendigung gehört zur Instanz die Gesamtheit derjenigen gerichtlichen Akte, die einer besonderen Gebührenpflicht unterliegen. JW. 24, 418[13]. — Eine **neue Instanz** beginnt, wenn in demselben Rechtsstreit ein Gericht

höherer Ordnung mit dem weiteren Verfahren befaßt wird. RG. 52, 198; OLG. 2, 269; 17, 234; vgl. RG. (VZS.) 68, 253. Daher tritt eine neue Instanz nicht ein, wenn ein anhängiger Rechtsstreit infolge der Verweisung an eine andere Kammer desselben Gerichts gelangt (§§ 103 ff. GVG.), auch nicht, wenn an Stelle des an sich zuständigen ein anderes Gericht bestimmt wird, weil ersteres an der weiteren Ausübung des Richteramts verhindert war (§ 36 Nr. 1, §§ 41 ff. ZPO.). Das gleiche gilt von den übrigen Fällen des § 36 ZPO., sowie gemäß § 27 Abs. 1 GKG. von der **Verweisung** des Prozesses von einem Gericht an ein anderes (zuständiges) Gericht (§§ 276, 499d, 506, 697 ZPO.). Ferner bilden im Falle der Fortsetzung des Verfahrens: **nach** erfolgter **Trennung** (§ 145 ZPO.) oder nach Erlassung eines **Urteils unter Vorbehalt** der Aufrechnung (§ 302), der Entscheidung über den Betrag des Anspruchs (§ 304), der Rechte des Beklagten im Urkunden- und Wechselprozeß (§ 599) beide Verfahren nur eine Instanz. Gleiches gilt von dem **Verfahren auf den Einspruch** nach Erlassung eines Versäumnisurteils (§§ 330, 331, 342), von dem **Läuterungsverfahren** nach Erlassung eines Eidesurteils (§ 462), von dem **Verfahren zur Hauptsache** nach Entscheidung über prozeßhindernde Einreden (§ 275), von dem **Nachverfahren** nach Abstandnahme vom Urkunden- oder Wechselprozeß (§ 596 ZPO.). Über Fortsetzung des Verfahrens nach Abschluß eines Vergleichs s. § 23 Anm. 2 a. E. — Wird aber eine Widerklage zurückgenommen und dann in demselben Rechtsstreit von neuem erhoben, so bildet das Verfahren auf die erneute Widerklage eine neue Instanz. RG. 28, 404. — **Neue Instanz ist ferner das Verfahren in der höheren Instanz**: auf ein Rechtsmittel, welches nach einer zufolge eines früheren Rechtsmittels erfolgten Zurückverweisung der Sache in die untere Instanz eingelegt ist, RG. 10, 425; auf ein Rechtsmittel zur Hauptsache, nachdem auf ein prozeßhindernde Einreden betreffendes früheres Rechtsmittel die Sache unter Verwerfung der Einreden gemäß § 538 Nr. 2 ZPO. in die untere Instanz zurückverwiesen war, RG. 8, 434; JW. 86, 318; auf ein den Betrag des Anspruchs betreffendes Rechtsmittel, nachdem auf ein den Grund des Anspruchs (§ 304 ZPO.) betreffendes früheres Rechtsmittel die Sache gemäß § 538 Nr. 3 ZPO. in die untere Instanz zurückverwiesen war, JW. **93**, 563[23]; **96**, 152[33]; auf das eine Gegenforderung oder Widerklage betreffende Rechtsmittel, nachdem auf das ein Teilurteil über die Klage (§§ 301, 302 ZPO.) betreffende frühere Rechtsmittel entschieden war, vgl. JW. **93**, 471[16]; OLG. **7**, 222. — **Dieselbe Instanz** aber liegt vor, wenn gegen ein und dasselbe Urteil von beiden Parteien Rechtsmittel eingelegt werden, RG. **14**, 351; JW. **92**, 97[13], 219[20], oder wenn eine Partei gegen ein und dasselbe Urteil mehrmals das gleiche Rechtsmittel einlegt, OLG. **31**, 207, oder, wenn zwar der Zeit nach auseinanderfallende Rechtsmittel gegen verschiedene Urteile der Vorinstanz (z. B. Urteile über den Grund und über den Betrag des Anspruchs, Teilurteil und Schlußurteil) eingelegt worden sind, über die Rechtsmittel aber zusammen verhandelt wird, Mot. zu § 28 a. F., vgl. RG. **8**, 434; JW. **93**, 563[23]; **96**, 152[33], 596[2]; **98**, 385[1]. — Ferner bildet gemäß § 27 Abs. 2 GKG., wenn eine Sache zur anderweitigen Verhandlung **an das Gericht** der unteren Instanz **zurückverwiesen** wird (§§ 538, 539, 565 ZPO.), das weitere Verfahren mit dem früheren Verfahren vor diesem Gericht eine Instanz. — Ein **neuer Rechtsstreit** beginnt regelmäßig mit Zustellung einer Klageschrift, auch dann, wenn er einen schon früher geltend gemachten Anspruch betrifft. Daher gilt für die Gebührenerhebung als neuer Rechtsstreit z. B.: die Wiederaufnahme des Verfahrens gegenüber dem durch rechtskräftiges Endurteil geschlossenen Rechtsstreite (§ 578 ZPO.), das landgerichtliche gegenüber dem amtsgerichtlichen Verfahren in Entmündigungssachen (§§ 664, 679, 684, 686 ZPO.), die Geltendmachung von Einwendungen in der Zwangsvollstreckung, die den Anspruch selbst betreffen (§ 767 ZPO.), die Anfechtung eines im Aufgebotsverfahren erlassenen Ausschlußurteils (§ 957 ZPO.). Mot. zu § 28 a. F.

[2] **Derselbe Streitgegenstand liegt nicht vor,** wenn wegen der Hauptsache im Versäumnisverfahren und wegen der Kosten kontradiktorisch verhandelt wird. RG. **33**, 403; JW. **91**, 93[16].

[3] Grundsätzlich werden also für alle Akte, die in die nämliche Instanz (s. Anm. 1) fallen, bezüglich jedes Teiles des Streitgegenstandes die **Prozeß-**, die **Beweis-** und die **Urteils-**

gebühr (§ 20) **nur einmal** erhoben. Betreffen aber mehrmalige gleichartige Akte (namentlich Beweisanordnung, Teil- und Schlußurteil) **verschiedene Teile des Streitgegenstandes,** so sind bezüglich jeden Teiles die Gebühren besonders zu berechnen. Bezüglich der Höhe der Gesamtgebühren findet dann **§ 14 Abs. 2 Anwendung** (s. die Anm. zu § 14). **Ausnahmen** von dem obigen Grundsatz bezüglich der Urteilsgebühr (nicht auch der Beweisgebühr) bestimmen die **Abs. 2, 3 des § 25,** s. Anm. 4.

[4] **Ausnahmen von der Instanz** bestimmten früher: § 32 Abs. 1 a. F. (das Verfahren infolge Einspruchs gegen ein Versäumnisurteil gilt als neue Instanz, insoweit der Einspruch verworfen, zurückgenommen oder nicht verhandelt wird) und §§ 33, 39 a. F. (das ordentliche Verfahren nach einem Urkunden- oder Wechselprozeß und das nach einem Vorbehaltsurteil, bzw. jedes Verfahren in den Streitigkeiten der §§ 27, 34—38 a. F. gilt als besonderer Rechtsstreit). Ferner war nach § 32 Abs. 2 a. F., wenn der Einspruch gegen ein Versäumnisurteil zugelassen wurde, durch die Gebühr für dieses eine andere Entscheidungsgebühr derselben Instanz nicht ausgeschlossen. Jetzt bringt ein Versäumnisurteil eine Urteilsgebühr nicht zur Entstehung und kommt **im Versäumnisverfahren** eine **Urteilsgebühr nur** zum Ansatz, wenn **nach eingelegtem Einspruch** auf Grund streitiger Verhandlung ein Urteil erlassen wird. S. hierüber § 20 Anm. 5. Von den weiteren vorgenannten Ausnahmen sind in den von der Nov. v. 21. 12. 22 hinzugefügten Abs. 2 und 3 des § 25 nur die dort bezeichneten übernommen worden, und zwar auch diese nicht insoweit, daß sie gebührenrechtlich überhaupt als neue Instanz oder gar als besonderer Rechtsstreit zu gelten hätten, sondern nur hinsichtlich weiterer Urteilsgebühr.

[5] Folgt einem nach § 302 Abs. 1 ZPO. unter **Vorbehalt der Entscheidung über die Aufrechnung** einer Gegenforderung erlassenen Urteil der nach § 302 Abs. 4 anhängig bleibende **Rechtsstreit über die** Gegenforderung und deren **Aufrechnung** oder einem im Urkunden- oder Wechselprozeß zufolge Widerspruchs des Beklagten gegen den geltend gemachten Anspruch gemäß § 599 Abs. 1 ZPO. unter **Vorbehalt der Rechte des Beklagten** erlassenen Urteil der gemäß § 600 Abs. 1 an-

hängig bleibende **Rechtsstreit im ordentlichen Verfahren** nach, so bilden an sich die beiden Verfahren (erstes und nachfolgendes) eine Instanz (s. Anm. 1), aber als **Ausnahme** von § 25 Abs. 1 kommt nach Abs. 2, wenn in dem Nachverfahren ein Urteil auf Grund streitiger Verhandlung erlassen wird, für dieses Urteil, mag es ein End- oder Zwischenurteil, ein bedingtes oder unbedingtes sein, eine **Urteilsgebühr** (§ 20 Nr. 3) **noch** außer der Gebühr für das Urteil im ersten Verfahren zum Ansatz. — Nach § 6 Abs. 5 MieterschutzG. in d. Fass. v. 30. 6. 26 gilt § 25 Abs. 2 bei ersten und später auf Grund neuer Tatsachen nachfolgenden Verfahren über die Aufhebung eines Mietverhältnisses.

[6] Nach § 27 a. F. waren für das Verfahren betreffend die Zulässigkeit einer **Nebenintervention** (§ 71 ZPO.) $^{5}/_{10}$ der Gebühren des § 18 a. F. als Ausnahme von § 28 (jetzt § 25) gemäß § 39 a. F. besonders zu erheben. Jetzt wird nur, wenn gegen die Zulässigkeit der Nebenintervention von einer oder der anderen Partei Widerspruch erhoben und **über** diesen **Zwischenstreit** gemäß § 71 ZPO. durch Zwischenurteil **entschieden wird** (OLG. **23,** 124), als Ausnahme von § 25 Abs. 1 eine **Urteilsgebühr** außer der Gebühr für ein anderes Urteil in derselben Instanz **noch besonders** erhoben. Im übrigen werden für die Nebenintervention keine Gebühren erhoben, namentlich auch nicht eine besondere Prozeßgebühr oder, wenn etwa über die Nebenintervention eine Beweisanordnung erfolgt, eine besondere Beweisgebühr. Die besondere Urteilsgebühr wird aber auch dann zu erheben sein, wenn etwa die Entscheidung über die Nebenintervention **mit** der **Entscheidung zur Sache** selbst in einem Urteil **verbunden** ist, da der Zwischenstreit über die Nebenintervention als selbständiger Streit zu gelten hat (vgl. RG. **15,** 413; **38,** 402; W. **14,** 95). — Wegen des Streitwerts vgl. Anm. 1 § 3 ZPO. unter § 9 GKG. Als **gebührenschuldnerischer Antragsteller** im Sinne des § 77 ist nicht der Nebenintervenient, sondern diejenige Hauptpartei anzusehen, die das Verfahren über den Zwischenstreit, wodurch erst die Urteilsgebühr entstand, durch ihren Widerspruch veranlaßt hat. Daneben haftet gemäß § 79 derjenige der Streitenden, dem die Kosten des Zwischenstreitverfahrens nach § 91 ZPO. auferlegt werden.

Urteilsergänzung.

26 (29). **Wird die Ergänzung eines Urteils beantragt[1] (Zivilprozeßordnung § 321)[2], so findet, soweit der Antrag nicht zurückgewiesen wird, die Bestimmung des § 14 Anwendung[3]; soweit der Antrag zurückgewiesen wird, wird die volle Gebühr (§ 8)[4] erhoben[5].**

[1] Im Falle der **Zurücknahme des Antrags auf Ergänzung** kam früher § 46 a. F. (Gebühren $^{1}/_{10}$, jedoch nur insoweit zu erheben, als sie sich erhöht haben würden, wenn von vornherein über den übergangenen Teil mit verhandelt und entschieden worden wäre) zur Anwendung. Jetzt entsteht bei Zurücknahme des Antrags keine Gebühr.

[2] D. i. wenn ein **Haupt- oder Nebenanspruch** oder wenn der **Kostenpunkt** ganz oder teilweise **übergangen** ist. — Die Entscheidung erfolgt, auch bei Ablehnung des Antrags, durch Urteil. RG. 23, 422; 30, 342. — Das Verfahren, betreffend **Berichtigung eines Urteils** gemäß § 319 ZPO., und das, betreffend die **Berichtigung** und Ergänzung **des Tatbestandes** gemäß § 320 ZPO., gehören nicht hierher. Sie sind gemäß § 1 (früher § 47 Nr. 10 a. F.) gebührenfrei (vgl. § 22 Anm. 1).

[3] In betreff des übergangenen Teils werden **im Falle der Ergänzung** des Urteils auch die **Prozeßgebühr**, für eine etwaige Beweisanordnung die **Beweisgebühr** und die **Urteilsgebühr** (s. Anm. 2) an sich berechnet. KomBer. 73. Jedoch sind, indem die ergänzende Entscheidung und das ursprüngliche Urteil **wie Teilurteile** zu behandeln sind, gemäß § 14 nur insoweit Gebühren in Ansatz zu bringen, als nicht schon zufolge der früheren Verhandlung für gleiche Akte bezüglich desselben Streitgegenstandes Gebühren erhoben sind. Hätten diese Gebühren bei Berücksichtigung des Übergangenen keine Erhöhung erfahren (z. B. bei Übergehen des Kostenpunkts, des Antrags auf Ausspruch der vorläufigen Vollstreckbarkeit des Urteils und auf Bestimmung einer Frist zur Wohnungsräumung nach §§ 716, 721 ZPO., des Ausspruchs der beschränkten Haftung des Erben nach § 780 ZPO., der in den §§ 302, 599 ZPO. vorgeschriebenen Vorbehalte), so kommen weitere Gebühren nicht zum Ansatz. Anderenfalls sind die Gebühren nach dem Werte des übergangenen Teils zu berech-

nen bzw. die früheren Gebühren mit Rücksicht auf diesen Wert zu erhöhen.

[4] In diesem **Falle der Zurückweisung des Antrags** wurden früher nach § 29 a. F. [5]/10 der Gebühren der §§ 18—24 a. F. erhoben. Jetzt kommt für das ganze Ergänzungsverfahren eine einzige, aber die volle Gebühr des § 8 zur Erhebung. Diese Gebühr wird nach dem Werte des Ergänzungs-Streitgegenstandes wie für das Verfahren in einer besonderen Instanz berechnet. Sie bleibt bestehen, auch wenn das Urteil, dessen Ergänzung erfolglos beantragt war, in höherer Instanz aufgehoben wird.

[5] **Gebührenschuldnerischer Antragsteller** im Sinne des § 77 ist nicht der die Ergänzung Beantragende als solcher, sondern der Kläger bzw. der Rechtsmittelkläger als derjenige, der das Verfahren der Instanz, zu dem das Ergänzungsverfahren gehört, beantragt hat. Daneben haftet gemäß § 79 derjenige, dem nach § 91 ZPO. die Kosten des Ergänzungsverfahrens auferlegt werden.

Verweisung.

27 (30, 31). [1]**Wird ein Rechtsstreit an ein anderes Gericht verwiesen**[2]**, so bildet das weitere Verfahren vor dem anderen Gerichte mit dem bisherigen Verfahren**[3] **im Sinne des § 25 Abs. 1 eine Instanz**[4]**.**

Wird eine Sache zur anderweitigen Verhandlung an das Gericht der unteren Instanz zurückverwiesen[5]**, so bildet das weitere Verfahren mit dem früheren Verfahren vor diesem Gericht im Sinne des § 25 Abs. 1 eine Instanz.**

[1] Durch die Nov. v. 21. 12. 22 sind die früheren §§ 30, 31 in den Abs. 1 und 2 des § 27 zusammengefaßt.

[2] § 30 a. F. führte als Verweisungsfälle die der §§ 505, 506, 697 ZPO. an. Durch die VO. v. 13. 2. 24 ist der nur das amtsgerichtliche Verfahren betreffende § 505 gestrichen und durch den auch für das landgerichtliche Verfahren geltenden § 276 ersetzt. Danach erfolgt auf Antrag des Klägers die **Verweisung durch Beschluß** bei sachlicher Unzuständigkeit:

des angerufenen Landgerichts an das Amtsgericht des Bezirks, des angerufenen Amtsgerichts an das übergeordnete Landgericht; bei örtlicher Unzuständigkeit: an ein anderes Landgericht bzw. ein anderes Amtsgericht. Stellt der Kläger den Antrag nicht, so ist die Klage durch Urteil abzuweisen. § 276 ZPO. bezieht sich nur auf das Verhältnis der ordentlichen Gerichte zueinander; ist ein Sondergericht, ein Verwaltungsgericht oder eine Verwaltungsbehörde zuständig, so ist ebenfalls durch Urteil die Klage abzuweisen (streitig). JW. **10**, 597[5]; **21**, 586[2]; OLG. **37**, 80 (a. M. JW. **23**, 842; **24**, 1050; OLG. **41**, 273). Auch noch in der Berufungs- und Revisionsinstanz kann, abgesehen hiervon, auf Antrag noch die Verweisung ausgesprochen werden, jedoch nunmehr durch Urteil (RG. **95**, 281; W. **22**, 24, 28; JW. **22**, 488[11]).

Nach **§ 506 ZPO.** ferner hat das Amtsgericht, wenn durch Widerklage oder Erweiterung des Klagantrags ein Anspruch erhoben wird, der zur Zuständigkeit der Landgerichte gehört, oder wenn die Feststellung eines Rechtsverhältnisses beantragt wird (§ 280 ZPO.), für welches die Landgerichte zuständig sind, sich auf Antrag einer Partei für unzuständig zu erklären und den Rechtsstreit an das Landgericht zu verweisen.

Weiter findet nach den **§§ 697, 700 ZPO.** im Mahnverfahren nach erhobenem **Widerspruch gegen den Zahlungsbefehl** und nach eingelegtem **Einspruch** gegen den **Vollstreckungsbefehl**, wenn der Anspruch zur Zuständigkeit der Landgerichte gehört, auf Antrag ebenfalls Verweisung an das Landgericht durch Beschluß statt. — Endlich hat nach § 499d ZPO. **im Güteverfahren** das Amtsgericht, wenn es örtlich unzuständig ist und der Antragsgegner die Unzuständigkeit geltend macht, auf Antrag die Sache durch Beschluß an das zuständige Amtsgericht zu verweisen. Vgl. auch über Verweisung vom Amtsgericht an das Landgericht durch Beschluß wegen sachlicher Unzuständigkeit bei Klagen auf Anfechtung von Vorschuß- und Nachschußberechnungen im Konkurse von Genossenschaften §§ 112, 114 GenossG.

[3] Die **Gebühren sind** für das Verfahren **vor dem überweisenden Gericht** zunächst besonders zu berechnen. Es verbleibt bei ihnen, wenn das Verfahren vor dem anderen Gericht nicht fortgesetzt wird. Früher war für die Höhe der Ge-

bühren § 26 Nr. 2 a. F. maßgebend, wonach, wenn ein Akt ausschließlich die Unzuständigkeit des Gerichts betraf, $^{5}/_{10}$ der Gebühr für diesen Akt zu erheben waren. Daher war insbesondere für den Verweisungsbeschluß die Entscheidungsgebühr zu $^{5}/_{10}$ anzusetzen. Jetzt ist, da die Verweisung nicht durch Urteil, sondern durch Beschluß erfolgt, für diese Entscheidung eine Urteilsgebühr nicht zu erheben (s. § 20 Anm. 6). — Über die **Kosten** ist in dem **Verweisungsbeschlusse** nicht zu entscheiden. JW. 96, 69[4].

[4] Da das **Verfahren vor beiden Gerichten als nur eine Instanz** gilt, werden gemäß § 25 Abs. 1 für etwa bereits stattgehabte Akte (z. B. Beweisanordnung) vor dem überweisenden Gericht und gleichartige Akte vor dem anderen Gericht nur einmalige Gebühren erhoben.

[5] **Zurückverweisung:** vom Berufungsgericht in den Fällen des § 538, insofern eine weitere Verhandlung erforderlich ist; wegen wesentlicher Mängel des Verfahrens: § 539; vom Revisionsgericht: § 565. Als eine Zurückverweisung im Sinne des § 27 Abs. 2 ist es nicht anzusehen, wenn **zufolge Sprungrevision** die Sache gemäß § 566a Abs. 5 ZPO. an das für die Berufung zuständige Oberlandesgericht zurückverwiesen wird, da das zuerst entscheidende Gericht und das Oberlandesgericht verschiedene Instanzgerichte sind; vielmehr wird hier durch die Verweisung gebührenrechtlich eine (neue) Berufungsinstanz eröffnet.

[6] Da das frühere Verfahren und das nach der Zurückverweisung folgende Verfahren vor dem nämlichen Gericht (erster oder zweiter Instanz) eine Instanz bilden, werden, soweit in dem früheren Verfahren bereits Gebühren entstanden waren, gemäß § 25 Abs. 1 **für gleichartige Akte** (Prozeßbetrieb, Beweisanordnung, Urteilserlaß) **nicht nochmals Gebühren** erhoben, **sofern** es sich **nicht** um **Vorbehaltsurteile** handelt, auf die bezüglich weiterer Urteilsgebühr § 25 Abs. 2 Anwendung findet (s. § 25 Anm. 5). Anderseits **bleiben** die **früheren Gebühren**, auch die Urteilsgebühr, trotz Aufhebung des Urteils bestehen, auch wenn demnächst ein nicht kontradiktorisches Urteil erlassen oder ein Vergleich geschlossen wird. Gelangt aber die Sache durch erneute Einlegung eines Rechtsmittels **abermals an das Gericht, von dem es zurückverwiesen** ist, so bildet das frühere und das neue Verfahren vor diesem

Gericht je eine Instanz für sich. RG. 10, 426. Vgl. hierüber und über ähnliche Fälle das Nähere Anm. 1 § 25. — Wenn ein Urteil des Berufungsgerichts vom Reichsgericht aufgehoben und die Sache zur anderweiten Verhandlung und Entscheidung an das Berufungsgericht zurückverwiesen ist, kann der **Wert des Streitgegenstandes** für die weitere Verhandlung vor dem Berufungsgericht nicht anders bemessen werden als der für die frühere Verhandlung, sofern nicht etwa inzwischen hinsichtlich der Höhe des Anspruchs eine Änderung eingetreten ist. JW. 97, 77[3].

Rechtsmittelinstanz.

28 (49). In der Berufungsinstanz erhöhen sich die im § 20 bestimmten Gebühren[1] um die Hälfte, in der Revisionsinstanz[2] auf das Doppelte.

[1] Durch die Nov. v. 21. 12. 22 ist der jetzige § 28 an die Stelle des § 49 a. F. gesetzt, der eine Erhöhung der Gebührensätze um $^{1}/_{4}$ bzw. auf das Doppelte bestimmte. Die Erhöhung fand nach § 49 a. F. bei allen gebührenpflichtigen Akten und Verfahren der Berufungs- oder der Revisionsinstanz statt, auch in denjenigen der §§ 26, 27, 29 a. F. und den Angelegenheiten der §§ 35, 36, 38 Nr. 2, 3, §§ 43, 46, 47 Abs. 2, § 48 a. F. Jetzt ergibt sich aus der Verweisung auf § 20 und aus der Stellung des § 28 innerhalb der das „Prozeßverfahren" betreffenden §§ 20—30, daß die **Erhöhung nur** hinsichtlich der Prozeß-, Beweis- und Urteilsgebühr und zwar nur **im Prozeßverfahren** (s. Anm. 1 § 20) stattfindet. Z. B. werden die Gebühren nach § 33 Nr. 1 (Beweissicherung), § 34 Nr. 1 (Einstellung der Zwangsvollstreckung) nicht erhöht, auch wenn die betreffenden Verfahren in der Berufungs- oder Revisionsinstanz stattfinden, und hinsichtlich des **Arrestverfahrens** trifft § 32 Abs. 4 wegen der Gebührenerhöhung in der Berufungsinstanz (die Revisionsinstanz kommt nach § 545 Abs. 2 ZPO. für das Arrestverfahren nicht in Betracht) **besondere Bestimmung.** — Die erhöhten Gebühren kommen nach § 60 GewGG., § 16 KaufmGG. auch bei Berufungen gegen Entscheidungen der Gewerbegerichte und der Kaufmannsgerichte zur Anwendung. Ferner gelten die nach § 28

erhöhten Gebührensätze des § 8 GKG. gemäß § 12 Abs. 6 ArbGG. v. 23. 12. 26 auch für die Berufungs- und die Revisionsinstanz im Arbeitsgerichtsverfahren.

[2] Die **Nichtigkeitsklage** (§ 579 ZPO.) sowie die **Restitutionsklage** (§ 580 ZPO.) gehört, wenn sie sich gegen ein Berufungsurteil richtet, zur Berufungsinstanz, und, wenn ein Revisionsurteil angefochten wird, gemäß § 584 ZPO. entweder zur Berufungs- oder zur Revisionsinstanz. Demgemäß sind die um die Hälfte oder die auf das Doppelte erhöhten Gebühren zu erheben. RG. 57, 231. — Für das Berufungsverfahren in Patentsachen werden gemäß § 33 Abs. 2 PatG. in d. Fass. v. 7. 12. 23 die in dem Verfahren vor dem Reichsgerichte nach den Vorschriften des GKG. zu erhebenden Gebühren nach den für das Verfahren in der Revisionsinstanz geltenden Sätzen berechnet. — In Preußen kommt im Verfahren nach dem MietSchutzG. v. 30. 6. 26 vor dem Landgericht als Rechtsbeschwerdestelle gemäß § 46 MietSchutzG. und § 2 AusfVO. v. 22. 10. 23 (GS. 485) die für die Berufungsinstanz erhöhte Prozeßgebühr zum Ansatze (JW. 25, 1135[3]; 26, 1601[11]), eine (erhöhte) Urteilsgebühr aber nur dann, wenn auf Grund streitiger mündlicher Verhandlung (§ 20 Nr. 3) die Beschwerdeentscheidung ergeht (a. M. JW. 26, 1601[11]).

[3] Wegen des **Streitwerts** in den Rechtsmittelinstanzen vgl. § 3 ZPO. Anm. 1 a. F. unter § 9 GKG., und wegen des maßgebenden Zeitpunktes für die Wertbemessung vgl. § 4 ZPO. Anm. 1a unter § 9 GKG. Ist ein Rechtsmittel ohne einen bestimmten Antrag eingelegt, so bestimmt sich der Streitwert nach dem vollen Umfang desjenigen, zu dem der Rechtsmittelkläger in der Vorinstanz unterlegen ist. JW. 99, 97[34]; 02, 633[10]. Wird in diesem Falle sowie auch, wenn von vornherein ein bestimmter, sich gegen das Urteil, soweit es dem Rechtsmittelkläger ungünstig ist, in ganzem Umfang richtender Antrag gestellt war, demnächst ein Antrag gestellt, der sich als Beschränkung der Anfechtung des Vorderurteils darstellt, so liegt hierin eine **teilweise Zurücknahme des Rechtsmittels** im Sinne des § 30. Vgl. RG. 25, 380; 82, 359; JW. 99, 97[34]. — Wegen der Abhängigkeit der Zulässigkeit der Rechtsmittel von der vorgängigen Zahlung der Prozeßgebühr vgl. § 519 Abs. 6, § 554 Abs. 7 ZPO.

Klagerücknahme.

29 (46). **Die Prozeßgebühr wird nicht erhoben, wenn die Klage vor Bestimmung des Termins zur mündlichen Verhandlung[2] zurückgenommen wird[1].**

Sie ermäßigt sich auf ein Viertel der Gebühr, wenn die Klage nach diesem Zeitpunkt, jedoch vor Stellung eines Sachantrags in der mündlichen Verhandlung[4] zurückgenommen wird[5].

[1] § 46 a. F. hatte für die Zurücknahme einer Klage, eines Antrags, eines Einspruchs oder eines Rechtsmittels, wenn sie erfolgte, bevor ein gebührenpflichtiger Akt stattgefunden hatte, eine besondere Zurücknahmegebühr von $^1/_{10}$ der Gebühr, die für die beantragte Entscheidung zu erheben gewesen wäre, bestimmt. Der jetzige § 29 in d. Fass. der Nov. v. 21. 12. 22 betrifft nur die Zurücknahme der Klage. Hinsichtlich der Zurücknahme anderer Rechtsbehelfe und Anträge sind in den §§ 30 (Rechtsmittel), 31 (Mahnverfahren), 31a (Güteverfahren), 32 (Arrestverfahren), 33, 34 besondere Bestimmungen gegeben. Überall wird nicht eine besondere Zurücknahmegebühr bestimmt, sondern Nichterhebung oder Ermäßigung an sich schon durch Vornahme des betreffenden Aktes entstandener Gebühren, im § 29 die der Prozeßgebühr. — **Auf Vergleiche** ist § 29 nicht anwendbar. Es tritt daher eine Ermäßigung der Prozeßgebühren nicht ein, wenn der Vergleich bis zu dem im § 29 Abs. 2 genannten Zeitpunkt geschlossen wird. JW. 27, 406[17].

[2] Da die Terminsbestimmung (durch den Vorsitzenden oder den Einzelrichter) nach §§ 216, 261, 348, 497 ZPO. sogleich nach Einreichung der Klage erfolgt, handelt es sich im Abs. 1 um eine dem Gericht eingereichte, noch nicht zugestellte Klage. Die mit der Einreichung (§ 74 Abs. 1) an sich entstandene Prozeßgebühr (vgl. OLG. 21, 415) entfällt wieder, wenn, bevor die Terminsverfügung an den Gerichtsschreiber gelangt und von diesem nach außen (durch Herausgabe der mit der Terminsbestimmung versehenen Klageschrift bzw. nach § 496 ZPO. Anordnung der Zustellung) kundgegeben wird, die Zurücknahme erklärt wird.

[3] Für die **Zurücknahme** kommt es hier nicht auf die Erfüllung der nach der ZPO. erforderlichen Voraussetzungen dieses Aktes (nach § 271 Abs. 2 ZPO. Zustellung eines Schriftsatzes) an. Es genügt jede Erklärung, aus der erhellt, daß eine vollständige oder teilweise (s. Anm. 5) Beendigung der Streitsache eintreten soll. RG. **25**, 380; JW. **96**, 397, 398; **99**, 161; W. **12**, 355. Jedoch die Erklärung des Klägers, daß die Hauptsache erledigt sei, steht der Klagerücknahme nicht gleich. JW. **25**, 828[53], s. Anm. 5.

[4] Durch das Ges. v. 28. 1. 27 (s. Vorbem. vor § 1) sind die Worte „vor Stellung eines Sachantrags in der mündlichen Verhandlung" gesetzt an Stelle der in der Fass. der Nov. v. 21. 12. 22 enthaltenen Worte „vor der mündlichen Verhandlung" (über die Streitfrage, was unter mündlicher Verhandlung zu verstehen war, sind zahlreiche Entscheidungen ergangen, vgl. aus letzter Zeit JW. **25**, 2370[35]; **26**, 859[10], 862[18], 882[18], 2475[8], 2588[7]; **27**, 855[8], 860[18], 865[3]), um den maßgebenden Endzeitpunkt für die zur Ermäßigung der Prozeßgebühr führende Klagezurücknahme klarer zu bestimmen. Unter **„Sachantrag"** ist nicht bloß ein Antrag „zur Hauptsache" etwa im Sinne des § 271 Abs. 1 ZPO. zu verstehen, sondern jeder Antrag, durch den im Sinne des § 137 Abs. 1 ZPO. die mündliche Verhandlung eingeleitet wird (vgl. JW. **26**, 725[6]), und ferner nicht bloß ein Antrag des Klägers, sondern auch ein solcher des Beklagten, und zwar gleichviel, ob der Antrag sich auf die Streitsache selbst oder nur auf eine prozessuale Klagevoraussetzung bezieht. Es wird daher beim Ausbleiben einer Partei, mag diese der Beklagte oder der Kläger selbst sein, im ersten Verhandlungstermin durch den Antrag des Gegners auf Erlaß des Versäumnisurteils bei späterer Klagezurücknahme die Ermäßigung der Prozeßgebühr ausgeschlossen, auch wenn es sich um einen Antrag des Beklagten handelt, der sich auf das Fehlen einer prozessualen Klagevoraussetzung (z. B. der Zuständigkeit des Gerichts) gründet. Wird dagegen in einem Termin, bevor ein Sachantrag gestellt ist, die Verhandlung ohne Widerspruch einer Partei (vgl. JW. 25, 1022[11]) lediglich vertagt, so steht dies der Ermäßigung der Gebühr bei späterer Klagezurücknahme nicht entgegen (vgl. JW. 25, 1531[10]; **26**, 856[1], 2475[8], 2588[7]; **27**, 537[10]); desgleichen nicht der

Erlaß einer Entscheidung nach Lage der Akten beim Ausbleiben beider Parteien nach § 251a ZPO., sofern nicht in einem früheren Termin, was allerdings in der Regel der Fall sein wird, bereits ein Sachantrag gestellt worden ist.

[5] Ein im Termin, sei es auch vor Stellung eines Sachantrags, geschlossener Vergleich führt die Gebührenermäßigung nicht herbei, da § 29 ein einseitiges Handeln des Klägers, bei dem das Gericht nicht mitwirkt, erfordert (JW. **25,** 1022[11]), s. Anm. 1. — § 29 **verhält** sich zwar **nicht ausdrücklich,** wie § 46 Abs. 3 a. F., über eine nur einen Teil des Streitgegenstandes betreffende Zurücknahme. Dennoch schließt er diese mit ein, da auch eine solche **teilweise Zurücknahme** als eine Klagezurücknahme zu erachten ist. JW. **24,** 2050[12]; **26,** 858[6] (a. M. JW. **23, 864**[13]). Eine teilweise Zurücknahme der Klage ist z. B. nach dem in Anm. 3 Bemerkten gegeben, wenn der Kläger erstmalig einen Sachantrag stellt, der gegenüber dem in der Klageschrift enthaltenen Antrag einen geringeren Streitgegenstand umfaßt (vgl. RG. **25,** 380; **82,** 358; JW. **99,** 97[34], Anm. 3 § 28). Auf die Gebührenberechnung bei teilweiser Klagezurücknahme findet § 14 Anwendung. — Die **Erklärung** des Klägers aber, **daß** der **Rechtsstreit** durch ein nach der Klagerhebung eingetretenes Ereignis ganz oder zum Teil **in der Hauptsache erledigt** sei, enthält keine die Ermäßigung der Prozeßgebühr herbeiführende ganze oder teilweise Klagezurücknahme (s. Anm. 3 a. E.). Herrscht unter den Parteien Einverständnis über die Erledigung, so hat diese für den Gebührenansatz nur hinsichtlich des noch in Streit Bleibenden (z. B. bei Erledigung der Hauptsache im Ganzen hinsichtlich des Kostenpunktes) Bedeutung, indem die weiteren Gebühren (Beweis- und Urteilsgebühr) sich lediglich nach dem Wert dieses verbleibenden Streitgegenstandes (vgl. §§ 14, 15 und die Anm. dazu) bestimmen. Besteht Streit über die Erledigung, so ist darüber zu entscheiden und bestimmen sich für dieses Verfahren die weiteren Gebühren nach dem Werte der Hauptsache, deren Erledigung streitig ist. — Eine **Auferlegung der Kosten durch Urteil** gemäß § 271 Abs. 3 ZPO. kann nur stattfinden, wenn die Zurücknahme der Klage in der Form des § 271 Abs. 2 ZPO., also durch Zustellung eines Schriftsatzes erfolgt ist, die für die Gebührenberechnung nicht erforderlich ist (s. Anm. 3). Eine Urteilsgebühr (§ 20 Nr. 3)

für das Urteil entsteht nur dann, wenn über die Kostenpflicht etwa streitig verhandelt ist.

Rechtsmittelrücknahme und Verwerfung.

30 (26 Nr. 5, 46). **Wird die Berufung oder die Revision durch Beschluß als unzulässig verworfen, so ermäßigt sich die Prozeßgebühr für die Rechtsmittelinstanz auf die Hälfte der im § 8 bestimmten Gebühr**[1]. **Das gleiche gilt, wenn das Rechtsmittel vor Bestimmung des Termins zur mündlichen Verhandlung zurückgenommen wird**[2].

[1] Stellt sich bei der von Amts wegen vorzunehmenden Prüfung die Unzulässigkeit der Berufung oder der Revision heraus, so kann die Verwerfung des Rechtsmittels nach mündlicher Verhandlung durch Urteil oder ohne mündliche Verhandlung durch Beschluß erfolgen (§§ 519b, 554a ZPO.). In ersterem Fall entsteht, wenn die Verhandlung eine streitige ist, eine nach § 28 um die Hälfte bzw. auf das Doppelte der Gebühr des § 20 Nr. 3 erhöhte Urteilsgebühr; in letzterem Falle wird **durch den Beschluß**, weil er kein Urteil ist und ihm auch keine streitige Verhandlung vorangeht, **keine Gebühr** ausgelöst (s. Anm. 5, 6 § 20), die gerichtliche Tätigkeit wird hier durch die Prozeßgebühr der Rechtsmittelinstanz mitabgegolten. § 30 Satz 1 bestimmt sogar für den letzteren Fall eine wesentliche **Ermäßigung** dieser **Prozeßgebühr**, nämlich eine Ermäßigung auf die Hälfte, und zwar nicht auf die Hälfte der nach § 28 erhöhten Prozeßgebühr, sondern bis auf die Hälfte der einfachen Gebühr des § 8. — Diese Gebühr ist unter entsprechender Anwendung des § 30 S. 1 auch zu erheben, wenn die Rechtsbeschwerde (vgl. die preuß. MSchG.-AusfVO. v. 22. 10. 23) (durch Beschluß) als unzulässig verworfen wird. JW. 27, 1168[7]. — Wird nach Verwerfung des Rechtsmittels durch Beschluß noch in einem Termin weiter verhandelt (z. B. zufolge Antrags auf Wiedereinsetzung in den vorigen Stand), so greift die Ermäßigung nicht Platz, sondern ist die volle Prozeßgebühr zu erheben. JW. 25, 821[40].

[2] Die Bestimmung des Termins zur mündlichen Verhandlung über das Rechtsmittel durch den Vorsitzenden erfolgt

erst, wenn das Rechtsmittel nicht durch Beschluß verworfen wird (§§ 520, 555 ZPO.), also regelmäßig, nachdem das Rechtsmittel rechtzeitig begründet ist (§§ 519, 554 ZPO.) und die Prozeßgebühr der Rechtsmittelinstanz (§ 28) innerhalb der gemäß § 519 Abs. 6, § 554 Abs. 7 ZPO. gesetzten Frist bezahlt ist. Wird, bevor der Gerichtsschreiber die Terminsbestimmungsverfügung erhalten und nach außen kundgegeben hat (s. § 29 Anm. 2), das **Rechtsmittel zurückgenommen**, so tritt nach Satz 2, in dem die früheren Worte d. Fass. v. 21. 12. 22 „vor Ablauf der gemäß § 520 Abs. 3, § 554 Abs. 7 der Zivilprozeßordnung bestimmten Frist" mit Rücksicht auf die Änderungen der ZPO. zufolge der VO. v. 13. 2. 24 durch die Worte „vor Bestimmung des Termins zur mündlichen Verhandlung" ersetzt sind, nicht eine besondere Zurücknahmegebühr ein, wie früher nach § 46 a. F. (s. § 29 Anm. 1), sondern eine **Ermäßigung der Prozeßgebühr** auf die Hälfte, und zwar auf die in Anm. 1 bezeichnete Hälfte. Wird das Rechtsmittel **zum Teil zurückgenommen**, so tritt Ermäßigung der auf den zurückgenommenen Teil des Streitgegenstandes entfallenden Prozeßgebühr ein. JW. 27, 53[14]. Zahlt der Rechtsmittelkläger die danach sich ergebende Prozeßgebühr innerhalb der ihm nach § 519 Abs. 6 oder § 554 Abs. 7 ZPO. gesetzten Frist, so hat er die Förmlichkeit gewahrt, auch wenn von ihm gemäß dem Umfang der Rechtsmitteleinlegung eine höhere Prozeßgebühr erfordert war. JW. 27, 53[14] (a. M. RG. 112, 141, aber aufgegeben). — Die Zurücknahme braucht, wie die Klage (s. § 29 Anm. 3), gebührenrechtlich nicht die nach der ZPO. erforderlichen formellen Voraussetzungen dieses Aktes (nach § 515 Abs. 2, § 566 ZPO. Zurücknahme des Rechtsmittels durch Erklärung in der mündlichen Verhandlung oder in einem zuzustellenden, von einem Anwalt zu unterzeichnenden Schriftsatz) zu erfüllen, vielmehr genügt jede Erklärung, aus der erhellt, daß eine vollständige oder teilweise Beendigung der Rechtsmittelinstanz eintreten soll. RG. **25**, 380; JW. **96**, 397[5], 398[6]; **99**, 161[5]; **27**, 53[14]; W. **12**, 355. In JW. **24**, 1263[22] ist angenommen, daß die Ermäßigung auch dann eintrete, wenn die Zurücknahme erst nach Ablauf der zur Zahlung der Prozeßgebühr gesetzten Frist erfolge, da dem Gericht nur der Verwerfungsbeschluß erspart werde. Dies betrifft die frühere Fassung des § 30 S. 2.

Jetzt wird in solchem Falle die Ermäßigung deswegen eintreten, weil der Termin zur mündlichen Verhandlung noch nicht bestimmt sein wird (s. oben). Wegen der teilweisen Zurücknahme des Rechtsmittels gilt das in Anm. 5 § 29 bezüglich der teilweisen Zurücknahme der Klage Bemerkte entsprechend mit der Maßgabe, daß eine die Gebührenermäßigung herbeiführende teilweise Zurücknahme durch nachträgliche Stellung eines geringeren Rechtsmittelantrags nur dann gegeben ist, wenn der einen geringeren Umfang der Streitgegenstandes betreffende Antrag vor der Terminsbestimmung dem Gericht eingereicht ist. — Wird nach prozessual formgerechter (s. oben) Zurücknahme des **Rechtsmittels** dessen **Verlust** und die Verpflichtung des Rechtsmittelklägers zur Tragung der Kosten gemäß § 515 Abs. 3, § 566 ZPO. **durch Urteil ausgesprochen**, so entsteht hierfür eine Urteilsgebühr nur dann, wenn etwa über diese Folgen der Zurücknahme streitig verhandelt wird (§ 20 Nr. 3).

b) **Schiedsrichterliches Verfahren.**

30a. Für die Niederlegung eines Schiedsspruchs oder eines von einem Schiedsgerichte vermittelten Vergleichs auf der Geschäftsstelle (Zivilprozeßordnung §§ 1039, 1044a) wird ein Viertel der Gebühr (§ 8), höchstens jedoch ein Betrag von 300 Reichsmark erhoben[1].

Für das Verfahren über Anträge auf Vollstreckbarerklärung eines Schiedsspruchs oder eines von einem Schiedsgerichte vermittelten Vergleichs (Zivilprozeßordnung §§ 1042, 1044a) wird die volle Gebühr (§ 8) erhoben, auf welche die im Abs. 1 bestimmte Gebühr anzurechnen ist[2]. Die Gebühr wird nicht erhoben, wenn der Antrag vor Anordnung der Anhörung des Gegners oder vor Bestimmung eines Termins zur mündlichen Verhandlung zurückgenommen wird[3].

[1] Die nach § 1039 bzw. § 1044a ZPO. zur Gültigkeit bzw. Vollstreckbarerklärung erforderliche **Niederlegung des Schieds-**

spruchs bzw. des von dem Schiedsgerichte vermittelten **Vergleichs** auf der Geschäftsstelle des zuständigen Gerichts begründet die nach dem Werte des Streitgegenstandes, über den sich der Schiedsspruch bzw. der Vergleich verhält, zu bemessende Gebühr von $^1/_4$ der Gebühr des § 8, die jedoch 300 RM. nicht übersteigen darf. Sie wird nach § 74b mit der Niederlegung fällig. Ihr Schuldner ist nach § 77 Abs. 2 derjenige, auf dessen Betreiben das schiedsrichterliche Verfahren eingeleitet worden ist.

[2] Nach § 1042 ZPO. erfolgte die **Vollstreckbarerklärung eines Schiedsspruchs** auf Klage durch Urteil. Hierfür waren im § 26 Nr. 8 GKG. a. F. $^5/_{10}$ der Gebühren der §§ 18—24 a. F. bestimmt. Jetzt erfolgt nach § 1042 ZPO. in d. Fass. d. VO. v. 13. 2. 24 die Vollstreckbarerklärung durch Beschluß, desgleichen nach dem neu eingefügten § 1044a die Vollstreckbarerklärung eines von dem Schiedsgericht vermittelten Vergleichs. Hierfür bestimmt der § 30a Abs. 2 GKG. eine einmalige, das **ganze Verfahren** einschließlich einer etwaigen Beweisaufnahme **umfassende und abgeltende Gebühr** in Höhe der vollen Gebühr des § 8, von welcher aber die Niederlegungsgebühr nach Abs. 1 (s. Anm. 1) in Abzug zu bringen ist. Die Gebühr ist an sich nach dem **Werte des Streitgegenstandes** des Schiedsspruchs bzw. des Vergleichs zu berechnen; wenn jedoch der Anspruch, wegen dessen die Vollstreckbarerklärung beantragt wird, einen geringeren Umfang hat, nach dem Wert dieses Anspruchs. Bei der Wertbemessung bleibt § 15 Abs. 2 (bezüglich der Zinsen) außer Anwendung, da die Vollstreckbarerklärung nicht schon ein Akt der Zwangsvollstreckung selbst ist. Vgl. hierüber Anm. 3, 4 § 15. — Die **Klage auf Aufhebung des Schiedsspruchs** nach § 1041 ZPO. hat gebührenrechtlich als einen besonderen Rechtsstreit betreffend zu gelten, für den früher nach § 26 Nr. 10 GKG. a. F. $^5/_{10}$ der Gebühren der §§ 18—24 GKG. a. F. zu erheben waren, jetzt die Gebühren des § 20 zum Ansatz kommen (vgl. Anm. 7 § 21). Auch wenn die Aufhebungsklage innerhalb der gemäß § 1042 Abs. 3 ZPO. vom Gerichte zu bestimmenden Frist erhoben wird, hat dies auf die Gebühr für das Vollstreckbarerklärungsverfahren keinen Einfluß. Die Gebühr wird nach § 74 Abs. 1 mit Stellung des Antrags fällig. Ihr Schuldner ist nach § 77 Abs. 1 der Antragsteller; daneben nach § 79 der-

jenige, dem die Kosten des Verfahrens gemäß § 91 ZPO. auferlegt werden.

[3] Nach § 1045 Abs. 2 ZPO. kann die Entscheidung über den Antrag auf Vollstreckbarerklärung (Anm. 2) ohne vorgängige mündliche Verhandlung erfolgen; vor der Entscheidung ist der Gegner zu hören. Wird vor Anordnung dieser Anhörung oder, falls ein Verhandlungstermin bestimmt wird, bevor der Gerichtsschreiber die an ihn gelangte Bestimmungsverfügung nach außen kundgegeben hat (vgl. § 29 Anm. 2), der **Antrag zurückgenommen**, so entfällt nach dem durch das Ges. v. 28. 1. 27 hinzugefügten Satz 2 des Abs. 2 die Gebühr des § 8 wieder.

c) **Mahnverfahren.**

31 (37). [1]**Für das Mahnverfahren wird die Hälfte der Gebühr (§ 8) erhoben**[2]**. Die Gebühr wird nicht erhoben, wenn der Antrag auf Erlaß des Zahlungsbefehls vor dessen Erlaß zurückgenommen wird**[3]**.**

Wird im Falle der Erhebung des Widerspruchs die Bestimmung eines Termins zur mündlichen Verhandlung beantragt oder gegen einen Vollstreckungsbefehl Einspruch eingelegt, so wird die Prozeßgebühr (§ 20 Nr. 1) nur zur Hälfte erhoben[4]**. Das gleiche gilt, wenn in einem im Urkunden- oder Wechselmahnverfahren ergangenen Vollstreckungsbefehle dem Beklagten die Ausführung seiner Rechte vorbehalten war**[5]**. Wird der Antrag oder der Einspruch vor Bestimmung des Termins zurückgenommen, so wird die Prozeßgebühr nicht erhoben**[6]**.**

[1] Früher wurden nach § 37 Abs. 1 GKG. a. F. für die Entscheidung über das Gesuch um Erlassung des Zahlungsbefehls (§§ 691, 692 ZPO.) $^{2}/_{10}$ und ferner für die Entscheidung über das Gesuch um Erlassung des Vollstreckungsbefehls (§ 699 ZPO.) $^{1}/_{10}$ der Gebühr des § 8 erhoben, und wurde nach § 37 Abs. 3 die erstere Gebühr, soweit die Kosten des Mahnverfahrens als Teil der Kosten eines entstehenden

Rechtsstreits anzusehen waren (§ 698 ZPO.), auf die Gebühr des entstehenden Rechtsstreits angerechnet. Jetzt wird nach dem § 31 in d. Fass. d. Nov. v. 21. 12. 22 eine einmalige Gebühr für das ganze Mahnverfahren erhoben und findet für den Fall des Übergangs zum gewöhnlichen Prozeßverfahren durch Erhebung des Widerspruchs gegen den Zahlungsbefehl oder durch Einlegung des Einspruchs gegen den Vollstreckungsbefehl nicht eine Gebührenanrechnung, sondern eine Ermäßigung der Prozeßgebühr für das Prozeßverfahren statt.

[2] Durch die Hälfte der Gebühr des § 8 wird **die gesamte gerichtliche Tätigkeit** in dem durch das Gesuch um Erlaß des Zahlungsbefehls eingeleiteten Verfahren **bis zum Übergang in ein anderes Verfahren abgegolten,** nicht nur der Erlaß des Zahlungsbefehls, sondern auch der des Vollstreckungsbefehls, anderseits auch Verfügungen und Beschlüsse, wodurch Gesuche um solche Erlasse zurückgewiesen werden (§§ 691, 699 Abs. 2 ZPO.). — Die Gebühr wird nach § 74 Abs. 1 mit Einreichung des Gesuchs fällig. Nach § 74 Abs. 3 soll der Zahlungsbefehl erst nach Zahlung der Gebühr erlassen werden. Schuldner der Gebühr ist nach § 77 Abs. 1 der Staatskasse gegenüber nur der antragstellende Gläubiger. Ist diesem das **Armenrecht** bewilligt, so findet nach § 115 Abs. 1 Nr. 1 ZPO., § 74 Abs. 4 GKG. eine Gebührenerhebung nicht statt. Auch ist dem Gegner nicht im Zahlungsbefehl gemäß § 692 ZPO. aufzugeben, den Gläubiger wegen der Gebühr und sonstiger Kosten (Auslagen) zu befriedigen, da nach § 120 ZPO. die Bewilligung des Armenrechts zugleich für den Gegner die einstweilige Befreiung von den Kosten zur Folge hat (streitig). Anders verhält es sich, wenn dem Gläubiger persönliche **Gebührenfreiheit** (§ 90) zusteht. Hier ist dem Gegner nicht nur die Erstattung der Auslagen, auf welche die Gebührenfreiheit sich nicht erstreckt, aufzugeben, sondern auch die Entrichtung der Gebühr, da, wenn demnächst der Vollstreckungsbefehl auf den Zahlungsbefehl gesetzt wird (§ 699 ZPO.), eine unbedingte gerichtliche Entscheidung, durch die dem Gegner die Kosten des Verfahrens auferlegt sind, für vorliegend und danach der Gegner gemäß § 79 als Schuldner der Gebühr und der Auslagen zu erachten ist. — „Mahnverfahren" ist nicht nur das Verfahren nach den §§ 688 ff. ZPO.,

sondern auch das in den §§ 3 ff. der EntlVO. in d. Fass. v. 13. 5. 24, die als in die ZPO. eingefügt zu denken ist, mit einzelnen Sonderbestimmungen geregelte Urkunden- und Wechselmahnverfahren.

[3] Die Gebührenfreiheit für den Fall der **Zurücknahme des Gesuchs** vor Erlaß des Zahlungsbefehls, d. i. bevor der unterzeichnete Zahlungsbefehl zur Zustellung gemäß § 693 ZPO. vom Gerichtsschreiber herausgegeben wird (vgl. § 29 Anm. 2), ist durch die VO. 13. 12. 23 bestimmt.

[4] Wird, solange noch nicht der Vollstreckungsbefehl verfügt ist (§ 694 ZPO.), **Widerspruch** erhoben, so ist auf Antrag einer Partei (Gläubiger oder Schuldner) ein **Termin** anzuberaumen, und zwar **in der Regel zur Güteverhandlung, in den Fällen des § 696 Abs. 2 S. 2** und, wenn der Anspruch zur Zuständigkeit der **Landgerichte** gehört, **zur Streitverhandlung** (§ 696 Abs. 2 ZPO.) In ersterem Fall entsteht keine Gebühr, insbesondere keine Prozeßgebühr, da nach § 31a Abs. 2 GKG. das Güteverfahren gebührenfrei bleibt, wenn ein Mahnverfahren vorausgegangen ist. Wird auf den Antrag, der schon in dem Gesuch um Erlassung des Zahlungsbefehls gestellt werden kann (§ 696 Abs. 1), Termin zur Streitverhandlung anberaumt, so beginnt nun ein „Prozeßverfahren" im Sinne des § 20 GKG. **Schuldner** der dadurch während des Laufes dieser Instanz entstehenden **Gebühren** (und Auslagen) ist nach § 77 Abs. 1 der Antragsteller, nicht der Gläubiger als solcher. Ist aber der Gläubiger der Antragsteller, so ist nach § 74 Abs. 2 der Termin zur Streitverhandlung erst nach Zahlung der Prozeßgebühr zu bestimmen. Diese Prozeßgebühr ist jedoch nach § 31 Abs. 2 S. 1 nicht die volle des § 20 Nr. 1, sondern die Hälfte davon. — Wird, bevor der Schuldner gegen den Zahlungsbefehl nach Ablauf der darin bestimmten Frist Widerspruch erhoben hat, **Vollstreckungsbefehl** erlassen, so gilt der Anspruch als mit der Zustellung des Zahlungsbefehls im Streitverfahren rechtshängig. Legt daher der Schuldner **Einspruch** ein, so ist **Termin zur Streitverhandlung** (nicht zum Güteverfahren) anzuberaumen (§ 700 ZPO.). Mit der Einlegung des Einspruchs wird gemäß § 74 Abs. 1 für dieses nunmehrige Prozeßverfahren die Prozeßgebühr fällig. Schuldner der Gebühr

ist nach § 77 Abs. 1 der Schuldner. Jedoch kann die Bestimmung des Termins hier nicht von der vorgängigen Zahlung abhängig gemacht werden, da § 74 Abs. 2 S. 2 nur für den Gläubiger gilt. Die Gebühr ist auch hier nach § 31 Abs. 2 S. 1 nicht die volle des § 20 Nr. 1, sondern die Hälfte davon.

5 Im **Urkunden- und Wechselmahnverfahren** (s. Anm. 2 a. E.) ist nach § 4 Nr. 4 EntlVO., wenn sich der Widerspruch gegen den Urkunden- oder Wechsel-Zahlungsbefehl auf den Antrag beschränkt, dem Beklagten (Schuldner) die Ausführung seiner Rechte (gemäß § 599 ZPO.) vorzubehalten, der Vollstreckungsbefehl unter diesem Vorbehalte zu erlassen. Es ist dann auf Antrag des Gläubigers oder des Schuldners Termin zur Streitverhandlung anzuberaumen, worauf ein „Prozeßverfahren" im Sinne des § 20 beginnt. Die Prozeßgebühr dafür wird nach § 74 Abs. 1 mit Einreichung des Antrages fällig. Ihr Schuldner ist nach § 77 Abs. 1 der Antragsteller, nicht der Gläubiger als solcher. Ist aber der Gläubiger der Antragsteller, so ist gemäß § 74 Abs. 2 der Termin erst nach Zahlung der Prozeßgebühr zu bestimmen. Jedoch ist auch hier diese Prozeßgebühr nicht die volle des § 20 Nr. 1, sondern die Hälfte davon.

6 Die halbe Prozeßgebühr (Anm. 4, 5) wird nicht erhoben, wenn **der Antrag** auf Terminsbestimmung oder der Einspruch gegen den Vollstreckungsbefehl (s. Anm. 4, 5) vor der Terminsbestimmung, d. i. bevor der Gerichtsschreiber die erhaltene Terminsbestimmungsverfügung zwecks Zustellung hinausgegeben hat (s. § 29 Anm. 2), **zurückgenommen** wird. Erfolgt die Zurücknahme später, aber bevor in der mündlichen Verhandlung ein Sachantrag gestellt worden ist, so ist § 29 Abs. 2 entsprechend anzuwenden, indem der Antrag auf Terminsbestimmung und die Einlegung des Einspruchs als Klage (vgl. § 696 Abs. 3, § 700 S. 1 ZPO.) und der Antragsteller bzw. der den Einspruch Einlegende, mag er der Gläubiger oder der Schuldner sein, als Kläger im Sinne dieser Vorschrift angesehen wird; die Prozeßgebühr ermäßigt sich dann auf 1/4 der vollen Gebühr des § 8, wie im § 29 Abs. 2 bestimmt ist, nicht etwa auf 1/4 der im § 31 Abs. 2 bestimmten halben Prozeßgebühr. JW. **26,** 2475[5].

d) **Güteverfahren.**

31a. [1]**Für das Güteverfahren wird die Hälfte der Gebühr (§ 8) erhoben**[2]**. § 29 findet entsprechende Anwendung**[3]**.**

Das Verfahren bleibt gebührenfrei, wenn ein Mahnverfahren vorausgegangen ist[4]**.**

Für das dem Güteverfahren nachfolgende Prozeßverfahren[5] **wird, unbeschadet der Vorschriften im § 29**[6]**, die Prozeßgebühr (§ 20 Nr. 1) nur zur Hälfte erhoben.**

[1] § 31a ist eingefügt durch die VO. v. 13. 2. 24.

[2] Durch die Hälfte der Gebühr des § 8 wird die **gesamte gerichtliche Tätigkeit im Güteverfahren** (§§ 459a ff. ZPO.) von Einreichung des das Verfahren einleitenden Güteantrags (§§ 488, 499a ZPO.) an bis zur Beendigung des Verfahrens, sei es durch Zurückweisung des Antrags wegen Aussichtslosigkeit des Anspruchs (§ 499b ZPO.) oder durch Vergleich oder durch Übergang zum Streitverfahren (§§ 499e, 499f Abs. 2 ZPO.) oder gemäß § 499e Abs. 2 ZPO. durch Erteilung der Gütebescheinigung an beide Parteien. Die Gebühr, deren Schuldner nach § 77 der Antragsteller ist, wird nach § 74 Abs. 1 mit Einreichung des Güteantrags fällig. Nach § 74a Abs. 1 soll, sofern nicht eine der darin bezeichneten Ausnahmen Platz greift, der Termin zur Güteverhandlung erst nach Zahlung der Gebühr bestimmt werden.

[3] Aus der entsprechenden Anwendung des § 29 (s. die dortigen Anm.) folgt, daß im Falle der **Zurücknahme des Güteantrags:** vor der Terminsbestimmung die Gebühr des Satzes 1 fortfällt; nach der Terminsbestimmung, aber bevor der Antragsteller im Termin einen auf seinen Anspruch bezüglichen Antrag gestellt hat, die Gebühr sich auf $^1/_4$ der Gebühr des § 8, nicht etwa auf $^1/_4$ der halben Gebühr des Satzes 1, ermäßigt (a. M. JW. 27, 537[10]).

[4] Über den **Übergang vom Mahnverfahren zum Güteverfahren,** das dann gebührenfrei ist, s. § 31 Anm. 4.

[5] Wird **vom Güteverfahren** gemäß § 499e Abs. 1 oder § 499f Abs. 2 ZPO. **zum Streitverfahren,** also zum Prozeßverfahren im Sinne des § 20 GKG. übergegangen, so kommt,

weil schon für das Güteverfahren die Hälfte der Gebühr des § 8 erhoben ist (s. Anm. 2), die Prozeßgebühr (§ 20 Nr. 1) nur zur Hälfte zum Ansatz. Diese Gebühr wird mit dem nach Erfolglosigkeit des Güteverfahrens vom Kläger oder vom Beklagten gestellten Antrag auf sofortigen Eintritt in das Streitverfahren oder auf Anberaumung eines Termins zur Streitverhandlung fällig (§ 74 Abs. 1). Schuldner ist der Antragsteller (§ 77 Abs. 1). Ist der Kläger der Antragsteller, so ist der Eintritt in das Streitverfahren oder die Anberaumung eines Termins hierzu erst nach Zahlung der Gebühr zulässig (§ 74a Abs. 2). Jedoch gelten auch hier die Ausnahmen nach § 74 Abs. 4 (Armenrecht, Gebührenfreiheit usw.), da nun ein Prozeßverfahren beginnt (a. M. JW. 25, 1047[10]).

[6] Nach dem anzuwendenden § 29 fällt die halbe Prozeßgebühr fort, wenn der Antragsteller **im Güteverfahren** (s. Anm. 2) vor Bestimmung des Termins zur Streitverhandlung das mit dem Güteantrag, der als Klage gilt (§ 499e Abs. 1 S. 2 ZPO.), **Verlangte zurücknimmt**, und ermäßigt sich die Gebühr auf $^1/_4$ der Gebühr des § 8 (nicht etwa $^1/_4$ der halben Prozeßgebühr des § 31a Abs. 3), wenn nach der Terminsbestimmung, aber bevor ein Sachantrag in dem Termin gestellt wird, die Zurücknahme erfolgt (s. die Anm. zu § 29).

e) Arrestverfahren.

32 (35 Nr. 3, 26 Nr. 9). [1]**Die Hälfte der Gebühr (§ 8) wird erhoben für das Verfahren über Anträge auf Anordnung eines Arrestes oder einer einstweiligen Verfügung[2]. Die Gebühr erhöht sich auf die volle Gebühr, wenn durch Urteil entschieden wird (Zivilprozeßordnung § 922 Abs. 1, §§ 925, 936)[3]. Die Gebühr wird nicht erhoben, wenn der Antrag vor Anordnung des Arrestes oder der einstweiligen Verfügung, vor Zurückweisung des Antrags oder vor Anordnung einer vorgängigen Sicherheitsleistung oder vor Anordnung der mündlichen Verhandlung zurückgenommen wird[4].**

Die im Abs. 1 bestimmten Gebühren werden auch erhoben für das Verfahren über Anträge auf Abänderung oder Aufhebung eines Arrestes oder einer einstweiligen Verfügung gemäß § 926 Abs. 2, §§ 927, 936 der Zivilprozeßordnung[5]. Die Gebühr wird nicht erhoben, wenn der Antrag vor Bestimmung des Termins zur mündlichen Verhandlung zurückgenommen wird[6].

Im Falle des § 942 der Zivilprozeßordnung gilt das Verfahren vor dem Amtsgericht und dem Gerichte der Hauptsache als ein Rechtsstreit[7].

In der Berufungsinstanz erhöhen sich die Gebühren um die Hälfte[8].

[1] Früher wurden nach § 35 Nr. 3 GKG. a. F. für die Entscheidung, einschließlich des vorangegangenen Verfahrens, über den Antrag auf Anordnung eines Arrestes (oder einer einstw. Verf.) $^2/_{10}$ der Gebühr des § 8, jedoch, wenn die Anordnung, Abänderung oder Aufhebung durch Endurteil zu erfolgen hatte, nach § 26 Nr. 9 a. F. $^5/_{10}$ der Gebühren der §§ 18—24, also nicht nur der Entscheidungsgebühr, sondern auch der Verhandlungsgebühr und der Beweisgebühr für eine etwaige Beweisaufnahme, erhoben. Jetzt kommt nach § 32 in d. Fass. d. Nov. v. 21. 12. 22 **für das ganze Verfahren** einschließlich einer etwaigen Beweisaufnahme (s. hierüber § 20 Anm. 4) **eine einzige Gebühr** zum Ansatz, die sich nur erhöht, wenn die Entscheidung durch Urteil erfolgt.

[2] Die halbe Gebühr des § 8 für das ganze die Anordnung eines Arrestes (§§ 916, 921, 922 ZPO.) oder einer einstweiligen Verfügung (§§ 935, 936, 937 ZPO.) betreffende Verfahren von seiner Einleitung durch Einreichung des Antrags des Arrestklägers an bis zur **Entscheidung über den Antrag durch Beschluß,** sei es auf Ablehnung des Antrags oder auf unbedingte oder durch zuvorige Sicherheitsleistung bedingte (OLG. **11,** 148; **19,** 238) Anordnung des Arrestes (der einstw. Verf.), wird nach § 74 Abs. 1 mit Einreichung des Antrags fällig; ihr Schuldner ist nach § 77 Abs. 1 der Arrest-

kläger. Eine Abhängigmachung der Entscheidung über den Antrag von vorgängiger Zahlung der Gebühr ist hier nicht bestimmt (§ 74 Abs. 2, 3 und § 74a verhalten sich darüber nicht). — Wird auf Beschwerde über Zurückweisung des Antrags der Arrest (die einstw. Verf.) vom Beschwerdegericht angeordnet, so verbleibt es bei der einen Gebühr aus Satz 1, weil die Anordnung als noch zum erstinstanzlichen Verfahren gehörig zu behandeln ist. Jedoch für das Verfahren in der Beschwerdeinstanz tritt jetzt nach § 38 Abs. 1 die volle Gebühr des § 8 hinzu, während früher nach § 45 Abs. 1 S. 2 a. F. dies Beschwerdeverfahren gebührenfrei war. — Über den Streitwert vgl. Anm. 1 § 3, Anm. 3 § 6 ZPO. unter § 9 GKG.

³ Die Entscheidung über den Antrag auf Anordnung eines Arrestes kann ohne vorgängige mündliche Verhandlung erfolgen (§ 921 Abs. 1 ZPO.), desgleichen die Entscheidung über den Antrag auf Anordnung einer einstweiligen Verfügung, wenn der Fall dringend ist (§ 937 Abs. 2). Findet aber **mündliche Verhandlung** statt, so erfolgt die Entscheidung nicht durch Beschluß (s. Anm. 2), sondern durch **Endurteil** (§ 922 Abs. 1, § 936 ZPO.). Ist gegen die durch Beschluß getroffene Anordnung eines Arrestes oder einer einstweiligen Verfügung vom Arrestgegner **Widerspruch** erhoben (§§ 924, 936), so ist über die Rechtmäßigkeit der Anordnung ebenfalls durch Endurteil zu entscheiden (§§ 925, 936 ZPO.). Dies Widerspruchsverfahren ist nicht als ein selbständiges Aufhebungsverfahren, sondern nur als Fortsetzung des auf Anordnung des Arrestes (der einstw. Verf.) gerichteten Verfahrens anzusehen. Deshalb wird durch die halbe Gebühr des § 8 (s. Anm. 2) die gesamte gerichtliche Tätigkeit auch in dem Widerspruchsverfahren bis zum Erlaß des Urteils, mag dieses auf Bestätigung, Abänderung oder Aufhebung des Anordnungsbeschlusses ergehen, abgegolten (vgl. JW. 84, 9[10]; 87, 42[33]). Erfolgt aber in den vorgenannten Fällen die **Entscheidung auch tatsächlich durch Urteil,** so erhöht sich die halbe Gebühr auf die volle Gebühr des § 8. Voraussetzung hierfür ist nicht, daß das Urteil auf Grund streitiger Verhandlung ergeht; z. B. löst auch ein Versäumnisurteil die Erhöhung der Gebühr aus. Endigt das Verfahren aber ohne Urteil (z. B. durch Vergleich, Zurücknahme des Antrags),

so tritt die Gebührenerhöhung nicht ein. JW. **23,** 866[21]. Daher wird die erhöhte Gebühr gemäß § 74 Abs. 1 Halbs. 2 erst mit Erlaß des Urteils fällig. Ihr Schuldner ist nach § 77 Abs. 1 der Arrestkläger auch im Falle des vom Arrestgegner veranlaßten Widerspruchsverfahrens, da dieses nach Oeigem mit dem vorangegangenen Anordnungsverfahren eine Einheit bildet. — Für eine etwaige Beweisaufnahme in dem Verfahren kommt eine besondere Gebühr nicht zum Ansatz. — Früher war für den Gebührenansatz von wesentlicher Bedeutung, ob das Verfahren über den Arrest oder die einstweilige Verfügung von dem Verfahren über die Hauptsache getrennt (besondere Schriftsätze und Termine, RG. **8,** 428; **13,** 322) oder mit ihm verbunden war, da die Gebühren aus § 26 Nr. 9 a. F. ein ausschließliches Arrestverfahren voraussetzten und nach § 28 a. F. im Falle der Verbindung der beiden Verfahren nur die vollen Gebühren für das Hauptverfahren zu erheben waren (RG. 8, 428). Jetzt gilt nach § 35 das **Arrestverfahren** für die Gebührenerhebung als **besonderer Rechtsstreit,** gleichviel ob es von dem Verfahren über die Hauptsache getrennt oder mit ihm verbunden ist; für den letzteren Fall kann aus § 25 Abs. 1 nicht Gegenteiliges gefolgert werden, da sich diese Vorschrift nur auf Gebühren des „Prozeßverfahrens", also des Hauptprozesses, bezieht. Daraus folgt z. B., daß für das Verfahren über die in Ehesachen gestellten Anträge auf Erlaß einstweiliger Verfügungen nach § 627 ZPO. die halbe Gebühr des § 8 besonders zu erheben ist (Jonas, DGKG. Anm. 6 § 32). — Sollen zur **Vollziehung eines Arrestes** oder einer einstweiligen Verfügung (§ 928 ZPO.) gerichtliche Handlungen vorgenommen werden, so kommt für das Verfahren über Anträge auf Vornahme der Handlung die Gebühr aus § 34 Nr. 2 zum Ansatz, und zwar nach § 35 Abs. 1 noch außer den Gebühren aus § 32 Abs. 1 S. 1, 2. Dies gilt auch, wenn mit dem Antrag auf Anordnung eines Arrestes der Antrag auf Pfändung einer Forderung (§ 829 ZPO.) in Vollziehung des angeordneten Arrestes (§ 919 ZPO.) verbunden ist (vgl. JW. **96,** 338[12]; pr. Verf. v. 25. 9. 95 [JMBl. 308]). Jedoch für das Ersuchen des Gerichts um eine Eintragung in das Grundbuch oder Schiffsregister gemäß § 941 ZPO. kommt keine besondere Gebühr zum Ansatz. OLG. **17,** 218.

[4] Die Bestimmung des Satzes 3 über Fortfall der Gebühr des Satzes 1 im Falle der **Zurücknahme des Antrags** bis zu den dort bezeichneten Maßnahmen (vgl. dazu § 29 nebst Anm.) ist durch das Ges. v. 28. 1. 27 hinzugefügt. Eine spätere Zurücknahme hat keine Ermäßigung der Gebuhr zur Folge; § 29 Abs. 2, der sich nur über die Zurücknahme einer Klage verhält, findet keine Anwendung. JW. **23**, 866[21].

[5] Das Verfahren über **Anträge auf Abänderung oder Aufhebung eines Arrestes** oder einer einstweiligen Verfügung gemäß § 926 Abs. 2 (wegen Nichterhebung der Klage zur Hauptsache binnen der bestimmten Frist) und §§ 927, 936 ZPO. (wegen veränderter Umstände, insbesondere wegen Erledigung des Arrestgrundes oder auf Grund des Erbietens zur Sicherheitsleistung) ist gegenüber dem Verfahren auf Anordnung hinsichtlich der Gebühren als selbständiges Verfahren behandelt. Die Entscheidung ist hier stets **durch Endurteil** zu erlassen. Ergeht auch **tatsächlich ein Urteil**, so ist die **volle Gebühr**, andernfalls (wenn es aus irgendeinem Grunde nicht zum Urteil kommt) die halbe Gebühr des § 8 zu erheben. Schuldner der Gebühr ist hier nicht, wie bei Erhebung des Widerspruchs gegen die Arrestanordnung (s. Anm. 3) der Arrestkläger, sondern nach § 77 Abs. 1 der Gegner als derjenige, der das Aufhebungsverfahren beantragt hat. — Für einen Antrag auf **Aufhebung der** bereits erfolgten **Vollziehungshandlungen**, der mit dem Antrag auf Aufhebung des Arrestes verbunden wird, kommt eine besondere Gebühr nicht zum Ansatz. Vgl. RG. **26**, 412. Jedoch für das Verfahren über Anträge auf die vom Vollstreckungsgericht zu bewirkende **Aufhebung** eines vollzogenen Arrestes **gegen Hinterlegung** gemäß § 934 ZPO. ist die Gebühr aus § 34 Nr. 2 zu erheben. — Unter „Aufhebung" des Arrestes ist nur diejenige zu verstehen, die von dem Schuldner (Arrestgegner) beantragt wird. Die von einem Dritten auf Grund des § 771 ZPO. erhobene Widerspruchsklage gehört nicht hierher. JW. **92**, 481[13]. Ebensowenig die Anfechtung eines Arrestpfandrechts. JW. **86**, 147[12].

[6] Die Gebührenfreiheit im Falle der **Zurücknahme des Aufhebungsantrags vor der Terminsbestimmung** (s. § 29 nebst Anm.) ist durch das Ges. v. 28. 1. 27 bestimmt. Eine spätere Zurücknahme hat keine Ermäßigung der Gebühr zur Folge.

[7] Nach § 942 ZPO. kann in dringenden Fällen oder, wenn es sich um Eintragung einer Vormerkung oder eines Widerspruchs gegen die Richtigkeit des Grundbuchs oder des Schiffsregisters handelt, das **Amtsgericht der belegenen Sache eine einstweilige Verfügung** erlassen. Die Entscheidung erfolgt stets durch Beschluß. Die Gebühr für dies Verfahren beträgt daher nach § 32 Abs. 1 S. 1 die Hälfte der Gebühr des § 8. Für das demnächstige binnen der gesetzten Frist stattfindende **Verfahren** vor dem Gericht der Hauptsache **über die Rechtmäßigkeit** der einstweiligen Verfügung, in welchem die Entscheidung nach mündlicher Verhandlung durch Urteil erfolgt, hätte, wenn ein Urteil tatsächlich ergeht, die erhöhte Gebühr aus § 32 Abs. 1 S. 2, andernfalls die Gebühr aus Abs. 1 Satz 1 nochmals in Ansatz zu kommen (vgl. RG. 8, 338; 13, 322). Jedoch nach der Bestimmung des § 32 Abs. 3 gelten **beide Verfahren als ein Rechtsstreit,** so daß die Gebühr aus Abs. 1 Satz 1 bzw. die erhöhte Gebühr aus Abs. 1 S. 2 nur einmal zu erheben ist. — Für das Verfahren auf Aufhebung der einstweiligen Verfügung wegen fruchtlosen Ablaufs der gesetzten Frist nach § 942 Abs. 3 ZPO. ist eine Gebühr nicht bestimmt.

[8] Wird **gegen ein Urteil,** das sich über den Antrag auf Anordnung, Abänderung oder Aufhebung eines Arrestes oder einer einstweiligen Verfügung verhält, **Berufung** eingelegt, so wird nach § 74 Abs. 1, § 32 Abs. 4 mit Einreichung der Berufungsschrift eine Gebühr von $^1/_2$ (§ 32 Abs. 1 S. 1) + der Hälfte davon, also $^1/_4$ (§ 32 Abs. 3), mithin zusammen $^3/_4$ der Gebühr des § 8 fällig. JW. 26, 2474[3] (irrig [$1^1/_2$ der Gebühr nach § 28] JW. 27, 530[10]). Daß der Termin zur Berufungsverhandlung erst nach Zahlung dieser Gebühr anberaumt werden soll, ist im GKG. (§ 74) nicht bestimmt. Auch § 519 Abs. 6 ZPO. findet nicht etwa dahin Anwendung, daß von der Zahlung der Gebühr die Zulässigkeit der Berufung abhängig zu machen wäre. Diese Vorschrift verhält sich nur über die vorgängige Zahlung der „Prozeßgebühr". Die Prozeßgebühr ist eine der drei im § 20 für das „Prozeßverfahren" bestimmten Gebühren, und zwar die für den Prozeßbetrieb im allgemeinen, während die Gebühr aus § 32 eine alleinige Gesamtgebühr für das ganze Arrestverfahren ist, das nach dem GKG. (s. § 20 Anm. 1) nicht zum

„Prozeßverfahren" gehört (streitig). JW. 25, 2638[2]; OLG. 43, 147 (a. M. JW. 24, 419[14]; 26, 2474[3]). Ergeht demnächst ein **Urteil über die Berufung, gleichviel ob nach streitiger oder nichtstreitiger Verhandlung** (s. Anm. 3), so erhöht sich die Gebühr auf $1^1/_2$ der Gebühr des § 8. Die Gebührenerhöhung in der Berufungsinstanz ist hier trotz der allgemeinen Bestimmung des § 28 besonders bestimmt, weil § 28 nur für das „Prozeßverfahren" gilt. Gebühren in der Revisionsinstanz kommen nach § 545 Abs. 2 ZPO. nicht in Frage. Die Bestimmung des § 30, daß, wenn die **Berufung durch Beschluß** als unzulässig **verworfen** wird, sich die Prozeßgebühr für die Rechtsmittelinstanz auf die Hälfte der im § 8 bestimmten Gebühr ermäßigt, kommt hier nicht zur Anwendung, weil § 30 nur für das „Prozeßverfahren" (s. oben) gilt und die Gebühr für das Arrestverfahren, wie bemerkt, keine „Prozeßgebühr" ist (streitig, a. M. JW. 26, 2588[1]). — Unter „**Berufungsinstanz**" im § 32 Abs. 4 ist zu verstehen ein Verfahren, in dem auf eingelegte Berufung darüber entschieden werden soll, ob das angefochtene, einen Arrest oder eine einstweilige Verfügung betreffende erstinstanzliche Urteil gerechtfertigt ist oder nicht. Daher findet die Gebührenerhöhung nicht statt, wenn das Berufungsgericht als nach § 943 ZPO. zuständiges Gericht der Hauptsache erstmalig über einen bei ihm gestellten Arrestantrag zu entscheiden hat (streitig).

f) Einzelne Nebenverfahren.

33 (27, 34, 35, 36, 42, 43, 44). **Die Hälfte der Gebühr (§ 8) wird erhoben[1a]:**

1. **für das Verfahren über Anträge auf Sicherung des Beweises[1];**
2. **für das Verfahren über Anträge auf Entmündigung oder auf Wiederaufhebung einer Entmündigung, soweit die Amtsgerichte zuständig sind[2];**
3. **für das Verteilungsverfahren[3];**
4. **für das Verfahren der Zwangsvollstreckung zur Erwirkung von Handlungen und Unterlassungen**

gemäß §§ 887, 888, 890 der Zivilprozeßordnung[4];

5. **für das Verfahren über Anträge auf Abnahme des Offenbarungseides einschließlich der Anträge auf Erzwingung der Eidesleistung[5];**
6. **für das Aufgebotsverfahren sowie für das Verfahren über Anträge auf Anordnung der Zahlungssperre gemäß § 1020 der Zivilprozeßordnung[6];**
7. **für das Verfahren bei Ernennung oder Ablehnung eines Schiedsrichters, bei Erlöschen eines Schiedsvertrags oder bei Anordnung der von den Schiedsrichtern für erforderlich erachteten richterlichen Handlungen[7].**

Die Gebühr wird nicht erhoben, wenn der das Verfahren einleitende Antrag vor einer gerichtlichen Verfügung zurückgenommen wird[8].

1a Die Fassung des § 33 Abs. 1 beruht auf der Nov. v. 21. 12. 22.

[1] Wie früher nach § 36 a. F. umfaßt die Gebühr das gesamte **Beweissicherungsverfahren** gemäß §§ 485 ff. ZPO., auch die Bestellung eines Vertreters für den unbekannten Gegner gemäß § 494 ZPO., deren Gebührenfreiheit früher im § 47 Nr. 9 a. F. (s. § 22 Anm. 1) ausdrücklich bestimmt war, und gleichviel, ob das Gesuch gemäß § 486 Abs. 1 bei dem Prozeßgericht oder gemäß Abs. 2 (in Fällen dringender Gefahr) bei dem örtlich zuständigen Amtsgericht angebracht wird. Die Gebühr wird fällig mit Stellung des Antrags (§ 74 Abs. 1); ihr Schuldner ist der Antragsteller (§ 77 Abs. 1). Sie kommt zum Ansatz, auch wenn der Antrag zurückgewiesen wird. Früher betrug die Gebühr $^{3}/_{10}$ und, wenn eine Beweisaufnahme stattfand, $^{5}/_{10}$. Jetzt tritt eine Gebührenerhöhung nicht ein, wenn die angeordnete Beweisaufnahme im Beweissicherungsverfahren tatsächlich erfolgt. Findet demnächst **im Rechtsstreit** (Prozeßverfahren) eine anderweite Be-

weisaufnahme über den nämlichen Gegenstand statt, so wird trotz der die erstere Beweisaufnahme mitabgeltenden Gebühr aus § 33 Nr. 1 die **Beweisgebühr nach § 20 Nr. 2 noch erhoben**, da nach § 35 Abs. 1 das Beweissicherungsverfahren als besonderer Rechtsstreit gilt. Ebenso nach früherem Recht RG. **15**, 417; JW. **90**, 374[12]. Nach § 49 a. F. erhöhte sich früher die Gebühr, wenn der Antrag während der Anhängigkeit des Rechtsstreits in der Berufungsinstanz **bei dem Berufungsgericht** gestellt wurde. Jetzt tritt eine Erhöhung nicht ein, da § 28 nur für das „Prozeßverfahren" gilt und eine sonstige Bestimmung über die Erhöhung für das, wie bemerkt, als besonderer Rechtsstreit geltende Beweissicherungsverfahren nicht gegeben ist. — Werden **mehrere Beweissicherungsanträge** nacheinander von der einen oder der anderen Partei gestellt, so kommt gemäß § 35 für jeden Antrag die Gebühr zum Ansatz, auch dann, wenn über alle Anträge eine einheitliche Entscheidung ergeht (anders nach früherem Recht, das die Gebühr an die Entscheidung knüpfte: nur eine Gebühr nach dem Gesamtwert der Anträge, JW. **96**, 338[32]; OLG. **11**, 341). — Findet die angeordnete Beweisaufnahme statt, so hat der Antragsteller nach § 84 die Auslagenvorschußpflicht. — Über den Streitwert im Beweissicherungsverfahren s. Anm. 1 § 3 ZPO. unter § 9 GKG. — Sondervorschriften für Beweissicherungssachen (Gebühr $^1/_4$ der Gebühr des § 8, höchstens 30 RM.): § 14 BinnenschiffGes. v. 20. 5. 98 (RGBl. 868), § 11 FlößereiGes. v. 15. 6. 95 (RGBl. 341), beide in d. Fass. der VO. v. 13. 12. 23.

[5] Das Verfahren über **Anträge auf Entmündigung oder deren Wiederaufhebung**, soweit die **Amtsgerichte zuständig** sind, erfolgt nach den §§ 645—662, 675—678, 680—683, 685 ZPO. Die Gebühr hierfür wird nach § 74 Abs. 1 mit Stellung des Antrags fällig (nicht erst, wie früher nach § 34 a. F., mit Zustellung der Entscheidung, JW. **92**, 94[5]). Ihr Schuldner ist nach § 77 Abs. 1 der Antragsteller. Durch sie wird die gesamte gerichtliche Tätigkeit bis zum Erlaß der Entscheidung, mag diese dem Antrag stattgeben oder ihn ablehnen, abgegolten, auch die Bestellung eines Vertreters für den Entmündigten gemäß §§ 668, 679, 686 ZPO., deren Gebührenfreiheit früher im § 47 Nr. 9 (s. § 22 Anm. 1) ausdrücklich bestimmt war. — Die Verfahren auf **Anfechtungs- und Wie-**

deraufhebungsklagen vor dem Landgericht (s. Anm. 5 § 21) werden wie jeder ordentliche Rechtsstreit („Prozeßverfahren" im Sinne des GKG.) besteuert, wobei nach § 21 auch eine nicht kontradiktorische Verhandlung bei Erlaß eines Urteils die Urteilsgebühr (§ 20 Nr. 3) auslöst. — **Bei mehreren Anträgen** auf Entmündigung oder deren Wiederaufhebung vor dem Amtsgericht wird, was namentlich in Betracht kommt, wenn die Antragsteller verschiedene Personen sind, für jeden Antrag die Gebühr aus § 33 gemäß § 35 Abs. 1 besonders erhoben. — Der Streitwert bestimmt sich nach § 11 Abs. 1. — **Kostenpflicht** bei Erlaß einer Entscheidung: §§ 658, 682 ZPO. (im Falle der Entmündigung ist der Entmündigte, andernfalls, wenn es sich um Entmündigung wegen Verschwendung oder Trunksucht handelt, der Antragsteller kostenpflichtig, während im Entmündigungsverfahren wegen Geisteskrankheit oder Geistesschwäche die Staatskasse die Kosten zu tragen hat, sofern nicht dem Antragsteller ein Verschulden zur Last fällt) und im Wiederaufhebungsverfahren: § 677 ZPO. (Staatskasse beim erfolglosen Antrag des Staatsanwalts, andernfalls der Entmündigte).

[3] Das **Verteilungsverfahren** findet nach § 858 Abs. 6, §§ 872—877, 882 ZPO. statt. Durch die Gebühr wird, wie früher nach § 42 a. F., die gesamte gerichtliche Tätigkeit in diesem Verfahren abgegolten. Das Anfechtungsverfahren auf die **Klage des widersprechenden Gläubigers** (§§ 878—881 ZPO.) bildet einen besonderen Rechtsstreit, dessen Gebühren (§§ 20 ff.) unabhängig von der Gebühr für das Verteilungsverfahren in Ansatz zu bringen sind. — Der Betrag der **Kosten des Verfahrens** ist nach § 874 Abs. 2 ZPO. von dem Bestande der zu verteilenden Masse vorweg **in Abzug** zu bringen. Die Haftung eines Antragstellers nach § 77 kommt nicht in Frage, da das Verfahren von Amts wegen stattfindet. — Streitwert ist der hinterlegte Geldbetrag ohne Abzug der Kosten des Verfahrens, wennschon diese bei Vornahme der Verteilung (s. oben) vorweg in Abzug kommen.

[4] Nach § 27 Nr. 2 a. F. wurden früher für jeden die **Zwangsvollstreckung zur Erwirkung von Handlungen oder Unterlassungen** (ZPO. §§ 887—891) betreffenden Akt $^{3}/_{10}$ der Gebühren nach §§ 18—24 a. F. erhoben. Jetzt wird durch die Gebühr des § 33 die gesamte gerichtliche Tätigkeit bis zur

Entscheidung, gleichviel, ob diese dem Antrag stattgibt oder ihn ablehnt, abgegolten, auch eine etwaige mündliche Verhandlung und eine Beweisaufnahme. Fällig wird die Gebühr mit Stellung des Antrags (§ 74 Abs. 1). Ihr Schuldner ist der Antragsteller (§ 77 Abs. 1). Wird dem Antrag stattgegeben, so fällt sie nach § 788 ZPO., § 88 GKG. dem Vollstreckungsschuldner zur Last. — Der Streitwert bestimmt sich nach dem objektiven Wert der zu erzwingenden bzw. zu unterlassenden Handlung. JW. **86,** 147[13]. Die Höhe der angedrohten oder festgesetzten Strafe kommt nicht in Betracht. JW. **89,** 429[1]. — Im Falle des § 887 ZPO. (Handlung, deren Vornahme durch einen Dritten erfolgen kann) ist, wenn der Schuldner gemäß § 887 Abs. 2 zur Vorauszahlung der Kosten verurteilt ist, das Verfahren zur **Beitreibung des vorauszuzahlenden Betrages** eine selbständige Zwangsvollstreckung, für die bei gerichtlichen Handlungen die Gebühr aus § 34 Nr. 2 besonders zum Ansatz kommt. Gleiches gilt im Falle des § 888 ZPO. (Handlung, die von einem Dritten nicht vorgenommen werden kann und ausschließlich von dem Willen des Schuldners abhängt) für die **Beitreibung der erkannten Geldstrafe.** Im Falle des § 890 ZPO. (Unterlassung einer Handlung oder Duldung der Vornahme einer Handlung) ist die der Straffestsetzung vorangehende **Strafandrohung,** wenn sie nicht im Urteil, sondern nachträglich auf Antrag des Gläubigers durch Beschluß ausgesprochen wird, bereits Beginn der Zwangsvollstreckung (RG. [VZS.] **42,** 419; OLG. **16,** 317), so daß die Gebühr schon durch den Antrag auf Erlaß der Strafandrohung begründet wird. Ist der Schuldner gemäß § 890 Abs. 3 zur **Bestellung einer Sicherheit** für den durch fernere Zuwiderhandlung entstehenden Schaden verurteilt, so kommt für gerichtliche Handlungen zur Vollstreckung dieser Entscheidung hier ebenfalls die Gebühr aus § 34 Nr. 2 besonders zum Ansatz. Wird nach erfolgter Ablehnung der **Antrag erneuert** oder wird in den Fällen der §§ 888, 890 ZPO. eine Straffestsetzung nacheinander **wiederholt beantragt,** so kommt nach § 35 Abs. 1 für jeden erneuerten bzw. wiederholten Antrag die Gebühr von neuem zum Ansatz.

[5] Früher verhielten sich über die Gebührenerhebung für das **Verfahren über Abnahme des Offenbarungseides** wegen

fruchtloser Zwangsvollstreckung (§§ 807, 883 ZPO.) und Erzwingung der Eidesleistung nach § 900 Abs. 3, § 901 ZPO. und über die Gebührenerhebung für das Verfahren zur Abnahme und Erzwingung eines auf Grund bürgerlichen Rechts (§§ 259, 260, 1006, 2028, 2057 BGB.) durch Urteil auferlegten Offenbarungseides (§ 889 ZPO.) der § 35 Nr. 2 und § 43 gesondert voneinander. Jetzt ist für beide Fälle die Gebührenerhebung einheitlich geregelt. Die **Gebühr umfaßt** hinsichtlich eines jeden Falles **das gesamte Verfahren**. Durch sie wird insbesondere abgegolten die Eidesleistung, die im Falle des Nichterscheinens des Schwurpflichtigen, des Bestreitens der Verpflichtung zur Eidesleistung oder der Verweigerung des Eides nach §§ 900, 901 ZPO. ergehende Entscheidung einschließlich der Erlassung des Haftbefehls. Sie entsteht gemäß § 74 Abs. 1 mit Stellung des Antrags auf Abnahme des Offenbarungseides, im Falle des bürgerlichrechtlichen beim Prozeßgericht (§ 889 ZPO.), im Falle des prozessualen beim Vollstreckungsgericht (§ 899 ZPO.). Ihr Schuldner ist nach § 77 der Antragsteller; daneben haftet, wenn dem Antrag stattgegeben wird, nach § 88 GKG., § 788 ZPO. der Vollstreckungsschuldner. Werden **mehrere Anträge nacheinander** gestellt, so entsteht nach § 35 für jeden Antrag die Gebühr besonders. Da die Gebühr mit Stellung des Antrags entsteht, ist sie auch zu erheben, wenn es zur Leistung des Eides (z. B. weil inzwischen in einer anderen Sache der Eid geleistet ist) nicht kommt. JW. 25, 2386[15]. — Über Abnahme des Offenbarungseides vom Gemeinschuldner nach § 125 KO. und vom Schuldner nach § 61 Abs. 3 VerglO. s. §§ 46, 48a Abs. 3 GKG.

[6] Früher wurde im **Aufgebotsverfahren** für jeden der unter Nr. 1—4 des § 44 a. F. aufgeführten Akte $^1/_{10}$ der Gebühr des § 8 erhoben. Jetzt wird **durch die** halbe **Gebühr** des § 8 die **gesamte gerichtliche Tätigkeit** in dem Verfahren bis zu seiner Beendigung abgegolten, auch etwaige Ermittlungen und Beweisaufnahmen nach § 952 Abs. 3, §§ 968, 986 Abs. 3 ZPO. sowie eine im Laufe des Verfahrens nach § 1019 ZPO. beantragte Zahlungssperre. Im Falle des § 1020 ZPO. aber (wenn die sofortige Einleitung des Aufgebotsverfahrens nach § 1015 S. 2 unzulässig ist) entsteht durch den Antrag auf Erlaß der **Zahlungssperre vor Einleitung des Aufgebotsverfahrens** die gleiche Gebühr, so daß, wenn demnächst das

Aufgebotsverfahren beantragt wird, gemäß § 35 die Gebühr nochmals zum Ansatz kommt. Ferner bildet das **Anfechtungsverfahren gegen ein Ausschlußurteil** einen besonderen Rechtsstreit, für den die Gebühren nach §§ 20 ff. zum Ansatz kommen. — § 33 Nr. 6 gilt nur für das in der ZPO. §§ 946 ff. geregelte Aufgebotsverfahren. Wenn für ein Aufgebotsverfahren auf Grund des § 11 EG.ZPO. die Vorschriften der ZPO. ausgeschlossen oder durch andere Bestimmungen ersetzt sind, finden die landesrechtlichen Gebührenvorschriften Anwendung (vgl. Anm. 3, 5 § 1). — Die Gebühr aus § 33 Nr. 6 entsteht gemäß § 74 Abs. 1 mit Stellung des Antrags (§ 947 ZPO.) auf Erlaß des Aufgebots. Ihr Schuldner ist nach § 77 der Antragsteller, der auch für die entstehenden Auslagen nach § 84 vorschußpflichtig ist. Im Falle des Aufgebots **zum Zwecke der Todeserklärung** fallen, wenn die Todeserklärung erfolgt, nach § 971 ZPO. die **Kosten** dem Nachlaß zur Last, so daß dieser dann gemäß § 79 neben dem Antragsteller für die Gebühr haftet. — Im Falle der **Verbindung mehrerer Aufgebotssachen** (§ 959 ZPO.) ist die Gebühr für jede Sache gemäß § 35 besonders zu erheben, während früher die Gebühren der Nr. 3 und 4 des § 44 a. F., deren Entstehung nicht an Stellung des Antrags, sondern an Erlaß der Entscheidung geknüpft war, von dem Gesamtwert der verbundenen Sachen zu berechnen waren. — Über die (gebührenfreie) Todeserklärung Kriegsverschollener vgl. VO. v. 18. 4. 16/9. 8. 17 u. Ges. v. 20. 2. 25 (RGBl. I 15).

[7] Die Regelung des Gebührenansatzes für **richterliche Handlungen im Schiedsgerichtsverfahren** entspricht dem § 34 Nr. 2 a. F., wonach aber die Gebühr nur $^{3}/_{10}$ betrug. Unter „**Ernennung**" des Schiedsrichters ist nicht nur die nach §§ 1029, 1031 ZPO. (Nichtbezeichnung durch den Gegner, Tod oder sonstiger Wegfall eines Schiedsrichters) dem Gericht obliegende Bezeichnung und Bestellung eines Schiedsrichters zu verstehen, sondern auch die Bestimmung eines Schiedsrichters durch die Parteien im Schiedsvertrage und gehört daher hierher auch die Entscheidung eines Streites darüber, ob ein Schiedsrichter die im Schiedsvertrag ausbedungenen Eigenschaften besitzt. RG. **47**, 401. Ist aber in dem Schiedsvertrage bestimmt, daß der Vorsitzende eines besonders bezeichneten Gerichts einen Schiedsrichter ernennen soll, so handelt es sich nicht um eine

richterliche Ernennung im Sinne des § 33 Nr. 7, da die Bestimmung des Schiedsrichters hier durch den Vorsitzenden als Privatperson erfolgt. RG. **53,** 1; auch OLG. **19,** 165. Unter **„Ablehnung“** ist der Widerspruch gegen die Mitwirkung von Schiedsrichtern zu verstehen, von dem der § 1032 ZPO. handelt, also die Ablehnung aus einem der in §§ 41, 42 ZPO. aufgeführten Gründe. RG. **47,** 401. **„Erlöschen eines Schiedsvertrags“** betrifft namentlich das Außerkrafttreten des Schiedsvertrags nach § 1033 ZPO., wenn unter den Parteien Streit darüber besteht. **„Anordnung von richterlichen Handlungen“**, welche die Schiedsrichter für erforderlich erachten, zu deren Vornahme aber sie selbst nicht befugt sind, nach § 1036 ZPO. z. B. Beeidigung von Zeugen oder Sachverständigen, Abnahme eines Parteieides (§ 1035 Abs. 2 ZPO.). Über die Zuständigkeit für die Entscheidung in diesen Angelegenheiten trifft § 1045 Bestimmung. — Die **Gebühr entsteht** nach § 74 Abs. 1 mit Stellung des Antrags. Sie wird im Falle des § 1036 ZPO. nicht dadurch hinfällig, daß die angeordnete richterliche Handlung demnächst nicht erfolgt. **Ihr Schuldner** ist nach § 77 Abs. 1 der Antragsteller; im Falle des von dem Schiedsgericht gestellten Antrags auf Vornahme einer gerichtlichen Handlung haben beide Parteien, die als vom Schiedsgericht vertreten anzusehen sind, als Gebührenschuldner zu gelten. — Werden **mehrere Anträge** im Sinne des § 33 Nr. 7 nacheinander gestellt, so ist, mögen die Anträge auch gleichartige sein und das nämliche Schiedsgerichtsverfahren betreffen, gemäß § 35 für jeden Antrag die Gebühr besonders in Ansatz zu bringen. OLG. **19,** 166. — Über den Streitwert vgl. Anm. 1 § 3 ZPO. unter § 9 GKG.

[8] Die Bestimmung des Abs. 2 über die Gebührenfreiheit im Falle der **Zurücknahme der Einleitungsanträge** bezüglich der in Nr. 1—7 aufgeführten Verfahren vor (Erlaß und Hinausgabe) einer gerichtlichen Verfügung ist entsprechend dem § 29 Abs. 1 durch Ges. v. 28. 1. 27 hinzugefügt. Eine spätere Zurücknahme hat keine Ermäßigung der Gebühr zur Folge.

34 (35). [1]**Ein Viertel der Gebühr (§ 8) wird erhoben:**

1. **für das Verfahren über Anträge auf vorläufige Einstellung, Beschränkung oder Aufhebung der**

Zwangsvollstreckung gemäß §§ 707, 719, 769, 771 Abs. 3, §§ 785, 786, 805 Abs. 4, § 810 Abs. 2 der Zivilprozeßordnung[2];

2. **für das Verfahren über Anträge auf gerichtliche Handlungen der Zwangsvollstreckung gemäß §§ 791, 822, 823, 825, 829 Abs. 1, §§ 835, 839, 844, 846 bis 848, 857, 858, 885 Abs. 4, §§ 886, 930 Abs. 3, § 934 der Zivilprozeßordnung[3];**

3. **für das Verfahren über Anträge auf Erteilung der Vollstreckungsklausel bei Vergleichen, die vor einer Gütestelle der im § 495a Abs. 1 Nr. 1 der Zivilprozeßordnung bezeichneten Art geschlossen sind (§ 797a der Zivilprozeßordnung)[4].**

Die Gebühr wird nicht erhoben, wenn der das Verfahren einleitende Antrag vor einer gerichtlichen Verfügung zurückgenommen wird[5].

[1] § 34 Nr. 1, 2 in d. Fass. d. Ges. v. 21. 12. 22 stimmt mit § 35 Nr. 1, 2 a. F. fast wörtlich überein, nach diesem betrug aber die Gebühr $^2/_{10}$. Nr. 3 ist durch die VO. v. 13. 2. 24 und Abs. 2 durch das Ges. v. 28. 1. 27 hinzugefügt. Nach § 35 Nr. 4 a. F. wurde die $^2/_{10}$ Gebühr auch erhoben für das Verfahren über Anträge, Einwendungen oder **Erinnerungen,** welche die **Art und Weise der Zwangsvollstreckung** oder das bei derselben vom **Gerichtsvollzieher** zu beobachtende Verfahren oder die von ihm in Ansatz gebrachten Kosten oder die Weigerung desselben betreffen, einen Vollstreckungsauftrag zu übernehmen oder eine Vollstreckungshandlung dem Auftrage gemäß auszuführen (§ 766 ZPO.). Jetzt entsteht in diesen Fällen, für die übrigens § 47 Nr. 14 a. F. (s. Anm. 1 § 22) in gewisser Hinsicht Gebührenfreiheit bestimmt hatte, mangels einer Gebührenbestimmung gemäß § 1 keine Gebühr. Gleiches gilt von den in § 34 Nr. 1, 2 nicht aufgeführten, die Zwangsvollstreckung betreffenden Anträgen, welche § 47 Nr. 3, 9, 12, 13, 15 a. F. (s. Anm. 1 § 22) ausdrücklich für gebührenfrei erklärte.

[3] **Die Anträge nach § 34 Nr. 1** betreffen: § 707: **Wiedereinsetzung** in den vorigen Stand; § 719: Einlegung **des Einspruchs** oder eines **Rechtsmittels** gegen ein für vorläufig vollstreckbar erklärtes Urteil; § 769: Einwendungen gegen den **Urteilsanspruch** oder gegen die Zulässigkeit der **Vollstreckungsklausel** im Wege der Klage: § 771 Abs. 3: **Widerspruchsklage** Dritter; §§ 785, 786: Geltendmachung der **Beschränkung der Haftung** seitens der Erben, Ehegatten, Übernehmer eines Vermögens, Abkömmlinge, Vermächtnisnehmer; § 805: Geltendmachung des Anspruchs auf **vorzugsweise Befriedigung**; § 810: Widerspruch gegen **Pfändung von Früchten** auf dem Halm. — Für die im Urteile des Prozeßgerichts **gemäß § 770 ZPO. getroffene Anordnung,** betr. Einstellung der Zwangsvollstreckung usw., ist eine Gebühr nicht zu erheben, da die Anordnung nur eine Folge der Entscheidung in der Hauptsache ist. Dagegen ist für die **Vorabentscheidung über die vorläufige Vollstreckbarkeit** in der Berufungsinstanz gemäß § 718 Abs. 1 ZPO. die Gebühr aus § 20 Nr. 3 und § 28 (Erhöhung in der Berufungsinstanz), wenn die Entscheidung auf Grund streitiger Verhandlung ergeht. — Die **das ganze Verfahren** auf den Antrag, einschließlich einer etwaigen mündlichen Verhandlung und Beweisaufnahme, **abgeltende Gebühr wird** nach § 74 Abs. 1 mit Stellung des Antrags fällig. **Ihr Schuldner** ist nach § 77 Abs. 1 der Antragsteller, daher im Falle der §§ 707, 719 ZPO. der durch Versäumnisurteil verurteilte Beklagte, der Einspruch eingelegt und Einstellung der Zwangsvollstreckung beantragt hat, nicht etwa der Kläger deswegen, weil er das Prozeßverfahren beantragt hat, da nach § 35 Abs. 1 das Verfahren auf den die Einstellung der Zwangsvollstreckung betreffenden Antrag als besonderer Rechtsstreit gilt. JW. 25, 2363[13]; 26, 69[2]. Ergeht allerdings auf den Einspruch demnächst eine dem Kläger ungünstige, ihm die Kosten des Rechtsstreits auferlegende Entscheidung, so wird, da die Kostenentscheidung auch die Kosten des Verfahrens auf Einstellung der Zwangsvollstreckung umfaßt (RG. 50, 358; OLG. 9, 58; 25, 283), der Kläger auch Schuldner der Gebühr gemäß §§ 79, 82. — Werden **mehrere Anträge,** sei es verschiedene oder gleichartige, aber unter § 34 Nr. 1 fallende, nacheinander gestellt, so entsteht gemäß § 35 Abs. 1 für jeden Antrag die Gebühr. — Über den Streitwert vgl. Anm. 3, 4

§ 15. — Bei **Einstellung der Zwangsvollstreckung** nicht auf Antrag, sondern **von Amts wegen** (z. B. Aussetzung der Vollziehung bei Beschwerde [§ 572 ZPO.], Einstellung der Zwangsvollstreckung bei Einwendungen gegen Zulässigkeit der Vollstreckungsklausel [§ 732 ZPO.]) wird die Gebühr aus § 34 Nr. 1 nicht geschuldet.

[3] **Die Anträge nach § 34 Nr. 2** betreffen: § 791: **Zwangsvollstreckung im Ausland**; § 822: **Umschreibung** eines **Wertpapiers** auf den Namen des **Käufers**; § 823: **Wiederinkurssetzung** eines Inhaberpapiers; § 825: Anordnung besonderer **Verwertung einer gepfändeten Sache**; § 829 Abs. 1: **Pfändung von Geldforderungen**; §§ 835, 839: Überweisung von **Geldforderungen**; § 844: Anderweite Verwertung gepfändeter Forderungen; §§ 846—848: Zwangsvollstreckung in **Ansprüche auf Herausgabe** oder Leistung körperlicher Sachen; § 857: **Zwangsvollstreckung in andere Vermögensrechte**; § 858: Zwangsvollstreckung in einen **Schiffspart**; § 885 Abs. 4: Verkauf zugehöriger beweglicher Sachen bei Zwangsvollstreckung auf **Herausgabe einer unbeweglichen Sache**; § 886: Zwangsvollstreckung in einen Anspruch auf Herausgabe einer im Gewahrsam eines Dritten befindlichen unbeweglichen Sache, zu deren Herausgabe der Schuldner verpflichtet ist; § 930 Abs. 3: Versteigerung einer beweglichen Sache bei **Vollziehung eines Arrestes**; § 934: **Aufhebung eines** vollzogenen **Arrestes** durch das Vollstreckungsgericht **gegen Hinterlegung** des im Arrestbefehl festgestellten Geldbetrags. — Der § 934 ist erst durch die Nov. v. 21. 12. 22 hinzugefügt. Die im § 35 Nr. 2 a. F. noch enthaltenen **§ 900 Abs. 3** (Widerspruch des Schuldners gegen seine Verpflichtung zur Leistung des Offenbarungseides) und **§ 901** (Anordnung der Haft zur Erzwingung der Leistung des Offenbarungseides) sind durch das nämliche Ges. gestrichen, da diese Akte **unter § 33 Nr. 5 fallen**; s. Anm. 5 § 33. — Die Gebühr wird nach § 74 Abs. 1 fällig mit Stellung des Antrags. Ihr Schuldner ist nach § 77 Abs. 1 der Antragsteller. Wird dem Antrag stattgegeben, so fällt sie nach § 788 ZPO., § 88 GKG. dem Vollstreckungsschuldner zur Last. — Werden **mehrere Anträge** nach § 34 Nr. 2 gestellt, so wird, wenn sie denselben Anspruch und denselben Gegenstand betreffen, wie die Pfändung und die Überweisung einer Geldforderung wegen des nämlichen Anspruchs, nach § 35 Abs. 2

die Gebühr nur einmal erhoben, auch wenn die Anträge voneinander räumlich und zeitlich getrennt gestellt werden, während, wenn eine der genannten beiden Voraussetzungen (derselbe Anspruch, derselbe Gegenstand) fehlt, nach § 35 Abs. 1 die Gebühr für jeden Antrag besonders zu erheben ist. Letzteres gilt auch, wenn nach Zurückweisung eines Antrags er mit anderer Begründung wiederholt wird.

4 Die Gebühr für die nach § 797a ZPO. gestellten Anträge auf **Erteilung der Vollstreckungsklausel für die vor den** nach § 495a Abs. 1 Nr. 1 ZPO. durch die Landesjustizverwaltung eingerichteten oder anerkannten **Gütestellen geschlossenen,** nach § 794 Nr. 1 vollstreckbaren **Vergleiche** wird nach § 74 Abs. 1 mit Stellung des Antrags fällig, ihr Schuldner ist nach § 77 Abs. 1 der Antragsteller.

5 Der Abs. 2 über die Gebührenfreiheit bei **Zurücknahme des Antrags** vor (Erlaß und Hinausgabe) einer gerichtlichen Verfügung ist entsprechend dem § 29 Abs. 1 durch Ges. v. 28. 1. 27 hinzugefügt. Eine spätere Zurücknahme hat keine Ermäßigung der Gebühr zur Folge.

35 (39). Jedes Verfahren der in den §§ 32, 33, 34 bezeichneten Art gilt für die Gebührenerhebung als besonderer Rechtsstreit[1].

Betreffen jedoch mehrere Verfahren der im § 34 Nr. 2 bezeichneten Art denselben Anspruch und denselben Gegenstand, so wird die Gebühr nur einmal erhoben[2].

1 Nach § 39 a. F. galt es früher nur als ein Verfahren, wenn mehrere Anträge der in den §§ 34—38 a. F. bezeichneten Art durch eine Entscheidung erledigt wurden, sofern sie gleichartig waren und unter dieselbe Gebührenvorschrift (Paragraph oder Nummer des Paragraphen) fielen (z. B. mehrere Arrestanträge, mehrere Anträge auf vorläufige Einstellung der Zwangsvollstreckung), und war dann nur eine Gebühr nach dem Gesamtwert der mehreren Anträge zu erheben (JW. **96,** 338[32]), während, wenn die mehreren Anträge verschiedenartig waren (z. B. Anträge auf Anordnung eines Arrestes und **zugleich** Sicherung des Beweises oder **zugleich** Bewirkung einer Forde-

rungspfändung) und sie unter verschiedene Gebührenvorschriften (einen anderen Paragraphen oder eine andere Nummer des Paragraphen) fielen, sie, selbst wenn sie gleichzeitig gestellt waren und über sie gemeinschaftlich entschieden wurde, dem mehrfachen Gebührenansatz unterlagen (JW. **96**, 338[32]). Jetzt, wo der Gebührenansatz nicht an die Entscheidung, sondern an die Stellung des Antrags (§ 74 Abs. 1) geknüpft ist, ist auch dann, wenn **in den in §§ 32, 33, 34 behandelten Verfahren mehrere gleichartige** und unter die **nämliche Gebührenbestimmung fallende Anträge,** sei es nacheinander oder gleichzeitig, gestellt werden, für jeden Antrag die für ihn bestimmte Gebühr besonders zu erheben. Ferner gilt das Arrestverfahren (§ 32) gegenüber dem Hauptprozeß gebührenrechtlich als besonderer Rechtsstreit auch dann, wenn es von dem Verfahren zur Hauptsache nicht getrennt ist. Vgl. § 32 Anm. 3, § 33 Anm. 1, 2, 4, 5, 6, 7, § 34 Anm. 2, 3. Sonach finden § 14 Abs. 2 (Höchstbetrag der Gebühren bei gleichartigen Akten) sowie § 25 Abs. 1 (in jeder Instanz nur eine Gebühr) hier keine unmittelbare oder entsprechende Anwendung. JW. **17**, 747[19] (a. M. JW. **26**, 722[2] [bei Anträgen auf Anordnung eines Arrestes und zugleich einer einstweiligen Verfügung nur eine einmalige Gebühr nicht nach dem Gesamtwerte, sondern nach dem Antrag, dessen Gegenstand den höchsten Wert hat]).

[2] Abs. 2 enthält eine Ausnahme von Abs. 1 für die **Verfahren,** über welche die **Nr. 2 des § 34** sich verhält. Jedoch müssen die **mehreren Verfahren** sowohl den nämlichen Anspruch (der zur Vollstreckung steht) wie den nämlichen Gegenstand (auf den sich die Zwangsvollstreckung richtet) betreffen, widrigenfalls doch nach Abs. 1 die Gebühr für jeden das Verfahren einleitenden Antrag besonders zu erheben ist. Vgl. § 34 Anm. 3.

g) **Vergleich.**

36. [1]**Wird in einem Rechtsstreit ein Vergleich vor dem Gerichte geschlossen, so wird ein Viertel der Gebühr (§ 8) erhoben, insoweit der Wert des Vergleichsgegenstandes den Wert des Streitgegenstandes übersteigt[2].**

[1] Der durch die Nov. v. 21. 12. 22 eingefügte § 36 hatte zwei Absätze. Der erste Absatz verhielt sich über das Sühneverfahren nach § 510c ZPO. Durch die VO. v. 13. 2. 24 ist mit dem § 510c ZPO. auch der erste Absatz gestrichen. An die Stelle des Sühneverfahrens ist das Güteverfahren getreten, s. § 31a.

[2] Früher bestand für den Fall, daß ein gerichtlicher **Vergleich** sich auf andere unter den Parteien streitige **Ansprüche, die nicht Gegenstand des betreffenden schwebenden Rechtsstreits** waren, erstreckte, mangels einer Gebührenbestimmung hierfür Streit darüber, wie der Vergleich zu besteuern, ob er insbesondere hinsichtlich des Gebührenansatzes als ein Akt der freiwilligen Gerichtsbarkeit zu behandeln sei (RG. **36,** 404; OLG. **19,** 251; **31,** 217; **35,** 207). § 36 entscheidet nun diesen Streit dahin, daß, wenn der **Wert des Vergleichsgegenstandes den Wert des Streitgegenstandes übersteigt,** $^1/_4$ der Gebühr des § 8 nach dem übersteigenden Wertbetrage in Ansatz zu bringen ist. Ob Gegenstand des Vergleichs ein außerhalb des anhängigen Rechtsstreits liegender Anspruch für sich allein ist (z. B. bei einem streitigen Anspruch auf wiederkehrende Leistungen nicht eingeklagte weitere Leistungen) oder er zugleich den Streitgegenstand des anhängigen Rechtsstreits mit umfaßt, ist gleichgültig. Auch im ersteren Falle ist § 36 nur dann anwendbar, wenn der Wert des verglichenen Anspruchs den Wert des Streitgegenstandes übersteigt. In dem letzteren Falle wird der Vergleich, soweit er den Streitgegenstand mitbetrifft, durch die Prozeßgebühr (§ 20 Nr. 1) abgegolten (s. Anm. 1, 3 § 23). Der erstere Fall liegt, da § 36 nicht nur einen im Prozeßverfahren (§§ 20 ff.), sondern auch einen in einem anderen Verfahren (z. B. Güteverfahren, Arrestverfahren) vor Gericht geschlossenen Vergleich betrifft, auch dann vor, wenn **im Arrestverfahren** (Verfahren über eine einstweilige Verfügung) ein **Vergleich über die nicht anhängige Hauptsache** geschlossen wird; hier ist die Gebühr nach dem Unterschied zwischen dem Wert des Streitgegenstandes im Arrestverfahren (s. Anm. 1 § 3, Anm. 3 § 6 ZPO. unter § 9 GKG.) und dem Wert der Hauptsache zu berechnen. Wird in einem anhängigen Rechtsstreit ein **Vergleich** geschlossen, der **zugleich andere Prozesse,** mögen diese bei demselben oder bei anderen Gerichten anhängig sein, um-

faßt, so findet § 36, der nur den Fall betrifft, daß der Gegenstand des Vergleichs nicht im Prozeß befangen ist oder der Vergleich den anhängigen Rechtsstreit nur mitbegreift (s. oben), keine Anwendung; in allen diesen Prozessen wird der Vergleich durch die bereits entstandenen Prozeßgebühren abgegolten. JW. 27, 532[17]. — Die Vorschriften des GKG. über den Wert des Streitgegenstandes (§§ 9 ff.) sind auch für die Bemessung des Wertes des Vergleichsgegenstandes maßgebend, auch wenn und soweit über den Vergleichsgegenstand ein Rechtsstreit nicht anhängig ist. JW. 23, 1042[7]. — **Wird im Verfahren nach § 118a ZPO.** bei Gelegenheit der Nachsuchung des Armenrechts ein Vergleich geschlossen, so kommt, auch wenn der Gegenstand des Vergleichs nicht die Streitsache betrifft, für die das Armenrecht nachgesucht wurde, hier eine Gebühr nicht zum Ansatz. JW. 26, 2589[9].

b) **Zustellungsakt.**

37 (40). **Für das durch die Geschäftsstelle an die Post gerichtete Ersuchen um Bewirkung einer Zustellung (Zivilprozeßordnung § 196) ist die einem Gerichtsvollzieher für den gleichen Akt zustehende Gebühr als Gerichtsgebühr zu erheben, sofern nicht die Zustellung von Amts wegen bewirkt wird**[1].

[1] Nach § 196 ZPO. kann der Gerichtsschreiber, insoweit eine Zustellung unter seiner Vermittelung zulässig ist, unmittelbar die Post um Bewirkung der Zustellung ersuchen. Zulässig ist eine Zustellung unter Vermittelung des Gerichtsschreibers in den Fällen des § 166 Abs. 2 ZPO. (Verfahren vor den Amtsgerichten, Wahrung einer Notfrist in Anwaltsprozessen). Richtet in diesen Fällen der **Gerichtsschreiber das Zustellungsersuchen an die Post im Parteibetriebe,** so kommt eine Gerichtsgebühr in Höhe der Gebühr zum Ansatz, die dem Gerichtsvollzieher für das an die Post gerichtete Ersuchen um Bewirkung einer Zustellung (§ 194 ZPO.) zusteht. Diese Gebühr beträgt nach § 2 Abs. 1 GO. f. GV. in d. Fass. v. 13. 12. 22/13. 12. 23 (s. unter II) 0,40 RM. Die Beglaubigung des zuzustellenden Schriftstücks durch den Gerichtsschreiber (§ 196 ZPO.) ist als gebührenfrei zu erachten; aus

§ 37 ist nicht zu entnehmen, daß hierfür auch die nach § 2 Abs.5 GO. f. GV. dem Gerichtsvollzieher zustehende Schreibgebühr von 0,05 RM. für die Seite zum Ansatz kommen soll. Erfolgt die **Zustellung von Amts wegen** (vgl. §§ 496, 519a, 555 ZPO.) nach §§ 208 ff. ZPO., so ist für das Zustellungsersuchen eine Gerichtsgebühr nicht zu erheben. Andernfalls wird die Gebühr nach § 74 Abs. 1 mit der Ausführung des Ersuchens fällig. Ihr Schuldner ist nach § 77 der Antragsteller. — Gebührenfrei ist die Übermittlung des Auftrags zu einer vom Gerichtsvollzieher zu bewirkenden Zustellung durch den Gerichtsschreiber (§ 166 Abs. 2 ZPO., § 161 GVG.).

i) **Beschwerde.**

38 (45). [1]**Für das Verfahren über Beschwerden gemäß § 71 Abs. 2, § 99 Abs. 3 der Zivilprozeßordnung wird die volle Gebühr (§ 8) erhoben. Das gleiche gilt für Beschwerden über die Zurückweisung eines Antrags auf Anordnung eines Arrestes oder einer einstweiligen Verfügung**[2]**.**

[3]**Im übrigen wird für das Verfahren in der Beschwerdeinstanz die im Abs. 1 bestimmte Gebühr nur erhoben, soweit die Beschwerde als unzulässig verworfen**[4] **oder zurückgewiesen**[5] **wird**[6].

[1] Der frühere § 45 Abs. 1 a. F. war übereinstimmend mit dem jetzigen § 38 Abs. 2 in d. F. des Ges. v. 21. 12. 22; es betrug die Gebühr aber nur $^3/_{10}$ der Gebühr des § 8 und war andererseits die Gebühr auch dann zu erheben, wenn die Kosten des Verfahrens einem Gegner zur Last fielen, wofür die Entscheidung des Beschwerdegerichts über den Kostenpunkt maßgebend war. In letzterer Hinsicht sind jetzt die Hauptfälle, bei denen ein Gegner in Betracht kommt, dem durch selbständige Kostenentscheidung die Kosten der Beschwerdeinstanz auferlegt werden könnten, durch Abs. 1 des § 38 geregelt. Ferner bestimmte § 45 Abs. 2 a. F. die entsprechende Anwendung des Abs. 1 bei Anträgen auf Änderung einer Entscheidung des beauftragten oder ersuchten Richters oder des Gerichtsschreibers (§ 576 ZPO.). Diese Bestimmung ist im

§ 38 n. F. nicht mitaufgenommen. Daher ist jetzt das Verfahren auf **Nachsuchung der Entscheidung des Prozeßgerichts** gemäß § 576 ZPO. gebührenfrei. Im Falle des § 577 Abs. 4 ZPO. (die Nachsuchung, eventuelle sofortige Beschwerde) gilt, wenn das Prozeßgericht die angefochtene Entscheidung bestätigt, die Nachsuchung als (sofortige) Beschwerde, auf welche § 38 Abs. 2 Anwendung findet.

[2] In den 3 **Fällen des Abs. 1 S. 1, 2** kommt die volle Gebühr des § 8 zum Ansatz, **gleichviel ob** die Beschwerde als unzulässig **verworfen oder zurückgewiesen** oder ob ihr **stattgegeben** oder ob sie **zurückgenommen** wird. Bezüglich der Zurücknahme insbesondere ist zu bemerken, daß eine allgemeine Gebührenbestimmung für Zurücknahme einer Klage, eines Antrags, eines Einspruchs oder eines Rechtsmittels, wie sie im § 46 a. F. enthalten war, jetzt nicht gegeben ist, daß auch § 38 nicht, wie in anderen Gebührenbestimmungen (vgl. §§ 29, 30, 31, 32, 33, 34) geschehen ist, Gebührenfreiheit oder Gebührenermäßigung für den Fall der Zurücknahme bis zu einem Zeitpunkt bestimmt. Die **Gebühr** wird nach § 74 Abs. 1 mit Einlegung der Beschwerde **fällig**. **Ihr Schuldner** ist nach § 77 Abs. 1 der Beschwerdeführer. Soweit der Beschwerde stattgegeben und dem Gegner nach Maßgabe der §§ 91, 92, 97 Abs. 2 ZPO. die Kosten der Beschwerdeinstanz auferlegt werden, wird der Gegner auch der Staatskasse gegenüber Schuldner der Gebühr (§ 79), und zwar in der Weise, daß der Beschwerdeführer nun nur subsidiär gemäß § 82 Abs. 2 dafür haftet. — Die Gebühr umfaßt die **gesamte gerichtliche Tätigkeit** von Einlegung der Beschwerde bis zur Beendigung der Beschwerdeinstanz (durch Entscheidung, Zurücknahme der Beschwerde, Vergleich), auch eine etwaige mündliche Verhandlung und Beweisaufnahme. — Die drei Fälle des Abs. 1 betreffen: ZPO. § 71: sofortige Beschwerde gegen das Zwischenurteil, das über die von einer Partei bestrittene Zulässigkeit einer Nebenintervention entscheidet (s. § 25 Anm. 6), wobei die bestreitende Partei und der Nebenintervenient sich als Parteien des Zwischenstreits auch hinsichtlich der Kostenpflicht gegenüberstehen; ZPO. § 99 Abs. 3: sofortige Beschwerde gegen die ohne eine Entscheidung in der Hauptsache ergangene Entscheidung über den Kostenpunkt allein, welche die im § 567 Abs. 2 ZPO. bestimmte Beschwerdesumme erfordert; Be-

schwerde über die Zurückweisung eines Antrags auf Anordnung eines Arrestes oder einer einstweiligen Verfügung, sofern die Zurückweisung nicht durch Urteil, sondern ohne vorgängige mündliche Verhandlung durch Beschluß (§ 922 Abs. 1, § 936 ZPO.) erfolgt. Auch im zuletzt genannten Fall umfaßt die Beschwerdegebühr das ganze Verfahren in der Beschwerdeinstanz, einschließlich einer etwaigen mündlichen Verhandlung und Beweisaufnahme. So wird, wenn auf die Beschwerde gegen den ein Arrestgesuch zurückweisenden Beschluß mündliche Verhandlung angeordnet und demnächst gemäß § 922 Abs. 1 ZPO. durch Urteil über die Beschwerde entschieden wird, für das ganze Verfahren (einschließlich Verhandlung und Urteil) nur die Gebühr aus § 38 erhoben. Vgl. JW. 98, 142[12].

[3] § 38 Abs. 2 findet **in allen den Vorschriften der ZPO. unterliegenden Verfahren einschließlich der Zwangsvollstreckung** Anwendung. Daher auch auf Beschwerden aus §§ 95, 96 ZVG. Ferner auf die Beschwerden nach den Vorschriften: des GKG. (§§ 4, 18, 39), § 20 Abs. 2 GebO. f. Z. u. S. (s. unten III), §§ 35, 36 RAO. (Beiordnung eines Rechtsanwalts); auch in Privatklagesachen nach § 379 Abs. 3 StPO. — Hierbei kommt es auf das Vorhandensein der objektiven Voraussetzungen für die Anwendung des § 38 nicht an, sondern darauf, ob nach den Behauptungen der Beteiligten diese Voraussetzungen vorliegen. RG. 22, 415; 52, 248. Deshalb ist, wenn gegen eine Entscheidung, die von einem Oberlandesgericht auf weitere Beschwerde in einer Angelegenheit der freiwilligen Gerichtsbarkeit erlassen worden ist, unzulässigerweise noch weitere Beschwerde bei dem Reichsgericht eingelegt wird, für die Gebührenberechnung § 38 Abs. 2 maßgebend, weil der Beschwerdeführer zum Ausdruck bringt, daß er im zivilprozessualisch geordneten Verfahren eine Entscheidung herbeiführen wolle. RG. 52, 248. — **Als Streitwert** kommt nicht der Wert des Streitgegenstandes der Hauptsache, sondern desjenigen Antrages in Betracht, über den die Entscheidung in der Beschwerdeinstanz ergangen ist. JW. 89, 480[10]; 94, 173[9]. Betrifft daher die Beschwerde nur Nebenforderungen (Früchte, Nutzungen, Zinsen oder Kosten), nicht auch den Hauptanspruch, so ist der Wert der Nebenforderungen für die Berechnung des Streitwerts allein

maßgebend, jedoch nach § 15 nur insoweit, als er den Wert des Hauptanspruchs nicht übersteigt. JW. 94, 173[9]. — § 38 Abs. 2 ist **nicht anwendbar** auf Beschwerden gegen: Verurteilung zu Ordnungsstrafen in Zivilsachen oder Strafsachen (§§ 178, 180, 181 GVG.), OLG. 31, 208 (wo aus § 1 GKG. gefolgert wird, daß auch § 69 GKG. keine Anwendung finde, und angenommen wird, daß mangels einer Gebührenvorschrift für die Zurückweisung der Beschwerde keine Gebühren zu erheben seien; streitig); die Entscheidung eines Oberlandesgerichts, durch welche die Rechtshilfe für unzulässig erklärt worden ist (§ 160 GVG.). Wegen der Beschwerde im Konkursverfahren und im Verfahren nach der VerglO. s. §§ 47, 48c.

[4] Auch wenn eine Beschwerde um deswillen als unzulässig verworfen wird, weil die **Zuständigkeit der Gerichte überhaupt nicht begründet** ist, wird diese Gebühr erhoben, vorausgesetzt nämlich, daß solche Kosten im Falle der Zuständigkeit der Gerichte zur Erhebung kommen würden; dagegen bleibt sie außer Ansatz, wenn das Verfahren selbst unter Voraussetzung der Gerichtszuständigkeit gebührenfrei wäre. RG. 22, 415.

[5] Ist **Beschwerde auf Herabsetzung des festgesetzten Wertes des Streitgegenstandes** eingelegt, vom Beschwerdeführer aber ein bestimmter Antrag nicht gestellt worden, so ist, wenn eine Herabsetzung erfolgt, die Gebühr aus § 38 Abs. 2 nicht in Ansatz zu bringen, auch wenn der Beschwerdeführer nach der Begründung der Beschwerde eine noch weitere Herabsetzung zu erreichen gesucht hat; denn „zurückgewiesen" ist die Beschwerde nicht. JW. 97, 450[13]. Die Gebühr für die Zurückweisung der Beschwerde kommt auch dann zum Ansatz, wenn das **Verfahren der Vorinstanz gebührenfrei** war (z. B. nach § 4 Abs. 1, § 18 Abs. 1, in den Fällen, in denen § 47 a. F. [s. § 22 Anm. 1] die Gebührenfreiheit ausdrücklich bestimmte). JW. 87, 353[18]; 95, 521[16]. Der Streitwert ist in solchen Fällen nach dem Interesse des Beschwerdeführers an dem Erfolg der Beschwerde zu bemessen. — Die **Gebühr** wird nach § 74 Abs. 1 Halbs. 2 erst mit dem Erlaß der Entscheidung **fällig**, da nur im Falle einer verwerfenden oder zurückweisenden Entscheidung überhaupt eine Gebühr entsteht. **Schuldner** der Gebühr ist nach § 77 der Beschwerdeführer.

[6] Das **Beschwerdeverfahren** ist also in den Fällen des Abs. 2 **gebührenfrei, wenn** der Beschwerde **stattgegeben**, und

auch, wenn die **Beschwerde zurückgenommen oder sonst** ohne zurückweisende Entscheidung (z. B. durch Vergleich) **erledigt** wird, da dann eben die Beschwerde weder als unzulässig verworfen noch zurückgewiesen ist und jetzt eine besondere Zurücknahmegebühr nicht bestimmt ist (s. Anm. 2). — Werden **mehrere,** sei es unter Abs. 1 oder unter Abs. 2 oder unter Abs. 1 und 2 fallende **Beschwerden** in dem nämlichen Rechtsstreit eingelegt, so gelten sie, sofern sie sich nicht auf denselben Gegenstand beziehen, sondern sich gegen verschiedene Entscheidungen richten, gebührenrechtlich je als besondere Beschwerdeverfahren; § 25 Abs. 1 (nur eine Gebühr für gleichartige Akte in derselben Instanz) findet keine Anwendung, da er nur für das „Prozeßverfahren" (s. § 20 Anm. 1) Geltung hat. Richten sich die mehreren Beschwerden aber gegen die nämliche Entscheidung, so sind sie nur als zusammengehörige Teile einer Beschwerde aufzufassen. — Auf die **weitere Beschwerde** (§ 568 Abs. 2; unzulässig nach § 567 Abs. 3 gegen Entscheidungen der Oberlandesgerichte und nach § 568 Abs. 3 gegen Entscheidungen der Landgerichte in betreff der Prozeßkosten) finden die Abs. 1 und 2 des § 38 entsprechende Anwendung. In den Fällen des Abs. 2 ist, wenn der weiteren Beschwerde stattgegeben wird, hinsichtlich des Gebührenansatzes zu unterscheiden, ob der Antragsteller gegen die die Beschwerde verwerfende oder zurückweisende oder ein Gegner gegen die der Beschwerde stattgebende Beschwerdeentscheidung weitere Beschwerde eingelegt hat. Im ersteren Falle, in dem nun der ersten Beschwerde stattgegeben wird, sind beide Beschwerdeverfahren gebührenfrei; im letzteren Falle, in dem nun die erste Beschwerde verworfen oder zurückgewiesen wird, ist nun die Gebühr aus Abs. 2 von dem ersten Beschwerdeführer zu erheben, während das Verfahren auf die für begründet erklärte weitere Beschwerde gebührenfrei ist.

k) Verzögerungsgebühr.

39 (48). [1a]**Ist außer dem Falle des § 335 der Zivilprozeßordnung[1] durch Verschulden[2] einer Partei oder eines Parteivertreters die Vertagung einer mündlichen Verhandlung oder die Anberaumung eines neuen Ter-**

mins zur mündlichen Verhandlung veranlaßt[3], oder ist durch nachträgliches[4] Vorbringen von Angriffs- oder Verteidigungsmitteln, Beweismitteln oder Beweiseinreden, welches zeitiger erfolgen konnte[5], die Erledigung des Rechtsstreits verzögert worden[6], so kann das Gericht[7] der Partei[8] von Amts wegen eine besondere Gebühr in Höhe der vollen Gebühr (§ 8) auferlegen. Die Gebühr kann bis zu einem Viertel ermäßigt werden[9].

Gegen den Beschluß findet Beschwerde nach Maßgabe des § 567 Abs. 3 und der §§ 568 bis 575 der Zivilprozeßordnung und des § 4 Abs. 3 dieses Gesetzes statt[10].

[1a] Nach § 45 a. F. bestand die Gebühr für die verschuldete Verzögerung in der nochmaligen Erhebung der Verhandlungs- und Beweisgebühr und konnte sie auf $^3/_{10}$ herabgesetzt werden. Über den Unterschied nach dem jetzigen § 39 in d. Fass. d. Ges. v. 21. 12. 22 s. Anm. 9.

[1] Vertagung zur besseren Vorbereitung des Antrags auf **Erlaß eines Versäumnisurteils.**

[2] Gleichviel, ob das **Verschulden** auf Rechtsirrtum oder auf tatsächlichen Umständen beruht. JW. **87**, 274[15], 411.

[3] Nicht auch, wenn das **Verfahren ruht** (§ 251 ZPO.). Mot. 65. Vgl. Gr. **28**, 1179. — **Eine kontradiktorische Verhandlung ist nicht erforderlich.** JW. **84**, 174[23]; auch RG. **22**, 430; OLG. **31**, 210. In der Kom. des Reichstags war als Gegenstand des Einverständnisses bezeichnet worden, daß die Gebühr nicht erhoben werden dürfte, wenn die Vertagung ohne Eingehen auf die Verhandlung der Sache (§ 137 ZPO.) erfolgt (KomBer. 74). Das Reichsgericht hat dagegen nur für erforderlich erklärt, daß entweder die Sachverhandlung begonnen hat oder daß dem Vertagungsantrag widersprochen ist, JW. **93**, 21[23], und daß im letzteren Falle das Verschulden der Partei und dessen Kausalität für die Vertagung im Termin konstatiert wird, RG. **32**, 429. Verlangen daher die

Parteien vor Beginn der Verhandlung übereinstimmend die Anberaumung eines neuen Termins (Terminsverlegung), so kann eine Prozeßstrafe nicht festgesetzt werden. JW. 88, 21[2] (vgl. RG. 23, 369; OLG. 31, 209). Desgleichen nicht, wenn in einem zur Beweisaufnahme und Fortsetzung der mündlichen Verhandlung anberaumten Termin eine Partei allein erschienen ist und nach erfolgter Beweisaufnahme Vertagung beantragt hat, OLG. 23, 261 (jedoch liegen in solchem Falle die Voraussetzungen des § 39 vor, wenn der Vertagungsantrag lediglich in der gemäß § 272 ZPO. verspäteten Mitteilung eines Schriftsatzes seinen Grund hat, mag auch mit Rücksicht hierauf Einverständnis der Parteien über die Vertagung vorliegen, OLG. 31, 209). Ist aber in die Verhandlung eingetreten und wird vertagt, z. B. weil ein eine neue Tatsache enthaltender Schriftsatz nicht (gemäß § 132 ZPO.) rechtzeitig mitgeteilt ist, so ist die Auferlegung einer Verzögerungsgebühr zulässig. Gr. 40, 1136. — Ist ein **Schriftsatz mit neuem Vorbringen** gemäß § 132 Abs. 1 ZPO. mindestens eine Woche vor der mündlichen Verhandlung dem Gegner zugestellt, so kann ein Verschulden im Sinne des § 39 niemals angenommen werden, auch wenn wegen großen Umfangs des neuen Vorbringens Vertagung erfolgt. JW. 95, 381[11]. Dies gilt auch bezüglich des zur Begründung der Berufung dienenden neuen Vorbringens (§ 519 ZPO.). RG. 31, 388; JW. 95, 381[11] (vgl. jedoch JW. 88, 120[8]). Auch darin liegt kein Verschulden, daß erst in der mündlichen Verhandlung ohne zuvorige Zustellung eines Schriftsatzes eine Replik vorgebracht wird, mag dies auch in der Berufungsinstanz geschehen. JW. 95, 507[14]. Dagegen kann ein Verschulden als vorliegend erachtet werden, wenn eine Partei, der seitens des Gegners innerhalb der im § 132 Abs. 1 ZPO. bestimmten einwöchigen Frist ein Schriftsatz vor dem Verhandlungstermin zugegangen ist, ihre Gegenerklärung nicht gemäß § 132 Abs. 2 ZPO. mindestens drei Tage vor dem Termin dem Gegner zustellen läßt, es sei denn, daß ein wesentlicher Hinderungsgrund vorlag. JW. 96, 572[6]. — Die Erhebung der Verzögerungsgebühr kann auch dann angeordnet werden, wenn beide Parteien verhandeln wollen, das Gericht aber mit Rücksicht auf die verspätete Einreichung der Schriftsätze die **Vertagung von Amts wegen** beschließt. JW. 99, 674[12]; OLG. 35, 212.

[4] Ob etwas als **nachträglich vorgebracht** anzusehen ist, steht im freien Ermessen des Gerichts. Bei Benennung neuer Beweismittel kann ein nachträgliches Vorbringen auch dann angenommen werden, wenn sich die Beweismittel auf einen bereits erlassenen Beweisbeschluß beziehen. JW. **94**, 241[9].

[5] Die Voraussetzung zur Anwendung des § 39, daß das nachträgliche Vorbringen oder die nachträgliche Angabe neuer Beweismittel **zeitiger hätte erfolgen können**, trifft nicht bloß dann zu, wenn die Partei die neu behaupteten Tatsachen schon früher gekannt hat, sondern auch, wenn sie dieselben bei Anwendung gehöriger Sorgfalt schon früher hätte in Erfahrung bringen können. Das Gericht kann Aufklärung von der Partei verlangen, weshalb die Tatsachen nicht schon früher vorgebracht sind. Nötigenfalls ist über die zur Entschuldigung aufgestellten Behauptungen Beweis zu erheben. JW. **94**, 264[14]; auch 241[9].

[6] **Andere Nachteile der schuldhaften Verzögerung** des Rechtsstreits: ZPO. § 95 (die Partei, die einen Termin oder eine Frist versäumt, oder die Verlegung eines Termins, die Vertagung einer Verhandlung, die Anberaumung eines Termins zur Fortsetzung der Verhandlung oder die Verlängerung einer Frist durch ihr Verschulden veranlaßt, hat die dadurch verursachten Kosten zu tragen), § 278 Abs. 2, § 283 Abs. 2 (wenn durch Angriffs- oder Verteidigungsmittel bzw. Beweismittel oder Beweiseinreden die Erledigung des Rechtsstreits verzögert wird, sind der dieselben nachträglich vorbringenden Partei trotz Obsiegens die Prozeßkosten ganz oder teilweise aufzuerlegen), § 279 (Zurückweisung der vom Beklagten nachträglich vorgebrachten Verteidigungsmittel), § 529 Abs. 2, 3 ZPO. (Zurückweisung neuer Angriffsmittel usw. sowie neuen Vorbringens in der Berufungsinstanz).

[7] Auch der Einzelrichter nach § 349 ZPO. JW. **26**, 865[24]. -- **Bei wiederholter Verzögerung** wiederholt. Mot. 67.

[8] Der **Beschluß** richtet sich immer **gegen die Partei**, nicht gegen den Bevollmächtigten (Rechtsanwalt) oder gesetzlichen Vertreter, auch wenn diese das Verschulden trifft. OLG. **9**, 161; **32**, 269.

[9] Da nach § 45 a. F. die Verzögerungsgebühr nur in der nochmaligen Erhebung der Verhandlungs- bzw. der Beweisgebühr nach § 18 Nr. 1, 2 a. F. bestand, konnte sie nur im

„Prozeßverfahren" (vgl. § 20 Anm. 1) zur Anwendung kommen. Jetzt kann die Gebühr des § 39 auch in allen anderen Verfahren (z. B. Güte-, Arrest-, Beschwerdeverfahren, wenn mündliche Verhandlung stattfindet) auferlegt werden. Innerhalb der Grenzen von 1 und 1/4 dieser Gebühr kann das Gericht die **Gebühr nach freiem Ermessen** festsetzen; sie braucht nicht notwendig nach Zehnteilen bemessen zu sein. JW. 87, 274[15], 411. — In der **Berufungs- oder Revisionsinstanz** keine Erhöhung nach § 28, da es sich um einen prozessualen Akt nicht handelt. — Schuldner der Gebühr ist und bleibt die bestrafte Partei, niemals der Gegner, auch wenn ihm die Kosten des Rechtsstreits auferlegt werden.

[10] Erfordernisse der **Beschwerde** und der weiteren Beschwerde: Anm. 8 § 4. Kein Anwaltszwang (§ 78 Abs. 1 ZPO.). JW. 87, 208[17]. — Die Beschwerde ist nur gegen den die Strafgebühr anordnenden Beschluß zulässig, nicht auch gegen die Ablehnung des Antrags einer Partei, dem Gegner eine Strafgebühr aufzuerlegen. RG. 32, 392. Nur die bestrafte Partei hat das Beschwerderecht, nicht der Gegner bei Aufhebung der Strafe. JW. 92, 164[23].

Dritter Abschnitt.

Gebühren im Konkursverfahren und im Vergleichsverfahren zur Abwendung des Konkurses[1].

40 (50). Auf die Gebühren im Konkursverfahren und im Vergleichsverfahren zur Abwendung des Konkurses[1] finden die Vorschriften des § 8 über die Wertklassen[2] und den Gebührensatz, sowie der §§ 16, 18, 19 dieses Gesetzes[3] und des § 3 der Zivilprozeßordnung über die Wertfestsetzung[4] entsprechende Anwendung.

[1] Das Vergleichsverfahren ist in der Überschrift und im § 8 sowie im § 74 durch § 99 Nr. 2, 3, 5 des Ges. über den Vergleich zur Abwendung des Konkurses (Vergleichsordnung) vom 5. 7. 27 hinzugefügt. Gebührenbestimmungen für das Vergleichsverfahren sind in den durch § 99 Nr. 4, 6 des genannten Gesetzes eingefügten §§ 48a—48c und § 78a gegeben.

[2] Über die Wertberechnung trifft für das Konkursverfahren § 43 sowie § 44, für das Vergleichsverfahren § 48b Bestimmung.

[3] Es betreffen: GKG. § 16: die Verpflichtung des Antragstellers zur Angabe des Wertes; § 18: Festsetzung des Wertes durch Beschluß und die Beschwerde darüber; § 19: etwa erforderliche Abschätzung des Wertes durch Sachverständige und die Kosten der Abschätzung.

[4] Über § 3 ZPO. vgl. GKG. § 9 Anm. B I. Die entsprechende Anwendung auch der §§ 4 ff. ZPO. ist nicht bestimmt. Daher bleiben sie bei der Wertberechnung außer Betracht. Daraus folgt insbesondere, daß die im § 4 ZPO. (s. GKG. § 9 Anm. B II) bezeichneten Nebenforderungen (Früchte, Nutzungen, Zinsen und Kosten) bei der Wertberechnung nach §§ 43, 44, 48b mitanzusetzen sind, und zwar im Konkursverfahren nach § 62 Nr. 1, 3, § 63 Nr. 1 KO. bis zum Tage der Konkurseröffnung.

1. Konkursverfahren.

a) Allgemeine Gebühren.

41 (51, 53). [1]**Für das Verfahren über den Antrag auf Eröffnung des Konkurses[2] wird die Hälfte der Gebühr (§ 8) erhoben[3].**

[1] § 51 a. F. sah für das ganze Konkursverfahren von der Eröffnung einschließlich des dieser vorangegangenen Verfahrens bis zur Beendigung des Konkurses allgemeine Gebühren vor, die vom Zweifachen bis zu acht Zehnteilen der Gebühr des § 8 je nach der Art der Beendigung des Verfahrens (Schlußverteilung, Zwangsvergleich, Einstellung) abgestuft waren. Die §§ 41, 42 in d. Fass. des G. v. 21. 12. 22 dagegen scheiden die allgemeinen Gebühren in solche für das Verfahren über den Antrag auf Eröffnung des Konkurses und solche für die Durchführung des Konkursverfahrens; die letzteren ermäßigen sich nach § 42 Abs. 2 im Falle der Einstellung des Verfahrens und die ersteren werden, wenn das Verfahren auf Antrag des Gemeinschuldners eröffnet worden ist, gemäß § 42 Abs. 3 zur Anrechnung gebracht. Daneben

sind in den §§ 44—48 besondere Gebührensätze für die dort bezeichneten Nebenakte bestimmt.

[2] Zu dem Verfahren über den Antrag auf Eröffnung des Konkurses gehört die gesamte gerichtliche Tätigkeit bis zur Erlassung des Eröffnungsbeschlusses (§ 108 KO.), insbesondere die Prüfung des Konkursantrags des Gemeinschuldners oder eines Gläubigers nach §§ 104, 105 Abs. 1 KO., die Anhörung des Schuldners hierüber nach § 105 Abs. 2, 3 KO., die in den § 208 Abs. 2, § 210 Abs. 2, §§ 213, 217 Abs. 2, §§ 218, 236 KO. sowie im § 100 Abs. 2 GenossG. vorgeschriebenen Anhörungen, die gemäß § 75 KO. über den Eröffnungsantrag angestellten Ermittelungen, die Anordnung vorläufiger Sicherungsmaßregeln nach § 106 KO. sowie die Ernennung eines Konkursverwalters nach § 110 KO. Diese gesamte Tätigkeit wird durch die Gebühr abgegolten. Die Gebühr kommt aber auch zum Ansatz, wenn der Eröffnungsantrag abgelehnt sowie wenn er zurückgenommen wird; eine Ermäßigung im letzteren Fall ist nicht, wie im § 53 Abs. 2 a. F., vorgesehen.

[3] Die Gebühr wird nach § 74 Abs. 1 mit Stellung des Eröffnungsantrags fällig. Daß sie vor Vornahme gerichtlicher Handlungen gezahlt werden müsse, ist im § 74 Abs. 2 nicht bestimmt. Jedoch nach § 107 Abs. 1 KO. kann das Gericht dem Antragsteller aufgeben, einen zur Deckung der im § 58 Nr. 1, 2 KO. bezeichneten Massekosten (gerichtliche Kosten für das gemeinschaftliche Verfahren, Ausgaben für die Verwaltung, Verwertung und Verteilung der Masse) ausreichenden Geldbetrag vorzuschießen, mit der Folge, daß, wenn die Vorschußleistung unterbleibt, der Antrag abgewiesen wird. Die Gebühr nach § 41 hat der Antragsteller außerdem zu entrichten; eine Anrechnung dieser Gebühr auf den gezahlten Vorschuß findet nicht statt. JW. 25, 1551[8]. Jedoch ist dem antragstellenden Gläubiger der Vorschuß gemäß § 59 Nr. 3 KO. aus der Masse zu erstatten. KGJ. 36, B 48. — Schuldner der Gebühr ist nach § 78 der Antragsteller. Ist ein Gläubiger der Antragsteller und wird (sein Antrag nicht abgewiesen oder zurückgenommen, sondern) seinem Antrag gemäß das Konkursverfahren eröffnet, so ist auch der Gemeinschuldner Schuldner der Gebühr und ist die Gebühr als Teil der gerichtlichen Kosten für das gemeinschaftliche Verfahren

gemäß §§ 57, 58 Nr. 1 KO. aus der Konkursmasse vorweg zu berichtigen. Vgl. JW. 25, 1551[8]; KGJ. 36, B 48. — Schuldner der (z. B. durch Ermittelungen nach § 75 oder durch vorläufige Sicherungsmaßregeln nach § 106 KO.) entstehenden Auslagen ist nach § 78 im Falle der Abweisung des Eröffnungsantrags der Antragsteller, im Falle der Eröffnung des Konkursverfahrens der Gemeinschuldner, so daß die Auslagen Massekosten gemäß § 58 Nr. 1 KO. sind.

42 (51). Für die Durchführung des Konkursverfahrens wird die dreifache Gebühr (§ 8) erhoben[1].

Sie ermäßigt sich auf die einfache Gebühr, wenn das Verfahren vor dem Ablauf der Anmeldefrist, und auf die zweifache Gebühr, wenn das Verfahren nach diesem Zeitpunkt gemäß §§ 202, 204 der Konkursordnung eingestellt wird[2].

Ist das Verfahren auf Antrag des Gemeinschuldners eröffnet worden, so kommt die im § 41 bestimmte Gebühr zur Anrechnung[3].

[1] Durch die allgemeine Gebühr (dreifache Gebühr des § 8) wird die gesamte gerichtliche Tätigkeit von der Eröffnung des Konkursverfahrens (bis zu der die allgemeine Gebühr des § 41 zum Ansatz kommt, s. dort Anm. 1) bis zur Aufhebung oder Einstellung des Verfahrens abgegolten, soweit nicht für die in den §§ 44 (Anberaumung eines besonderen Prüfungstermins), 45 (Betreiben der Zwangsverwaltung oder Zwangsversteigerung durch den Konkursverwalter), 47 (Beschwerdeverfahren), 48 (Wiederaufnahme des Konkursverfahrens) bezeichneten Akte besondere Gebühren bestimmt sind; z. B. wird mitabgegolten die gerichtliche Tätigkeit bei Nachtragsverteilungen nach § 166 KO. (wenn nach der Schlußverteilung zurückbehaltene Beträge für die Masse frei werden oder wenn gezahlte Beträge zur Masse zurückfließen). Die Eintragung und Löschung des Konkursvermerks oder eines nach § 106 KO. erlassenen allgemeinen Veräußerungsverbots in das Grundbuch oder in das Genossenschaftsregister ist nach § 115 KO., § 159 GenossG. gebührenfrei. — Die Gebühr wird nach § 74

Abs. 1 Halbs. 2 mit der die Eröffnung des Konkursverfahrens anordnenden Entscheidung fällig, nicht nach § 75 Abs. 1 (streitig) erst mit Beendigung des Verfahrens (vgl. preuß. KassenO. § 15 Abs. 3b in der Fass. v. 31. 1. 23 [JMBl. 73], wonach die Gebühr, sobald ausreichende Barmasse vorhanden, zu erheben ist, und zwar zunächst nur die einfache Gebühr und nach Ablauf der Anmeldefrist nochmals diese Gebühr). Daß sie vor Vornahme gerichtlicher Handlungen gezahlt werden müsse, ist im § 74 Abs. 2 nicht bestimmt. Vgl. aber § 41 Anm. 3 über die Zulässigkeit und die Folgen des Erforderns einer Vorschußzahlung nach § 107 Abs. 1 KO. — Schuldner der Gebühr sowie der in dem Verfahren entstehenden Auslagen ist nach § 78 der Gemeinschuldner, so daß die Gebühr und die Auslagen als Teil der gerichtlichen Kosten für das gemeinschaftliche Verfahren gemäß §§ 57, 58 Nr. 1 KO. aus der Konkursmasse vorweg zu berichtigen sind.

[2] Nach § 202 KO. ist das Konkursverfahren auf Antrag des Gemeinschuldners einzustellen, wenn er nach dem Ablaufe der Anmeldefrist die Zustimmung aller Konkursgläubiger, welche Forderungen angemeldet haben, beibringt, und nach § 204 KO. kann das Gericht das Konkursverfahren nach Anhörung der Gläubigerversammlung einstellen, sobald sich ergibt, daß eine den Kosten des Verfahrens entsprechende Konkursmasse nicht vorhanden ist. Je nachdem die Einstellung vor oder nach dem Ablauf der Anmeldefrist erfolgt, ermäßigt sich die im Abs. 1 bestimmte dreifache Gebühr des § 8 auf die einfache oder auch die zweifache Gebühr. Die Anmeldefrist ist die gemäß § 110 KO. vom Gericht bei der Eröffnung des Konkursverfahrens zu bestimmende Frist zur Anmeldung der Konkursforderungen; sie beträgt nach § 138 KO. zwei Wochen bis drei Monate. — Wird das Verfahren aufgehoben, so kommt, gleichviel ob die Aufhebung gemäß § 163 KO. nach der Abhaltung des Schlußtermins (§ 162 KO.) oder gemäß § 190 KO. zufolge rechtskräftig bestätigten Zwangsvergleichs vom Gericht beschlossen wird, die Gebühr des Abs. 1 (dreifache Gebühr des § 8) zum Ansatz.

[3] Zufolge der im Abs. 3 für den Fall, daß der Gemeinschuldner den Antrag auf Eröffnung des Konkursverfahrens gestellt hat, bestimmten Anrechnung der Gebühr für das Ver-

fahren über den Eröffnungsantrag aus § 41 auf die Gebühr für die Durchführung des Konkursverfahrens aus § 42 kommt, wenn der Gemeinschuldner den Eröffnungsantrag gestellt hat, die Gebühr aus § 41 für sich (selbständig) nur dann zur Hebung, wenn der Antrag abgewiesen oder zurückgenommen wird.

43 (52, 53 Abs. 3). **Die in den §§ 41, 42 bestimmten Gebühren**[1] **werden nach dem Betrage der Aktivmasse erhoben. Massekosten, mit Ausnahme der gerichtlichen Kosten des gemeinschaftlichen Verfahrens und der Gebühren des Konkursverwalters und des Gläubigerausschusses, sowie Masseschulden werden abgesetzt**[2]**. Gegenstände, welche zur abgesonderten Befriedigung dienen, werden nur in Höhe des für diese nicht erforderlichen Betrags angesetzt**[3]**.**

Ist die Aktivmasse höher als die Schuldenmasse, so wird die Gebühr nach dem Betrage der letzteren erhoben[4]**.**

Für die Berechnung der Masse ist die Zeit der Beendigung des Verfahrens maßgebend[5]**.**

Ist der Antrag auf Eröffnung des Konkursverfahrens von einem Gläubiger gestellt, so wird die im § 41 bestimmte Gebühr nach dem Betrage seiner Forderung, sofern jedoch der Betrag der Aktivmasse geringer ist, nach diesem erhoben[6].

[1] Die Gebühr für das Verfahren über den Antrag auf Eröffnung des Konkurses aus § 41 ist regelmäßig, wenn der Gemeinschuldner der Antragsteller ist (in welchem Falle sie nur bei Abweisung oder Zurücknahme des Antrags zur selbständigen Erhebung kommt, s. § 42 Anm. 3), nach dem Betrage der Aktivmasse (Abs. 1 S. 1), und, wenn ein Gläubiger der Antragsteller ist, nach dem Betrage seiner Forderung (Abs. 4), und die Gebühr für die Durchführung des eröffneten Kon-

kursverfahrens aus § 42 ist regelmäßig nach dem Betrage der Aktivmasse (Abs. 1 S. 1) zu berechnen.

[2] Massekosten, soweit nicht die in Satz 2 bezeichneten Ausnahmen Platz greifen, und Masseschulden werden deshalb abgesetzt, weil das Konkursverfahren die Befriedigung der Konkursgläubiger zum Zwecke hat und daher die Gerichtsgebühren für das Verfahren nur von dem Aktivvermögen des Gemeinschuldners zu berechnen sind, das zur Befriedigung der Konkursgläubiger verwendbar bleibt. Mot. zu § 52 a. F. Die danach abzuziehenden Massekosten sind die im § 58 Nr. 2, 3 KO. bezeichneten (Ausgaben für die Verwaltung, Verwertung und Verteilung der Masse, die dem Gemeinschuldner und dessen Familie bewilligte Unterstützung [§ 129 Abs. 1, § 132 Abs. 1 KO.]) mit Ausnahme der zu den Ausgaben für die Verwaltung gehörenden (RG. 43, 62) Gebühren (nicht auch Auslagen) des Konkursverwalters (§ 85 KO.) und des Gläubigerausschusses (§ 91 KO.). Masseschulden ferner, die von der Aktivmasse abzuziehen sind, sind die im § 59 Nr. 1, 2, 3 KO. bezeichneten (Ansprüche aus Geschäften und Handlungen des Konkursverwalters, aus zu erfüllenden zweiseitigen Verträgen, aus rechtloser Bereicherung der Masse), und im Nachlaßkonkurs ferner die im § 224 KO. bezeichneten Verbindlichkeiten. An Massekosten nicht abzusetzen sind die gerichtlichen Kosten für das gemeinschaftliche Verfahren (§ 58 Nr. 1 KO.), und zwar sowohl die Gebühren wie auch (anders als nach § 52 a. F.) die baren Auslagen des Gerichts, und ferner nicht die genannten Gebühren des Konkursverwalters und des Gläubigerausschusses. Dagegen sind die baren Auslagen der beiden letzteren als Ausgaben für die Verwaltung, die nicht zu den obigen Ausnahmen gehören, von der Aktivmasse von vornherein abzuziehen.

[3] Zur abgesonderten Befriedigung dienende Gegenstände: KO. §§ 47 (Gegenstände, die der Zwangsvollstreckung in das unbewegliche Vermögen unterliegen), 48, 49 (Gegenstände, an denen ein durch Rechtsgeschäft bestelltes Pfandrecht bzw. ein diesem gleichgestelltes Recht besteht), 50 (Gegenstände, an denen ihr im Auslande wohnender Inhaber wegen einer ihm abgetretenen Konkursforderung ein Absonderungsrecht ausübt), 51 (Anteil des Gemeinschuldners an einer Gemeinschaft),

52 (Lehen, Stammgut, Familienfideikommisse). Der Wert dieser Gegenstände wird bei Berechnung der Aktivmasse nur insoweit in Ansatz gebracht, als er den Betrag übersteigt, der zur Befriedigung der Absonderungsrechte erforderlich ist.

[4] Die Schuldenmasse setzt sich zusammen aus den Konkursforderungen (§§ 3, 61 KO.), die gemäß § 139 angemeldet und gemäß §§ 144 ff. KO. festgestellt sind. Soweit ein absonderungsberechtigter Gläubiger unter Verzicht auf abgesonderte Befriedigung oder in Höhe seines Ausfalls gemäß § 64 KO. seine Forderung zur Konkursmasse anmeldet und festgestellt erlangt, gehört diese ebenfalls zur Konkursmasse. Zinsen und Kosten bis zur Eröffnung des Konkursverfahrens (§ 62 Nr. 1, 3, § 63 Nr. 1 KO.) werden, da § 4 ZPO. keine Anwendung findet (s. Anm. 4 § 40), hinzugerechnet. — Der Berechnung der Aktivmasse wird in der Regel das vom Konkursverwalter gemäß § 123 KO. unter Angabe des Wertes aufzustellende Verzeichnis der einzelnen zur Konkursmasse gehörigen Gegenstände zugrundegelegt werden können. Im übrigen sind die einzelnen zur Aktivmasse gehörigen Gegenstände nach ihrem Verwertungspreise zu schätzen, Außenstände nach ihrem materiellen Vermögenswert. Zinsen und Kosten bis zur Konkurseröffnung sind auch hier (s. oben) bei den ausstehenden Forderungen in Anschlag zu bringen.

[5] Der für die Berechnung der Masse (Aktiv- und Passivmasse) nach ihrem Werte (s. Anm. 4) maßgebende Zeitpunkt der Beendigung des Verfahrens: KO. §§ 163 (Aufhebung nach Schlußverteilung), 190 (Aufhebung zufolge rechtskräftig bestätigten Zwangsvergleichs), 202 (Einstellung mit Zustimmung aller Konkursgläubiger), 204 (Einstellung wegen Mangels einer den Kosten entsprechenden Masse).

[6] Hat ein Gläubiger den Antrag auf Konkurseröffnung gestellt, so wird die Gebühr für das Verfahren über den Antrag aus § 41 (nicht auch die aus § 42) in der Regel nicht nach dem Betrage der Aktivmasse (wie nach § 52 a. F.), sondern nach dem Betrage der in dem Antrag gemäß § 105 KO. glaubhaft zu machenden Forderung, zu der Zinsen und Kosten bis zum Tage der Konkurseröffnung hinzuzurechnen sind (s. Anm. 4 § 40), und nur, wenn der Betrag der Aktivmasse geringer ist, nach diesem Betrage berechnet.

b) **Besondere Gebühren.**

44 (54). **Für die Anberaumung eines besonderen Prüfungstermins (Konkursordnung § 142)[1] wird nach dem Betrage der einzelnen Forderungen, zu deren Prüfung der Termin bestimmt ist, die halbe Gebühr (§ 8) erhoben[2]. Auf die Wertberechnung findet die Vorschrift des § 148 der Konkursordnung entsprechende Anwendung[3].**

[1] Die Anberaumung eines besonderen Prüfungstermins findet von Amts wegen statt, wenn in dem allgemeinen Prüfungstermine (§ 141 KO.) Forderungen, die erst nach dem Ablaufe der Anmeldefrist (§ 138 KO.) angemeldet sind, zufolge Widerspruchs des Konkursverwalters oder eines Konkursgläubigers nicht geprüft werden dürfen (§ 142 Abs. 1 KO.), oder, wenn Forderungen erst nach dem allgemeinen Prüfungstermin angemeldet worden sind (§ 142 Abs. 3 KO.).

[2] Die Gebühr gehört nicht zu den Massekosten; der säumige (s. Anm. 1) Gläubiger, der nach § 142 KO. die Kosten des besonderen Prüfungstermins zu tragen hat, ist nach § 88 Schuldner der Gebühr und auch der durch das besondere Prüfungsverfahren entstehenden Auslagen (§ 72). Eine Gebührenvorschußpflicht, wie sie § 82 Nr. 2 a. F. vorsah, besteht jetzt nicht. Streitig ist, ob eine Auslagenvorschußpflicht gemäß § 84 besteht; dies ist zu bejahen, da, wenn auch die Anberaumung des besonderen Prüfungstermins von Amts wegen erfolgt (s. Anm. 1), doch der durch seine verspätete Forderungsanmeldung das besondere Prüfungsverfahren veranlassende Gläubiger als Antragsteller hinsichtlich dieses Verfahrens, mit dem bare Auslagen verbunden sind, anzusehen ist. — Die Gebühr entsteht nach § 74 Abs. 1 Halbs. 2 mit der Anberaumung des Termins. Für den Fall der Zurücknahme der nachträglichen Anmeldung vor der Prüfung war im § 54 a. F. eine besondere Gebühr von $^3/_{10}$ vorgesehen. Erfolgte die Zurücknahme bereits vor der Anberaumung des Termins, so war eine Gebühr nicht zu erheben. Mot. zu § 54 a. F. Letzteres gilt auch jetzt, da eine Gebühr erst mit der Anberau-

mung des Termins entsteht. Durch eine dieser Anberaumung nachfolgende Zurücknahme aber wird die bereits entstandene Gebühr nicht berührt; ebenso nicht dadurch, daß eine Prüfung in dem Termin nicht stattfindet oder daß der Termin sich (z. B. durch vorherige Einstellung des Konkursverfahrens) erledigt.

[3] Nach Satz 2 ist für die Wertberechnung nicht der Nennbetrag der nachträglich angemeldeten Forderung (nebst Nebenforderungen, s. Anm. 4 § 40) maßgebend, sondern der aus dem Verhältnisse der Schulden- zu der Teilungsmasse sich regelnde Wert der Forderung. Vgl. § 148 KO. unter § 9 GKG. und Anm. 1, 2, 3 dazu. — Diese Konkursdividende ist auch dann von der ganzen Forderung als Wert zu nehmen, wenn ein Absonderungsberechtigter seine Forderung gemäß § 64 KO. wegen des möglichen Ausfalls zur Konkursmasse anmeldet, da Gegenstand der Prüfung der ganze Betrag, nicht bloß der (mögliche, mutmaßliche) Ausfallbetrag der Forderung ist. Vgl. JW. 88, 425[8].

45 (55). Für die auf Betreiben des Konkursverwalters erfolgende Zwangsverwaltung oder Zwangsversteigerung eines zur Konkursmasse gehörigen Gegenstandes (Konkursordnung §§ 126, 127)[1] wird die Gebühr nach den Vorschriften über die Gebührenerhebung für Zwangsvollstreckungen besonders erhoben[2].

Nach § 172 ZwVG. finden die Vorschriften über die Zwangsversteigerung oder die Zwangsverwaltung auf Betreiben eines Gläubigers entsprechende Anwendung, wenn der Konkursverwalter gemäß § 126 KO. die Zwangsversteigerung oder die Zwangsverwaltung der zur Konkursmasse gehörigen unbeweglichen Gegenstände (das sind: gemäß §§ 864, 865 ZPO. Grundstücke, deren Bestandteile und Zubehörstücke [§§ 94 ff., 1120 BGB.], Berechtigungen, die den Grundstücken gleichstehen und ein Blatt im Grundbuch erhalten [Erbbaurecht: § 11 VO. v. 15. 1. 19; Erbpacht, Abbaurecht: Art. 63 Abs. 2, 68 Abs. 2 EG. BGB.; Bergwerkseigentum, Fischereiberechtigungen, vererbliche Nutzungsrechte: Art. 67, 69, 196

EG. BGB.]; ferner die im Schiffsregister nach dem FlaggenG. v. 22. 6. 99 oder dem BinnenschG. eingetragenen Schiffe) betreibt. Nach § 127 KO. ferner ist der Konkursverwalter berechtigt, die Verwertung eines zur Masse gehörigen beweglichen Gegenstandes, an welchem ein Gläubiger ein durch Rechtsgeschäft bestelltes Pfandrecht oder ein diesem gleichstehendes Recht, also ein Absonderungsrecht gemäß §§ 48 oder 49 KO. beansprucht, nach Maßgabe der Vorschriften über die Zwangsvollstreckung oder über den Pfandverkauf zu betreiben. Will er die Verwertung im Wege der Zwangsvollstreckung betreiben, so kommen nicht die Vorschriften der ZPO. über die Pfändung (§§ 808 ff. [Sachen], §§ 829 ff. [Forderungen usw.]) zur Anwendung, sondern (nur) die über die Verwertung (Versteigerung) gepfändeter Gegenstände (§§ 814 ff.); der Verwalter kann die Gegenstände (Sachen, Forderungen) ohne weiteres zur öffentlichen Versteigerung bringen. RG. 58, 12.

[2] Im Falle der durch den Konkursverwalter betriebenen Zwangsverwaltung oder Zwangsversteigerung eines unbeweglichen Gegenstandes (§ 126 KO., s. Anm. 1) bestimmt sich die besonders zu erhebende Gebühr nach Landesrecht, in Preußen nach § 115 PrGKG. in d. Fass. v. 22. 10. 22. Betreibt der Konkursverwalter die Verwertung eines beweglichen Gegenstandes im Wege der Zwangsvollstreckung (§ 127 KO., s. Anm. 1), so bestimmt sich die Gebühr für gerichtliche Handlungen hierbei (z. B. gemäß § 825 ZPO. [Anordnung anderer Verwertung statt Versteigerung]) nach § 34 Nr. 2 GKG. — Die Gebühren sind Massekosten im Sinne des § 58 Nr. 1 KO. nur, soweit sie dem Konkursverwalter (als für die Masse Handelnden) zur Last fallen und nicht aus dem Erlöse des veräußerten Gegenstandes gedeckt werden. Mot. zu § 52 GKG. a. F.

46 (56). Für das Verfahren zur Abnahme des Offenbarungseides gemäß § 125 der Konkursordnung, einschließlich des Verfahrens über Anträge auf Erzwingung der Eidesleistung (Zivilprozeßordnung § 901)[1], werden besondere Gebühren nicht erhoben[2].

[1] Nach § 125 KO. kann der Konkursverwalter oder ein Konkursgläubiger nach der durch ersteren erfolgten Anfertigung des Inventars (§ 124 KO.) den Gemeinschuldner in eine Sitzung des Amtsgerichts, bei dem das Konkursverfahren anhängig ist, zur Leistung des Offenbarungseides laden. Auf das Verfahren finden die §§ 900 ff. ZPO. entsprechende Anwendung. Daher ist, wenn der Gemeinschuldner in dem zur Leistung des Offenbarungseides bestimmten Termin nicht erscheint oder die Leistung des Eides ohne Grund verweigert, zur Erzwingung der Eidesleistung gemäß § 901 ZPO. auf Antrag die Haft anzuordnen. Die §§ 903, 914 ZPO. jedoch sind insofern nicht anwendbar, als der Gemeinschuldner durch einen bereits gemäß § 807 ZPO. geleisteten Offenbarungseid nicht von der Verpflichtung zur Leistung des Eides nach § 125 KO. entbunden wird. OLG. 1, 245.

[2] Nur besondere Gebühren werden für das Offenbarungseidverfahren nicht erhoben. Wohl aber bare Auslagen (§ 72), namentlich Haftkosten (§ 72 Nr. 8). Schuldner der Auslagen ist nach § 77 Abs. 1 der Antragsteller. Die durch die Haft entstehenden Kosten hat er gemäß § 911 ZPO. von Monat zu Monat vorauszuzahlen. Ist Antragsteller (nicht ein Konkursgläubiger, sondern) der Konkursverwalter, so fallen die Auslagen der Masse, für die der Verwalter kraft seines Amtes gehandelt hat, als Massekosten nach § 58 Nr. 1 KO. zur Last. — In der Beschwerdeinstanz kommt § 47 Abs. 1 in Verbindung mit § 38 Abs. 2 zur Anwendung.

47 (57). **Für das Verfahren in der Beschwerdeinstanz gilt, wenn sich die Beschwerde gegen den Beschluß über Eröffnung des Konkursverfahrens (Konkursordnung § 109) richtet, § 38 Abs. 1, im übrigen § 38 Abs. 2 entsprechend**[1].

Bei der Beschwerde des Gemeinschuldners gegen den Beschluß über Eröffnung des Konkursverfahrens (Konkursordnung § 109) oder den Beschluß über Bestätigung des Zwangsvergleichs (Konkursordnung §§ 189, 230

Abs. 2, § 236) gelten die Vorschriften des § 43 Abs. 1 bis 3[1]. Bei der Beschwerde eines sonstigen Antragstellers gegen die Abweisung des Eröffnungsantrags gilt § 43 Abs. 4[2]. Bei der Beschwerde eines Konkursgläubigers gegen den Beschluß über die Bestätigung des Zwangsvergleichs bestimmt sich der Wert nach dem Betrage der Forderung unter Berücksichtigung des Verhältnisses der Teilungs- zur Schuldenmasse[4], [5].

[1] Nach § 57 a. F. wurde für die Beschwerdeinstanz allgemein die im § 45 a. F. bestimmte Gebühr ($^{3}/_{10}$, wenn die Beschwerde als unzulässig verworfen oder zurückgewiesen wurde oder die Kosten einem Gegner zur Last fielen; sonst gebührenfrei) besonders erhoben. Jetzt ist zu unterscheiden zwischen der Beschwerde gegen den Beschluß über Eröffnung des Konkursverfahrens gemäß § 109 KO. und Beschwerden gegen andere Entscheidungen. Nach § 73 Abs. 3 KO. findet gegen die Entscheidungen im Konkursverfahren, soweit die KO. nicht ein anderes bestimmt (anderes ist bestimmt in § 95 Abs. 3, § 96 Abs. 2, §§ 163, 189 Abs. 3, § 190 KO., wonach die Anfechtung der Entscheidungen über Stimmrecht, über Aufhebung des Konkursverfahrens nach Schlußverteilung, über die Beschwerde betr. einen Zwangsvergleich, über Aufhebung des Konkursverfahrens zufolge rechtskräftigen Zwangsvergleichs überhaupt ausgeschlossen ist), die sofortige Beschwerde (§ 577 ZPO.) statt. Da der im Abs. 1 angeführte § 109 KO. bestimmt, daß die sofortige Beschwerde gegen den Eröffnungsbeschluß nur dem Gemeinschuldner, gegen den abweisenden Beschluß nur dem die Konkurseröffnung Beantragenden zusteht, so ergibt sich, daß § 38 Abs. 1 sowohl dann Anwendung findet, wenn die Beschwerde sich gegen den erlassenen Eröffnungsbeschluß richtet, wie auch dann, wenn ein den Antrag auf Eröffnung des Konkursverfahrens ablehnender Beschluß mit der Beschwerde angefochten wird. Nach § 38 Abs. 1 ist aber die besondere Beschwerdegebühr (volle Gebühr des § 8) in beiden Fällen zu erheben, gleichviel ob die Beschwerde verworfen oder zurückgewiesen oder ob ihr stattgegeben wird. Dagegen wird in allen anderen Fällen der (sofortigen) Be-

schwerde gemäß dem entsprechend anzuwendenden § 38 Abs. 2 für das Verfahren in der Beschwerdeinstanz die besondere Beschwerdegebühr nur erhoben, soweit die Beschwerde als unzulässig verworfen oder zurückgewiesen wird, während, wenn der Beschwerde stattgegeben wird, eine Gebühr nicht zum Ansatz kommt. — Fällig wird die Gebühr in den ersteren Fällen nach § 74 Abs. 1 Halbs. 1 mit der Einlegung der Beschwerde, in den letzteren Fällen nach § 74 Abs. 1 Halbs. 2 mit der Entscheidung. Schuldner der Gebühr sowie der in der Beschwerdeinstanz entstandenen Auslagen (§ 72) ist in allen Fällen der Beschwerdeführer, und zwar, wenn die Beschwerde verworfen oder zurückgewiesen wird, nach § 97 Abs. 1 ZPO. (§ 72 KO.), § 79 GKG., und, wenn in den ersteren Fällen der Beschwerde stattgegeben wird, nach § 78 GKG.; jedoch ist diesenfalls der kostenpflichtige Gegner Erstschuldner nach Maßgabe der §§ 79, 82 GKG. Hat der Gemeinschuldner die Beschwerde eingelegt, so kann wegen der Gebühr und der Auslagen nur sein dem Konkursverfahren nicht unterliegendes Vermögen in Anspruch genommen werden; ist der Konkursverwalter der Beschwerdeführer, so sind Gebühr und Auslagen Massekosten im Sinne des § 58 Nr. 1 KO. Mot. zu § 52 a. F. Solche Massekosten sind auch, wenn einer nicht gegen den Beschluß über Eröffnung des Konkursverfahrens gerichteten Beschwerde stattgegeben wird (also keine Gebühr entsteht), die in der Beschwerdeinstanz entstandenen Auslagen.

[2] Hat der Gemeinschuldner gegen den das Konkursverfahren eröffnenden oder gegen den den Eröffnungsantrag abweisenden Beschluß (§ 109 KO.) oder gegen die Bestätigung oder die Verwerfung eines Zwangsvergleichs gemäß § 189 Abs. 1 oder (in den Fällen des Konkurses über einen Nachlaß bzw. über das Gesamtgut bei fortgesetzter Gütergemeinschaft) gemäß § 230 Abs. 2, § 236 KO. Beschwerde eingelegt, so bestimmt sich der Wert für die nach Anm. 1 zu erhebende Gebühr nach dem Betrage der Aktivmasse gemäß § 43 Abs. 1 (s. dort Anm. 1, 2, 3), weil die Beschwerde immer zum Gegenstande hat die Entscheidung, ob der Konkurs eröffnet bzw. aufgehoben werden soll oder nicht (Mot. zu § 57 a. F.), sofern nicht die Schuldenmasse geringer ist (§ 43 Abs. 2, s. dort Anm. 4), und

ist für die Berechnung der Masse der Zeitpunkt der Beendigung des Verfahrens maßgebend (§ 43 Abs. 3, s. dort Anm. 5).

[3] Richtet sich die Beschwerde gegen die Abweisung eines von einem Anderen als dem Gemeinschuldner (s. Anm. 2), insbesondere von einem Konkursgläubiger, gestellten Antrags auf Eröffnung des Konkursverfahrens, die von solchem Antragsteller eingelegt ist, so wird gemäß dem durch das G. v. 28. 1. 27 hinzugefügten Satz 2 des Abs. 2 die Beschwerdegebühr nach dem Betrage der Forderung des Antragstellers, sofern jedoch der Betrag der Aktivmasse geringer ist, nach diesem Betrag erhoben (§ 43 Abs. 4, s. dort Anm. 6).

[4] Hat ein Konkursgläubiger gegen den Beschluß über die Bestätigung eines Zwangsvergleichs gemäß § 189 Abs. 1, § 230 Abs. 2, § 236 KO. Beschwerde eingelegt, so bestimmt sich gemäß dem durch das G. v. 28. 1. 27 hinzugefügten Satz 3 des Abs. 2 der Wert für die Beschwerde nach dem Betrage der Forderung des Beschwerdeführers unter Berücksichtigung des Verhältnisses der Teilungs- zur Schuldenmasse, also nach der auf die Forderung entfallenden Konkursdividende (vgl. Anm. 3 § 44), während nach Abs. 2 in der früheren Fassung des G. v. 21. 12. 22 auch in diesem Falle das in Anm. 2 Bemerkte galt.

[5] Trifft keiner der in Abs. 2 (Anm. 2, 3, 4) behandelten Fälle zu, was auch dann der Fall ist, wenn ein Gläubiger gegen den die Konkurseröffnung anordnenden Beschluß (nach § 109 KO. unzulässigerweise) oder gegen die Verwerfung eines Zwangsvergleichs Beschwerde eingelegt hat (s. Anm. 3, 4), so bestimmt sich der Wert für die Beschwerdegebühr nach dem gemäß § 40 GKG., § 3 ZPO. frei zu schätzenden Interesse des Beschwerdeführers an dem Erfolg seiner Beschwerde.

48 (58). **Auf die Wiederaufnahme des Konkursverfahrens (Konkursordnung § 198) finden die Vorschriften der §§ 41 bis 47 mit der Maßgabe entsprechende Anwendung, daß für die Durchführung des wiederaufgenommenen Verfahrens die volle Gebühr (§ 8) erhoben wird**[1].

Wird vor der Wiederaufnahme die Anordnung von Sicherheitsmaßregeln beantragt (Konkursordnung § 197 Abs. 2), so wird die Gebühr in Gemäßheit des § 34 nach dem Werte des Gegenstandes, durch welchen die Sicherung erfolgen soll, besonders erhoben[1].

Die Gebühr für die Anordnung einer Sicherheitsmaßregel wird im Falle der Wiederaufnahme auf die im ersten Absatz bezeichnete Gebühr angerechnet[2].

[1] Nach § 198 KO. wird das durch einen Zwangsvergleich beendete Konkursverfahren im Falle rechtskräftiger Verurteilung des Gemeinschuldners wegen betrügerischen Bankrotts auf Antrag eines Konkursgläubigers wieder aufgenommen, wenn genügende Masse vorhanden ist oder ein zur Deckung der im § 58 Nr. 1, 2 KO. bezeichneten Massekosten ausreichender Geldbetrag vorgeschossen wird. Dieses Wiederaufnahmeverfahren wird nach Abs. 1 hinsichtlich des Gebührenansatzes wie ein neues Konkursverfahren behandelt. Die Gebühr für das Verfahren über den Wiederaufnahmeantrag bestimmt sich also, gleichviel ob dem Antrag stattgegeben oder er abgelehnt wird, nach § 41 (Hälfte der Gebühr des § 8) und die Gebühr für die Durchführung des wiederaufgenommenen Verfahrens nach § 42, letzteres jedoch mit der Maßgabe, daß einerseits die Gebühr nur in Höhe der einfachen vollen Gebühr des § 8 erhoben wird, anderseits eine Ermäßigung dieser Gebühr in den Fällen des § 42 Abs. 2 nicht eintritt. Fällig wird die erstere Gebühr mit Stellung des Wiederaufnahmeantrags (§ 74 Abs. 1 Halbs. 1), die letztere Gebühr mit dem Wiederaufnahmebeschluß (§ 74 Abs. 1 Halbs. 2, s. Anm. 1 § 42). Die Gebühren sind, wenn die Wiederaufnahme erfolgt, Massekosten im Sinne des § 58 Nr. 1 KO. Vgl. KGJ. 36, B 48. — Die erstere Gebühr wird nach dem Betrage der Forderung des Antragstellers, sofern jedoch der Betrag der Aktivmasse (der früheren Aktivmasse unter Hinzurechnung des etwa vom Gemeinschuldner inzwischen Hinzuerworbenen) geringer ist, nach diesem Betrag erhoben (§ 43 Abs. 4, s. dort Anm. 6), und für die letztere Gebühr (für die Durchführung des Ver-

fahrens) bestimmt sich der Wert nach dem Betrage der Aktivmasse zur Zeit der Beendigung des Verfahrens, sofern jedoch die Schuldenmasse (zu der nach § 200 Abs. 2 KO. auch die Forderungen neuer Gläubiger gehören) geringer ist, nach dem Betrage dieser (§ 43 Abs. 1, 2, 3, s. dort Anm. 1—5). — Die nach Abs. 2 weiter entsprechend anzuwendenden §§ 44 bis 47 betreffen: § 44: besonderer Prüfungstermin (für etwaige neue Forderungen); § 45: vom Konkursverwalter betriebene Zwangsverwaltung oder Zwangsversteigerung; § 46: Offenbarungseid des Gemeinschuldners; § 47: Gebühr für das Verfahren in der Beschwerdeinstanz; hier ist, wenn sich die Beschwerde gegen den die Wiederaufnahme anordnenden oder gegen den den Wiederaufnahmeantrag ablehnenden Beschluß richtet, nach § 47 Abs. 1 Halbs. 1, § 38 Abs. 1, gleichviel ob die Beschwerde zurückgewiesen oder ihr stattgegeben wird, die Beschwerdegebühr (volle Gebühr des § 8) zu erheben, und kommt in den übrigen Fällen der Beschwerde nach § 47 Abs. 1 Halbs. 2, § 38 Abs. 2 die Beschwerdegebühr nur zum Ansatz, soweit die Beschwerde als unzulässig verworfen oder zurückgewiesen wird (vgl. Anm. 1 § 47). Über den Wert des Beschwerdegegenstandes, auf den § 47 Abs. 2 Anwendung findet, vgl. Anm. 2—5 § 47.

[2] Nach § 197 Abs. 2 KO. können schon vor Wiederaufnahme des Verfahrens (Anm. 1), und zwar bereits vor rechtskräftiger Verurteilung des Gemeinschuldners wegen betrüglichen Bankrotts auf Antrag eines Gläubigers Sicherheitsmaßregeln (z. B. Veräußerungsverbot) gegen den Gemeinschuldner angeordnet werden. Für das Verfahren über diesen Antrag wird die Gebühr aus § 34 ($^1/_4$ der Gebühr des § 8) erhoben, und zwar nicht nach dem Betrage der Forderung des antragstellenden Gläubigers, sondern nach dem Werte des Gegenstandes der Aktivmasse, der durch die Maßregel für die Konkursmasse gegenüber einem schädigenden Vorgehen des Gemeinschuldners sichergestellt werden soll. — Fällig wird die Gebühr nach § 74 Abs. 1 mit dem Antrag. Ihr Schuldner ist nach § 78 der Antragsteller.

[3] Die Gebühr für die Anordnung einer Sicherheitsmaßregel von $^1/_4$ (Anm. 2) wird im Falle der späteren Wiederaufnahme des Verfahrens auf die Gebühr für den Wiederauf-

nahmebeschluß von 1/2 der Gebühr des § 8 (Anm. 1) angerechnet.

2. Vergleichsverfahren.

48a. [1]**Für das Vergleichsverfahren zur Abwendung des Konkurses wird die volle Gebühr (§ 8) erhoben. Die Gebühr ermäßigt sich auf die Hälfte, wenn das Verfahren sich ohne Anberaumung eines Vergleichstermins erledigt**[2].

Wird das Vergleichsverfahren in das Konkursverfahren übergeleitet (§ 82 des Gesetzes über den Vergleich zur Abwendung des Konkurses), so wird die im Vergleichsverfahren gemäß Abs. 1 entstandene Gebühr auf die im § 42 bestimmte Gebühr angerechnet. Wird bei Beendigung des Vergleichsverfahrens die Eröffnung des Konkursverfahrens abgelehnt, so wird die Gebühr des § 41 nicht erhoben[3].

Für das Verfahren zur Abnahme des Offenbarungseides gemäß § 61 Abs. 3 des Gesetzes über den Vergleich zur Abwendung des Konkurses wird eine Gebühr nicht erhoben[4].

[1] § 48a ist durch § 99 Nr. 4 des G. über den Vergleich zur Abwendung des Konkurses v. 5. 7. 27 eingefügt.

[2] Durch die volle Gebühr (§ 8) des Satzes 1 wird die gesamte gerichtliche Tätigkeit im Vergleichsverfahren, mit Ausnahme des Beschwerdeverfahrens (§ 48c), abgegolten. Die im Satz 2 vorgesehene Ermäßigung der Gebühr auf die Hälfte tritt ein, wenn die Eröffnung des Vergleichsverfahrens abgelehnt oder vor Anberaumung eines Vergleichstermins das Verfahren eingestellt oder der Eröffnungsantrag zurückgenommen wird (vgl. §§ 21 ff., 79 VerglO.). Eine Einstellung oder Zurücknahme nach Anberaumung des Termins führt eine Ermäßigung der vollen Gebühr nicht herbei. — Die Gebühr wird nach § 74 Abs. 1 Halbs. 1 fällig mit Stellung

des Eröffnungsantrags. Ihr Schuldner ist nach § 78a der Vergleichsschuldner.

[3] Nach §§ 24, 71, 80 VerglO. ist, wenn die Eröffnung des Vergleichsverfahrens abgelehnt oder der abgeschlossene Vergleich vom Gericht verworfen oder das Vergleichsverfahren eingestellt wird, zugleich über die Eröffnung des Konkursverfahrens zu entscheiden und gilt für diese Entscheidung der Antrag des Schuldners auf Eröffnung des Vergleichsverfahrens als Antrag auf Eröffnung des Konkurses. Wird dann die Eröffnung des Konkurses abgelehnt, so wird die Gebühr aus § 41 (für das Verfahren über den Antrag auf Eröffnung des Konkursverfahrens) nach § 48a Abs. 2 S. 2 nicht erhoben, und verbleibt es lediglich bei der Gebühr für das Vergleichsverfahren nach Abs. 1. Wird das Konkursverfahren eröffnet, so kommt die Gebühr aus § 42 (für die Durchführung des Konkursverfahrens) zum Ansatz. An sich wäre auch die Gebühr aus § 41 zu erheben. Jedoch tritt diese Gebühr nicht in die Erscheinung, da sie, weil der Fall des § 42 Abs. 3 (Eröffnung des Konkursverfahrens auf Antrag des Gemeinschuldners) gegeben ist, auf die Gebühr aus § 42 zur Anrechnung kommt. Ferner wird nach § 48a Abs. 2 S. 1 die Gebühr für das Vergleichsverfahren aus Abs. 1 auf die Gebühr aus § 42 angerechnet, so daß nur die letztere Gebühr abzüglich der für das Vergleichsverfahren entrichteten zu erheben ist. — War vor dem Antrag des Schuldners auf Eröffnung des Vergleichsverfahren von einem Gläubiger der Antrag auf Eröffnung des Konkursverfahrens gestellt, so ist nach § 31 VerglO. die Entscheidung über den letzteren Antrag bis zur Rechtskraft der Entscheidung, die das Vergleichsverfahren beendet, ausgesetzt. Kommt dann ein rechtskräftig bestätigter Vergleich zustande, so gilt nach § 69 Abs. 3 S. 2 VerglO. der Antrag auf Eröffnung des Konkursverfahrens als nicht gestellt, so daß eine Gebühr aus § 41 nicht zur Hebung kommt. Ist dagegen rechtskräftig die Eröffnung des Vergleichsverfahrens abgelehnt oder das Vergleichsverfahren eingestellt oder ein abgeschlossener Vergleich vom Gericht verworfen, so wird nunmehr das Vergleichsverfahren in das Konkursverfahren übergeleitet (§ 82 VerglO.). Es finden dann die vorerörterten Vorschriften des § 48a Abs. 2 Anwendung. Wird also der

Antrag des Gläubigers auf Eröffnung des Konkursverfahrens abgelehnt, so wird nach Abs. 2 S. 2 die Gebühr aus § 41 nicht erhoben, so daß es bei der Gebühr für das Vergleichsverfahren aus § 48a Abs. 1 sein Bewenden behält, und wird das Konkursverfahren eröffnet, so wird nach Abs. 2 S. 1 die letztere Gebühr auf die Gebühr aus § 42 angerechnet. Im letzteren Falle kommt jedoch daneben noch die Gebühr aus § 41 zum Ansatz. Eine Anrechnung dieser Gebühr auf die Gebühr aus § 42 ist nicht vorgesehen; § 42 Abs. 3 trifft hier nicht zu, da das Konkursverfahren nicht auf Antrag des Gemeinschuldners, sondern auf den Antrag eines Gläubigers eröffnet wird.

[4] Nach § 61 Abs. 3 VerglO. hat auf Verlangen eines am Verfahren beteiligten Gläubigers der Schuldner im Vergleichstermine den Offenbarungseid zu leisten. Die Gebührenfreiheit für dieses Verfahren entspricht dem § 46 bezüglich des Offenbarungseides des Gemeinschuldners im Konkurs.

48b. [1]**Die in dem § 48a Abs. 1 bestimmten Gebühren werden nach dem Werte der Aktiven (§ 18 des Gesetzes über den Vergleich zur Abwendung des Konkurses) zur Zeit der Stellung des Antrags auf Eröffnung des Vergleichsverfahrens erhoben. Übersteigt der Wert der Aktiven den Gesamtbetrag der Forderungen der am Verfahren beteiligten Gläubiger, so ist der letztere maßgebend**[2]**.**

[1] § 48b ist durch § 99 Nr. 4 des G. über den Vergleich zur Abwendung des Konkurses v. 5. 7. 27 eingefügt.

[2] Nach § 16 Abs. 1 Nr. 2 VerglO. hat der Schuldner seinem Antrag auf Eröffnung des Vergleichsverfahrens u. a. eine Übersicht seines Vermögensstandes beizufügen. In dieser Übersicht müssen nach § 18 sämtliche Vermögensgegenstände (Aktiva) und Verbindlichkeiten (Passiva) einzeln unter Angabe ihres Betrags oder Wertes aufgeführt werden; bei allen Aktiven und Passiven sind etwaige Nebenrechte, insbesondere zur Sicherung übertragenes Eigentum, Hypotheken, Pfandrechte und Bürgschaften sowie Ansprüche aus zur Deckung erhalte-

nen oder begebenen Wechseln zu bezeichnen, uneinbringliche oder zweifelhafte Aktiva sind als solche kenntlich zu machen. — Unter Zugrundelegung dieser Übersicht sind die einzelnen Vermögensgegenstände, insbesondere auch die ausstehenden Forderungen des Vergleichsschuldners, nach ihrem Verkaufswerte zur Zeit der Stellung des Eröffnungsantrags frei (§ 40 GKG., § 3 ZPO.) zu schätzen und sind nach dem Gesamtbetrag der gefundenen Werte die Gebühren aus § 48a Abs. 1 zu berechnen. Vgl. Anm. 4 § 43. Ist aber der Gesamtbetrag der Forderungen (nach ihrem Nennbetrag, nötigenfalls nach ihrem frei zu schätzenden Werte) der am Verfahren beteiligten Gläubiger (das sind nach § 2 VerglO. die Gläubiger, die nicht bevorrechtigte [§ 61 Nr. 1—5 KO.] Konkursgläubiger [§ 3 KO.] wären, wenn statt des Vergleichsverfahrens das Konkursverfahren eröffnet worden wäre) geringer als der Wert der Aktiven, so ist jener Gesamtbetrag für die Gebührenberechnung maßgebend.

48c. [1]**Für das Verfahren in der Beschwerdeinstanz**[2] **findet § 38 Abs. 2 mit der Maßgabe entsprechende Anwendung, daß nur die halbe Gebühr erhoben wird**[3].

[1] § 48c ist durch § 99 Nr. 4 des G. über den Vergleich zur Abwendung des Konkurses v. 5. 7. 27 eingefügt.

[2] Nach § 14 VerglO. können im Vergleichsverfahren die Entscheidungen des Gerichts nur insoweit angefochten werden, als die VerglO. es bestimmt. Zugelassen ist die sofortige Beschwerde des Schuldners gegen Ablehnung seines Eröffnungsantrags und zugleich Entscheidung über Eröffnung des Konkursverfahrens (§ 24 Abs. 2), gegen die Verwerfung des abgeschlossenen Vergleichs und zugleich Entscheidung über die Eröffnung des Konkursverfahrens (§ 71 Abs. 1), gegen Einstellung des Vergleichsverfahrens und zugleich Entscheidung über die Eröffnung des Konkursverfahrens (§ 80 Abs. 1 VerglO.), und ferner die sofortige Beschwerde gegen Festsetzung einer Ordnungsstrafe gegen die Vertrauensperson (§ 45 Abs. 4) und gegen die Festsetzung einer Vergütung für die Vertrauensperson (§ 46 Abs. 3 VerglO.).

[3] Aus der entsprechenden Anwendung des § 38 Abs. 2 folgt, daß die hier auf die Hälfte der Gebühr des § 8 bestimmte Gebühr nur erhoben wird, soweit die Beschwerde als unzulässig verworfen oder zurückgewiesen wird. Die Gebühr wird nach § 74 Abs. 1 Halbs. 2 fällig mit der Entscheidung. Schuldner der Gebühr sowie der in der Beschwerdeinstanz entstandenen Auslagen ist der Beschwerdeführer (vgl. Anm. 1 § 47). Wird der Beschwerde stattgegeben (welchenfalls eine Gebühr nicht entsteht), so gehören die Auslagen zu den nach § 79a den Vergleichsschuldner treffenden Kosten des Vergleichsverfahren und, wenn von diesem nach § 82 VerglO. zum Konkursverfahren übergegangen wird, gemäß § 85 VerglO. zu den Massekosten im Sinne des § 58 Nr. 1 KO. — Für die Berechnung des Wertes des Beschwerdegegenstandes ist eine besondere Bestimmung nicht gegeben. Gemäß § 40 GKG., § 3 ZPO. wird daher der Wert nach dem Interesse des Beschwerdeführers am Erfolg seiner Beschwerde nach freiem Ermessen zu bestimmen sein.

Vierter Abschnitt.

Gebühren in Strafsachen.

1. Verfahren auf öffentliche Klage.

49 (59). **In Strafsachen[1] gibt die rechtskräftig erkannte Strafe[2] den Maßstab für die Höhe der Gerichtsgebühren[3] aller Instanzen[4].**

Ist auf Geldstrafe und für den Fall, daß sie nicht beigetrieben werden kann, auf Freiheitsstrafe erkannt, so bestimmt sich die Gebühr nach der Höhe der ersteren[5]. Ist in Anwendung des § 27b des Strafgesetzbuchs (Reichsgesetzbl. 1924 I S. 44) auf Geldstrafe an Stelle der verwirkten Freiheitsstrafe erkannt, so bestimmt sich die Gebühr nach der Geldstrafe[6].

Ist neben einer Freiheitsstrafe auf Geldstrafe erkannt, so wird die Gebühr von jeder Strafe besonders berechnet[7].

Ist auf Einziehung, Verfallserklärung oder Unbrauchbarmachung erkannt, so ist der Wert der Gegenstände, auf die sich die Entscheidung bezieht, im Sinne dieser Vorschrift als Geldstrafe anzusehen. Besteht der Gegenstand nicht in einem Geldbetrage, so setzt das Gericht den Wert fest. Der Wert ist nach dem Zeitpunkt der Verurteilung zu bestimmen[3].

[1] Strafsachen sind nur die Verfahren, auf welche die StPO. Anwendung findet und die sich gegen eine nach dem StGB. oder anderen Strafgesetzen mit Strafe bedrohte Tat richten. Daher gehören nicht hierher: Verfahren betreffend Verurteilung zu Ordnungsstrafen, z. B. nach GVG. §§ 56, 84 (gegen unentschuldigt ausgebliebene Schöffen, Vertrauenspersonen, Geschworene), §§ 177, 178 (Ungebühr), StPO. §§ 51, 70, 77 (gegen Zeugen und Sachverständige), KO. § 84 (gegen Konkursverwalter), VerglO. § 45 (gegen die Vertrauensperson); das ehrengerichtliche Verfahren gegen Rechtsanwälte; das Disziplinarverfahren gegen Beamte. Ferner nicht Forstdiebstahlssachen (vgl. Anm. 4 § 1).

[2] Es kommt auf die erkannte Strafe an. Die Anrechnung der Untersuchungshaft auf die Strafe (§ 60 StGB., § 450 StPO.) bleibt für die Gebührenberechnung unberücksichtigt. Mot. zu § 59 a. F. Anderseits auch eine Buße, auf deren Erlegung (z. B. nach §§ 188, 231 StGB.) erkannt worden ist, da sie nicht die Eigenschaft einer Strafe, sondern die einer Entschädigung hat. RG. 15, 352; 31, 334.

[3] Durch die nach der rechtskräftig erkannten Strafe sich bestimmende Gerichtsgebühr (§ 52) wird die gesamte gerichtliche Tätigkeit bis zur Rechtskraft des Urteils einschließlich aller Zwischenentscheidungen, z. B. betreffend Inhaftnahme, Beschlagnahme (§§ 124, 94 StPO.), abgegolten, auch das Ermittlungsverfahren der Staatsanwaltschaft, ferner gerichtliche Entscheidungen in der Strafvollstreckung nach §§ 458 ff. StPO., während für die Strafvollstreckung im übrigen gebührenrechtlich die Landesgesetzgebung maßgebend ist. — Fällig wird die Gebühr sowie die Verpflichtung zur Tragung der Auslagen erst mit der Rechtskraft der den Angeklagten zur Strafe ver-

urteilenden Entscheidung (Urteil, Strafbefehl): GKG. § 75 Abs. 2, StPO. § 465. Schuldner ist der zur Strafe verurteilte Angeklagte. Wird der Angeklagte freigesprochen oder außer Verfolgung gesetzt, so ist von ihm eine Gebühr nicht zu erheben; es sind ihm nach § 467 StPO. nur solche Kosten aufzuerlegen, welche er durch eine schuldbare Versäumnis verursacht hat, und solche Kosten sind lediglich Auslagen. Nach § 468 StPO. aber wird ausnahmsweise bei wechselseitigen Beleidigungen oder Körperverletzungen (§§ 199, 233 StGB.) auf öffentliche Klage die Verurteilung eines oder beider Teile in die Kosten dadurch nicht ausgeschlossen, daß einer oder beide für straffrei erklärt werden, und ist, während früher in diesem Fall ebenfalls eine Gebühr nicht zu erheben war (Mot. zu § 59 a. F.), durch § 52 Abs. 3 in d. Fass. des G. v. 21. 12. 22 und des G. v. 28. 1. 27 den für straffrei erklärten, aber zur Kostentragung verurteilten Beschuldigten eine Gebühr von 5 RM. auferlegt.

[4] Die erste Instanz umfaßt das ganze Verfahren bis zur Urteilsfällung, die Rechtsmittelinstanz das ganze Verfahren von Einlegung des Rechtsmittels an bis zur Beendigung des Rechtsmittelverfahrens durch Urteilsfällung oder Verwerfung des Rechtsmittels durch Beschluß oder Zurücknahme des Rechtsmittels. Für jede Instanz wird die Gebühr nur einmal erhoben, ganz unabhängig davon, ob eine oder mehrere Hauptverhandlungen stattgefunden haben. Die in der letztabschließenden Instanz erkannte Strafe ist für die Gebühr in allen Instanzen maßgebend. Z. B. gilt hinsichtlich der Gebühr die in der Berufungsinstanz ausgesprochene Strafe auch für das mit Freisprechung geendigte Verfahren erster Instanz. RG. 18, 347. Entscheidend ist für alle Instanzen diejenige Strafe, die sich bei der endgültigen Erledigung der Strafsache als einheitliche Strafe in der Urteilsformel darstellt, mag sie Einzelstrafe, Gesamtstrafe oder Gesamtsumme mehrerer Einzelstrafen sein. RG. 26, 172. Es darf aber dem Gebührenansatz für jede Instanz nur die Strafe für die Straftat oder die Straftaten zugrunde gelegt werden, über die in der betreffenden Instanz entschieden ist oder nach dem gestellten Antrag entschieden werden sollte. Handelt es sich um mehrere selbständige Straftaten und wird die in erster Instanz ausgesprochene Verurteilung nur bezüglich einzelner Straftaten

mit dem Rechtsmittel angefochten, so kommen für den Gebührenansatz in der Rechtsmittelinstanz nur die Strafen in denjenigen Straffällen in Betracht, die in die höhere Instanz gelangt sind; dabei ist die Einsatzstrafe für jede einzelne Tat, nicht bloß die Straferhöhung maßgebend. RG. **26**, 172; **27**, 58 (VStS.). Wenn jedoch das Rechtsmittel eine für mehrere Straftaten festgesetzte Nebenstrafe betrifft, ist die Rechtsmittelinstanz hinsichtlich des Gebührenansatzes als mit sämtlichen Straftaten befaßt anzusehen. RG. 18, 369. — Durch Zurückverweisungen an das untere Gericht oder Verweisungen an ein anderes Gericht nach §§ 328, 354, 355 StPO. wird für den Gebührenansatz eine neue Instanz nicht begründet, ferner nicht, wenn nach der Zurückverweisung in die untere Instanz zufolge Erfolgs eines Rechtsmittels gegen die demnächst von der unteren Instanz erlassene Entscheidung von neuem ein Rechtsmittel eingelegt wird. Hat der verurteilte Angeklagte durch Einlegung eines Rechtsmittels den Erfolg erzielt, daß das Vorderurteil aufgehoben und die Sache an die Vorinstanz zurückverwiesen wurde, wird er aber dann erneut zu Strafe verurteilt, so hat er die Gebühr nach dieser Strafe zu tragen, auch fallen ihm die Kosten des Rechtsmittels zur Last. RG. 18, 347. Die Kosten eines zurückgenommenen oder erfolglos eingelegten Rechtsmittels treffen nach § 473 Abs. 1 S. 1 StPO. den, der es eingelegt hat. Ist in der Rechtsmittelinstanz ein Urteil zu Ungunsten des Angeklagten ergangen, so fallen ihm die Kosten gemäß § 465 Abs. 1 StPO. zur Last. Ist er in der Rechtsmittelinstanz freigesprochen oder außer Verfolgung gesetzt worden, so treffen ihn die Kosten (Auslagen) der Rechtsmittel- und der Vorinstanz nach dem obigen § 467 Abs. 1 StPO. nur soweit, als er sie durch eine schuldbare Versäumnis verursacht hat. Hatte das von ihm eingelegte Rechtsmittel teilweise Erfolg (z. B. indem die Strafe herabgesetzt worden ist), so kann das Gericht gemäß § 473 Abs. 1 S. 3 StPO. nach freiem Ermessen (RG. 18, 347) die Gebühr für die Rechtsmittelinstanz ermäßigen und die entstandenen Auslagen angemessen verteilen.

[5] Die für die Geldstrafe substituierte Freiheitsstrafe bleibt also für den Gebührenansatz außer Betracht.

[6] Nach dem durch Art. I VO. über Vermögensstrafen v. 6. 2. 24 in das StGB. eingefügten § 27b ist, falls in dem dort

bezeichneten Fall eine Freiheitsstrafe von weniger als drei Monaten verwirkt ist, an Stelle der Freiheitsstrafe auf Geldstrafe zu erkennen, wenn der Strafzweck durch eine Geldstrafe erreicht werden kann. Die Geldstrafe, auf die hier an Stelle der Freiheitsstrafe erkannt ist, ist allein für den Gebührenansatz maßgebend.

[7] Nach § 59 Abs. 2 a. F. war, wenn neben einer Freiheitsstrafe auf eine Geldstrafe erkannt war, der ersteren eine an Stelle der letzteren gesetzte Freiheitsstrafe hinzuzurechnen. Nach dem jetzigen Abs. 3 (Ges. v. 21. 12. 22) ist sowohl nach der Freiheitsstrafe wie auch nach der Geldstrafe eine Gebühr, also eine Doppelgebühr, anzusetzen.

[8] Früher war streitig, ob ein dem Angeklagten neben einer Defraudationsstrafe an Stelle der nicht vollstreckbaren Einziehung der defraudierten Gegenstände auferlegter Werterſatz bei dem Gebührenansatz zu berücksichtigen sei (RG. **18**, 369; **20**, 290; **22**, 213) oder nicht (RG. **22**, 103). Jetzt ist nach dem durch das Ges. v. 21. 12. 22 hinzugefügten Abs. 4, wenn auf Einziehung, Verfallserklärung oder Unbrauchbarmachung (z. B. nach §§ 40, 41 StGB.) erkannt ist, der Wert der konfiszierten Gegenstände für den Gebührenansatz als Geldstrafe anzusehen. Dies gilt auch hinsichtlich des Werterſatzes für defraudierte Gegenstände nach §§ 135, 154, 155 Vereinszollges. v. 1. 7. 69 (vgl. RG. **18**, 369; **20**, 290; **22**, 213). Die Wertfestsetzung, wenn der Gegenstand nicht in einem Geldbetrage besteht, erfolgt durch Beschluß des Gerichts. Die Vorschrift des S. 3, wonach für die Wertermittelung der Zeitpunkt der Verurteilung, nicht der der Rechtskraft des Urteils maßgebend ist, ist durch die VO. v. 13. 12. 23 hinzugefügt. — Bezüglich des Verfahrens der Einziehung nach §§ 430 ff. StPO. s. § 66.

50 (60). Im Falle des § 79 des Strafgesetzbuchs[1] bestimmt sich die Gebühr für das neue Verfahren durch den Betrag, um welchen die Gesamtstrafe die früher erkannte Strafe übersteigt[2].

Im Falle des § 460 der Strafprozeßordnung[3] ist eine besondere Gebühr nicht zu erheben.

[1] Danach ist, wenn vor Verbüßung oder Verjährung oder Erlassung einer erkannten Strafe die Verurteilung desselben Angeklagten wegen einer anderen, vor der früheren Verurteilung begangenen strafbaren Handlung erfolgt, auf eine **Gesamtstrafe** durch Erhöhung der verwirkten schwersten Strafe zu erkennen.

[2] Es ist also eine **Gebühr für die Differenz** zwischen der früheren Strafe und der neuen Gesamtstrafe nach den Sätzen des § 52 zu erheben. RG. **26**, 174 (JW. **04**, 479[10]).

[3] D. i. **Zurückführung mehrerer**, durch verschiedene rechtskräftige Urteile erkannter **Einzelstrafen auf eine Gesamtstrafe** durch eine nachträgliche gerichtliche Entscheidung. Diese Entscheidung ergeht also gebührenfrei. — Die Entscheidung hat aber keinen Einfluß auf die für die rechtskräftig erkannten Einzelstrafen in Ansatz gebrachten Gebühren. Diese bleiben vielmehr trotz der nachträglichen Bildung einer Gesamtstrafe bestehen. RG. **37**, 169 (JW. **04**, 479[10]).

51 (61). Betrifft eine Strafsache mehrere Angeschuldigte, so ist die Gebühr von jedem Verurteilten besonders[1] nach Maßgabe der gegen ihn erkannten Strafe zu erheben[2].

[1] Eine Gesamtverbindlichkeit mehrerer verurteilter Angeschuldigter für die Gerichtsgebühren besteht grundsätzlich nicht. RG. **21**, 61, 164. Ist ausnahmsweise nach strafgesetzlicher Sondervorschrift (z. B. im Steuerrecht) gesamtschuldnerische Haftung für eine Geldstrafe bestimmt, so ist die nach der erkannten Geldstrafe in Ansatz zu bringende Gebühr an sich von jedem Verurteilten zu erheben, jedoch von allen zusammen nur einmal.

[2] Haftung für die Auslagen (§§ 71 ff.) gemäß § 88 GKG. in Verbindung mit § 466 Abs. 2 S. 1 StPO.: „Mitangeklagte, welche in bezug auf dieselbe Tat zu Strafe verurteilt sind, haften für die Auslagen als Gesamtschuldner." Dies gilt auch dann, wenn die Gesamthaftung in dem Urteil nicht ausdrücklich ausgesprochen ist. RG. **1**, 93. Der einzelne Angeklagte hat, wenn auch die Auslagen nur einmal eingefordert werden dürfen, doch wegen der Mitverurteilung der anderen Angeklagten nicht einen Rechtsanspruch auf Erleichterung. RG. **21**,

164. Der Begriff „dieselbe Tat“ ist dabei in weiterem Sinn als nach dem StGB. aufzufassen. Jeder Teilnehmer an der bestraften Tat haftet samtverbindlich, selbst wenn er bei den Handlungen der anderen Teilnehmer nicht mitgewirkt noch auch nur darum gewußt hat. JW. 86, 7[11]. Ferner erstreckt sich diese Gesamthaftbarkeit für Auslagen auf: Begünstiger und Hehler, RG. 12, 226; JW. 86, 107[19]; den wegen aktiver und den wegen passiver Bestechung Verurteilten, JW. 87, 511. Jedoch hat jeder Verurteilte nur für solche Kosten und Auslagen (insbesondere auch Zeugengebühren) aufzukommen, die nach dem Gange der Untersuchung mit seiner Verurteilung im Zusammenhange stehen, nicht für solche, die sich lediglich auf Straftaten von Mitangeschuldigten beziehen. RG. 29, 145; 30, 287. Immer ausgeschlossen von der Samtverbindlichkeit sind die durch die Untersuchungshaft und die Strafvollstreckung entstandenen Kosten: § 466 Abs. 2 S. 2 StPO.

52 (62). [1]**Für das Verfahren in erster Instanz**[2] **werden erhoben:**

im Falle einer Freiheitsstrafe[3] **bis zu einer Woche einschließlich**	**5 Reichsmark,**
von mehr als einer Woche bis zu zwei Wochen einschließlich . .	**10 Reichsmark,**
von mehr als zwei Wochen bis zu einem Monat einschließlich	**20 Reichsmark,**
von mehr als einem Monat bis zu sechs Monaten einschließlich	**50 Reichsmark,**
von mehr als sechs Monaten bis zu einem Jahre einschließlich	**80 Reichsmark,**
von mehr als einem Jahre bis zu zwei Jahren einschließlich	**100 Reichsmark,**
von mehr als zwei Jahren bis zu fünf Jahren einschließlich	**200 Reichsmark,**
im Falle einer schwereren Strafe[4]	**300 Reichsmark.**

Ist auf eine Geldstrafe[3] erkannt, so werden 10 vom Hundert[4] des Betrags der erkannten Strafe, mindestens 5 Reichsmark, erhoben; die Gebühr darf jedoch die Summe von 10 000 Reichsmark und den Betrag der erkannten Strafe nicht übersteigen.

Ist[7] der zur Kostentragung verurteilte Beschuldigte für straffrei erklärt[8], so beträgt die Gebühr 5 Reichsmark, und ist ausschließlich auf Verlust der bürgerlichen Ehrenrechte überhaupt oder einzelner bürgerlicher Ehrenrechte erkannt, so beträgt die Gebühr 75 Reichsmark[9].

[1] Der Gebührentarif des § 62 a. F. ist zunächst geändert worden durch das G. v. 21. 12. 22 und dann weiter durch das G. v. 28. 1. 27.

[2] Vgl.: Anm. 3 § 49 darüber, daß durch die Gebühren die gesamte gerichtliche Tätigkeit einschließlich der Zwischenentscheidungen bis zur Rechtskraft des Urteils abgegolten wird, sowie über Fälligkeit und Schuldner der Gebühren und Auslagen; Anm. 2 § 49 darüber, daß die Anrechnung der Untersuchungshaft und eine auferlegte Buße für den Gebührenansatz unberücksichtigt bleiben; Anm. 4 § 49 über den Begriff und den Umfang der Instanz, insbesondere auch in den Fällen der Zurückverweisung von der höheren an die untere Instanz. — Ob die Hauptverhandlung erster Instanz vor einem Gerichte höherer oder niederer Ordnung stattgefunden hat, ist für den Gebührenansatz gleichgültig.

[3] §§ 14 ff. StGB. — Die Art der Strafe (Zuchthaus, Gefängnis, Festung, Haft) macht keinen Unterschied; es kommt nur auf die Dauer der Freiheitsstrafe an. Ist auf mehrere Freiheitsstrafen verschiedener Art erkannt, so ist ihre Gesamtdauer für den Gebührenansatz maßgebend. — Vgl.: Anm. 2 § 49 über Nichtberücksichtigung der Anrechnung der Untersuchungshaft; Anm. 5, 6 § 49 über Nichtberücksichtigung der einer Geldstrafe substituierten Freiheitsstrafe; Anm. 7 § 49 über den Fall, daß neben einer Freiheitsstrafe auf eine Geldstrafe erkannt ist.

[4] Auch im Falle der Todesstrafe (§ 13 StGB.).

[5] §§ 27 ff. StGB. in d. Fass. d. VO. über Vermögensstrafen v. 6. 2. 24.

[6] Durch das G. v. 28. 1. 27 sind 10% an die Stelle der 20% des Ges. v. 21. 12. 22 gesetzt worden.

[7] Die Worte „Ist auf Verweis erkannt oder " des Ges. v. 21. 12. 22 sind durch das G. v. 28. 1. 27 gestrichen, weil der Verweis als Strafe für Jugendliche durch § 9 Abs. 4 JugendGerG. v. 16. 2. 23 beseitigt ist (dafür Absehen von Strafe).

[8] Über den Fall der Straffreierklärung des zur Kostentragung verurteilten Beschuldigten vgl. Anm. 3 § 49.

[9] Betrifft das Strafverfahren nach § 37 StGB. gegen einen im Auslande wegen eines Verbrechens oder Vergehens bereits verurteilten Deutschen auf Aberkennung der bürgerlichen Ehrenrechte (§§ 33, 34 StGB.) überhaupt oder einzelner bürgerlicher Ehrenrechte. — Ist dagegen auf Aberkennung bürgerlicher Ehrenrechte neben einer anderen Strafe als Nebenstrafe erkannt, so bleibt diese für den Gebührenansatz unberücksichtigt. Gleiches gilt, wenn auf die Zulässigkeit von Polizeiaufsicht (§ 38 StGB.) als Nebenstrafe erkannt ist. Wegen des Ausspruchs von Einziehungen, Verfallserklärungen und Unbrauchbarmachung aber vgl. § 49 Abs. 4 (als Geldstrafe anzusehen) und dort Anm. 8.

53 (63). In dem Verfahren bei amtsrichterlichen Strafbefehlen[1] wird die Hälfte der Sätze des § 52 erhoben[2]. Im Falle einer Geldstrafe wird mindestens ein Betrag von 2,50 Reichsmark erhoben; die Gebühr darf jedoch den Betrag der erkannten Strafe nicht übersteigen[3].

Hat gemäß § 411 Abs. 1 der Strafprozeßordnung eine Hauptverhandlung stattgefunden[4] oder wird der gegen den Strafbefehl erhobene Einspruch wegen Ausbleibens des Angeklagten in der Hauptverhandlung durch Urteil verworfen (Strafprozeßordnung § 412)[5], so erhöht[6] sich die Gebühr auf die vollen Sätze des § 52[7].

[1] Nach § 407 StPO. kann bei Übertretungen und Vergehen die Strafe durch schriftlichen Strafbefehl des Amtsrichters ohne vorgängige Verhandlung festgesetzt werden, wenn die Staatsanwaltschaft schriftlich hierauf anträgt; jedoch darf keine andere Strafe als Geldstrafe oder Freiheitsstrafe von höchstens drei Monaten sowie eine etwa verwirkte Einziehung oder die Bekanntmachung der Entscheidung festgesetzt werden.

[2] Im § 63 a. F. war eine Gebühr von $^{2}/_{10}$ bei rechtskräftiger Straffestsetzung bestimmt. Jetzt ist die Gebühr auf $^{5}/_{10}$ bestimmt, und, daß der Gebührenansatz die Rechtskraft des Strafbefehls erfordert, folgt aus § 49 Abs. 1. Fälligkeit der Gebühr sowie der entstandenen Auslagen nach § 75 Abs. 2 auch erst mit der Rechtskraft. Der Strafbefehl wird rechtskräftig, wenn gegen ihn nicht rechtzeitig Einspruch erhoben (§ 410 StPO.) oder wenn der Einspruch durch Beschluß als unzulässig verworfen oder auf ihn verzichtet oder er zurückgenommen wird (§§ 409, 411 StPO.). — Durch diese Verwerfung oder Zurücknahme entsteht keine besondere Gebühr; die dafür in §§ 66, 76 a. F. vorgesehenen Gebühren sind durch die Nov. v. 21. 12. 22 beseitigt.

[3] Satz 2 des Abs. 1, betreffend die Mindest- und die Höchstgebühr, ist durch das G. v. 28. 1. 27 hinzugefügt.

[4] Nach § 411 Abs. 1 StPO. wird bei rechtzeitigem Einspruch zur Hauptverhandlung geschritten, sofern nicht bis zu ihrem Beginne die Staatsanwaltschaft die Klage fallen läßt oder der Einspruch zurückgenommen wird. Nach Beginn der Hauptverhandlung kann der Einspruch also nicht mehr zurückgenommen werden. Zu welchem Ergebnis die Hauptverhandlung geführt hat, ist für den Gebührenansatz gleichgültig. Daher kommt, auch wenn der Einspruch nunmehr als unzulässig durch Urteil verworfen wird, die Gebühr nach Abs. 2 (volle Gebühr des § 52) zum Ansatz.

[5] Nach § 412 Abs. 1 StPO. wird, wenn der Angeklagte ohne genügende Entschuldigung in der Hauptverhandlung ausbleibt und er auch nicht durch einen Verteidiger vertreten wird, der Einspruch ohne Beweisaufnahme durch Urteil verworfen. Dann kommt ebenfalls die volle Gebühr des § 52 zum Ansatz.

[6] Daraus, daß sich die Gebühr des Abs. 1 auf die volle Gebühr des § 52 „erhöht", ergibt sich, daß für den Strafbefehl nicht noch eine besondere Gebühr zum Ansatz kommt.

[7] Für das Verfahren nach §§ 413 ff. StPO. (vorangegangene polizeiliche Strafverfügung) und das Verfahren nach §§ 419 ff. StPO. (vorangegangener Strafbescheid einer Verwaltungsbehörde) sind keine besonderen Gebührenvorschriften gegeben. Es gelten hierfür die allgemeinen Bestimmungen, insbesondere § 52. Wird der Antrag auf gerichtliche Entscheidung durch Beschluß als unzulässig verworfen oder bis zum Beginn der Hauptverhandlung (§ 416 Abs. 2, § 422 Abs. 3 StPO.) zurückgenommen, so wird eine Gebühr nicht erhoben. Nach § 79a ist aber der Beschuldigte Schuldner der entstandenen Auslagen.

54 (64 Abs. 2). **Im Falle des § 212 der Strafprozeßordnung wird die Hälfte der Sätze des § 52 erhoben[1]. Die Vorschrift im § 53 Abs. 1 Satz 2 gilt entsprechend[2].**

[1] Nach § 212 StPO. kann vor dem Amtsrichter oder dem Schöffengericht ohne schriftlich erhobene Anklage zur Hauptverhandlung geschritten werden, wenn der Beschuldigte entweder sich freiwillig stellt oder infolge einer vorläufigen Festnahme dem Gerichte vorgeführt oder nur wegen Übertretung verfolgt wird. Es wird dann nur die Hälfte der Gebühr des § 52 für die rechtskräftig erkannte Strafe erhoben.

[2] Satz 2, betreffend die Mindest- und die Höchstgebühr nach § 53 Abs. 1 Satz 2, ist durch das G. v. 28. 1. 27 hinzugefügt.

55 (65, 66 Nr. 2). **Die Sätze des § 52 werden für die Berufungsinstanz sowie für die Revisionsinstanz erhoben[1], wenn in der Instanz eine Hauptverhandlung stattgefunden hat[2].**

Wird das Rechtsmittel vor Beginn der Hauptverhandlung[3] zurückgenommen[4] oder durch Beschluß ver-

worfen (Strafprozeßordnung §§ 319, 322, 346, 349)[4], so wird ein Viertel der Gebühr erhoben.

Wird das Rechtsmittel nach Beginn der Hauptverhandlung[5] zurückgenommen[6], oder wird die Berufung wegen Ausbleibens des Angeklagten in der Hauptverhandlung verworfen (Strafprozeßordnung § 329)[6], so wird die Hälfte der Gebühr erhoben.

[1] Voraussetzung für die Gebührenerhebung ist, daß das Rechtsmittel wegen einer gegen den Angeklagten durch ihn verurteilendes Urteil erkannten Strafe (nicht etwa bloß wegen einer Nebenstrafe, Buße, s. Anm. 2 § 49, Anm. 9 § 52; in solchen Fällen entsteht auch bei Erfolglosigkeit des Rechtsmittels keine Gebühr) eingelegt ist und daß der Angeklagte nach dem Endergebnis des ganzen Strafverfahrens rechtskräftig zu Strafe verurteilt bleibt (er nicht in der Rechtsmittelinstanz freigesprochen wird).

[2] Hat in der Rechtsmittelinstanz eine Hauptverhandlung stattgefunden, so kommt die volle Gebühr des § 52 auch dann zum Ansatz, wenn nur das Rechtsmittel durch Urteil als unzulässig verworfen wird; die Bestimmung des § 66 Nr. 2 a. F., wonach in solchem Falle nur eine Gebühr von $^1/_{10}$ zum Ansatz kommen sollte, ist durch die Nov. v. 21. 12. 22 beseitigt. Gestrichen ist durch diese Nov. auch die im § 65 Abs. 2 a. F. zugelassene Ermäßigung der Gebühr auf $^5/_{10}$, wenn eine Beweisaufnahme in der Berufungsinstanz nicht stattgefunden hatte. — Wird, wenn dem Angeklagten mehrere Straftaten zur Last gelegt sind, nur wegen einer oder einiger dieser Straftaten das Rechtsmittel eingelegt, so sind bei dem Gebührenansatz die anderen Straftaten unberücksichtigt zu lassen. Vgl. Anm. 4 § 49. Durch wiederholte Hauptverhandlungen in der Rechtsmittelinstanz erhöht sich die Gebühr nicht. Vgl. ebenfalls Anm. 4 § 49. So dort auch darüber, daß durch Zurückverweisung an die untere Instanz und demnächstige Wiederkehr der Strafsache an die höhere Instanz nicht neue Instanzen begründet werden. Ist durch die Rechtsmittelanträge nicht die Beseitigung der ganzen erkannten Strafe, sondern nur eines Teiles davon (namentlich bei mehreren Straftaten)

begehrt oder hat das Rechtsmittel teilweise Erfolg, so findet § 473 Abs. 1 S. 3 StPO. betreffend Zulässigkeit der Ermäßigung der Gebühr Anwendung. Vgl. auch hierüber Anm. 4 § 49.

[3] Beginn der Hauptverhandlung: StPO. § 243 (mit dem Aufrufe der Zeugen und Sachverständigen oder, wenn solche nicht geladen sind, mit der Vernehmung des Angeklagten über seine persönlichen Verhältnisse), § 351 (in der Revisionsinstanz mit dem Vortrage des Berichterstatters).

[4] StPO. § 319 Abs. 1: ist die Berufung verspätet eingelegt, so hat das Gericht erster Instanz das Rechtsmittel durch Beschluß als unzulässig zu verwerfen; § 322 Abs. 1 S. 1: erachtet das Berufungsgericht die Bestimmungen über die Einlegung der Berufung nicht für beobachtet, so kann es das Rechtsmittel durch Beschluß als unzulässig verwerfen; § 346 Abs. 1: ist die Revision verspätet eingelegt oder sind die Revisionsanträge nicht rechtzeitig oder nicht in der im § 345 Abs. 2 vorgeschriebenen Form angebracht worden, so hat das Gericht, dessen Urteil angefochten wird, das Rechtsmittel durch Beschluß als unzulässig zu verwerfen; § 349: erachtet das Revisionsgericht die Bestimmungen über die Einlegung der Revision oder die über die Anbringung der Revisionsanträge nicht für beobachtet oder wird vom Reichsgericht, wenn es über die Revision zu entscheiden hat, die Revision einstimmig für offensichtlich unbegründet erklärt, so kann es das Rechtsmittel durch Beschluß als unzulässig verwerfen. — Wird gegen die Entscheidung des Gerichts, dessen Urteil angefochten worden ist, die Entscheidung des Rechtsmittelgerichts nach den § 319 Abs. 2, § 346 Abs. 2 StPO. angerufen, so entsteht keine weitere Gebühr.

[5] Nach §§ 65, 76 a. F. war für die Zurücknahme nach Beginn der Hauptverhandlung die volle Gebühr und für die frühere Zurücknahme $^{3}/_{10}$ Gebühr des § 66 a. F. ($^{1}/_{10}$), also $^{3}/_{100}$ zu erheben; jetzt kommt ½ bzw. ¼ der Gebühr des § 52 zum Ansatz.

[6] § 329 StPO.: ist bei dem Beginne der Hauptverhandlung weder der Angeklagte noch in den Fällen, wo solches zulässig, ein Vertreter des Angeklagten erschienen und das Ausbleiben nicht genügend entschuldigt, so ist, insoweit der Angeklagte die Berufung eingelegt hat, diese sofort (durch Urteil) zu verwerfen.

[7] Für die Verfahren auf Gesuche um Wiedereinsetzung in den vorigen Stand gegen Versäumung einer Rechtsmittelfrist (StPO. §§ 315, 342) oder der Hauptverhandlung (StPO. § 329 Abs. 2) kommt eine besondere Gebühr nicht zum Ansatz; sie werden durch die Gebühren des § 55 (Anm. 2, 4, 6) mitabgegolten.

56 (66 Nr. 3, 67, 77). **Wird ein Antrag auf Wiederaufnahme des Verfahrens als unzulässig oder unbegründet verworfen oder abgelehnt, so wird die Hälfte der im § 52 bestimmten Gebühr erhoben[1].**

Wird die Wiederaufnahme des Verfahrens angeordnet (Strafprozeßordnung § 370), so wird, wenn das frühere Urteil aufrechterhalten wird, die volle im § 52 bestimmte Gebühr erhoben. Führt die Wiederaufnahme zu einer Aufhebung des früheren Urteils, so gilt für die Gebührenerhebung das neue Verfahren mit dem früheren Verfahren zusammen als eine Instanz[2].

[1] Ein Antrag auf Wiederaufnahme des Verfahrens wird: als unzulässig verworfen nach § 368 Abs. 1 StPO. (Fehlen der Form, kein gesetzlicher Grund, kein geeignetes Beweismittel); als unbegründet verworfen nach § 370 Abs. 1 StPO. (wenn die Behauptungen keine genügende Bestätigung gefunden haben oder wenn in den Fällen des § 359 Nr. 1, 2 oder des § 362 Nr. 1, 2 die Annahme ausgeschlossen ist, daß die in diesen Bestimmungen bezeichnete Handlung auf die Entscheidung Einfluß gehabt hat); abgelehnt nach § 371 StPO. (wenn der Verurteilte bereits verstorben ist und das Gericht nach Aufnahme des etwa noch erforderlichen Beweises die Freisprechung des Verurteilten unter Aufhebung des gegen ihn ergangenen Urteils nicht gerechtfertigt erachtet). — Nach § 66 Nr. 3, § 67 Abs. 1 a. F. wurde in dem ersten Fall eine Gebühr von $^{1}/_{10}$, in den andern beiden Fällen eine Gebühr von $^{4}/_{10}$ oder von $^{2}/_{10}$, je nachdem eine Beweisaufnahme stattgefunden hatte oder nicht, erhoben. Jetzt kommt in allen drei Fällen, gleichviel ob Beweis erhoben ist oder nicht, die halbe Gebühr des § 52 zum Ansatz. — Für die Zurücknahme des Antrags

vor Erlaß der genannten Entscheidungen wurde früher nach § 76 a. F. eine Gebühr von $^{3}/_{10}$ der vorbezeichneten Entscheidungsgebühren erhoben. Jetzt kommt eine Gebühr nicht zum Ansatz; desgleichen nicht, wenn die Zurücknahme vor Anordnung neuer Hauptverhandlung erfolgt. Eine spätere Zurücknahme ist unzulässig.

[3] Wie nach § 77 a. F. wird, wenn nach der gemäß § 370 Abs. 2 StPO. erfolgten Anordnung der Wiederaufnahme des Verfahrens und der Erneuerung der Hauptverhandlung das frühere Urteil aufrechterhalten wird (§ 373 Abs. 1 Halbs. 1 StPO.), dieselbe Gebühr wie für das erste Verfahren, also die volle Gebühr des § 52 erhoben, und werden, wenn die Wiederaufnahme zu einer Aufhebung des früheren Urteils führt (§ 373 Abs. 1 Halbs. 2 StPO.), das frühere und das neue Verfahren für die Gebührenerhebung zu einer Instanz zusammengefaßt. — Wird im letzteren Falle der Angeklagte demnächst freigesprochen oder außer Verfolgung gesetzt, so entfallen die Gebühren in allen früheren Instanzen und treffen den Angeklagten nur die etwa durch seine schuldhafte Versäumnis verursachten Auslagen. Vgl. Anm. 3 § 49. Die in dem früheren Verfahren von dem Angeklagten eingezogenen Gebühren und Auslagen müssen, mit Ausnahme der durch seine schuldhafte Versäumnis etwa verursachten Auslagen, ihm erstattet werden. RG. 27, 382 (JW. 01, 38[14]). Erfolgt wiederum eine Verurteilung des Angeklagten zu Strafe, so wird die Gebühr, auch für die höheren Instanzen des früheren Verfahrens, auf Grund dieser neuen Strafe erhoben.

57 (69). **Werden in den Fällen der §§ 174 und 175 der Strafprozeßordnung nach Maßgabe der §§ 177[1] und 472[2] derselben dem Antragsteller[3] die Kosten[4] auferlegt, so beträgt die Gebühr[5]:**

wenn es sich um eine Übertretung handelt, ... 10 Reichsmark,
wenn es sich um ein Vergehen handelt, ... 20 Reichsmark,
wenn es sich um ein Verbrechen handelt, ... 40 Reichsmark.

Das gleiche gilt im Falle des § 469 der Strafprozeßordnung[6].

Im Falle des § 176 Abs. 2 der Strafprozeßordnung[7] ist die Hälfte der vorstehenden Sätze zu erheben.

[1] D. i. wenn der Antragsteller und zugleich durch die Straftat Verletzte gemäß § 172 StPO. (bei dem Reichsgericht bzw. Oberlandesgericht) gerichtliche Entscheidung über Erhebung der öffentlichen Klage beantragt hat, dieser Antrag gemäß § 174 verworfen ist und dem Antragsteller die durch das Verfahren über den Antrag veranlaßten Kosten gemäß § 177 (durch Beschluß) auferlegt sind.

[2] D. i. wenn im Falle des § 172 StPO. (s. Anm. 1) von dem Gericht gemäß § 175 die Erhebung der öffentlichen Klage beschlossen, trotzdem aber der Angeschuldigte demnächst außer Verfolgung gesetzt oder freigesprochen oder das Verfahren eingestellt ist und deshalb gemäß §§ 472, 471 Abs. 2 dem Antragsteller die Kosten des Verfahrens (im freisprechenden Urteil oder im Einstellungsbeschluß, wenn der Antragsteller zugleich nach § 395 Abs. 2 StPO. Nebenkläger war, anderenfalls durch Sonderbeschluß) zur Last gelegt sind. Jedoch kann in diesem Falle das Gericht nach Befinden der Umstände den Antragsteller von der Tragung der Kosten ganz oder teilweise entbinden.

[3] Mehrere Antragsteller haften für Gebühren und Auslagen als Gesamtschuldner: §§ 472, 471 Abs. 4 StPO., §§ 82, 88 GKG.

[4] Wird ihm nur ein Teil der Kosten auferlegt, so ist nur der entsprechende Teil der Gebühr zu erheben. KomBer. 74.

[5] Auch wenn sich der Antrag auf mehrere strafbare Handlungen bezieht, wird nur eine Gebühr erhoben, und zwar nach Maßgabe des mit der schwersten Strafe bedrohten Delikts. — Fällig wird die Gebühr gemäß § 75 mit Erlaß der Entscheidung.

[6] D. i. wenn dem Anzeigenden die Kosten (durch Beschluß) auferlegt sind, weil die Anzeige wider besseres Wissen gemacht ist oder auf grober Fahrlässigkeit beruht.

[7] D. i. wenn im Falle des § 172 StPO. (s. Anm. 1) dem Antragsteller vor der Entscheidung über den Antrag auf Erhe-

bung der öffentlichen Klage von dem Gericht gemäß § 176 Abs. 1 eine Sicherheitsleistung für die Kosten auferlegt, diese Sicherheit nicht binnen der bestimmten Frist geleistet ist und deswegen das Gericht den Antrag für zurückgenommen erklärt.

58 (69 Abs. 4). **Wird das Verfahren nach Eröffnung des Hauptverfahrens[1] infolge Zurücknahme des Antrags[2], durch den es bedingt war, eingestellt[3], so wird die im § 57 Abs. 1 bestimmte Gebühr erhoben[4]. Das Gericht kann sie bis zu einem Viertel ermäßigen oder beschließen, daß von der Erhebung einer Gebühr abgesehen werde[5].**

[1] § 203 StPO. — Erfolgt die Einstellung vor Eröffnung des Hauptverfahrens, so wird eine Gebühr nicht erhoben. Die Auslagen aber hat der Antragsteller auch in diesem Falle zu tragen: § 470 StPO. Jedoch kommen immer nur solche Auslagen in Betracht, die durch den Antrag veranlaßt sind, nicht die ganzen bis zur Einstellung des Verfahrens entstandenen. RG. 7, 409.

[2] Zurücknahme des Antrags: § 64 StGB.

[3] Einstellung in diesem Falle durch Urteil, wenn Hauptverhandlung stattgefunden hat: § 260 Abs. 2 StPO.

[4] Fällig wird die Gebühr nach § 75 mit Erlaß der Entscheidung. Mehrere zurücknehmende Antragsteller haften dafür als Gesamtschuldner nach § 82. Wegen der Auslagen gilt das in Anm. 1 Bemerkte auch hier.

[5] Nur die Gebühr aus § 57 Abs. 1 kann auf ¼ ermäßigt oder ganz erlassen werden. Nicht auch die nach § 470 StPO. aufzuerlegenden Kosten (Auslagen). Auch wenn die Beteiligten, der Verletzte und der Angeschuldigte, über den Kostenpunkt ein Übereinkommen getroffen haben, sind die Kosten dem den Strafantrag zurücknehmenden Antragsteller aufzuerlegen. RG. 23, 197 (JW. 92, 419[19]). Wegen des Umfangs der Auslagen vgl. Anm. 1.

2. Privatklageverfahren.

59 (70—72). **Für das Verfahren auf erhobene Privatklage[1] gelten, sofern der Beschuldigte zu einer Strafe**

verurteilt wird[2], unbeschadet der Vorschriften des § 60 Abs. 2 und des § 63[3] die §§ 49 bis 52, 55, 56[4].

[1] § 374 StPO. bestimmt, welche Vergehen (Hausfriedensbruch, Beleidigung, Körperverletzung, Bedrohung, Sachbeschädigung usw.) vom Verletzten im Wege der Privatklage verfolgt werden können. — Übernimmt die Staatsanwaltschaft die Verfolgung gemäß § 377 Abs. 2 StPO., so bestimmen sich die Gebühren fortan nach den für die öffentliche Klage gegebenen Gebührenvorschriften; der Privatkläger gilt nach § 377 Abs. 3 StPO. als Nebenkläger (§§ 395 ff. StPO.), bezüglich dessen dann die Gebührenbestimmung des § 66 Anwendung findet.

[2] Nach § 70 a. F. waren für das Verfahren auf erhobene Privatklage Gebühren nach bestimmten Sätzen, die nach der Art der Beendigung des Verfahrens abgestuft waren, zu erheben, gleichviel ob der Privatkläger unterlegen oder der Beschuldigte verurteilt worden war. Nach dem jetzigen § 59 in d. Fass. des G. v. 21. 12. 22 kommt diese Gebührenbestimmung nur dann zur Anwendung, wenn der Beschuldigte zu einer Strafe verurteilt wird. Im Falle der Freisprechung des Beschuldigten oder seiner Straffreierklärung gilt § 60 Abs. 1, und im Falle der Einstellung des Verfahrens gilt § 61. Nach § 68 kann das Gericht in diesen Fällen die Gebühren bis auf 2 RM. herabsetzen oder bis auf das Zwanzigfache erhöhen. — Die Kosten des Verfahrens treffen den verurteilten Beschuldigten nach § 465 Abs. 1, § 471 Abs. 1 StPO. Jedoch, wenn den Anträgen des Privatklägers nur zum Teil entsprochen ist, kann das Gericht nach § 471 Abs. 2 StPO. die Auslagen angemessen verteilen.

[3] § 60 Abs. 2 betrifft den Gebührenansatz für die Berufungs- und für die Revisionsinstanz, wenn das vom Privatkläger eingelegte Rechtsmittel verworfen oder zurückgenommen wird, und § 63 betrifft den Gebührenansatz für die Wiederaufnahme eines Privatklageverfahrens, wenn der vom Privatkläger gestellte Antrag auf Wiederaufnahme keinen Erfolg hat.

[4] Es gelten also, wenn im Privatklageverfahren der Beschuldigte zu einer Strafe verurteilt wird, dieselben Gebührenbestimmungen wie für das Offizialverfahren. Daher wird auf die Erläuterungen zu den §§ 49—52, 55, 56, die auch für das

Privatklageverfahren gelten, Bezug genommen. Hervorzuheben ist hier: Die rechtskräftig erkannte Strafe gibt den Maßstab für die Höhe der Gerichtsgebühren aller Instanzen (§ 49 Abs. 1), bezüglich deren der im § 52 bestimmte Tarif maßgebend ist; sind mehrere Beschuldigte verurteilt, so ist die Gebühr von jedem Verurteilten besonders nach Maßgabe der gegen ihn erkannten Strafe zu erheben (§ 51), Gesamtschuldner sind sie nur hinsichtlich der Auslagen (§ 466 Abs. 2 StPO.); hat ein von dem Beschuldigten gegen seine Verurteilung eingelegtes Rechtsmittel keinen Erfolg, so trifft ihn im Falle des § 55 Abs. 1 die volle, in den Fällen des § 55 Abs. 2, 3 die ¼ bzw. ½ Gebühr des § 52; hat das Rechtsmittel teilweise Erfolg oder ist die Verurteilung nur teilweise mit dem Rechtsmittel angefochten, so kann gemäß § 473 Abs. 1 Satz 3 StPO. die Gebühr ermäßigt und der Privatkläger teilweise mit den Auslagen belastet werden; wird in der Rechtsmittelinstanz der Beschuldigte freigesprochen oder das Verfahren eingestellt, so sind vom Privatkläger Gebühren nach §§ 60, 61 (s. Anm. 2) zu erheben; über Einlegung des Rechtsmittels durch den Privatkläger oder durch beide Beteiligte vgl. Anm. 4 § 60; hat der Beschuldigte Wiederaufnahme des Verfahrens beantragt, so findet § 56, ist die Wiederaufnahme vom Privatkläger beantragt, so findet § 63 Anwendung. — Über das Erfordernis der Zahlung eines Gebührenvorschusses im Privatklageverfahren vgl. § 83.

60 (70—72). **Wird in dem Verfahren auf erhobene Privatklage[1] der Beschuldigte freigesprochen oder für straffrei erklärt[2], so wird für das Verfahren in jeder Instanz eine Gebühr von 30 Reichsmark erhoben[3].**

Die im Abs. 1 bestimmte Gebühr kommt für die Berufungsinstanz sowie für die Revisionsinstanz auch dann zur Erhebung, wenn das von dem Privatkläger eingelegte Rechtsmittel auf Grund einer Hauptverhandlung verworfen wird. Wird das Rechtsmittel vor Beginn der Hauptverhandlung zurückgenommen oder durch Beschluß verworfen (Strafprozeßordnung

§§ 319, 322, 346, 349, 384), so wird eine Gebühr von 8 Reichsmark erhoben. Wird das Rechtsmittel nach Beginn der Hauptverhandlung zurückgenommen oder die Berufung gemäß § 391 Abs. 3 der Strafprozeßordnung verworfen, so wird eine Gebühr von 15 Reichsmark erhoben.[4]

[1] Vgl. Anm. 1 § 59.

[2] Wird der Beschuldigte verurteilt: §§ 59, 52.

[3] Wenn der Beschuldigte freigesprochen oder (nach §§ 199, 233 StGB. bei wechselseitigen Beleidigungen oder Körperverletzungen) für straffrei erklärt wird, trifft für das Verfahren in jeder Instanz den Privatkläger die Gebühr von 30 RM., also wenn die Freisprechung oder Straffreierklärung erst in der Rechtsmittelinstanz erfolgt, in allen Instanzen. Nach § 68 kann die Gebühr auf 2 RM. herabgesetzt oder auf das 20fache erhöht werden. Die Kosten fallen im Falle der Freisprechung nach § 471 Abs. 3 StPO. ebenfalls dem Privatkläger zur Last, während im Falle der Straffreierklärung das Gericht nach § 468 StPO. die Kosten entweder dem Privatkläger oder dem Beschuldigten oder beiden Teilen auferlegen kann. Soweit hiernach die Kosten dem für straffrei erklärten Beschuldigten auferlegt werden, ist die Gebühr aus § 60 nicht vom Privatkläger, sondern vom Beschuldigten zu erheben. Die für das Offizialverfahren im § 52 Abs. 3 gegebene Gebührenbestimmung für den Fall, daß der zur Kostentragung verurteilte Beschuldigte für straffrei erklärt ist, findet hier keine Anwendung, da nach § 59 für das Privatklageverfahren § 52 nur dann gilt, wenn der Beschuldigte zu einer Strafe verurteilt ist. — Sind mehrere Beschuldigte freigesprochen oder für straffrei erklärt, so hat der Privatkläger nach § 64 hinsichtlich eines jeden der Beschuldigten die Gebühr von 30 RM. zu entrichten, jedoch für jede Instanz bis höchstens zum dreifachen Betrag, also zusammen höchstens 90 RM.

[4] Abs. 2 gibt Gebührenbestimmungen für den Fall, daß der Privatkläger (gleichviel, ob gegen Freisprechung oder Straffreierklärung des Beschuldigten oder Einstellung des Verfahrens oder auch Verurteilung des Beschuldigten [hier wenn höhere Bestrafung verfolgt wird]) Berufung oder Revision ein-

gelegt und das Rechtsmittel keinen Erfolg hat. Es werden dann die dem Privatkläger zur Last fallenden Gebühren je nach der Art der Beendigung des Rechtsmittelverfahrens wie folgt abgestuft: Wird das Rechtsmittel auf Grund einer Hauptverhandlung als unzulässig oder als unbegründet verworfen, so kommt die Gebühr aus Abs. 1 mit 30 RM. zum Ansatz (Satz 1); wird das Rechtsmittel vor Beginn der Hauptverhandlung (vgl. hierüber Anm. 3 § 55) zurückgenommen oder durch Beschluß als unzulässig verworfen (vgl. über die Fälle dieser Verwerfung nach §§ 319, 322, 346, 349, hier in Verbindung mit § 384 Abs. 1 StPO. Anm. 4 § 55), so beträgt die Gebühr 8 RM.; wird das Rechtsmittel nach Beginn der Hauptverhandlung zurückgenommen oder die Berufung gemäß § 391 Abs. 3 StPO. (wenn der Privatkläger in der Hauptverhandlung weder erscheint noch durch einen Rechtsanwalt vertreten wird, oder wenn der Privatkläger in der Hauptverhandlung oder einem andern Termin ausbleibt, obwohl das Gericht sein persönliches Erscheinen angeordnet hatte, oder wenn der Privatkläger eine Frist nicht einhält, die ihm unter Androhung der Einstellung des Verfahrens gesetzt war) verworfen, so wird eine Gebühr von 15 RM. erhoben. — Nach Maßgabe des § 68 können die Gebühren herabgesetzt oder erhöht werden. — Gemäß § 473 Abs. 1 Satz 1 StPO. hat der Privatkläger in diesen Fällen auch die Kosten des Rechtsmittels zu tragen. — Hat das Rechtsmittel des Privatklägers Erfolg und wird der Beschuldigte sei es in der Rechtsmittelinstanz oder nach Zurückverweisung an die untere Instanz zu einer Strafe verurteilt, so bestimmt sich die vom Beschuldigten zu entrichtende Gebühr nach §§ 55, 59 und fallen dem Beschuldigten die Kosten aller Instanzen zur Last (§ 465 Abs. 1, § 471 Abs. 1 StPO.). Hat das Rechtsmittel teilweisen Erfolg, so kann das Gericht gemäß § 473 Abs. 1 Satz 3 StPO. die den verurteilten Beschuldigten treffende Gebühr ermäßigen und die entstandenen Auslagen angemessen verteilen. Sind sowohl vom Privatkläger wie vom Beschuldigten Rechtsmittel eingelegt, so bestimmt sich, wenn der Beschuldigte obsiegt, die vom Privatkläger zu entrichtende Gebühr nach § 60, und, wenn der Privatkläger die Verurteilung des Beschuldigten zu Strafe erzielt, die vom Beschuldigten zu entrichtende Gebühr nach §§ 55, 59. Haben beide Rechtsmittel keinen Erfolg, so hat der Privatkläger die durch sein Rechtsmittel begründete Gebühr nach § 60 und der Beschuldigte, wenn er zu Strafe verurteilt bleibt, die Gebühr für sein Rechtsmittel nach §§ 55, 59 zu tragen.

61 (70—72). **Wird die Privatklage zurückgewiesen[1] oder erledigt sich das Verfahren vor Beginn der Hauptverhandlung[2] durch Zurücknahme der Klage[3] oder Einstellung[4], so wird eine Gebühr von 8 Reichsmark erhoben. Tritt die Erledigung erst nach Beginn der Hauptverhandlung[2] ein, so beträgt die Gebühr 15 Reichsmark.**

Tritt die Erledigung in der Berufungs- oder Revisionsinstanz ein, so kommen für diese Instanz die im Abs. 1 bestimmte Gebühr und für jede der vorausgegangenen Instanzen eine Gebühr von 15 Reichsmark zur Erhebung[5].

[1] Gleichviel, ob die Zurückweisung der Privatklage vor oder nach Mitteilung der Klage an den Beschuldigten (§§ 382, 383 StPO.), sowie, aus welchem Grunde sie erfolgt (z. B. Unzuständigkeit des Gerichts, Mangel der gehörigen Form [§ 381], nicht hinreichender Verdacht).

[2] Beginn der Hauptverhandlung: Anm. 3 § 55. Erledigung des Verfahrens vor ihrem Beginn ist auch dann gegeben, wenn der Privatkläger und der Beschuldigte zwar in dem Termin erschienen sind, aber die Zurücknahme der Klage oder die Einstellung des Verfahrens (z. B. zufolge Vergleichs) vor Aufruf der Zeugen und Sachverständigen oder, wenn solche nicht geladen sind, vor Vernehmung des Beschuldigten über seine persönlichen Verhältnisse erfolgt. Vgl. JW. 26, 1255[3].

[3] Nach § 391 Abs. 1 StPO. kann die Privatklage bis zur Verkündung des Urteils erster Instanz und, soweit zulässige (s. § 313 StPO. in d. Fass. v. 22. 12. 25) Berufung eingelegt ist, bis zur Verkündung des Urteils zweiter Instanz zurückgenommen werden, und nach § 391 Abs. 2 StPO. gilt es im Verfahren erster und, soweit der Angeklagte die Berufung eingelegt hat, im Verfahren zweiter Instanz, wenn der Privatkläger in der Hauptverhandlung weder erscheint noch durch

einen Rechtsanwalt vertreten wird, oder wenn er in der Hauptverhandlung oder einem anderen Termin ausbleibt, obwohl das Gericht sein persönliches Erscheinen angeordnet hatte, oder wenn er eine Frist nicht einhält, die ihm unter Androhung der Einstellung des Verfahrens gesetzt war, als Zurücknahme der Privatklage.

[4] Einstellung des Verfahrens außer im Falle der Zurücknahme der Privatklage sowie des Abschlusses eines Vergleichs im Verhandlungstermin (s. Anm. 2) z. B. nach StPO. §§ 205 (Beschuldigter abwesend oder in Geisteskrankheit verfallen), 389 (Ergebnis, daß die strafbare Handlung sich als eine solche darstellt, auf die das Privatklageverfahren keine Anwendung findet), 393 (Tod des Privatklägers, sofern nicht seine Angehörigen unter den Voraussetzungen des § 393 Abs. 2 das Verfahren fortsetzen) und im Falle des Todes des Beschuldigten. — Die Kosten hat stets der Privatkläger oder im Falle seines Todes der Erbe zu tragen, selbst wenn die Einstellung erst nach Einlegung eines Rechtsmittels durch den verurteilten Beschuldigten erfolgt. Rechtspr. d. RG. 9, 705. Jedoch im Falle des Vergleichs kommt es nach § 79 darauf an, ob und wer die Kosten übernommen hat.

[5] Die von dem Privatkläger oder seinem Erben (s. Anm. 4) zu entrichtende Gebühr beträgt also für die Rechtsmittelinstanz, wenn in dieser die Zurücknahme der Privatklage oder die Einstellung des Verfahrens vor Beginn der Hauptverhandlung erfolgt, 8 RM., anderenfalls (nach Beginn der Hauptverhandlung) 15 RM. und ferner für jede der voraufgegangenen Instanzen 15 RM. (mithin im Falle der Erledigung des Verfahrens erst in der Revisionsinstanz 30 RM.).

62 (70 Abs. 3). **Die in den §§ 60, 61 bestimmten Gebühren werden für das Verfahren auf erhobene Widerklage[1] nur erhoben[2], wenn es nach Zurücknahme der Privatklage[3] oder Einstellung des Verfahrens über die Privatklage[4] selbständig fortgesetzt wird[5]. Das gleiche gilt, wenn ausschließlich gegen die auf die Widerklage ergangene Entscheidung von dem Widerkläger Berufung oder Revision eingelegt ist[6].**

¹ Nach § 388 Abs. 1 StPO. kann der Beschuldigte bis zur Beendigung der Schlußvorträge (§ 258) in erster Instanz mittels einer Widerklage die Bestrafung des Privatklägers beantragen, wenn er von diesem gleichfalls durch ein Vergehen verletzt worden ist, das im Wege der Privatklage verfolgt werden kann und mit dem den Gegenstand der Privatklage bildenden Vergehen im Zusammenhange steht.

² Wird auf die Widerklage der Privatkläger zu einer Strafe verurteilt, so trifft den Privatkläger als Beschuldigten gemäß § 59 die aus § 52 sich ergebende Gebühr; auch fallen ihm gemäß § 465 Abs. 1, § 471 Abs. 1 StPO. die durch die Widerklage entstandenen Kosten (Auslagen) zur Last. — Führt dagegen die Widerklage zu den Ergebnissen, bezüglich deren für die Privatklage die Gebühren in den §§ 60, 61 bestimmt sind, wird also der beschuldigte Privatkläger freigesprochen oder (nach §§ 199, 233 StGB. bei wechselseitigen Beleidigungen und Körperverletzungen) für straffrei erklärt (s. Anm. 3 § 60) oder wird die Widerklage zurückgewiesen (s. Anm. 1 § 61) oder erledigt sich das Verfahren auf die Widerklage vor oder nach Beginn der Hauptverhandlung durch Zurücknahme der Widerklage oder Einstellung (s. Anm. 2, 3, 4 § 61), so entsteht grundsätzlich keine besondere Gebühr für das Verfahren auf die Widerklage. Dies galt auch schon früher nach § 70 Abs. 3 a. F., und zwar hier ausnahmslos. Jetzt (Ges. v. 21. 12. 22) gelten die Ausnahmen nach Satz 1 und 2 des § 62.

³ Zurücknahme der Privatklage: Anm. 3 § 61.

⁴ Einstellung des Verfahrens über die Privatklage: Anm. 4 § 61.

⁵ Nach § 388 Abs. 3 StPO. ist die Zurücknahme der Privatklage auf das Verfahren über die Widerklage ohne Einfluß. Gleiches gilt von der Einstellung des Verfahrens über die Privatklage. Es kann daher die Widerklage in diesen Fällen für sich allein weiterverfolgt werden. Wird dann der beschuldigte Privatkläger freigesprochen oder für straffrei erklärt, so trifft den Widerkläger die Gebühr aus § 60 Abs. 1 (30 RM.), und endigt das Verfahren auf die Widerklage in den andern in Anm. 2 genannten Fällen ohne Verurteilung des Privatklägers, so finden die Gebührenbestimmungen des § 61 Abs. 1 zu Lasten des Widerklägers Anwendung. Un-

berührt bleibt dadurch die Gebührenlast des Privatklägers für die Zurücknahme der Privatklage oder die Einstellung des Verfahrens über die Privatklage nach Maßgabe ebenfalls des § 61 Abs. 1. — Eine Vorschußpflicht trifft den Widerkläger auch in solchem Falle der selbständigen Fortsetzung des Verfahrens weder hinsichtlich der Gebühren noch hinsichtlich der Auslagen (§ 83 Abs. 1 S. 3, § 84 Abs. 2).

[6] Hat der Widerkläger lediglich die auf seine Widerklage ergangene Entscheidung (mag diese auf Freisprechung oder Straffreierklärung des beschuldigten Privatklägers oder auf Einstellung des Verfahrens über die Widerklage oder auch auf Verurteilung des Privatklägers [hier, wenn eine höhere Bestrafung des Privatklägers verfolgt wird] ergangen sein) mit der Berufung oder der Revision angefochten, so gilt, wenn das Rechtsmittel keinen Erfolg hat, hinsichtlich der Gebührenlast des Widerklägers je nach der Art des Endergebnisses und der Beendigung der Rechtsmittelinstanz das in Anm. 4 § 60 oder das in Anm. 5 § 61 Bemerkte, wobei dort an Stelle des Privatklägers der Widerkläger zu setzen ist. — Hier ist der Widerkläger zwar auch nicht (s. Anm. 5) für die Gebühr, wohl aber nach § 84 Abs. 2 für die Auslagen der Rechtsmittelinstanz vorschußpflichtig.

63 (71 Nr. 1, 2, 77). **Wird die Wiederaufnahme eines Privatklageverfahrens von dem Privatkläger beantragt[1], so wird, wenn der Antrag als unzulässig oder unbegründet verworfen wird[2], eine Gebühr von 15 Reichsmark erhoben.**

Wird die Wiederaufnahme des Verfahrens auf Antrag des Privatklägers angeordnet, so findet, sofern auf eine höhere Strafe erkannt wird, die Vorschrift des § 56 Abs. 2 Satz 2 Anwendung, anderenfalls wird eine Gebühr von 30 Reichsmark erhoben[3].

[1] Wiederaufnahme eines durch rechtskräftiges Urteil geschlossenen Privatklageverfahrens: zugunsten des verurteilten Beschuldigten: § 359 StPO., zuungunsten des Beschuldigten: §§ 362, 390 Abs. 1 S. 1, 2 StPO. Wenn in dem ersteren

Falle vom verurteilten Beschuldigten die Wiederaufnahme des Privatklageverfahrens beantragt wird, so kommt gemäß § 59, wenn der Antrag als unzulässig oder unbegründet verworfen oder abgelehnt wird, § 56 Abs. 1, und, wenn die Wiederaufnahme angeordnet wird, § 56 Abs. 2 zur Anwendung und gilt das in Anm. 1, 2 § 56 Bemerkte auch hier, mit der Maßgabe jedoch, daß, wenn nach Anordnung des Wiederaufnahmeverfahrens der Beschuldigte freigesprochen wird, zu Lasten des Privatklägers die Gebührenbestimmung des § 60 Abs. 1 Anwendung findet, also der Privatkläger in allen Instanzen je eine Gebühr von 30 RM. zu entrichten hat, und daß, wenn der Beschuldigte für straffrei erklärt wird, es für die Verpflichtung zur Entrichtung der Gebühr aus § 60 Abs. 1 darauf ankommt, ob nach § 468 StPO. dem Privatkläger oder dem Beschuldigten oder beiden Teilen die Kosten auferlegt werden (vgl. Anm. 3 § 60). — Wird dagegen die Wiederaufnahme von dem Privatkläger (in der Regel wenigstens zuungunsten des Beschuldigten, um bei dessen Freisprechung seine Verurteilung oder um seine höhere Bestrafung, soweit hierauf der Antrag nach § 363 StPO. gerichtet werden kann, herbeizuführen) beantragt, so finden die Gebührenbestimmungen des § 63 Anwendung.

[2] Über Verwerfung des Wiederaufnahmeantrags als unzulässig oder als unbegründet vgl. Anm. 1 § 56.

[3] Wird nach der Anordnung der vom Privatkläger beantragten Wiederaufnahme des Privatklageverfahrens das angefochtene Urteil aufrechterhalten, so trifft den Privatkläger für die Instanz des Wiederaufnahmeverfahrens die Gebühr von 30 RM. Dies gilt auch dann, wenn etwa das Wiederaufnahmeverfahren dazu führt, daß der Beschuldigte freigesprochen oder für straffrei erklärt oder das Strafverfahren eingestellt oder auch auf eine geringere Strafe erkannt wird. In dem zuletzt genannten Falle bestimmt sich nunmehr die den Beschuldigten nach §§ 59, 52 treffende Gebühr für das vorangegangene Strafverfahren nach der erkannten geringeren Strafe. Wird unter Aufhebung des Urteils der dadurch etwa freigesprochene Beschuldigte nun zu Strafe oder der verurteilte Beschuldigte zu einer höheren Strafe als nach dem Urteil verurteilt, so entsteht für das Wiederaufnahmeverfahren keine besondere Gebühr, vielmehr bildet dieses

Verfahren mit dem vorangegangenen Verfahren gemäß § 63 Abs. 2 Halbs. 1, § 56 Abs. 2 S. 2 eine Instanz und wird die Gebühr nach §§ 59, 52 vom Beschuldigten auf Grund der nun erkannten Strafe erhoben.

64 (73). Sind in einem Privatklageverfahren mehrere Personen als Beschuldigte beteiligt[1], so werden hinsichtlich einer jeden die in den §§ 60 bis 63 bestimmten Gebühren besonders, jedoch für jede Instanz höchstens der dreifache Betrag der im § 60 Abs. 1 bestimmten Gebühr erhoben[2].

[1] Nach § 73 a. F. wurde sowohl, wenn mehrere Personen als Beschuldigte wie auch, wenn mehrere Personen als Privatkläger in derselben Instanz beteiligt waren, ohne Rücksicht auf die Zahl der Personen eine doppelte Gebühr erhoben. Jetzt (Ges v. 21. 12. 22) ist nur für den Fall der Beteiligung mehrerer Personen als Beschuldigte die besondere Gebührenbestimmung des § 64 gegeben. Sind mehrere Personen als Privatkläger beteiligt (wie z. B. im Falle der Verbindung mehrerer Privatklagen), so tritt eine Erhöhung der Gebühren nicht ein. Soweit den mehreren Privatklägern die Kosten zur Last fallen, haften sie für die Gebühren sowie für die Auslagen nach § 471 Abs. 4 StPO., § 88 GKG. als Gesamtschuldner. — Wird gegen mehrere Privatkläger Widerklage erhoben, so kommen sie hinsichtlich des Gebührenansatzes als Beschuldigte in Betracht (s. Anm. 2). Jedoch nach § 62 fallen die in den §§ 60, 61 (Freisprechung oder Straffreierklärung des beschuldigten Privatklägers, Zurückweisung der Widerklage oder Erledigung des Verfahrens auf die Widerklage durch Zurücknahme der Widerklage oder Einstellung des Verfahrens) bestimmten Gebühren dem Widerkläger nur dann zur Last, wenn das Verfahren auf die Widerklage nach Zurücknahme der Privatklage oder Einstellung des Verfahrens über die Privatklage selbständig fortgesetzt worden ist (s. Anm. 2, 5 § 62).

[2] Werden die als Beschuldigte beteiligten mehreren Personen zur Strafe verurteilt, so trifft gemäß §§ 59, 51 jede Person nach Maßgabe der erkannten Strafe die im § 52 be-

stimmte Gebühr besonders, ohne daß eine Gesamthaftung besteht; jedoch für die Auslagen haften sie in bezug auf dieselbe Tat gemäß § 466 Abs. 2 StPO. samtschuldnerisch (s. Anm. 1, 2 § 51). In den Fällen, für die in den §§ 60, 61, 63 Gebühren bestimmt sind, also wenn die mehreren Beschuldigten freigesprochen oder für straffrei erklärt worden sind oder das vom Privatkläger gegenüber allen Beschuldigten eingelegte Rechtsmittel verworfen oder zurückgenommen ist (§ 60 Abs. 1, 2) sowie wenn die Privatklage zurückgewiesen ist oder sich das Verfahren durch Zurücknahme der Privatklage oder durch Einstellung erledigt hat (§ 61), und ferner, wenn der vom Privatkläger gestellte Antrag auf Wiederaufnahme des Verfahrens als unzulässig oder unbegründet verworfen ist (§ 63 Abs. 1), hat der Privatkläger hinsichtlich eines jeden Beschuldigten die Gebühr aus § 60 Abs. 1 (30 RM.) bzw. die aus § 61 (8 oder 15 RM.) bzw. die aus § 63 Abs. 1 (15 RM.) besonders zu tragen, jedoch hinsichtlich aller Beschuldigten zusammen für jede Instanz höchstens zum dreifachen Betrag der im § 60 Abs. 1 bestimmten Gebühr, also höchstens 90 RM. Soweit aber die für straffrei erklärten Beschuldigten nach § 468 StPO. zu den Kosten verurteilt sind (s. Anm. 3 § 60), trifft jeden von ihnen (ohne Gesamthaftung) die auf ihn bezügliche Gebühr mit der Maßgabe, daß diese sich verhältnismäßig verringert, wenn der Gesamtbetrag der Gebühren 90 RM. übersteigen würde. Werden nur einige der mehreren Beschuldigten zu Strafe verurteilt, während bezüglich der anderen die Fälle zutreffen, für die in den §§ 60, 61 Gebühren bestimmt sind, so ist jede der ersteren nach §§ 59, 52, 51 gebührenpflichtig, hinsichtlich der anderen Beschuldigten dagegen treffen den Privatkläger die aus der Art der Beendigung des Verfahrens sich ergebenden Gebühren (§§ 60, 61) bis zum Höchstgesamtbetrage von 90 RM. für jede Instanz.

3. **Klage einer Verwaltungsbehörde.**

65 (70 Abs. 4). **Die von der Verwaltungsbehörde erhobene Klage (Strafprozeßordnung § 424) ist nicht als Privatklage im Sinne dieses Gesetzes zu erachten**[1].

[1] Die §§ 419—429 StPO. geben Bestimmungen über das Verfahren bei Zuwiderhandlungen gegen die Vorschriften über die Erhebung öffentlicher Abgaben und Gefälle. Diese Vorschriften sind durch § 449 der Reichsabgabenordn. v. 13. 12. 19 hinsichtlich der Steuern, die zugunsten des Reichs erhoben werden (§ 1 Abs. 2), außer Kraft gesetzt; insoweit sind an ihre Stelle die §§ 386 ff. RAbgO. über das Verwaltungszwangsverfahren getreten. Sie gelten daher nur noch hinsichtlich der Steuern, die zugunsten der Länder und der Kommunalverbände erhoben werden. Soweit danach eine Verwaltungsbehörde zum Erlaß von Strafbescheiden wegen Abgaben in der im § 419 StPO. bestimmten Begrenzung befugt ist, ist sie nach § 424 StPO., wenn sie einen Strafbescheid nicht erlassen hat und die Staatsanwaltschaft den an sie gerichteten Antrag auf Verfolgung ablehnt, befugt, selbst die Anklage zu erheben. Gemäß § 426 StPO. regelt sich dann das Verfahren nach den für die Privatklage gegebenen Bestimmungen. Für die Gebührenerhebung aber schließt § 65, ebenso wie § 70 Abs. 4 a. F., die Anwendung der für das Privatklageverfahren gegebenen Gebührenbestimmungen aus. Es gelten daher die §§ 49—52, 54, 55, so daß nur dann, wenn der Beschuldigte rechtskräftig zu Strafe verurteilt ist, eine Gebühr erhoben wird, und zwar für das Verfahren in erster Instanz die aus § 52, für die Rechtsmittelinstanz die aus § 55 sich ergebende. — Über die Verwaltungsbehörde als Nebenkläger vgl. Anm. 2 § 66.

4. Nebenklage.

66 (74). Werden dem Nebenkläger[1] Kosten auferlegt[2], so sind die Sätze zu erheben, welche nach Maßgabe der §§ 60, 61, 63, 64 zu erheben sein würden, wenn er als Privatkläger das Rechtsmittel eingelegt oder die Wiederaufnahme des Verfahrens beantragt hätte[3].

[1] Nach §§ 395, 403 StPO. kann sich der erhobenen öffentlichen Klage als Nebenkläger anschließen der Verletzte, der gemäß § 374 StPO. als Privatkläger aufzutreten berechtigt ist (s. Anm. 1 § 59), sowie unter den Voraussetzungen des

§ 395 Abs. 2 StPO. derjenige, der durch einen Antrag auf gerichtliche Entscheidung (s. Anm. 1 § 57) die Erhebung der öffentlichen Klage herbeigeführt hat, und weiter der Verletzte, der befugt ist, die Zuerkennung einer Buße (§§ 188, 231 StGB.) zu beantragen.

² Übereinstimmend mit § 74 a. F. ist im § 66 (Ges. v. 21. 12. 22) nur für den Fall, daß dem Nebenkläger Kosten auferlegt werden, über die Erhebung von Gebühren für die Nebenklage Bestimmung getroffen. Ist diese Voraussetzung nicht gegeben, so entsteht für die Nebenklage keine besondere Gebühr, auch nicht, wenn sie nach § 396 Abs. 2 StPO. zurückgewiesen oder wenn sie zurückgenommen (widerrufen, § 402 StPO.) wird. RG. **31**, 230. Nach § 473 Abs. 1, 2 StPO. treffen aber den Nebenkläger nur dann Kosten, wenn ein von ihm eingelegtes Rechtsmittel (Berufung, Revision) oder ein von ihm gestellter Antrag auf Wiederaufnahme des Verfahrens von ihm zurückgenommen wird oder erfolglos geblieben ist. Anderseits gilt dies gleichviel, ob der Nebenkläger selbständig oder nur neben dem Staatsanwalt das Rechtsmittel eingelegt oder den Wiederaufnahmeantrag gestellt hat. RG. **35**, 187 (JW. 03, 135[6]). Wenn dagegen von dem Staatsanwalt allein oder von dem Angeklagten ein Rechtsmittel eingelegt ist, sowie für den Anschluß in erster Instanz treffen den Nebenkläger keine Kosten und kommt also auch eine Gebühr für die Nebenklage nicht zur Erhebung. — Eine in einem Verfahren nach § 427 StPO. (wenn der Beschuldigte gegen einen Strafbescheid einer Verwaltungsbehörde auf gerichtliche Untersuchung angetragen oder die Staatsanwaltschaft die Anklage erhoben hat) als Nebenkläger zugelassene Verwaltungsbehörde (s. Anm. 1 § 65) ist nicht wirklich Nebenkläger, sondern tritt nur als Organ der Staatsgewalt auf; daher sind die Kosten eines von ihr selbständig eingelegten erfolglosen Rechtsmittels (nicht ihr, sondern) der Staatskasse zur Last zu legen. RG. **42**, 175; **48**, 341. — Vorschußpflichtig ist der ein Rechtsmittel einlegende Nebenkläger für die Auslagen nach § 84 Abs. 2 und der ein Rechtsmittel einlegende oder einen Wiederaufnahmeantrag stellende Nebenkläger für die Gebühren nach Maßgabe des § 83.

³ Unter der Voraussetzung, daß dem Nebenkläger Kosten auferlegt werden (Anm. 2), trifft also den Nebenkläger, wenn

das von ihm eingelegte Rechtsmittel auf Grund einer Hauptverhandlung verworfen oder auf das Rechtsmittel der Angeklagte freigesprochen oder wenn es vor Beginn der Hauptverhandlung zurückgenommen oder durch Beschluß verworfen oder wenn es nach Beginn der Hauptverhandlung zurückgenommen oder seine Berufung gemäß § 391 Abs. 3 StPO. verworfen wird, nach § 60 Abs. 1, 2 S. 1, 2, 3 eine Gebühr von 30 oder von 8 oder von 15 RM., und, wenn in der von ihm beschrittenen Rechtsmittelinstanz vor oder nach Beginn der Hauptverhandlung die Anschlußerklärung von ihm widerrufen (s. Anm. 2) oder das Verfahren durch Einstellung erledigt wird, gemäß § 61 Abs. 1 S. 1, 2 eine Gebühr von 8 oder von 15 RM. Hat der vom Nebenkläger gestellte Antrag auf Wiederaufnahme des Verfahrens keinen Erfolg, so finden gegen ihn die Gebührenbestimmungen des § 63 Abs. 1, 2 Anwendung (s. Anm. 2, 3 § 63). Stehen dem Nebenkläger mehrere Personen als Beschuldigte gegenüber, so werden hinsichtlich einer jeden Person gemäß § 64 die vorgenannten Gebühren besonders erhoben, jedoch hinsichtlich aller Personen zusammen höchstens 90 RM

67 (75). **Für das Verfahren in den Fällen der §§ 430 bis 432 der Strafprozeßordnung[1] beträgt die Gebühr[2] in jeder Instanz 30 Reichsmark[3].**

[1] Nach § 430 Abs. 1 StPO. kann in den Fällen, in denen nach § 42 StGB. oder nach anderweiten gesetzlichen Bestimmungen auf Einziehung, Vernichtung oder Unbrauchbarmachung von Gegenständen selbständig erkannt werden kann, der Antrag, sofern die Entscheidung nicht in Verbindung mit einem Urteil in der Hauptsache erfolgt, von der Staatsanwaltschaft oder dem Privatkläger bei dem Gericht gestellt werden, das für den Fall der Verfolgung einer bestimmten Person zuständig sein würde, und nach §§ 431, 432 StPO. können in einem solchen Verfahren Personen, die einen rechtlichen Anspruch auf den Gegenstand der Vernichtung usw. haben, alle einem Angeklagten zustehenden Befugnisse ausüben, namentlich Rechtsmittel einlegen.

[2] In der Regel fehlt es in dem Verfahren, in dem auf Einziehung usw. selbständig erkannt wird (Anm. 1), an einem

Kostenpflichtigen. Die Gebühr aus § 67 kann daher nur zur Erhebung kommen, wenn dem antragstellenden Privatkläger (s. Anm. 1) oder dem an dem Verfahren sich beteiligenden Einziehungsinteressenten nach § 431 (s. Anm. 1) Kosten auferlegt werden, was nach § 471 Abs. 3, § 473 StPO. hinsichtlich der zuletzt genannten Interessenten nur geschehen kann, wenn ein von ihnen eingelegtes Rechtsmittel zurückgenommen wird oder erfolglos geblieben ist, hinsichtlich des beantragenden Privatklägers ferner, wenn sein Antrag zurückgewiesen wird. RG. **12**, 198; **13**, 19; **17**, 114; **22**, 354. Wird auf Einziehung usw. rechtskräftig erkannt, so entsteht mangels eines zu Strafe verurteilten, nach § 465 Abs. 1 StPO. kostenpflichtigen Angeklagten keine Gebühr.

[3] Nach § 68 kann die Gebühr von 30 RM. bis auf 2 RM. ermäßigt oder bis auf das Zwanzigfache erhöht werden. Außerdem besteht, wenn ein von einem Berechtigten (s. Anm. 1, 2) eingelegtes Rechtsmittel teilweisen Erfolg hat, gemäß § 473 Abs. 1 S. 3 StPO. die Befugnis des Gerichts zur Ermäßigung der Gebühr.

5. Gebühren-Ermäßigung oder -Erhöhung.

68 (64). Die in den §§ 60 bis 63, 67 bestimmten Gebühren[1] kann das Gericht bis auf 2 Reichsmark herabsetzen oder bis auf das Zwanzigfache erhöhen[2].

[1] Gebühren im Privatklageverfahren: § 60: wenn der Beschuldigte freigesprochen oder für straffrei erklärt wird (Abs. 1), wenn das vom Privatkläger eingelegte Rechtsmittel verworfen oder zurückgenommen wird (Abs. 2); § 61: wenn die Privatklage zurückgewiesen wird oder sich das Verfahren durch Zurücknahme der Klage oder Einstellung erledigt (Abs. 1), wenn die Erledigung in der Rechtsmittelinstanz eintritt (Abs. 2); § 63: wenn der vom Privatkläger gestellte Antrag auf Wiederaufnahme des Verfahrens verworfen wird (Abs. 1) oder keinen Erfolg hat (Abs. 2). § 67 betrifft das selbständige Einziehungsverfahren; vgl. bezüglich der Gebührenpflicht dort Anm. 2.

[2] Die Ermäßigung oder Erhöhung muß als eine den Kostenpunkt (§ 464 Abs. 1 StPO.) betreffende Entscheidung

in dem Urteil vom erkennenden Gericht ausgesprochen werden. Sie kann daher nur mit den gegen das Urteil gegebenen Rechtsmitteln (Berufung, Revision) angefochten werden.

6. Beschwerde.

69 (68). Für die Zurückweisung[1] einer Beschwerde[2] wird, sofern sie sich gegen eine Entscheidung der im § 56 Abs. 1 oder im § 63 Abs. 1 bezeichneten Art richtet, die dort bestimmte Gebühr, im übrigen eine Gebühr von 1 Reichsmark erhoben[3].

Die Gebühr wird von dem Beschuldigten nur erhoben, wenn er rechtskräftig zu einer Strafe verurteilt ist[4].

[1] Wenn die Beschwerde Erfolg hat, entsteht keine Gebühr.

[2] Mag die Beschwerde vom Beschuldigten (z. B. über Verhaftung, Beschlagnahme, Berechnung der erkannten Strafen) oder von dem Privatkläger oder dem Nebenkläger oder von einem Antragsteller oder Anzeigenden (z. B. wegen Auferlegung von Kosten in den Fällen der §§ 176, 177, 469, 472 StPO.) erhoben sein. — Auf Beschwerden über Verurteilung zu Ordnungsstrafen in Zivil- oder Strafprozessen nach §§ 177, 178 GVG. ist § 68 nicht anwendbar (OLG. 31, 208, Anm. 1 § 49), desgleichen nicht auf Beschwerden über Verweigerung der Rechtshilfe (§ 159 GVG.).

[3] Wird also die Beschwerde gegen eine Entscheidung, wodurch im Verfahren auf öffentliche Klage ein Antrag auf Wiederaufnahme des Verfahrens als unzulässig oder unbegründet verworfen oder abgelehnt ist (§ 56 Abs. 1, Anm. 1 dort), zurückgewiesen, so beträgt die Gebühr für die Zurückweisung die Hälfte der im § 52 bestimmten Gebühr, und wird die Beschwerde gegen eine Entscheidung, wodurch im Privatklageverfahren der vom Privatkläger gestellte Antrag auf Wiederaufnahme des Verfahrens als unzulässig oder unbegründet verworfen ist (§ 63 Abs. 1, Anm. 1 dort), so beträgt die Gebühr für die Zurückweisung der Beschwerde 15 RM. Für die Zurückweisung aller übrigen Beschwerden wird eine Gebühr von 1 RM. erhoben. Jedoch ist, wenn

der Beschuldigte der Beschwerdeführer ist, nach Abs. 2 überall Voraussetzung für den Gebührenansatz ihm gegenüber, daß er rechtskräftig zu einer Strafe verurteilt ist.

[4] Es wird also eine endgültige Verpflichtung des mit seiner Beschwerde zurückgewiesenen Beschuldigten zur Tragung der Gebühr für die Beschwerde erst durch seine etwaige rechtskräftige Verurteilung zu einer Strafe begründet. Daß die Beschwerde aber dieselbe Tat betrifft, wegen deren die Verurteilung erfolgt, ist nicht erforderlich

7. **Vollstreckungshandlungen.**

70 (78). Für das Verfahren zur Vollstreckung einer über eine Vermögensstrafe, eine Buße oder über Erstattung von Kosten ergangenen Entscheidung (Strafprozeßordnung §§ 463, 464) werden Gebühren nach Maßgabe der Vorschriften des zweiten Abschnitts besonders erhoben[1].

[1] Nach §§ 463, 464 StPO. erfolgt die Vollstreckung einer Entscheidung, wodurch auf eine Vermögensstrafe oder auf eine Buße (§§ 188, 231 StGB.) erkannt ist, nach den Vorschriften über die Vollstreckung der Urteile der Zivilgerichte, und finden auf die Vollstreckung der auf Antrag eines Beteiligten erfolgten Festsetzung der Höhe der Kosten und Auslagen, die ein Beteiligter einem anderen Beteiligten zu erstatten hat, die Vorschriften der ZPO entsprechende Anwendung. Demgemäß werden, soweit bei diesen Vollstreckungen gerichtliche Handlungen (z. B. Pfändung von Forderungen, Abnahme des Offenbarungseides, Verwertungsanordnungen) stattfinden, Gebühren nach Maßgabe der für entsprechende Vollstreckungshandlungen in bürgerlichen Rechtsstreitigkeiten im zweiten Abschnitt gegebenen Gebührenvorschriften, also namentlich nach § 33 Nr. 3, 5, § 34 Nr 2, besonders erhoben. Auf Beschwerden findet § 38 Anwendung. — § 78 a. F unterwarf noch folgende andere Akte der gleichen Gebührenbestimmung: Akte betreffend nach § 145 StPO die Verpflichtung eines Verteidigers zur Tragung der durch sein Verschulden veranlaßten Kosten: Entscheidungen betreffend

die vorgenannten Anträge nach § 464 StPO. auf Festsetzung der zu erstattenden Kosten; Beschwerde gegen eine Entscheidung, wodurch der Verfall einer bestellten Sicherheit (§§ 122, 456 StPO.) ausgesprochen ist. Durch das Ges. v. 21. 12. 22 sind diese Akte gestrichen. Jetzt entstehen durch die beiden zuerst genannten Entscheidungen keine besonderen Gebühren, und wird, wenn die zuletzt genannte Beschwerde zurückgewiesen wird, die Gebühr aus § 69 erhoben.

Fünfter Abschnitt.

Auslagen.

71 (79 Abs. 1 Nr. 1, Abs. 2, 80). [1] **Schreibgebühren werden für solche Ausfertigungen und Abschriften[2] erhoben, die nur auf Antrag[3] erteilt werden, oder die angefertigt werden, weil die Partei es unterläßt, einem von Amts wegen zuzustellenden Schriftsatz die erforderliche Zahl von Abschriften beizufügen[4], sowie für Ausfertigungen und Abschriften aller Art in den Fällen der persönlichen oder sachlichen Gebührenfreiheit[5].**

Die Schreibgebühren[6] bleiben jedoch außer Ansatz bei Erteilung von

1. **Ausfertigungen von Urteilen, die unter Weglassung des Tatbestandes und der Entscheidungsgründe erfolgen, sowie solchen, die gemäß § 317 Abs. 4 der Zivilprozeßordnung unter Benutzung einer dem Gerichte vorgelegten beglaubigten Abschrift der Klage oder des Zahlungsbefehls gefertigt werden[7];**
2. **Ausfertigungen vor Gericht abgeschlossener Vergleiche[8].**

Der Abs. 2 kommt bei Erteilung einer zweiten oder weiteren von derselben Partei beantragten Ausfertigung oder Abschrift nicht zur Anwendung[9].

Die Schreibgebühr beträgt für die Seite, welche zweiunddreißig Zeilen von durchschnittlich fünfzehn Silben[10] enthält, 0,30 Reichsmark, auch wenn die Herstellung auf mechanischem Wege stattgefunden hat. Jede angefangene Seite wird als voll berechnet. Für Schriftstücke, die in fremden Sprachen abgefaßt sind, für Schriftstücke in tabellarischer Form sowie für Verzeichnisse, Listen, Rechnungen, Handzeichnungen und dergleichen kann die Höhe der Schreibgebühr von der Landesjustizverwaltung anderweit bestimmt werden[11].

[1] Durch die Nov. v. 1. 6. 09, vor der alle in Prozessen erwachsenen Auslagen, namentlich allgemein Schreibgebühren und Postgebühren, erhoben wurden, waren Pauschsätze zur Deckung der baren Auslagen eingeführt (§ 80b) und kamen daneben nur einzelne bare Auslagen noch besonders zum Ansatz (§ 79). Durch G. v. 29. 6. 21 wurden unter Erhöhung der Gebührensätze die Pauschsätze wieder beseitigt, so daß nur die einzelnen bestimmten Auslagen zu erheben blieben. Das G. v. 21. 12. 22 hat hieran festgehalten. Es kommen daher nur die jetzt in den §§ 71 (Schreibgebühren), 72 Nr. 1 (Postgebühren) bis 8 aufgeführten Auslagen zur Erhebung; die übrigen Auslagen gelten als durch die Gebührensätze mitabgegolten. Z. B. dürfen deshalb Ausgaben der Gerichte und der Staatsanwaltschaft für Packmaterial, Heften der Akten u. dgl., für Ausgrabung von Leichen, Belohnung für Ermittelung des Täters den Beteiligten nicht in Rechnung gestellt werden.

[2] **„Ausfertigungen"** sind alle vom Richter oder Gerichtsschreiber unterzeichneten, zur Hinausgabe bestimmten Schriftstücke mit urkundlichem Charakter (z. B. Urteilsausfertigungen, Bescheinigungen, schriftliche Auskünfte, wie im Falle des § 915 Abs. 4 ZPO. [Auskunft aus dem Schuldnerverzeichnis], JW. 11, 1020 [a. M. JW. 10, 597[6]]). Hierfür sind also Schreibgebühren zu erheben, wenn die Ausfertigungen auf Antrag erteilt werden. Anders, wenn die Ausfertigung als Folge einer gleichzeitigen oder voraufgegangenen Entscheidung des Gerichts von Amts wegen erteilt wird. Vgl. Anm. 3.

Daher sind in den im früheren § 80a aufgeführten Fällen (§§ 694, 699, 706, 725 ZPO.: Benachrichtigung von dem gegen einen Zahlungsbefehl erhobenen Widerspruch, Vollstreckungsbefehl, Rechtskraft- und Notfristattest, Vollstreckungsklausel) Schreibgebühren nicht zu erheben. Dagegen ist die vom Gerichtsschreiber vorgenommene Beglaubigung der zum Zwecke der Ausfertigung des Urteils gemäß § 317 Abs. 4 ZPO. eingereichten Klageabschrift wohl als Ausfertigung für schreibgebührenpflichtig zu erklären, weil keine selbständige Entscheidung vorliegt. Dafür JW. **11**, 417. — **„Abschriften"** sind beglaubigte oder unbeglaubigte Wiedergaben von Schriftstücken. — Für das nicht unter die Begriffe „Ausfertigung" oder „Abschrift" fallende Schreibwerk werden, auch soweit sonst die Voraussetzungen des § 71 Abs. 1 vorliegen, keine Schreibgebühren erhoben; also nicht für Adressen auf Briefumschlägen. RG. **31**, 402; JW. **93**, 231.

[3] Der **Antrag** muß sich unmittelbar auf die Anfertigung der betreffenden Ausfertigung oder Abschrift richten, z. B. auf Urteilsausfertigung und -abschrift (s. aber Abs. 2) oder Erteilung der Abschrift eines Terminsprotokolls (JW. **27**, 860[17]). Es genügt nicht, daß eine Entscheidung oder die Vornahme einer Handlung des Gerichts beantragt wird, die mit Notwendigkeit die Herstellung einer Ausfertigung oder Abschrift zur Folge hat. Daher können für die Ausfertigung und Zustellung der Ladungen zu einem neuen Termin auch dann keine besonderen Gebühren erhoben werden, wenn die Anberaumung oder Verlegung des Termins von einer Partei beantragt worden ist. JW. **11**, 125[123], 416, 417; OLG. **31**, 210 (a. M. JW. **10**, 774[63]). Vgl. auch Anm. 2.

[4] Die **Unterlassung der Beifügung der erforderlichen Abschrift** wird hier hinsichtlich der Berechnung von Schreibgebühren einem ausdrücklichen Antrag auf Anfertigung einer Abschrift gleichgestellt. In Betracht kommen die Vorschriften der §§ 340a, 519 Satz 2, 3, § 553a Abs. 2, § 554 Abs. 5 ZPO. (begl. Abschrift der Einspruchs-, Berufungs-, Revisions-, Revisionsbegründungsschrift beizufügen), ferner § 381 StPO. (der Privatklage zwei Abschriften beizufügen), auch § 103 Abs. 2 ZPO. (Abschrift der Kostenrechnung dem Kostenfestsetzungsgesuche beizufügen), obwohl die Kostenrechnung kein Schriftsatz im eigentlichen Sinne ist. Begr. z. Nov. v. 1. 6. 09

S. 56. Hat die Partei vor Verkündung des Urteils die Berechnung ihrer Kosten eingereicht, so braucht nach § 105 Abs. 2 ZPO. eine Abschrift der Kostenrechnung nicht beigefügt zu werden; sie ist vielmehr von Amts wegen anzufertigen, und es können daher nach § 71 Abs. 1 Schreibgebühren für die Anfertigung nicht erhoben werden.

⁵ Halbs. 3 durch G. v. 29. 6. 21 angefügt und seine Fassung dann durch G. v. 21. 12. 22 geändert. — Persönliche Gebührenfreiheit: § 90. Sachliche Gebührenfreiheit, welche die Auslagen-Erstattungspflicht hinsichtlich Ausfertigungen und Abschriften aller Art auch dann auslöst, wenn die Voraussetzungen des § 71 Abs. 1 Halbs. 1, 2 (Anm. 3, 4) nicht vorliegen, ist nur gegeben, wenn für das betreffende Verfahren Gebührenfreiheit besonders vorgeschrieben ist. Daraus allein, daß für gerichtliche Tätigkeiten, namentlich für Nebenverfahren (s. Anm. 1 § 22), keine Gebühr bestimmt ist, indem sie durch andere Gebühren als mitabgegolten gelten, ist eine sachliche Gebührenfreiheit im Sinne des Halbs. 3 nicht zu entnehmen.

⁶ Soweit nicht Abs. 2 zutrifft, ist gemäß § 80 Schuldner der nach Abs. 1 zu entrichtenden Schreibgebühren der Antragsteller oder die Partei, die es unterlassen hat, einem von Amts wegen zuzustellenden Schriftsatz die erforderliche Zahl von Abschriften beizufügen. Fällig werden diese Schreibgebühren sofort nach Aushändigung oder Absendung der Schriftstücke (§ 76 Abs. 1).

⁷ Nach § 317 Abs. 2 S. 2 ZPO. erfolgt die Ausfertigung der Urteile, sofern nicht von der Partei ein anderes beantragt wird, unter Weglassung des Tatbestandes und der Entscheidungsgründe, und nach § 317 Abs. 4, § 696 Abs. 4, § 313 Abs. 3 ZPO. erfolgt die Ausfertigung der in abgekürzter Form hergestellten Versäumnis- und Anerkenntnisurteile unter Benutzung einer beglaubigten Abschrift der Klageschrift oder des Zahlungsbefehls. Obwohl diese Ausfertigungen auf Antrag erteilt werden, sollen sie als Ausnahme von Abs. 1 gebührenfrei sein.

⁸ Vor Gericht abgeschlossene Vergleiche, deren Ausfertigungen ebenfalls (s. Anm. 7) gebührenfrei sind: §§ 118a, 160 Abs. 1 Nr. 1, § 499g Nr. 1, § 794 Abs. 1 Nr. 1 ZPO.

[9] Früher war streitig, ob nur die erste der in Anm. 7 genannten Ausfertigungen gebührenfrei zu erteilen war oder auch eine zweite oder noch weitere (JW. 10, 774[65] einerseits, JW. 10, 774[64]; 11, 125 anderseits). Jetzt ist durch den von der Nov. v. 21. 12. 22 eingefügten Abs. 3 die Streitfrage im ersteren Sinne entschieden.

[10] 32 Zeilen von durchschnittlich 15 Silben sind nur als Mindestmaß, nicht als Normalmaß vorgeschrieben; daher kann auch für Seiten, die mehr als 32 × 15 Silben enthalten, keine höhere Schreibgebühr als 0,30 RM. berechnet werden. RG. 21, 412.

[11] Die Bestimmung der Schreibgebühren für ungewöhnliche Schriftstücke der im Abs. 4 S. 3 bezeichneten Art ist der Landesjustizverwaltung überlassen, damit den jeweils wechselnden Verhältnissen Rechnung getragen wird. Vgl. für Preußen früher JMVerf. v. 17. 8. 10 § 3, jetzt v. 12. 9. 24.

72 (79 Nr. 2—8). **An baren Auslagen werden ferner erhoben:**

1. Postgebühren[1]:

a) für die Übersendung der auf Antrag erteilten Ausfertigungen und Abschriften,

b) für Ladungen von Zeugen und Sachverständigen;

2. Telegraphengebühren und die im Fernverkehre[2] zu entrichtenden Fernsprechgebühren;

3. die durch Einrückung einer Bekanntmachung in öffentliche Blätter entstehenden Kosten[3];

4. die an Zeugen und Sachverständige zu zahlenden Gebühren[4];

5. die bei Geschäften außerhalb der Gerichtsstelle den Gerichtsbeamten und den nicht beamteten Beisitzern zustehenden Tagegelder und Reisekosten[5] sowie die Kosten für die Bereitstellung von Geschäftsräumen[6];

6. die an andere Behörden[7] oder Beamte[8] oder an Rechtsanwälte[9] für deren Tätigkeit zu zahlenden Beträge;

7. die Kosten eines Transports von Personen[10] sowie die Beträge, die mittellosen Beschuldigten für die Reise zum Orte der Vernehmung oder Hauptverhandlung und für die Rückreise gewährt werden, ferner die Kosten eines Transports von Tieren und Sachen sowie der Verwahrung von Sachen und der Verwahrung und Fütterung von Tieren[11];

8. die Haftkosten[12] nach Maßgabe der für die Strafhaft geltenden landesgesetzlichen Vorschriften[13].

[1] Postgebühren (Brief- und Paketporto, auch für Sendungen nach dem Ausland, Gebühren für Einschreiben, Eilbestellung, Postanweisung) werden, sofern sie Sendungen im Rahmen der gebührenpflichtigen Tätigkeit des Gerichts oder der Staatsanwaltschaft betreffen, grundsätzlich nicht als Auslagen erhoben; sie gelten als durch die Gebühren mitabgegolten. Als Ausnahmen von diesem Grundsatz sind bestimmt die Postgebühren für die Übersendung der auf Antrag erteilten Ausfertigungen und Abschriften (s. Anm. 2, 3 § 71), sofern die Übersendung nicht durch Zustellung erfolgt und daher § 73 Anwendung findet, und die Postgebühren für die Ladung von Zeugen und Sachverständigen (§§ 377, 378, 402 ZPO., §§ 35 ff., 48, 72 StPO.), nicht auch die für die Ladung der Parteien; letztere Postgebühren kommen nach § 73 Abs. 2 auch zum Ansatz, wenn die Ladung ohne Inanspruchnahme der Post (z. B. durch einen Gerichtsdiener, § 211 ZPO.) erfolgt. Über die Ladung von Zeugen nach § 377 Abs. 3, 4 ZPO. vgl. PrAllgVerf. v. 22. 7. 24 (JMBl. 283). Greifen die Ausnahmen nicht Platz, so dürfen Sendungen an die Partei auch nicht als portopflichtige Dienstsache bezeichnet werden. Wird z. B. ein Kostenfestsetzungsbeschluß dem Antragsteller nicht förmlich zugestellt, sondern durch Brief mitgeteilt, so muß er portofrei übersandt werden. JW. 10, 729[30]. 11, 417. Dagegen brauchen

Sendungen, die außerhalb des Rahmens einer gebührenpflichtigen Tätigkeit des Gerichts liegen, nicht frankiert oder portofrei zu erfolgen. So sind z. B. im Zivilprozeß den Parteivertretern die auf ihren Antrag erteilten Abschriften von Terminsprotokollen mit dem Vermerk „portopflichtige (gebührenpflichtige) Dienstsache" unfrankiert zu übersenden. Vgl. darüber für Preußen die JMVerf. v. 18. 8. 10 (JMBl. 326), v. 18. 4. 11 (JMBl. 171) und v. 8. 11. 21 (JMBl. 568) sowie über die Behandlung der Postsendungen und über gebührenpflichtige Dienstsendungen die PrAllgVerf. v. 4. 3. 94 (JMBl. 50) und v. 14. 8. 23 (JMBl. 580), ferner v. 29. 10. 24 (JMBl. 380), v. 28. 11. 24 (JMBl. 404). — Nicht als Auslagen können angesetzt werden die vom Gericht verauslagten Portokosten für die beim Gericht eingehenden Sendungen.

[2] Hinsichtlich der Fernsprechgebühren für Gespräche im Vororts-, Nachbarorts- und Bezirksverkehr besteht keine Erstattungspflicht.

[3] Über öffentliche Bekanntmachungen vgl. §§ 687, 948, 956, 1009, 1017, 1022 ff. ZPO., §§ 81, 93, 98, 111, 142, 163, 179, 190, 198, 203, 205 KO., §§ 27, 42, 52, 58, 69, 72, 81 VerglO., §§ 131, 284, 291, 293 StPO.

[4] Zeugen- und Sachverständigengebühren nach Maßgabe der GOfZuS. in d. Fass. v. 21. 12. 25 (s. unten III). Über Erstattung der Portoauslagen des Zeugen oder Sachverständigen im Falle schriftlicher Beantwortung der Beweisfrage nach § 377 Abs. 3, 4, § 402 ZPO. vgl. die in Anm. 1 angeführte PrAllgVerf. v. 22. 7. 24. Soweit Dolmetscher nach Maßgabe des § 16 Abs. 3 GOfZuS. eine Entschädigung als Sachverständige erhalten, gehört die Entschädigung auch zu den zu erstattenden Auslagen.

[5] Gerichtsbeamte: Richter, Handelsrichter (§ 112 GVG.), Beamte der Geschäftsstelle und der Staatsanwaltschaft; nicht beamtete Beisitzer: Schöffen, Geschworene, Laien-Beisitzer in Mietsachen nach § 7 MietSchG., in Arbeitsgerichtssachen. Die Tagegelder und Reisekosten, die ihnen bei Geschäften außerhalb der Gerichtsstelle zustehen, bestimmen sich für: Reichsgerichtsbeamte nach der ReisekostenVO. v. 14. 10. 21 15. 10. 23/29. 11. 24; preußische Gerichtsbeamte nach dem G. über die Reisekosten der Staatsbeamten v. 3. 1. 23, jedoch bei gerichtlichen Geschäften

innerhalb des Amtsgerichtsbezirks der Beschäftigung nach AllgVerf. v. 23. 3. 23 (JMBl. 295): Schöffen und Geschworene in Preußen bei Wahrnehmung der außerhalb der Gerichtsstelle stattfindenden Hauptverhandlungstermine der Schöffen- und Schwurgerichte nach AllgVerf. v. 26. 5. 25 (JMBl. 200). Über die Verteilung der Reisekosten, wenn die Reise in mehreren Angelegenheiten erfolgt, vgl. §§ 112, 115 PrGKG. v. 28. 10. 22. — In Rechnung zu stellen sind nur die Tagegelder und Reisekosten, die wirklich zur Verausgabung gelangt sind. KGJ. 6, 157, 158.

[6] Halbs. 2 ist durch das G. v. 21. 12. 22 hinzugefügt. Es kommen namentlich die Kosten für die Bereitstellung von Räumen zu Beweisaufnahmen bei Lokalterminen in Betracht.

[7] Über Zahlungen an Behörden vgl. z. B. §§ 199, 363 ZPO. (Gebühren an Konsuln oder ausländische Behörden für Zustellungen oder Beweisaufnahmen im Auslande), § 656 ZPO. (Kosten der Unterbringung eines zu Entmündigenden in einer Heilanstalt), §§ 81, 83 Abs. 3, § 92 StPO. (Kosten, die zu zahlen sind an eine öffentliche Irrenanstalt für die Beobachtung eines Angeschuldigten auf seinen Geisteszustand bzw. an eine Fachbehörde für Erstattung eines Gutachtens bzw. an eine Münzbehörde für die Begutachtung einer Münzfälschung). — Vgl. über Kosten der Rechtshilfe: unter den Behörden verschiedener Länder des Reiches: §§ 164, 168 GVG., dazu Übereinkommen der Länder PrJMBl. 1907 S. 55, 1912 S. 134, 1914 S. 826, und bezüglich der Sachverständigengebühren PrVerf. v. 10. 7. 84 (JMBl. 161); unter Behörden desselben Landes des Reiches: Preußen: PrGKG. in d. Fass. v. 28. 10. 22 § 14 (Ansatz der Gebühren und Auslagen bei dem ersuchenden Gericht); ausländischer Behörden: Art. 8 ff., 16 des Haager Abkommens über den Zivilprozeß v. 17. 7. 05 (RGBl. 1909 S. 409) nebst §§ 2, 4 AusfGes. dazu v. 5. 4. 09 (RGBl. 430); ferner Bek., betr. Vereinfachung des Rechtshilfeverkehrs v. 16. 8. 09 (Luxemburg, Niederlande, Norwegen), 9. 11. 09 (Niederlande), 12. 1. 10 (Belgien), 9. 2. 10 (Schweden), 7. 5. 10 (Schweiz), 3. 6. 10 (RGBl. 871) u. 6. 6. 14 (RGBl. 205) (Dänemark), 29. 9. 11 u. 1. 7. 13 (RGBl. 13 S. 457, 487) (Bulgarien), 11. 1. 17 u. 12. 4. 18 (RGBl. 18 S. 244, 354 (Türkei), sowie

PrVerf. v. 30. 8. 21 (JMBl. 459) (Frankreich) und Rechtsh.-Vertr. v. 20. 1. 22 (RGBl. 23 II 57) Art. 11 (Tschechoslowakei), v. 21. 6. 23 (RGBl. 24 II 55) Art. 18 (Österreich), v. 5. 3. 24 (RGBl. 25 II 139) Art. 17 (Polen), v. 12. 10. 25 (RGBl. 26 S. 84) (Rußland); der deutschen Konsuln: RGebG. f. Auslandsbehörden v. 1. 7. 21/27. 11. 23/18. 6. 26 und hinsichtlich Erstattung der Zustellungskosten RG. **44**, 409. — Die Notwendigkeit und die Höhe der infolge gerichtlichen Ersuchens ausländischen Behörden tatsächlich entstandenen Auslagen (z. B. Zeugengebühren) ist vom ersuchenden Gericht nicht nachzuprüfen. JW. **99**, 492[28].

[8] Unter **die an Beamte zu zahlenden Beträge** fallen z. B. die Gebühren und Auslagen der **Gerichtsvollzieher.** § 22 GO.f.GerVollz. in d. Fass. v. 14. 12. 22 (s. unten II) (bei von Amts wegen angeordneten Geschäften ist die Staatskasse Schuldnerin der Gebühren und Auslagen des GerVollz.). — Der **Konkursverwalter** gehört hinsichtlich der ihm gebührenden Vergütung nicht hierher. RG. **43**, 63.

[9] **An Rechtsanwälte** sind z. B. **Zahlungen** zu leisten im Falle des § 150 StPO. (dem zum Verteidiger bestellten Rechtsanwalt sind die Gebühren aus der Staatskasse zu bezahlen). Gegen den Ansatz durch den Gerichtsschreiber Erinnerung nach § 4 Abs. 1 GKG. und gegen die Entscheidung Beschwerde nach § 4 Abs. 2 GKG., § 304 StPO. JW. **24**, 1625[1]. — Zu den in Ansatz zu bringenden Auslagen gehören nicht die nach dem ErstattungsG. v. 6. 2. 23 dem Armenanwalt aus der Staatskasse erstatteten Gebühren und Auslagen, wie sich aus der Fassung des § 4 Ges. ergibt. JW. **24**, 551[2]; **25**, 68[6], 1549[5], 2151[2], 2360[4].

[10] Z. B. **Kosten des Transports** von Festgenommenen oder Untersuchungsgefangenen (§§ 112 ff. StPO.), sowie die Transportkosten, die durch Vorführung von Personen entstehen in den Fällen der §§ 380, 619, 654, 656, 888 Abs. 1 ZPO. (Vorführung von Zeugen, einer Partei im Ehescheidungsprozeß, des zu Entmündigenden, Hinschaffung desselben nach einer Heilanstalt, Inhaftnahme einer Partei behufs Erzwingung einer Handlung), des § 51 StPO. (Vorführung von Zeugen), der §§ 101, 106 KO. (Vorführung des Gemeinschuldners). **Nicht** auch **Transportkosten zum Zwecke der Strafvollstreckung,**

hinsichtlich deren das GKG. eine Regelung überhaupt nicht enthält.

[11] Die unter Nr. 7 außer den Kosten des Transports von Personen aufgeführten Auslagen sind durch das G. v. 21. 12. 22 und hinsichtlich der einem mittellosen Beschuldigten etwa bewilligten Reisekosten durch das G. v. 28. 1. 27 hinzugefügt. Als Kosten des Transports und der Verwahrung von Sachen kommen namentlich in Betracht die Ausgaben für Herschaffung von Überführungsstücken und Gegenständen der Augenscheinseinnahme sowie für Verwahrung der ersteren, so weit zulässig (z. B. Kostbarkeiten), bei einer behördlichen Hinterlegungsstelle (nicht bei Gericht).

[12] Z. B. **Kosten der Haft in den Fällen** der: **ZPO.** § 390 Abs. 2 (Haftanordnung wegen wiederholter Zeugnisverweigerung), §§ 888, 889 (Anhaltung des Schuldners zur Vornahme einer ausschließlich von seinem Willen abhängigen Handlung bzw. zur Leistung eines Offenbarungseides nach bürgerlichem Recht durch Haft), 890 (Verurteilung zu Haft wegen Zuwiderhandlung gegen die im Urteil ausgesprochene Verpflichtung, eine Handlung zu unterlassen oder die Vornahme einer solchen zu dulden), 901 (Haftanordnung wegen Verweigerung der zufolge Nichtbefriedigung des Gläubigers obliegenden Leistung des Offenbarungseides), 918, 933 (persönlicher Sicherheitsarrest); **StPO.** § 70 (Haftanordnung wegen Zeugnisverweigerung); **KO.** § 101 Abs. 2, § 106 (Haftanordnung gegen den Gemeinschuldner wegen Nichterfüllung der gesetzlichen Pflichten oder zur Sicherung der Masse). Ferner Kosten der **Untersuchungshaft. — Nicht** aber **Haftkosten der Strafvollstreckung.** Vgl. Anm. 10 a. E.

[13] **Für die Strafhaftkosten geltende Vorschriften** in **Preußen**: § 22 Ges. v. 10. 3. 79 (GS. 145), Verf. v. 22. 3. und 12. 11. 83 (JMBl. 81 u. 339), ferner v. 18. 12. 23 (JMBl. 653). Vgl. § 109 Nr. 9 PrGKG. v. 25. 7. 10 in d. Fass. v. 28. 10. 22.

73 (80a). **Für die von Amts wegen bewirkten Zustellungen[1] werden unbeschadet der Vorschrift im § 72 Nr. 1b[2] nur diejenigen baren Auslagen erhoben[3], welche durch die Zustellung im Ausland oder bei der**

öffentlichen Zustellung durch Bekanntmachung in öffentlichen Blättern[4] entstehen.

Wird ein Zeuge oder Sachverständiger ohne Inanspruchnahme der Post geladen[5], so wird als Auslagen der Betrag der Postgebühren erhoben, der entstanden sein würde, wenn durch die Post zugestellt worden wäre.

[1] Zustellungen von Amts wegen (§§ 208 ff. ZPO.): in bürgerlichen Rechtsstreitigkeiten z. B. ZPO. § 329 Abs. 3 (nicht verkündete Beschlüsse und Verfügungen), §§ 377, 402 (Zeugen- und Sachverständigenladungen), 496 (amtsgerichtliches Verfahren), 693 (Zahlungsbefehl), 340a, 520, 553, 554 (Einspruchs- und Rechtsmittelschriftsätze), 352, 366, 368, 370, 389, 622, 625, 659, 662, 678, 683, 685; überall im Konkursverfahren (§ 73 Abs. 2 KO.) und (mit wenigen Ausnahmen, z. B. § 220 StPO.) in Strafsachen.

[2] Postgebühren für Ladungen von Zeugen und Sachverständigen, s. Anm. 1 § 72.

[3] Demnach sind regelmäßig die Auslagen für Zustellungen von Amts wegen nicht in Ansatz zu bringen. Daher sind z. B. auch für die infolge eines Terminsverlegungsgesuches notwendig gewordenen Zustellungen von Amts wegen nicht Zustellungskosten zu erheben. JW. 11, 125[123]. Nicht als Auslagen können ferner z. B. erhoben werden: Gebühren und Auslagen des Zustellungsbeamten (Gerichtsvollziehers) und die an die Post als Zustellungsbehörde (namentlich auch im Falle der Zustellung durch Aufgabe zur Post, § 175 ZPO.) zu zahlenden Gebühren, JW. 92, 216[8]. Dies gilt insbesondere auch von den Zustellungen der Kostenfestsetzungsbeschlüsse. JW. 92, 216[8].

[4] Zustellungen im Auslande: §§ 199—202 ZPO., öffentliche Zustellung: §§ 203—206 ZPO.; Bekanntmachung in öffentlichen Blättern: Anm. 3 § 72. Diese Ausnahmen von der regelmäßigen Kostenfreiheit sind wegen der Erheblichkeit der Zustellungsauslagen bestimmt.

[5] Ladung ohne Inanspruchnahme der Post durch den Gerichtsdiener (§ 211 ZPO.).

Sechster Abschnitt

Kostenzahlung und Kostenvorschuß.

1. Fälligkeit der Kosten.

74 (93, 94, 95). [1]In bürgerlichen Rechtsstreitigkeiten, im Vergleichsverfahren zur Abwendung des Konkurses und im Konkursverfahren wird die Gebühr mit Stellung des Antrags fällig, durch den das Verfahren bedingt ist[2]; soweit die Gebühr eine Entscheidung[3] oder sonstige gerichtliche Handlung[4] voraussetzt, wird sie mit dieser fällig.

Der Termin zur mündlichen Verhandlung soll auf Grund der Klage[5] erst nach Zahlung der erforderten Prozeßgebühr bestimmt werden[6]. Das gleiche gilt im Mahnverfahren bei dem Antrag des Gläubigers auf Bestimmung eines Termins zur mündlichen Verhandlung nach Erhebung des Widerspruchs oder nach Erlaß eines Vollstreckungsbefehls unter Vorbehalt der Ausführung der Rechte des Beklagten[7]. Im Falle der Erweiterung des Klagantrags soll vor Zahlung der erforderten Prozeßgebühr keine gerichtliche Handlung vorgenommen werden[8].

Der Zahlungsbefehl soll erst nach Zahlung der im § 31 Abs. 1 bestimmten Gebühr erlassen werden[9].

Die Vorschriften der Abs 2, 3 finden keine Anwendung, soweit dem Kläger das Armenrecht bewilligt ist oder wenn ihm Gebührenfreiheit zusteht, ferner wenn glaubhaft gemacht wird, daß ihm die alsbaldige Zahlung der Gebühr mit Rücksicht auf seine Vermögenslage Schwierigkeiten bereiten würde. Das gleiche gilt, wenn glaubhaft gemacht wird, daß eine Ver-

zögerung dem Kläger einen nicht oder nur schwer zu ersetzenden Schaden bringen würde; zur Glaubhaftmachung genügt in diesem Falle die Erklärung des zum Prozeßbevollmächtigten bestellten Rechtsanwalts[10].

[1] Nach § 93 a. F. wurden, abgesehen von Strafsachen (§ 96 a. F.), die Gebühren und Auslagen, soweit nicht für bürgerliche Rechtsstreitigkeiten im § 94 a. F. und für das Konkursverfahren im § 95 a. F. Sonderbestimmungen gegeben waren, fällig, sobald das Verfahren oder die Instanz durch unbedingte Entscheidung über die Kosten, durch Vergleich oder Zurücknahme oder anderweite Erledigung beendigt war. Nach den jetzigen §§ 74 ff in d Fass. d. Ges v 21 12 22 tritt die Fälligkeit regelmäßig bereits mit dem Beginn des Verfahrens ein, und ist in gewissem Umfange bei bürgerlichen Rechtsstreitigkeiten die Vornahme gerichtlicher Tätigkeit von vorheriger Gebührenzahlung abhängig gemacht.

[2] Mit Stellung des Antrags, durch den das Verfahren bedingt ist, werden fällig a) in bürgerlichen Rechtsstreitigkeiten. die Prozeßgebühr (§ 20 Nr 1, s. Anm. 3 dort), die Gebühr für die Vollstreckbarerklärung von Schiedssprüchen und schiedsrichterlichen Vergleichen (§ 30a, s. dort Anm. 2), die Gebühr für das Mahnverfahren (§ 31, s dort Anm. 2), die Gebühr für das Güteverfahren (§ 31a, s. dort Anm. 2), die Gebühr für das Arrestverfahren (§ 32, s. dort Anm. 2), die Gebühren für die in den §§ 33 f. aufgeführten Verfahren, die Gebühr für die Beschwerde in den Fällen des § 38 Abs. 1 (s. dort Anm. 2): b) im Konkursverfahren die Gebühr für das Eröffnungsverfahren (§ 41, s. dort Anm 3), die Gebühr für das Verfahren uber einen Wiederaufnahmeantrag (§ 48) und die Gebühr für die hierauf sich beziehende Beschwerde, auf die § 38 Abs. 1 Anwendung findet (Anm. 1 § 47, Anm 1 § 48); c) im Vergleichsordnungsverfahren: die Gebühr nach § 48a (s. dort Anm. 2). — Die Fälligkeit der Gebühr nach § 30a Abs. 1 (Niederlegung eines Schiedsspruchs oder eines schiedsrichterlichen Vergleichs) ist im § 74b besonders bestimmt. — Wird in bürgerlichen Rechtsstreitigkeiten im Laufe des Verfahrens der Klagantrag derart erweitert, daß eine Erhöhung der Prozeßgebühr eintritt, oder eine mit der Klage nicht identische

(§ 13) Widerklage erhoben, so wird die erhöhte Gebühr bzw. die Prozeßgebühr für die Widerklage mit dem aus § 281 ZPO. sich ergebenden Zeitpunkt der Anspruchserhebung fällig (s. Anm. 2, 5 § 13).

³ Mit Erlaß (d. i. mit der Verkündung und, wenn eine solche nicht stattfindet, mit der Zustellung) der Entscheidung, welche die betreffende Gebühr voraussetzt, werden fällig: a) in bürgerlichen Rechtsstreitigkeiten: die Gebühr für die Beweisanordnung (§ 20 Nr. 2, s. dort Anm. 4), die Urteilsgebühr (§ 20 Nr. 3), die Gebühr für Urteilsergänzung (§ 26), die Urteilsgebühr im Arrestverfahren nach § 32 Abs. 1 S. 2, Abs. 2 S. 1, die Gebühr für die Beschwerde in den Fällen des § 38 Abs. 2 (s. dort Anm. 5), die Verzögerungsgebühr (§ 39); b) im Konkursverfahren: die Gebühr für die Durchführung des Konkursverfahrens nach § 42 und des wiederaufgenommenen Verfahrens nach § 48 (streitig ist, ob nach § 75 Abs. 1 diese Gebühren erst mit Beendigung des Verfahrens fällig werden, s. Anm. 1 § 42, Anm. 1 § 48), die Gebühr für die Beschwerde nach § 47, soweit es sich nicht um die in Anm. 2 genannte Beschwerde handelt, also § 38 Abs. 2 Anwendung findet.

⁴ Mit einer sonstigen (außer einer Entscheidung) gerichtlichen Handlung, welche die betreffende Gebühr voraussetzt, werden fällig: a) in bürgerlichen Rechtsstreitigkeiten: die Gebühr für einen vor dem Gerichte geschlossenen Vergleich (§ 36); b) im Konkursverfahren: die Gebühr für die Anberaumung eines besonderen Prüfungstermins (§ 44).

⁵ Unter „Klage" ist nicht nur die eine Rechtsstreitigkeit einleitende Klage (§ 253 ZPO.), und zwar sowohl im ordentlichen Prozeß wie im Urkunden- und Wechselprozeß (§§ 592 ff. ZPO.), in Ehesachen (§§ 606 ff. ZPO.) und in Kindschaftsprozessen (§§ 640 ff. ZPO.), zu verstehen, sondern auch die Klage gegen den die Entmündigung aussprechenden oder den die Wiederaufhebung der Entmündigung ablehnenden Beschluß (§§ 664 ff., 679, 684, 686 ZPO.), die Nichtigkeits- und die Restitutionsklage (§§ 578 ff. ZPO.), die Klagen in der Zwangsvollstreckungsinstanz (§§ 722, 731, 767, 768, 771 ZPO.), die Anfechtungsklage im Aufgebotsverfahren (§§ 973 ff. ZPO.). — Auf all diese Klagen soll im erstinstanzlichen Verfahren der (erste) Termin zur mündlichen Verhandlung vom Vor-

sitzenden erst nach „Zahlung" der erforderten Prozeßgebühr (§ 20 Nr. 1) bestimmt werden. In der Berufungs- und Revisionsinstanz ist nach § 519 Abs. 6, § 554 Abs. 7 ZPO. die Zulässigkeit des Rechtsmittels davon abhängig, daß binnen der vom Vorsitzenden bestimmten Frist der „Nachweis der Zahlung" der für die Rechtsmittelinstanz erforderten Prozeßgebühr zu den Prozeßakten erbracht ist. Ein solcher Nachweis der Zahlung zu den Prozeßakten ist für das erstinstanzliche Verfahren nicht vorgeschrieben; es genügt, daß die Zahlung der Prozeßgebühr überhaupt erfolgt ist.

[6] Der Gerichtsschreiber hat nach dem Wert des Streitgegenstandes, über den er, sofern nicht die Festsetzung des Wertes von dem Kläger beantragt oder vom Prozeßgericht für angemessen erachtet wird (§ 18 Abs. 1 S. 1), auf Grund des Inhalts der eingereichten Klageschrift zu befinden hat (Anm. 3 § 18), die Prozeßgebühr (§ 20 Nr. 1) zu berechnen und den errechneten Betrag von dem Kläger zu erfordern. Erst nach erfolgter Zahlung hat er die Klageschrift dem Vorsitzenden (oder dem Einzelrichter nach § 348 ZPO., JW. 26, 845[7]) zur Terminsbestimmung vorzulegen. Wenn demnächst etwa der Streitwert zu einem höheren Betrage, als ihn der Gerichtsschreiber angenommen hat, festgesetzt wird, ist zwar der aus der Erhöhung des Streitwerts sich ergebende höhere Betrag der Prozeßgebühr nachzufordern, aber die Vornahme weiterer gerichtlicher Tätigkeit darf nicht von der Zahlung des höheren Betrages abhängig gemacht werden. Gleiches gilt, wenn die Prozeßgebühr unrichtigerweise zu niedrig berechnet ist und nach Zahlung dieser erforderten Gebühr der zufolge demnächstiger richtiger Berechnung sich ergebende höhere Betrag nachgefordert wird. JW. 25, 1373[8]. Ferner gilt gleiches, wenn versehentlich (z. B. weil irrtümlich angenommen ist, es liege einer der Ausnahmefälle des Abs. 4 vor) der Termin ohne zuvoriges Erfordern der Prozeßgebühr anberaumt ist und demnächst die Gebühr nachgefordert wird. JW. 26, 866[27], 2479[15]. Anders verhält es sich nach Abs. 2 S. 3, wenn der Klagantrag im Laufe des Rechtsstreits erweitert wird. Vgl. hierüber sowie über die Widerklage Anm. 8. — Wird die Prozeßgebühr nicht gezahlt, so bleibt die Klage unerledigt liegen. Zwangsweise Beitreibung hat

nicht stattzufinden; der Kläger kann sich gemäß § 29 Abs. 1 durch Zurücknahme der Klage von der Gebühr befreien.

[7] Im Mahnverfahren ist, wenn der Gläubiger nach erhobenem Widerspruch gegen den Zahlungsbefehl gemäß § 696 Abs. 2 S. 2 ZPO. oder im Falle eines gemäß § 4 Nr. 4 EntlVO. v. 13. 5. 24 auf den Widerspruch gegen einen Urkunden- oder Wechsel-Zahlungsbefehl erlassenen Vollstreckungsbefehls mit Vorbehalt der Ausführung der Rechte des Schuldners gemäß § 600 ZPO. Bestimmung eines Termins zur mündlichen Verhandlung im Streitverfahren beantragt, die Anberaumung des Termins davon abhängig, daß die nach § 31 Abs. 2 zu erfordernde Gebühr, deren Schuldner nach § 77 Abs. 1 der Gläubiger ist, vorher von dem Gläubiger bezahlt wird. Auf den Schuldner, der in den genannten Fällen die Bestimmung des Termins beantragt oder der gegen den Vollstreckungsbefehl Einspruch einlegt (§ 700 ZPO.), findet Abs. 2 S. 2 keine Anwendung; ihm gegenüber ist die Terminsbestimmung nicht von der vorherigen Zahlung der genannten Gebühr abhängig.

[8] Wird der Klagantrag im Laufe des Rechtsstreits gemäß § 281 ZPO. erweitert, so ist der aus dem höheren Streitwert sich ergebende höhere Betrag der Prozeßgebühr vom Kläger nachzufordern und vor Zahlung dieses höheren Betrages keine gerichtliche Handlung mehr vorzunehmen (JW. 24, 981[10]), und zwar nach dem jede gerichtliche Handlung umfassenden Wortlaut des Abs. 2 S. 3, gleichviel ob die Handlung eine dem Angriff des Klägers förderliche oder ob sie eine gegen ihn gerichtete, insbesondere eine ihm ungünstige, vom Beklagten begehrte, wäre; z. B. kann weder der zahlungssäumige Kläger gegen den Beklagten Versäumnisurteil beantragen noch der Beklagte ein Versäumnisurteil gegen den ausgebliebenen oder etwa wegen der Zahlungssäumnis als nicht verhandlungsfähig zu erachtenden Kläger dahin erzielen, daß der Kläger abgewiesen oder auf eine erhobene Widerklage verurteilt wird (streitig, a. M. JW. 25, 2361[6]; 26, 1613[10], die aber nur auf Rechtsähnliches in Abs. 2 S. 2 und § 74a Abs. 2 S. 2 und darauf sich berufen können, daß der Beklagte gegen Verschleppungsabsichten des zahlungssäumigen Klägers hilflos sein würde). Auch wenn erst in der Berufungsinstanz der Klagantrag vom Kläger, sei es

als Berufungs- oder als Anschlußberufungskläger, erweitert wird, findet Abs. 2 S. 3 Anwendung. RG. 109, 350; JW. 24, 2050[10]. — In d. Fass. d. G. v. 21. 12. 22 enthielt Abs. 2 S. 3 den Zwischensatz „sowie (im Falle) der Erhebung der Widerklage, sofern für sie gemäß § 13 eine besondere Gebühr zu erheben ist" (s. hierzu Anm. 2 a. E.). Dieser Zwischensatz ist durch G. v. 28. 1. 27 gestrichen. Danach ist jetzt die Vornahme gerichtlicher Handlungen nicht von der Zahlung der Prozeßgebühr, die für die mit der Klage nicht identische Widerklage zu erfordern ist, abhängig.

[9] Wenn nicht das Gesuch um Erlassung eines Zahlungsbefehls nach Maßgabe des § 691 ZPO. von vornherein abgelehnt wird, ist der Zahlungsbefehl erst nach Zahlung der zu erfordernden Gebühr aus § 31 Abs. 1 zu erlassen.

[10] Nach Abs. 4 ist ausnahmsweise die Vornahme der in Abs. 2, 3 bezeichneten gerichtlichen Handlungen von den dort genannten Gebührenvorauszahlungen nicht abhängig zu machen:

a) soweit dem Kläger das Armenrecht (§§ 114 ff. ZPO.) bewilligt ist. Ist dem Kläger nach Maßgabe des § 115, Abs. 2 ZPO. das Armenrecht nur teilweise bewilligt, so ist in den Fällen des Abs. 2 S. 1, 2, die hauptsächlich in Betracht kommen, die Prozeßgebühr nur zu dem um den festgesetzten Bruchteil verringerten Betrag zu erfordern, aber die Bestimmung des Termins ist auch hier von der vorherigen Zahlung der geminderten Prozeßgebühr abhängig;

b) wenn dem Kläger Gebührenfreiheit zusteht. Vgl. § 90 nebst Anm.;

c) wenn die im Abs. 1 Halbs. 3 bezeichnete Schwierigkeit für den Kläger bei alsbaldiger Gebührenzahlung gemäß § 294 ZPO. glaubhaft gemacht wird. Es ist dann zwar die Gebühr zu erfordern, aber die Vornahme der betreffenden gerichtlichen Tätigkeit ist weder von der vollen noch von einer teilweisen Zahlung der Gebühr abhängig zu machen. Dieser Ausnahmefall ist nicht nur dann gegeben, wenn der Kläger eine physische Person und seine Vermögenslage eine derart bedrängte ist, daß die alsbaldige Zahlung ihm Schwierigkeiten bereiten würde, aber doch noch nicht die Voraussetzungen der §§ 114, 118 ZPO. für die Bewilligung des Armenrechts bei ihm vorliegen, sondern auch, wenn der Kläger eine solche Rechtspersönlichkeit ist, der überhaupt nicht das Armenrecht bewilligt werden kann, wie eine juristische Person (JW. **01**, 248[1]; **02**, 250[4]), eine die Interessen anderer kraft Amtes wahrnehmende Person (Konkursverwalter [RG. **33**, 367], Nachlaßverwalter [RG. **65**, 287], Testamentsvollstrecker [RG. **81**, 292]) und ihr Vermögen bzw. das von ihr verwaltete Vermögen bei alsbaldiger Zahlung notleidend wäre (a. M. JW. **26**, 2116[15]);

d) wenn ein durch Verzögerung infolge des Erforderns und der Zahlung der Gebühr eintretender, nicht oder nur schwer zu ersetzender Schaden gemäß § 294 ZPO. glaubhaft gemacht wird. Ein solcher Fall kann z. B. gegeben sein, wenn durch die Zustellung einer Klage vor dem Landgericht eine alsbald ablaufende Frist zu wahren ist oder wenn der Kläger der eingeklagten Leistung dringend und schleunigst bedarf oder bei Räumungsklagen. Nach Abs. 4 S. 2 Halbs. 2 bedarf es hier der Glaubhaftmachung nicht, wenn der zum Prozeßbevollmächtigten des Klägers bestellte Rechtsanwalt eine entsprechende Erklärung abgibt. Wie aber bei der Glaubhaftmachung die das Vorliegen des Ausnahmefalls begründenden Tatsachen angegeben werden müssen, hat auch die Erklärung des Anwalts eine Tatsachendarstellung zu enthalten, die auf ihre Schlüssigkeit hinsichtlich des Vorliegens des Ausnahmefalls vom Gericht nachgeprüft werden kann: eine abstrakte Erklärung des Anwalts, daß dem Kläger durch die vorgenannte Verzögerung ein nicht oder nur schwer zu ersetzender Schaden entstehen würde, genügt nicht (streitig: JW. **24**, 428[28], 996[6]).

Gegen die Ablehnung eines Antrags, die betreffende gerichtliche Handlung ohne vorherige Zahlung der Gebühr wegen Vorliegens eines der Ausnahmefälle zu a—d vorzunehmen, steht dem Antragsteller gemäß § 567 Abs. 1 ZPO. die Beschwerde zu. — Im Berufungs- und Revisionsverfahren findet Abs. 4 keine Anwendung. Hier gelten die besonderen Vorschriften der § 519 Abs. 6, § 554 Abs. 7 ZPO. JW. **26**, 52[4].

74a. [1a] **Der Termin zur Güteverhandlung**[1] **soll, sofern nicht dem Antragsteller Gebührenfreiheit**[2] **zusteht oder die Voraussetzungen für die Bewilligung des Armenrechts vorliegen**[3]**, erst nach Zahlung der erforderten Gebühr**[4] **bestimmt werden, es sei denn, daß glaubhaft gemacht wird, daß dem Antragsteller die alsbaldige Zahlung der Gebühr mit Rücksicht auf seine Vermögenslage Schwierigkeiten bereiten würde. § 74 Abs. 2 Satz 2 gilt entsprechend**[4].

Der Eintritt in das Streitverfahren oder die Anberaumung eines Termins hierzu ist erst nach Zahlung der erforderten Prozeßgebühr zulässig. Dies gilt nicht, wenn der Antrag auf Eintritt in das Streitverfahren oder auf Anberaumung eines Termins hierzu von dem Antragsgegner gestellt ist[5].

[1a] § 74a ist eingefügt durch G. v. 28. 1. 27.

[1] Termin zur Güteverhandlung wird auf Klagerhebung vor dem Amtsgericht nach Maßgabe der §§ 495a, 497 ZPO. und bei vorangegangenem Mahnverfahren auf Antrag einer Partei nach rechtzeitig erhobenem Widerspruch gegen den erlassenen Zahlungsbefehl gemäß § 696 Abs. 1, Abs. 2 S. 1 ZPO. bestimmt.

[2] Über Gebührenfreiheit vgl. § 90 nebst Anm.

[3] Diese Ausnahme von dem Erfordernis der vorherigen Gebührenzahlung ist schon dann gegeben, wenn die Voraussetzungen für die Bewilligung des Armenrechts (§ 114 Abs. 1, § 118 Abs. 2 ZPO.) dargetan werden; daß das Armenrecht erteilt ist, ist nicht erforderlich.

[4] Die Gebühr, die zu erfordern ist und von deren Zahlung die Bestimmung des Termins, wenn nicht einer der Ausnahmefälle des Satz 1 Halbs. 1, 3 vorliegt, abhängt, ist die aus § 31 Abs. 1 S. 1. Nach § 31a Abs. 2 bleibt das Verfahren gebührenfrei, wenn ein Mahnverfahren vorausgegangen ist, so daß in diesem Falle die Erhebung einer Gebühr vor Bestimmung des Termins an sich nicht in Frage käme. Jedoch nach dem gemäß Abs. 1 S. 2 entsprechend anzuwendenden § 74

Abs. 2 S. 2 ist, wie die in ihrer Bedeutung allerdings zweifelhafte Verweisungsbestimmung aufzufassen ist, doch die Bestimmung des Termins auf Antrag des Gläubigers davon abhängig, daß der Gläubiger, welcher früher die Gebühr für das Mahnverfahren aus § 31 Abs. 1 S. 1 bei Erlaß des Zahlungsbefehls noch nicht gezahlt hat (z. B. weil damals eine der Ausnahmen des Abs. 4 von § 74 als vorliegend erachtet wurde), nunmehr die Gebühr aus § 31 Abs. 1 S. 1 vorher zahlt. Zuzugeben ist, daß auch bei dieser Auslegung die Fassung der Verweisungsbestimmung seltsam bleibt. Wollte man aber deshalb der Ansicht sein, daß S. 2 einen Druckfehler enthalte und es statt § 74 Abs. 2 S. 2 heißen solle „§ 74 Abs. 4 S. 2", daß also auch hier der weitere Ausnahmefall dieser Vorschrift (s. Anm. 10d § 74) entsprechende Anwendung finden solle, so würde es für den Fall des Übergangs vom Mahnverfahren zum Güteverfahren zufolge der im § 31a Abs. 2 bestimmten Gebührenfreiheit an einer Vorschrift über die Abhängigkeit der Terminsbestimmung von vorheriger Gebührenzahlung fehlen.

[5] Vgl. das in Anm. 10c § 74 Bemerkte, das auch für die Ausnahme des S. 1 Halbs. 3 § 74a gilt. — Gibt man dem § 74a Abs. 1 S. 2 die in Anm. 4 dargestellte Auslegung, so kann mangels einer Anwendungsvorschrift nicht doch die Ausnahme des § 74 Abs. 4 S. 2 (durch Verzögerung entstehender, nicht oder nur schwer zu ersetzender Schaden, s. Anm. 10d § 74) hier ebenfalls für entsprechend anwendbar erachtet werden. Auch wird, wenn die Verhältnisse so liegen, wie diese Ausnahme voraussetzt, nach § 495a Nr. 6, § 696 Abs. 2 S. 2 ZPO. ein Güteverfahren überhaupt nicht stattfinden.

[6] Nach § 499e Abs. 1, § 499f Abs. 2 ZPO. wird auf Antrag einer Partei von der Güteverhandlung, soweit möglich, sofort in das Streitverfahren eingetreten, sonst ein Termin zur Streitverhandlung anberaumt; es gilt dann der Güteantrag als Klageschrift. Aus letzterem ergibt sich, daß eigentlich bereits § 74 Abs. 2 S. 1 auf diesen Fall Anwendung zu finden hat mit der Maßgabe, daß hier die Prozeßgebühr (§ 20 Nr. 1) nach § 31a Abs. 3 nur zur Hälfte zu erheben ist. Der Fall, daß nach vorausgegangenem Mahnverfahren zufolge rechtzeitig erhobenen Widerspruchs sogleich zum Streitverfahren übergegangen wird, ist auch bereits durch § 74

Abs. 2 S. 2 betroffen (s. Anm. 7 § 74). Abs. 2 hier will nur klarstellen, daß der Eintritt in das Streitverfahren oder die Anberaumung eines Termins dazu von der vorherigen Zahlung der Prozeßgebühr (§ 31a Abs. 3 bzw. § 31 Abs. 2 S. 1), die im ersteren Fall in dem Gütetermin nach Stellung des Antrags sofort zu erfordern ist, nur dann abhängig ist, wenn der Kläger bzw. der Gläubiger den Antrag gestellt hat, nicht auch, wenn der Antrag auf Eintritt in das Streitverfahren oder auf Anberaumung eines Termins hierzu von dem Gegner gestellt ist. Versteht man den § 74a Abs. 2 so, dann haben auch die Ausnahmebestimmungen des § 74 Abs. 4, wiewohl sie im § 74a Abs. 2 nicht erwähnt sind, hier ohne weiteres Anwendung zu finden (a. M. JW. 25, 1047[10]).

74b. [1a]**Die im § 30a Abs. 1 bestimmte Gebühr wird mit der Niederlegung des Schiedsspruchs**[1] **oder des von einem Schiedsgerichte vermittelten Vergleichs fällig.**

[1a] § 74b ist eingefügt durch G. v. 28. 1. 27.

[1] § 1039 ZPO.

75 (93, 96). Im übrigen[1] **werden die Gebühren**[2] **sowie die Auslagen**[3] **fällig, sobald eine unbedingte Entscheidung**[4] **über die Kosten ergangen ist oder das Verfahren oder die Instanz durch Vergleich**[4a]**, Zurücknahme**[5] **oder anderweitige Erledigung**[6] **beendigt ist.**

In Strafsachen[7] **werden die Gebühren und Auslagen, die dem verurteilten Beschuldigten**[8] **zur Last fallen, erst mit der Rechtskraft des Urteils fällig**[9].

[1] D. i. soweit nicht die §§ 74—74b Anwendung finden. Durch diese Vorschriften aber ist die Fälligkeit der Gebühren in bürgerlichen Rechtsstreitigkeiten, im Konkursverfahren und im Vergleichsordnungsverfahren geregelt. Daher greift in diesen Verfahren § 75 nur hinsichtlich der Auslagen Platz.

[2] Nach dem in Anm. 1 Bemerkten gilt hinsichtlich der Gebühren Abs. 1 in Strafsachen, soweit nicht Abs. 2 zutrifft: also namentlich, wenn Kosten des Verfahrens zur Last fallen

dem Privatkläger (§§ 60, 61 GKG., § 471 Abs. 3, § 473 StPO.), dem Nebenkläger (§ 66 GKG., § 473 Abs. 1 StPO.), in dem Verfahren nach §§ 430 ff. StPO., dem Einziehungsinteressenten (§ 67 GKG., § 473 Abs. 1 StPO.), in den Fällen der §§ 174, 175 StPO. dem Antragsteller (§ 57 GKG., §§ 177, 472 StPO.), dem Beschwerdeführer (§ 69 GKG., § 473 Abs. 1 StPO.), dem die Wiederaufnahme des Verfahrens Beantragenden (§§ 56, 63 GKG., § 473 Abs. 2 StPO.).

[3] Hinsichtlich der Auslagen findet Abs. 1 auch in den bürgerlichen Rechtsstreitigkeiten, dem Konkursverfahren, dem Vergleichsordnungsverfahren (Anm. 1) sowie in den in Anm. 2 genannten Strafsachen Anwendung, ferner wenn dem freigesprochenen oder außer Verfolgung gesetzten Beschuldigten nach § 467 StPO. (durch schuldbare Versäumnis verursachte Kosten) oder den Zeugen, den Sachverständigen, dem Verteidiger nach §§ 51, 70 bzw. § 77 bzw. § 145 StPO. Kosten auferlegt werden. — Eine Ausnahmebestimmung hinsichtlich der Fälligkeit der Schreibgebühren und gewisser Postgebühren gibt § 76.

[4] Ein durch Eid bedingtes Urteil in bürgerlichen Rechtsstreitigkeiten (§ 460 ZPO.) hat die Fälligkeit der Auslagen (s. Anm. 1) nicht zur Folge; sie tritt erst mit Erlaß des Läuterungsurteils (§ 462 Abs. 2 ZPO.) ein. Unbedingte Entscheidungen im Sinne des § 75 sind in bürgerlichen Rechtsstreitigkeiten z. B. auch: Versäumnisurteile (§§ 330, 313, 542 ZPO.), sie beendigen zwar wegen des zulässigen Einspruchs nicht die Instanz, jedoch ist Instanzbeendigung durch die Entscheidung nicht, wie nach § 93 a. F., erforderlich; ferner die Entscheidungen über Auferlegung von Kosten an Gerichtsschreiber, Anwälte usw. nach § 102, an Zeugen und Sachverständige nach §§ 380, 390, 409 ZPO. Im Falle von Teilurteilen (§ 301 ZPO.) werden, sofern sie sich über die Kosten überhaupt verhalten, nur diejenigen Auslagen fällig, die sich lediglich auf den abgeurteilten Teil des Rechtsstreits beziehen. Daß die unbedingte Entscheidung rechtskräftig ist, ist nicht erforderlich. Vgl. RG. **6,** 419; OLG. **15,** 173; **33,** 176.

Die Staatskasse ist zur Beitreibung so lange befugt, bis die erlassene Entscheidung aufgehoben oder geändert wird.

Vgl. § 81 Abs. 1, RG. 6, 418. Ist freilich dem Kläger, Berufungskläger oder Revisionskläger das Armenrecht bewilligt, so daß nach § 120 ZPO. auch der Gegner einstweilen von den im § 115 Abs. 1 Nr. 1 ZPO. bezeichneten Kosten befreit ist, so können die dem Gegner durch gerichtliche Entscheidung auferlegten Kosten (auch die Gebühren) gemäß § 123 Abs. 2 ZPO. erst nach Rechtskraft der Entscheidung eingezogen werden. RG. 6, 418; 23, 355. — Hinsichtlich unbedingter Entscheidungen über die Kosten in Strafsachen s. Anm. 2, 3. Auch hier ist nicht erforderlich, daß die Entscheidungen schon rechtskräftig sind.

4a Gerichtlich aufgenommen braucht der Vergleich nicht zu sein; es genügt auch außergerichtlicher Abschluß und Mitteilung des Inhalts an das Gericht. Über Beendigung des Verfahrens durch Vergleich vgl. Anm. 2 § 23.

5 Hinsichtlich bürgerlicher Rechtsstreitigkeiten vgl. über Zurücknahme der Klage, des Rechtsmittels, des Antrags auf Erlaß des Zahlungsbefehls, des Arrestantrags Anm. 2 § 29, Anm. 2 § 30, Anm. 3 § 31, Anm. 4, 6 § 32; hinsichtlich der Strafsachen vgl. über Zurücknahme des Rechtsmittels, des Strafantrags, der Privatklage §§ 55, 58, 60, 61 nebst Anm.

6 In bürgerlichen Rechtsstreitigkeiten tritt in den Verfahren, in denen eine Entscheidung über die Kosten nicht ergangen ist, auch eine Beendigung durch Vergleich oder Zurücknahme nicht stattgefunden hat, die Fälligkeit der Auslagen (s. Anm. 1) mit der Beendigung der in Anspruch genommenen gerichtlichen Tätigkeit ein; so z. B. im Güteverfahren nach §§ 499e, 499f ZPO. (Vergleichsversuch erfolglos, Übergang zum Streitverfahren), im Urkunden- und Wechselprozeß nach § 596 ZPO. (Abstandnahme vom Urkunden- oder Wechselprozeß), im Mahnverfahren nach § 696 ZPO. (nach Widerspruch Übergang zum Güte- oder Streitverfahren), im Verteilungsverfahren nach § 876 ZPO. (Ausführung des Teilungsplans), im Arrestverfahren nach §§ 921, 922 ZPO. (Ablehnung des Arrestantrags oder Anordnung des Arrestes). Gleiches gilt hinsichtlich der Fälligkeit der Auslagen (s. Anm. 1) im Konkurs- und im Vergleichsordnungsverfahren; hier kommt als die Fälligkeit begründend namentlich in Betracht: in beiden Verfahren die Ablehnung des An-

trags auf Eröffnung des Verfahrens (§§ 104, 105, 107 KO., §§ 21, 22, 28 VerglO.), im Konkursverfahren die Aufhebung und die Einstellung des Verfahrens (§§ 163, 202 KO.), im Vergleichsordnungsverfahren die Verwerfung des Vergleichs und die Einstellung des Verfahrens (§§ 71, 79 VerglO.).

[7] Gleichviel, ob der Beschuldigte im Verfahren auf öffentliche Klage oder im Privatklageverfahren verurteilt ist.

[8] Ist der Beschuldigte nicht verurteilt: Anm. 3.

[9] Vgl. § 465 Abs. 2 StPO. (stirbt der verurteilte Beschuldigte vor Rechtskraft des Urteils, so haftet sein Nachlaß nicht für die Kosten), § 69 Abs. 2 GKG. (die Gebühr für Zurückweisung einer Beschwerde wird von dem Beschuldigten nur erhoben, wenn er rechtskräftig zu einer Strafe verurteilt ist). Im Falle des Todes des Beschuldigten im Laufe eines Privatklageverfahrens treffen den Privatkläger nach § 471 Abs. 3 StPO. auch dann die Kosten, wenn der Beschuldigte verurteilt, aber der Tod vor Rechtskraft des Urteils eingetreten ist. Rechtspr. RG. **9**, 705.

76 (97). [1]**Die Schreibgebühren**[2] **sowie die Postgebühren für die Übersendung auf Antrag erteilter Ausfertigungen und Abschriften**[3] **werden sofort nach Aushändigung oder Absendung der Schriftstücke fällig**[4].

Die Anfertigung kann von der vorherigen Zahlung eines die Kosten deckenden Betrags abhängig gemacht werden[5].

[1] § 76 enthält eine Ausnahme von der im § 75 für die Fälligkeit der Auslagen gegebenen Regel hinsichtlich der Schreibgebühren und der darin genannten Postgebühren.

[2] Die Schreibgebühren (§ 71 Abs. 4) für die im § 71 Abs. 1 bezeichneten Ausfertigungen und Abschriften, sofern nicht die Ausnahmen im § 71 Abs. 2 Platz greifen.

[3] Also (gemäß der Fassung des G. v. 28. 1. 27) die Postgebühren nach § 72 Nr. 1a. Für die anderen nach § 72 Nr. 1b auch erstattungsfähigen Postgebühren gilt die Regel des § 75.

[4] Mithin nicht erst, wie nach der Regel des § 75, mit Erlaß einer unbedingten Entscheidung über die Kosten oder mit Beendigung des Verfahrens oder der Instanz. — Nach § 115 Nr. 1, § 120 ZPO. ist aber im Falle der Bewilligung des Armenrechts die arme Partei und, wenn diese Kläger oder Rechtsmittelkläger ist, auch der Gegner von der Zahlung der Schreib- und Postgebühren einstweilen befreit. JW. 87, 351[7].

[5] In Preußen hat nach § 13 Nr. 1, 2 KassO. v. 28. 3. 07 (Änderungen s. Vorbem. vor § 1) die Geschäftsstelle von der Befugnis der Abhängigmachung Gebrauch zu machen, sofern nicht der Eingang der Beträge mit Sicherheit zu erwarten ist oder der Kassenkurator aus besonderen Gründen eine andere Entscheidung trifft. — Gegen die Abhängigmachung Beschwerde im Aufsichtswege.

2. Schuldner der Kosten.

a) Bürgerliche Rechtsstreitigkeiten.

77 (89). **In bürgerlichen Rechtsstreitigkeiten ist Schuldner der Gebühren und Auslagen[1] derjenige[2], der das Verfahren der Instanz[3] beantragt hat[4].**

In den Fällen des § 30a Abs. 1 ist Schuldner der Gebühren derjenige, auf dessen Betreiben das schiedsrichterliche Verfahren eingeleitet worden ist[5].

[1] Früher war in bürgerlichen Rechtsstreitigkeiten nach §§ 86, 89 a. F. Schuldner der Gebühren und Auslagen, abgesehen von dem Fortbestehen der Verpflichtung des Antragstellers zur Vorschußzahlung nach § 90 a. F., in erster Linie derjenige, dem durch gerichtliche Entscheidung die Kosten des Verfahrens auferlegt waren oder der die Kosten übernommen hatte, und erst in Ermangelung einer solchen Entscheidung derjenige, der das Verfahren der Instanz beantragt hatte. Jetzt ist nach §§ 77, 79 der Antragsteller der Schuldner und tritt derjenige, dem die Kosten durch gerichtliche Entscheidung auferlegt sind oder der die Kosten übernommen hat, als zweiter Schuldner hinzu mit der Maßgabe, daß nun zugunsten des Antragstellers § 82 Abs. 2 Anwendung findet

(nur subsidiäre Haftung). — **Gerichtskosten** (Gebühren oder Auslagen) im Sinne des GKG. sind nicht die dem Armenanwalt einer Partei nach dem G. v. 6. 2. 23 aus der Staatskasse erstatteten Gebühren. Der Kläger haftet daher der Staatskasse nicht für diese in der Instanz entstandenen Armenrechtskosten des Beklagten. JW. **24**, 1267; **25**, 68, 381, 2151; **26**, 268.

[2] Stets ist Antragsteller die Partei, nicht deren prozeßbevollmächtigter Anwalt, dieser auch dann nicht, wenn er seine Vertretungsbefugnis nicht nachgewiesen hat. JW. **89**, 423[4]; **91**, 412[5]; **11**, 419; Gr. **37**, 136; OLG. **23**, 267; **25**, 287.

[3] Über Beginn, Dauer und Ende der Instanz im Prozeßverfahren (s. Anm. 1 § 20), deren Gebühren und Auslagen bis zum Beginn einer neuen Instanz sämtlich dem das Verfahren Beantragenden zur Last fallen, vgl. Anm. 1 § 25. Im übrigen haftet der Antragsteller für die Gebühren und Auslagen: des Güteverfahrens bis zur Beendigung des Verfahrens oder bis zum Übergang in das Streitverfahren (s. Anm. 2 § 31a); des Mahnverfahrens bis zum Übergang in das Güte- oder Streitverfahren (s. Anm. 2, 4 § 31); des Arrestverfahrens bis zur Entscheidung über den Arrestantrag und, wenn gegen die Arrestanordnung Widerspruch erhoben wird, auch bis zur Entscheidung über die Rechtmäßigkeit der Anordnung, während der Arrestantragsteller als solcher nicht Schuldner der Gebühren und Auslagen des Aufhebungs- oder Abänderungsverfahrens nach § 926 Abs. 2, § 927 ZPO. ist (s. Anm. 3, 5 § 32); des Entmündigungsverfahrens bis zum Verfahren auf Anfechtungs- und Wiederaufhebungsklagen (s. Anm. 2 § 33). Das Zwangsvollstreckungsverfahren bildet eine Instanz für sich (vgl. § 35 Abs. 1). Daher ist der gerichtliche Handlungen der Zwangsvollstreckung beantragende Gläubiger Schuldner der Gebühren und Auslagen (vgl. JW. **83**, 5); jedoch nach § 788 ZPO., § 88 GKG. haftet dafür auch der Vollstreckungsschuldner. Über die Haftung im Falle des Antrags auf Einstellung der Zwangsvollstreckung nach §§ 707, 719 ZPO. s. Anm. 2 § 34.

[4] Antragsteller der Instanz ist derjenige, durch dessen Antrag das demnächst in der ganzen Instanz stattgehabte Ver-

fahren erstmalig eingeleitet worden ist. Die Zahlungspflicht des Antragstellers umfaßt sämtliche in der Instanz entstandenen Gebühren, auch wenn sie zufolge der Ansprüche oder Anträge des Gegners entstanden sind, es sei denn, daß durch diese eine neue Instanz eröffnet worden ist (s. Anm. 3). Daher haftet nur er, nicht auch der Gegner, wenn dieser gegen ein Versäumnisurteil Einspruch eingelegt, oder als Beklagter, gegen den ein Vorbehaltsurteil nach § 302 Abs. 1 oder § 599 Abs. 1 ZPO. erlassen ist, das Nachverfahren verfolgt oder als Antragsgegner gegen die Arrestanordnung Widerspruch erhoben hat, für die Gebühren und Auslagen des auf die genannten Rechtsbehelfe folgenden Verfahrens, vgl. JW. **26**, 616[4]; der Gegner ist allerdings nach § 84 für die Auslagen vorschußpflichtig. Jedoch ist der Kläger oder Rechtsmittelkläger nicht auch Schuldner der durch eine Widerklage bzw. durch das vom Gegner selbständig eingelegte Rechtsmittel entstandenen Gebühren. Vgl. JW. **25**, 2363[14]; RG. (VZS.) **57**, 301. Betreffen Verfahrensakte zugleich die Klage und Widerklage bzw. die Rechtsmittel beider Parteien mit verschiedenen Streitgegenständen, so trifft die Kostenpflicht des § 77 beide Teile; sie haften für die Gebühren, die gemäß § 13 nach dem Gesamtbetrag der zusammenzurechnenden Streitwerte zu berechnen sind, nach Verhältnis des Wertes des Streitgegenstandes der Klage und der Widerklage bzw. der einzelnen Rechtsmittel. Dies gilt auch hinsichtlich der Auslagen, soweit sie nicht durch einen einseitigen Beweisantrag veranlaßt sind. Vgl. JW. **25**, 2363[14]; auch RG. **57**, 309. Betreffen Klage und Widerklage bzw. die Rechtsmittel beider Parteien denselben Streitgegenstand (vgl. Anm. 4 § 13), so haften beide Parteien für die gesamten Gebühren und Auslagen als Gesamtschuldner nach § 82. RG. **110**, 366. — Ist eine negative Feststellungsklage erhoben, so gehört auch die ausschließlich auf Antrag des Beklagten angeordnete Beweisaufnahme über die einredeweise aufgestellte Behauptung, daß ein Anspruch tatsächlich bestehe, zu dem vom Kläger beantragten Verfahren der Instanz; der Kläger ist also Schuldner der Gebühren und Auslagen dieser Beweisaufnahme. Vgl. RG. **36**, 415. — Von mehreren Mitklägern, welche verschiedene Ansprüche verfolgen, gilt ein jeder als Antragsteller nur bezüglich desjenigen Teiles des Gesamtstreitobjekts, den er für sich beansprucht. Gr. 43, 1221; JW. (99, 438[22]); 00, 17[28]. Hat, nachdem zunächst ein Nebenintervenient ein Rechtsmittel eingelegt hatte, demnächst auch die Hauptpartei das Rechtsmittel selbständig eingelegt, so ist diese gleichfalls als Antragsteller gebührenpflichtig. OLG. 42, 59.

[5] Nach Abs. 2 haftet für die Gebühren der Niederlegung eines Schiedsspruchs oder eines von einem Schiedsgerichte vermittelten Vergleichs (s. Anm. 1 § 30a), die nach § 74b mit der Niederlegung fällig werden, nicht der Niederlegende als solcher, sondern, gleichviel wem nach dem Schiedsspruch oder nach dem Vergleich die Kosten des Schiedsgerichtsverfahrens zur Last fallen, derjenige, auf dessen Betreiben das schiedsgerichtliche Verfahren eingeleitet worden ist, es sei denn, daß der Niederlegende etwa durch eine Erklärung nach § 79 die Kosten der Niederlegung übernimmt. Für die etwaigen Auslagen der Niederlegung aber haftet der Niederlegende nach Abs. 1.

b) Konkursverfahren.

78 (89). Im Konkursverfahren ist Schuldner der in den §§ 41, 48 Abs. 2 bestimmten Gebühren sowie im Falle der Abweisung oder Zurücknahme des Antrags auf Eröffnung oder Wiederaufnahme des Verfahrens auch der in dem Verfahren entstandenen Auslagen der Antragsteller, im übrigen der Gemeinschuldner[1].

[1] Der Antragsteller ist Schuldner: der Gebühr für das Verfahren über seinen Antrag auf Eröffnung oder auf Wiederaufnahme (§ 198 KO.) des Konkurses (§§ 41, 48 Abs. 1) und, wenn sein Antrag abgewiesen oder von ihm zurückgenommen wird, auch der in dem Verfahren entstandenen Auslagen; der Gebühr für das Verfahren über den von ihm vor der Wiederaufnahme des Konkursverfahrens gestellten Antrag auf Anordnung von Sicherheitsmaßregeln nach § 197 Abs. 2 KO. (§ 48 Abs. 2) und, wenn sein Antrag auf Wiederaufnahme des Verfahrens abgewiesen oder von ihm zurückgenommen wird, auch der in dem Sicherungsverfahren entstandenen Auslagen.

Fällig wurden die Gebühren nach § 74 Abs. 1 Halbs. 1 bereits mit Stellung der genannten Anträge, während die Auslagen nach Maßgabe des § 75 Abs. 1 (s. dort Anm. 6) fällig werden. Schuldner der nicht zu den vorbezeichneten gehörenden Gebühren und Auslagen ist der Gemeinschuldner; dies gilt namentlich hinsichtlich der Gebühren und Auslagen bei Durchführung des eröffneten oder wiederaufgenommenen Konkursverfahrens (§§ 42, 48 Abs. 1), sowie bei Anordnung von Sicherheitsmaßregeln, wenn die Wiederaufnahme des Verfahrens sodann stattfindet. Die Gebühren und etwaigen Auslagen eines besonderen Prüfungstermins (§ 44) fallen nach § 142 Abs. 3 KO., § 88 GKG. dem säumigen Gläubiger zur Last. Hinsichtlich der Beschwerdeinstanz vgl. § 47 Abs. 1 nebst Anm.

c) Vergleichsordnungsverfahren.

78a. [1]**Im Vergleichsverfahren zur Abwendung des Konkurses ist Schuldner der Gebühren und Auslagen der Vergleichsschuldner**[2].

[1] § 78a ist durch § 99 Nr. 6 VerglO. v. 5. 7. 27 eingefügt.

[2] Der Vergleichsschuldner, der allein das Vergleichsverfahren beantragen kann (§ 1 VerglO.), ist alleiniger Schuldner der Gebühren (§ 48a) und der Auslagen des ganzen Vergleichsverfahrens, gleichviel welchen Ausgang das Verfahren hat. Fällig werden die Gebühren bereits mit Stellung des Antrags (§ 74 Abs. 1 Halbs. 1). Wegen der Fälligkeit der Auslagen s. Anm. 6 § 75.

d) Kostenentscheidung und Kostenübernahme.

79 (86 Abs. 1). [1]**Schuldner der Gebühren und Auslagen ist ferner**[2] **derjenige**[3]**, dem durch eine unbedingte gerichtliche Entscheidung**[4] **die Kosten des Verfahrens**[5] **auferlegt sind, oder der sie durch eine vor dem Gericht abgegebene oder ihm mitgeteilte Erklärung übernommen hat**[6].

[1] § 79 gilt nicht nur für bürgerliche Rechtsstreitigkeiten, sondern auch für das Konkurs- und das Vergleichsordnungsverfahren sowie für Strafsachen.

[2] D. i. neben den aus § 77 (für bürgerliche Rechtsstreitigkeiten), § 78 (für das Konkursverfahren), § 78a (für das Vergleichsordnungsverfahren) sich ergebenden Schuldnern. Treffen Schuldner nach diesen Vorschriften und Schuldner nach § 79 zusammen, so haften sie für die Gebühren und Auslagen nach § 82 Abs. 1 als Gesamtschuldner; jedoch soll nach § 82 Abs. 2 die Haftung der ersteren Schuldner nur geltend gemacht werden, wenn eine Zwangsvollstreckung in das bewegliche Vermögen der nach § 79 haftenden Schuldner erfolglos geblieben ist oder aussichtslos erscheint. — Die Bedeutung des § 79, der mit dem § 86 Abs. 1 a. F. übereinstimmt, ist für bürgerliche Rechtsstreitigkeiten: Es soll die Feststellung, die unter den Parteien über ihre Kostenpflicht durch richterliche Entscheidung oder durch eine dem Gericht gegenüber erklärte Übernahme ergeht, auch für die Kostenpflicht im Verhältnis zur Staatskasse maßgebend sein. Vgl. RG. 52, 201; OLG. 21, 137.

[3] Erben, die in bürgerlichen Rechtsstreitigkeiten in die Kosten verurteilt sind, haften für diese auch dann mit ihrem ganzen Vermögen, wenn sie Erben mit beschränkter Haftung (§§ 1975, 1990 BGB.) sind. Vgl. OLG. 23, 264. Aber der als Vormund oder sonstiger gesetzlicher Vertreter, als Sequester, Zwangsverwalter, Konkursverwalter, Nachlaßpfleger oder Testamentsvollstrecker zur Tragung der Kosten Verurteilte haftet für die Kosten nicht persönlich.

[4] Über unbedingte gerichtliche Entscheidungen über die Kosten in bürgerlichen Rechtsstreitigkeiten s. Anm. 4 § 75. Auch hier ist Rechtskraft der Entscheidung nicht Voraussetzung. Die sich aus der Entscheidung ergebende Kostenpflicht besteht solange, bis die Entscheidung aufgehoben oder geändert wird (§ 81 Abs. 1). Sind die Kosten noch nicht gezahlt, so dürfen sie von dem nach der aufgehobenen Entscheidung Zahlungspflichtigen nicht mehr erhoben werden. RG. 15, 414. Im Falle eines durch Eid bedingten Urteils gemäß § 460 ZPO. ist erst das Läuterungsurteil (§ 462 Abs. 2 ZPO.) für die Kostenhaftung maßgebend. Vgl. RG. 39, 414.

Der Anspruch der Staatskasse gegen die Partei, der durch gerichtliche Entscheidung die Kosten auferlegt sind, wird durch spätere anderweite Vereinbarungen über die Kostentragung nicht berührt (z. B. auch nicht durch einen in höherer Instanz geschlossenen gerichtlichen Vergleich), da nach § 81 Abs. 1 der Anspruch der Staatskasse nur erlischt, soweit die die Kostenpflicht begründende Entscheidung aufgehoben oder geändert wird, und eine solche Aufhebung oder Änderung nur durch anderweite gerichtliche Entscheidung erfolgen kann; die Vereinbarungen haben nur im Verhältnis der Parteien zueinander Geltung, über die Rechte des Staates können die Parteien nicht verfügen (was besonders von Bedeutung ist, wenn eine Partei das Armenrecht hat). Vgl. JW. **99,** 371[24]; **25,** 815[28]; OLG. **17,** 221; **21,** 132, 397; **22,** 280; **23,** 265; **27,** 226 (a. M. OLG. **15,** 173; JW. **26,** 2596[18]; **27,** 864[28]). — Im Konkurs- und Vergleichsordnungsverfahren kommt eine unbedingte gerichtliche Entscheidung über die Kosten nur in der Beschwerdeinstanz nach Maßgabe des § 47 Abs. 1 bzw. des § 48c in Betracht. — Über unbedingte gerichtliche Entscheidungen über die Kosten in Strafsachen und darüber, inwieweit hier Rechtskraft der Entscheidung für die Kostenpflicht Voraussetzung ist, vgl. Anm. 2, 4 a. E., 7 § 75.

[5] Eine die Kosten des Verfahrens im allgemeinen auferlegende Entscheidung im Prozeßverfahren (s. Anm. 1 § 20) einer bürgerlichen Rechtsstreitigkeit und in Strafurteilen umfaßt sämtliche in dem Verfahren entstandenen Gebühren und Auslagen, während Entscheidungen in Nebenverfahren (s. Anm. 3, 4 § 75) sich nur auf die Kosten des Nebenverfahrens erstrecken. Soweit aber die letzteren Entscheidungen sich nicht für sich selbst über die Kosten des Nebenverfahrens verhalten, werden diese Kosten auch von den Entscheidungen über die Hauptsache umfaßt. Dies gilt in bürgerlichen Rechtsstreitigkeiten z. B. für die Kosten der Beweissicherung (§ 33 Nr. 1), des Arrestverfahrens (§ 32), der Einstellung der Zwangsvollstreckung im Laufe der Instanz (§ 34 Nr. 1). Vgl. OLG. **25,** 283. Dagegen gilt es nicht für die Kosten gerichtlicher Handlungen der Zwangsvollstreckung (§ 34 Nr. 2), da diese eine selbständige Instanz bildet. Vgl. § 35 Nr. 1, JW. 83, 5. — Eine Sonderbestimmung hinsichtlich der

Auslagen gibt § 80 bezüglich der Schreibgebühren und gewisser Postgebühren. — Ist auf gegenseitige Aufhebung der Kosten erkannt, so fallen die Gebühren und Auslagen jeder Partei zur Hälfte zur Last. Vgl. § 91 Abs. 1 Satz 2 ZPO., RG. 6, 400. Sind in bürgerlichen Rechtsstreitigkeiten die Kosten beiden Parteien nach Bruchteilen auferlegt, wie z. B. in den Fällen, in denen Klage und Widerklage erhoben oder Rechtsmittel wechselseitig eingelegt sind, so sind die Parteien Schuldner der sämtlichen in dem Verfahren entstandenen Gebühren und Auslagen nach diesen Bruchteilen. Eine Zurückzahlung des danach von der einen oder der anderen Partei etwa als Antragsteller (§ 77) früher zuviel gezahlten Betrages findet nach § 81 Abs. 2 nicht statt.

[6] Der § 88 a. F. enthielt neben § 86 a. F., der sich über die Erklärung der Kostenübernahme verhielt, die Bestimmung, daß im Falle der Übernahme der Gebühren und Auslagen durch Übereinkunft beider Parteien jede Partei wenigstens für die Hälfte hafte. Diese Bestimmung ist durch das G. v. 21. 12. 22 gestrichen. Jetzt ist die Haftung für die Kosten der Staatskasse gegenüber lediglich auf die Übernahmeerklärung abgestellt, ohne Rücksicht darauf, ob, was allerdings in der Regel der Fall sein wird, der Erklärung eine Vereinbarung der Parteien zugrundeliegt. Ist in bürgerlicher Rechtsstreitigkeit ein außergerichtlicher Vergleich, in welchem eine Partei die Kosten übernommen hat, dem Gericht weder eingereicht noch inhaltlich mitgeteilt, so sind die Kosten in Ermangelung eines anderen Schuldners gemäß § 77 von demjenigen zu erfordern, der das Verfahren beantragt hat. Vgl. JW. 98, 53[29]; auch Gr. 35, 1169. Die Übernahmeerklärung kann einseitig und auch von solchen Personen, die nicht unmittelbar zu den Parteien gehören (z. B. von einem Rechtsanwalt), mit einer sie der Staatskasse gegenüber bindenden Wirkung abgegeben oder mitgeteilt werden. OLG. 17, 221; 31, 212. Ein Gesuch einer Partei aber um Mitteilung der noch rückständigen Gerichtskosten enthält keine Übernahme der Kosten im Sinne des § 79. Vgl. JW. 91, 273[12]. Ebensowenig die Bitte des Anwalts in der Klage, die den Kläger treffenden Kosten von ihm zu erfordern. Vgl. OLG. 11, 149 (a. M. OLG. 31, 212). Ferner nicht die Anzeige der Par-

teien, daß sowohl Klage als auch Berufung im beiderseitigen Einverständnisse zurückgenommen werden. Vgl. OLG. 22, 280. — Ist durch gerichtlichen Vergleich die Übernahme der Kosten geregelt, so hat bei der Einforderung der Gerichtskosten die Frage außer Betracht zu bleiben, ob der Vergleich etwa von der betreffenden Partei wegen Irrtums mit Erfolg angefochten werden könnte; solange der Vergleich nicht auf Grund einer durchgeführten Anfechtung rechtskräftig für nichtig erklärt worden ist, ist er als zu Recht bestehend anzusehen. W. **14**, 96. — Ist in einem gerichtlichen Vergleich bestimmt worden, daß die Kosten des Rechtsstreits gegeneinander aufgehoben würden, so hat dies nach § 92 ZPO. und § 79 GKG. zur Folge, daß jede Partei zu den Gerichtskosten zur Hälfte als Schuldner heranzuziehen ist. W. **14**, 96. — Eine dem Gericht gegenüber erklärte Übernahme der Kosten ist hinsichtlich der Gebühren gegenstandslos und daher unwirksam, wenn wegen sachlicher Gebührenfreiheit des Aktes oder persönlicher Gebührenfreiheit (s. § 90 nebst Anm.) Gebühren zu Lasten des Erklärenden überhaupt nicht zum Ansatz kommen. Vgl. KGJ. **48**, 269; OLG. **17**, 221. — Gerichtskosten (Gebühren oder Auslagen) im Sinne des GKG. sind aber nicht die dem Armenanwalt einer Partei nach dem G. v. 6. 2. 23 aus der Staatskasse erstatteten Gebühren. Daher wird durch die Übernahme der gerichtlichen Kosten sowie durch Aufhebung der Prozeßkosten gegeneinander (§ 92 Abs. 1 S. 2 ZPO.) der Gegner der armen Partei nicht verpflichtet, diese Anwaltsgebühren der Staatskasse ganz bzw. zur Hälfte nach § 79 zu erstatten. JW. **24**, 1267; **25**, 68, 381, 2151; **26**, 268. — Wird im K o n k u r s - oder im V e r g l e i c h s o r d n u n g s v e r f a h r e n eine Übernahmeerklärung abgegeben, so haftet der Übernehmende der Staatskasse neben den aus § 78 bzw. § 78a und gegebenenfalls § 88 sich ergebenden Schuldnern. — Im S t r a f v e r f a h r e n a u f ö f f e n t l i c h e K l a g e findet die zweite Alternative des § 79 (Übernahme der Kosten) überhaupt keine Anwendung. Daher ist im Falle des § 470 StPO. (Einstellung eines Strafverfahrens wegen Zurücknahme des Strafantrags) dem Staate gegenüber stets der Antragsteller der Schuldner der Kosten, auch wenn er mit dem Angeklagten ein anderweites Abkommen getroffen hat; der Antragsteller mag sich auf

Grund eines solchen Abkommens von dem Angeklagten wegen bezahlter Gerichtskosten nachträglich Ersatz leisten lassen. Vgl. JW. **92**, 419[19]. Dagegen greift die zweite Alternative des § 79 im Privatklageverfahren ebenso wie in bürgerlichen Rechtsstreitigkeiten Platz. JW. **26**, 220[1]. Daher kann z. B. im Falle der Einstellung des Privatklageverfahrens zufolge Zurücknahme der Privatklage oder im Falle der Beteiligung mehrerer Privatkläger die gesetzliche Regelung der Kostentragungspflicht im Abs. 2 bzw. 4 des § 471 StPO. mit Wirkung nicht bloß im inneren Verhältnisse zwischen den Prozeßbeteiligten, sondern gemäß § 88 (s. dort Anm. 1, 4) auch gegenüber der Staatskasse geändert werden.

e) Besondere Bestimmungen.

79a. [1]**Der Beschuldigte, der den Antrag auf gerichtliche Entscheidung gegen eine polizeiliche Strafverfügung[2] oder einen Strafbescheid einer Verwaltungsbehörde[3] zurücknimmt[4], ist Schuldner der entstandenen Auslagen[5].**

[1] § 79a ist durch das G. v. 28. 1. 27 eingefügt.

[2] Vgl. §§ 413 ff. StPO.

[3] Vgl. §§ 419 ff. StPO.

[4] Nach § 416 Abs. 2 bzw. § 422 Abs. 3 StPO. kann der Antrag des Beschuldigten auf gerichtliche Entscheidung bis zum Beginne der Hauptverhandlung, zu der, wenn der Antrag rechtzeitig angebracht ist, geschritten wird, ohne daß es der Einreichung einer Anklageschrift oder einer Entscheidung über die Eröffnung des Hauptverfahrens bedarf, zurückgenommen werden. — Kommt es in diesen Fällen zu einer mit einem Urteil abschließenden Hauptverhandlung, so gelten hinsichtlich der Gebühren die allgemeine Vorschriften der §§ 49—52.

[5] Fällig werden die Auslagen nach § 75 mit Abgabe der Zurücknahmeerklärung. Eine Gebühr entsteht bei Zurücknahme des Antrags vor Beginn der Hauptverhandlung nicht, da eine solche Gebühr nicht vorgesehen ist.

80 (86 Abs. 2). [1]**Schuldner der Schreibgebühren[2] sowie der Postgebühren für die Übersendung auf Antrag**

erteilter Ausfertigungen und Abschriften[3] ist der Antragsteller oder die Partei, die es unterlassen hat, einem von Amts wegen zuzustellenden Schriftsatz die erforderliche Zahl von Abschriften beizufügen[4].

[1] Der dem § 86 Abs. 2 a. F. entsprechende § 80 enthält eine Sonderbestimmung hinsichtlich der darin bezeichneten Auslagen.

[2] D. i. der Schreibgebühren, die nach § 71 Abs. 1, soweit nicht die Ausnahmen des § 71 Abs. 2 Platz greifen, erstattungsfähig sind. Dazu gehören nach § 71 Abs. 1 Schlußhalbsatz auch Schreibgebühren für Ausfertigungen und Abschriften aller Art in den Fällen der persönlichen oder sachlichen Gebührenfreiheit, da im § 80 anderes nicht bestimmt ist (nach anderer Ansicht findet § 80 in den Fällen der Gebührenfreiheit keine Anwendung).

[3] Das sind die nach § 72 Nr. 1a erstattungsfähigen Postgebühren. Auf die Postgebühren nach § 72 Nr. 1b und auf die anderen nach § 72 Nr. 2—8 erstattungsfähigen Auslagen findet § 80 keine Anwendung. Für diese Auslagen gelten die allgemeinen Bestimmungen über die Kostenhaftung nach § 77 (bürgerliche Rechtsstreitigkeit), § 78 (Konkursverfahren), § 78a (Vergleichsordnungsverfahren), § 79 (Kostenentscheidung, Kostenübernahme).

[4] Antragsteller oder die die Beifügung von Abschriften unterlassende Partei ist, wie im Falle des § 77, nur die Partei selbst, nicht ihr prozeßbevollmächtigter Anwalt. Vgl. Anm. 2 § 77, OLG. **23**, 267; **25**, 287; JW. **11**, 419. Daher haftet der Anwalt z. B. nicht für Schreibgebühren, die dadurch entstehen, daß auf den als stillschweigend gestellt angenommenen Antrag ihm Protokollabschriften erteilt werden. Vgl. OLG. **23**, 267. Dasselbe muß gelten, wenn nicht ein ausdrücklicher Antrag gestellt wird, dieser vielmehr in der Nichtbeifügung der erforderlichen Abschriften kraft Gesetzes zu erblicken ist. Auch in einem solchen Falle handelt der Anwalt bei der Einreichung des Schriftsatzes nicht im eigenen Namen, sondern im Namen der Partei, und zwar auch dann, wenn er als Armenanwalt bestellt ist und von der armen Partei keine Schreibgebühren gefordert werden können. —

Schuldner der Schreibgebühren gegenüber der Staatskasse ist die in § 80 bezeichnete Partei, auch wenn gemäß § 79 die Kosten dem Gegner auferlegt oder von diesem übernommen sind. Es sind dann beide Parteien hinsichtlich der im § 80 bezeichneten Auslagen Gesamtschuldner nach § 82.

81 (87). Die durch gerichtliche Entscheidung[1] begründete Verpflichtung[2] zur Zahlung von Gebühren und Auslagen erlischt, soweit die Entscheidung aufgehoben oder abgeändert wird[3].

Bereits gezahlte Beträge[4] werden, soweit der Kostenansatz bestehen bleibt[5], nicht zurückgezahlt[6].

[1] Unbedingte gerichtliche Entscheidung im Sinne des § 79, s. dort Anm. 4. Eine Übernahme der Kosten im Sinne des § 79 betrifft § 81 nicht.

[2] Jedoch § 86 (Bestehenbleiben der Verpflichtung zur Zahlung der vorzuschießenden Beträge, auch wenn die Kosten dem Gegner auferlegt sind). — Auch bezieht sich die Bestimmung des Abs. 1 überhaupt nur auf die durch eine frühere Entscheidung begründete Verpflichtung zur Kostenzahlung im Sinne des § 79; dagegen wird eine nach § 77 (in bürgerlichen Rechtsstreitigkeiten Kostenschuldner derjenige, der das Verfahren der Instanz beantragt hat) entstandene Zahlungsverpflichtung durch eine spätere Entscheidung über die Kostenpflicht nicht berührt. Werden durch diese Entscheidung dem Gegner der nach § 77 zahlungspflichtigen Partei die Kosten auferlegt, so erhält die Staatskasse in diesem einen zweiten Schuldner. Beide haften dann für die betreffenden Kosten als Gesamtschuldner nach Maßgabe des § 82 Abs. 1, 2 (früher war die Zahlungsverpflichtung des nach § 89 a. F., jetzt § 77 Kostenpflichtigen nicht davon abhängig, daß die Einziehung von dem Gegner vergeblich versucht worden war, RG. **24**, 435; **36**, 412; JW. **97**, 326[15]; **99**, 145[19]; **16**, 975[5]; OLG. **21**, 131).

[3] Sofort mit der Verkündung oder Zustellung (einer ohne mündliche Verhandlung ergangenen Entscheidung) und gleich-

viel, ob die Entscheidung in derselben Instanz (z. B. infolge Einspruchs gegen ein Versäumnisurteil) oder in höherer Instanz ergeht. Rechtskraft oder vorläufige Vollstreckbarkeit der Entscheidung ist nicht erforderlich. — Die Kostenpflicht aus § 79, die eine nur vorläufige ist, hört mit der Beseitigung der früheren durch eine andere Entscheidung von selbst auf. Sind daher die Kosten noch nicht bezahlt, so dürfen sie von dem nach der aufgehobenen Entscheidung Zahlungspflichtigen nicht mehr erfordert werden. RG. 15, 414. — Ein zwischen den Parteien nachträglich geschlossener Vergleich aber vermag die durch die gerichtliche Entscheidung begründete Zahlungspflicht gegenüber der Staatskasse nicht zu beseitigen. Vgl. hierüber Anm. 4 § 79. Dies gilt auch dann, wenn der Beklagte gegen das gegen ihn erlassene Versäumnisurteil Einspruch eingelegt hat und dann die Parteien (bevor eine andere Entscheidung ergangen ist) sich verglichen haben (wobei z. B. der Kläger, dem das Armenrecht bewilligt war, die Gerichtskosten übernommen hat). Vgl. OLG. 23, 265.

[4] Bezieht sich nicht auf den Kostenvorschuß im Sinne des § 84 (zur Deckung barer Auslagen); dieser wird, soweit er nicht verwendet ist, zurückgezahlt. JW. 83, 270[16]. — Unerheblich ist, ob unter Vorbehalt gezahlt ist. Durch den Vorbehalt wahrt sich der Schuldner nur diejenigen Rechte, die ihm bei der Durchführung der Zwangsvollstreckung zustehen würden. OLG. 29, 202.

[5] Der Kostenansatz umfaßt Ansatz der Gebühren und der Auslagen. Der Gebührenansatz, d. i. die Berechnung der für das Verfahren oder die Instanz nach dem GKG. geschuldeten Gebühren, bleibt z. B. nicht bestehen: wenn die Gebühren nachträglich gemäß § 6 niedergeschlagen oder wenn die Kosten des Verfahrens einer nach § 90 von der Zahlung der Gebühren befreiten Partei auferlegt werden, oder wenn der Wert des Streitgegenstandes nachträglich herabgesetzt wird. Vgl. JW. 16, 975[6]. Werden nach § 6 auch die Auslagen niedergeschlagen, so bleibt auch der Auslagenansatz nicht bestehen.

[6] Auch bei nachträglicher Bewilligung des Armenrechts erlangt weder die arme Partei noch, wenn diese Kläger oder Rechtsmittelkläger ist, der Gegner (§ 120 ZPO.) ein Recht

auf Rückforderung der vorher gezahlten Gebühren und Auslagen. Vgl. RG. 40, 421; JW. 00, 647[3]. — Ist in der aufhebenden oder abändernden Entscheidung die Kostenpflicht anderweit bestimmt, so werden die bezahlten Beträge zunächst auf den nach der entsprechenden anderweiten Kostenberechnung der zahlenden Partei etwa zur Last fallenden Kostenteil verrechnet, während der Überschuß auf die Kosten des Gegners in Anrechnung gebracht wird. Die zahlende Partei hat nur einen Erstattungsanspruch gegen den Gegner.

f) **Gesamtschuldner.**

82 (88). **Mehrere Kostenschuldner haften[1] als Gesamtschuldner[2].**

Soweit einer Partei die Kosten durch gerichtliche Entscheidung auferlegt oder von ihr durch eine vor dem Gericht abgegebene oder ihm mitgeteilte Erklärung übernommmen sind, soll die Haftung der anderen Partei nur geltend gemacht werden[3], wenn eine Zwangsvollstreckung in das bewegliche Vermögen der ersteren erfolglos geblieben ist oder aussichtslos erscheint[4].

[1] Der Fall, daß mehrere an dem betreffenden Verfahren Beteiligte für die nämlichen Gebühren oder Auslagen haften, kann namentlich dann gegeben sein, wenn der eine Beteiligte als Antragsteller nach § 77, der andere Beteiligte als zu den Kosten Verurteilter oder als die Kosten Übernehmender nach § 79 (JW. 25, 2363[12]), oder wenn der eine Beteiligte als zu den Kosten Verurteilter nach § 79, der andere Beteiligte als die Kosten Übernehmender ebenfalls nach § 79 haftet. Ferner können mehrere Personen Schuldner der nämlichen Gebühren oder Auslagen sein in dem Falle, daß zu dem nach den Vorschriften des GKG. haftenden Beteiligten ein nach den im § 88 genannten Vorschriften (des bürgerlichen Rechts, der ZPO., der KO., der StPO.) haftender Dritter hinzutritt. — Über Fortbestehen der Verpflichtung zur Zahlung der vorzuschießenden Beträge neben der Verpflichtung eines andern, der zu den Kosten verurteilt ist oder der sie

übernommen hat, vgl. § 86, und über die Haftung der mehreren Personen, aus denen eine Partei besteht, vgl. § 87.

[2] Die Staatskasse hat die Wahl, ob sie die Kosten zum ganzen Betrage zunächst von nur einem der mehreren Kostenschuldner oder zur Hälfte von jedem erfordern will (vgl. JW. 99, 371[24]), es sei denn, daß die Ausnahme nach Abs. 2 Platz greift.

[3] Nach der Ausnahmevorschrift des Abs. 2 soll in den Fällen der Kostenhaftung nach § 79 (Verurteilung zu den Kosten, Übernahme der Kosten) die danach haftende Partei in erster Linie in Anspruch genommen werden und die andere (z. B. nach § 77 als Antragsteller haftende) Partei erst, wenn die Zwangsvollstreckung in das bewegliche Vermögen jener Partei erfolglos betrieben worden ist oder aussichtslos erscheint. Der anderen Partei steht, wenn dies bei dem Kostenansatz ihr gegenüber nicht beachtet wird, die Erinnerung nach § 4 dagegen zu. Daß sie aber berechtigt wäre, bereits bezahlte Gebühren oder Auslagen, weil die Ausnahme Platz greife, von der Staatskasse zurückzufordern, ist nicht vorgesehen. — Keine Anwendung findet die Ausnahmevorschrift im Falle der Haftung der einen Person als Verurteilter, der anderen Person als Übernehmer der Kosten.

[4] Ist dem (nach § 79) in erster Linie Haftenden das Armenrecht bewilligt, so ist die Aussichtslosigkeit der Zwangsvollstreckung in sein bewegliches Vermögen ohne weiteres als dargetan zu erachten. Vgl. JW. **97**, 571[32]; OLG. **13**, 254; **15**, 174; **27**, 226. Daher kann z. B. der Kläger, der nach § 77 für die Gebühren und Auslagen der Instanz haftet, auch im Falle der Verurteilung des Beklagten zu den Kosten, sofern diesem das Armenrecht bewilligt ist, wegen der gesamten Gebühren und Auslagen der Instanz, auch der Gebühr für das Instanzurteil (§ 20 Nr. 3), in Anspruch genommen werden, ohne daß es der vorgängigen Betreibung der Zwangsvollstreckung in das bewegliche Vermögen des Beklagten bedarf. JW. **25**, 2363[12]; **26**, 860[13]. Ferner ist die Voraussetzung für die Inanspruchnahme der anderen Partei auch als erfüllt zu erachten, wenn die nach § 79 zahlungspflichtige Partei Ausländer ist und die nach den bestehenden Verwaltungsvorschriften (vgl. für

Preußen AllgVerf. v. 16. 6. 10 [JMBl. 189] und v. 20. 10. 18 [JMBl. 412]) zulässigen Mittel zur Beitreibung der Kosten von ihr nach Lage der Sache als erschöpft anzusehen sind. Die gegenteilige Meinung in Gr. 49, 1079 (JW. 05, 117[22]) beruhte darauf, daß im § 88 Abs. 2 a. F. lediglich die vorgängige erfolglos betriebene Zwangsvollstreckung (nicht auch, daß diese aussichtslos erscheine) als Voraussetzung bestimmt war.

3. Kostenvorschuß[1].

83 (83). In Strafsachen hat der Privatkläger[2] oder derjenige, der als Privatkläger[2] oder Nebenkläger[3] eine Berufung oder eine Revision einlegt oder eine Wiederaufnahme des Verfahrens beantragt, einen Gebührenvorschuß in Höhe der halben im § 60 Abs. 1 bestimmten Gebühr für die Instanz zu zahlen[4]. Der § 64 findet entsprechende Anwendung[5]. Der Widerkläger ist zur Zahlung eines Gebührenvorschusses nicht verpflichtet[6].

Der gleiche Gebührenvorschuß ist im Falle des § 67 zu zahlen[7].

Sofern nicht dem Privatkläger[8] das Armenrecht bewilligt[9] ist oder Gebührenfreiheit[10] zusteht, soll auf Grund der erhobenen Privatklage[11] vor Zahlung des Gebührenvorschusses keine gerichtliche Handlung vorgenommen werden[12], es sei denn[13], daß glaubhaft gemacht wird, daß die Verzögerung dem Privatkläger einen nicht oder nur schwer zu ersetzenden Nachteil bringen würde.

[1] Die früher durch die §§ 81, 82 a. F. bestimmte Gebührenvorschußpflicht in bürgerlichen Rechtsstreitigkeiten und im Konkursverfahren ist durch das G. v. 21. 12. 22 beseitigt. An ihre Stelle ist getreten die durch den jetzigen § 74 Abs. 1 bestimmte Fälligkeit der Gebühren in diesen Verfahren sowie im Vergleichsordnungsverfahren bereits mit Stellung des

Antrags, durch den das Verfahren bedingt ist, oder, soweit die Gebühr eine gerichtliche Handlung voraussetzt, mit Vornahme dieser. Nur für das Verfahren in Strafsachen ist im § 83 es bei der Gebührenvorschußpflicht hinsichtlich des Privatklägers und des Nebenklägers sowie des Einziehungsinteressenten (§ 430 StPO.) verblieben, da hier die Gebühr sich erst nach der Art der Beendigung des Verfahrens bestimmt. Ferner ist beibehalten die Auslagenvorschußpflicht (§ 84) sowie die Gebührenvorschußpflicht der Ausländer (§ 85).

[2] Der Privatkläger (§§ 374 ff. StPO.) ist für jede von ihm eingeleitete Instanz vorschußpflichtig. Hat er aber nicht „als Privatkläger", sondern z. B., weil er auf Widerklage des Beschuldigten verurteilt ist, ein Rechtsmittel eingelegt oder ist das Rechtsmittel vom Beschuldigten eingelegt worden, so besteht eine Vorschußpflicht nicht.

[3] Der Nebenkläger (§§ 395 ff. StPO.) ist nur als Rechtsmittelkläger (§ 395 Abs. 1, § 401 StPO.) sowie als die Wiederaufnahme des Verfahrens (§§ 362 ff. StPO.) Beantragender, der sich schon früher dem schwebenden Verfahren angeschlossen hatte, gebührenvorschußpflichtig, nicht für die Anschließung in erster Instanz, auch nicht, wenn lediglich ein anderer ein Rechtsmittel eingelegt hat.

[4] Die vorzuschießende Gebühr beträgt also für die betreffende Instanz 15 RM.

[5] Nach dem entsprechend anzuwendenden § 64 erhöht sich die Vorschußgebühr (Anm. 4), wenn das Verfahren sich gegen mehrere Beschuldigte richtet, auf das Mehrfache, jedoch höchstens auf 90 RM. für die Instanz (vgl. Anm. § 64).

[6] Der Beschuldigte ist niemals gebührenvorschußpflichtig, auch nicht, wenn er Widerklage erhebt oder ein Rechtsmittel einlegt. Gebührenvorschußpflicht für die Widerklage besteht auch dann nicht, wenn nach Zurücknahme der Privatklage oder Einstellung des Verfahrens über die Privatklage das Verfahren auf die Widerklage selbständig fortgesetzt wird (§ 62).

[7] Der Fall des § 67 betrifft das Einziehungsverfahren nach §§ 430 ff. StPO. Hier sind gebührenvorschußpflichtig der Privatkläger für die erste Instanz und als Rechtsmittel-

kläger, der Nebenkläger und der Einziehungsinteressent nur als Rechtsmittelkläger.

[8] Abs. 3 findet nur auf den Privatkläger (Anm. 2), nicht auch auf den Nebenkläger (Anm. 3), den Widerkläger (Anm. 6), den Einziehungsinteressenten (Anm. 7) Anwendung.

[9] Armenrecht des Privatklägers: § 379 Abs. 3 StPO., §§ 114 ff. ZPO.

[10] Gebührenfreiheit des Privatklägers: § 90 nebst Anm.

[11] Nur die Erhebung der Privatklage begründet die Anwendung des Abs. 3, nicht auch die Einlegung eines Rechtsmittels; in der höheren Instanz kann die Vornahme einer gerichtlichen Handlung nicht von Zahlung eines Gebührenvorschusses abhängig gemacht werden.

[12] Als Folge der Nichtzahlung des Gebührenvorschusses ist nur bestimmt, daß auf Grund der erhobenen Privatklage keine gerichtliche Handlung vorgenommen, also nichts veranlaßt werden soll. Daß dem Privatkläger zur Zahlung des Vorschusses eine Frist gesetzt und nach fruchtlosem Ablauf der Frist die Privatklage abgewiesen oder das Verfahren eingestellt werden könnte, ist nicht vorgesehen. Die Bestimmung im § 391 Abs. 2 StPO. über Fristsetzung unter Androhung der Einstellung des Verfahrens kann gegenüber der Sonderbestimmung des § 83 Abs. 3 über die Unterlassung jeder gerichtlichen Handlung vor Zahlung des Gebührenvorschusses keine Anwendung finden. Deshalb ist eine Fristsetzung unter Androhung der Abweisung der Privatklage oder der Einstellung des Verfahrens und eine Anordnung gemäß der Androhung nach fruchtlosem Ablauf der Frist unzulässig. JW. 24, 336[3]; 25, 2393[1] (a. M. JW. 25, 2822[2]; 26, 1253[2]).

[13] Dem Privatkläger steht, wenn entgegen seinem Antrage das Vorliegen eines der drei Ausnahmefälle (Armenrecht, Gebührenfreiheit, Glaubhaftmachung eines nicht oder nur schwer zu ersetzenden Nachteils) vom Gericht nicht anerkannt wird, dagegen die Beschwerde nach § 304 Abs. 1 StPO. zu.

84 (84). Bei jedem Antrag[1] auf Vornahme einer Handlung, mit der bare Auslagen[2] verbunden sind, hat der Antragsteller[1] einen zu ihrer Deckung ausreichen-

den Vorschuß zu zahlen. Das Gericht kann die Vornahme der Handlung von der vorherigen Zahlung des Vorschusses abhängig machen[3].

Diese Vorschußpflicht besteht in Strafsachen nur für den Privatkläger, den Widerkläger sowie für den Nebenkläger, der Berufung oder Revision eingelegt hat[4].

[1] „Antrag" ist in bürgerlichen Rechtsstreitigkeiten jedes prozessuale Vorgehen, wodurch eine Partei das Gericht zur Vornahme einer bestimmten Einzelhandlung zu veranlassen sucht, mit der bare Auslagen verbunden sind. Vgl. JW. **14**, 1085[12] (W. **15**, 38). Auf die Parteistellung des Antragstellers kommt es nicht an. Daher ist im Läuterungsverfahren (§ 462 Abs. 2 ZPO.) diejenige Partei, welche die Umwandlung des bedingten Endurteils in ein unbedingtes betreibt, für die etwa (z. B. durch Ersuchen um Abnahme des Eides) entstehenden baren Auslagen vorschußpflichtig, RG. **13**, 426, und ist im Beweisverfahren diejenige Partei, die den Antrag auf Beweiserhebung gestellt hat, für die damit verbundenen baren Auslagen vorschußpflichtig, ohne Rücksicht darauf, ob sie beweispflichtig ist, und auch, wenn die Beweisaufnahme auch dem Gegner zugute kommt. Wenn aber das Gericht von Amts wegen eine Beweisaufnahme oder die Vornahme auch dem Gegner zugute kommt. Wenn aber das Gericht von Amts wegen eine Beweisaufnahme oder die Vornahme sonstiger gerichtlicher Handlungen anordnet (z. B. nach §§ 3, 144, 653 ZPO.), besteht die Vorschußpflicht nicht. JW. **85**, 71[16]; RG. **109**, 66. Von mehreren Antragstellern hinsichtlich Vornahme derselben Handlung haftet jeder für den ganzen Vorschuß, wenn sie verschiedene Parteirollen einnehmen, JW. **86**, 317[12]; **89**, 139[8], so daß die mehreren Antragsteller hinsichtlich des Vorschußbetrages Gesamtschuldner sind (§ 82). Haben daher beide Parteien die Vernehmung eines Sachverständigen beantragt, so ist jede Partei, gleichviel wen die Beweislast trifft, für den ganzen Betrag, nicht bloß für die Hälfte der entstehenden Auslagen vorschußpflichtig. OLG. **15**, 175, 176; **33**, 175. Vgl. jedoch OLG.

23, 264 (nach Erhebung der Widerklage frühere Beweisaufnahme durch Vernehmung weiterer Sachverständiger mit Rücksicht auf die Behauptungen des Widerklägers ergänzt: nur Vorschußpflicht des Klägers). — Fällig wird der Vorschuß mit der Anordnung der mit den Auslagen verbundenen Handlung. Die Nichteinziehung des Vorschusses während des Prozesses ist aber ohne Einfluß auf die Verpflichtung zur Vorschußleistung. Diese wird auch nicht dadurch beseitigt, daß dem Gegner die Zahlungsverbindlichkeit obliegt. JW. **86**, 317[12]; **89**, 209[18]; OLG. **19**, 248. Im letzteren Falle erlangt die Staatskasse gemäß §§ 82, 86 in Höhe des Vorschußbetrages zwei als Gesamtschuldner haftende Schuldner. OLG. **19**, 248; **22**, 277. Bleiben aber die Auslagen unter dem Betrage des Vorschusses, so ist der Überschuß entweder auf andere Kosten des Antragstellers anzurechnen oder zurückzuzahlen. § 81 Abs. 2 findet keine Anwendung. Anm. 4 § 81. — Befreit von der Zahlung des Auslagenvorschusses ist nach § 115 Nr. 1 ZPO. einstweilen die Partei, der das Armenrecht bewilligt ist, und nach § 120 ZPO., wenn die arme Partei Kläger oder Rechtsmittelkläger ist, auch der Gegner. Vgl. Anm. 3 § 3. — Im Konkursverfahren kommt ein Auslagenvorschuß bei dem Antrag auf Eröffnung des Konkursverfahrens (§ 41) und bei der Anmeldung einer Konkursforderung nach dem Ablaufe der Anmeldefrist (§ 142 KO.) in Betracht. Es ist streitig, ob in diesen Fällen eine Vorschußpflicht besteht. Sie ist aber nur in dem letzteren Falle zu verneinen, weil die Anberaumung eines besonderen Prüfungstermins auf die nachträgliche Anmeldung, wenn diese nicht im (ersten) Prüfungstermin erledigt werden kann, nach § 142 Abs. 1 KO. von Amts wegen erfolgt. Im ersteren Falle dagegen ist die Vorschußpflicht zu bejahen, da nach § 103 KO. das Konkursverfahren nur auf Antrag eröffnet werden kann. Nach § 107 KO. kann ferner bei Unzulänglichkeit der Masse die Abweisung des Eröffnungsantrags erfolgen, wenn nicht ein zur Deckung der im § 58 Nr. 1, 2 KO. bezeichneten Massekosten ausreichender Geldbetrag vorgeschossen wird. Entsprechendes bestimmt § 22 Nr. 5 VerglO. v. 5. 7. 27 hinsichtlich Ablehnung des Antrags auf Eröffnung des Vergleichsverfahrens. Im übrigen besteht in diesem Verfahren eine

Auslagenvorschußpflicht nicht, da hier sämtliche mit Auslagen verbundenen gerichtlichen Handlungen von Amts wegen vorgenommen werden.

[2] Sämtliche aus der Vornahme der beantragten Handlung sich ergebenden baren Auslagen, auch wenn sie zunächst nicht vorausgesehen werden konnten. Bare Auslagen: § 71 Abs. 1, 4 (Schreibgebühren), § 72 Nr. 1—8 (Postgebühren, Zeugengebühren, Tagegelder und Reisekosten der Gerichtsbeamten usw.).

[3] Wie in Anm. 3 § 3 bemerkt, war es früher unzulässig, in bürgerlichen Rechtsstreitigkeiten die Erhebung eines anderen Beweises als die Vernehmung von Zeugen oder Sachverständigen (§§ 379, 402 ZPO.) von der Zahlung eines Auslagenvorschusses abhängig zu machen. Nach dem jetzigen § 84 Abs. 1 S. 2 (Ges. v. 21. 12. 22) kann jede Beweisaufnahme (z. B. auch die Einnahme des Augenscheins) und die Vornahme jeder sonstigen gerichtlichen Handlung (z. B. öffentliche Zustellung), mit der bare Auslagen verbunden sind, von der vorherigen Zahlung eines zur Deckung der Auslagen ausreichenden Vorschusses abhängig gemacht werden. Die Abhängigmachung steht im freien Ermessen des Gerichts; es muß sich aber um eine Handlung handeln, die lediglich auf Antrag, nicht von Amts wegen vorgenommen wird (s. Anm. 1). Über die Anordnung der Abhängigmachung hat das Prozeßgericht oder der Einzelrichter (§ 348 ZPO.), nicht auch der beauftragte oder ersuchte Richter (vgl. § 366 ZPO.) zu entscheiden. — Über andere Fälle der Abhängigmachung gerichtlicher Tätigkeit von Kostenzahlung vgl. Anm. 1, 2 § 3, und über den Fall der Bewilligung des Armenrechts vgl. Anm. 3 § 3.

[4] In S t r a f s a c h e n besteht die Auslagenvorschußpflicht nur für den Privatkläger (§§ 374 ff. StPO.), den Widerkläger im Privatklageverfahren (§ 388 StPO.), gleichviel ob Privatklage und Widerklage gleichzeitig Gegenstand der Verhandlung sind oder die Widerklage nach Zurücknahme der Privatklage oder Einstellung des Verfahrens selbständig fortgesetzt wird (vgl. § 62), und ferner für den Nebenkläger (§§ 395 ff. StPO.), der ein Rechtsmittel eingelegt hat (§ 401 StPO.), und zwar für die Auslagen, die mit der durch ihr prozessuales Vorgehen (s. Anm. 1; wie z. B. Berufung auf

Zeugen) veranlaßten gerichtlichen Handlung verbunden sind. Der Beschuldigte ist nicht vorschußpflichtig, auch nicht hinsichtlich der Auslagen der gerichtlichen Handlung, deren Vornahme durch einen von ihm gestellten Antrag herbeigeführt worden ist. Durch die Worte im Abs. 2 „diese Vorschußpflicht" wird auch die Bestimmung des Abs. 1 S. 2 umfaßt. Das Gericht kann auch hier, soweit die Vorschußpflicht nach Obigem besteht, die Vornahme einer Handlung davon abhängig machen, daß der betreffende Antragsteller zuvor den Auslagenvorschuß zahlt.

85 (85). **Ausländer[1], die als Kläger[2] auftreten, haben unbeschadet der Verpflichtung zur Zahlung der Prozeßgebühr[3] in erster Instanz sowie in der Berufungsinstanz einen Vorschuß in Höhe der doppelten Gebühr, in der Revisionsinstanz einen solchen in Höhe der einfachen Gebühr zu leisten[4].**

Diese Verpflichtung tritt nicht ein:

1. **wenn in dem Staate, dem der Kläger angehört, ein Deutscher im gleichen Falle in bezug auf Vorauszahlung oder Sicherstellung der Gerichtskosten einem Inländer gleichgestellt ist[5];**
2. **bei Klagen im Urkunden- und Wechselprozesse[6];**
3. **bei Widerklagen[7];**
4. **bei Klagen, die infolge einer öffentlichen Aufforderung erhoben werden[8];**
5. **bei Klagen aus Rechten, die im Grundbuch eingetragen sind[9];**
6. **wenn dem Kläger das Armenrecht bewilligt ist[10].**

Die Verpflichtung besteht auch dann, wenn im Laufe des Rechtsstreits der Kläger die Eigenschaft eines Deutschen verliert[11] oder die Voraussetzung, unter welcher der Kläger von der Verpflichtung befreit war, wegfällt.

Unter den gleichen Voraussetzungen hat ein Ausländer, der als Privatkläger auftritt oder als Nebenkläger Berufung oder Revision einlegt, den doppelten Gebührenvorschuß (§ 83) zu zahlen[12].

Vor Zahlung des gemäß Abs. 1, 3, 4 zu erhebenden Vorschusses soll der Ausländer zur Verhandlung nicht zugelassen werden[13], sofern nicht glaubhaft gemacht[14] wird, daß die Verzögerung dem Ausländer einen nicht zu ersetzenden Nachteil bringen würde[15].

[1] „Ausländer" ist jeder, der nicht nach §§ 1, 3 ff., 31 Reichs- u. StaatsangehörigkeitsG. v. 22. 7. 13 (RGBl. 586) Reichsangehöriger ist. Auch wenn er keinem anderen Staat angehört. JW. **24,** 327[5] (streitig; aber eine Ausnahme ist hinsichtlich der Staatenlosen, die auch unter den Begriff Ausländer als nicht Reichsangehörige fallen, nicht gemacht, wenn auch die Befreiung nach Abs. 2 Nr. 1 für sie nicht in Frage kommen kann, s. Anm. 11). — Es kommt nicht auf den Wohnort, sondern auf die Staatsangehörigkeit des Klägers an. Inländer sind daher zur Zahlung des Ausländergebührenvorschusses nicht deshalb verpflichtet, weil sie im Auslande wohnen. JW. **91,** 472[22]. Dies gilt auch von einer Personenvereinigung (z. B. einer offenen Handelsgesellschaft), die ihren Sitz im Auslande hat, wenn ihre Mitglieder sämtlich Deutsche sind, es sei denn, daß es sich um eine juristische Person handelt; die Ausländereigenschaft dieser bestimmt sich nach ihrem Sitze (§ 17 ZPO., § 24 BGB.). RG. **36,** 393. Dagegen ist eine ausländische Aktiengesellschaft von der Vorschußpflicht nicht deshalb befreit, weil sie im Inland eine Zweigniederlassung besitzt. RG. **38,** 403; OLG. **15,** 172. Auch wenn eine inländische, unabhängig vom Stammhaus die Fabrikation und den Vertrieb ihrer Erzeugnisse betreibende Zweigniederlassung einer ausländischen Firma klagt und, selbst wenn es sich um Ansprüche handelt, die im Geschäftsbetrieb dieser Zweigniederlassung entstanden sind, hat sie, da es sich sachlich um eine ausländische Firma handelt, den Ausländervorschuß zu entrichten, sofern nicht eine der Ausnahmen des Abs. 2 Platz greift. JW. **15,** 1095.

[2] „Kläger" ist nur diejenige Partei, die im Prozeßverfahren (s. Anm. 1 § 20) einer bürgerlichen Rechtsstreitigkeit Klage erhebt oder, wenn er ein Rechtsmittel einlegt, Klage erhoben hat. Nicht dagegen der Antragsteller in anderen Verfahren, wie z. B. Güte-, Mahn-, Arrestverfahren, mit der Maßgabe, daß, wenn in den beiden zuerst genannten Verfahren zum Streitverfahren nach § 499e oder § 499f bzw. § 696 ZPO. übergegangen wird, nunmehr § 85 auf den Antragsteller Anwendung findet. Außer dem eigentlichen Kläger gilt aber auch als Kläger im Prozeßverfahren der Hauptintervenient (§ 64 ZPO.), der Nebenintervenient, wenn er nach § 69 ZPO. als Streitgenosse des Klägers gilt, der Nichtigkeits- und Restitutionskläger (§§ 579, 580 ZPO.), ferner der im Zwangsvollstreckungsverfahren eine selbständige Klage nach §§ 722, 731, 767 oder 768 ZPO. Erhebende. — Besteht die Klagepartei aus mehreren Personen, von denen die einen Inländer, die anderen Ausländer sind, so sind nur die letzteren (nach § 87 als Gesamtschuldner) vorschußpflichtig. JW. 24, 327[5].

[3] Die Prozeßgebühr (§ 20 Nr. 1, § 28) ist also außer dem Ausländervorschuß zu erfordern, und es finden hinsichtlich dieser Gebühr auch § 74 Abs. 2 (Terminsbestimmung erst nach ihrer Zahlung) und in der Rechtsmittelinstanz § 519 Abs. 6, § 554 Abs. 7 ZPO. (Rechtsmittel unzulässig im Falle der Nichtzahlung binnen der gesetzten Frist) Anwendung.

[4] Die Gebühren, die früher nach § 85 a. F. zum dreifachen Betrage von dem Ausländer vorzuschießen waren, jetzt (Ges. v. 21. 12. 22) in erster Instanz und in der Berufungsinstanz zum doppelten, in der Revisionsinstanz zum einfachen Betrage von dem ausländischen Kläger vorzuschießen sind, sind für die erste Instanz die volle Gebühr des § 8 (also Vorschuß: 2 × 1) und für die Rechtsmittelinstanz die nach § 28 erhöhte Gebühr (also Vorschuß: 2 × 1½ bzw. 1 × 2). — Gegebenenfalls ist der ausländische Kläger auch für die Auslagen nach Maßgabe des § 84 vorschußpflichtig. — Die Ausländervorschußpflicht liegt in der Rechtsmittelinstanz dem ausländischen Kläger nicht ob, wenn er Rechtsmittelbeklagter ist, ebensowenig dem ausländischen Beklagten, der ein Rechtsmittel oder gegen ein Versäumnisurteil oder einen Voll-

streckungsbefehl Einspruch (§§ 338, 700 ZPO.) einlegt. RG. 31, 358; JW. 91, 472[21]; OLG. 20, 97. Hinsichtlich der Widerklage vgl. Anm. 7. — Ist die Instanz beendigt und der Ausländervorschuß nicht verbraucht, so ist der Überschuß dem Kläger zurückzuzahlen, auch wenn der Rechtsstreit noch nicht rechtskräftig erledigt ist. Vgl. OLG. 25, 286.

[5] „Im gleichen Falle" bedeutet „in einem gleichartigen Prozeß". RG. 83, 428. — Durch das Ges. v. 21. 12. 22 sind die Worte im § 85 a. F. „(in dem Staate ein Deutscher) zu einer besonderen Vorauszahlung oder zu einer Sicherstellung der Gerichtskosten nicht verpflichtet ist" ersetzt durch die Worte „in bezug auf Vorauszahlung oder Sicherstellung der Gerichtskosten einem Inländer gleichgestellt ist". Nach der früheren Fassung lag die Reziprozität nicht schon dann vor, wenn Deutsche im ausländischen Staate mit dessen Angehörigen hinsichtlich der Vorschußpflicht gleichgestellt waren (formelle Gegenseitigkeit), sondern nur, wenn ein Deutscher in dem Heimatstaate des klagenden Ausländers in dem gleichen Falle weder zu einer besonderen, ihn lediglich in seiner Eigenschaft als Ausländer treffenden Vorauszahlung der Gerichtsgebühren noch zu einer dem deutschen Gesetz unbekannten Sicherstellung der Gerichtskosten verpflichtet war (materielle Gegenseitigkeit), und war daher z. B. von dem Ausländer Vorschuß zu erfordern, wenn er einem solchen Staat angehörte, in welchem die letzterwähnte Sicherstellung verlangt wurde, mochte auch dort den eigenen Staatsangehörigen die gleiche Verpflichtung obliegen. RG. 38, 403; 51, 1. Nach der jetzigen Fassung genügt aber formelle Gegenseitigkeit im obigen Sinne. JW. 25, 809[14], 1660[2]. Nach Art. 17 des Abkommens über den Zivilprozeß v. 17. 7. 05 (RGBl. 09 S. 410) sind in bürgerlichen Rechtsstreitigkeiten die als Kläger oder Intervenienten auftretenden Angehörigen der nachstehenden anderen Vertragsstaaten, wenn sie in einem dieser Staaten ihren Wohnsitz haben (RG. 52, 266), von jeder Sicherheitsleistung wegen der Prozeßkosten befreit: Belgien, Dänemark, Finnland (RGBl. 1927 II 16), Italien, Luxemburg, Niederlande, Norwegen, Schweden, Schweiz, Spanien (auch Spanisch-Marokko: RGBl. 1925 II 4), Ungarn; ferner freie Stadt Danzig (RGBl. 1926 II 553).

Dazu ist zu bemerken, daß das Abkommen durch Art. 287 Friedensvertr. v. 28. 6. 19 bezüglich der alliierten und assoziierten Mächte, die davon betroffen wurden (Belgien, Italien), wieder in Kraft gesetzt worden ist (RG. **104,** 191), mit Ausnahme von Frankreich (vgl. JW. **22,** 171[1], 719[5], 1144[14]; **23,** 191[7]; OLG. **41,** 258, aber auch JW. **24,** 327[5], 1619[9]; OLG. **42,** 60), Portugal und Rumänien (vgl. JW. **25,** 1302); jetzt jedoch sind auch die Ausnahmen beseitigt für Frankreich (RGBl. 27 II 895) und Portugal (RGBl. 27 II 1182). Weiter ist durch Verträge mit den nachstehenden Staaten eine Gleichstellung der beiderseitigen Staatsangehörigen im Rechtsverkehr (ohne Beschränkung hinsichtlich des Wohnsitzes, Ausnahme Rußland, s. unten) vereinbart worden: Abessinien (vgl. RGBl. 06 S. 470), Argentinien (vgl. PrGS. 59 S. 405), Chile (vgl. PrGS. 62 S. 761), Columbien (vgl. RGBl. 94 S. 471), Honduras (vgl. PrGS. 88 S. 262, jedoch auch Art. 289 Friedensvertr.), Litauen (RGBl. 24 II 205), Mexiko (vgl. RGBl. 83 S. 247), Nicaragua (vgl. RGBl. 97 S. 171, 24 II 371), Österreich (RGBl. 24 II 55, 91), Paraguay (vgl. RGBl. 88 S. 178), Polen (RGBl. 25 II 139, 26 II 237), Rußland (RGBl. 26 II 2, 138, s. auch JW. **25,** 809[14], 1660[2]), Tschechoslowakei (RGBl. 23 II 57, 24 II 133, s. auch OLG. **42,** 26), Türkei (vgl. RGBl. 18 S. 244, 354, jedoch auch Art. 290 Friedensvertr., W. **21,** 35). Vgl. ferner bezüglich: Estland G. v. 12. 7. 24 (RGBl. II 160); Memelgebiet § 5 Bek. v. 2. 11. 20 (PrJMBl. 600). Endlich sind befreit die Angehörigen von: Ägypten (vgl. OLG. **29,** 60; PrJMBl. 23 S. 166), China (vgl. W. **13,** 447), Griechenland (vgl. PrJMBl. 25 S. 358; a. M. OLG. **43,** 133), Nordamerika (wenn sie ihren Wohnsitz im Staate des Gerichts haben, vgl. OLG. **15,** 99; **33,** 62; a. M. JW. **24,** 1538), Persien (vgl. RG. **98,** 317; OLG. **29,** 60). Außerdem sind in den meisten der oben nicht genannten anderen Staaten, wie Brasilien, England (vgl. JW. **22,** 168; OLG. **42,** 60; **43,** 133) und Kanada, Uruguay, auch soweit in ihnen Bestimmungen bestehen über Vorauszahlung oder Sicherstellung der Gerichtskosten, Deutsche nicht anders gestellt wie die Inländer.

[6] Desgl. bei Klagen im Scheckprozeß (§ 28 ScheckG. v. 11. 3. 08). Wird vom Urkunden-, Wechsel- oder Scheckprozeß

zum ordentlichen Prozeß übergegangen (§§ 596, 600 ZPO.), so wird der ausländische Kläger, wenn nicht sonstige Befreiungsgründe vorliegen, vorschußpflichtig.

7 Wird aber die Widerklage zum besonderen Prozeß verwiesen (§ 145 Abs. 2 ZPO.), so wird der ausländische Widerkläger, wenn nicht sonstige Befreiungsgründe vorliegen, vorschußpflichtig.

8 Vgl. §§ 946 ff. ZPO. (Aufgebotsverfahren).

9 Nicht auch bei Klagen auf Grund von Ansprüchen, die nur durch Vormerkung gesichert sind.

10 Da nach dem in Anm. 5 Bemerkten hinsichtlich der Angehörigen der meisten ausländischen Staaten jetzt schon der Befreiungsgrund gemäß Nr. 1 Platz greift, hat der Befreiungsgrund gemäß Nr. 6 jetzt bezüglich der Ausländervorschußpflicht in bürgerlichen Rechtsstreitigkeiten nur noch geringe Bedeutung (anders bezüglich der vorauszuzahlenden Prozeßgebühr und des Auslagenvorschusses). Nach § 114 Abs. 2 ZPO. haben auf das Armenrecht Ausländer nur insoweit Anspruch, als die Gegenseitigkeit verbürgt ist. Diese Voraussetzung ist gegeben bei den in Anm. 5 genannten Vertragsstaaten des Haager Abkommens über den Zivilprozeß und bei den ebenfalls in Anm. 5 genannten Staaten, in denen durch besondere Verträge Deutsche den Inländern im Rechtsverkehr gleichgestellt sind, und zwar hier überall ohne Rücksicht auf den Wohnsitz. Ferner ist die Gegenseitigkeit durch tatsächliche Übung verbürgt in: Ägypten (vgl. PrJMBl. 23 S. 166), England (jedoch hier nur im Falle des Wohnsitzes im Inlande, vgl. W. 08, 398; OLG. 2, 489), Griechenland (vgl. PrJMBl. 25 S. 358, jedoch hier auch nur im Falle des Wohnsitzes im Inlande), auch im Memelgebiet. Früher nicht in Frankreich (JW. 24, 723[1]), s. jetzt aber RGBl. 27 II 895. Staatenlose, die auch als Ausländer anzusehen sind (s. Anm. 1), haben, da bei ihnen die Voraussetzung des § 114 Abs. 2 ZPO. nicht in Betracht kommt, keinen Anspruch auf Armenrecht. OLG. 33, 45; JW. 25, 76

11) Verlust der Reichsangehörigkeit: §§ 17 ff. R.u.StAngG. (s. Anm. 1). — Ein Fall des Abs. 3 liegt auch vor, wenn an die Stelle des inländischen Klägers ausländische Rechtsnachfolger treten.

[12] Der ausländische Privatkläger (§§ 374 ff. StPO.) hat für jede Instanz und der ausländische Nebenkläger (§§ 395 ff. StPO.), der Berufung oder Revision einlegt, für jede Rechtsmittelinstanz eine Gebühr von 30 RM. (§ 83 Abs. 1, § 60 Abs. 1) vorzuschießen. Nicht vorschußpflichtig ist der ausländische Widerkläger im Privatklageverfahren. Von den Befreiungsgründen des Abs. 2 kommen hier nur die nach Nr. 1 und 6 in Betracht. Jedoch fehlen Nachweise dafür, ob und in welchen ausländischen Staaten Deutsche in Verfahren, die dem deutschen Privatklageverfahren gleichstehen, hinsichtlich der Vorauszahlung oder Sicherstellung der Gerichtskosten bzw. hinsichtlich Bewilligung des Armenrechts (§ 379 StPO., RG. **25**, 360; **32**, 259) den Inländern gleichgestellt sind.

[13] Die Verpflichtung zur Zahlung des Gebührenvorschusses entsteht in erster Instanz schon mit der Einreichung der Klage sowie im Güteverfahren mit Stellung des Antrags des Klägers auf Eintritt in das Streitverfahren und im Mahnverfahren mit Stellung des Antrags des Klägers auf Anberaumung eines Verhandlungstermins (s. Anm. 1), und in der Rechtsmittelinstanz mit Einreichung der Rechtsmittelschrift. Vgl. OLG. **31**, 211. — Nach der früheren Fassung des § 85 Abs. 5 a. F. war vor Zahlung des Vorschusses die Vornahme jeder gerichtlichen Handlung abzulehnen. Es war daher bereits die Terminsbestimmung auf die Klage bzw. die Mitteilung der Privatklage an den Beschuldigten von Zahlung des Gebührenvorschusses abhängig zu machen. Dies trifft jetzt (Ges. v. 21. 12. 22), sofern nur der Ausländer die Prozeßgebühr zahlt (s. Anm. 3), nicht mehr zu, da der den Ausländervorschuß nicht zahlende Ausländer nur zur Verhandlung nicht zugelassen werden soll. Beschließt das Gericht in dem anberaumten Termine, den klagenden Ausländer wegen Nichtzahlung des Vorschusses zur Verhandlung nicht zuzulassen, so kann der Gegner auf Erlaß des Versäumnisurteils antragen. JW. **90**, 256[6]. In der Rechtsmittelinstanz gilt gleiches. — Nicht betroffen wird von dieser Vorschrift der vom Prozeßbevollmächtigten des Ausländers gestellte Aussetzungsantrag nach § 246 ZPO., da es sich hierbei um einen von dem Bevollmächtigten kraft eigenen Rechts, nicht namens der Partei gestellten Antrag handelt. OLG. **35**, 58.

[14] § 294 ZPO.

[15] Erinnerung des Ausländers gegen Erfordern des Ausländervorschusses: § 4. Beschwerde des Ausländers gegen Nichtzulassung zur Verhandlung: § 567 ZPO., § 304 StPO., § 73 Abs. 3 KO. Gebühr für die Beschwerde: § 38 bzw. § 69. — Wird auf die Beschwerde die den Vorschuß betreffende Entscheidung aufgehoben, so steht dem Gegner dagegen keine Beschwerde zu. JW. **94**, 10[16].

86 (90). Die Verpflichtung[1] zur Zahlung der vorzuschießenden Beträge[2] bleibt bestehen, auch wenn die Kosten des Verfahrens einem anderen auferlegt oder von einem anderen übernommen sind[3]. Die Vorschrift des § 82 Abs. 2 findet entsprechende Anwendung[4].

[1] Die Verpflichtung bleibt im gesetzlichen Umfange bestehen, auch wenn durch Anordnung der Verwaltung oder des Gerichts die Verpflichtung zur Vorschußzahlung während des Prozesses bisher nicht oder nur beschränkt oder in einem zu geringen Betrag in Anspruch genommen war. Gr. **33**, 1097; JW. **85**, 71; **89**, 209[18]; OLG. **3**, 162.

[2] §§ 83 (Gebührenvorschuß des Privatklägers oder des Nebenklägers), 84 (Auslagenvorschuß), 85 (Gebührenvorschuß des Ausländers).

[3] Der Vorschuß dient nicht bloß zur Sicherung, sondern zur Deckung der Staatskasse. Daher ist der Anspruch des Fiskus auf Entrichtung des Vorschusses eine Forderung auf Zahlung, die nur durch Leistung von Zahlungsmitteln, nicht dagegen z. B. durch Hinterlegung von Wertpapieren befriedigt werden kann. JW. **12**, 700[31]. — Der Vorschußpflichtige hat aus gleichem Grunde ferner (abgesehen von einem etwaigen Überschuß) keinen Anspruch auf Zurückzahlung, wenn in einer Entscheidung oder in einer Erklärung der Übernahme der Kosten (§ 79) ein anderer als Schuldner der Kosten bezeichnet worden ist. Gr. **33**, 1099. Wenn in diesem Falle der Vorschuß noch nicht bezahlt ist, erlangt die Staatskasse gemäß §§ 79, 86 zwei Schuldner, die nach § 82 Abs. 1 als Gesamtschuldner haften. Vgl. OLG. **19**, 248, auch JW. **16**, 875. — Der Vorschuß einer Partei kann aber, soweit diese nicht

Schuldner wird, nicht zur Deckung von Gebühren und Auslagen verwendet werden, für die der Gegner vorschußpflichtig ist. KomBer. 75. Auch darf, wenn sich herausstellt, daß der Vorschuß zu hoch erhoben ist (z. B. wenn nachträglich der Wert des Streitgegenstandes auf eine niedrigere Gebührenstufe festgesetzt wird), der zu Unrecht erforderte Teil nicht nach § 86 zur Berichtigung der einem anderen auferlegten Kosten verwendet werden. JW. **99**, 575[13]; **16**, 375[5]; auch **95**, 10[25]. — Auch wenn der Rechtsstreit ohne Entscheidung über die Kosten oder ohne deren Übernahme durch einen anderen beendet ist, bleibt die Verpflichtung zur Zahlung der vorzuschießenden Beträge bestehen. OLG. **15**, 175. — Jedoch besteht die Verpflichtung nur dann fort, wenn die Staatskasse für die vorzuschießenden Beträge keine Deckung erhalten hat. Sind z. B. beide Parteien für eine Auslage gemäß § 84 vorschußpflichtig und hat der Kläger den hiernach erforderten und ausreichenden Auslagenvorschuß gezahlt, so ist es nicht zulässig, diese Zahlung auf andere vom Kläger allein geschuldete Kosten zu dem Zwecke anzurechnen, um dadurch den lediglich für jene Auslage neben dem Kläger haftenden Beklagten zur Zahlung des an den Gesamtkosten noch fehlenden Betrages heranzuziehen. OLG. **15**, 175. — Die Vorschußpflicht des Klägers, Berufungsklägers oder Revisionsklägers bleibt auch dann bestehen, wenn seinem Gegner das **Armenrecht** bewilligt wird; nicht aber (§ 120 ZPO.) die Vorschußpflicht des Beklagten usw., wenn Kläger usw. das Armenrecht erhält. Vgl. JW. **95**, 521[14]. In keinem Falle aber besteht für den einen oder den anderen Teil ein Recht auf Rückzahlung des vor der Bewilligung des Armenrechts bezahlten Vorschusses. Vgl. RG. **40**, 421; JW. **00**, 647[3]. — Im Falle der **persönlichen Gebührenfreiheit** nach § 90 kann der Kläger oder der Rechtsmittelkläger, wenn der Gegner in die Kosten verurteilt wird, aber diese wegen Armut von ihm nicht beigetrieben werden können, nicht auf Zahlung der Gebühren in Anspruch genommen werden, für die er, falls er nicht Gebührenfreiheit genießen würde, vorschußpflichtig wäre. W. **15**, 38 (JW. **14**, 1085[12]). Der von dem Kläger gezahlte Gebühren- (nicht auch Auslagen-) Vorschuß ist, wenn sein die Gebührenfreiheit genießender Gegner zur Tragung der Kosten des Rechtsstreits verurteilt ist, zurückzuzahlen (§ 90 Abs. 4). JW. 90, 309; 94, 122[20]. Ebenso ist der Vorschuß nicht einzufordern bzw. der bezahlte Vorschuß zurückzuzahlen im Falle der Niederschlagung der Kosten nach § 6.

[4] Im Falle der Gesamtschuldnerschaft des Vorschußpflichtigen mit der Partei, der die Kosten durch gerichtliche Entscheidung auferlegt sind oder von der die Kosten übernommen sind (s. Anm. 3), findet § 82 Abs. 2 zugunsten des Vorschußpflichtigen Anwendung, so daß, wenn er den Vorschuß noch nicht bezahlt hat, er nach Maßgabe dieser Vorschrift nur subsidiär haftet. Eine Rückzahlung des gezahlten Vorschusses findet aber nicht statt.

4. Kostenhaftung bei Streitgenossenschaft.

87 (91). **Besteht eine Partei aus mehreren Personen[1], so haften sie in Ermangelung einer gerichtlichen Entscheidung über die Kostenverteilung[2] als Gesamtschuldner[3].**

[1] § 87 findet sowohl in bürgerlichen Rechtsstreitigkeiten wie im Konkurs- und Vergleichsordnungsverfahren Anwendung. Dagegen nicht in Strafsachen. Für diese gelten die §§ 51 (bei mehreren verurteilten Angeschuldigten ist die Gebühr von jedem besonders zu erheben), 88 in Verbindung mit § 466 Abs. 2, § 471 Abs. 4, § 472 StPO. — Eine Partei besteht aus mehreren Personen: in bürgerlichen Rechtsstreitigkeiten in den Fällen der Streitgenossenschaft nach §§ 59 ff., auch § 69 ZPO. (Nebenintervenient gilt hier als Streitgenosse der Hauptpartei) sowie im Falle der Verbindung mehrerer Prozesse nach § 147 ZPO., und zwar im letzteren Falle erst von der Verbindung ab; im Konkursverfahren z. B., wenn mehrere Gläubiger zusammen den Antrag auf Konkurseröffnung (§ 103 KO.) stellen. — Keine Anwendung findet § 87, wenn die Partei zwar aus mehreren physischen Personen besteht, diese aber, wie z. B. juristische Personen, rechtlich als eine einzige Persönlichkeit behandelt werden.

[2] In bürgerlichen Rechtsstreitigkeiten liegt eine gerichtliche Entscheidung über die Kostenverteilung vor, wenn durch die

Entscheidung den unterliegenden Streitgenossen die Kosten nach Bruchteilen auferlegt sind, sei es nach Kopfteilen (vgl. § 100 Abs. 1 ZPO.) oder mit Rücksicht auf eine erhebliche Verschiedenheit der Beteiligung am Rechtsstreit nach verschiedenen Anteilen (vgl. § 100 Abs. 2 ZPO.), oder wenn bei sonstiger Teilung der Kostentragungslast einem Streitgenossen daneben die Kosten eines besonderen Angriffs- oder Verteidigungsmittels (vgl. § 100 Abs. 3 ZPO.) zur Last gelegt sind. Solche Entscheidungen, die an sich nur das Verhältnis der Parteien untereinander betreffen, sind nach § 79 auch für das Verhältnis der Staatskasse zu den kostenpflichtigen Streitgenossen maßgebend. Sind dagegen den unterlegenen Streitgenossen die Kosten schlechthin (ohne Teilung unter ihnen) auferlegt, so liegt eine Entscheidung über die „Kostenverteilung" nicht vor und haften daher die Streitgenossen nach § 87 der Staatskasse als Gesamtschuldner, wiewohl sie nach der Regel des § 100 Abs. 1 ZPO. im Verhältnis zum obsiegenden Gegner für die Kostenerstattung nur nach Kopfteilen haften. Über die Verurteilung der Streitgenossen als Gesamtschuldner vgl. § 88 in Verbindung mit § 100 Abs. 4 ZPO.

[3] Nach § 91 a. F. hafteten die mehreren Streitgenossen, sofern sich nicht aus einer gerichtlichen Entscheidung ihre Haftung als Gesamtschuldner ergab, nach Kopfteilen. Jetzt (Ges. v. 21. 12. 22) haften sie, wenn sich nicht aus einer gerichtlichen Entscheidung eine Verteilung der Kosten unter sie ergibt (Anm. 2), als Gesamtschuldner. Jedoch, soweit Akte (z. B. Beweisanordnung, Urteil, Rechtsmittel) lediglich einen der Streitgenossen betreffen, haftet für die betreffenden Gebühren nur er, nicht auch die anderen Streitgenossen. — Sind aber die Streitgenossen mehrere Antragsteller im Sinne von § 77, wo eine gerichtliche Entscheidung über die Kostenverteilung nicht in Betracht kommt, so haften sie unbedingt für alle durch den Antrag entstehenden Gebühren und Auslagen nach § 82 Abs. 1 als Gesamtschuldner. — Im Falle der Übernahme der Kosten (§ 79) durch mehrere Streitgenossen kommt es für die Art ihrer Haftung zunächst auf den Inhalt der Übernahmeerklärung an: haben sie nach dieser die Kosten allgemein übernommen, so haften sie als Gesamtschuldner. — Haben im Konkursverfahren mehrere Gläubiger den Eröffnungsantrag

(Anm. 1) gestellt, so haften sie für die gemäß § 43 Abs. 4 nach dem Gesamtbetrag ihrer Forderungen zu berechnende Gebühr aus § 41 nach § 87 als Gesamtschuldner, nicht bloß ein jeder nach Verhältnis seiner Forderung. Wird aber ein besonderer Prüfungstermin für mehrere nachträglich ihre Forderungen anmeldende Gläubiger anberaumt, so ist die Gebühr aus § 44 nicht von allen als Gesamtschuldnern nach dem Gesamtbetrag ihrer Forderungen, sondern gemäß § 44 Abs. 1 S. 1 nur von einem jeden nach dem Betrag seiner Forderung zu erheben.

5. Kostenhaftung Dritter.

88 (92). **Durch die §§ 74 bis 87 wird eine nach den Vorschriften des bürgerlichen Rechtes[1] oder den Vorschriften der Zivilprozeßordnung § 100 Abs. 4, § 788[2], der Konkursordnung §§ 57 bis 60, 142[3] oder der Strafprozeßordnung § 466 Abs. 2, § 471 Abs. 4, § 472[4] begründete Verpflichtung zur Zahlung entstandener Gebühren und Auslagen nicht berührt.**

[1] Die Vorschriften des bürgerlichen Rechts, die eine Verpflichtung zur Zahlung der entstandenen Gebühren und Auslagen gegenüber der Staatskasse begründen, sollen die Bestimmungen der §§ 74—87 ergänzen und so mittelbar zu einem Bestandteile des GKG. werden. Vgl. RG. **16**, 310; JW. **03**, 292[13]. — Z. B. kann der Angriff gegen die rechtliche Begründung des Ansatzes oder der Einforderung von Kosten auch auf den Einwand der nach den Vorschriften des bürgerlichen Rechts abgelaufenen Verjährung gestützt werden. KGJ. **12**, 145. Vgl. ferner BGB. §§ 414—419 (Schuldübernahme), 420 (Schuld mehrerer), 735 (Gesellschaftsschuld), 1387, 1388, 1460, 1530 (Haftung des Ehemanns gegenüber der Staatskasse für die Kosten des Rechtsstreits der Ehefrau, s. unten), 1654, 1686 (Haftung der Eltern für die Kinder, s. unten), §§ 1967 bis 1969, 2058—2063 (Erbenhaftung, vgl. JW. **98**, 390[18]; **99**, 702[17]; **03**, 292[13]), HGB. §§ 25—28 (Geschäftsschulden des früheren Geschäftsinhabers), 128, 171 (Haftung des offenen Gesellschafters, des Kommanditisten für die Verbindlichkeiten der offenen Handelsgesellschaft bzw. der Kommanditgesell-

schaft). — Der **Inhaber der elterlichen Gewalt** (s. oben) haftet für die Kosten eines Rechtsstreits seines minderjährigen Kindes nach § 1654 Satz 3 BGB. nicht, wenn ihm zwar grundsätzlich das Recht zur Nutznießung am Kindesvermögen zusteht, aber das Kind eines Vermögens, das der Nutznießung unterläge, gänzlich ermangelt. RG. **97,** 175; RG. **45,** 408; OLG. **7,** 73; **14,** 253; **27,** 227; KGJ. **44,** 365 (a. M. OLG. **5,** 472; **12,** 326; **21,** 265; **24,** 31; **25,** 287, 287 Anm.). Dies gilt auch hinsichtlich der Kosten eines in einem Strafverfahren vom Kinde als Nebenkläger erfolglos eingelegten Rechtsmittels. RG. **45,** 407. Zu den Kosten der Verteidigung des Kindes in einem gegen das Kind gerichteten Strafverfahren, für die der Inhaber der elterlichen Gewalt gemäß § 1654 Satz 3 BGB. (unter der obigen Voraussetzung des Vorhandenseins eines Kindesvermögens) haftet, gehören nicht die Kosten, die durch die Ladung und das Erscheinen der auf Antrag des Kindes gemäß § 219 Abs. 1 StPO. vom Gericht geladenen Entlastungszeugen entstanden sind. Verf. v. 24. 2. 11 (PrJMBl. 116), OLG. **27,** 227 Anm. 2. — **Der Ehemann** (s. oben) ist, ausgenommen im Falle des Güterstandes der Gütertrennung und abgesehen von den Fällen der allgemeinen Gütergemeinschaft, der Errungenschaftsgemeinschaft und der Fahrnisgemeinschaft, in denen für die Kosten des Rechtsstreits der Frau nach §§ 1460, 1532, 1549 BGB. das Gesamtgut haftet, also im gesetzlichen Güterstande, hinsichtlich der von der Frau geführten Prozesse (sofern nicht die Kosten dem Vorbehaltsgut zur Last fallen) der Staatskasse gegenüber neben der Frau (JW. **89,** 402[9]; **97,** 326[14]; W. **11,** 147; OLG. **22,** 280) als Gesamtschuldner kosten- und vorschußpflichtig, auch in Ehe- und sonstigen Prozessen gegen ihn selbst, Gr. **49,** 638; JW. **05,** 299[30]; **10,** 942[20]; OLG. **11,** 94, 95; **14,** 222; **19,** 250; **22,** 280; **30,** 45, 46, 48; **32,** 5; **33,** 176; jedoch nicht, wenn Gegenstand des Rechtsstreits die Nichtigerklärung der Ehe ist, Gr. **49,** 950 (JW. **05,** 299[30]); OLG. **11,** 94. — Ist der Ehefrau das Armenrecht bewilligt, so wirkt dies grundsätzlich auch zugunsten des Ehemanns, solange nicht der Mann nach den Vorschriften der Prozeß- oder Kostengesetze oder kraft Vereinbarung mit seiner Frau die Streitkosten selbst zu tragen hat. OLG. **25,** 288; **26,** 222; **31,** 215; **32,** 7 (a. M. OLG. **30,** 45). — Die bei einem Rechtsstreit zwischen den Eheleuten nach Vorstehendem dem Ehemann obliegende Vorschußpflicht (früher nach §§ 81, 84 a. F., jetzt nur noch für den Auslagenvorschuß nach § 84 von Bedeutung) erlischt gemäß § 86 auch nicht dadurch, daß die Ehefrau nachträglich zur Tragung der Kosten verurteilt wird. JW. **10**, 942[20]; W. **11**, 356; OLG. **30**, 46, 48 (streitig, a. M. OLG. **18**, 266; **19**, 250; JW. **26**, 857[2], 1611[5]). Dagegen erlischt mit der rechtskräftigen Verurteilung der Ehefrau zur Kostentragung die Haftung des Ehemanns für die Gerichtskosten, da damit endgültig feststeht, daß diese Kosten gemäß § 1416 BGB. im Verhältnisse der Ehegatten dem Vorbehaltsgute zur Last fallen. OLG. **25**, 288; **30**, 46, 48; JW. **24**, 1781[5]; **26**, 857[2], 1611[5]. Diese Rechtslage erfährt auch dadurch keine Änderung, daß dem Ehemann die Kostenrechnung vor der Rechtskraft des die Kostenpflicht der Ehefrau begründenden Urteils zugestellt worden ist. OLG. **30**, 46 (a. M. OLG. **21**, 226; **30**, 48). Ähnlich OLG. **32**, 6, das aber darüber hinaus den Wegfall der Haftung des Ehemanns nicht erst mit der Rechtskraft, sondern bereits mit dem Erlaß des die Kosten der Ehefrau auferlegenden Urteils insoweit eintreten lassen will, als es sich um die Kosten der jeweils durch das Urteil abgeschlossenen Instanz handelt. — Ist insbesondere in einem Ehescheidungsprozesse rechtskräftig auf Scheidung der Ehe erkannt und die Ehefrau in die Kosten des Rechtsstreits verurteilt, so besteht nach § 1416 Abs. 1, § 1387 Nr. 1, § 1388 BGB. eine Mithaft des Ehemanns für die Kosten nicht mehr. W. **16**, 139; JW. **26**, 857[2], 1611[5]. — Nach § 1412 Abs. 2 BGB. haftet das eingebrachte Gut für die Kosten eines Rechtsstreits der Frau auch dann, wenn das Urteil dem Manne gegenüber in Ansehung des eingebrachten Gutes nicht wirksam ist.

[2] § 100 Abs. 4 ZPO. betrifft die Haftung mehrerer als Gesamtschuldner verurteilter Beklagten auch hinsichtlich der Kostenerstattung als Gesamtschuldner. Da schon nach § 87 Streitgenossen in Ermangelung einer gerichtlichen Entscheidung über die Kostenverteilung der Staatskasse gegenüber als Gesamtschuldner haften (s. dort Anm. 2), kommt hier nur der Satz 2 des Abs. 4 in Verbindung mit Abs. 3 in Betracht, wonach die Vorschriften des bürgerlichen Rechts,

nach denen sich die Gesamthaftung auch auf die Kosten für ein besonderes Angriffs- oder Verteidigungsmittel eines der Streitgenossen erstreckt (z. B. nach § 767 Abs. 2 BGB., wenn der Bürge Streitgenosse des Hauptschuldners ist), unberührt bleiben. — § 788 ZPO. betrifft die Haftung des Schuldners für die notwendigen Kosten der Zwangsvollstreckung. Durch die Verweisung auf diese Vorschrift erlangt hier die Staatskasse in den Fällen des § 33 Nr. 4, 5 und des § 34 Nr. 2 neben dem Gläubiger als dem Antragsteller einen Schuldner für die Kosten der Zwangsvollstreckung in dem Vollstreckungsschuldner. Vgl. OLG. **29,** 202.

[3] Es betreffen: §§ 57—60 KO. die Berichtigung der Massekosten, § 142 KO. die dem Gläubiger obliegende Tragung der Kosten eines besonderen Prüfungstermins für nachträglich angemeldete Forderungen. — Hat der Konkursverwalter einen anhängigen Rechtsstreit aufgenommen, unterliegt er aber demnächst, so ist die Staatskasse befugt, sowohl die vor wie auch die nach der Konkurseröffnung entstandenen Kosten als Massekosten geltend zu machen, sofern nicht das Urteil eine andere Entscheidung darüber enthält. JW. **95,** 226[14].

[4] Es betreffen: StPO. § 466 Abs. 2 die Gesamthaftung mehrerer in bezug auf dieselbe Tat zu Strafe verurteilter Angeklagter für die Auslagen, § 471 Abs. 4 die Haftung mehrerer Privatkläger als Gesamtschuldner und die Haftung mehrerer Beschuldigter im Privatklageverfahren für die dem Privatkläger entstandenen notwendigen Auslagen als Gesamtschuldner, § 472 die Anwendung des § 471 Abs. 2—5 (besonders kommt hier der vorgenannte Abs. 4 in Betracht) auf mehrere Antragsteller in dem Falle des § 175, wenn es zu einer Verurteilung des Angeschuldigten nicht kommt.

6. **Kostenmarken.**

89 (97a). Die Landesjustizverwaltung kann anordnen, daß die Entrichtung von Kosten durch Marken[1] zu erfolgen hat[2].

[1] Preußen: Kostenmarkenordnung v. 15. 2. 23 (JMBl. 109) (nach vorübergehenden Änderungen) in d. Fass. der Verf. v. 14. 2. u. 12. 5. 25 (JMBl. 66, 186), 19. 10. 26 (JMBl. 370).

[2] Wegen Einziehung der Kosten im übrigen vgl. Vorbem. vor § 1 u. § 91 nebst Anm.

Siebenter Abschnitt.

Schlußbestimmungen.

90 (98). Von Zahlung der Gebühren[1] sind befreit:
das Reich[2] in dem Verfahren vor den Landesgerichten,
die Länder[3] in dem Verfahren vor dem Reichsgerichte.

Die landesgesetzlichen Vorschriften[4], welche für gewisse Rechtssachen oder gewisse Personen in dem Verfahren vor den Landesgerichten Gebührenfreiheit gewähren, werden durch dieses Gesetz nicht berührt.

Für das Verfahren vor dem Reichsgerichte kann die Befreiung von Gebühren durch Verordnung der Reichsregierung mit Zustimmung des Reichsrats gewährt werden[5].

Soweit demjenigen, welchem die Gebührenfreiheit zusteht, Kosten des Verfahrens auferlegt oder von ihm übernommen werden, sind Gebühren[6] überhaupt nicht zu erheben und erhobene zurückzuzahlen.

[1] Nur der Gebühren, nicht auch der Auslagen (§§ 71, 72).

[2] Unter dem Reich sind alle die Behörden und öffentlichen Anstalten zu verstehen, deren Rechtsträger das Reich ist, deren Verwaltung trotz gewisser Selbständigkeit ein Teil der Reichsverwaltung ist und deren Einnahmen und Ausgaben in den Reichshaushalt aufzunehmen sind. Dazu gehören z. B.: die Reichsmonopolverwaltung für Branntwein nach dem G. v. 8. 4. 22, JW. **26,** 2112[4]; die Reichspost nach dem G. v. 18. 3. 24, JW. **26,** 2112[4]. Dagegen wegen völligen Losgelöstseins von der Reichsverwaltung z. B. nicht: die Reichsbahngesellschaft (G. v. 30. 8. 24), RG. **109,** 91; JW. **25,** 1661[4];

die Reichstreuhandgesellschaft (VO. v. 23. 5. 19 u. 31. 3. 20), JW. 25, 2493[3]; die Reichsbank (G. v. 30. 8. 24), vgl. OLG. 45, 103; die Reichskreditgesellschaft (G. v. 23. 6. 23), OLG. 45, 233.

[3] Entsprechend dem in Anm. 2 bezüglich des Reichs Bemerkten gehören zu den Ländern z. B. auch die preußische Staatsbank (Seehandlung), dagegen nicht Kommunalverbände (vgl. JW. 95, 168[20]). Auch den preußischen Konsistorien steht in dem Verfahren vor dem Reichsgericht Gebührenfreiheit zu, da die Kosten der von den Konsistorien geführten Prozesse von dem preußischen Staate getragen werden. Vgl. W. 16, 238 (JW. 17, 47[20]), § 5 G. über die einstweilige Regelung der Kosten für die Verwaltung der evangelischen Landeskirchen v. 15. 10. 24.

[4] Preußen: §§ 115, 8 Nr. 1—7 PrGKG. in d. Fass. v. 28. 10. 22. Vgl.: zu Nr. 1 (Deutsches Reich, Preußischer Staat, alle öffentlichen Anstalten und Kassen, die für Rechnung des Reichs oder Staates verwaltet werden oder diesen gleichgestellt sind) Anm. 1, 2; zu Nr. 2 (öffentliche Armen-, Kranken- usw. -anstalten sowie milde Stiftungen) RG. in JMBl. 82 S. 315 sowie OLG. 7, 237; KGJ. 27, B 3 (Begriff der öffentlichen Anstalten), JMVerf. v. 21. 7. 79 (Gleichstellung der Provinzialirrenanstalten mit den öffentlichen Krankenanstalten), RG. in PrJMBl. 1891 S. 24, 1893 S. 311, 1913 S. 153, sowie Gr. 36, 1102; 39, 1063; OLG. 11, 198; KGJ. 23, B 33 (Begriff der milden Stiftung), W. 18, 150 (die Charité in Berlin ist eine milde Stiftung); OLG. 9, 172, 175; KGJ. 37, B 3 (Wohnungsbauvereine keine milden Stiftungen); Gr. 39, 1063; KGJ. 19, 132 (Landarmenverbände); zu Nr. 4 (öffentliche gelehrte Schulen, Kirchen) JW. 25, 2489 (nur öffentlich anerkannte Kirchen, nicht Synagogengemeinden), JMVerf. v. 3. 12. 97 (Bischofsstühle) sowie Anm. 5; zu Nr. 5 (Körperschaften des öffentlichen Rechts in Angelegenheiten betreffend die Schaffung von Kleinwohnungen und von Wohnungen für Minderbemittelte), KGJ. 37, B 3; OLG. 9, 172, 175 (Wohnungsbauvereine); KGJ. 21, B 3; 26, B 3; 36, A 227; 37, B 59 (Ansiedlungskommission).

[5] Die auf Grund dieser Vorschrift ergangene VO. betr. die Gebührenfreiheit in dem Verfahren vor dem Reichsgericht v. 24. 12. 83 (RGBl. 1884 S. 1) lautet:

1. In dem Verfahren vor dem Reichsgericht sind von Zahlung der Gebühren befreit:

1. öffentliche Armen-, Kranken-, Arbeits- und Besserungsanstalten, ferner Waisenhäuser und andere milde Stiftungen, insofern solche nicht einzelne Familien oder bestimmte Personen betreffen, oder in bloßen Studienstipendien bestehen;
2. öffentliche Volksschulen;
3. öffentliche gelehrte Anstalten und Schulen, Kirchen, Pfarreien, Kaplaneien, Vikarien und Küstereien, jedoch nur insoweit, als die Einnahmen derselben die etatsmäßige Ausgabe, einschließlich der Besoldung oder des statt dieser überlassenen Nießbrauchs, nicht übersteigen, und dieses durch ein Zeugnis der denselben vorgesetzten Staatsbehörden bescheinigt wird. Insoweit aber in Rechtsstreitigkeiten derselben solche Ansprüche, welche lediglich das zeitige Interesse derjenigen berühren, welchen die Nutzung des betreffenden Vermögens für ihre Person zusteht, zugleich mitverhandelt werden, haben letztere die auf ihren Teil verhältnismäßig fallenden Gebühren zu tragen.

2. Gegenwärtige Verordnung tritt mit dem Tage ihrer Verkündung in Kraft. Die Befreiung erstreckt sich auf alle bis dahin noch nicht fälligen Gebühren.

Vgl. zu Nr. 1 Anm. 4. Die Gemeinden und Kommunalverbände genießen in Angelegenheiten der Armenpflege keine Gebührenfreiheit vor dem Reichsgericht. JW. **95**, 168[30]. Die Charité in Berlin ist eine selbständige, der öffentlichen Krankenpflege gewidmete Stiftung mit eigener Rechtspersönlichkeit und genießt daher nach Nr. 2 der VO. in dem Verfahren vor dem Reichsgericht Gebührenfreiheit. W. **18**, 150. Die Gebührenfreiheit der Kirchen in Nr. 3 (s. Anm. 4) erstreckt sich auch auf den mit der Kirchengemeinde in keinem Zusammenhange stehenden Baufonds einer Ortskapelle, die zwar nicht pfarramtlichen Funktionen gewidmet ist, in der aber öffentlicher Gottesdienst abgehalten wird. RG. **64**, 218. Unter die etatsmäßige Ausgabe im Sinne der Nr. 3 kann eine zwar in sicherer Aussicht stehende, aber immerhin erst künftig eintretende Neuausgabe nicht einbegriffen werden. RG. **64**, 220.

[6] Dagegen werden Auslagen (§§ 71, 72) und Auslagenvorschüsse (§ 76 Abs. 2, § 84) nicht zurückgezahlt. Jedoch kann die Partei diese von der in die Kosten verurteilten gebührenfreien Gegenpartei erstattet verlangen. JW. 98, 288[37], 643[14]. — Soweit der preußische Fiskus trotz der ihm gewährten Gebührenfreiheit Schuldner von Auslagen ist, kommt der den Verf. v. 2. 7. 81 (JMBl. 149) und 8. 12. 02 (JMBl. 302) zugrunde gelegte Verwaltungsgrundsatz in Betracht, daß Zahlungen aus einer Staatskasse in eine andere nicht erfolgen sollen. Jedoch gilt dieser Grundsatz lediglich für Fälle, in denen der preußische Fiskus Schuldner von Kosten ist, die zur preußischen Staatskasse fließen. Er findet dagegen im Verhältnisse zwischen dem Fiskus des preußischen Staates und dem Reichsfiskus keine Anwendung. W. 18, 150; KGJ. 50, 249.

[7] Der Gegner wird durch Auferlegung der Kosten an die gebührenfreie Partei von der Gebührenschuld aus § 77 frei. Bezahlte Beträge kann er zurückverlangen, aber nur von der Staatskasse, nicht von der gebührenfreien Partei. JW. 93, 309[15]; 94, 122[20]; 98, 643[14]. — Nach dem früheren § 98 wurde überwiegend angenommen, daß, wenn nicht durch eine gerichtliche Entscheidung (§ 79) die Kosten der gebührenfreien Partei auferlegt, sondern von ihr übernommen waren, eine Zurückzahlung der vom Gegner erforderten Gebühren nicht stattfinde (OLG. 4, 394; 7, 222; 21, 132; 33, 176; a. M. 21, 258; 42, 61). Jetzt (Ges. v. 21. 12. 22) ist durch Einfügung der Worte „oder von ihm übernommen" in dem nunmehrigen § 90 die Streitfrage dahin entschieden, daß auch in diesem Falle die Zurückzahlung zu erfolgen hat. — Abs. 4 findet nicht nur auf die Fälle des Abs. 1, sondern auch auf die Fälle des Abs. 2 Anwendung, also auch, wenn eine durch Landesgesetz gewährte Gebührenfreiheit in Frage steht, mag auch das Landesgesetz eine Bestimmung wie im Abs. 4 nicht enthalten (wie dies z. B. im § 8 PrGKG. [Anm. 4] nicht der Fall ist, JW. 98, 643[14]). — Ein Streit über die Anerkennung der Gebührenfreiheit wird gemäß § 4 entschieden. Anm. 4 § 4.

91 (99). Die Behörden[1] haben einander zum Zwecke der Einziehung[2] von Gebühren und Auslagen nach

näherer Bestimmung der von der Reichsregierung mit Zustimmung des Reichsrats zu erlassenden Anweisung Beistand zu leisten[3].

[1] Verzeichnis der im Wege der Rechtshilfe um Einziehung der Gerichtskosten zu ersuchenden Behörden: Beilage des RMinBl. 1923 Nr. 29 S. 441 ff.; Abänderungen RMinBl. 1923 S. 887, 1924 S. 375, 1925 S. 1278, 1926 S. 3, 841.

[2] Die Art und Weise der Einziehung der Gerichtskosten ist reichsgesetzlich nicht geregelt, sondern der Landesgesetzgebung zur Regelung überlassen. Für Preußen vgl. Vorbem. vor § 1. Über die Einziehung der für die Geschäfte des Reichsgerichts in Ansatz kommenden Kosten vgl. ebenfalls Vorbem. vor § 1.

[3] Die vom Bundesrat erlassene Anweisung v. 23. 4. 80 (RZentrBl. 278), davon § 2 in der Fass. der VO. v. 1. 6. 23 (RMBl. 439), lautet:

§ 1. Das Ersuchen ist von der Behörde (Kasse) zu erlassen, welcher die zwangsweise Beitreibung nach den landesgesetzlichen Bestimmungen obliegt.

Die ersuchte Behörde hat nicht zu prüfen, ob die Kostenrechnung dem Zahlungspflichtigen mitgeteilt ist.

§ 2. In dem Ersuchen sind der Schuldner, die Rechtsangelegenheit und der Gesamtbetrag der beizutreibenden Kosten anzugeben. Die Vollstreckbarkeit des Kostenanspruchs ist zu bescheinigen.

§ 3. Das Ersuchen ist an diejenige Behörde zu richten, welche die zwangsweise Einziehung zu betreiben hätte, wenn die Kosten bei dem Amtsgerichte entstanden wären, in dessen Bezirk der Zahlungspflichtige seinen Wohnsitz oder Aufenthaltsort hat, oder wenn die Gegenstände der Zwangsvollstreckung sich in einem anderen Bezirke befinden, an die zur Beitreibung von Gerichtskosten zuständige Behörde dieses Bezirks.

Diese Behörde betreibt die Einziehung und sorgt für Übersendung der eingezogenen Beträge an die ersuchende Behörde; sie vertritt dieselbe bei allen zur Einziehung oder Sicherstellung erforderlichen Maßregeln. Die Zwangsvollstreckung ist in gleichem Umfange zulässig, wie für eine

Kostenforderung des Staates, welchem die ersuchte Behörde angehört. Die endgültigen Entscheidungen über Stundungen oder Niederschlagungen verbleiben der ersuchenden Behörde.

§ 4. Alle Postsendungen einschließlich der Geld- und Wertsendungen sind von der absendenden Behörde frankiert abzulassen.

Die ersuchende Behörde hat weder der ersuchten Behörde noch den Vollziehungsbeamten für das Einziehungs- und Beitreibungsverfahren Gebühren oder Auslagen zu erstatten.

§ 5. Sollen die Kosten des Strafverfahrens gleichzeitig mit der in diesem Verfahren festgesetzten Geldstrafe durch einen Gerichtsvollzieher beigetrieben werden, so kann die Vermittlung des Gerichtsschreibers (§ 162 GVG.) auch für die Einziehung der Kosten in Anspruch genommen werden.

Dazu Vereinbarungen der Landesjustizverwaltungen zu § 3 und § 4 Satz 2, mitgeteilt durch PrJMinVerf. v. 4. 6. 87 (JMBl. 158), betr. den zum Zwecke der Einziehung von Gerichtskosten unter den Bundesstaaten zu leistenden Beistand (das eingezogene Porto für das Ersuchungsschreiben verbleibt der ersuchten Behörde), und v. 7. 3. 07 (JMBl. 55), betr. die Erstattung von Kosten der Rechtshilfe oder sonstigen Beistandsleistung in gerichtlichen Angelegenheiten (nach V A 1 findet eine Erstattung der durch die Beistandsleistung behufs Einziehung von Gerichtskosten entstandenen Kosten nicht statt). — Die Landesgesetzgebung darf, außer den in der Anweisung vom 23. April 1880 über die Form des Ersuchens um Kosteneinziehung gegebenen Vorschriften, die Gewährung der Rechtshilfe nicht noch von anderen formellen Voraussetzungen abhängig machen. JW. 88, 359[3]. — Anwendung der vorgenannten Vorschriften auf das Verhältnis zwischen den Konsulargerichtsbehörden und den Behörden im Reichsgebiet: § 75 Konsulargerichtsb.-Ges. v. 7. 4. 00 (RGBl. 213). Vgl. Dienstanweisung dazu v. 27. 10. 00 (RZentrBl. 576, 581). — Über Einziehung von Kosten im Auslande vgl. Art. 18, 19 d. Haager Abkommens über den Zivilprozeß v. 17. 7. 05 (RGBl. 09 S. 409), §§ 5 ff. AusfGes. dazu v. 5. 4. 09 (RGBl. 430) und dazu OLG. 20, 97, ferner für Preußen §§ 25, 57 d. Verf., betr. die Ersuchen nach dem Ausland, v. 16. 6. 10 (JMBl. 189) in d. Fass. d. Verf. v. 16. 6. 11 (JMBl. 247) u. 20. 10. 13 (JMBl. 412), sowie Verf. v. 21. 6. 24 (JMBl. 264).

II

Gebührenordnung für Gerichtsvollzieher.

Vom 24. Juni 1878 (RGBl. 166).

In Kraft getreten am 1. Oktober 1879. § 26. — § 1 EG.GVG.

Eingeführt in Helgoland seit 1. 4. 1891: Art. I Nr. VIII, 6 RGes. v. 22. 3. 1891 (RGBl. 22).

Abgeändert durch das Gesetz, betr. die Abänderung von Bestimmungen des Gerichtskostengesetzes usw., vom 29. Juni 1881 und durch Art. 5 des Einführungsgesetzes zu dem Gesetze, betr. Änderungen der Zivilprozeßordnung, vom 17. Mai 1898.

Die demnächstige Fassung war die durch die Bekanntmachung des Reichskanzlers vom 20. Mai 1898 festgestellte.

Durch Art. III des Gesetzes, betr. Änderungen des Gerichtskostengesetzes, der Gebührenordnung für Rechtsanwälte und der Gebührenordnung für Gerichtsvollzieher, vom 8. November 1916 erhielt sodann § 13 Nr. 2 einen Zusatz.

Nach vorübergehenden Änderungen der Gebührensätze der §§ 2, 4—11 und der Reisekosten (§ 17 Abs. 1) durch das Gesetz vom 1. April 1918 und demnächstigen weiteren vorübergehenden Änderungen, hauptsächlich Teuerungszuschläge betreffend, durch die Gesetze vom 18. Dezember 1919 und 8. Juli 1921 hat die Gebührenordnung durch das Gesetz zur Änderung der Gebührenordnung für Gerichtsvollzieher vom 14. Dezember 1922 (RGBl. I 914), in Kraft eine Woche nach der Verkündung, umfassende Änderungen erfahren. Die nunmehrige Fassung ist die durch die Bekanntmachung vom 14. Dezember 1922 (RGBl. I 917) festgestellte. Nach demnächstigen vorübergehenden Änderungen dieser Fassung mit Rücksicht auf den Währungsverfall durch die Verordnung vom 20. März 1923 sind dann die Gebührensätze durch die Verordnung vom 13. Dezember 1923 (RGBl. I 1189) in Goldmark umgestellt worden, an deren Stelle schließlich durch die Verordnung zur Durchführung des Münzgesetzes vom 12. Dezember 1924 die Reichsmark gesetzt ist.

1. In den vor die ordentlichen Gerichte[1] gehörigen Rechtssachen, auf welche die Zivilprozeßordnung, die Strafprozeßordnung oder die Konkursordnung Anwendung findet[2], werden Gebühren und Auslagen des Gerichtsvollziehers nur nach Maßgabe der folgenden Bestimmungen erhoben[3].

[1] **Ordentliche Gerichte:** § 12 GVG. (Amtsgerichte, Landgerichte, Oberlandesgerichte, Reichsgericht). — Ferner in den vor die **Konsulargerichte** gehörigen Rechtssachen: §§ 19, 46 73 RGes. über die Konsulargerichtsbarkeit v. 7. 4. 00 (RGBl. 213) (die Gebühren der Gerichtsvollzieher werden im doppelten Betrage der Sätze der GO. f. GV. erhoben, vgl. RG. 52, 409).

[2] Über diese **Rechtssachen** vgl. Anm. 2 bis 5 § 1 GKG.

[3] Soweit die **Landesgesetze** den Gerichtsvollziehern **noch andere Geschäfte im Bereiche der ZPO., StPO., KO.** zuweisen: § 28 (die Feststellung der Vergütung bleibt dann den betreffenden Ländern überlassen). — Hinsichtlich der **sonstigen landesgesetzlichen Bestimmungen** über die Gebühren der Gerichtsvollzieher vgl. für **Preußen:** Landesgebührenordnung für Rechtsanwälte und Gerichtsvollzieher v. 28. 10. 22 (GS. 410) Art. 18—25, dazu: Art. V G. v. 12. 4. 23 (GS. 107), Art. VIII G. v. 18. 12. 23 (GS. 556); Verf., betr. die nicht durch Gesetz bestimmten Gebühren der Gerichtsvollzieher sowie die Gebühren der Gerichtsvollzieher im Verwaltungszwangsverfahren, v. 26. 5. 24 (JMBl. 240); § 26 GO. für die Auflösung von Familiengütern v. 11. 1. 24 (GS. 29); Verf. betr. die Beitreibung von Reichsabgaben v. 15. 10. 24 (JMBl. 371) u. v. 1. 12. 25 (JMBl. 415); Verf., betr. Beitreibung von Geldbeträgen aus dem Bereiche der staatlichen

Kreiskassenverwaltung v. 14. 6. 23 (JMBl. 439). Vgl. ferner: Verf. v. 31. 3. 08 (JMBl. 190) u. v. 16. 9. 08 (JMBl. 239) (Wechsel- und Scheckprotest betreffend); Verf. über die Ausführung von Zwangsvollstreckungen durch Gerichtsvollzieher in Angelegenheiten der landschaftlichen Kreditanstalten v. 24. 4. 11 (JMBl. 177); Verf., enthaltend eine Zusammenstellung von Grundsätzen, betr. den Ansatz der Gebühren und Auslagen der Gerichtsvollzieher, v. 16. 2. 03 (JMBl. 36). — Vgl. auch Anm. 2 § 27 GO. f. GV. (Gewährung einer anderweiten Vergütung als in diesem Gesetz bestimmt ist, durch Landesgesetz). — Nach § 9 Abs. 2 ArbGG. v. 23. 12. 26 findet die GO. f. GV. auch im arbeitsgerichtlichen Verfahren Anwendung mit der Maßgabe, daß die Gerichtsvollzieher Gebührenvorschüsse nicht erheben dürfen. — Die in Preußen durch § 49 Gerichtsvollzieherordnung v. 31. 3. 00 (JMBl. 345), jetzt § 44 Gerichtsvollzieherordnung v. 23. 3. 14 (JMBl. 289), eingerichteten **Verteilungsstellen** für Gerichtsvollzieheraufträge (bei jedem Amtsgericht, für dessen Bezirk mehrere Gerichtsvollzieher bestellt sind) übernehmen nicht selbst die Erledigung der den Gerichtsvollziehern zu übermittelnden Parteiaufträge, sondern sind Einrichtungen des Gerichts und ihre Geschäfte werden Beamten der Geschäftsstelle übertragen. RG. **79**, 217.

I. **Gebühren** [1], [2], [3].

[1] Für **erfolglos versuchte Amtshandlungen** hat der Gerichtsvollzieher eine Gebühr nur dann anzusetzen, wenn dies besonders bestimmt ist (§ 2 Abs. 4, § 3 Abs. 4, § 6 Abs. 2, § 7 Abs. 2, 3, 4, § 8 Abs. 3, § 11 Abs. 2, § 12 Abs. 2). Soweit hiernach eine Gebühr nicht anzusetzen ist, dürfen nur die Auslagen berechnet werden. Vgl. Nr. 1 preuß. Verf. v. 16. 2. 02 (s. Anm. 3 § 1).

[2] Die **Gerichte** sind **nicht**, wie nach § 6 GKG. bezüglich der Gerichtsgebühren, **befugt**, für Handlungen der Gerichtsvollzieher zu erhebende **Gebühren niederzuschlagen**, auch dann nicht, wenn von dem in § 27 Abs. 1 Nr. 2 GO. f. GV. vorgesehenen Vorbehalte landesrechtlich Gebrauch gemacht ist und den Gerichtsvollziehern eine anderweitige Vergütung gewährt wird. RG. **62**, 351.

[3] Nach Art. II Nr. 12 VO. v. 18. 12. 23 (s. Vorbem. vor § 1) sind nicht durch 5 teilbare Gebührenbeträge auf volle 5 Reichspfennig aufzurunden.

1. Zustellung.

2 (2, 3). [1]**Die Gebühr für eine Zustellung durch Aufgabe zur Post (Zivilprozeßordnung § 175)[2], für das an die Post gerichtete Ersuchen um Bewirkung einer Zustellung (Zivilprozeßordnung § 194)[3] sowie für die im Auftrag eines Anwalts an den Gegenanwalt bewirkte Zustellung[4] beträgt 0,40 Reichsmark.**

Stellt der Gerichtsvollzieher persönlich ohne Inanspruchnahme der Post zu, so erhöht sich die Gebühr um den Betrag der Postgebühren, der entstanden sein würde, wenn durch die Post zugestellt worden wäre[5].

Ist mit der Zustellung eine Aufforderung gemäß § 840 der Zivilprozeßordnung[6] oder bei der Ladung von Zeugen oder Sachverständigen das Darbieten einer Entschädigung (Strafprozeßordnung § 220 Abs. 2)[7] verbunden, oder ist dem Empfänger zugleich mit der Zustellung eine Urkunde vorzulegen[8], so erhöht sich die Gebühr um weitere 0,20 Reichsmark.

Ist die versuchte persönliche Zustellung ohne Erfolg geblieben, weil die Wohnung des Empfängers nicht zu ermitteln war, so erhält der Gerichtsvollzieher die Hälfte der Gebühr[9].

Für die Beglaubigung eines ihm zum Zwecke der Zustellung übergebenen Schriftstücks erhält der Gerichtsvollzieher außerdem eine Gebühr von 0,05 Reichsmark für die Seite. Eine angefangene Seite wird als voll berechnet[10].

Wird der Zustellungsauftrag vor seiner Erledigung zurückgenommen, so erhält der Gerichtsvollzieher unbeschadet der Gebühr für eine bereits vorgenommene Beglaubigung 0,20 Reichsmark[11].

Die Zustellung an den Zustellungsbevollmächtigten mehrerer Beteiligter (Zivilprozeßordnung § 189 Abs. 2) gilt als eine Zustellung[12].

[1] Nach dem § 2 Abs. 1 a. F. betrug die Gebühr für jede durch den Gerichtsvollzieher persönlich bewirkte Übergabe zuzustellender Schriftstücke (§ 170 ZPO.) 80 Pfennig (jedoch in amtsgerichtlichen und schöffengerichtlichen Sachen, soweit diese Sachen nicht durch Einlegung eines Rechtsmittels an ein höheres Gericht gebracht waren, 50 Pfennig) und für die in dem jetzigen (G. v. 14. 12. 22, VO. v. 13. 12. 23) Abs. 1 genannten Zustellungen die Hälfte davon, also 40 Pfennig. Jetzt ist im Abs. 1 für die letzteren Zustellungen eine Gebühr von 0,40 RM. und im Abs. 2 für die ersteren Zustellungen (durch den Gerichtsvollzieher persönlich) eine Erhöhung dieser Gebühr um den Betrag der dort genannten Postgebühren bestimmt. — Nach § 3 a. F. erhielt der Gerichtsvollzieher, wenn er eine Zustellung persönlich bewirkte (§ 170 ZPO.), obgleich sie mit geringeren Kosten durch die Post (§ 194 ZPO.) hätte erfolgen können, die Mehrkosten nur, wenn er zur Vornahme der Zustellung ohne Benutzung der Post ausdrücklich ermächtigt worden war. Diese Bestimmung ist bereits durch Art. VI G. v. 8. 7. 21 (RGBl. 910), wodurch auch schon die Abs. 1, 2 des § 2 (zusammengefaßt hier in einem Abs. 1) die jetzige Fassung, mit Ausnahme des Gebührensatzes, erhalten hat, gestrichen worden. Der Gerichtsvollzieher erhält daher nun die Gebühr für die persönliche Zustellung aus Abs. 2 auch dann, wenn er zur Vornahme der Zustellung ohne Benutzung der Post nicht ausdrücklich ermächtigt worden ist. — Über Zustellungen zur Nachtzeit oder an Sonn- oder Feiertagen vgl. § 15 (doppelte Gebühr).

[2] Nach § 175 ZPO. können, wenn der Zustellungsbevollmächtigte, der nach Maßgabe des § 174 ZPO. von einer

Partei zu bestellen ist, nicht bei der nächsten gerichtlichen Verhandlung oder, wenn die Partei vorher dem Gegner einen Schriftsatz zustellen läßt, in diesem benannt wird, alle späteren Zustellungen bis zur nachträglichen Benennung in der Art bewirkt werden, daß der Gerichtsvollzieher das zu übergebende Schriftstück unter der Adresse der Partei nach ihrem Wohnorte zur Post gibt; die Zustellung wird mit der Aufgabe zur Post als bewirkt angesehen, selbst wenn die Sendung als unbestellbar zurückkommt. Ferner findet die Zustellung gemäß § 175 ZPO. durch Aufgabe zur Post statt gemäß § 244 Abs. 2 (bis zur Anzeige der Bestellung eines neuen Anwalts an Stelle des verstorbenen), § 829 Abs. 2, § 835 Abs. 3 ZPO. (Zustellung des Pfändungs- und des Überweisungsbeschlusses an den im Ausland befindlichen Schuldner). Vgl. über die Ausführung dieser Zustellung § 39 preuß. Geschäftsanw. f. GV. v. 24. 3. 14 (JMBl. 343). Über die Vergütung der Auslagen vgl. das in Anm. 3 Bemerkte.

[3] Gemäß § 193 ZPO. können Zustellungen auch durch die Post erfolgen. Nach § 194 Abs. 1 ZPO. hat, wenn durch die Post zugestellt wird, der Gerichtsvollzieher einen durch sein Dienstsiegel verschlossenen, mit der Adresse der Person, an welche zugestellt werden soll, versehenen und mit einer Geschäftsnummer bezeichneten Briefumschlag, in welchem die zuzustellende Ausfertigung oder die beglaubigte Abschrift des zuzustellenden Schriftstücks enthalten ist, der Post mit dem Ersuchen zu übergeben, die Zustellung einem Postboten des Bestimmungsorts aufzutragen; ferner hat er auf dem zu übergebenden Schriftstück bzw. auf der Urschrift des zuzustellenden Schriftstücks die im § 194 Abs. 2 ZPO. vorgeschriebenen Vermerke zu machen. Für das genannte Ersuchen an die Post erhält er die Gebühr von 0,40 RM. Außerdem sind ihm die erwachsenen Schreibgebühren oder, insoweit ihm solche nicht zustehen, die Kosten für verwendete Vordrucke nach Maßgabe von § 16 Nr. 1, 2, § 17 Nr. 1 zu vergüten. Was in dieser Hinsicht insbesondere die zu übergebenden Abschriften anlangt, so hat sie nach § 169 ZPO. der Auftraggeber anzufertigen. Geschieht aber die Anfertigung auf Antrag durch den Gerichtsvollzieher, so stehen ihm gemäß § 17 Nr. 1 Schreibgebühren zu. Für die Beglaubigung der Abschriften hat er ferner Anspruch auf die im § 2 Abs. 5 bestimmte Ge-

bühr. Weiter treten als bare Auslagen, die nach § 16 Nr. 2 zu vergüten sind, hinzu die Gebühren der Post für die Zustellung. Vgl. hierüber Anm. 5. Über die Ausführung der Zustellung durch den Postboten vgl. § 195 ZPO. und Erlaß über das Postzustellungsverfahren vom 6. 3. 14 (RZentrBl. 208). — Die gebührenpflichtige Tätigkeit des Gerichtsvollziehers ist bereits mit der Übergabe der Sendung zur Post beendet; daher ist gemäß § 23 hiermit schon der Anspruch auf die Zustellungsgebühr (von 0,40 RM.) und gegebenenfalls auf die Vergütung der Auslagen begründet, auch wenn von der Post die Zustellung erfolglos versucht wird. Vgl. Nr. 1 preuß. Verf. v. 16. 2. 03 (Anm. 3 § 1).

[4] Unter einer „im Auftrag eines Anwalts an den Gegenanwalt bewirkten Zustellung" ist nur eine solche zu verstehen, die in der erleichterten Form des § 198 Abs. 2 ZPO. (Einholung eines mit dem Datum und der Unterschrift zu versehenden Empfangsbekenntnisses des Zustellungsempfängers, vgl. § 40 preuß. Geschäftsanw. f. GV. [s. Anm. 2]) ausgeführt worden ist. Wenn der Gerichtsvollzieher aber im Auftrag eines Anwalts (persönlich) eine förmliche (gewöhnliche) Zustellung (§§ 170, 190, 191 ZPO.) an den Gegenanwalt bewirkt hat, steht ihm die erhöhte Gebühr nach Abs. 2 zu. Vgl. Nr. 7 preuß. Verf. v. 16. 2. 03 (s. Anm. 3 § 1), OLG. 3, 124.

[5] Der Betrag an Postgebühren, um den sich die Gebühr aus Abs. 1 von 0,40 RM. erhöht, wenn der Gerichtsvollzieher die Zustellung persönlich ohne Inanspruchnahme der Post (§§ 170, 190, 191 ZPO.) bewirkt, ergibt sich aus § 25 Abs. VII der Postordnung v. 22. 12. 21 (RGBl. I 609) in d. F. d. VO. v. 12. 7. 23 (RGBl. I 623). Danach werden von der Post nach den jeweilig geltenden Gebührensätzen für Briefe mit Zustellungsurkunde erhoben: 1. die gewöhnliche Briefgebühr, 2. eine Zustellungsgebühr, 3. für die Rücksendung der Zustellungsurkunde die Gebühr für einen freigemachten gewöhnlichen Brief. Die Beträge zu 1—3 hat sämtlich entweder der Absender bei der Einlieferung oder der Empfänger bei der Aushändigung zu entrichten, also hier der Gerichtsvollzieher für Rechnung des Auftraggebers. Kann der Brief nicht zugestellt werden, so ist bei nichtfreigemachten Briefen nur die Gebühr zu 1 zu entrichten; bei freigemachten

Briefen werden die unter 2 und 3 bezeichneten Beträge dem Gerichtsvollzieher als dem Absender erstattet gegen Abgabe des mit Quittungsvermerk versehenen Briefumschlags (vgl. § 38 Nr. 14 preuß. Geschäftsanw. [s. Anm. 2]). Der Gerichtsvollzieher erhält also als Zustellungsgebühr den bei Hinzurechnung dieser Postgebühren, die entstanden sein würden, wenn durch die Post zugestellt worden wäre, zu den 0,40 RM. sich ergebenden Betrag. Außerdem sind ihm die in Anm. 3 bezeichneten Schreibgebühren zu vergüten, und gegebenenfalls ferner die Reisekosten nach § 16 Nr. 8, § 20. Für die beglaubigte Abschrift der Zustellungsurkunde, die der Gerichtsvollzieher auf das bei der Zustellung zu übergebende Schriftstück oder auf einen damit zu verbindenden Bogen gemäß § 190 Abs. 3 ZPO. zu setzen hat, erhält der Gerichtsvollzieher nach § 17 Nr. 1 Halbs. 1 keine Schreibgebühr. — Für die Höhe der Zustellungsgebühr macht es keinen Unterschied, ob die Zustellung am Wohnort oder außerhalb des Wohnorts des Gerichtsvollziehers zu erfolgen hat, soweit nicht im ersteren Falle die Postgebühren, die bei Zustellung durch die Post entstanden wären, niedriger als im letzteren Falle sein würden. Vgl. Nr. 10 preuß. Verf. v. 16. 2. 03 (s. Anm. 3 § 1). — Hat der Gerichtsvollzieher dasselbe Schriftstück an mehrere Personen (z. B. eine Ladung in der nämlichen Sache an mehrere Zeugen, Parteien, Angeschuldigte) zuzustellen, so kann er für jede Zustellung die obige Gebühr voll beanspruchen. Anderseits steht ihm die Gebühr, wenn er mehrere Schriftstücke zugleich an eine Person zustellt, nur einmal zu. Mot. zu § 2. Vgl. hinsichtlich der Zustellung an den Zustellungsbevollmächtigten mehrerer Beteiligter Abs. 7.

[6] Nach § 840 ZPO. hat im Falle der Pfändung einer Forderung des Schuldners der Drittschuldner auf Verlangen des Gläubigers die dort genannten Erklärungen über den Bestand der Forderung abzugeben. Die Erklärungen können bei Zustellung des Pfändungsbeschlusses an den Gerichtsvollzieher erfolgen. Die Aufforderung zur Abgabe der Erklärungen muß in die Zustellungsurkunde aufgenommen werden. Wird der Gerichtsvollzieher vom Gläubiger zu dieser Aufforderung beauftragt, so kann die Zustellung nur durch den Gerichtsvollzieher persönlich, nicht durch die Post, erfolgen (vgl. § 88 Nr. 2 preuß. Geschäftsanw. [s. Anm. 2]). Der Gerichts-

vollzieher erhält dann zu der in Anm. 5 dargestellten Gebühr einen Zuschlag von 0,20 RM.

[7] In Strafsachen sind der Beschuldigte, der Privatkläger, der Nebenkläger und gewisse andere bei dem Verfahren beteiligte Personen (§§ 280, 282, 298, 431 StPO.) sowie die Verwaltungsbehörde im Falle des § 426 StPO. befugt, Zeugen oder Sachverständige unmittelbar, also ohne Mitwirkung von Gericht oder Staatsanwaltschaft, durch einen Gerichtsvollzieher zu laden (§ 38 StPO.). Die Ladung erfolgt durch die von dem Gerichtsvollzieher persönlich oder auch durch die Post zu bewirkende Zustellung einer von dem Auftraggeber unterschriebenen Ladungsschrift (vgl. § 42 Nr. 1, 3 preuß. Geschäftsanw. [s. Anm. 2]). Nach § 220 Abs. 2 StPO. ist die geladene Person nur dann zum Erscheinen verpflichtet, wenn ihr bei der Ladung die gesetzliche Entschädigung für Reisekosten und Versäumnis (vgl. §§ 2 ff., 10, 11 GebO. f. Z. u. S.) bar dargeboten oder deren Hinterlegung bei der Geschäftsstelle nachgewiesen wird. Der Gerichtsvollzieher hat daher auf Verlangen des Auftraggebers den erwähnten Betrag, wenn er ihm eingehändigt wird, an die geladene Person gegen Quittung bei der Zustellung auszuzahlen oder die Bescheinigung der Geschäftsstelle über die bei ihr bewirkte Hinterlegung des Betrags mitzuzustellen. Wird im ersteren Falle der Empfänger nicht in Person angetroffen oder wird die Ladung durch die Post zugestellt, so ist der Betrag mittels Postanweisung zu übersenden (vgl. § 42 Nr. 3 preuß. Geschäftsanw. [s. Anm. 2]). Der Gerichtsvollzieher erhält einen Zuschlag von 0,20 RM., wenn die Zustellung der Ladung durch die Post erfolgt, zu der Gebühr des Abs. 1 von 0,40 RM. und, wenn er die Zustellung unter Darbieten der Entschädigung oder Mitzustellung des Hinterlegungsscheins oder unter Übersendung der Entschädigung mittels Postanweisung (s. oben) persönlich bewirkt, zu der in Anm. 5 dargestellten Gebühr, und zwar auch dann, wenn der Empfänger die Entschädigung zurückweist, da seine den Zuschlag auslösende Tätigkeit bereits durch das Darbieten usw. erledigt ist (§ 23).

[8] Der Fall, daß vom Gerichtsvollzieher zugleich mit der Zustellung eine Urkunde dem Empfänger vorzulegen ist, kann z. B. gegeben sein, wenn bei der Zustellung einer schriftlichen

Willenserklärung (wie Kündigung, Anfechtung, Aufrechnung, Annahme eines Vertragsantrags, Rücktrittserklärung, Androhungen beim Pfandverkauf), auf welche die Vorschriften der ZPO. Anwendung finden, dem Empfänger zugleich eine Urkunde nach §§ 111 (Einwilligung des gesetzlichen Vertreters), 174 (Vollmachtsurkunde), 410 (Abtretungsurkunde), 1160 (Hypothekenbrief) oder 1831 BGB. (Genehmigung des Vormundschaftsgerichts) auf Verlangen des Auftraggebers vom Gerichtsvollzieher vorzulegen ist; die Zustellung kann in solchen Fällen nur durch den Gerichtsvollzieher persönlich, nicht durch die Post erfolgen (vgl. § 43 Nr. 1, 2 preuß. Geschäftsanw. [s. Anm. 2]). Der Gerichtsvollzieher erhält hier für Zustellung und Vorlegung die in Anm. 5 dargestellte um 0,20 RM. erhöhte Gebühr.

9 In einem Falle, wo die persönliche Zustellung durch den Gerichtsvollzieher wegen Nichtermittlung der Wohnung des Empfängers nicht bewirkt werden konnte, würde auch eine Zustellung durch die Post erfolglos geblieben sein. Deshalb erhält der Gerichtsvollzieher als Zustellungsgebühr die Hälfte des Betrages, der sich ergibt aus der Zusammenrechnung von 0,40 RM. mit der Postgebühr, die im Falle der vergeblich versuchten Zustellung durch die Post entstanden sein würde (s. Anm. 5).

10 Gemäß § 170 Abs. 2 ZPO. geschieht die Beglaubigung der zu übergebenden Abschrift des zuzustellenden Schriftstücks durch den (zustellenden, nicht einen anderen [RG. **33**, 399; JW. **91**, 178[2]]) Gerichtsvollzieher, bei den auf Betreiben von Rechtsanwälten oder in Anwaltsprozessen zuzustellenden Schriftstücken durch den (betreibenden, nicht einen anderen [RG. **24**, 418; **33**, 401]) Anwalt; jedoch ist auch in den letzteren Fällen die Beglaubigung durch den Gerichtsvollzieher genügend (RG. **8**, 346; **45**, 416; **51**, 260). Nach § 2 a. F. war eine Gebühr für die Beglaubigung nicht vorgesehen. Jetzt (VO. v. 14. 12. 22) ist für die Beglaubigung durch den Gerichtsvollzieher eine besondere Gebühr von 5 Reichspfennig für jede von der Beglaubigung umfaßte Seite, mag sie auch nur angefangen sein, bestimmt. Daß die Seite, um diese Gebühr für sie auszulösen, mindestens 32 Zeilen von durchschnittlich 15 Silben enthalten muß, ist nicht, wie für die

Schreibgebühren nach § 17 in Verb. mit § 71 Abs. 4 GKG., vorgeschrieben.

[11] Die Gebühr von 0,20 RM. erhält der Gerichtsvollzieher im Falle der Zurücknahme des Zustellungsauftrags (außer der etwa bereits erwachsenen Beglaubigungsgebühr [Anm. 10]), gleichviel ob die Zustellung durch den Gerichtsvollzieher persönlich (Anm. 5) oder durch die Post (Anm. 3) oder an einen Gegenanwalt (Anm. 4) oder durch Aufgabe zur Post (Anm. 2) erfolgen sollte. Eine Zurücknahme erst nach Erledigung des Auftrags (s. insbesondere hinsichtlich der Erledigung im Falle der Zustellung durch die Post Anm. 3 a. E.) berührt den nach § 23 bereits fällig gewordenen Anspruch auf die Zustellungsgebühr nicht.

[12] Nach § 189 Abs. 2 ZPO. sind einem Zustellungsbevollmächtigten (s. Anm. 2) mehrerer Beteiligter so viele Ausfertigungen oder Abschriften zu übergeben, als Beteiligte vorhanden sind. Wiewohl die Schriftstücke für mehrere Personen bestimmt sind, erhält der Gerichtsvollzieher nur eine Gebühr. Vgl. Anm. 5 a. E.

2. Zwangsvollstreckung[1].

[1] Im Falle der **gleichzeitigen Erledigung mehrerer Vollstreckungsaufträge** eines oder mehrerer Gläubiger sind die Gebühren und Reisekosten nur einmal anzusetzen. Dieser Grundsatz findet insbesondere Anwendung:

a) wenn auf Grund mehrerer Schuldtitel gegen denselben Schuldner gleichzeitig gepfändet oder eine Pfändung erfolglos versucht wird;
b) wenn die auf Grund mehrerer Schuldtitel bei demselben Schuldner gepfändeten Sachen gleichzeitig zur Beitreibung mehrerer Forderungen versteigert werden;
c) wenn der Auftrag zur Vollstreckung mehrerer Schuldtitel gegen denselben Schuldner gleichzeitig durch Leistung an den Gerichtsvollzieher erledigt wird.

Die Gebühren sind zu berechnen im Falle a nach dem Gesamtbetrage der beizutreibenden Forderungen, im Falle b nach dem Gesamterlös und im Falle c nach dem Gesamtbetrage der Zahlungen. Vgl. Nr. 2 preuß. Verf. v. 16. 2. 03 (s. Anm. 3 § 1), auch Anm. 1, 2 § 20.

Pfändung.

3 (4). Die Gebühr für die Pfändung[1] von beweglichen körperlichen Sachen (Zivilprozeßordnung §§ 808, 809)[2], von Früchten, welche von dem Boden noch nicht getrennt sind (Zivilprozeßordnung § 810)[3], sowie von Forderungen aus Wechseln oder anderen Papieren, welche durch Indossament übertragen werden können (Zivilprozeßordnung § 831)[4], beträgt von dem auf 10 Reichsmark aufgerundeten Betrage der beizutreibenden Forderung[5]

bis zu 100 Reichsmark einschließlich 2 vom Hundert,
von dem Mehrbetrage bis zu
500 Reichsmark einschließlich . . 1 vom Hundert,
von dem Mehrbetrage . . . . . ½ vom Hundert,
mindestens jedoch 1 Reichsmark.

Erfolgt die Pfändung zur Vollziehung eines Arrestes, so ist der in dem Arrestbefehle nach § 923 der Zivilprozeßordnung festgestellte Geldbetrag maßgebend[6]. Bei der Pfändung eines im Schiffsregister eingetragenen Schiffes (Zivilprozeßordnung § 931) ist der Mindestbetrag der Gebühr 3 Reichsmark[5, 7].

Nimmt die Pfändung mehr als eine Stunde in Anspruch, so erhöht sich die Gebühr für jede angefangene weitere Stunde[8] um die Hälfte, jedoch höchstens um je 3 Reichsmark[5].

Ist eine versuchte Pfändung ohne Erfolg geblieben, weil nach Inhalt des Protokolls[9] pfändbare Gegenstände nicht vorhanden waren oder die Pfändung nach § 803 Abs. 2, § 812 der Zivilprozeßordnung zu unterbleiben hatte[10], so erhält der Gerichtsvollzieher die Hälfte der Gebühr.

[1] Mehrere gleichzeitige Pfändungen: Vorbem. 1a vor § 3. — Zurücknahme oder Erledigung des Vollstreckungsauftrags vor Vornahme der Pfändung: § 6 Abs. 2 oder § 6 Abs. 1 je nachdem, ob der Gerichtsvollzieher sich bereits an Ort und Stelle begeben hatte oder nicht. — Leistet der Schuldner eine Zahlung an den Gerichtsvollzieher, so tritt die Gebühr aus § 13, wenn der Gerichtsvollzieher sich an Ort und Stelle begeben hatte, aber eine Pfändung noch nicht erfolgt war, zu der Gebühr aus § 6 Abs. 2, und, wenn die Zahlung nach bewirkter Pfändung erfolgt, zu der Gebühr aus § 3 hinzu. — Nach § 14 umfaßt die Gebühr aus § 3 die gesamte Tätigkeit des Gerichtsvollziehers bei Vornahme der Pfändung, insbesondere die Nachsuchung der Unterstützung der polizeilichen Vollzugsorgane und die Zuziehung der Zeugen und Sachverständigen (ZPO. §§ 758, 759, 813, 814), ferner die zu der Pfändung gehörenden Mitteilungen, Aufforderungen, Zustellungen und Postsendungen, weiter die Annahme und Quittierung, Ablieferung oder Hinterlegung der schuldigen Leistungen sowie des gepfändeten Geldes und die Zurückgabe gepfändeter Gegenstände, so daß für diese Tätigkeiten besondere Gebühren nicht beansprucht werden können. — Pfändung zur Nachtzeit oder an Sonn- oder Feiertagen: § 15 (doppelte Gebühr). — Vergütung von Schreibgebühren und sonstigen Auslagen: §§ 16, 17. — Versteigerung oder freihändiger Verkauf von gepfändeten beweglichen Sachen, Früchten, die vom Boden noch nicht getrennt sind, sowie Forderungen aus Wechseln oder anderen indossablen Papieren: § 7 (besondere Gebühr nach dem Betrage des Erlöses).

[2] Die Pfändung der im Gewahrsam des Schuldners befindlichen körperlichen Sachen wird dadurch bewirkt, daß der Gerichtsvollzieher die Sachen in Besitz nimmt (§ 808 ZPO.). Wertpapiere (z. B. Inhaberpapiere, Aktien, Reichsbankanteilscheine, Kuxscheine) werden wie bewegliche körperliche Sachen behandelt. Vgl. § 79 preuß. Geschäftsanw. (s. Anm. 2 § 2). Für die Pfändung von Forderungen aus Wechseln oder anderen indossablen Papieren aber gelten besondere Vorschriften; s. Anm. 4. Die Pfändung beweglicher Sachen des Schuldners, die sich im Gewahrsam des Gläubigers oder

eines zur Herausgabe bereiten Dritten (z. B. Leiher, Verwahrer) befinden, wird ebenfalls dadurch bewirkt, daß der Gerichtsvollzieher die Sachen in Besitz nimmt (§ 809 ZPO.). Lehnt aber der Dritte die Herausgabe ab, so kann die Pfändung durch den Gerichtsvollzieher nicht erfolgen; es ist vielmehr dem Gläubiger zu überlassen, die Pfändung des Anspruchs, der dem Schuldner an den Sachen zusteht, bei dem Gerichte zu beantragen. In diesem Falle erhält der Gerichtsvollzieher nach § 6 Abs. 2 Halbs. 2 die Hälfte der Gebühr aus § 3. Jedoch ist die Pfändung bei dem dritten Besitzer trotz seiner Herausgabeweigerung zulässig, wenn er zur Duldung der Zwangsvollstreckung verurteilt ist (vgl. §§ 739, 741—745, 748, 749 ZPO.) oder die Vollstreckung auf Grund des gegen den Schuldner erlassenen Urteils auch bei dem Besitzer erfolgen kann (vgl. §§ 740, 741, 745, 746 ZPO.). Vgl. §§ 57, 58, 74 preuß. Geschäftsanw. (s. Anm. 2 § 2).

[3] Nach § 810 ZPO. können Früchte, die von dem Boden noch nicht getrennt sind, durch den Gerichtsvollzieher gepfändet werden, solange nicht ihre Beschlagnahme im Wege der Zwangsvollstreckung in das unbewegliche Vermögen erfolgt ist; die Pfändung darf nicht früher als einen Monat vor der gewöhnlichen Zeit der Reife erfolgen. Jedoch können Früchte, die als landwirtschaftliche Erzeugnisse zur Fortführung der Wirtschaft erforderlich oder die Zubehör des Grundstücks sind (§§ 97, 98 Nr. 2 BGB.), nach § 811 Nr. 4, § 865 Abs. 2 S. 1 ZPO. überhaupt nicht gepfändet werden. Sofern dies aber nicht zutrifft, können die Früchte trotz der Beschlagnahme gegen den Pächter als Schuldner gepfändet werden, da die Beschlagnahme die Früchte nach § 21 Abs. 3 ZVG. dann nicht erfaßt, wenn das Grundstück verpachtet ist, während eine Pfändung gegen den Grundstückseigentümer als Schuldner nur mit Zustimmung des Pächters zulässig ist (RG. 18, 368; 37, 207; § 81 preuß. Geschäftsanw. [s. Anm. 2 § 2]).

[4] Nach § 831 ZPO. wird die Pfändung von Forderungen des Schuldners aus Wechseln und anderen Papieren, welche durch Indossament übertragen werden können (z. B. kaufmännische Anweisungen und Verpflichtungsscheine, Konnossemente, Ladescheine, Lagerscheine [§ 363 HGB.]), dadurch bewirkt, daß der Gerichtsvollzieher diese Papiere in Besitz nimmt. Die weitere Durchführung der Vollstreckung erfolgt

hier aber, anders wie bei den Wertpapieren (Anm. 2), auf Antrag des Gläubigers durch das Vollstreckungsgericht (Überweisung der Forderung an den Gläubiger oder Anordnung einer anderen Verwertung der Forderung, z. B. deren Veräußerung [§§ 835, 844 ZPO.; RG. 35, 374; § 90 preuß. Geschäftsanw.]); bis dahin behält der Gerichtsvollzieher die Urkunden in seinem Besitz.

[5] Nach § 15 Abs. 2 GKG. werden die beizutreibenden Zinsen zur Hauptforderung hinzugerechnet. — Der Gebührentarif für die Pfändung wegen einer Geldforderung im Abs. 1 sowie die im Abs. 2 bestimmte Mindestgebühr und die im Abs. 3 bestimmte Höchstgebühr ist (damals auf Goldmark, s. Vorbem. vor § 1) durch die VO. v. 13. 12. 23 eingeführt.

[6] Die Gebühr für die Pfändung zur Vollziehung eines Arrestes in das bewegliche Vermögen (§ 930 ZPO.) bestimmt sich nicht nach dem Betrage der Arrestforderung, sondern nach dem in dem Arrestbefehle festgestellten Geldbetrage, durch dessen Hinterlegung der Schuldner die Vollziehung des Arrestes hemmen kann (§ 923 ZPO.).

[7] Auch (s. Anm. 6) die Gebühr für die Pfändung zur Vollziehung eines Arrestes in ein im Schiffsregister eingetragenes Schiff bestimmt sich nicht nach dem Betrage der Arrestforderung, sondern nach dem in dem Arrestbefehle festgestellten Geldbetrage, durch dessen Hinterlegung der Schuldner die Vollziehung des Arrestes hemmen kann (§§ 923, 931 ZPO.). Jedoch ist hier mit Rücksicht auf die dem Gerichtsvollzieher in der Regel obliegende größere Mühewaltung die Mindestgebühr auf 3 RM. bestimmt. Hat aber, nachdem sich der Gerichtsvollzieher an Ort und Stelle begeben hat, aus einem der in § 6 Abs. 2 bezeichneten Gründe die Pfändung nicht stattgefunden, so ermäßigt sich, wie die Gebühr überhaupt, so auch die Mindestgebühr auf die Hälfte.

[8] Bei der Zeitberechnung wird nur die eigentliche Vollstreckungshandlung in Betracht gezogen; die Zeit für die nach § 14, insbesondere Nr. 1, 2, 4, vom Gerichtsvollzieher mit zu erledigenden Geschäfte nur, wenn und soweit diese im Laufe der Vollstreckungshandlung selbst vorkommen. Mot. 179. Ausnahme: § 10 Abs. 2 (bei Besitz-Entsetzung oder -Einweisung Einrechnung der zur Wegschaffung beweglicher Sachen zu verwendenden Zeit). Die Reisezeit wird nicht ein-

gerechnet: § 15 Nr. 8, § 20. KomBer. 75. Desgleichen nicht die zur Herbeischaffung der Transportmittel vor der Pfändung oder zum Transporte der gepfändeten Sachen nach der Inbesitznahme verwendete Zeit. Vgl. Nr. 12 preuß. Verf. v. 16. 2. 08 (s. Anm. 3 § 1). — Vgl. auch unten § 26 (Angabe der Zeitdauer in dem Protokolle, sonst nur die für die geringste Zeitdauer bestimmte Gebühr). Entsprechende Bestimmungen über die Erhöhung der Grundgebühr mit Rücksicht auf die Zeitdauer der Tätigkeit enthalten § 5 Abs. 2, § 8 Abs. 2, § 10 Abs. 1.

[9] § 762 ZPO. (Erfordernisse des Protokolls über die Vollstreckungshandlung). — Ist die Erfolglosigkeit der Pfändung nicht durch ein solches Protokoll konstatiert, so findet Abs. 4 keine Anwendung und können daher nur bare Auslagen in Ansatz gebracht werden. Vgl. Vorbem. vor § 2, Mot. zu § 4 a. F.

[10] Also, wenn sich von der Verwertung der pfändbaren Gegenstände ein Überschuß über die Kosten der Zwangsvollstreckung nicht erwarten ließ (§ 803 Abs. 2 ZPO.), und ferner, wenn es sich um Pfändung von Gegenständen des gewöhnlichen Hausrats handelte und ersichtlich war, daß nur ein verhältnismäßig geringer Erlös erzielt werden würde (§ 812 ZPO.). — Ist die Pfändung deshalb unterblieben, weil die Wohnung des Schuldners nicht zu ermitteln war: § 6 Abs. 2 S. 2 (ebenfalls Hälfte der Gebühr).

Übernahme.

4 (5). Für die Übernahme beweglicher Sachen zum Zwecke der Verwertung in den Fällen der §§ 790[1], 847[2], 854[3] der Zivilprozeßordnung sowie im Falle des Ausscheidens des Gerichtsvollziehers, welcher die Pfändung vorgenommen hat[4], erhält der Gerichtsvollzieher die Hälfte der im § 3 bestimmten Gebühr[5].

[1] Nach § 790 ZPO. hat, wenn die Zwangsvollstreckung gegen einen Soldaten in Kasernen und anderen militärischen Dienstgebäuden oder auf Kriegsfahrzeugen erfolgen soll, auf Antrag des Gläubigers das Vollstreckungsgericht (§ 764 ZPO.) die zuständige Militärbehörde um die Zwangsvoll-

streckung zu ersuchen; die gepfändeten Gegenstände sind einem von dem Gläubiger zu beauftragenden Gerichtsvollzieher zu übergeben. Für diese Übernahme der gepfändeten Sachen, worüber, nachdem der Gerichtsvollzieher unter Anzeige des erhaltenen Auftrags den Schuldtitel und die von der Militärbehörde errichtete Urkunde beim Vollstreckungsgericht in Empfang genommen hat, ein Protokoll aufzunehmen ist (vgl. § 84 preuß. Geschäftsanw. [s. § 2 Anm. 2]), erhält der Gerichtsvollzieher $^1/_2$ der Gebühr aus § 3. Die Verwertung der Pfandstücke erfolgt in gleicher Weise wie bei den vom Gerichtsvollzieher selbst gepfändeten Sachen, so daß ihm für die Versteigerung oder den freihändigen Verkauf weiter die Gebühr aus § 7 zusteht.

[2] Nach § 847 Abs. 1 ZPO. ist bei der Pfändung (§§ 829 ff., 846 ZPO.) eines Anspruchs des Schuldners, vermögedessen der Drittschuldner bewegliche körperliche Sachen herauszugeben oder zu leisten hat, im Pfändungsbeschluß anzuordnen, daß die Sachen an einen vom Gläubiger zu beauftragenden Gerichtsvollzieher herauszugeben seien. Verweigert dann der Drittschuldner dem nun vom Gläubiger beauftragten Gerichtsvollzieher gegenüber die Herausgabe der Sachen, so gilt das in § 3 Anm. 2 a. E. Bemerkte mit der Maßgabe, daß nach § 6 Abs. 2 der Gerichtsvollzieher die Hälfte der Gebühr aus § 4, also $^1/_4$ der Gebühr aus § 3 erhält. Gibt der Drittschuldner die Sachen an den Gerichtsvollzieher (welcher Quittung zu erteilen und die Sachen in einem aufzunehmenden Protokoll zu verzeichnen hat, vgl. § 91 preuß. Geschäftsanw. [s. § 2 Anm. 2]) heraus, so erhält der Gerichtsvollzieher $^1/_2$ der Gebühr aus § 3. Das weitere Verfahren wegen Unterbringung und Verwertung der übernommenen Sachen richtet sich nach den Vorschriften, die für die Verwertung gepfändeter Sachen gelten (§ 847 Abs. 2 ZPO.). Für die Versteigerung oder den freihändigen Verkauf der Sachen steht dem Gerichtsvollzieher weiter die Gebühr aus § 7 zu.

[3] Ist ein Anspruch der in Anm. 2 bezeichneten Art für mehrere Gläubiger gepfändet und erfolgt die Herausgabe der betreffenden Sachen nach Maßgabe des § 854 Abs. 1 ZPO. an den danach zuständigen Gerichtsvollzieher, so hat dieser von der erfolgten Übernahme die Gläubiger sogleich

zu benachrichtigen und sich deren Schuldtitel aushändigen zu lassen (vgl. § 91 Nr. 6 preuß. Geschäftsanw. [s. § 2 Anm. 2]). Für die dem Gerichtsvollzieher zustehende Übernahmegebühr aus § 4 ($^1/_2$ der Gebühr aus § 3), die nach dem Gesamtbetrage der beizutreibenden Forderungen zu berechnen ist (vgl. Vorbem. vor § 3), haften die auftraggebenden Gläubiger nach Verhältnis ihrer Forderungen (vgl. Nr. 2 Abs. 3 preuß. Verf. v. 16. 2. 03 [s. Anm. 3 § 1]). Letzteres gilt auch hinsichtlich der Gebühr aus § 7 für die demnächstige Versteigerung der Sachen. Wegen Behandlung des Erlöses, wenn er zur Deckung der Forderungen nicht ausreicht, vgl. § 854 Abs. 2 ZPO. (bei Streit über den Vorrang: Hinterlegung).

[4] Im Falle der Pfändung bereits gepfändeter Sachen, die durch nochmalige Pfändung oder durch Anschlußpfändung nach Maßgabe des § 826 ZPO. erfolgt, geht, wenn die erste Pfändung von einem anderen Gerichtsvollzieher bewirkt ist, gemäß § 827 ZPO. auf diesen der Auftrag des zweiten Gläubigers kraft Gesetzes über, sofern nicht das Vollstreckungsgericht auf Antrag eines beteiligten Gläubigers oder des Schuldners anordnet, daß die Verrichtungen jenes Gerichtsvollziehers von einem andern zu übernehmen seien. Derjenige Gerichtsvollzieher, auf den so der Auftrag des zweiten Gläubigers übergeht, nicht etwa der ausscheidende Gerichtsvollzieher, erhält dann, außer der ihm sonst zustehenden Gebühr, insbesondere der für die von ihm vorgenommene Pfändung aus § 3, noch die Gebühr aus § 4 ($^1/_2$ der Gebühr aus § 3). Vgl. Nr. 14 preuß. Verf. v. 16. 2. 03 (s. Anm. 3 § 1). Die Gebühr aus § 4 ist nicht etwa anzusetzen, wenn ein Gerichtsvollzieher im Falle der Vertretung oder nach § 15 Nr. 4 preuß. Gerichtsvollzieherordnung v. 23. 3. 14 (JMBl. 289) (z. B. im Falle der Verlegung des Wohnsitzes des beauftragten Gerichtsvollziehers in einen anderen entfernten Gerichtsbezirk) Sachen zum Zwecke der Verwertung übernimmt. Vgl. Nr. 15 preuß. Verf. v. 16. 2. 03.

[5] Zurücknahme des Vollstreckungsauftrags sowie Unterbleiben der Übernahme aus anderen Gründen: § 6 Abs. 1, 2 ($^1/_8$ bzw. $^1/_4$ der Gebühr aus § 3). — Übernahme zur Nachtzeit oder an Sonn- oder Feiertagen: § 15 (doppelte Gebühr)

Entfernung von Pfandstücken.

5. [1]Werden Pfandstücke, die im Gewahrsam des Schuldners belassen sind[2], zum Zwecke der Versteigerung oder aus einem anderen Grunde[3] aus dem Gewahrsam des Schuldners entfernt, so erhält der Gerichtsvollzieher eine Gebühr von 1 Reichsmark[4].

Nimmt das Geschäft mehr als eine Stunde in Anspruch, so erhöht sich die Gebühr für jede angefangene weitere Stunde um den gleichen Betrag[5].

[1] § 5 ist durch G. z. Änderung der GO. f. GV. v. 14. 12. 22 (RGBl. I 914) eingefügt. — Entfernung von Pfandstücken zur Nachtzeit oder an Sonn- oder Feiertagen: § 15 (doppelte Gebühr).

[2] Nach § 808 Abs. 2 S. 1 ZPO. sind bei der Pfändung der im Gewahrsam des Schuldners befindlichen Sachen andere Sachen, als Geld, Kostbarkeiten und Wertpapiere, im Gewahrsam des Schuldners zu belassen, sofern nicht hierdurch die Befriedigung des Gläubigers gefährdet wird.

[3] Der Gerichtsvollzieher hat z. B. die im Gewahrsam des Schuldners belassenen Pfandstücke nachträglich an sich zu nehmen, wenn eine Gefährdung des Gläubigers erst später erkennbar wird. Vgl. § 71 Nr. 1 preuß. Geschäftsanw. (s. § 2 Anm. 2).

[4] Nur, wenn die Pfandstücke im Gewahrsam des Schuldners belassen waren, steht dem Gerichtsvollzieher für die nachträgliche Entfernung die besondere Gebühr aus § 5 zu; werden die gepfändeten Sachen sogleich bei der Pfändung entfernt, so wird nach § 14 die Entfernungstätigkeit durch die Pfändungsgebühr (§ 3) mitabgegolten. — Vergütung der Auslagen an Transport- und Verwahrungskosten außerdem nach § 16 Nr. 7.

[5] Das Geschäft der Entfernung aus dem Gewahrsam des Schuldners, das bei einer Zeitdauer über eine Stunde hinaus für jede angefangene Stunde die nochmalige Gebühr aus Abs. 1 auslöst, umfaßt den Hin- und Rückweg zum Schuldner, die erforderliche (§ 75 Nr. 3 preuß. Geschäftsanw. [s. § 2 Anm. 2]) Protokollaufnahme, den Transport und die

Unterbringung der Sachen zur Verwahrung in einer Pfandkammer oder an einem sonst geeigneten Ort. — Entsprechende Bestimmungen über die Erhöhung der Grundgebühr mit Rücksicht auf die Zeitdauer der Tätigkeit enthalten § 3 Abs. 3, § 8 Abs. 2, § 10 Abs. 1.

Einstellung der in den §§ 3, 4, 5 bezeichneten Zwangsvollstreckungen.

6 (10, 11). Wird der Vollstreckungsauftrag zurückgenommen, ehe sich der Gerichtsvollzieher zwecks Vornahme der in den §§ 3, 4 bezeichneten Handlungen[1] an Ort und Stelle begeben hat, so erhält er ein Viertel der Gebühr[2].

Hat eine Vollstreckungshandlung der in den §§ 3, 4, 5 bezeichneten Art[3], nachdem sich der Gerichtsvollzieher an Ort und Stelle begeben hat, infolge Zurücknahme des Auftrags, infolge Leistung an den Gerichtsvollzieher[4] oder zufolge der Vorschrift des § 775 der Zivilprozeßordnung[5] oder, weil im Falle des § 5 die Pfandstücke nicht mehr vorgefunden wurden[6], nicht stattgefunden, so erhält der Gerichtsvollzieher die Hälfte der Gebühr. Das gleiche gilt, wenn die Vollstreckungshandlung deshalb unterblieben ist, weil die Wohnung des Schuldners oder des Dritten, bei dem die Vollstreckungshandlung erfolgen sollte, nicht zu ermitteln war oder weil sich der Dritte zur Herausgabe nicht bereit erklärt hat[7].

Betreffen die in Abs. 1, 2 bezeichneten Voraussetzungen Teile der beizutreibenden Forderung, so sind die Gebühren von jedem Teile besonders zu berechnen. Es darf jedoch nicht mehr erhoben werden, als wenn die Gebühr von dem Gesamtbetrage der Forderung unter Zugrundelegung der höchsten zum Ansatz kommenden Gebühr erhoben würde[8].

[1] Pfändung (§ 3) oder Übernahme (§ 4).

[2] Wenn nach dem zurückgenommenen Auftrag des Gläubigers eine Pfändung vorgenommen werden sollte, $^1/_4$ der Gebühr aus § 3 und, wenn es sich um Übernahme beweglicher Sachen zum Zwecke der Verwertung handeln sollte, $^1/_4$ der Gebühr aus § 4, also $^1/_8$ der Gebühr aus § 3.

[3] Hier tritt als Vollstreckungshandlung, die nach dem zurückgenommenen oder aus den sonstigen Gründen des Abs. 2 nicht ausführbaren Auftrag vorgenommen werden sollte, zu denen des Abs. 1 die nachträgliche Entfernung von Pfandstücken hinzu, die im Gewahrsam des Schuldners belassen waren (§ 5).

[4] Nach § 754 ZPO. liegt in dem schriftlichen oder mündlichen Auftrag des Gläubigers zur Zwangsvollstreckung in Verbindung mit der Übergabe des vollstreckbaren Schuldtitels die Beauftragung des Gerichtsvollziehers, die Zahlungen oder Leistungen in Empfang zu nehmen. Vor dem Beginne der Vollstreckung hat der Gerichtsvollzieher den Schuldner, sofern er ihn antrifft, zur freiwilligen Leistung aufzufordern; zur Annahme der ihm angebotenen Leistung ist er verpflichtet (vgl. § 59 Nr. 2, 3 preuß. Geschäftsanw. [s. § 2 Anm. 2]). Leistet der Schuldner den ganzen beizutreibenden Geldbetrag, den der Gerichtsvollzieher zu berechnen oder hinsichtlich der Berechnung des Gläubigers zu prüfen hat (§ 66 preuß. Geschäftsanw.), oder bewirkt der Schuldner die sonst schuldige Leistung an den Gerichtsvollzieher, so hat dieser die empfangene Leistung unverzüglich an den Gläubiger abzuliefern (§ 59 Nr. 4 preuß. Geschäftsanw.). Damit erledigt sich der Vollstreckungsauftrag. Der Gerichtsvollzieher erhält, je nachdem, ob er sich zur Vornahme der Pfändung (§ 3) oder zur Übernahme beweglicher Sachen zum Zwecke der Verwertung (§ 4) oder zur nachträglichen Entfernung der im Gewahrsam des Schuldners belassenen Pfandstücke (§ 5) an Ort und Stelle begeben hat, $^1/_2$ der Gebühr aus § 3 bzw. $^1/_4$ der Gebühr aus § 3 bzw. 0,50 RM. Hinzu tritt für die Entgegennahme der Zahlung die Gebühr aus § 13.

[5] Nach § 775 ZPO. hat der Gerichtsvollzieher die Zwangsvollstreckung einzustellen, wenn ihm eine der unter Nr. 1—5 bezeichneten Urkunden (namentlich über Aufhebung des vollstreckbaren Schuldtitels, über Bewirkung nachgelassener Sicher-

heitsleistung, über Befriedigung des Gläubigers nach Erlassung des vollstreckbaren Urteils) vom Schuldner vorgelegt wird. Wegen der dem Gerichtsvollzieher in diesen Fällen zustehenden Gebühr gilt das in Anm. 4 a. E. Bemerkte; jedoch kommt hier eine Gebühr aus § 13 nicht in Betracht.

[6] Wenn die nachträgliche Entfernung der im Gewahrsam des Schuldners belassenen Pfandstücke (§ 5) erfolgen sollte, aber der Gerichtsvollzieher die Pfandstücke nicht mehr vorfindet (z. B. weil der Schuldner sie widerrechtlich der Verstrickung entzogen hat), erhält der Gerichtsvollzieher eine Gebühr von 0,50 RM.

[7] Nach § 10 a. F. war früher für die Fälle des Abs. 2 S. 2 eine Gebühr nicht vorgesehen, so daß der Gerichtsvollzieher nur die ihm erwachsenen baren Auslagen vergütet erhielt (vgl. Vorbem. 1 vor § 2). Jetzt erhält der Gerichtsvollzieher, wenn er sich zwecks Pfändung beim Schuldner (§ 808 ZPO.) oder beim dritten Besitzer (§ 809 ZPO.) oder in den Fällen des § 4 zwecks Übernahme beweglicher Sachen vom leistungspflichtigen Drittschuldner an Ort und Stelle begeben hat, aber die betreffende Vollstreckungshandlung wegen Nichtermittlung der Wohnung des Schuldners bzw. des Dritten oder, weil der Dritte sich zur Herausgabe nicht bereit erklärt hat (vgl. § 3 Anm. 2, § 4 Anm. 2), unterblieben ist, $^1/_2$ der Gebühr aus § 3 bzw. in den Fällen des § 4 $^1/_4$ der Gebühr aus § 3.

[8] Nimmt z. B. der Gläubiger den Vollstreckungsauftrag hinsichtlich eines Teiles der beizutreibenden Forderung zurück, bevor sich der Gerichtsvollzieher an Ort und Stelle begeben hat, und kann dann der Vollstreckungsauftrag hinsichtlich des anderen Teiles der Forderung, nachdem sich der Gerichtsvollzieher an Ort und Stelle begeben hat, aus einem der im Abs. 2 bezeichneten Gründe (Zurücknahme des Auftrags auch hinsichtlich dieses Teils, Leistung des Teils, Vorliegen von Einstellungsgründen nach § 775 ZPO. hinsichtlich des Teils, Nichtermittlung der Wohnung, Ablehnung der Herausgabe durch den dritten Besitzer) auch nicht ausgeführt werden, so sind die Viertelgebühr aus Abs. 1 nach dem Betrage des ersten Teils der Forderung und die halbe Gebühr aus Abs. 2 nach dem Betrage des andern Teils der Forde-

rung besonders zu berechnen; jedoch darf nicht mehr erhoben werden, als wenn die halbe Gebühr aus Abs. 2 von dem Gesamtbetrage der Forderung erhoben würde.

Zwangsverkauf.

7 (7, 10, 11). **Für die Versteigerung[1] oder den Verkauf aus freier Hand[2] von beweglichen Sachen, Früchten, die von dem Boden noch nicht getrennt sind[3], Forderungen[4] oder anderen Vermögensrechten[5] erhält[6] der Gerichtsvollzieher[7] von dem auf volle 10 Reichsmark aufgerundeten Betrage des Erlöses**

bis zu 100 Reichsmark einschl. . .	**5 vom Hundert,**
von dem Mehrbetrage bis zu 300 Reichsmark einschl.	**3 „ „ ,**
von dem Mehrbetrage bis zu 1000 Reichsmark einschl.	**2 „ „ ,**
von dem Mehrbetrage bis zu 5000 Reichsmark einschl.	**1 „ „ ,**
von dem Mehrbetrage	**½ „ „ ,**

mindestens jedoch 1 Reichsmark.

Ist ein zum Zuschlag führendes Gebot nicht abgegeben, so beträgt die Gebühr 1 Reichsmark[7, 8].

Ist die Versteigerung oder der Verkauf, nachdem sich der Gerichtsvollzieher an Ort und Stelle begeben hat, infolge Zurücknahme des Vollstreckungsauftrags, auf Antrag des Gläubigers, infolge Leistung an den Gerichtsvollzieher oder zufolge der Vorschrift des § 775 der Zivilprozeßordnung oder, weil die Pfandstücke nicht mehr vorhanden waren, unterblieben, so beträgt die Gebühr 1 Reichsmark[7, 9].

Hat der Versteigerungstermin auf Antrag des Gläubigers oder zufolge der Vorschrift des § 775 der Zivil-

prozeßordnung nicht stattgefunden, oder ist der Versteigerungstermin infolge ungenügender Gebote erfolglos geblieben, so erhält der Gerichtsvollzieher für die Anberaumung eines neuen Versteigerungstermins eine Gebühr von 0,50 Reichsmark[7, 10].

[1] Versteigerung: §§ 814—818 ZPO.

[2] Verkauf aus freier Hand: ZPO. §§ 820, 821 (Gold- und Silbersachen, Wertpapiere), § 825 (bei anderen Sachen auf Anordnung des Vollstreckungsgerichts), § 844 (s. Anm. 4, 5). Es kommen also hier nur solche Verkäufe aus freier Hand in Betracht, die der Gerichtsvollzieher im Zwangsvollstreckungsverfahren vornimmt, nicht freiwillige Mobiliarversteigerungen, für die der Gerichtsvollzieher in einzelnen Ländern, z. B. in Preußen (§§ 123 ff. preuß. Geschäftsanw. [s. § 2 Anm. 2]), zuständig ist. Vgl. auch § 78 preuß. Geschäftsanw.

[3] Versteigerung vom Boden noch nicht getrennter Früchte: § 824 ZPO. Vgl. § 81 preuß. Geschäftsanw. (s. § 2 Anm. 2).

[4] Öffentliche Versteigerungen oder freihändiger Verkauf von Forderungen auf Anordnung des Vollstreckungsgerichts (an Stelle der Überweisung): § 844 ZPO. (wenn die gepfändete Forderung eine bedingte oder betagte, oder ihre Einziehung mit Schwierigkeiten verbunden ist).

[5] Öffentliche Versteigerung oder freihändiger Verkauf anderer Vermögensrechte auf Anordnung des Vollstreckungsgerichts: §§ 857, 844 ZPO.

[6] Einschließlich der Vorbereitung der Versteigerung, der Empfangnahme und Ablieferung des erlösten Geldes. Vgl. § 14 Nr. 3—5 (Tätigkeiten, die durch die Gebühr mitabgegolten werden), § 16 Nr. 6 (Auslagen für Umschreibung eines Wertpapiers besonders anzusetzen).

[7] Der Gebührentarif im Abs. 1 sowie die Gebührensätze in den Abs. 2, 3, 4 sind (damals Goldmark, s. Vorbem. vor § 1) durch die VO. v. 13. 12. 23 eingestellt.

[8] Abs. 2 ist durch G. z. Änderung d. GO. f. GV. v. 14. 12. 22 (RGBl. I 914) eingefügt. Früher war für den Fall, daß ein zum Zuschlag führendes Gebot (z. B. weil Bieter nicht erschienen waren) nicht abgegeben wurde und

somit die Versteigerung nicht stattfinden konnte, eine Gebühr nicht vorgesehen und waren daher dem Gerichtsvollzieher nur die erwachsenen Auslagen zu vergüten (vgl. Vorbem. 1 vor § 1). — Besondere Gebühr für die Anberaumung eines neuen Versteigerungstermins: Abs. 4 (0,50 RM.).

[9] Abs. 3 ist durch G. v. 14. 12. 22 (s. Anm. 8) eingefügt. Die Vorschrift entspricht der des § 6 Abs. 2 über die Gebühr im Falle der Zurücknahme oder des Unterbleibens der Ausführung des Vollstreckungsauftrags hinsichtlich einer Pfändung (§ 3), einer Übernahme (§ 4), einer nachträglichen Entfernung der im Gewahrsam des Schuldners belassenen Pfandstücke (§ 5). Vgl. wegen Unterbleibens der Versteigerung oder des Verkaufs aus freier Hand infolge Leistung an den Gerichtsvollzieher, zufolge der Vorschrift des § 775 ZPO. oder, weil die Pfandstücke nicht mehr vorhanden waren, dort (§ 6) Anm. 4, 5, 6. — In dem zuerst genannten Falle der Leistung an den Gerichtsvollzieher erhält dieser außer der im Abs. 3 bestimmten Gebühr von 1 RM. die Gebühr aus § 13 für die Entgegennahme der Zahlung. Hat der Versteigerungstermin auf Antrag des Gläubigers oder zufolge der Vorschrift des § 775 ZPO. nicht stattgefunden, so erhält der Gerichtsvollzieher für die Anberaumung eines neuen Versteigerungstermins außerdem die Gebühr aus Abs. 4 von 0,50 RM.

[10] Abs. 4 ist durch G. v. 14. 12. 22 (s. Anm. 8) hinzugefügt. Er bestimmt eine Zusatzgebühr für die Anberaumung eines neuen Versteigerungstermins (auf Antrag des Gläubigers, der z. B. dem Schuldner Stundung gewährt hatte, oder zufolge der Vorschrift des § 775 ZPO., wenn z. B. die Zwangsvollstreckung nur einstweilen eingestellt war, oder wegen Erfolglosigkeit der ersten versuchten Versteigerung) zu den in den Abs. 2, 3 festgesetzten Gebühren (s. Anm. 8, 9).

Wegnahme.

8 (6). **Der Gerichtsvollzieher erhält für die Wegnahme beweglicher Sachen[1] einschließlich der Übergabe derselben (Zivilprozeßordnung § 883)[2] eine Gebühr von 2 Reichsmark[3]. Die Gebühr wird auch dann erhoben,**

wenn der Schuldner an den zur Vornahme der Vollstreckungshandlung erschienenen Gerichtsvollzieher freiwillig leistet[4].

Nimmt das Geschäft mehr als eine Stunde in Anspruch, so erhält der Gerichtsvollzieher für jede angefangene weitere Stunde 1 Reichsmark[5].

Ist eine versuchte Wegnahme ohne Erfolg geblieben, weil nach Inhalt des Protokolls die herauszugebenden Sachen nicht aufzufinden waren, so erhält der Gerichtsvollzieher die Hälfte der Gebühr[7].

[1] Auch Wegnahme einer Urkunde über eine dem Gläubiger überwiesene Forderung des Schuldners gegen einen Dritten (§§ 830, 836 ZPO.). Vgl. § 89 preuß. Geschäftsanw. (s. § 2 Anm. 2, § 7 Anm. 2). — Zurücknahme oder Unausführbarkeit des Vollstreckungsauftrags: § 11 Abs. 1, 2 (0,50 bzw. 1 RM.). — Wegnahme zur Nachtzeit oder an Sonn- oder Feiertagen: § 15 (doppelte Gebühr).

[2] Erwirkung der Herausgabe einer beweglichen Sache. Nach § 884 ZPO. findet § 883 entsprechende Anwendung, wenn der Schuldner eine bestimmte Quantität vertretbarer Sachen oder Wertpapiere zu leisten hat. Der Gerichtsvollzieher erhält also auch für die Wegnahme solcher Gegenstände die Gebühr aus § 8. Vgl. § 93 preuß. Geschäftsanw. (s. § 2 Anm. 2).

[3] Der Gebührensatz ist (damals Goldmark, s. Vorbem. vor § 1) durch die VO. v. 13. 12. 23 eingestellt.

[4] Satz 2 ist durch G. z. Änderung d. GO. f. GV. v. 14. 12. 22 (RGBl. I 914) hinzugefügt. Vgl. § 6 Abs. 2 (Unterbleiben einer Vollstreckungshandlung nach §§ 3, 4 oder 5 infolge Leistung an den Gerichtsvollzieher), § 7 Abs. 2 (Unterbleiben der Versteigerung infolge Leistung an den Gerichtsvollzieher), § 13 (Gebühr für Zahlung an den Gerichtsvollzieher). Hier ist für die freiwillige Leistung an den Gerichtsvollzieher die gleiche Gebühr wie für die zwangsweise Wegnahme bestimmt.

[5] Vgl. Anm. 8 § 3 (Berechnung der Zeitdauer). — Der Gebührensatz ist (damals Goldmark, s. Vorbem. vor § 1) durch

die VO. v. 13. 12. 23 eingestellt. — Entsprechende Bestimmungen über die Erhöhung der Grundgebühr mit Rücksicht auf die Zeitdauer der Tätigkeit enthalten § 3 Abs. 3, § 5 Abs. 2, § 10 Abs. 1.

[6] § 762 ZPO. (Erfordernisse des Protokolls über die Vollstreckungshandlung).

[7] Die Vorschriften des § 6 sind entsprechend anzuwenden bei der Zwangsvollstreckung zur Herausgabe einer Person (eines Kindes oder einer anderen unselbständigen Person, § 96 preuß. Geschäftsanw. [s. § 2 Anm. 2]) nach § 9 mit der Maßgabe, daß die doppelten Gebührensätze erhoben werden, und ferner, wenn in einer Strafsache auf Einziehung von Sachen (§ 110 preuß. Geschäftsanw.) erkannt ist. Vgl. Nr. 16, 17 preuß. Verf. v. 16. 2. 03 (s. Anm. 3 § 1).

9. [1]**Die Vorschriften des § 8 finden auf die Wegnahme einer Person mit der Maßgabe entsprechende Anwendung, daß die doppelten Gebührensätze erhoben werden**[2].

[1] § 9 ist durch G. z. Änderung der GO. f. GV. v. 14. 12. 22 (RGBl. I 914) eingefügt.

[2] Vgl. hierüber die Anm. 1, 5, 6, 7 zu § 8. — Zurücknahme des Vollstreckungsauftrags oder seine Unausführbarkeit deswegen, weil der Ort, wo die Person weggenommen werden sollte, nicht zu ermitteln war: § 11 Abs. 1, 2 (0,50 bzw. 1 RM.).

Besitzentsetzung und Beseitigung von Widerstand.

10 (8). Der Gerichtsvollzieher erhält

1. **für die Entsetzung aus dem Besitz unbeweglicher Sachen oder bewohnter Schiffe und die Einweisung in denselben (Zivilprozeßordnung § 885)**[1],
2. **im Falle der Zuziehung zur Beseitigung des Widerstandes des Schuldners gegen die Vornahme einer Handlung (Zivilprozeßordnung § 892)**[2]

eine Gebühr von 3 Reichsmark[3]. Nimmt das Geschäft von dem Erscheinen an Ort und Stelle bis zur Beendigung seiner Tätigkeit mehr als eine Stunde in Anspruch, so erhält der Gerichtsvollzieher für jede angefangene weitere Stunde 1 Reichsmark[4].

In die Dauer der unter Nr. 1 erwähnten Vollstreckungshandlungen ist auch die Zeit einzurechnen, welche der Gerichtsvollzieher zu verwenden hat, um bewegliche Sachen, welche nicht Gegenstand der Zwangsvollstreckung sind, wegzuschaffen, zu übergeben oder in Verwahrung zu bringen[5].

[1] Besitzentsetzung oder Einweisung (vgl. § 94 preuß. Geschäftsanw. f. d. GV. v. 24. 3. 14 [JMBl. 343]): Auch schon im Falle der Vornahme nur einer dieser Handlungen. — Zurücknahme des Vollstreckungsauftrags oder Unterbleiben seiner Ausführung zufolge der Vorschrift des § 775 ZPO. (s. Anm. 5 § 6): § 11 Abs. 1, 2 (0,50 bzw. 1 RM.). — Besitzentsetzung usw. zur Nachtzeit oder an Sonn- oder Feiertagen: § 15 (doppelte Gebühr). — Preußen: Verf. v. 11. 7. 93 (JMBl. 185 [dieselbe Gebühr in Preußen bei Zwangsversteigerungen und Zwangsverwaltungen für die Übergabe unbeweglicher Sachen an den Ersteher oder den Verwalter]).

[2] Zuziehung zur Beseitigung des Widerstandes gegen die Vornahme einer Handlung, die der Schuldner nach dem Inhalte des Schuldtitels zu dulden verpflichtet ist oder zu deren Vornahme an Stelle des Schuldners der Gläubiger durch einen Beschluß des Prozeßgerichts erster Instanz ermächtigt ist (§§ 887, 890 ZPO., vgl. § 97 preuß. Geschäftsanw., oben Anm. 1). Zuzuziehen ist ein Gerichtsvollzieher, welcher zur Anwendung von Gewalt befugt ist, zu diesem Zwecke die Unterstützung der polizeilichen Vollzugsorgane nachsuchen kann und zwei erwachsene Personen oder einen Gemeinde- oder Polizeibeamten als Zeugen zuzuziehen hat (§ 758 Abs. 3, §§ 759, 892 ZPO.). Dieser von dem Gläubiger hinzugezogene Gerichtsvollzieher erhält die Gebühr aus § 10.

[3] Der Gebührensatz ist (damals Goldmark, s. Vorbem. vor § 1) durch die VO. v. 13. 12. 23 eingestellt.

[4] Der Schluß des Abs. 1 lautete n. d. Fass. v. 14. 12. 22 (s. Vorbem. vor § 1) ebenso wie im § 8 a. F.: „eine Gebühr von ... (damals 80 Mark, s. Anm. 3) für jede angefangene Stunde von dem Erscheinen an Ort und Stelle bis zur Beendigung seiner Tätigkeit." Die jetzige Fassung hat der Schluß des nun in zwei Sätze geteilten Abs. 1 durch die VO. über die Gebühren der Gerichtsvollzieher v. 13. 12. 23 (RGBl. I 1189) erhalten. Während früher für jede angefangene Stunde die gleiche Gebühr (von damals 80 M.) galt, erhöht sich jetzt die grundsätzliche Gebühr von 3 RM., wenn die Dauer der Tätigkeit eine Stunde übersteigt, für jede angefangene weitere Stunde um 1 RM. Entsprechende Bestimmungen über die Erhöhung der Grundgebühr mit Rücksicht auf die Zeitdauer enthalten § 3 Abs. 3, § 5 Abs. 2, § 8 Abs. 2.

[5] Nach § 885 Abs. 2 ZPO. werden von dem Gerichtsvollzieher bei der Besitzentsetzung des Schuldners und der Besitzeinweisung des Gläubigers gemäß § 885 Abs. 1 ZPO. bewegliche Sachen, die nicht Gegenstand der Zwangsvollstreckung sind, weggeschafft und dem Schuldner (oder anderen ihn vertretenden Personen) übergeben oder zur Verfügung gestellt. Der Zeitaufwand für diese Tätigkeit ist in die Stundenzahl, nach der sich gemäß Abs. 1 die Gebühr für die Vollstreckungshandlung bemißt, miteinzurechnen. Vgl. hinsichtlich der Zeitberechnung im übrigen Anm. 8 § 3. Nicht einzurechnen ist die Zeit des Hinwegs bis zum Erscheinen an Ort und Stelle.

Einstellung der in den §§ 8, 9, 10 bezeichneten Zwangsvollstreckungen.

11 (10). Wird der Vollstreckungsauftrag zurückgenommen, ehe sich der Gerichtsvollzieher zwecks Vornahme der in den §§ 8, 9, 10 bezeichneten Handlungen[1] an Ort und Stelle begeben hat, so erhält er eine Gebühr von 0,50 Reichsmark[2].

Ist die Vollstreckungshandlung, nachdem sich der Gerichtsvollzieher an Ort und Stelle begeben hat, infolge Zurücknahme des Auftrags, zufolge der Vorschrift des

§ 775 der Zivilprozeßordnung[3] oder deshalb unterblieben, weil die Wohnung des Schuldners oder der Ort, an dem die Handlung vorzunehmen war, nicht zu ermitteln war[4], so erhält der Gerichtsvollzieher eine Gebühr von 1 Reichsmark[2].

[1] Diese Vollstreckungshandlungen betreffen: Wegnahme beweglicher Sachen (§ 8); Wegnahme einer Person (§ 9); Besitzentsetzung und Beseitigung von Widerstand (§ 10). — Zurücknahme des Vollstreckungsauftrags und Unterbleiben seiner Ausführung bei den in den §§ 3, 4, 5, 12 bezeichneten Vollstreckungshandlungen: §§ 6, 12 Abs. 3. Unterbleiben der Versteigerung wegen Zurücknahme des Vollstreckungsauftrags und aus anderen Gründen: § 7 Abs. 2. Erfolglosigkeit der versuchten Wegnahme, weil die herauszugebenden Sachen nicht aufzufinden waren: § 8 Abs. 3.

[2] Der Gebührensatz ist (damals Goldmark, s. Vorbem. vor § 1) durch die VO. v. 13. 12. 23 eingestellt.

[3] Über das Unterbleiben der Vollstreckungshandlung zufolge der Vorschrift des § 775 ZPO. vgl. Anm. 5 § 6.

[4] Früher war im § 10 a. F. für den Fall der Erfolglosigkeit der Vollstreckungshandlung wegen Nichtermittlung der Wohnung des Schuldners oder des Ortes, an dem die Handlung vorzunehmen war, eine Gebühr nicht vorgesehen und waren daher dem Gerichtsvollzieher nur die ihm erwachsenen baren Auslagen zu vergüten (vgl. Vorbem. 1 vor § 1). Jetzt erhält der Gerichtsvollzieher auch für diesen Fall der Erfolglosigkeit der versuchten Vollstreckung, der namentlich bei der zwangsweisen Wegnahme beweglicher Sachen oder von Personen (§§ 8, 9) in Betracht kommt, eine Gebühr von 1 RM.

Verhaftung.

12 (9). **Der Gerichtsvollzieher erhält für die Verhaftung einer Person[1], einschließlich der Ablieferung derselben zur Haft, und für die zwangsweise Vorführung einer Person[2] eine Gebühr[3] von 10 Reichsmark[4],**

für die Nachverhaftung einer bereits verhafteten Person[5] 2 Reichsmark[4].

Konnte eine unternommene Verhaftung nicht ausgeführt werden, weil nach Inhalt des Protokolls[6] sich bei derselben das Vorhandensein eines der in den §§ 904, 906 der Zivilprozeßordnung aufgeführten Gründe herausgestellt hat[7], so erhält der Gerichtsvollzieher eine Gebühr von 3 Reichsmark[4].

Die Vorschriften im § 6 Abs. 1, 2 gelten mit der Maßgabe entsprechend, daß im Falle des Abs. 1 dieser Vorschrift eine Gebühr von 1 Reichsmark[4] und im Falle des Abs. 2 eine Gebühr von 2 Reichsmark[4] erhoben wird[8].

[1] Zur Zwangshaft: ZPO. § 390 Abs. 2, § 653 Abs. 2, § 680 Abs. 3 (zur Erzwingung des Zeugnisses), § 888 (Anhaltung zur Vornahme einer Handlung, die ausschließlich von dem Willen des Schuldners abhängt), § 889 (zur Erzwingung des Offenbarungseides, wenn der Schuldner auf Grund der Vorschriften des bürgerlichen Rechts zur Leistung des Eides verurteilt ist), § 901 (zur Erzwingung der Leistung des Offenbarungseides in den Fällen der ZPO. §§ 807 [fruchtlose Zwangsvollstreckung], 883 [Herausgabe beweglicher Sachen, die nicht vorgefunden sind], KO. § 125 [Offenbarungseid des Gemeinschuldners]), § 918 (persönlicher Sicherheitsarrest); vgl. preuß. Geschäftsanw. f. GV. v. 24. 3. 14 (JMBl. 343) §§ 98—101, § 103 Nr. 7. Wird landesgesetzlich auch die Abführung zur Strafhaft dem Gerichtsvollzieher übertragen: § 28 (Feststellung der Vergütung bleibt dann den betreffenden Ländern überlassen). — Auf Ausführung von Haft- oder Vorführungsbefehlen in Strafsachen, die dem Gerichtsvollzieher etwa übertragen wird (z. B. in Preußen gemäß § 16 Nr. 2 der Gerichtsvollzieherordnung v. 23. 3. 14 [JMBl. 289], § 106 Geschäftsanw. f. d. GV.), findet die Vorschrift keine Anwendung. Vgl. Nr. 18 preuß. Verf. v. 16. 2. 03 (s. Anm. 3 § 1).

[2] Zwangsweise Vorführung: § 141 Abs. 3, § 619 Abs. 3, § 640 Abs. 1, § 641 Abs. 1 ZPO. (einer ausgebliebenen Partei, deren persönliches Erscheinen angeordnet ist), § 380 Abs. 2 ZPO. (eines Zeugen wegen wiederholten unentschuldigten Ausbleibens).

[3] Auch wenn mehrere Gläubiger gleichzeitig den Auftrag zur Verhaftung erteilt haben, kann nur eine einmalige Gebühr erhoben werden. OLG. 4, 269, vgl. Vorbem. 1 vor § 3. — Verhaftung oder Vorführung zur Nachtzeit oder an Sonn- oder Feiertagen: § 15 (doppelte Gebühr).

[4] Die Gebührensätze in Abs. 1, 2, 3 sind (damals Goldmark, s. Vorbem. vor § 1) durch die VO. v. 13. 12. 23 eingestellt.

[5] Ist der Schuldner bereits gemäß Anm. 1 in Zwangshaft genommen, so ist ein fernerer Haftbefehl gegen ihn dadurch zu vollstrecken, daß der Gerichtsvollzieher sich in das Gefängnis zu dem Schuldner begibt und durch persönliche Eröffnung unter Vorzeigung des Haftbefehls den Schuldner für nachverhaftet erklärt (vgl. § 100 preuß. Geschäftsanw. [s. Anm. 1]). Dafür erhält der Gerichtsvollzieher nicht, wie für die erste Verhaftung, 10 RM., sondern die geringere Gebühr von 2 RM.

[6] ZPO. § 762 (Erfordernisse des Protokolls).

[7] Die Haft ist nach § 904 ZPO. unstatthaft gegen: Mitglieder des Reichstags oder eines Landtags während der Tagung ohne Genehmigung der Versammlung; Militärpersonen eines mobilen Truppenteils oder auf einem in Dienst gestellten Kriegsfahrzeug; den Schiffer, die Schiffsmannschaft und alle übrigen auf einem segelfertigen Seeschiff angestellten Personen. Ferner darf nach § 906 ZPO. gegen einen Schuldner, dessen Gesundheit durch die Vollstreckung der Haft einer nahen und erheblichen Gefahr ausgesetzt wird, die Haft nicht vollstreckt werden, solange dieser Zustand dauert.

[8] Zurücknahme des Auftrags, ehe sich der Gerichtsvollzieher zwecks Vornahme der Verhaftung oder der Vorführung an Ort und Stelle begeben hat: Gebühr 1 RM. (§ 6 Abs. 1). Unterbleiben der Verhaftung oder der Vorführung, nachdem sich der Gerichtsvollzieher an Ort und Stelle begeben hat, infolge Zurücknahme des Auftrags oder zufolge Aufhebung der Verhaftungs- oder Vorführungsanordnung (entsprechende

Anwendung des § 775 ZPO., s. Anm. 5 § 6) oder, weil die Wohnung des zu Verhaftenden oder Vorzuführenden nicht zu ermitteln war: Gebühr 2 RM. (§ 6 Abs. 2).

Leistung an den Gerichtsvollzieher.

13 (11). Leistet der Schuldner oder für ihn ein Dritter an den Gerichtsvollzieher eine Zahlung[1], so beträgt die Gebühr[2], unbeschadet einer weiteren Gebühr[3] gemäß § 6 Abs. 2, § 7 Abs. 3 oder § 12 Abs. 3 von dem auf volle 10 Reichsmark aufgerundeten Betrage[4]

bis zu 100 Reichsmark

einschließlich . . . . ½ vom Hundert,

von dem Mehrbetrage . . . . . . ¼ vom Hundert,

mindestens jedoch 0,20 Reichsmark[5].

[1] Nach § 754 ZPO. liegt in dem schriftlichen oder mündlichen Auftrag des Gläubigers zur Zwangsvollstreckung in Verbindung mit der Übergabe der vollstreckbaren Ausfertigung die Beauftragung des Gerichtsvollziehers, die Zahlungen oder sonstigen Leistungen in Empfang zu nehmen und über das Empfangene wirksam zu quittieren. Für die Entgegennahme der freiwilligen Zahlung einer beizutreibenden Geldsumme von dem Schuldner oder einem für diesen (§ 267 BGB. mit der Absicht, fremde Schuld zu bezahlen [RG. **109**, 35; JW. **14**, 643]) zahlenden Dritten erhält der Gerichtsvollzieher, der vor dem Beginne der Vollstreckung, sofern er den Schuldner oder einen seiner Angehörigen antrifft, zur freiwilligen Leistung aufzufordern hat und zur Annahme der ihm angebotenen Leistung oder Teilleistung verpflichtet ist (vgl. § 59 Nr. 2, 3 preuß. Geschäftsanw. v. 24. 3. 14 [JMBl. 343]), die Gebühr aus § 13 nach dem Betrage des Gezahlten. — Handelt es sich um Vollstreckung wegen einer anderen schuldigen Leistung als einer Geldsumme wie nach § 4 (Übernahme beweglicher Sachen zum Zwecke der Verwertung) und findet die Vollstreckung wegen freiwilliger Leistung nicht statt, so erhält der Gerichtsvollzieher die Gebühr aus § 6 Abs. 2. Für den Fall der Wegnahme beweglicher Sachen (§ 883 ZPO.) ist im § 8 Abs. 1

S. 2 bestimmt, daß der Gerichtsvollzieher die Gebühr für die Vollstreckung aus § 8 Abs. 1 S. 1 auch dann erhält, wenn der Schuldner an den erschienenen Gerichtsvollzieher freiwillig leistet.

[2] Ob der Gerichtsvollzieher sich (zur Vornahme der Pfändung oder eines anderen Aktes der Zwangsvollstreckung) an Ort und Stelle begeben hatte oder nicht, ist für die Gebühr aus § 13 unerheblich. Mot. zu § 11 a. F.

[3] Der Gerichtsvollzieher erhält also, wenn infolge der Zahlung an ihn, nachdem er sich an Ort und Stelle begeben hatte, eine Vollstreckungshandlung der in den §§ 3, 4, 5 bezeichneten Art (Pfändung, Übernahme beweglicher Sachen, nachträgliche Entfernung von Pfandstücken aus dem Gewahrsam des Schuldners) oder eine angeordnete Versteigerung oder eine Verhaftung unterblieben ist, außer der Gebühr aus § 6 Abs. 2 bzw. § 7 Abs. 3 bzw. § 12 Abs. 3 noch die Gebühr aus § 13. Früher war, wenn der Schuldner seine Verhaftung durch Zahlung abwendete, nach § 9 a. F., in dem eine dem jetzigen § 12 Abs. 3 (G. z. Änd. d. GO. f. GV. v. 14. 12. 22 [RGBl. 914]) entsprechende Bestimmung nicht enthalten war, nur die Gebühr aus § 11 a. F., nicht auch noch die aus § 9 a. F. zu erheben (vgl. Nr. 19 preuß. Verf. v. 16. 2. 03 [s. Anm. 3 § 1].

[4] Die Gebührensätze sind (damals Goldmark, s. Vorbem. vor § 1) durch die VO. v. 13. 12. 23 eingestellt.

[5] Wird dem Schuldner vor oder nach erfolgter Pfändung die Leistung von Teilzahlungen nachgelassen, so ist die Gebühr des § 13 nach dem Gesamtbetrage der Zahlungen zu berechnen. Findet eine Berechnung der Gebühr vor vollständiger Erledigung des Vollstreckungsauftrags statt, so bestimmt sich die Höhe der Gebühr nach dem Betrage der bis dahin geleisteten Zahlungen; auf die nach Erledigung des Auftrags oder aus Anlaß späterer Teilzahlungen zu berechnende Gebühr sind die früher berechneten Gebühren anzurechnen. Erstreckt sich der Auftrag des Gerichtsvollziehers nicht auf die Beitreibung der gesamten Forderung, sondern wird ihm von dem Gläubiger nach und nach die Beitreibung einzelner Teilbeträge aufgetragen, so ist die Gebühr des § 13 für die Erledigung jedes Teilauftrags besonders zu berechnen.

Ist der Gerichtsvollzieher mit der Beitreibung einer Forderung beauftragt, jedoch ermächtigt, im Falle der Leistung von Abschlagszahlungen Stundung wegen des Restes zu gewähren, so steht dem Gerichtsvollzieher neben der Gebühr des § 13 die nach dem gestundeten Betrage zu berechnende Gebühr des § 6 Abs. 2 zu, wenn die Zahlung und Stundung erfolgt ist, nachdem er sich zum Zwecke der Beitreibung an Ort und Stelle begeben hatte. Vgl. Nr. 20 preuß. Verf. v. 16. 2. 03 (s. Anm. 3 § 1).

Umfang der Vollstreckungsinstanz.

14 (12). Die in den §§ 3 bis 13 bestimmten Gebühren umfassen die gesamte Tätigkeit des Gerichtsvollziehers bei der Zwangsvollstreckung[1], insbesondere

1. **die Nachsuchung der Unterstützung der polizeilichen Vollzugsorgane und die Zuziehung der Zeugen und Sachverständigen (Zivilprozeßordnung §§ 758, 759, 813, 814)[2];**
2. **die zu den Vollstreckungshandlungen gehörenden Mitteilungen, Aufforderungen, Zustellungen und Postsendungen[3];**
3. **die Umschreibung eines auf den Namen lautenden Wertpapiers auf den Namen des Käufers und die Wiederinkurssetzung eines gepfändeten Inhaberpapiers (Zivilprozeßordnung §§ 822, 823)[4];**
4. **die Annahme und Quittierung, Ablieferung oder Hinterlegung der schuldigen Leistungen[5] sowie des gepfändeten oder erlösten Geldes[5] und die Zurückgabe gepfändeter Gegenstände[6];**
5. **die Bekanntmachung der Versteigerung[7].**

[1] Die Zwangsvollstreckung darf gemäß § 750 ZPO. nur beginnen, wenn der vollstreckbare Schuldtitel dem Schuldner bereits zugestellt ist oder gleichzeitig zugestellt wird. Diese Zustellung gehört aber nicht zu den Vollstreckungshandlungen.

Für sie ist daher die Gebühr des § 2 auch dann anzusetzen, wenn sie gleichzeitig mit dem Beginne der Zwangsvollstreckung erfolgt. Reisekosten sind indessen nach § 20 Abs. 2 Halbs. 2 nur einmal zu berechnen. Vgl. Nr. 22 preuß. Verf. v. 16. 2. 03 (s. Anm. 3 § 1). — Wegen Einflusses der Zeitdauer der Vollstreckungshandlung auf die Höhe der Gebühr dafür vgl. § 3 Abs. 3, § 4, § 5 Abs. 2, § 8 Abs. 2, § 9, § 10 Abs 1. Angabe der Zeitdauer im Protokoll: § 26 S. 1; Folge der Nichtangabe: § 26 S. 2 (es darf nur die für die geringste Zeitdauer bestimmte Gebühr berechnet werden).

[2] Wird Widerstand geleistet, so können polizeiliche Vollzugsorgane zugezogen werden: § 758; bei Widerstand oder Abwesenheit des Schuldners und seiner Familienangehörigen sind zwei Zeugen zuzuziehen: § 759; Zuziehung von Sachverständigen zur Pfändung ungetrennter Früchte oder landwirtschaftlichen Inventars: § 813; Abschätzung von Kostbarkeiten durch einen Sachverständigen: § 814.

[3] Dies sind solche Handlungen, die lediglich zur Durchführung des Zwangsvollstreckungsaktes gehören. Die gemeinten „Zustellungen" insbesondere sind die des § 763 Abs. 2 ZPO., nicht die gemäß § 808 Abs. 3, § 826 Abs. 2, 3, §§ 750, 756, 760, 909 ZPO. Für letztere Zustellung erhält der Gerichtsvollzieher die Gebühr aus § 2 besonders. Mot. zu § 12 a. F., Anm. 1. Für die unter Nr. 3 fallenden Mitteilungen usw. hat der Gerichtsvollzieher nur Anspruch auf Schreibgebühren und Ersatz sonstiger barer Auslagen gemäß § 16 Nr. 1, 2, § 17. Dies gilt auch von der bei einer Zustellung nach § 763 Abs. 2 ZPO. zu erteilenden Abschrift des Protokolls. Mot. zu § 12 a. F.

[4] § 7 (Verkauf aus freier Hand oder Versteigerung von Wertpapieren). Vgl. § 16 Nr. 6 (Auslagen zu erstatten).

[5] Abgegolten hinsichtlich Zahlungen durch die Gebühr aus § 13 bzw. hinsichtlich erlösten Geldes durch die Gebühr aus § 7.

[6] Vgl. § 16 Nr. 7 (Transport- und Verwahrungskosten zu erstatten).

[7] Vgl. § 16 Nr. 3 (Kosten der öffentlichen Bekanntmachungen sind zu erstatten).

Amtshandlungen zur Nachtzeit, an Feiertagen.

15. [1]**Wird eine Zustellung oder eine Vollstreckungshandlung auf Antrag zur Nachtzeit oder an einem Sonn- oder Feiertage vorgenommen[2] oder versucht[3], so wird die doppelte Gebühr erhoben.**

[1] § 15 ist eingefügt durch G. z. Änd. d. GO. f. GV. v. 14. 12. 22 (RGBl. I 914).

[2] Nach § 188 und § 761 ZPO. dürfen Zustellungen und Vollstreckungshandlungen zur Nachtzeit sowie an Sonntagen und allgemeinen Feiertagen nur mit richterlicher Erlaubnis erfolgen. Jedoch hinsichtlich Zustellungen gilt dies nur für solche, die der Gerichtsvollzieher persönlich (§ 170 ZPO.) bewirkt, nicht auch für Zustellungen durch Aufgabe zur Post (§ 175 ZPO.) und für Ersuchen um Zustellung durch die Post (§ 194 ZPO.). Vorführungen kann der Gerichtsvollzieher auch an Sonn- und Feiertagen ohne richterliche Erlaubnis vornehmen.

[3] Vgl. § 2 Abs. 4, 6 (Gebühren für versuchte Zustellungen), § 3 Abs. 4, § 6 Abs. 2, § 7 Abs. 2, § 8 Abs. 3, § 11, § 12 Abs. 3 (Gebühren für versuchte Vollstreckungshandlungen).

II. Auslagen.

16 (13). **An baren Auslagen werden dem Gerichtsvollzieher vergütet**[1]**:**

1. **die Schreibgebühren**[2]**;**
2. **die Post-, Telegraphen- und Fernsprechgebühren sowie die Kosten für Postvordrucke sowie die Kosten für die bei Erledigung des Auftrags verwandten Vordrucke aller Art, insoweit dem Gerichtsvollzieher nicht Schreibgebühren zustehen. Die Vordrucke sind mit je 1 Reichspfennig und, soweit sie mehr als zwei Bogenseiten umfassen, mit 2 Reichspfennig in Rechnung zu stellen**[3]**;**

3. die durch öffentliche Bekanntmachungen, insbesondere durch Einrückung in öffentliche Blätter entstandenen Kosten[4];

4. die an Zeugen und Sachverständige zu zahlenden Beträge[5];

5. die Entschädigung der zum Öffnen von Türen und Behältnissen sowie zur Durchsuchung weiblicher Schuldner zugezogenen Personen[6];

6. die für Umschreibung eines auf Namen lautenden Wertpapiers oder für Wiederinkurssetzung eines Inhaberpapiers zu zahlenden Beträge[7];

7. die Kosten eines Transports von Personen[8] oder Sachen[9], die Kosten der Verwahrung[10] und Beaufsichtigung von Gegenständen, die Kosten der Aberntung von Früchten[11] sowie der Erhaltung von Tieren[12];

8. die Reisekosten[13];

9. die für Auskünfte über die Wohnung von Beteiligten an polizeiliche Meldestellen zu zahlenden Beträge[14].

[1] Ausschließlich: § 1. Z. B. werden nicht vergütet Auslagen für Schreibmaterialien, für Beschaffung eines Versteigerungslokals. Mot. zu § 13 a. F. Hinsichtlich Vordrucke s. aber Anm. 3.

[2] Schreibgebühren nach Maßgabe des § 17.

[3] Der Schlußhalbs. ist (damals Goldpfennig, s. Vorbem. vor § 1) durch die VO. v. 13. 12. 23 (RGBl. I 1189) Nr. 10 hinzugefügt. Für Vordrucke stehen dem Gerichtsvollzieher Schreibgebühren z. B. nicht zu, wenn er bei der Zustellung durch die Post (§ 194 ZPO.) als Entwürfe zu der von dem Postboten aufzunehmenden Zustellungsurkunde und zu einer beglaubigten Abschrift dieser Urkunde Formulare dem an die Post gerichteten Ersuchen um Zustellung beifügt (vgl. § 38 Nr. 8, 9 preuß. GeschAnw. f. GV. v. 24. 3. 14 [JMBl. 343]).

Hierfür erhält er, wenn die Formulare mehr als zwei Bogenseiten umfassen, 2 Reichspfennig, andernfalls 1 Reichspfennig vergütet. Soweit er für Schriftwerke, die unter Verwendung von Vordrucken hergestellt sind, nach § 17 Schreibgebühren erhält, steht ihm nicht etwa auch noch die Vergütung aus Nr. 2 zu. Vgl. über Beschaffung der Vordrucke und ihre Inrechnungstellung als bare Auslagen preuß. Verf. v. 27. 12. 22 (JMBl. 690).

4 Öffentliche Bekanntmachung der Versteigerung (§ 816 ZPO.) und deren Wiederaufhebung (§ 124 Nr. 5, 7 preuß. GeschAnw. [s. Anm. 3]).

5 Vgl. §§ 18, 19.

6 Nach § 758 Abs. 1, 2 ZPO., § 59 Nr. 5 preuß. GeschAnw. (s. Anm. 3) ist der Gerichtsvollzieher, wenn er zur Zwangsvollstreckung schreitet, befugt, die Wohnung und die Behältnisse des Schuldners zu durchsuchen, auch die verschlossenen Haustüren, Zimmertüren und die Behältnisse gewaltsam öffnen zu lassen und zu diesem Behufe, wenn es notwendig oder zweckmäßig erscheint, einen geeigneten Handwerker zuzuziehen; die Durchsuchung hat sich erforderlichenfalls auch auf die Kleidung am Leibe des Schuldners zu erstrecken, wobei, wenn es sich um eine weibliche Person handelt, der Gerichtsvollzieher die Durchsuchung durch eine zuverlässige weibliche Hilfsperson vornehmen zu lassen hat. Die angemessenen Vergütungen für solche zugezogenen Personen erhält der Gerichtsvollzieher erstattet.

7 Hat der Gerichtsvollzieher Wertpapiere, die durch Indossament übertragen werden können, jedoch nicht Forderungspapiere (aus Wechseln oder anderen indossablen Papieren) sind (z. B. Namensaktien, § 222 HGB.), gepfändet oder andere Papiere, die auf den Namen lauten, einschließlich der auf den Namen umgeschriebenen Inhaberpapiere, so hat der Gerichtsvollzieher behufs ihrer Verwertung (§ 821 ZPO.) nach vorgängiger Ermächtigung des Vollstreckungsgerichts die Umschreibung auf den Namen des Käufers zu erwirken und die hierfür erforderlichen Erklärungen (Indossament bzw. Abtretungserklärung) an Stelle des Schuldners abzugeben bzw. auszustellen (§ 822 ZPO., § 79 Nr. 4, 5 preuß. GeschAnw. [s. Anm. 3]). Ebenso hat der Gerichtsvollzieher zu verfahren,

wenn er die Rückverwandlung einer auf den Namen umgeschriebenen Schuldverschreibung wieder in eine Inhaberschuldverschreibung an Stelle des Schuldners beantragen soll (§ 823 ZPO. in Verb. mit Art. 18 § 5 preuß. AG. z. BGB., sowie preuß. GeschAnw. a. a. O.; nach Art. 26 EG.HGB. ist an die Stelle der Außerkurssetzung die Umschreibung auf den Namen getreten [vgl. Art. 101 EG.BGB.]). Die hierfür zu zahlenden Beträge erhält der Gerichtsvollzieher erstattet. Eine besondere Gebühr für seine Tätigkeit hierbei erhält er nach § 14 Nr. 3 nicht.

[8] Vgl. § 9 (Wegnahme von Personen).

[9] Vgl. §§ 3, 4, 5, 8 (Wegschaffung gepfändeter Sachen, Übernahme beweglicher Sachen zum Zwecke der Verwertung, Entfernung von im Gewahrsam des Schuldners belassenen Pfandstücken, Wegnahme beweglicher Sachen).

[10] Der Gerichtsvollzieher kann für die Aufbewahrung von Pfandstücken in der von ihm selbst vorgehaltenen Pfandkammer einen angemessenen Betrag als bare Auslage ansetzen; aber für die Aufbewahrung von Geld, Kostbarkeiten, Wertpapieren und anderen Papieren dürfen Auslagen nicht berechnet werden, es sei denn, daß durch den außergewöhnlich hohen Wert der Gegenstände im einzelnen Falle besondere Schutzmaßregeln erforderlich werden (vgl. § 75 Nr. 4 preuß. GeschAnw. f. GV. [s. Anm. 3]; OLG. 35, 231 [Verwahrung unter sicherem Verschluß ist als solche besondere Schutzmaßregel nicht anzusehen, da ein solcher Verschluß dem Gerichtsvollzieher allgemein obliegt]). Können Pfandstücke in der Pfandkammer nicht verwahrt werden, so sind sie einem besonders bestellten, zuverlässigen und zahlungsfähigen Verwahrer zu übergeben; die diesem für die Verwahrung und Beaufsichtigung zu gewährende Vergütung, die nach den ortsüblichen Preisen tunlichst bei der Übergabe zu vereinbaren ist (§ 75 Nr. 7 preuß. GeschAnw.), ist dem Gerichtsvollzieher zu erstatten.

[11] Im Falle der Pfändung von Früchten, die noch nicht vom Boden getrennt sind (§ 810 ZPO.), kann ihre Versteigerung erst nach der Reife erfolgen, aber vor oder nach der Trennung (§ 824 ZPO.). Soll die Versteigerung nach der Trennung bewirkt werden, so hat der Gerichtsvollzieher einer zuverlässigen Person die Aberntung zu übertragen (§ 81

Nr 8, 9 preuß. GeschAnw. [s. Anm. 3]). Die dadurch entstehenden Kosten kann der Gerichtsvollzieher erstattet verlangen

[12] Werden gepfändete Tiere nicht in dem Gewahrsam des Schuldners belassen, so ist der Gerichtsvollzieher verpflichtet, die für die ordnungsmäßige Pflege und Fütterung erforderlichen Maßnahmen zu treffen. Wegen der Vergütung für diese Maßnahmen gilt das in Anm. 10 a E. Bemerkte

[13] § 20 (Bemessung der Reisekosten).

[14] Die für eingeholte Auskünfte über die Wohnung von Beteiligten (Schuldner, vorzuführende Zeugen oder Angeschuldigte) an polizeiliche Meldestellen zu zahlenden Beträge sind als dem Gerichtsvollzieher zu erstattende bare Auslagen durch G. z. Änd d GO f GV v 14 12 22 (RGBl I 914) hinzugefügt

17 (14). **Schreibgebühren werden dem Gerichtsvollzieher nach Maßgabe des § 80 des Gerichtskostengesetzes[1] vergütet:**

1. **für alle nach gesetzlicher Vorschrift[2] oder auf Antrag[3] erteilten Abschriften der von demselben aufgenommenen Urkunden und Protokolle[4], mit Ausnahme der nach gesetzlicher Vorschrift zu erteilenden Abschrift der Zustellungsurkunde[5]; im Falle des § 2 Abs. 7 wird ihm jedoch für jede Abschrift der Zustellungsurkunde die Schreibgebühr vergütet[6];**
2. **für die bei einer Hinterlegung zu erstattende Anzeige an das Vollstreckungsgericht (Zivilprozeßordnung §§ 827, 854)[7];**
3. **für die Aufnahme der von dem Drittschuldner nach Zustellung eines Pfändungsbeschlusses abgegebenen Erklärungen (Zivilprozeßordnung § 840)[8];**

4. für die vor der Verhaftung erforderliche Anzeige an die vorgesetzte Dienstbehörde des zu Verhaftenden (Zivilprozeßordnung § 910)[6].

[1] An die Stelle des § 80 GKG. a. F. ist jetzt getreten § 71 Abs. 4 GKG. (s. unter I), wonach die Schreibgebühr beträgt für die Seite, welche 32 Zeilen von durchschnittlich 15 Silben enthält, 0,30 Reichsmark, auch wenn die Herstellung auf mechanischem Wege stattgefunden hat, und jede angefangene Seite als voll berechnet wird.

[2] Nach gesetzlicher Vorschrift erteilte Abschriften der von dem Gerichtsvollzieher aufgenommenen Urkunden oder Protokolle, für welche der Gerichtsvollzieher sonach Schreibgebühren erhält, sind z. B. die Abschriften, die der Gerichtsvollzieher zu erteilen hat nach ZPO. § 763 (Abschrift des Protokolls über die zu den Vollstreckungshandlungen gehörenden Aufforderungen [z. B. an den Drittschuldner zur Erklärung über die gepfändete Forderung bei Zustellung des Pfändungsbeschlusses gemäß § 840 ZPO.] und Mitteilungen, wenn die mündliche Ausführung nicht erfolgen kann), § 826 (Abschrift des Protokolls über eine Anschlußpfändung dem erstpfändenden Gerichtsvollzieher zuzustellen).

[3] Nach § 760 ZPO. müssen jeder Person, die bei einem Vollstreckungsverfahren beteiligt ist, auf Begehr Abschriften sowohl einzelner Aktenstücke überhaupt, als auch der von dem Gerichtsvollzieher aufgenommenen Urkunden und Protokolle erteilt werden, für welche der Gerichtsvollzieher dann Schreibgebühren in Ansatz bringen kann.

[4] Für die Urschriften der aufgenommenen Urkunden und Protokolle selbst erhält der Gerichtsvollzieher Schreibgebühren nicht. Vgl. jedoch wegen der Vergütung für die dabei verwendeten Vordrucke § 16 Nr. 2.

[5] Über die nach gesetzlicher Vorschrift zu erteilenden Abschriften der Zustellungsurkunde, für welche der Gerichtsvollzieher sonach keine Schreibgebühren erhält, vgl. ZPO. § 190 Abs. 3, § 194 Abs. 1. Vgl. aber wegen Vergütung für die dabei verwendeten Vordrucke § 16 Nr. 2. — Auch sonst stehen dem Gerichtsvollzieher in allen anderen Fällen als denjenigen, welche Abschriften nach Halbs. 1 (Anm. 2, 3) betreffen

(Ausnahme Schlußhalbs.) oder zu den in Nr. 2, 3, 4 genannten gehören, Schreibgebühren nicht zu, insbesondere nicht für die Ausfüllung der Aufschriften und der Köpfe der Zustellungsurkunden, für Adressen auf Briefumschlägen, für die Reinschrift einer Versteigerungsbekanntmachung sowie für die gesamte durch Dienstgeschäfte veranlaßte Korrespondenz (vgl. Nr. 23 preuß. Verf. v. 16. 2. 03 [s. Anm. 2 § 1]).

[6] Ausnahmsweise (s. Anm. 5) wird dem Gerichtsvollzieher im Falle der Zustellung an den Zustellungsbevollmächtigten mehrerer Beteiligter (§ 189 Abs. 2 ZPO.) für die an jeden der Beteiligten zu erteilende Abschrift der Zustellungsurkunde die Schreibgebühr vergütet.

[7] Nach §§ 827, 854 ZPO. ist im Falle der Pfändung für mehrere Gläubiger, wenn der Erlös zur Deckung der Forderungen nicht ausreicht und Streit über das Vorzugsrecht besteht, vom Gerichtsvollzieher die Sachlage unter Hinterlegung des Erlöses dem Vollstreckungsgericht anzuzeigen. Für diese Anzeige stehen dem Gerichtsvollzieher Schreibgebühren zu.

[8] Die Erklärungen des Drittschuldners über die gepfändete Forderung (s. Anm. 2) sind bei der Zustellung des Pfändungsbeschlusses gemäß § 840 Abs. 3 ZPO. in die Zustellungsurkunde aufzunehmen. Für diese Aufnahme werden dem Gerichtsvollzieher Schreibgebühren vergütet.

[9] Nach § 910 ZPO. ist vor der Verhaftung eines die Leistung des Offenbarungseides verweigernden Beamten, Geistlichen oder Lehrers an öffentlichen Unterrichtsanstalten der vorgesetzten Dienstbehörde Anzeige zu machen. Für diese Anzeige stehen dem Gerichtsvollzieher Schreibgebühren zu.

18 (15). **Den zu einer Vollstreckungshandlung in Gemäßheit des § 759 der Zivilprozeßordnung zugezogenen Zeugen ist auf Verlangen eine angemessene Entschädigung zu zahlen[1].**

[1] Wird bei einer Vollstreckungshandlung Widerstand geleistet oder ist bei einer in der Wohnung des Schuldners erfolgenden Vollstreckungshandlung weder der Schuldner noch eine zu seiner Familie gehörige oder in dieser Familie dienende erwachsene Person gegenwärtig, so hat nach § 759 ZPO. der

Gerichtsvollzieher zwei erwachsene Personen oder einen Gemeinde- oder Polizeibeamten als Zeugen zuzuziehen. Verlangen diese Zeugen, die tunlichst unter den am Orte der Vollstreckung oder in der Nähe wohnenden, einwandsfreien und unbeteiligten Personen zu wählen sind (vgl. § 59 Nr. 6 preuß. GeschAnw. f. GV. v. 24. 3. 14 [JMBl. 343]), eine Vergütung, so ist ihnen eine angemessene Entschädigung für ihre Zeitversäumnis (vgl. § 2 GO. f. Z. u. S. unter III) zu gewähren. Diese Entschädigung ist nach § 16 Nr. 4 dem Gerichtsvollzieher als bare Auslage zu vergüten.

19 (16). **Dem in den Fällen der §§ 813, 814 der Zivilprozeßordnung zugezogenen Sachverständigen kann eine Vergütung nach dem ortsüblichen Preise einer solchen Leistung gewährt werden**[1].

[1] Nach §§ 813, 814 ZPO. soll zur Pfändung von Früchten, die von dem Boden noch nicht getrennt sind (§ 810 ZPO.), und zur Pfändung von Gegenständen der im § 811 Nr. 4 ZPO. bezeichneten Art (zum Wirtschaftsbetrieb erforderliches Gerät und Vieh und zur Fortführung der Wirtschaft erforderliche landwirtschaftliche Erzeugnisse) bei Landwirtschaft betreibenden Personen ein landwirtschaftlicher Sachverständiger zugezogen werden, sofern anzunehmen ist, daß der Wert der zu pfändenden Gegenstände 1000 RM. übersteigt, und sind vor der Versteigerung gepfändeter Kostbarkeiten diese durch einen Sachverständigen abzuschätzen (vgl. § 76 Nr. 3, § 80 Nr. 1—5 preuß. GeschAnw. f. GV. v. 24. 3. 14 [JMBl. 343]). Verlangt der Sachverständige eine Entschädigung, so kann ihm der Gerichtsvollzieher für die betreffende Leistung eine Vergütung nach dem ortsüblichen Preise (vgl. auch §§ 3, 4 GO. f. Z. u. S. unter III) gewähren. Diese Vergütung ist dem Gerichtsvollzieher nach § 16 Nr. 4 als bare Auslage zu erstatten.

20 (17). **Muß der Gerichtsvollzieher behufs Vornahme einer Amtshandlung außerhalb seines dienstlichen Wohnsitzes einen Weg bis zur Entfernung von**

mehr als 2 Kilometern zurücklegen, so erhält er an Reisekosten[1] für jedes angefangene Kilometer des Hinwegs und des Rückwegs eine Entschädigung in Höhe des doppelten Betrags des Einheitssatzes der Reichseisenbahnen für das Kilometer in der dritten Wagenklasse[2].

Nimmt der Gerichtsvollzieher mehrere Geschäfte auf derselben Reise vor, so erhält er für jedes derselben die volle, nach der Entfernung des Ortes von seinem Amtssitz zu berechnende Entschädigung; dabei gelten jedoch mehrere Geschäfte, welche für denselben Auftraggeber an demselben Orte vorgenommen werden und welche sich auf dieselbe Rechtsangelegenheit beziehen, als ein Geschäft[3].

Für einzelne Ortschaften kann durch die Landesjustizverwaltung bestimmt werden, daß dem Gerichtsvollzieher die Fuhrkosten, welche er behufs Vornahme einer Amtshandlung innerhalb dieser Ortschaften infolge außergewöhnlicher Umstände besonders aufzuwenden genötigt war, als Reisekosten zu erstatten sind[4].

[1] Für die Berechnung der Reisekosten ist die kürzeste fahrbare Straßenverbindung auf dem Land-, Schienen- oder Wasserwege maßgebend. Ist tatsächlich eine längere Wegstrecke benutzt worden, so kann sie nur dann der Berechnung zugrunde gelegt werden, wenn die Benutzung des kürzeren Weges nach Lage der Verhältnisse nicht möglich war; ist die Benutzung der längeren Wegstrecke dadurch veranlaßt worden, daß auf derselben Reise noch anderweite Geschäfte erledigt sind, so können die Reisekosten nur nach der kürzeren Wegstrecke berechnet werden. Als Ausgangspunkt der Reise gilt die Außengrenze des Ortes, an dem der Gerichtsvollzieher seinen dienstlichen Wohnsitz hat, und als Endpunkt die Stelle, an der das Dienstgeschäft vorgenommen wird Vgl Nr. 24, 25 preuß. Verf v. 16. 2. 03 (s. Anm. 3 § 1). Durch die Verf.

v. 3. 12. 12 (JMBl. 408) hat die Nr. 25 dieser Verf. bezüglich des Ausgangspunktes und des Endpunktes der Reise folgende Fassung erhalten: „Als Ausgangspunkt der Reise gilt die Außengrenze des Ortes, an welchem der Gerichtsvollzieher seinen dienstlichen Wohnsitz hat, nach näherer Bestimmung des § 12 der Ausführungsbestimmungen des Staatsministeriums zu den Vorschriften über die Reisekosten der Staatsbeamten vom 24. 9. 10 (GS. 269). (Dieses Gesetz ist zwar durch das preuß. G. über die Reisekosten der Staatsbeamten v. 3. 1. 23 [GS. 3] ersetzt, jedoch kommt dies hier, wo es sich um Begriffsbestimmungen handelt, nicht in Betracht.) Als Endpunkt der Reise gilt, wenn das Dienstgeschäft innerhalb eines geschlossenen Ortes im Sinne des § 13 Abs. 1 Satz 1 der genannten Ausführungsbestimmungen vorzunehmen ist, die Mitte dieses Ortes, sonst die Stelle, an der das Geschäft auszuführen ist." § 12 der genannten Ausführungsbestimmungen lautet: „Als Wohnort gilt die hauptsächlich von Gebäuden oder eingefriedigten Grundstücken eingenommene Fläche eines Gemeinde- oder Gutsbezirkes, in der sich der Dienstraum (dienstlicher Wohnort) oder die Wohnung (tatsächlicher Wohnort) des Beamten befindet. Dabei gilt als Ortsgrenze die Außenlinie dieser Fläche ohne Rücksicht auf vereinzelte Ausbauten oder Anlagen. Eine solche Fläche gilt auch dann als einziger Ort, wenn für einzelne Teile besondere Ortsbezeichnungen üblich sind. Sind in einem Gemeinde- oder Gutsbezirke mehrere getrennt voneinander liegende geschlossene Ortschaften oder geschlossene Ortsteile vorhanden, so ist jede Ortschaft und jeder Ortsteil für sich als ein Ort anzusehen. Hierbei gelten die durch öffentliche Anlagen, Gewässer, Festungswerke und Rayonbeschränkungen bewirkten Unterbrechungen des baulichen Zusammenhanges nicht als Trennung. — Liegt der Dienstraum oder die Wohnung des Beamten außerhalb eines solchen Ortes, so sind sie im Sinne dieser Bestimmungen als Wohnort anzusehen. — Die vorgesetzte Behörde bestimmt im Zweifelsfalle, welcher Dienstraum für die Bestimmung des dienstlichen Wohnorts maßgebend ist." Ferner lautet der § 13 Abs. 1 S. 1 der genannten Ausführungsbestimmungen: „Als Geschäftsort (Ort des Dienstgeschäfts) gilt die hauptsächlich von Gebäuden oder eingefriedigten Grundstücken eingenommene Fläche eines Gemeinde- oder Gutsbezirkes, in der das Dienstgeschäft ausgeführt wird; § 12 Abs. 1 Satz 2—5 finden entsprechende Anwendung." — Für Fahrten innerhalb des Wohnsitzes ist reichsgesetzlich eine Vergütung nicht bestimmt. S. jedoch Abs. 3 (für einzelne Ortschaften kann die Landesjustizverwaltung Erstattung der Fuhrkosten bestimmen). — Neben den Reisekosten dürfen bare Auslagen, insbesondere Auslagen für ein Nachtquartier, Fähr- und Brückengelder, nicht in Rechnung gestellt werden. Vgl. Nr. 27 preuß. Verf. v. 16. 2. 03 (s. Anm. 3 § 1). — Über die Berechnung der Reisekosten in den Fällen, in denen einem Gerichtsvollzieher neben seinen eigenen Dienstgeschäften die vorübergehende Wahrnehmung von Gerichtsvollziehergeschäften bei einem anderen Amtsgericht (z. B. zur Vertretung des beurlaubten Gerichtsvollziehers) übertragen wird, vgl. preuß. Verf. v. 20. 3. 22 (JMBl. 96).

[2] Im § 17 Abs. 1 a. F. war eine Entschädigung von 10 Pf. für jedes angefangene Kilometer bestimmt. Die Bestimmung des Einheitssatzes nach dem Einheitssatz der Reichsbahnen für das Kilometer in der 3. Wagenklasse ist durch G. z. Änd. d. GO. f. GV. v. 14. 12. 22 (RGBl. I 914) eingeführt. Hierbei wurde der Reisekostensatz in Höhe des doppelten genannten Einheitssatzes der Reichsbahnen bestimmt. Durch die VO. v. 13. 12. 23 (RGBl. I 1189) ist er auf das Dreifache des letzteren Einheitssatzes erhöht worden. Danach erhält der Gerichtsvollzieher zurzeit für jedes angefangene Kilometer des Hinwegs und des Rückwegs eine Entschädigung in Höhe von $3 \times 5 = 15$ Reichspfennig, gleichviel ob er mit der Eisenbahn oder zu Schiff oder mit Fuhrwerk den Weg zurücklegt. Soweit es an einer besonderen Feststellung der Entfernung fehlt, ist in Preußen die bei dem Amtsgericht gemäß der Verf. v. 15. 6. 83 (JMBl. 190) geführte Entschädigungstabelle für die Reisekostenberechnung maßgebend (vgl. Nr. 28 preuß. Verf. v. 16. 2. 03 [s. Anm. 3 § 1]).

[3] Z. B. erhält der Gerichtsvollzieher, wenn er zufolge Vollstreckungsauftrags des Gläubigers dem Schuldner, zu dem er gereist ist, zunächst den vollstreckbaren Schuldtitel gemäß § 750 ZPO. zustellt und dann die Pfändung und sonstige Vollstreckungsakte vornimmt, die Reisekosten nur einmal ver-

gütet Ist zur Erledigung ein und desselben Auftrags eine Tätigkeit an verschiedenen Orten erforderlich (fortgesetzte Reise), so sind die Reisekosten ebenfalls nur einmal für die gesamte Reisestrecke zu berechnen. Eine solche fortgesetzte Reise liegt z. B. vor, wenn ein Teil der Pfandstücke in der Wohnung des Schuldners, ein Teil in der angrenzenden Flur gepfändet wird (vgl. Nr. 26 preuß. Verf. v. 16. 2. 03 [s. Anm. 3 § 1]).

[4] Der im Abs. 3 enthaltene Vorbehalt für die Landesjustizverwaltung, zu bestimmen, daß in einzelnen Ortschaften dem Gerichtsvollzieher die Fuhrkosten, die er behufs Vornahme einer Amtshandlung infolge außergewöhnlicher Umstände besonders aufzuwenden genötigt war, als Reisekosten zu erstatten sind, ist durch G. betr. die Gebühren der Rechtsanwälte und der Gerichtsvollzieher v. 8. 7. 21 (RGBl. 910) hinzugefügt. In Preußen ist eine entsprechende Bestimmung durch die Verf. v. 12. 7. 21 (JMBl. 384) allgemein für Ortschaften mit mehr als 50 000 Einwohnern getroffen. Die spätere Verf. v. 11. 10. 22 (JMBl. 429) ist am 4. 11 25 (JMBl. 389) wieder aufgehoben, so daß es bei der Verf v 12. 7. 21 verblieben ist.

III. Kostenvorschuß.

21 (18). Der Gerichtsvollzieher kann die Übernahme eines Geschäfts von der Zahlung eines zur Deckung der baren Auslagen und des vermutlichen Betrags der Gebühren hinreichenden Vorschusses abhängig machen, sofern nicht das Geschäft von Amts wegen angeordnet[1] oder für eine zum Armenrecht zugelassene Person[2] auszuführen ist[3].

[1] Zu den von Amts wegen angeordneten Geschäften gehören nicht die Fälle der § 166 Abs. 2, §§ 168, 753 Abs. 2 ZPO. (Auftrag zur Zustellung, zur Zwangsvollstreckung unter Vermittlung der Geschäftsstelle), in denen der Urkundsbeamte nur als Mittelsperson wirkt. — In Preußen dürfen auch für die von anderen Staatsbehörden als den Justizbehörden, insbesondere von den Verwaltungsgerichten

oder Auseinandersetzungsbehörden — zur Zwangsvollstreckung nach Maßgabe der Verordnung, betr. das Verwaltungszwangsverfahren, v. 15. 11. 99 (GS. 545), vgl. § 134 GeschäftsAnw. f. d. GV. v. 24. 3. 14 (JMBl. 343) — erteilten Aufträge keine Vorschüsse verlangt werden. §§ 58, 18 GerichtsvollzO. v. 23. 3. 14 (JMBl. 289) in d. Fass. d. Verf. v. 23. 6. 22 (JMBl. 236).

[2] Vgl. § 115 Nr. 3 ZPO., § 379 Abs. 3 StPO.

[3] In Preußen hat der Gerichtsvollzieher außer in den im § 18 genannten beiden Fällen die Übernahme des Geschäfts regelmäßig von der Leistung eines Vorschusses ferner nicht abhängig zu machen, wenn Verzögerung unersetzlichen Nachteil bringen würde, bei Aufträgen zu Wechsel- und Scheckprotesten, bei Zustellungsaufträgen, wenn Zahlung der Kosten mit Sicherheit anzunehmen ist. § 58 Nr. 1, 2 GerichtsvollzO. (Anm. 1). Ergibt sich, daß der zunächst erforderte Vorschußbetrag zur Deckung der entstehenden Gebühren und Auslagen nicht ausreicht, so hat der Gerichtsvollzieher, sofern es sich nicht um geringfügige Beträge handelt, unverzüglich einen weiteren Vorschuß zu erfordern. Beträgt der auf Kosten erhobene Vorschuß mehr als dem Zahlungspflichtigen endgültig in Rechnung zu stellen ist, so ist der mehrerhobene Betrag alsbald an den Einzahler zurückzuzahlen, wobei jedoch das Übersendungsporto aus dem Betrage der Zurückzahlung zu entnehmen ist. § 58 Nr. 3, 5 GerichtsvollzO. (s. Anm. 1). S. auch § 25 Anm. 2 a. E.

IV. Kostenzahlung.

22 (19). **Schuldner der Gebühren und Auslagen des Gerichtsvollziehers ist bei Geschäften, welche von Amts wegen angeordnet werden[1], die Staatskasse, bei sonstigen Geschäften der Auftraggeber.**

[1] Vgl. Anm. 1 § 21.

23 (20). **Die Gebühren und Auslagen sind, unbeschadet der Bestimmung des § 788[1] der Zivilprozeßordnung, fällig, sobald der Auftrag erledigt ist. Der**

Gerichtsvollzieher ist berechtigt, dieselben von dem Auftraggeber durch Postvorschuß[2] zu erheben[3].

[1] Die Gebühren und Auslagen sind mit dem zur Zwangsvollstreckung stehenden Anspruch beizutreiben.

[2] D. i. Postnachnahme: § 19 PostO. v. 28. 7. 17 (RGBl. 763) in d. Fass. d. Bek. v. 11. 9. 19 (RGBl. 1604). Vgl. für Preußen: § 57 Nr. 3 GerichtsvollzO. v. 23. 3. 14 (JMBl. 289). — Auch vom Anwalt der Partei, wiewohl er nicht als Auftraggeber gilt. OLG. 4, 364.

[3] Gerichtsstand für die Klage: § 34 ZPO. (Gericht des Hauptprozesses). Verjährung der Gebühren- und Auslagenforderung: § 196 Nr. 15 BGB. (in zwei Jahren). — In Preußen hat, sofern die Kosten nicht durch Vorschuß gedeckt oder durch Postnachnahme erhoben werden, die dem Schuldner mitzuteilende Rechnung die Aufforderung zu enthalten, die Kostenschuld binnen einer Woche zu zahlen. Erfolgt Zahlung nicht, so hat der Gerichtsvollzieher die zwangsweise Beitreibung bei dem Rendanten der Gerichtskasse in Antrag zu bringen: § 55 Nr. 4 GerichtsvollzO. (Anm. 1). — Bezüglich der Gebührenerhebung im Falle der Zwangsvollstreckung für eine Partei, der das Armenrecht bewilligt ist, s. Anm. 2 § 24.

24 (21). Im Falle der Bewilligung des Armenrechts werden dem für die arme Partei bestellten Gerichtsvollzieher die baren Auslagen[1] von der Staatskasse ersetzt, falls nicht dieselben von dem Ersatzpflichtigen beigetrieben werden können (Zivilprozeßordnung §§ 124, 788)[2].

[1] Diese baren Auslagen hat der Gerichtsvollzieher vorzuschießen: § 115 Nr. 3, § 124 ZPO.

[2] Beitreibung von dem in die Prozeßkosten verurteilten Gegner (§ 124 ZPO.) bzw. zugleich mit dem zur Zwangsvollstreckung stehenden Anspruch (§ 788 ZPO.). Vgl. für Preußen: § 59 Nr. 5 GerichtsvollzO. v. 23. 3. 14 (JMBl. 289) in d. Fass. d. Verf. v. 9. 1. u. 23. 4. 24 (JMBl. 12, 181), § 60 GeschAnw. f. d. GV. v. 24. 3. 14 (JMBl. 343);

wird dem Gerichtsvollzieher glaubhaft gemacht, daß die arme Partei zur Zahlung der Beträge imstande ist, so hat er der zuständigen Geschäftsstelle oder dem Rendanten hiervon Mitteilung zu machen, § 59 Nr. 6 GerichtsvollzO. — Hat der Gerichtsvollzieher im Auftrage der armen Partei die Zwangsvollstreckung wegen einer Geldforderung vorgenommen, so darf er seine Gebühren und Auslagen von dem beigetriebenen oder als Erlös aus der Pfandsache erzielten Betrage nur insoweit zurückbehalten, als dieser den vollen Betrag der beizutreibenden Forderung des Gläubigers übersteigt. Nr. 30 preuß. Verf. v. 16. 2. 03 (s. Anm. 3 § 1), § 85 Nr. 2 preuß. GeschAnw f. d. GV, OLG. **1**, 189; JW. **90**, 358; **93**, 461. — Zwischen den Regierungen sämtlicher deutschen Länder ist die Vereinbarung getroffen worden, daß die baren Auslagen des Gerichtsvollziehers, wenn das Armenrecht von dem Gericht eines anderen Landes bewilligt ist, aus der Kasse dieses Landes ersetzt werden. Preuß. Verf v 31 7 16 (JMBl 219), vgl § 59 Nr 7 GerichtsvollzO

V. **Kostenansatz.**

25 (22). **Bei Erinnerungen gegen den Ansatz von Gebühren oder Auslagen des Gerichtsvollziehers findet, soweit nicht § 766 Abs. 2[1] der Zivilprozeßordnung Platz greift, § 4 des Gerichtskostengesetzes entsprechende Anwendung[2].**

[1] Erinnerung beim Vollstreckungsgericht in Ansehung der von dem Gerichtsvollzieher bei der Zwangsvollstreckung in Ansatz gebrachten Kosten — Gebühren für die Erinnerung. früher nach § 35 Nr. 4, § 47 Nr. 14 GKG. a. F. $^{2}/_{10}$ der Gebühr des § 8, jedoch keine Gebühr, wenn die Erinnerung für begründet befunden wurde und die Kosten dem Gerichtsvollzieher zur Last fielen. Jetzt entsteht durch die Erinnerung keine Gebühr. Anm. 1 § 34 GKG.

[2] Da auf die Erinnerung gegen den Kostenansatz bei Vornahme von Zwangsvollstreckungen § 766 Abs. 2 ZPO. Anwendung findet (s. Anm. 1), beschränkt sich die Bestimmung des § 25 auf den Ansatz von Gebühren und Auslagen für

Zustellungen (z. B. auch Zustellung eines Pfändungsbeschlusses, die keine Vollstreckungshandlung ist). OLG. 4, 364; 25, 145. — Wird der Kostenansatz auf Erinnerung des Zahlungspflichtigen durch gerichtliche Entscheidung ermäßigt, so ist in Preußen die Entscheidung dem Landgerichtspräsidenten vorzulegen und dieser hat, sofern das Ergebnis der Prüfung hierzu Anlaß bietet, den Gerichtsvollzieher zur Erhebung der Beschwerde anzuweisen: § 55 Nr. 5 GerichtsvollzO. v. 23. 3. 14 (JMBl. 289). — Erfordernisse und Zulässigkeit der Beschwerde und einer weiteren Beschwerde: Anm. 8 § 4 GKG. (oben I). — Über die Rückforderung eines gezahlten Vorschusses mit der Behauptung, der Gerichtsvollzieher habe die ihm aufgetragene Amtshandlung nicht ausgeführt, ist im ordentlichen Rechtswege zu entscheiden. JW. 91, 89[7]. — Vgl. im übrigen hinsichtlich Rückzahlung irrig in Ansatz gebrachter oder einer nicht zahlungspflichtigen Person in Rechnung gestellter Kosten § 55 Nr. 6 preuß. GerichtsvollzO. sowie § 21 Anm. 3 a. E.

26 (23). Die Gerichtsvollzieher sind verpflichtet, unter den Urschriften und Abschriften ihrer Akte eine Berechnung der Gebühren und Auslagen aufzustellen, und bei Geschäften, welche nach Verhältnis der verwendeten Zeit vergütet werden[1], in dem Protokolle[2] die Dauer der letzteren anzugeben. Ist die Zeitangabe unterblieben, so darf nur die für die geringste Zeitdauer bestimmte Gebühr berechnet werden.

[1] Solche Geschäfte sind: § 3 Abs. 3 (Pfändung), § 4 (Übernahme beweglicher Sachen zum Zwecke der Verwertung), § 5 Abs. 2 (nachträgliche Entfernung von Pfandstücken aus dem Gewahrsam des Schuldners), §§ 8, 9 (Wegnahme von beweglichen Sachen und Personen), § 11 Abs. 1, 2 (Besitzentsetzung und Beseitigung von Widerstand).

[2] § 762 ZPO. (Erfordernisse des Protokolls über eine Vollstreckungshandlung). Vgl. § 61 preuß. GeschAnw. f. d. GV. v. 24. 3. 14 (JMBl. 343).

VI. Schlußbestimmungen.

27 (24). Den einzelnen Ländern bleibt vorbehalten:

1. für Zustellungen, für deren Nachweis auf Grund des § 39 der Strafprozeßordnung einfachere Formen zugelassen sind, abweichend von den Vorschriften dieses Gesetzes geringere Gebühren zu bestimmen[1];

2. an Stelle von Gebühren und Auslagen, welche die Gerichtsvollzieher auf Grund dieses Gesetzes zu beanspruchen haben, denselben eine anderweite Vergütung zu gewähren[2].

Für die von den ersatzpflichtigen Personen zu erhebenden Beträge bleiben im Falle der Nr. 2 die Bestimmungen dieses Gesetzes maßgebend[3].

[1] Bayern: § 2 VO. v. 6. 9. 79 (Ges. u. VerBl. 1165). Württemberg: § 3 Verf. v. 9. 9. 79 (RegBl. 351). Baden: §§ 21, 27 VO. v. 17. 7. 79 (Ges. u. VerBl. 335).

[2] Preußen: §§ 28, 29, 68 GerichtsvollzO. v. 23. 3. 14 (JMBl. 289) in d. Fass. d. Verf. v. 27. 12. 22 (JMBl. 600) u. 23. 4. 24 (JMBl. 181): die Gerichtsvollzieher beziehen ein festes Gehalt sowie den gesetzlichen Wohnungsgeldzuschuß und erhalten von den Gebühren aus Parteiaufträgen, die zur Staatskasse vereinnahmt werden, einen Anteil von 26 % (in Orten der Ortsklasse A u. B 31, in Orten der Ortsklasse C 29 %); als Entschädigung für den Aufwand werden dem Gerichtsvollzieher die eingegangenen tarifmäßigen baren Auslagen (§§ 16 ff. GO. f. GV.) überlassen, die nicht zur Einziehung gelangten werden dem Gerichtsvollzieher bei Armensachen in dem im § 59 Abs. 5 bestimmten Umfange, bei anderen Parteiaufträgen insoweit aus der Staatskasse ersetzt, als es sich nicht um Stempelauslagen oder um tarifmäßige Reisekosten handelt, die letzteren werden dem Gerichtsvollzieher nur für den Fall gewährt, daß die für seine sämtlichen Reisen notwendig aufzuwendenden Reise- und Zehrungskosten durch die von ihm aus Reisen zur Erledi-

gung von Parteiaufträgen bezogenen Reisekosten nicht voll gedeckt werden. Die Anweisung der Gebührenanteile und Entschädigungen geschieht vierteljährlich auf Vorschlag des aufsichtführenden Amtsrichters durch den Landgerichtspräsidenten (vgl. jedoch hinsichtlich der Obergerichtsvollzieher für zugeschlagene Bezirke und der Gerichtsvollzieher kraft Auftrags die obige Verf. v. 23. 4. 24 sowie die Verf. v. 26. 5. 24 [JMBl. 234]). Nach § 30 GerichtsvollzO. v. 23. 3. 14 in d. Fass. d. Verf. v. 14. 9. 22 (JMBl. 378) u. v. 5. 2. 24 (JMBl. 57) erhält der Gerichtsvollzieher für die Erledigung amtlicher Aufträge zum Ersatz seiner baren Auslagen eine den erforderlichen tatsächlichen Aufwand deckende Entschädigung mit der Maßgabe, daß von ihm eingezogene Reisekosten ihm sogleich überlassen werden, jedoch bei Aufträgen des Justizfiskus in bürgerlichen Rechtsstreitigkeiten erhält er Gebührenanteile und Auslagenentschädigung gemäß Obigem, soweit die Gebühren und Auslagen durch ihn vom Gegner des Justizfiskus eingezogen werden; im übrigen hat er alle für amtliche Aufträge von den Beteiligten eingezogenen Gebühren und Auslagen zur Staatskasse abzuführen.

[3] Aus der in Abs. 1 Nr. 2 den Ländern gewährten Befugnis, die Gerichtsvollziehergebühren für die Staatskasse zu erheben und den Gerichtsvollziehern ein festes Gehalt allein oder außerdem noch einen Gebührenanteil aus der Staatskasse zu gewähren (s. Anm. 2), ist ein Beweisgrund dafür zu entnehmen, daß der Gerichtsvollzieher zu dem die Zwangsvollstreckung betreibenden Gläubiger weder in einem Dienstvertrags- oder Auftragsverhältnis noch sonst in einem bürgerlich-rechtlichen Vertragsverhältnis (hinsichtlich seiner Haftung für Verschulden) steht. RG. (VZS.) 82, 88.

28 (25). **Den einzelnen Ländern bleibt die Feststellung der Vergütung überlassen, wenn den Gerichtsvollziehern in Sachen, auf welche die Zivilprozeßordnung, die Strafprozeßordnung oder die Konkursordnung Anwendung findet, Geschäfte übertragen werden, welche denselben in jenen Gesetzen nicht ausdrücklich zugewiesen sind[1].**

[1] Preußen: Art. 18 ff. G., enth. die LandesGO. f. RA. u. GV. (früher v. 27. 9. 99, jetzt) v. 28. 10. 22 (GS. 410) in d. Fass. d. G. v. 12. 4. 23 (GS. 107), VO. v. 26. 4. 23 (GS. 142) u. G. v. 18. 12. 23 (GS. 556); Verf., betr. die nicht durch Gesetz bestimmten Gebühren der Gerichtsvollzieher, sowie die Gebühren der Gerichtsvollzieher im Verwaltungszwangsverfahren (früher v. 8. 12. 99, jetzt) v. 26. 5. 24 (JMBl. 240); Verf. über die Ausführung von Zwangsvollstreckungen durch Gerichtsvollzieher in Angelegenheiten der landschaftlichen Kreditanstalten v. 24. 4. 11 (JMBl. 177). Vgl. auch preuß. Verf. über die Dienstaufwandsentschädigung für die Tätigkeit bei der Erhebung von Kosten, Geldstrafen usw. v. 21. 5. 24 (JMBl. 227) in d. Fass. d. Verf. v. 30. 6. 25 (JMBl. 246) u. 1. 7. 26 (JMBl. 239); preuß. Verf. über die Gebühren bei der Beitreibung von Reichsabgaben v. 5. 2. 23 (JMBl. 92), 15. 10. 24 (JMBl. 371) u. 1. 12. 25 (JMBl. 415); preuß. Verf. über die Beitreibung von Geldbeträgen aus dem Bereiche der staatlichen Kreiskassenverwaltung v. 14. 6. 23 (JMBl. 439); preuß. Verf. über die Beitreibung von Geldbeträgen aus dem Bereiche der Domänenverwaltung v. 21. 7. 24 (JMBl. 282).

III.

Gebührenordnung für Zeugen und Sachverständige.

Vom 30. Juni 1878 (RGBl. 173),
in der Fass. der Bek. des Reichs-Justizministers vom 21. Dezember 1925 (RGBl. I 471).

In Kraft getreten am 1. Oktober 1879.

§ 18 a. F. — § 1 EG.GVG.

Eingeführt in Helgoland seit 1. 4. 91: Art. I Nr. VIII, 7 RGes. v. 22. 3. 91 (RGBl. 22).

Abgeändert a) zunächst durch das G., betr. die Ergänzung des § 14 der GO. f. Z. u. S., v. 11. 6. 90 (RGBl. 73) im § 14 (jetzt § 17), b) ferner durch Art. 6 EG.ZPO. v. 17. 5. 98 (RGBl. 338) in § 17 Abs. 3 (jetzt § 20 Abs. 2).

Demnächst wurde das G. weiter abgeändert durch G., betr. Änderung der GO. f. Z. u. S. v. 10. 6. 14 (RGBl. 214), in Kraft v. 1. 10. 14, in § 2 Abs. 1 u. 3, § 3 Abs. 1 u. 2, §§ 4, 7, 8, 12, 13, 14, 17, durch neue Bestimmungen und durch Einschieben von § 4a u. § 12a (jetzt § 2 Abs. 1 u. 3, § 3 Abs. 1 u. 2, §§ 4, 8, 9, 13, 16, 17, 20 bzw. §§ 5 u. 14).

Vorübergehende Änderungen brachten im Zusammenhang mit dem Währungsverfall:

a) die VO., betr. Geb. f. Z. u. S., v. 21. 8. 19 (RGBl. 1473): Erhöhung der Aufwandsentschädigung des damaligen § 8, jetzt § 9;

b) die VO. über Teuerungszuschläge zu den Geb. f. Z. u. S. sowie zu den Tagegeldern und Reisekosten der Schöffen und Geschworenen v. 22. 5. 20 (RGBl. 1068):

c) das G., betr. Änderung der GO. f. Z. u. S., v. 10. 3. 22 (RGBl. 241). Dieses Gesetz erhöhte unter Aufhebung der zu a u. b genannten VO. die Sätze der damaligen §§ 2, 3, 7 u. 8. Auf Grund des Art. IV d. Ges. erging die Bekanntmachung des Wortlautes der GO. f. Z. u S. v 13. 3. 22 RGBl. 242);

d) das G. zur Änderung der GO. f. Z. u. S. v. 24. 10. 22 RGBl. I 806), das in Art. I die Sätze der damaligen §§ 2, 3, 7 u. 8 abermals erhöhte und in Art. II die Reichsregierung ermächtigte, im Falle einer wesentlichen Änderung der wirtschaftlichen Verhältnisse mit Zustimmung des Reichsrats die Geb. f Z. u. S. anderweit festzusetzen. Hierauf fußen die VO. zur Erhöhung der Geb. f. Z. u. S. v. 15. 2. 23 (RGBl. I 131), zweite v 8. 5. 23 (RGBl. I 289), dritte v. 12. 7 23 (RGBl. I 623), vierte v. 18 8. 23 (RGBl. I 811), welche Erhöhungen der Sätze der damaligen §§ 2, 3, 7, 8 brachten, und die fünfte v. 21. 12. 23 (RGBl. I 1239), welche für diese Sätze die Goldmark einführte Die VO v. 12. 12. 24 (RGBl I 775) setzte die Reichsmark an die Stelle der Goldmark

Das G über die Geb. d Z. u S. v 21 12 25 (RGBl. I 470) änderte unter Aufhebung des G v 24 10. 22 (oben zu d) mit Wirkung v 1 1 26 die Sätze der damaligen § 2 Abs. 1, § 3 Abs 1 u § 7 Abs 2 und ermächtigte in Art. IV den Reichsjustizminister, den Wortlaut der GO. f Z. u. S. mit den bis zu diesem Zeitpunkt ergangenen Gesetzen und Verordnungen in Einklang zu bringen und in fortlaufender Paragraphenfolge im Reichsgesetzblatt bekanntzumachen. Dies ist geschehen durch die Bekanntmachung des Wortlautes der GO f Z. u S v 21 12 25 (RGBl I 471)

1. In den vor die ordentlichen Gerichte[1] gehörigen Rechtssachen, auf welche die Zivilprozeßordnung, die Strafprozeßordnung oder die Konkursordnung Anwendung findet[2], erhalten[3] die Zeugen und Sachverständigen[4] Gebühren nach Maßgabe der folgenden Bestimmungen[5].

[1] Ordentliche Gerichte: § 12 GVG. (Amtsgerichte, Landgerichte, Oberlandesgerichte, Reichsgericht) sowie § 8 EG GVG. (Bayer. Oberstes Landesgericht). — Ferner in den vor die Konsulargerichte gehörigen Rechtsachen: § 19 RGes. über die Konsulargerichtsbarkeit v 7 4. 00 (RGBl. 213)

(doppelte Sätze sind den Zeugen und Sachverständigen nicht zu gewähren; denn § 73 KonsGerG. bezieht sich nur auf die Gebühren der Gerichte und Gerichtsvollzieher, RG. 52, 409). Konsulargerichte nur noch in Persien, Abessinien, Spanisch-Marokko und neuerdings (G. v. 24. 7. und VO. v. 31. 7. 25) wieder in Ägypten.

[2] Vgl. Anm. 2, 3, 4, 5 § 1 GKG. — Fernere Anwendung: im Verfahren (früher vor den Gewerbe- und Kaufmannsgerichten: § 60 RGes. v. 29. 9. 01 [RGBl. 353], § 16 RGes. v. 6. 7. 04 [RGBl. 266], jetzt) vor den Arbeitsgerichten aller Instanzen: § 9 ArbGerG. v. 23. 12. 26 (RGBl. I 507); im Verfahren in Patentangelegenheiten: § 13 VO. v. 11. 7. 91 (RGBl. 352); im Verfahren vor den erkennenden Militärstrafgerichten (jetzt nur noch Bordkriegsgerichte, G. v. 17. 8. 20): §§ 205, 208 MilitärstrafGerO. v. 1. 12. 98 (RGBl. 1189); in dem Verfahren vor dem Staatsgerichtshof: G. v. 9. 7. 21 (RGBl. 905), §§ 6, 20, 21 u. GeschäftsO. für den StGH. v. 20. 9. 21 (RGBl. 1535); in dem Verfahren vor dem Staatsgerichtshofe zum Schutze der Republik gemäß § 12 Abs. 2 d. VO. 29. 7. 22 (RGBl. I 673) und d. VO. v. 1. 8. 22 (RGBl. I 675), vgl. aber jetzt die G. v. 31. 3. 26 und 8. 7. 26 (RGBl. I 190 u. 397); in dem Verfahren, betr. die Untersuchung von Seeunfällen durch die Seeämter und das Oberseeamt gemäß §§ 18, 19 des SeeUnfUntersG. v. 27. 7. 77 (RGBl. 549) und § 10 der GeschO. für das OSeeA. (RZentrBl. 1878, 267); in dem Verfahren vor den Prisenämtern und Prisengerichten: § 55 der PrisenGO. v. 15. 4. 11 (RGBl. 1914, 301) und § 35 AusfBest. Marokko und neuerdings (G. v. 24. 7. und VO. v. 31. 7. 25) Landgerichte, Oberlandesgerichte, Reichsgerichte) sowie § 8 EG. v. 3. 8. 14 (RGBl. 315); in dem Verfahren vor den Kommissionen bei Börsen: § 81 BörsenG. v. 22. 6. 96 und 8. 5. 08 (RGBl. 1908, 215); in dem ehrengerichtlichen Verfahren gegen Rechtsanwälte: §§ 66, 94 RAO. v. 1. 7. 78 (RGBl. 177); in dem ehrengerichtlichen Verfahren gegen Patentanwälte: § 9 PatAnwG. v. 21. 5. 00 (RGBl. 233); in dem Verfahren vor den Ausschüssen zur Feststellung von Entschädigungen für Auf

ruhrschäden: § 36 d. VO. v. 15. 9. 20 (RGBl. 1653) in d. Fass. v. 29. 3. 24 (RGBl. I 383), in dem Verf. vor dem Reichswirtschaftsgericht: § 34 Abs. 3 VO. v. 21. 5. 20 (RGBl. 1175) in d. Fass. d. Ges. v. 30. 7. 21 (RGBl. 1059); in dem Verfahren vor dem Kartellgericht: § 1 d. VO. v. 2. 11. 23 (RGBl. 1071); in dem Verfahren vor dem Wahlprüfungsgericht beim Reichstag: § 9 WahlprüfungsO. v. 8. 10. 20 (RGBl. 1773); in dem Verfahren vor dem Spruchkammern des Reichsentschädigungsamtes: § 48 EntschädigungsO. v. 30. 7. 21 (RGBl. 1056); in dem Verfahren in Versorgungssachen: §§ 85, 103, 121 G. v. 10. 1. 22 (RGBl. 59); in dem Verfahren vor den Mieteinigungsämtern und Rechtsbeschwerdestellen: § 10 Abs. 2 VerfAO. v. 19. 9. 23 (RGBl. I 889); in dem Verfahren vor dem Reichsbahngericht: § 44 ReichsbahnG. v. 30. 8. 24 (RGBl. II 279) und § 6 Abs. 2 GeschO. des Reichsbahngerichts v. 20. 12. 24 (RGBl. 25 II 113); in dem Verfahren vor dem Reichsfinanzhofe: §§ 22, 73 ReichsfinanzhofO. v. 21. 9. 18 (RGBl. 1119); in dem Verfahren vor dem Reichsausgleichsamt: § 5 Abs. 2 ReichsausglG. in d. Fass. v. 20. 11. 23 (RGBl. I 1136); in dem Verfahren vor den Spruchbehörden der Angestelltenversicherung: § 223 AngVersG. in d. Fass. v. 28. 5. 24 (RGBl. I 588); in dem Verfahren zur Feststellung der Leistungen in der reichsgesetzlichen Arbeiterversicherung: §§ 1579, 1628, 1652 RVersO. v. 19. 7. 11 (RGBl. 509) in d. Fass. d. 6. Buches v. 9. 1. 26 (RGBl. I 68); im Vergleichsverfahren, da für dieses die ZPO. (§§ 401, 413) entsprechende Anwendung findet: § 8 VglO. v. 5. 7. 27 (RGBl. I 139); in dem Verfahren vor dem Reichsaufsichtsamt für Privatversicherung: § 78 PrivatVersUntG. v. 12. 5. 01 (RGBl. I 39) u. § 26 der VO., betr. Verfahren im Geschäftsgang des Aufsichtsamtes, v. 23. 12. 01 (RGBl. 498); in den vor die ordentlichen Gerichte gehörigen Angelegenheiten der freiwilligen Gerichtsbarkeit: § 15 FGG. v. 17. 5. 98 (RGBl. 771), vgl. auch § 194 RFGG. u. Art. 1 PrFGG. v. 21. 9. 00 (GS. 249); in dem Verfahren vor den Aufwertungsstellen: § 73 AufwG. v. 16. 7. 25 (RGBl. I 117); in dem Verfahren vor dem Vormundschaftsgerichte nach d. RG. über Jugendwohlfahrt v. 9. 7. 22 (RGBl. I 633): §. 65 Abs. 2 u. § 74; in dem Einspruchsverfahren nach § 18 Ziff. 5 Telegraphenwege G. v. 18. 12. 99 (RGBl. 710) gemäß Ziff. 5 II AusfBest. v. 26. 1. 00 (RGBl. 9); in dem Verfahren vor den Kommissionen zur Abschätzung von Kriegsleistungen nach der VO. v. 18. 7. 18 (RGBl. 751), jedoch nur für die Entschädigungen der Zeugen (die Sachverständigen erhalten Reiseentschädigungen usw. nach der Bek. v. 19. 11. 14 (ZentrBl. 584); in dem Verfahren zur Feststellung der Vergütung von Requisitionen und Kriegsleistungen im besetzten und geräumten Gebiete: § 20 Bek. v. 22. 4. 19 (RGBl. 409).

Ferner in Preußen: in dem Verfahren vor den Rheinschiffahrtsgerichten: Art. 39 RevRheinschAkte v. 17. 10. 68 (GS. 1869, 818) und § 7 G. v. 13. 7. 79 (GS. 130): in dem Verfahren vor den Elbschiffahrtsgerichten: § 44 ElbschAkte v. 22. 2. 22 (RGBl. 23 II 197, 349) und Zusatzübereinkommen v. 27. 1. 23 (RGBl. II 485, 1924 II 37), auch § 7 PrG. v. 4. 6. 24 (GS. 543); gemäß § 42 AG. zum DGKG. und zur GO. f. Z. u. S. v. 10. 3. 79 (GS. 155) in gerichtlichen Angelegenheiten, welche vor besondere Gerichte gehören oder durch die deutschen Prozeßordnungen nicht betroffen werden, in Kraft geblieben nach Art. 26 Ziff. 2 LGO. f. RA. u. GVollz. v. 28. 10. 22 (GS. 414); im Verwaltungsstreit- und Beschlußverfahren: §§ 106, 120, 124 Abs. 2 PrLandVerwG. v. 30. 7. 83 (GS. 195) sowie Zirkular v. 27. 2. 84 (JnnMBl. 30); in dem Verfahren bei Auflösung der Familiengüter und Hausvermögen auf Grund des Adelsgesetzes v. 23. 6. 24 (GS. 367) und der ZwangsauflösungsVO. v. 19. 11. 20 (GS. 463): § 26 GO. f. Aufl. von Familiengütern v. 11. 1. 24 (GS. 35); in dem Verfahren vor den Auseinandersetzungsbehörden: § 17 Ges. über die Landeskulturbehörden v. 3. 6. 19 (GS. 107); in dem Verfahren vor den Pachteinigungsämtern: § 21 Abs. 2 PrPachtschutzO. v. 30. 9. 25 (GS. 144); in dem Verfahren vor dem Wahlprüfungsgericht beim pr. Landtag: § 12 Ges. v. 3. 2. 22 (GS. 31).

[3] Preußen. Verf., betr. die Berechnung der Gebühren der Zeugen und Sachverständigen, v. 15. 6. 83 (JMBl. 190) (Berechnung der Gebühren nur durch einen oder einige Beamten der Kostengeschäftsstelle) und dazu (mit Rücksicht auf die Änderungen der GO. f. Z. u. S. durch die Nov. v. 10. 6. 14) die Verf. v. 14. 9. 14 (JMBl. 710), erstere zu 3—5, letztere zu 5—7 aufgehoben durch die Verf. v. 31. 12. 22 (JMBl. 1923, 2) und 9. 6. 23 (JMBl. 433), sowie die in Anm. 4 § 3 angeführten Etatsvorschriften.

[4] Auf das Erscheinen der Zeugen usw. in dem die Rechtmäßigkeit einer Weigerung zur Ablegung des Zeugnisses usw. betreffenden Verfahren findet die Gebührenordnung nicht Anwendung. RG 28, 437. Auch wenn die Zeugnisverweigerung für gerechtfertigt erklärt wird, hat der Zeuge keinen Anspruch auf Entschädigung. JW. 99, 162[7]. Denn Voraussetzung für den Anspruch auf Zeugengebühren ist, daß der Zeuge zu seiner Vernehmung als solcher geladen ist. RG 43, 409. Es hat daher der Zeuge, auch wenn er in dem Termine zur Verhandlung über die Eidesverweigerung nunmehr Zeugnis abzulegen sich bereit erklärt und sogleich vernommen wird, keinen Anspruch auf Entschädigung nach Maßgabe der Gebührenordnung. RG. 43, 409; JW. 99, 281[14]. Dagegen ist es, wenn der Zeuge zu seiner Vernehmung geladen ist, für seinen Entschädigungsanspruch gleichgültig, ob er auch tatsächlich vernommen wird oder nicht, es sei denn, daß er rechtzeitig (bevor er sich auf den Weg gemacht hatte) abbestellt worden ist. OLG. 31, 252. — Ist ein Zeuge nicht vom Gericht geladen, sondern von einer Partei gestellt, so hat er auch dann, wenn seine Vernehmung erfolgt ist, keinen Anspruch auf Gewährung von Zeugengebühren irgendwelcher Art aus der Staatskasse. RG. 43, 409, OLG 23, 280 [Hamburg] (a. M. OLG. 23, 280 [Stettin], wonach dem Zeugen zwar nicht ein Anspruch auf Reise- und Aufwandskosten, wohl aber auf Entschädigung für Zeitversäumnis während der Dauer der Vernehmung zustehen soll). Über Erstattung der von der Partei an den gestellten Zeugen gezahlten Entschädigung durch den unterliegenden Gegner vgl. JW. 05, 178[23]. Über die Höhe der Erstattung von Auslagen für privat von einer Partei zur Prozeßvorbereitung erforderte Sachverständigengutachten und daß hierbei unter Umständen

über die Sätze der GO. hinausgegangen werden darf s. JW. 27, 1656[6]. — Vor Polizei oder Staatsanwaltschaft geladene Zeugen sind nicht nach der GO. zu entschädigen.

[5] Vgl. §§ 401, 413 ZPO., §§ 71, 84 StPO., §§ 72, 75 KO., § 8 VglO. — Es braucht sich nicht um die Vernehmung des Zeugen oder Sachverständigen zu handeln. Der Sachverständige kann auch bloß ein schriftliches Gutachten erstatten. Auch dann gilt die GO. Für Zeugen gilt jetzt noch § 401 Abs. 2 ZPO., welcher lautet:

„Bei schriftlicher Beantwortung der Beweisfrage (377 Abs. 3, 4) hat der Zeuge Anspruch auf Erstattung der ihm durch die Beantwortung entstandenen Auslagen."

Wegen der Postgebühren für Briefumschläge solcher schriftlichen Aussagen vgl. Verf. v. 22. 7. 24 (JMBl. 283).

2. Der Zeuge erhält eine Entschädigung[1] für die erforderliche Zeitversäumnis[2] im Betrage von zwanzig Reichspfennig bis zu 1,50 Reichsmark[3] für jede angefangene Stunde.

Die Entschädigung ist unter Berücksichtigung des von dem Zeugen versäumten Erwerbes zu bemessen[4] und für jeden Tag auf nicht mehr als zehn Stunden zu gewähren. Ob eine Erwerbsversäumnis stattgefunden hat, ist nach freiem Ermessen unter Berücksichtigung der Lebensverhältnisse und der regelmäßigen Erwerbstätigkeit des Zeugen zu beurteilen[5]. Bis zu der im Abs. 1 bestimmten Höchstgrenze ist der volle Verdienstausfall zu ersetzen.

Personen, welche durch einfache[6] Handarbeit, Handwerksarbeit oder geringeren Gewerbebetrieb ihren Unterhalt suchen oder sich in gleichen Verhältnissen mit solchen Personen befinden[7], erhalten die nach dem geringsten Satze zu bemessende Entschädigung auch dann, wenn die Versäumnis eines Erwerbes nicht stattgefunden hat.

[1] Nach dem Prinzipe des § 2 soll jeder Zeuge eine Entschädigung für Zeitversäumnis erhalten, aber im allgemeinen nur dann, wenn mit der Zeitversäumnis eine Erwerbsversäumnis verbunden ist (Abs. 1, 2). Bei gewissen Personen jedoch soll jede Zeitversäumnis einer Erwerbsversäumnis gleichgeachtet werden (Abs. 3). — Die Entschädigung des § 2 ist also nur zur Vergütung für die Zeit- und Erwerbsversäumnis des Zeugen bestimmt. Werden behufs Erhebung des Beweises außerordentliche Aufwendungen notwendig, so hat die Partei, die den Zeugen zu diesen Aufwendungen veranlaßt hat, ihn zu entschädigen. Unter den Voraussetzungen des § 91 ZPO. kann sie aber diese Auslagen von dem unterliegenden Gegner erstattet verlangen. JW. **97**, 206[7]. — Über Erstattung barer Auslagen des Zeugen vgl. § 14 und Anm. 1 dazu.

[2] Gerechnet wird die Zeit, die vom Verlassen der Wohnung oder Arbeitsstelle bis zur Rückkehr zu derselben verstreicht. Vgl. OLG. **19**, 278; **31**, 254, auch § 5. — Der Zeuge muß auch für die Einbuße in seiner Berufstätigkeit, die ihm die Aufwendung seiner ordnungsmäßigen Geschäftszeit zur Vorbereitung einer zuverlässigen, vollständigen und sachgemäßen Zeugnisablegung gebracht hat, entschädigt werden. OLG. **37**, 232.

[3] Durch die Nov. v. 10. 6. 14 wurde die frühere Stundenvergütung für Zeitversäumnis von „10 Pf. bis zu 1 M." auf 20 Pf. bis zu 1,50 M. erhöht, namentlich um sog. kleine Leute möglichst voll zu entschädigen. KB. 5. Die 5. VO. über Geb. f. Z. u. S. v. 21. 12. 23 setzte sie nach den Schwankungen in der Inflationszeit auf 5 bis 75 Goldpfennig herab. Das G. v. 21. 12. 25 stellte die alten Sätze in RPfg. und RM. wieder her.

[4] Vgl. über versäumten Erwerb eines Zeugen, der bei einer Kohlenstauereigesellschaft in fester Arbeit steht, OLG. **19**, 278. — Hat der Zeuge keinen Erwerb versäumt, so erhält er nichts. JW. **90**, 180[10]; Ausnahme: Abs. 3, s. Anm. 1, vgl. aber auch Anm. 5. — Personen, die ein festes Einkommen (Gehalt, Löhnung oder Pension) beziehen, erhalten keine Gebühr für Zeitversäumnis, da bei ihnen eine Erwerbsversäumnis nicht vorausgesetzt wird. OLG. **19**, 279. — Dar-

über, daß ein Gerichtsvollzieher als Zeuge in Preußen nur unter besonderen Umständen einen Anspruch auf Vergütung von Zeit- und Erwerbsversäumnis hat, vgl. OLG. 3, 170. Nach den jetzt geltenden Bestimmungen erhalten Beamte des Fahrdienstes der Reichsbahn eine Entschädigung für den ihnen entstehenden Mehraufwand; dieser Nebenbezug ist kein Diensteinkommen und deshalb weder ganz noch teilweise als Erwerbsversäumnis zu erstatten. Verf. v. 9. 6. 23 (JMBl. 433).

[5] Satz 2 ist durch die Nov. v. 10. 6. 14 dem Abs. 2 hinzugefügt, um der früheren Praxis der Gerichte (vgl. Gr. 34, 1187; JW. 90, 180[10]) entgegenzutreten, wonach selbständigen Gewerbetreibenden, wie Gastwirten, Agenten, Kaufleuten und Angehörigen freier Berufe, wie Ärzten, Patentanwälten, Rechtsanwälten, nur dann eine Entschädigung für Erwerbsversäumnis gewährt wurde, wenn sie den sicheren Nachweis erbrachten, daß sie wirklich Schaden erlitten. Grundsätzlich sollen alle Zeugen, auch selbständige Gewerbetreibende und Angehörige freier Berufe, ohne weiteren Nachweis eine Entschädigung erhalten. Ob im Einzelfalle tatsächlich kein Erwerb versäumt worden ist, soll nach freiem Ermessen beurteilt werden. Begr. 5, KB. 6. Es ist also insbesondere bei selbständigen Gewerbetreibenden und Angehörigen freier Berufe die Zahlung einer Entschädigung regelmäßig nicht von der Beibringung eines besonderen Nachweises abhängig zu machen, daß sie im Einzelfall einen Erwerbsverlust erleiden. Vgl. preuß. Verf. v. 14. 9. 14 (JMBl. 710). So sind Zeugen vom Stande der Fabrikanten oder Bankiers regelmäßig ohne besonderen Nachweis eines Erwerbsverlustes zu entschädigen. OLG. 7, 231. Bei einem sonstigen Gewerbetreibenden wird allerdings zu erfordern sein, daß der Betrieb seines Geschäfts bei seiner zeitweisen Abwesenheit Störungen erleidet, oder daß er eines besondere Kosten verursachenden Vertreters bedarf. Übt der Zeuge lediglich eine kontrollierende Tätigkeit aus und ist der Umfang des Geschäfts so groß, daß es durch seine Abwesenheit keine Störungen erleidet, auch die Annahme eines besondere Kosten verursachenden Vertreters nicht erforderlich ist, so wird dem Zeugen keine Entschädigung für Zeitversäumnis zu gewähren sein. JW. 97, 86[28].

[6] Weil das Wort „gemeine" einen herabsetzenden Nebenklang hat, ist dieses frühere Wort im Abs. 3 von der Nov. v. 10. 6. 14 durch das Wort „einfache" ersetzt. Unter einfacher Handarbeit ist ungelernte Arbeit zu verstehen. KB. 6.

[7] Über Gewährung von Entschädigung für Zeitverlust an: Personen, die in einem Dienstverhältnisse stehen, vgl. preuß. Verf. v. 28. 6. 03 (JMBl. 143); staatliche Arbeiter, vgl. früher die Verf. v. 26. 4. 05 (JMBl. 132), jetzt aufgehoben durch Verf. v. 30. 8. 22 (JMBl. 364).

3. Der Sachverständige[1] erhält für seine Leistung eine Vergütung nach Maßgabe der erforderlichen Zeitversäumnis[2] im Betrage bis zu 3 Reichsmark für jede angefangene Stunde[3]. Ist die Leistung besonders schwierig, so darf der Betrag bis zu 6 Reichsmark für jede angefangene Stunde erhöht werden[4].

Die Vergütung ist unter Berücksichtigung der Erwerbsverhältnisse des Sachverständigen zu bemessen[5].

Außerdem sind dem Sachverständigen die auf die Vorbereitung des Gutachtens verwendeten Kosten[6] sowie die für eine Untersuchung verbrauchten[7] Stoffe und Werkzeuge zu vergüten.

[1] Der sachverständige Zeuge (§ 414 ZPO.) ist wahrer Zeuge, vorausgesetzt, daß sich seine Bekundungen auf vergangene Tatsachen oder Zustände beziehen, die der Zeuge vermöge seiner Sachkunde wahrgenommen hat (z. B. über die Marktlage einer vergangenen Zeit, insbesondere ob eine Ware zu bestimmter Zeit am Markte käuflich war). RG. 91, 208; JW. 02, 531[7]. Wird er aber nicht bloß über Wahrnehmung früherer Geschehnisse und Zustände vernommen, sondern auf Grund seiner Wahrnehmungen auch gutachtlich über technische Fragen (z. B. Geisteszustand, Ursachen eines Unfalls, Umfang der durch eine Verletzung eingetretenen Veränderung der Erwersfähigkeit, Messungen und Berechnungen), so ist er zugleich Sachverständiger, und er hat Anspruch auf Sachverständigengebühren. JW. 96, 638[12]; 98, 419[14]; 99, 145[20], 372[25]; 02, 551[7].

[2] Vgl. Anm. 2 § 2 (während der ganzen Zeit der Abwesenheit von der Wohnung oder der Arbeitsstelle). — Zu der „Leistung", die für Bemessung der Zeitversäumnis zu berücksichtigen ist, gehören auch notwendige Reisen zum Termin (vgl. § 5) und zur Vorbereitung des Gutachtens auch die Ermittlungen und Untersuchungen, die zweckmäßigerweise zur Beschaffung der nötigen Grundlagen für die Erstattung des Gutachtens angestellt worden sind. JW. **84**, 196; W. **16**, 90: OLG. **31**, 254. Nicht aber Bemühungen des Sachverständigen, um sich die für die Erstattung des Gutachtens erforderlichen technischen Kenntnisse anzueignen. OLG. **21**, 166.

[3] Durch die Nov. v. 10. 6. 14 sind im Abs. 1 der früheren Fassung ersetzt: „Leistungen" durch „Leistung", „zwei" durch „drei", „auf" durch „für". Die danach erfolgte Erhöhung des Höchstsatzes von 2 auf 3 M. soll im Interesse der Rechtsprechung die Heranziehung besonders hervorragender Sachverständiger ermöglichen. Begr. 6. Die 5. VO. über Geb. f. Z. u. S. v. 21. 12. 23 setzte den Höchstsatz nach den Schwankungen der Inflationszeit auf 1,50 Goldmark herab. Das G. v. 21. 12. 25 stellte den alten Satz in RM. wieder her.

[4] Durch die Nov. v. 10. 6. 14 ist Satz 2 zum bisherigen Abs. 1 hinzugefügt, um die Möglichkeit zu geben, für besonders schwierige Leistungen, wie sie namentlich bei Gutachten auf dem Gebiete des gewerblichen Rechtsschutzes häufig sind, eine über die normalen Höchstsätze hinausgehende Entschädigung zu gewähren. Begr. 6. Auch hier wurde durch die 5. VO. über Geb. f. Z. u. S. v. 21. 12. 23 die über den normalen Höchstsatz hinausgehende Vergütung auf 3 Goldmark ermäßigt. Der alte Satz, aber in RM., wurde durch das Gesetz v. 21. 12. 25 wiederhergestellt. — Abs. 1 kommt aber nur dann zur Anwendung, wenn nicht ein üblicher Preis für die Leistung besteht und nach § 4 zu gewähren ist. Begr. 6. — In Preußen darf die erhöhte Vergütung nur gewährt werden, soweit die im § 111 der Etatsvorschriften in d. Fass. d. Verf. v. 14. 9. 14 (JMBl. 709) vorgeschriebene Bescheinigung vorliegt. Verf. v. 14. 9. 14 (JMBl. 710). Der § 111 Abs. 3 der Etatsvorschriften für die Justizverwaltung v. 8. 1. 14 (JMBl. 15) lautet:

„Bare Auslagen für Rechnung des Fonds Kap. 77 werden von dem Richter (Vorsitzenden), Staatsanwalt oder etatsmäßigen Amtsanwalt, durch dessen Amtshandlung die Ausgaben veranlaßt sind, zur Zahlung angewiesen. Für die Anweisung zur Zahlung von Zeugen- und Sachverständigengebühren ist, wenn nicht eine gerichtliche Festsetzung (§ 17 GO. f. Z. u. S.) stattzufinden hat, neben den vorbezeichneten Beamten der Gerichtsschreiber (Sekretär) zuständig, dem die Feststellung der Beträge obliegt, sofern er nicht mit der Auszahlung der Gebühren befaßt ist und sofern es sich nicht um eine auf Grund des § 4 der GO. f. Z. u. S. gewährte Vergütung handelt. Die Anweisung durch den Gerichtsschreiber erfolgt auf Grund einer Bescheinigung des im Satz 1 bezeichneten Beamten, daß der Zeuge oder Sachverständige bestimmungsgemäß zu entschädigen ist; in der Bescheinigung ist, falls eine erhöhte Vergütung gemäß § 3 Abs. 1 Satz 2 GO. f. Z. u. S. gewährt werden soll, deren Stundenbetrag nach Mark zu bezeichnen."

[5] Nur die Erwerbsverhältnisse des Sachverständigen sind bei Bemessung der Vergütung zu berücksichtigen. Daß er Erwerb versäumt habe, ist nicht (wie nach § 2 Abs. 2 für Zeugen) erforderlich. — Der Umfang und die Beschaffenheit der geleisteten Arbeit kommen nicht für die Berechnung des für jede Stunde festzusetzenden Entschädigungssatzes, sondern nur für die Berechnung der erforderlich gewesenen Zeit (s. Anm. 2) in Betracht. Preuß. Oberrechnungskammer Erl. v. 16. 10. 82 Nr. 7859, OLG. 15, 178. — Ist der Sachverständige mit der Ausarbeitung des Gutachtens an verschiedenen Tagen beschäftigt gewesen, so ist die gebrauchte Zeit zusammenzurechnen. In Preußen haben zufolge Anordnung der Oberrechnungskammer die Sachverständigen die Versicherung abzugeben, daß sie an den betreffenden Tagen nicht noch anderweit als Sachverständige tätig gewesen sind, eventuell in welch anderen Sachen und zu welchen Zeiten dies der Fall gewesen ist. — Durch die Nov. v. 10. 6. 14 sind im Abs. 2 die bisherigen Schlußworte: „und für jeden Tag auf nicht mehr als zehn Stunden zu gewähren" gestrichen, weil es mit dem Charakter der Leistungen eines Sachverständigen unvereinbar sei, dem täglichen Maße der Arbeit bestimmte Grenzen zu ziehen und die Arbeitszeit, soweit sie 10 Stunden für den Tag überschreite,

von der Entschädigung auszuschließen. Begr. 6. Diese Streichung der Beschränkung der Vergütung hat aber nur die Wirkung, daß bei Berechnung der Entschädigung des Sachverständigen, falls diesem über zehn Stunden für den Tag Arbeitszeit und damit Erwerb entzogen worden ist, die Vergütung nicht auf zehn Stunden täglich beschränkt werden darf. Dagegen folgt daraus, auch in Verbindung mit der Vorschrift des § 5, nicht, daß, wenn der Sachverständige (z. B. ein Arzt) infolge seiner Sachverständigentätigkeit von Hause abwesend sein muß, er Stundenvergütung für Zeitversäumnis während der ganzen Zeit seiner Abwesenheit, gegebenenfalls für 24 Stunden jeden Abwesenheitstages, verlangen kann; vielmehr ist immer nur die wirklich versäumte Arbeitszeit zu berücksichtigen, für die Dauer von Pausen (wie zur Nachtruhe, Ernährung, Erholung), ohne die eine Erwerbstätigkeit nicht möglich ist, hat der Sachverständige keinen Anspruch auf Vergütung. W. **16**, 90, auch Anm. 1 § 5. — Sachverständigengebühren sind bei verspäteter Zahlung aufzuwerten. JW. **24**, 326.

[6] Auf die Vorbereitung des Gutachtens verwendete Kosten sind z. B. Auslagen für zugezogene Gehilfen. OLG. **23**, 281, vgl. preuß. Verf. v. 24. 9. 15 (JMBl. 275) (bei Bemessung der Vergütung für Hilfskräfte kann der übliche Betrag derartiger Unkosten zugrunde gelegt werden; wenn die Angaben des Sachverständigen über die Höhe des von ihm aufgewendeten Betrags glaubhaft erscheinen, ist von Beibringung einer Bescheinigung über die Auszahlung an die Hilfspersonen abzusehen). Auch die Kosten der Bereitstellung des Objekts der Beweisaufnahme durch Vornahme der hierzu notwendigen Arbeiten (z. B. zum Zwecke der Untersuchung eines Kieslagers oder von Wohnräumen) können hierher gehören. Gr. **41**, 166 (JW. **99**, 89[9]). Desgleichen Aufwendungen zum Zwecke der Herbeiführung eines Vergleichs zwischen den Parteien. OLG. **19**, 277, auch **21**, 166. — Nicht aber eine Auslage für die Verstempelung einer von dem Sachverständigen aufgenommenen Vergleichsurkunde. Diese Auslage hat der Sachverständige, der für den Stempel selbst nicht haftet, als Beauftragter der Parteien, nicht als Sachverständiger gemacht. Er kann die Auslage wohl von den Parteien, nicht aber aus der Staatskasse ersetzt ver-

langen. OLG. 19, 277. Hingegen ist dem vom Gericht vernommenen Sachverständigen die Umsatzsteuer zu ersetzen. OLG. 40, 468. — Der Sachverständige kann eine Entschädigung dafür verlangen, daß er infolge der Vorladung zu einem gerichtlichen Termin seine geschäftlichen Dispositionen ändern mußte. OLG. 21, 166.

[7] Für Anschaffung von Werkzeugen und Gerätschaften zur Vorbereitung des Gutachtens kann nichts, sondern nur für verbrauchte Werkzeuge usw. Ersatz verlangt werden. JW. 87, 115; 96, 102[3]; vgl. jedoch OLG. 39, 120 (für Abnutzung Vergütung zu gewähren).

4.[1] Besteht für die aufgetragene Leistung[2] ein üblicher Preis[1, 3], so ist dem Sachverständigen auf Verlangen dieser und für die außerdem stattfindende Teilnahme an Terminen[4] die im § 3 Abs. 1 Satz 1 und Abs. 2 geregelte[5] Vergütung zu gewähren[6].

Beschränkt sich die Tätigkeit des Sachverständigen auf die Teilnahme an Terminen[4], so erhält er lediglich die im § 3 bestimmte Vergütung[5].

[1] Nach der älteren Fass. des Abs. 1 Halbs. 1 war dem Sachverständigen nur „bei schwierigen Untersuchungen und Sachprüfungen" auf Verlangen „eine Vergütung nach dem üblichen Preise für die aufgetragene Leistung" zu gewähren. Die Schwierigkeit mußte eine erhebliche sein. RG. 52, 410; OLG. 3, 171; 11, 345. Die Durchsicht von Marktberichten und Fakturen zur Vorbereitung des Gutachtens erfüllte nicht den Begriff der schwierigen Untersuchung und Sachprüfung, RG. 52, 410, ebensowenig die Besichtigung eines auswärtigen Grundstücks, OLG. 3, 171. Die zu begutachtende Frage mußte ferner objektiv schwierig sein, also die Aufwendung einer außergewöhnlichen Mühewaltung, insbesondere umfassender und eindringender Studien und Arbeiten, für die Beantwortung durch einen mit normaler Sachkunde begabten Sachverständigen erfordern. OLG. 1, 469; 17, 240; 23, 280, 281. Auf die mehr oder weniger gründliche Ausarbeitung des Gutachtens aber kam es nicht an. OLG. 17, 240. Auch

stand der Gewährung einer Vergütung nach dem üblichen Preise nicht der Umstand entgegen, daß der Sachverständige sein Gutachten nicht nach eigener Ausarbeitung erstattet hatte. OLG. 23, 281. — Nach der durch die Nov. v. 10. 6. 14 dem Abs. 1 Halbs. 1 gegebenen Fassung hat jetzt der Sachverständige, wenn für die aufgetragene Leistung ein üblicher Preis besteht, die Wahl, ob er für die Leistung, einschließlich der etwaigen Teilnahme an Terminen (s. Anm. 2 § 3, Anm. 1 § 6), die im § 3 bestimmte Vergütung oder den üblichen Preis und außerdem für die etwaige Teilnahme an Terminen die im § 3 Abs. 1 Satz 1 und Abs. 2 geregelte Vergütung beanspruchen will. Auf sein Verlangen ist ihm dieser übliche Preis nebst der genannten Vergütung für etwaige Termine stets zu gewähren, ohne Rücksicht darauf, ob die aufgetragene Leistung schwierige Untersuchungen und Sachprüfungen erforderte. Der Sachverständige soll bei Bestehen eines üblichen Preises, weil er bei Erstattung des von ihm vom Gericht aufgetragenen Gutachtens nicht, wie der Zeuge, eine allgemeine Bürgerpflicht erfüllt, sondern in Ausübung seiner Berufstätigkeit handelt (vgl. § 407 ZPO., § 75 StPO.), grundsätzlich auf eine gleiche Vergütung Anspruch erheben dürfen, wie wenn die Leistung außerhalb eines gerichtlichen Verfahrens einem Privaten gemacht würde. Ob ein üblicher Preis besteht, ist vom Gericht nach freiem Ermessen zu entscheiden mit Rücksicht auf die Übung im Verkehr. Bei der Entscheidung ist das Gericht nicht an etwaige Normen, Sätze, Tarife gebunden, welche einzelne Vereine, Sachverständigenverbände oder sonstige Interessentenkreise für ihre Mitglieder aufstellen. Begr. 6, KB. 11. Dadurch allein, daß eine Berufsvereinigung für gewisse Leistungen einen Stundensatz aufstellt, wird dieser nicht zur üblichen Vergütung; es muß sich vielmehr in den Kreisen, welche derartige Leistungen in Anspruch nehmen, die Überzeugung der Angemessenheit gebildet haben. JW. 22, 1463. — Der „übliche" Preis ist auch dann zu gewähren, wenn er über die Sätze des § 3 hinausgeht. Dem § 4 kommt gegenüber dem § 3 eine vollkommene selbständige Bedeutung zu. JW. 21, 473[7]; OLG. 5, 222; 33, 195. — Eine Aufwandsentschädigung kann nicht in die übliche Vergütung einbezogen werden, da diese nur für die aufgetragene Leistung bestimmt ist. Daher sind

z. B. hinsichtlich einer solchen Entschädigung für die Zeit, die für Reisen zu den erforderlichen sachverständigen Untersuchungen verwendet ist, nicht etwaige übliche Sätze, sondern lediglich § 9 maßgebend. OLG. **37**, 232 (a. M. OLG. **31**, 253).

[2] Nur für die aufgetragene Leistung kann der Sachverständige eine Vergütung nach dem üblichen Preise verlangen. Gibt der Sachverständige ein schriftliches Gutachten über Fragen ab oder dehnt er eine Besichtigung zur Beantwortung von Fragen aus, die nicht Gegenstand des gerichtlichen Auftrags waren, so kann er über die durch die Erfüllung der ihm in Wirklichkeit aufgetragenen Arbeit bedingte Zeitversäumnis und Mühewaltung hinaus eine Entschädigung nicht verlangen. OLG. **15**, 179; **31**, 253. Dagegen bleibt ihm, wenn er auf Ersuchen einer Partei oder beider Parteien eine Tätigkeit entfaltet hat, unbenommen, insoweit einen Anspruch gegen seinen Auftraggeber im ordentlichen Rechtswege geltend zu machen. OLG. **31**, 253. — Ferner kann er eine Vergütung für die zur Vorbereitung nötige Zeitversäumnis in diesem Falle nicht beanspruchen. Ebensowenig für die zur sachdienlichen Vorbereitung des Gutachtens erforderlichen Aufwendungen. OLG. **5**, 222.

[3] Über Anwendung der „Hamburger Norm" oder der von dem Verbande der Architekten- und Ingenieur-Vereine aufgestellten Honorarnorm als Vergütungsmaßstab des „üblichen Preises" für die Leistung eines sachverständigen Architekten vgl. OLG. **3**, 172; **5**, 222; **7**, 232; **11**, 149; **23**, 280; **27**, 240, 241; **31**, 252; **33**, 195, 196. — Der Satz der GO. des Verbandes Deutscher Bücherrevisoren mit 7,50 RM. je Stunde ist nicht der für Berlin übliche Satz. JW. **26**, 1611[3]; **27**, 366. Hinsichtlich der Honorarnorm der öffentlich bestellten Landmesser und Katasterdirektoren vgl. JW. **25**, 1100, hinsichtlich des „Allgem. Deutschen Gebührenverzeichnisses für Chemiker" vgl. JW. **25**, 1527[1]. Vgl. aber Tarif für die Gebühren der Kreistierärzte in gerichtlichen Angelegenheiten v. 15. 6. 05 (GS. 254), abgeändert durch VO. v. 3. 3. 13 (GS. 27) u. zuletzt durch die Erl. v. 18. 12. 23, 16. 4. 24, 20. 5. 24 (GS. 1924 S. 26, 486, 546). — Der Sachverständige kann, wenn er nach § 407 ZPO. der Ernennung zum Sachverständigen

Folge leisten mußte, die Erstattung seines Gutachtens nicht davon abhängig machen, daß ihm vom Gericht bestimmte Gebührensätze zugesichert werden. OLG. 1, 469; 2, 273.

[4] Die Teilnahme an Terminen umfaßt auch die Vorbereitung dazu. Daher wird hierfür ebenfalls nur die im § 3 (s. Anm. 5) bestimmte Gebühr gewährt. OLG. 19, 278.

[5] Durch die Nov. v. 10. 6. 14 sind im Abs. 1 Halbs. 2 die Worte „Abs. 1 Satz 1 und Abs. 2" und der Abs. 2 hinzugefügt. Danach kann der Sachverständige, wenn sich seine Tätigkeit auf die Teilnahme an Terminen beschränkt (Abs. 2), nicht einen etwa üblichen Preis, sondern lediglich die im § 3 bestimmte Vergütung beanspruchen, diese aber, wenn die Leistung besonders schwierig ist, nicht bloß bis zum Höchstsatze von 3 RM., sondern bis zum Höchstsatze von 6 RM. für jede angefangene Stunde Zeitversäumnis (§ 3 Abs. 1 S. 1, 2). Ist die Tätigkeit nicht auf die Teilnahme an Terminen beschränkt (Abs. 1), so erhält der Sachverständige, auch wenn ein üblicher Preis besteht und er daher für seine übrige Leistung diesen üblichen Preis beanspruchen darf (s. Anm. 1), für die Teilnahme an den Terminen ebenfalls nicht den üblichen Preis, sondern die Vergütung nach § 3, jedoch auch im Falle besonderer Schwierigkeit der Leistung nur bis zum Höchstbetrage von 3 RM. (§ 3 Abs. 1 S. 1), nicht bis zum Höchstbetrage von 6 RM. (§ 3 Abs. 1 S. 2) für jede angefangene Stunde der aus der Teilnahme an den Terminen sich ergebenden Zeitversäumnis. KB. 22, 23.

[6] Einer Berechnung der auf die Leistung verwendeten Zeit bedarf es dann nicht, wenn die Höhe des üblichen Preises von der auf die Leistung verwendeten Zeit nicht abhängt. Vgl. preuß. Verf. v. 24. 11. 15 (JMBl. 275).

5 (4a). Haben in bürgerlichen Rechtsstreitigkeiten die Parteien sich dem Gerichte gegenüber mit einer bestimmten Vergütung für die Leistung des Sachverständigen einverstanden erklärt, so ist diese Vergütung zu gewähren, sofern ein zu ihrer Deckung ausreichender Betrag an die Staatskasse gezahlt ist[1].

[1] § 5, früher 4a ist durch die Nov. v. 10. 6. 14 eingefügt. Voraussetzung für die Gewährung der fraglichen Vergütung an den Sachverständigen aus der Staatskasse ist, daß die Parteien (wie es z. B. bei Rechtsstreitigkeiten auf dem Gebiete des gewerblichen Rechtsschutzes öfter geschieht) mit dem Sachverständigen eine Vereinbarung über die Vergütung getroffen haben, daß ein ausreichender Vorschuß gezahlt und daß die Vereinbarung gegenüber dem Gerichte erklärt ist. Letztere Voraussetzung ist erfordert, weil sonst gegen den Sachverständigen der Verdacht der Befangenheit entstehen könnte. KB. 12. Eine ins einzelne gehende Berechnung der beanspruchten Gebühr, insbesondere eine Angabe über die auf die Leistung verwendete Zeit, ist hier nicht erforderlich. Vgl. preuß. Verf. v. 24. 11. 15 (JMBl. 275).

6 (5). Als versäumt gilt für den Zeugen oder Sachverständigen auch die Zeit, während welcher er seine gewöhnliche Beschäftigung nicht wieder aufnehmen kann[1].

[1] Berechnet wird auch die Zeitversäumnis (§§ 2, 3) für Wege, die der Zeuge oder Sachverständige zu der ihm aufgetragenen Information zurücklegen mußte. Vgl. auch Anm. 2 § 2, Anm. 2 § 3. — Muß ein Sachverständiger als solcher einen auswärtigen Termin wahrnehmen, so hat er Anspruch auf Vergütung für Zeitversäumnis gemäß § 3 nicht bloß für diejenige Zeit, während der er von dem Gerichte im Termine selbst zur Abgabe des Gutachtens in Anspruch genommen wird, sondern auch für diejenige Zeit, während der er außerdem infolge der Ladung seiner Beschäftigung ferngehalten wird, also auch während der Hin- und Rückreise. W. **16**, 90, auch Anm. 2 § 3. Jedoch folgt aus § 6 nicht, daß diese ganze Zeit unter allen Umständen der Berechnung der Vergütung zugrunde gelegt werden muß; vielmehr sind immer nur die wirklich versäumte Arbeitszeit, nicht auch die bei jeder Erwerbstätigkeit nötigen und daher auch im Einzelfall als gegeben anzunehmenden Ruhepausen zu berücksichtigen. W. **16**, 90, auch Anm. 5 § 3. — Die Vorschrift findet auch auf einen als Dolmetscher tätigen Beamten An-

wendung, dem daher auch die Zeit, die er auf den Weg zum und vom Gerichtsgebäude verwendet, zu vergüten ist. OLG. 31, 254.

7 (6). Mußte[1] der Zeuge oder Sachverständige außerhalb[2] seines Aufenthaltsorts[3] einen Weg bis zur Entfernung von mehr als zwei Kilometer zurücklegen[4], so ist ihm außer den nach §§ 2 bis 6 zu bestimmenden Beträgen eine Entschädigung für die Reise und für den durch die Abwesenheit von dem Aufenthaltsorte verursachten Aufwand nach Maßgabe der folgenden Bestimmungen zu gewähren.

[1] Notwendig ist die Reise vom Aufenthaltsort aus immer, wenn dem Gericht oder der ladenden Partei bei der Ladung bekannt war, daß der Zeuge oder Sachverständige sich an diesem Orte aufhielt; andernfalls nur, wenn trotz seiner Anzeige von der Ortsveränderung das Gericht die Ladung nicht zurücknimmt, oder wenn er keine Zeit mehr hatte, dem Gerichte von der Veränderung Anzeige zu machen, oder ihm sonst die Unterlassung der Mitteilung nicht als Verschulden anzurechnen ist, z. B. er annehmen mußte, daß das Gericht trotz der Ortsveränderung auf seinem Erscheinen bestehen würde, oder er mit der Möglichkeit rechnet, daß seine Vernehmung gerade bei dem betreffenden Gerichte gewünscht werde. JW. 98, 388[10], auch OLG. 31, 252. Nicht notwendig ist die Reise, wenn der Zeuge nach Empfang der Ladung willkürlich (d. h. ohne aus wirtschaftlichen oder sonstigen Gründen dazu gezwungen zu sein) seinen Aufenthaltsort vom Sitze des Gerichts weiter fort verlegt. — Vgl. Anm. 4 § 1 (Voraussetzung ist, daß der Zeuge als solcher zu seiner Vernehmung geladen ist und, um dieser Ladung zu folgen, die Reise zum Termin unternommen hat. RG. 43, 409; OLG. 23, 280). — Zu den notwendigen Reisen eines Sachverständigen gehören auch die zu Besichtigungen, die zur Vorbereitung des Gutachtens erforderlich sind. OLG. 31, 254, vgl. Anmerkung 2 § 3.

[2] Der Weg innerhalb des Aufenthaltsorts wird nicht berechnet (vgl. § 10), wohl aber der innerhalb des Orts der

Vernehmung. — Vgl. für das Reich § 7 ReisekostenVO. v. 14. 10. 21 (RGBl. 1347) und Nr. 56 Ausf.Best. d. RFinMin. v. 6. 12. 21 (ZentrBl. 952); für Preußen § 7 G. über Reisekosten der Staatsbeamten v. 3. 1. 23 (GS. 3) und Nr. 56 AusfBest. d. PrFinMin. v. 17. 1. 23 (FinMinBl. Nr. 2 Sonderbeil. S. 23).

[3] Aufenthaltsort ist der Ort, wo der Zeuge oder Sachverständige sich vor Antritt der Reise zum Termin aufhielt, einerlei, ob dies zugleich sein Wohnsitz oder der Ort der Ladung ist.

[4]) Wenn weniger als zwei Kilometer, nur im Falle des § 11 (Unvermögen zur Zurücklegung des Wegs ohne Benutzung von Transportmitteln).

8 (7). **Soweit nach den persönlichen Verhältnissen des Zeugen oder Sachverständigen oder nach äußeren Umständen die Benutzung von Transportmitteln für angemessen zu erachten ist[1], sind als Reiseentschädigung die nach billigem Ermessen in dem einzelnen Falle erforderlichen Kosten zu gewähren. In anderen Fällen beträgt die Reiseentschädigung für jedes angefangene Kilometer des Hinwegs und des Rückwegs 10 Reichspfennig[2].**

[1] Einerlei, ob er wirklich Auslagen an Fuhrkosten gehabt hat (eigenes Fuhrwerk, Fahrrad oder sonstiges Beförderungsmittel). JW. **93,** 219[27]; OLG. **11,** 343. Über Entschädigung für die Benutzung eigener Kraftwagen vgl. OLG. **31,** 255. — In Preußen hat nach der ZirkVerf. v. 3. 10. 79 die Ortspolizeibehörde zu bescheinigen, daß die Höhe des liquidierten Fahrgeldes ortsüblich und angemessen ist.

[2] Durch die Nov. v. 10. 6. 14 ist die Reiseentschädigung des Satzes 2 von „fünf" auf „zehn" Pfennig für jedes Kilometer erhöht. Die 5. VO. über die Geb. f. Z. u. S. v. 21. 12. 23 setzte nach den Schwankungen in der Inflationszeit die Entschädigung auf 5 Goldpfennig herab. Das G. v. 21. 12. 25 stellte den alten Satz in RPfg wieder her.

9 (8). Die Entschädigung für den durch Abwesenheit von dem Aufenthaltsorte verursachten Aufwand ist nach den persönlichen Verhältnissen des Zeugen oder Sachverständigen zu bemessen, soll jedoch den Satz, der den Reichsbeamten der Stufe III (§ 2 Abs. 2 der Reisekostenverordnung für die Reichsbeamten [Reichsgesetzbl. 1921 S. 1345, 1923 I S. 981]) als Tagegeld zusteht, nicht überschreiten[1, 2]. Die Vorschriften der genannten Verordnung, nach denen bei Reisen, die an demselben Kalendertag angetreten und beendet werden, sich das Tagegeld vermindert oder ein Tagegeld nicht gewährt wird, gelten entsprechend[3]. War der Zeuge oder Sachverständige genötigt, außerhalb seines Aufenthaltsorts ein Nachtquartier zu nehmen, so erhält er den angemessenen Betrag, der glaubhaft gemacht ist[4].

[1] Durch die Nov. v. 10. 6. 14 wurde der Höchstbetrag für Aufwand von 5 auf 7,50 Mark und der Höchstbetrag für Nachtquartier von 3 auf 4,50 Mark erhöht. Vgl. auch Anm. 1 § 4. — Durch die 3. VO. zur Erhöhung der Geb. f. Z. u. S. vom 12. 6. 23 wurde als Höchstsatz der Entschädigung der Satz bestimmt, der den Reichsbeamten der Stufe III (§ 2 Abs. 2 ReisekostenVO. f. Reichsbeamte v. 14. 10. 21) als Tagegeld zusteht. Die jetzige Fass. beruht auf dem G. v. 21. 12. 25. — Vgl. auch die Abänderung der ReisekostenVO. v. 29. 12. 27 (RBesBl. 205).

[2] Die Höchstbeträge dürfen in keinem Falle überschritten werden, OLG. 37, 232 Anm., 233 (a. A. OLG. 39, 121). Vgl. preuß. Verf. v. 14. 9. 14 (JMBl. 710). — Über Unanwendbarkeit üblicher Preise auf die Aufwandsentschädigung für Sachverständige vgl. Anm. 1 § 4.

[3] Dieser Höchstbetrag ist also nur dann zu gewähren, wenn die Abwesenheit die Dauer von 24 Stunden erreicht hat, OLG. 39, 121; vgl. § 2 Abs. 3 ReisekostenVO. für Reichsbeamte in d. Fass. v. 15. 10. 23 (RGBl. I 981).

[4] Die Kosten des Nachtquartiers sind also nicht durch die Sätze des § 3 ReisekostenVO. f. Reichsbeamte und Nr. 35—40

AusfBest. v. 6. 12. 21 (ZentrBl. 949) begrenzt, wennschon diese als Maßstab für die Angemessenheit herangezogen werden können.

10 (9). Mußte der Zeuge oder Sachverständige innerhalb seines Aufenthaltsorts einen Weg bis zu einer Entfernung von mehr als zwei Kilometer zurücklegen[1], so ist ihm für den ganzen zurückgelegten Weg eine Reiseentschädigung nach den Vorschriften des § 8 zu gewähren[2].

[1] Sonst (weniger als zwei Kilometer) nur im Falle des § 11 (Unvermögen zur Zurücklegung des Weges ohne Benutzung von Transportmitteln).

[2] Geht der Weg in diesem Falle über die Grenze des Aufenthaltsorts hinaus, so wird der die Grenze überschreitende Wegteil auch dann hinzugerechnet, wenn er weniger als zwei Kilometer beträgt. — Eine Entschädigung nach § 9 (Aufwand) wird nicht gewährt.

11 (10). Konnte der Zeuge oder Sachverständige den erforderlichen Weg ohne Benutzung von Transportmitteln nicht zurücklegen[1], so sind die nach billigem Ermessen erforderlichen Kosten auch außer den in den §§ 7, 10 bestimmten Fällen[2] zu gewähren.

[1] Z. B. wegen Krankheit, Alter.

[2] Entfernung von mehr als 2 Kilometer.

12 (11). Abgaben[1] für die erforderliche Benutzung eines Weges sind in jedem Falle zu erstatten.

[1] Z. B. Brückengelder. — Belege sind nicht zu erfordern, wenn die Notwendigkeit der Abgabenleistung im allgemeinen dem Gerichte bekannt ist.

13 (12). Bedarf der Zeuge[1] wegen jugendlichen Alters oder wegen Gebrechen eines Begleiters[2], so sind die Entschädigungen für beide zu gewähren.

[1] Auf Sachverständige nicht anwendbar.

[2] Es ist nur für einen solchen Begleiter, wie er durch die Umstände geboten ist, Entschädigung zu gewähren (z. B. für Eltern als Begleiter ihrer Kinder nach ihrem Stande und ihren Erwerbsverhältnissen, dagegen für den Begleiter eines Blinden nur nach den Verhältnissen eines gewöhnlichen Arbeiters). Mot. zu § 12 a. F.

14 (12a). Notwendige bare Auslagen, soweit sie nicht den durch den Aufenthalt außerhalb der Wohnung verursachten Aufwand betreffen, können dem Zeugen oder Sachverständigen nach billigem Ermessen erstattet werden. Dies gilt namentlich von den Kosten für eine notwendige Vertretung[1].

[1] Schon früher war die Erstattung der infolge der Ladung und Vernehmung erwachsenen notwendigen Auslagen, insbesondere der Kosten notwendiger Vertretung, bei den meisten Gerichten üblich. Vgl. OLG. 11, 83, wonach dem Zeugen Gebühren für Telegramme zur Entschuldigung seines Ausbleibens zu erstatten sind. Durch den von der Nov. v. 10. 6. 14 eingefügten § 12a, jetzt § 14 ist eine sichere gesetzliche Grundlage in dieser Hinsicht geschaffen worden. Begr. 7, KB. 15. Über die Erstattung von Telegrammgebühren an die als gerichtliche Sachverständige zugezogenen Ärzte und Chemiker vgl. für Preußen die Verf. v. 30. 11. 21 (JMBl. 599). — Sämtliche auf Grund des § 14 erstatteten baren Auslagen, zu denen auch die Postgebühren für Briefumschläge der nach § 401 Abs. 2 ZPO. schriftlich die Beweisfragen beantwortenden Zeugen gehören (vgl. für Preußen die Verf. v. 22. 7. 24 [JMBl. 283]) sind von dem zahlungspflichtigen Beteiligten als gerichtliche Auslagen gemäß § 72 Nr. 4 GKG. zu erstatten.

15[1]. Die dem Zeugen oder Sachverständigen zu zahlende Gesamtvergütung[2] wird auf volle 5 Reichspfennig aufgerundet.

[1] Eingefügt durch Art. II der VO. v. 21. 12. 23 (RGBl. I 1239).

[2] Die auszuzahlende Schlußsumme, nicht jeder einzelne Posten der Rechnung.

16 (13). Soweit für gewisse Arten von Sachverständigen[1] besondere Taxvorschriften bestehen, welche an dem Orte des Gerichts, vor welches die Ladung erfolgt, und an dem Aufenthaltsorte[2] des Sachverständigen gelten[3], kommen lediglich[3a] diese Vorschriften in Anwendung. Gelten solche Taxvorschriften nur an einem dieser Orte oder gelten an demselben verschiedene Taxvorschriften, so kann der Sachverständige die Anwendung der ihm günstigeren Bestimmungen verlangen[4].

In den Fällen des Abs. 1 kann der Sachverständige, wenn er nicht öffentlicher Beamter ist[4a], an Stelle der Gesamtvergütung nach den Taxvorschriften die Berechnung der Gesamtvergütung nach den Vorschriften dieses Gesetzes beanspruchen[5].

Dolmetscher erhalten Entschädigung als Sachverständige nach den Vorschriften dieses Gesetzes, sofern nicht ihre Leistungen zu den Pflichten eines von ihnen versehenen Amtes gehören[6].

[1] Beamtete oder nichtbeamtete. Fälle, in denen auf beamtete Sachverständige die Bestimmung des Abs. 1 (wegen Vorhandenseins von Taxvorschriften) zur Anwendung zu bringen ist, werden namentlich dann gegeben sein, wenn der Sachverständige an seinem Wohn- oder Aufenthaltsorte vernommen wird. KB. (s. Anm. 5) 16, 17. Liegen bei dem beamteten Sachverständigen die besonderen Voraussetzungen des § 17 vor, so findet auf ihn § 16 keine Anwendung. Anm. 3a. Für nichtbeamtete Sachverständige gibt Abs. 2 eine Sonderbestimmung.

[2] Der Aufenthaltsort kann von dem Wohnort verschieden sein. Vgl. Anm. 3 § 7.

[3] Unter „Taxvorschriften" sind nur obrigkeitliche Gebührentarife, nicht die von privaten Verbänden (z. B. dem Verein deutscher Ingenieure) aufgestellten Honorarsätze zu verstehen. OLG. 1, 469; 7, 232; 11, 149, auch 5, 222; 27, 241; vgl. auch Anm. 3 § 4. — Taxvorschriften z. B.: Gebühren für Gutachten der Sachverständigenkammern für Werke der Literatur und Tonkunst: § 8 Bek. v. 10. 5. 07 (ZentrBl. 214) vgl. auch PrJMBl. 1915 S. 182; 1927 S. 6.

Ferner Preußen: a) Ärzte (hinsichtlich der Medizinalbeamten s. Anm. 1f § 17; für Veterinärbeamte s. Anm. 1d § 17): § 12 G., betr. die Gebühren der Medizinalbeamten, v. 14. 7. 09 (GS. 625), dazu OLG. 27, 241 (besondere Vergütung für Vorbesuche, die einem schriftlichen Gutachten vorausgegangen sind, auch wenn sie in der Wohnung des Arztes stattfanden). Die VO., betr. die Tagegelder und Reisekosten der Medizinalbeamten in gerichtlichen Angelegenheiten, v. 14. 7. 09 (GS. 635) ist durch § 16 Abs. 2 PrG. über die Reisekosten der Staatsbeamten v. 3. 1. 23 (GS. 3) als aufgehoben anzusehen; vgl. früher schon Verf. v. 26. 6. 22 (JMBl. 237) und jetzt Verf. v. 26. 11. 23 (JMBl. 734). Zahnärzte sind hinsichtlich der ihnen als gerichtlichen Sachverständigen gebührenden Entschädigung nicht als Ärzte im Sinne der vorgenannten Vorschriften anzusehen. Verf. v. 17. 1. 06 (JMBl. 23), OLG. 21, 167. — b) Chemiker: §§ 13, 8, 9 G., betr. die Geb. der Medizinalbeamten, v. 14. 7. 09 (GS. 625). Vgl. OLG. 37, 233, auch 35, 232. Gebühren nach diesen Vorschriften stehen auch einem städtischen Untersuchungsamt zu, das auf Ersuchen der Staatsanwaltschaft Leichenteile untersucht hat. OLG. 19, 279. Dadurch, daß nach diesen Vorschriften bei Zweifeln über die Angemessenheit des geforderten Betrages der Regierungspräsident entscheidet, wird der Rechtsweg nicht ausgeschlossen. Das Gericht ist aber an die Entscheidung des Regierungspräsidenten gebunden. OLG. 35, 232. — c) Land- und Feldmesser: früher Regl. v. 26. 8. 85 (GS. 319), Zusatzbestimmungen v. 26. 2. 94 (GS. 18); jetzt aufgehoben durch Erl. v. 25. 3. 13 (GS. 36); vgl. Verf. v. 12. 4. 13 (JMBl. 125). Die Landmesser erhalten jetzt Gebühren nach § 3 oder § 4; vgl. JW. 25, 1100. — d) staatliche Prüfungsstelle für statische Berechnungen: früher GO. v. 19. 11. 20 (InnMBl. 400), jetzt v. 13. 11. 23 (Volkswf. 505) und § 3 GeschO. v. 30. 6. 25 (Volkswf. 280). — e) Hinsichtlich der Taxvorschriften für bayerische Ärzte (und Medizinalbeamte) vgl. OLG. **35**, 232. Für die praktischen Tierärzte in Bayern gibt es besondere Taxvorschriften im Sinne des § 16 nicht. OLG. **31**, 255.

3a Beim Vorliegen der Voraussetzungen des § 17 Abs. 1 Nr. 2 erfolgt die Vergütung des Sachverständigen nach § 17 und nicht nach § 16. Der Ausdruck „lediglich" bedeutet nur den Ausschluß der vorhergehenden Paragraphen. OLG. 37, 233. Aus letzterem folgt anderseits insbesondere, daß, wenn eine Taxvorschrift im Sinne des § 16 besteht, § 4 (Vergütung nach dem üblichen Preise) unanwendbar ist. OLG. 27, 241.

4 Vgl. § 165 Abs. 1, 2 GVG. (im Falle der Sachverständigenladung auf Ersuchen Gebühren nach dem Rechte des ersuchten Gerichts oder nach dem des Aufenthaltsorts des Sachverständigen).

4a Die Worte „wenn er nicht öffentlicher Beamter ist" sind so zu verstehen, als lauteten sie: wenn er nicht sein Gutachten in der Eigenschaft als öffentlicher Beamter erstattet hat (vgl. § 17 Abs. 1 Nr. 2). Daher steht unter dieser Voraussetzung auch einem als Sachverständigen zugezogenen öffentlichen Beamten (z. B. einem Oberarzt) das Wahlrecht nach Abs. 2 (s. Anm. 5) zu. OLG. **33**, 196. — Der Begriff des „öffentlichen Beamten" im Sinne dieser Vorschrift ist ebenso zu verstehen, wie sonst in der GO. f. Z. u. S. Daher fallen auch Provinzial- und Kommunalbeamte hierunter. JW. **21**, 638[10].

5 Durch die Nov. v. 10. 6. 14 ist der jetzige Abs. 2 eingefügt, wonach der nicht beamtete Sachverständige (s. Anm. 4a) wählen darf, ob er Vergütung nach den Taxvorschriften oder nach der GO. f. Z. u. S., also nach § 3 oder (falls ein üblicher Preis besteht) § 4 und §§ 6 bis 10 oder (im Falle einer Vereinbarung einer Vergütung) nach § 5 wählen will; vgl. W. **16**, 90. Die Bestimmung ist namentlich mit Rücksicht darauf gegeben, daß Taxvorschriften bestehen können, die sowohl für beamtete wie für nicht beamtete

Sachverständige gelten (wie z. B. in Preußen für Ärzte, Tierärzte, Chemiker, s. Anm. 3), die nicht beamteten Sachverständigen aber nicht ein Gehalt beziehen, sondern auf den Verdienst aus ihrer Arbeit angewiesen und die Tarife oft sehr mäßig sind. KB. 16, 17.

[6] Vgl. § 190 GVG. (Wahrnehmung des Dolmetscherdienstes durch einen Beamten der Geschäftsstelle). Vgl. ferner für Preußen Verf., betr. die Verpflichtung der Parteien zur Entrichtung von Dolmetschergebühren, v. 20. 12. 99 (JMBl. 861) und § 22 DolmetschO. v. 18. 12. 99 (JMBl. 856) in d. Fass. d. VO. v. 13. 7. 20 (JMBl. 380), ferner Verf. v. 28. 2. 22 (JMBl. 60). Vgl. auch OLG. 13, 268 (Beamte der Geschäftsstelle erhalten als Dolmetscher dann keine Sachverständigengebühren, wenn im Etat besondere Fonds zu Gehaltszulagen für Dolmetscher ausgeworfen sind). — Die Leistungen als gerichtlicher Dolmetscher gehören in Bayern nicht zu den Pflichten eines staatlich angestellten Lehrers einer fremden Sprache, weshalb er bei seiner Zuziehung als Dolmetscher nach § 16 Abs. 3 zu entschädigen ist. OLG. 37, 233 Anm.

17 (14). Öffentliche Beamte[1] erhalten Tagegelder und Reisekosten nach Maßgabe der für Dienstreisen geltenden Vorschriften[2], falls sie zugezogen werden:

1. **als Zeugen über Umstände, von denen sie in Ausübung[3] ihres Amtes Kenntnis erhalten haben;**
2. **als Sachverständige, wenn sie aus Veranlassung ihres Amtes zugezogen werden[4] und die Ausübung der Wissenschaft, der Kunst oder des Gewerbes, deren Kenntnis Voraussetzung der Begutachtung ist, zu den Pflichten des von ihnen versehenen Amtes gehört.**

Soweit allgemeine Vorschriften für Dienstreisen nicht erlassen sind, kann die oberste Verwaltungsbehörde über die Gewährung der den öffentlichen Beamten in den Fällen des Abs. 1 den Gerichten gegenüber zu-

stehenden Tagegelder und Reisekosten besondere Vorschriften erlassen[5].

Werden nach den Vorschriften dieses Paragraphen Tagegelder und Reisekosten gewährt, so findet eine weitere Vergütung an den Zeugen oder Sachverständigen nicht statt.

Die vorstehenden Bestimmungen finden auf Personen des Soldatenstandes entsprechende Anwendung[6].

Auf Beamte der Gemeinden (Gemeindeverbände) finden die allgemeinen Vorschriften für Dienstreisen insoweit keine Anwendung, als die oberste Verwaltungsbehörde Bestimmungen über die Höhe der ihnen den Gerichten gegenüber zustehenden Tagegelder und Reisekosten erlassen hat.

Die oberste Verwaltungsbehörde kann die ihr durch Abs. 2 und Abs. 5 gegebene Befugnis zum Erlasse der bezeichneten Bestimmungen auf andere Behörden übertragen[7].

[1] „Öffentliche Beamte" können nach dem maßgebenden Staatsrechte des betreffenden Landes nicht bloß die unmittelbaren, sondern auch die mittelbaren Staatsbeamten (z. B. auch die Provinzialbeamten) sein. RG. 41, 363; 62, 241; RG. 9, 409; 10, 200; 19, 180; JW. 07, 754[30]; 21, 638[10]; vgl. Anm. 7. Rechtsanwälte nicht. Diese erhalten daher Zeugengebühren nur nach Maßgabe der §§ 2 ff. GO. f. Z. u. S., nicht nach den Bestimmungen für Geschäftsreisen der Rechtsanwälte (§ 78 GO. f. RA.). JW. 92, 422[5]; OLG. 7, 232. — Ist der Beamte zur Zeit seiner Vernehmung bereits aus dem öffentlichen Dienste ausgeschieden, so findet § 17 auf ihn keine Anwendung. OLG. 19, 279.

Vorschriften über Tagegelder und Reisekosten für Reichsbeamte: ReisekostenVO. v. 14. 10. 21 (RGBl. 1345) in d. Fass. d. VO. v. 15. 10. 23 (RGBl. I 981), v. 29. 11. 24 (RBesBl. 361) und 29. 12. 27 (RBesBl. 205); dazu die

AusfBest. d. RFinMin. v. 6. 12. 21 (ZentrBl. 943) in d. Fass. v. 1. 5. 25 (RBesBl. 133); RFinMinVO. über Aufrundung von Dienstreisetagegeldern auf volle fünf Goldpfennig nach oben v. 4. 2. 24 (RBesBl. 15). RFinMinVO. über Vergütung für Landwege bei Dienstreisen v. 30. 12. 25 (RBesBl. 1926, 2); RFinMinVO. über Benutzung von Kraftwagen bei Dienstgeschäften am dienstlichen Wohnsitz v. 13. 1. 26 (RBesBl. 60); RFinMinVO. über Entschädigung von Fahrradbenutzung an Stelle eines Fuhrwerks bei Dienstreisen v. 25. 6. 24 (RBesBl. 191); RFinMinVO. über Benutzung von Kraftfahrzeugen und Luftverkehrsmitteln bei Ausführung von Dienstreisen v. 23. 12. 22 (RBesBl. 1923, 1); RFinMinVO. über Benutzung von Kraftwagenverbindungen bei Dienstreisen v. 12. 6. 25 (RBesBl. 153). — Für die Reichswehr vgl. RWehrMinVO. v. 2. 1. 22, 12. 8. 22 und 22. 8. 22 (HeeresVBl. 17, 352, 363); die ÜbergangsReiseVO. v. 27. 3. 22 gilt nur für Dienstreisen im Heeresdienst. — Für Beamte der Deutschen Reichsbahn-Gesellschaft (Reichsbahnbeamte) vgl. § 12 PersonalO. der Deutschen Reichsbahn-Gesellschaft v. 10. 12. 24 (RMinBl. 1925, 98) und ReisekostenVO. d. Deutsch. Reichsbahn v. 15. 12. 21 (RGBl. 1655) und 27. 4. 23 (RGBl. I 274); dazu die AusfBest. d. RVerkehrsMin. v. 27. 12. 21 (ZentrBl. 1922, 57).

Bezüglich der öffentlichen Beamten in Preußen ist zu bemerken: a) Für Staatsbeamte im allgemeinen gilt das G. über die Reisekosten der Staatsbeamten v. 3. 1. 23 (GS. 3) in d. Fass. d. FinMinBek. v. 1. 12. 24 (PrBesBl. 363) (Tage-, Übernachtungsgelder, Landwegestrecken) nebst FinMinRundErl. v. 3. 10. 23 (PrBesBl. 98) sowie AusfBest. v. 17. 1. 23 (JMBl. 48) mit Nachtrag v. 19. 12. 23 (PrBesBl. 1924, 1); dazu an Einzelheiten: PrFinMinVO. v. 16. 8. 23 (PrBesBl. 24) über die Benutzung von Kraftfahrzeugen und Luftverkehrsmitteln nebst FinMinRundErl. v. 22. 3. 27 (PrBesBl. 53); v. 24. 6. 24 (PrBesBl. 229), betr. Entschädigung für Fahrrad- bzw. Kraftfahrradbenutzung an Stelle eines Fuhrwerks; v. 26. 5. 25 (PrBesBl. 145) über Benutzung von Kraftwagenverbindungen bei Dienstreisen; v. 20. 10. 26 (PrBesBl. 179) betr. Reisekosten bei Dienstreisen mit eigenem Kraftwagen oder Kraftfahrrad; v. 28. 7. 24 (PrBesBl. 271) über Berechnung von Tagegeldern bei Dienstreisen zur Vornahme von Dienstgeschäften während der Nacht; v. 11. 9. 23 (PrBesBl. 66): nur wirklich verauslagte Fahrkosten sind erstattungsfähig; v. 8. 4. 24 (PrBesBl. 100) betr. Abrundung von Beträgen bei Anweisung der Reisekosten; v. 30. 11. 23 /31. 1. 24/14. 12. 26 (PrBesBl. 208, 24, 207) betr. Dienstreisen zwischen Berlin und Potsdam bzw. Eiche; v. 24. 8. 27 (PrBesBl. 115) betr. Dienstreisen zwischen Altona, Hamburg und Wandsbeck; v. 25. 1./14. 7. 23 (JMBl. 68, 556)/1. 4. 26 (PrBesBl. 42): besonders teure Orte. — b) Für Justizbeamte im besonderen gelten hinsichtlich der Tagegelder und Reisekosten für Dienstreisen folgende Vorschriften: Verf., betr. die Reisekosten der Justizbeamten bei gerichtlichen Geschäften innerhalb des Amtsbezirks der Beschäftigung, v. 23. 3. 23 (JMBl. 295); über die Anwendung der Ziff. 57 Abs. 2 der AusfBest. zum ReisekostenG. v. 18. 4. 25 (JMBl. 162); ferner für Handelsrichter G. v. 13. 12. 23 (RGBl. I 1185). — c) für Beamte der Kulturämter und Kulturbauämter: AusfBest. d. LandwMin. v. 21. 12. 23 (LandwMBl. 1056); über Nichtanrechnung der Beschäftigungstagegelder und Wohnungsbeihilfen gemäß § 63 AusfBest. z. ReisekostenG. und gemäß § 15 der Best. über Wohnungsbeihilfen bei Beamten der Kulturämter und Kulturbauämter vgl. LandwMinVO. v. 12. 6. 26 (LandwMBl. 353); über die gleiche Anordnung bez. Dienstreisen der Beamten der Wasserbauverwaltung vgl. LandwMinVO. v. 26. 4. 26 (LandwMBl. 272). — d) Für Veterinärbeamte: §§ 3, 4 G., betr. Dienstbezüge der Kreistierärzte, v. 24. 7. 04 (GS. 169); VO., betr. die Tagegelder und Reisekosten der Vetärinärbeamten, v. 25. 6. 05 (GS. 250) und VO., betr. die Reisekosten der Veterinärbeamten, v. 15. 1. 13 (GS. 15); vgl. ferner Tarif für die Gebühren der Kreistierärzte in gerichtlichen Angelegenheiten v. 15. 6. 05 (GS. 254), abgeändert durch VO. v. 3. 3. 13 (GS. 27) und zuletzt durch die Erl. v. 18. 12. 23, 16. 4. 24, 20. 5. 24 (GS. 1924 S. 26, 486, 546). — e) Studienräte an staatlichen Lehranstalten sind unmittelbare Staatsbeamte. Daher erhalten sie Tagegelder und Reisekosten nach Maßgabe des zu a genannten G. v. 3. 1. 23, und deshalb findet § 17 GO. auf sie Anwendung. OLG. 17, 242; 23, 283. Dagegen sind Lehrer an städtischen höheren Lehranstalten (Gymnasien, Realgymnasien) nur mittelbare Staatsbeamte. **RG. 37**, 302; **70**, 422; **OLG. 23**, 283 (a. M. **OLG. 17**, 242). Für sie gilt daher das G. v. 3. 1. 23 nicht, vielmehr Anm. 5. — f) Kreis- und Gerichtsmedizinalräte: JustMinVerf. v. 26. 11. 23 (JMBl. 734). — Beamtete Ärzte sind in Preußen nur solche Ärzte, die im unmittelbaren Staatsdienste stehen, nicht die Direktoren von Irrenheilanstalten. **OLG. 25**, 306 Anm. 1 (a. M. **JW. 21**, 638[10]). — g) Landjäger: § 14 ReisekostenG. f. Staatsbeamte v. 3. 1. 23 (GS. 3); dazu Nr. 2 Abs. 2 AusfBest. d. FinM. v. 17. 1. 23 (Sonderbeilage d. FinMBl. 23) und § 7 InnMinBek. v. 6. 12. 23 (InnMBl. 1235) in d. Fass. v. 1. 12. 24 (PrBesBl. 363). — h) Schutzpolizei: InnFinMinVO. v. 19. 5. 25 (InnMBl. 676). — i) Hinsichtlich der landmesserischen Beamten der Katasterverwaltung bei Benutzung eigener Kraftfahrzeuge vgl. FinMinErl. v. 26. 8. 25 (PrBesBl. 189). — Hinsichtlich der Gemeindebeamten vgl. die InnFinMinVO. v. 22. 7. 23 (JustMinVerf. v. 20. 8. 23, JMBl. 604) über Zeugengebühren der Gemeindebeamten (sie dürfen den Gesamtbetrag nicht überschreiten, der den hinsichtlich der Besoldung mit ihnen vergleichbaren unmittelbaren Staaatsbeamten zustehen würde). — Wegen der Notare vgl. JustMinVerf. v. 27. 1. 93 (JMBl. 45). Ihre Reisekosten sind in den Fällen des § 17 nach dem PrReisekostenG. v. 3. 1. 23, nicht nach § 21 NotGO. in Verb. mit der GO. f. RA., zu berechnen. **JW. 21**, 1369[6].

[2] Durch § 17 ist den öffentlichen Beamten insofern ein Vorrecht vor anderen Zeugen und Sachverständigen gewährt, als ihre Reise zum Termin hinsichtlich der Entschädigung einer Dienstreise gleichgestellt ist, wenn die Voraussetzung des Abs. 1 Nr. 1 oder Nr. 2 gegeben ist. — „Vorschriften" sind nicht bloß Gesetze, sondern auch allgemeine reglementarische Anordnungen, betr. den Anspruch auf Tagegelder und Erstattung von Reisekosten. **RG. 41**, 363.

[3] In Ausübung seines Amtes muß der Beamte von den Umständen, über die er als Zeuge vernommen wird, Kenntnis erlangt haben, nicht bloß bei Gelegenheit; der Zeuge muß kraft seines Amtes die Verpflichtung gehabt haben, von dem

Vorgange Kenntnis zu nehmen. Mot. 219, PrFinMinZirk. v. 1. 1. 80 (JnnMBl. 75), OLG. 19, 279.

[4] D. h. in amtlicher Eigenschaft, über Vorgänge, mit denen sie amtlich befaßt sind. RG. 11, 436. Nicht dagegen, wenn ihre Zuziehung lediglich deshalb erfolgt, weil sie die erforderlichen Kenntnisse besitzen, die sie zur Abgabe des Gutachtens befähigen. OLG. 25, 306. Der beamtete Sachverständige kann also nach den für Dienstreisen geltenden Vorschriften nur dann liquidieren, wenn die Begutachtung als eine amtliche Auskunft über Verhältnisse, die in den amtlichen Wirkungskreis des Sachverständigen fallen, gefordert wurde und sie als eine dem Beamten obliegende Leistung erscheint. RG. 32, 275; DJZ. 17, 248. Vgl. auch die in Anm. 3 § 16 zit. Entsch. d. RG. — In Preußen erhalten Kreisschulinspektoren für Dienstreisen zur Vernehmung von Schulkindern auf Ersuchen der Staatsanwaltschaft keine besondere Vergütung. Erl. v. 1. 8. 11 (RZBl. 550).

[5] Durch die Nov. v. 10. 6. 14 ist Abs. 2 eingefügt mit Rücksicht darauf, daß für gewisse Klassen von öffentlichen Beamten (z. B. Geistliche, Lehrer) es an allgemeinen Vorschriften über die Gewährung von Tagegeldern und Reisekosten fehlt und sie daher an dem den anderen öffentlichen Beamten durch § 14 a. F. hinsichtlich der Vergütung gewährten Vorrecht (s. Anm. 2) bisher nicht teilhatten. Deshalb sollen, um solche Beamte den übrigen öffentlichen Beamten gleichzustellen, die obersten Verwaltungsbehörden befugt sein, über die Gewährung von Tagegeldern und Reisekosten an solche als Zeugen oder Sachverständige vor Gericht geladene öffentliche Beamte besondere Vorschriften zu erlassen. Begr. 7. — Vgl. für Preußen: Erl., betr. Tagegelder und Reisekosten der als Zeugen oder Sachverständige zugezogenen Geistlichen v. 15. 12. 24 (KirchlGVBl. 41) u. JustMinVerf. v. 28. 12. 14 (JMBl. 1915, 4); JustMinVerf. über Tagegelder und Reisekosten der Lehranstaltsleiter und Lehrer v. 13. 1. 16 (JMBl. 7).

[6] Der (frühere Abs. 3, jetzige) Abs. 4 hinzugefügt durch § 1 RGes. v. 11. 6. 90 (RGBl. 73). — Maßgebend sind für die Personen des Soldatenstandes des Heeres und der Marine mangels Ausgabe einer neuen Reiseordnung die §§ 1—6

ReisekostenVO. f. Reichsbeamte, vgl. dort § 14 und oben Anm. 1.

[7] Die Abs. 5, 6 sind durch die Nov. v. 10. 6. 14 hinzugefügt, um zu verhindern, daß zufolge des Rechtes der Gemeinden und Gemeindeverbände, die Tagegelder und Reisekosten ihrer Gemeindebeamten, die auch zu den öffentlichen Beamten gehören (s. Anm. 1), mit bindender Wirkung für die Gerichte festzusetzen, die Beamten einzelner Gemeinden für die Wahrnehmung gerichtlicher Termine außerhalb ihres Wohnorts höhere Gebühren als die unmittelbaren Reichs- und Staatsbeamten und als die Beamten anderer Gemeinden erhalten. Die obersten Verwaltungsbehörden oder die von ihnen ermächtigten Behörden sollen befugt sein, an Stelle der Gemeinden oder Gemeindeverbände Bestimmungen über die Höhe der den Beamten solcher Gemeinden als Zeugen oder Sachverständigen für die Wahrnehmung gerichtlicher Termine zustehenden Tagegelder und Reisekosten mit der Wirkung zu erlassen, daß Abs. 1 mit den betreffenden Gemeinde-Reisekosten-Vorschriften keine Anwendung findet. Begr. 7, KB. 18. Vgl. ferner JnnFinMinVO. v. 22. 7. 23 (JustMinVerf. v. 20. 8. 23, JMBl. 604) über Zeugengebühren der Gemeindebeamten.

18 (15). Ist ein Sachverständiger für die Erstattung von Gutachten im allgemeinen beeidigt[1], so können die Gebühren für die bei bestimmten Gerichten vorkommenden Geschäfte durch Übereinkommen bestimmt werden.

[1] Vgl. für Preußen JustMinVerf. über die allgemeine Beeidigung von Sachverständigen für gerichtliche Angelegenheiten v. 5. 2. 00 (JMBl. 48) nebst den Änderungen durch die Verf. v. 5. 3. 01 (JMBl. 51), 19. 3. 01 (JMBl. 72), 25. 3. 02 (JMBl. 71), 7. 4. 04 (JMBl. 101), 18. 7. 07 (JMBl. 478), 24. 10. 22 (JMBl. 447) und 14. 4. 25 (JMBl. 151).

19 (16). Die Gebühren der Zeugen und Sachverständigen werden nur auf Verlangen derselben gewährt[1]. Der Anspruch erlischt, wenn das Verlangen

binnen drei Monaten nach Beendigung der Zuziehung oder Abgabe des Gutachtens bei dem zuständigen Gerichte nicht angebracht wird[2].

[1] Vgl. preuß. JustMinVerf., betr. die Behandlung der von einem Angeklagten gemäß § 220 Abs. 2 StPO. hinterlegten Zeugen- und Sachverständigen-Entschädigungen, v. 10. 6. 91 (JMBl. 161) i. d. Fass. der Verf. v. 10. 4. 27 (JMBl. 146). — Der Zeuge oder Sachverständige hat keinen Anspruch darauf, daß ihm die angewiesenen Gebühren portofrei übersandt werden. Ebensowenig steht ihm für die persönliche Abholung der Gebühren eine weitere Vergütung zu. OLG. **21**, 169.

[2] Ausschlußfrist. Die Verjährungsfrist des § 196 Nr. 17 BGB. kommt bei Ansprüchen aus dieser Gebührenordnung nicht zur Anwendung. Art. 32 EG.BGB. — Auf einen Verzichtswillen kommt es nicht an; allein die Tatsache, daß innerhalb der Frist das Verlangen nicht gestellt ist, bewirkt Erlöschen des Anspruchs. OLG **21**, 168. — Die Frist beginnt erst, wenn die Zuziehung beendigt und dies dem Zeugen oder Sachverständigen zum Bewußtsein gekommen ist. OLG. **15**, 179; **17**, 244; **19**, 279. Diese Voraussetzung liegt nicht vor, wenn der Sachverständige nicht beeidigt und nach Abgabe eines schriftlichen Gutachtens nicht vernommen ist. OLG. **19**, 279. Stirbt der Sachverständige, bevor er sein Gutachten erstattet hat, so läuft (hinsichtlich des Anspruchs auf Vergütung der Vorbereitungsarbeiten) von seinem Tode ab die Frist gegen seine Erben. OLG. **21**, 168. — Die Gebühren sind gegebenenfalls aufzuwerten. JW. **24**, 326[3]. — Auf Reiseauslagen der obsiegenden Partei (§ 91 Abs. 1 S. 2 ZPO.) findet die Vorschrift des § 19 S. 2 GO. keine Anwendung. OLG. **23**, 285.

20 (17)[1]. Die einem Zeugen oder Sachverständigen zu gewährenden Beträge werden durch gerichtlichen Beschluß festgesetzt, wenn der Zeuge oder Sachverständige oder die Staatskasse eine richterliche Festsetzung beantragt oder das Gericht sie für angemessen hält. Der Ansatz kann von Amts wegen berichtigt werden, wenn

die Beträge aus der Staatskasse gezahlt und dieser nicht erstattet sind[2]. Für die Festsetzung und Berichtigung ist das Gericht oder der Richter zuständig, vor welchem die Verhandlung stattgefunden hat[2a], und für die Berichtigung auch das Gericht der höheren Instanz.

Gegen die richterliche Entscheidung findet Beschwerde[3] nach Maßgabe des § 567 Abs. 3, der §§ 568 bis 575 der Zivilprozeßordnung sowie des § 4 Abs. 3 des Gerichtskostengesetzes[4], in Strafsachen nach Maßgabe der §§ 304 bis 310 der Strafprozeßordnung statt[5].

[1] Durch die Nov. v. 10. 6. 14 sind die früheren Abs. 1 und 2, welche lauteten:

„Die einem Zeugen oder Sachverständigen zu gewährenden Beträge werden durch das Gericht oder den Richter, vor welchem die Verhandlung stattfindet, festgesetzt.

Sofern die Beträge aus der Staatskasse gezahlt und dieser nicht erstattet sind, kann die Festsetzung von dem Gericht oder dem Richter, durch welche sie erfolgt ist, sowie von dem Gerichte der höheren Instanz von Amts wegen berichtigt werden."

zu einem Absatz vereinigt und ist im jetzigen Abs. 2 das Wort „Festsetzung" ersetzt durch „richterliche Entscheidung". Früher war die Festsetzung der den Zeugen und Sachverständigen zu gewährenden Beträge ausnahmslos in die Hände des Richters oder des Gerichts gelegt. Jetzt ist es Sache der Landesjustizverwaltung, den Beamten zu bestimmen, der den Ansatz der Gebühren zu bewirken hat. Sie kann hiermit auch die Geschäftsstelle betrauen. Die Festsetzung durch gerichtlichen Beschluß erfolgt nur dann, wenn sie vom Zeugen oder Sachverständigen oder von der Staatskasse beantragt oder vom Gericht von Amts wegen für angemessen gehalten wird. Die Bestimmungen über die Zuständigkeit zum Erlasse des Beschlusses und über die Berichtigung von Amts wegen sind sachlich die gleichen wie früher. Eine Erinnerung gegen den Ansatz ist nicht, wie nach § 104 ZPO. gegen die Festsetzung der zu erstattenden Prozeßkosten durch die Geschäftsstelle als Rechtsbehelf gegeben. Erhebt der Zeuge oder Sachverständige Einwendungen gegen die Höhe der ihm von der Geschäftsstelle zugebilligten Gebühren, so ist hierin ein Antrag auf Festsetzung durch gerichtlichen Beschluß zu erblicken. Begr. 8. — Vgl. für Preußen den in Anm. 4 § 3 wiedergegebenen § 111 Abs 3 der Etatsvorschriften für die Justizverwaltung v. 8. 1. 14 (JMBl. 15) in d Fass. der Verf. v. 14. 9. 14 (JMBl. 709) über die für die Anweisung zur Zahlung von Zeugen- und Sachverständigengebühren zuständigen Beamten; Festsetzung der Gebühren von Zeugen und Sachverständigen in Auseinandersetzungssachen. § 44 G., betr. das Verfahren in Auseinandersetzungssachen, i. d. Fass. v. 10. 10 99 (GS. 403), Verf. v. 19. 7 84 (InnMBl. 227), § 17 G. über Landeskulturbehörden v 3. 6. 19 (GS 107); Verf, betr das Verfahren bei der Zuziehung von Sachverständigen, welche in einem anderen Lande wohnhaft sind, v. 10. 7 84 (JMBl 161). — Haftung des Richters der Staatskasse gegenüber wegen unrichtiger Festsetzung: RG. 23, 326.

[2] Nur soweit nach Abs. 2 Beschwerde zulässig ist, darf seitens des höheren Gerichts einem „Antrag auf Berichtigung" stattgegeben werden. RG. 7, 421. Die Berichtigung von Amts wegen ist nur als eine solche im Interesse der Staatskasse gemeint; sie kann daher zur Erhöhung der Gebühren des Zeugen nicht führen. Gr. 44, 1190.

2a Ist auf Grund des Beweisbeschlusses von dem Sachverständigen nur ein schriftliches Gutachten eingereicht worden, so ist für die Festsetzung das Gericht zuständig, dem das Gutachten einzureichen war und eingereicht ist, nicht der mit der Beweisaufnahme nicht beauftragte Berichterstatter. OLG. 37, 234. — Hat das ersuchte Gericht den Sachverständigen zur Person vernommen, vereidet und in den Besitz von Schriftstücken usw. gesetzt, so hat es die Gebühren für diesen Termin auch dann festzusetzen, wenn das Gutachten anweisungsgemäß unmittelbar dem ersuchenden Gericht erstattet worden ist. OLG. 35, 232 Anm. 1.

[3] Über das Erinnerungsverfahren namens der Staatskasse in Preußen vgl. § 131 JustKassO. v. 28. 3. 07 (JMBl. 127) i. d. Fass. der V. v. 26. 2. 13 (JMBl. 59), 2. 12. 20 (JMBl. 701) u. 20. 3. 23 (JMBl. 243), und §§ 149, 150 JustRechnungsO. v. 16. 5. 14; hinsichtlich der Vertretung der Staatskasse im Beschwerdeverfahren vgl. die Verf. v. 27. 3. 85

(JMBl. 128), betr. Beschwerden des Fiskus über die Festsetzung d. Geb. d. Z. u. S. — Den Parteien steht ein Beschwerderecht hinsichtlich der Höhe der den Zeugen und Sachverständigen festgesetzten Gebühren nicht zu. JW. 99, 492[28]; OLG. 11, 147; 13, 272; 21, 169; 25, 307, 308; 29, 134; 33, 196. Sind jedoch die Gebühren in die Kostenrechnung aufgenommen, so kann die Partei, der die Kosten zur Last fallen im Wege der Erinnerung gemäß § 4 GKG. auch die Höhe der gezahlten Zeugen- oder Sachverständigengebühren anfechten. RG. 55, 313; JW. 98, 598[3]; 99, 139[4], 162[7]; OLG. 11, 147; 13, 272; 21, 169; 25, 307, 308; 33, 196, auch Anm. 5 - § 4 GKG. Als solche Erinnerung kann auch eine als „Beschwerde gemäß § 17 GO.," bezeichnete Parteieingabe angesehen werden. OLG. 25, 307. Die Erinnerung steht aber nur derjenigen Partei zu, die für die Gebühren gemäß dem GKG. zahlungspflichtig ist. Der Umstand, daß ungewiß ist, ob ihr künftig einmal Kosten auferlegt werden, gibt noch kein Recht zur Erinnerung. OLG. 25, 308. — Durch § 20 wird das Verfahren der Gebührenfestsetzung auch für die Zeugen und Sachverständigen in abschließender und erschöpfender Weise geregelt. Fühlen sich diese durch die Festsetzung oder deren Ablehnung in ihrem Gebührenanspruche geschmälert, so können sie nur im Beschwerdewege, nicht durch Klageerhebung Abhilfe suchen. RG. 43, 47, 49, auch OLG. 21, 169.

[4] Es gilt also folgendes: Die Beschwerde kann nach § 569 Abs. 2 ZPO., § 4 Abs. 3 GKG. schriftlich oder zu Protokoll der Geschäftsstelle eingelegt werden, und zwar bei dem Gericht, das die angefochtene Entscheidung erlassen hat, oder in dringenden Fällen bei dem Beschwerdegericht (§ 569 Abs. 1 ZPO.). Anwaltszwang besteht nicht (§ 569 Abs. 2, § 573 Abs. 2 ZPO.). Das angegriffene Gericht darf der Beschwerde selbst abhelfen (§ 571 ZPO.). — Beschwerdefähig sind nur die Entscheidungen des Amtsgerichts und des Landgerichts; die des Oberlandesgerichts sind überhaupt nicht beschwerdefähig (§ 567 Abs. 3 ZPO.). Eine weitere Beschwerde gibt es hier nicht, weil es sich um Entscheidungen über die Prozeßkosten handelt (§ 568 Abs. 3 ZPO.). — § 576 ZPO. ist nicht für anwendbar erklärt. Daraus folgt, daß gegen die Entscheidungen des beauftragten Richters des Landgerichts nicht zunächst die Ent-

scheidung der Kammer anzurufen ist, sondern unmittelbar die Beschwerde an das Oberlandesgericht stattfindet, RG. 17, 352; JW. 00, 495[6], und daß gegen die Entscheidung des beauftragten Richters des Oberlandesgerichts oder des Reichsgerichts ein Rechtsmittel überhaupt nicht gegeben ist. JW. 01, 720[11]; OLG. 27, 103; 33, 196. Ferner ergibt die Unanwendbarkeit des § 576 ZPO., daß gegen eine Festsetzung des ersuchten Richters die Beschwerde nicht an das ersuchende oder das diesem übergeordnete Gericht geht, sondern an das dem ersuchten Gericht übergeordnete Gericht. Gr. 38, 174; JW. 88, 167[10].

[5] Kosten der zurückgewiesenen Beschwerde: § 97 ZPO. in Verb. mit § 38 Abs. 2 GKG. und § 473 StPO. in Verb. mit § 69 Abs. 1 GKG. — Wegen der Wiedereinziehung überhobener Zeugen- und Sachverständigengebühren vgl. § 131 Abs. 12ff. PrJustKassO. v. 28. 3. 07 (JMBl. 127) i. d. Fass. v. 20. 3. 23 (JMBl. 243); die Einziehung erfolgt nach § 136 PrGKG. im Verwaltungszwangsverfahren. Der Zeuge muß die Zeugengebühren, die er nach der endgültigen Festsetzung zufolge rechnerischer Oberprüfung durch die Oberrechnungskammer (oder den Rechnungshof) zuviel erhalten hat, auch dann zurückzahlen, wenn er durch den empfangenen Betrag nicht bereichert worden ist, ihn z. B. der Armenkasse geschenkt hat. OLG. 21, 168. — Rechnungsgebühren (Kalkulaturgebühren) eines Rechnungsbeamten haben nicht die Natur von Sachverständigengebühren. Ihre Festsetzung ist in Preußen eine Angelegenheit der Justizverwaltung; gegen sie findet Beschwerde im Aufsichtswege statt, und sie kann auch von Amts wegen von der vorgesetzten Dienstbehörde geändert werden. RG. 82, 39.

21[1]. Im Falle einer wesentlichen Änderung der wirtschaftlichen Verhältnisse kann die Reichsregierung mit Zustimmung des Reichsrats die Gebühren für Zeugen und Sachverständige anderweitig festsetzen.

[1] Hinzugefügt durch Art. II Satz 1 des G. v. 24. 10. 22 (RGBl. I 806) und Art. IV des G. v. 21. 12. 25 (RGBl. I 470).

Tabelle zum Gerichtskostengesetz

für die Gebühren

in bürgerlichen Rechtsstreitigkeiten, im Konkurse und im Vergleichsordnungsverfahren.

Es kommen zur Hebung:

1. **die volle Gebühr:**
   a) als Prozeßgebühr (§ 20 Nr. 1),
   b) als Beweisgebühr (§ 20 Nr. 2),
   c) als Urteilsgebühr (§ 20 Nr. 3, § 21),
   d) für abgelehnte Urteilsergänzung (§ 26),
   e) für Vollstreckbarerklärung eines Schiedsspruchs oder vom Schiedsgericht vermittelten Vergleichs (§ 30a Abs. 2),
   f) für Arreste und einstweilige Verfügungen durch Urteil (§ 32 Abs. 1, 2),
   g) für Beschwerden in bürg. Rechtsstreitigkeiten und im Konkurse (§§ 38, 47),
   h) als Verzögerungsgebühr (§ 39),
   i) für ein vor Ablauf der Anmeldefrist eingestelltes Konkursverfahren (§ 42 Abs. 2),
   k) für Durchführung des wiederaufgenommenen Konkursverfahrens (§ 48 Abs. 1),
   l) für das Vergleichsverfahren, wenn es zur Anberaumung des Vergleichstermins gekommen ist (§ 48a Abs. 1);

2. **ein Viertel der Gebühr:**
   a) für Klagerücknahme nach Terminsbestimmung, aber vor Stellung von Sachanträgen in der mündl. Verhandlung (§ 29 Abs. 2),
   b) für Niederlegung eines Schiedsspruchs oder vom Schiedsgericht vermittelten Vergleichs (§ 30a Abs. 1, höchstens aber 300 RM.),

c) für Verfahren aus §§ 34, 45,
d) für Vergleiche, die den Wert des Rechtsstreits übersteigen (§ 36),
e) für Sicherheitsmaßregeln vor Wiederaufnahme des Konkursverfahrens (§ 48 Abs. 2);

3. **die Hälfte der Gebühr:**

a) für die durch Beschluß als unzulässig verworfene Berufung oder Revision oder für deren Rücknahme vor Terminsbestimmung (§ 30),
b) im Mahnverfahren (§ 31 Abs. 1),
c) als Prozeßgebühr nach Mahn- oder Güteverfahren (§ 31 Abs. 2, § 31a Abs. 3),
d) im Güteverfahren (§ 31a Abs. 1),
e) für Arreste und einstweilige Verfügungen, soweit nicht durch Urteil entschieden wird (§ 32 Abs. 1, 2),
f) für Verfahren aus § 33,
g) für das Eröffnungsverfahren im Konkurse (§ 41),
h) für einen besonderen Prüfungstermin im Konkursverfahren (§ 44),
i) für den Antrag auf Wiederaufnahme des Konkursverfahrens (§ 48 Abs. 1),
k) im Vergleichsverfahren, wenn es sich vor Anberaumung des Vergleichstermins erledigt (§ 48a Abs. 1),
l) für Beschwerden im Vergleichsverfahren (§ 48c);

4. **die anderthalbfache Gebühr:**

a) in der Berufungsinstanz als Prozeß-, Beweis- und Urteilsgebühr (§ 28),
b) für Arreste und einstweilige Verfügungen in der Berufungsinstanz, wenn es zum Urteil kommt (§ 32 Abs. 4);

5. **die doppelte Gebühr:**

a) in der Revisionsinstanz als Prozeß-, Beweis- und Urteilsgebühr (§ 28),
b) für ein mit Zustimmung der Gläubiger oder mangels Masse nach Ablauf der Anmeldefrist eingestelltes Konkursverfahren (§ 42 Abs. 2);

6. **die dreifache Gebühr:**

für die Durchführung des Konkursverfahrens (§ 42 Abs. 1).

Wertklasse bis einschl. RM	Volle Gebühr RM	¼ Gebühr RM	½ Gebühr RM	1½ Gebühr RM	Doppelte Gebühr RM	Dreifache Gebühr RM
20	1,00	0,50	0,50	1,50	2,00	3,00
60	2,00	0,50	1,00	3,00	4,00	6,00
100	3,00	0,80	1,50	4,50	6,00	9,00
200	6,00	1,50	3,00	9,00	12,00	18,00
300	9,00	2,30	4,50	13,50	18,00	27,00
400	12,00	3,00	6,00	18,00	24,00	36,00
500	15,00	3,80	7,50	22,50	30,00	45,00
600	18,00	4,50	9,00	27,00	36,00	54,00
700	21,00	5,30	10,50	31,50	42,00	63,00
800	24,00	6,00	12,00	36,00	48,00	72,00
900	27,00	6,80	13,50	40,50	54,00	81,00
1 000	30,00	7,50	15,00	45,00	60,00	90,00
1 100	32,00	8,00	16,00	48,00	64,00	96,00
1 200	34,00	8,50	17,00	51,00	68,00	102,00
1 300	36,00	9,00	18,00	54,00	72,00	108,00
1 400	38,00	9,50	19,00	57,00	76,00	114,00
1 500	40,00	10,00	20,00	60,00	80,00	120,00
1 600	42,00	10,50	21,00	63,00	84,00	126,00
1 700	44,00	11,00	22,00	66,00	88,00	132,00
1 800	46,00	11,50	23,00	69,00	92,00	138,00
1 900	48,00	12,00	24,00	72,00	96,00	144,00
2 000	50,00	12,50	25,00	75,00	100,00	150,00
2 100	51,00	12,80	25,50	76,50	102,00	153,00
2 200	52,00	13,00	26,00	78,00	104,00	156,00
2 300	53,00	13,30	26,50	79,50	106,00	159,00
2 400	54,00	13,50	27,00	81,00	108,00	162,00
2 500	55,00	13,80	27,50	82,50	110,00	165,00

Wertklasse bis einschl. RM	Volle Gebühr RM	1/4 Gebühr RM	1/2 Gebühr RM	1 1/2 Gebühr RM	Doppelte Gebühr RM	Dreifache Gebühr RM
2 600	56,00	14,00	28,00	84,00	112,00	168,00
2 700	57,00	14,30	28,50	85,50	114,00	171,00
2 800	58,00	14,50	29,00	87,00	116,00	174,00
2 900	59,00	14,80	29,50	88,50	118,00	177,00
3 000	60,00	15,00	30,00	90,00	120,00	180,00
3 100	61,00	15,30	30,50	91,50	122,00	183,00
3 200	62,00	15,50	31,00	93,00	124,00	186,00
3 300	63,00	15,80	31,50	94,50	126,00	189,00
3 400	64,00	16,00	32,00	96,00	128,00	192,00
3 500	65,00	16,30	32,50	97,50	130,00	195,00
3 600	66,00	16,50	33,00	99,00	132,00	198,00
3 700	67,00	16,80	33,50	100,50	134,00	201,00
3 800	68,00	17,00	34,00	102,00	136,00	204,00
3 900	69,00	17,30	34,50	103,50	138,00	207,00
4 000	70,00	17,50	35,00	105,00	140,00	210,00
4 100	71,00	17,80	35,50	106,50	142,00	213,00
4 200	72,00	18,00	36,00	108,00	144,00	216,00
4 300	73,00	18,30	36,50	109,50	146,00	219,00
4 400	74,00	18,50	37,00	111,00	148,00	222,00
4 500	75,00	18,80	37,50	112,50	150,00	225,00
4 600	76,00	19,00	38,00	114,00	152,00	228,00
4 700	77,00	19,30	38,50	115,50	154,00	231,00
4 800	78,00	19,50	39,00	117,00	156,00	234,00
4 900	79,00	19,80	39,50	118,50	158,00	237,00
5 000	80,00	20,00	40,00	120,00	160,00	240,00
5 100	81,00	20,30	40,50	121,50	162,00	243,00
5 200	82,00	20,50	41,00	123,00	164,00	246,00
5 300	83,00	20,80	41,50	124,50	166,00	249,00

Wert-klasse bis einschl. RM	Volle Gebühr RM	1/4 Gebühr RM	1/2 Gebühr RM	1 1/2 Gebühr RM	Doppelte Gebühr RM	Dreifache Gebühr RM
5 400	84,00	21,00	42,00	126,00	168,00	252,00
5 500	85,00	21,30	42,50	127,50	170,00	255,00
5 600	86,00	21,50	43,00	129,00	172,00	258,00
5 700	87,00	21,80	43,50	130,50	174,00	261,00
5 800	88,00	22,00	44,00	132,00	176,00	264,00
5 900	89,00	22,30	44,50	133,50	178,00	267,00
6 000	90,00	22,50	45,00	135,00	180,00	270,00
6 100	91,00	22,80	45,50	136,50	182,00	273,00
6 200	92,00	23,00	46,00	138,00	184,00	276,00
6 300	93,00	23,30	46,50	139,50	186,00	279,00
6 400	94,00	23,50	47,00	141,00	188,00	282,00
6 500	95,00	23,80	47,50	142,50	190,00	285,00
6 600	96,00	24,00	48,00	144,00	192,00	288,00
6 700	97,00	24,30	48,50	145,50	194,00	291,00
6 800	98,00	24,50	49,00	147,00	196,00	294,00
6 900	99,00	24,80	49,50	148,50	198,00	297,00
7 000	100,00	25,00	50,00	150,00	200,00	300,00
7 100	101,00	25,30	50,50	151,50	202,00	303,00
7 200	102,00	25,50	51,00	153,00	204,00	306,00
7 300	103,00	25,80	51,50	154,50	206,00	309,00
7 400	104,00	26,00	52,00	156,00	208,00	312,00
7 500	105,00	26,30	52,50	157,50	210,00	315,00
7 600	106,00	26,50	53,00	159,00	212,00	318,00
7 700	107,00	26,80	53,50	160,50	214,00	321,00
7 800	108,00	27,00	54,00	162,00	216,00	324,00
7 900	109,00	27,30	54,50	163,50	218,00	327,00
8 000	110,00	27,50	55,00	165,00	220,00	330,00

Wert-klasse bis einschl. RM	Volle Gebühr RM	¼ Gebühr RM	½ Gebühr RM	1½ Gebühr RM	Doppelte Gebühr RM	Dreifache Gebühr RM
8 100	111,00	27,80	55,50	166,50	222,00	333,00
8 200	112,00	28,00	56,00	168,00	224,00	336,00
8 300	113,00	28,30	56,50	169,50	226,00	339,00
8 400	114,00	28,50	57,00	171,00	228,00	342,00
8 500	115,00	28,80	57,50	172,50	230,00	345,00
8 600	116,00	29,00	58,00	174,00	232,00	348,00
8 700	117,00	29,30	58,50	175,50	234,00	351,00
8 800	118,00	29,50	59,00	177,00	236,00	354,00
8 900	119,00	29,80	59,50	178,50	238,00	357,00
9 000	120,00	30,00	60,00	180,00	240,00	360,00
9 100	121,00	30,30	60,50	181,50	242,00	363,00
9 200	122,00	30,50	61,00	183,00	244,00	366,00
9 300	123,00	30,80	61,50	184,50	246,00	369,00
9 400	124,00	31,00	62,00	186,00	248,00	372,00
9 500	125,00	31,30	62,50	187,50	250,00	375,00
9 600	126,00	31,50	63,00	189,00	252,00	378,00
9 700	127,00	31,80	63,50	190,50	254,00	381,00
9 800	128,00	32,00	64,00	192,00	256,00	384,00
9 900	129,00	32,30	64,50	193,50	258,00	387,00
10 000	130,00	32,50	65,00	195,00	260,00	390,00
10 100	130,50	32,70	65,30	195,80	261,00	391,50
10 200	131,00	32,80	65,50	196,50	262,00	393,00
10 300	131,50	32,90	65,80	197,30	263,00	394,50
10 400	132,00	33,00	66,00	198,00	264,00	396,00
10 500	132,50	33,20	66,30	198,80	265,00	397,50
10 600	133,00	33,30	66,50	199,50	266,00	399,00
10 700	133,50	33,40	66,80	200,30	267,00	400,50
10 800	134,00	33,50	67,00	201,00	268,00	402,00

Wert-klasse bis einschl. RM	Volle Gebühr RM	1/4 Gebühr RM	1/2 Gebühr RM	1 1/2 Gebühr RM	Doppelte Gebühr RM	Dreifach[e] Gebühr RM
10 900	134,50	33,70	67,30	201,80	269,00	403,50
11 000	135,00	33,80	67,50	202,50	270,00	405,00
11 100	135,50	33,90	67,80	203,30	271,00	406,50
11 200	136,00	34,00	68,00	204,00	272,00	408,00
11 300	136,50	34,20	68,30	204,80	273,00	409,50
11 400	137,00	34,30	68,50	205,50	274,00	411,00
11 500	137,50	34,40	68,80	206,30	275,00	412,50
11 600	138,00	34,50	69,00	207,00	276,00	414,00
11 700	138,50	34,70	69,30	207,80	277,00	415,50
11 800	139,00	34,80	69,50	208,50	278,00	417,00
11 900	139,50	34,90	69,80	209,30	279,00	418,50
12 000	140,00	35,00	70,00	210,00	280,00	420,00
12 100	140,50	35,20	70,30	210,80	281,00	421,50
12 200	141,00	35,30	70,50	211,50	282,00	423,00
12 300	141,50	35,40	70,80	212,30	283,00	424,50
12 400	142,00	35,50	71,00	213,00	284,00	426,00
12 500	142,50	35,70	71,30	213,80	285,00	427,50
12 600	143,00	35,80	71,50	214,50	286,00	429,00
12 700	143,50	35,90	71,80	215,30	287,00	430,50
12 800	144,00	36,00	72,00	216,00	288,00	432,00
12 900	144,50	36,20	72,30	216,80	289,00	433,50
13 000	145,00	36,30	72,50	217,50	290,00	435,00
13 100	145,50	36,40	72,80	218,30	291,00	436,50
13 200	146,00	36,50	73,00	219,00	292,00	438,00
13 300	146,50	36,70	73,30	219,80	293,00	439,50
13 400	147,00	36,80	73,50	220,50	294,00	441,00
13 500	147,50	36,90	73,80	221,30	295,00	442,50

Wert-klasse bis einschl. RM	Volle Gebühr RM	1/4 Gebühr RM	1/2 Gebühr RM	1 1/2 Gebühr RM	Doppelte Gebühr RM	Dreifache Gebühr RM
13 600	148,00	37,00	74,00	222,00	296,00	444,00
13 700	148,50	37,20	74,30	222,80	297,00	445,50
13 800	149,00	37,30	74,50	223,50	298,00	447,00
13 900	149,50	37,40	74,80	224,30	299,00	448,50
14 000	150,00	37,50	75,00	225,00	300,00	450,00
14 100	150,50	37,70	75,30	225,80	301,00	451,50
14 200	151,00	37,80	75,50	226,50	302,00	453,00
14 300	151,50	37,90	75,80	227,30	303,00	454,50
14 400	152,00	38,00	76,00	228,00	304,00	456,00
14 500	152,50	38,20	76,30	228,80	305,00	457,50
14 600	153,00	38,30	76,50	229,50	306,00	459,00
14 700	153,50	38,40	76,80	230,30	307,00	460,50
14 800	154,00	38,50	77,00	231,00	308,00	462,00
14 900	154,50	38,70	77,30	231,80	309,00	463,50
15 000	155,00	38,80	77,50	232,50	310,00	465,00
15 100	155,50	38,90	77,80	233,30	311,00	466,50
15 200	156,00	39,00	78,00	234,00	312,00	468,00
15 300	156,50	39,20	78,30	234,80	313,00	469,50
15 400	157,00	39,30	78,50	235,50	314,00	471,00
15 500	157,50	39,40	78,80	236,30	315,00	472,50
15 600	158,00	39,50	79,00	237,00	316,00	474,00
15 700	158,50	39,70	79,30	237,80	317,00	475,50
15 800	159,00	39,80	79,50	238,50	318,00	477,00
15 900	159,50	39,90	79,80	239,30	319,00	478,50
16 000	160,00	40,00	80,00	240,00	320,00	480,00
16 100	160,50	40,20	80,30	240,80	321,00	481,50
16 200	161,00	40,30	80,50	241,50	322,00	483,00
16 300	161,50	40,40	80,80	242,30	323,00	484,50

Wertklasse bis einschl. RM	Volle Gebühr RM	1/4 Gebühr RM	1/2 Gebühr RM	1 1/2 Gebühr RM	Doppelte Gebühr RM	Dreifache Gebühr RM
16 400	162,00	40,50	81,00	243,00	324,00	486,00
16 500	162,50	40,70	81,30	243,80	325,00	487,50
16 600	163,00	40,80	81,50	244,50	326,00	489,00
16 700	163,50	40,90	81,80	245,30	327,00	490,50
16 800	164,00	41,00	82,00	246,00	328,00	492,00
16 900	164,50	41,20	82,30	246,80	329,00	493,50
17 000	165,00	41,30	82,50	247,50	330,00	495,00
17 100	165,50	41,40	82,80	248,30	331,00	496,50
17 200	166,00	41,50	83,00	249,00	332,00	498,00
17 300	166,50	41,70	83,30	249,80	333,00	499,50
17 400	167,00	41,80	83,50	250,50	334,00	501,00
17 500	167,50	41,90	83,80	251,30	335,00	502,50
17 600	168,00	42,00	84,00	252,00	336,00	504,00
17 700	168,50	42,20	84,30	252,80	337,00	505,50
17 800	169,00	42,30	84,50	253,50	338,00	507,00
17 900	169,50	42,40	84,80	254,30	339,00	508,50
18 000	170,00	42,50	85,00	255,00	340,00	510,00
18 100	170,50	42,70	85,30	255,80	341,00	511,50
18 200	171,00	42,80	85,50	256,50	342,00	513,00
18 300	171,50	42,90	85,80	257,30	343,00	514,50
18 400	172,00	43,00	86,00	258,00	344,00	516,00
18 500	172,50	43,20	86,30	258,80	345,00	517,50
18 600	173,00	43,30	86,50	259,50	346,00	519,00
18 700	173,50	43,40	86,80	260,30	347,00	520,50
18 800	174,00	43,50	87,00	261,00	348,00	522,00
18 900	174,50	43,70	87,30	261,80	349,00	523,50
19 000	175,00	43,80	87,50	262,50	350,00	525,00

Wertklasse bis einschl. RM	Volle Gebühr RM	1/4 Gebühr RM	1/2 Gebühr RM	1 1/2 Gebühr RM	Doppelte Gebühr RM	Dreifache Gebühr RM
19 100	175,50	43,90	87,80	263,30	351,00	526,50
19 200	176,00	44,00	88,00	264,00	352,00	528,00
19 300	176,50	44,20	88,30	264,80	353,00	529,50
19 400	177,00	44,30	88,50	265,50	354,00	531,00
19 500	177,50	44,40	88,80	266,30	355,00	532,50
19 600	178,00	44,50	89,00	267,00	356,00	534,00
19 700	178,50	44,70	89,30	267,80	357,00	535,50
19 800	179,00	44.80	89,50	268,50	358,00	537,00
19 900	179,50	44,90	89,80	269,30	359,00	538,50
20 000	180,00	45,00	90,00	270,00	360,00	540,00
21 000	185,00	46,30	92,50	277,50	370,00	555,00
22 000	190,00	47,50	95,00	285,00	380,00	570,00
23 000	195,00	48,80	97,50	292,50	390,00	585,00
24 000	200,00	50,00	100,00	300,00	400,00	600,00
25 000	205,00	51,30	102,50	307,50	410,00	615,00
26 000	210,00	52,50	105,00	315,00	420,00	630,00
27 000	215,00	53,80	107,50	322,50	430,00	645,00
28 000	220,00	55,00	110,00	330,00	440,00	660,00
29 000	225,00	56,30	112,50	337,50	450,00	675,00
30 000	230,00	57,50	115,00	345,00	460,00	690,00
31 000	235,00	58,80	117,50	352,50	470,00	705,00
32 000	240,00	60,00	120,00	360,00	480,00	720,00
33 000	245,00	61,30	122,50	367,50	490,00	735,00
34 000	250,00	62,50	125,00	375,00	500,00	750,00
35 000	255,00	63,80	127,50	382,50	510,00	765,00
36 000	260,00	65,00	130,00	390,00	520,00	780,00
37 000	265,00	66,30	132,50	397,50	530,00	795,00
38 000	270,00	67,50	135,00	405,00	540,00	810,00

Wertklasse bis einschl. RM	Volle Gebühr RM	1/4 Gebühr RM	1/2 Gebühr RM	1 1/2 Gebühr RM	Doppelte Gebühr RM	Dreifache Gebühr RM
39 000	275,00	68,80	137,50	412,50	550,00	825,00
40 000	280,00	70,00	140,00	420,00	560,00	840,00
41 000	285,00	71,30	142,50	427,50	570,00	855,00
42 000	290,00	72,50	145,00	435,00	580,00	870,00
43 000	295,00	73,80	147,50	442,50	590,00	885,00
44 000	300,00	75,00	150,00	450,00	600,00	900,00
45 000	305,00	76,30	152,50	457,50	610,00	915,00
46 000	310,00	77,50	155,00	465,00	620,00	930,00
47 000	315,00	78,80	157,50	472,50	630,00	945,00
48 000	320,00	80,00	160,00	480,00	640,00	960,00
49 000	325,00	81,30	162,50	487,50	650,00	975,00
50 000	330,00	82,50	165,00	495,00	660,00	990,00
51 000	335,00	83,80	167,50	502,50	670,00	1005,00
52 000	340,00	85,00	170,00	510,00	680,00	1020,00
53 000	345,00	86,30	172,50	517,50	690,00	1035,00
54 000	350,00	87,50	175,00	525,00	700,00	1050,00
55 000	355,00	88,80	177,50	532,50	710,00	1065,00
56 000	360,00	90,00	180,00	540,00	720,00	1080,00
57 000	365,00	91,30	182,50	547,50	730,00	1095,00
58 000	370,00	92,50	185,00	555,00	740,00	1110,00
59 000	375,00	93,80	187,50	562,50	750,00	1125,00
60 000	380,00	95,00	190,00	570,00	760,00	1140,00
61 000	385,00	96,30	192,50	577,50	770,00	1155,00
62 000	390,00	97,50	195,00	585,00	780,00	1170,00
63 000	395,00	98,80	197,50	592,50	790,00	1185,00
64 000	400,00	100,00	200,00	600,00	800,00	1200,00
65 000	405,00	101,30	202,50	607,50	810,00	1215,00

Wertklasse bis einschl. RM	Volle Gebühr RM	1/4 Gebühr RM	1/2 Gebühr RM	1 1/2 Gebühr RM	Doppelte Gebühr RM	Dreifache Gebühr RM
66 000	410,00	102,50	205,00	615,00	820,00	1230,00
67 000	415,00	103,80	207,50	622,50	830,00	1245,00
68 000	420,00	105,00	210,00	630,00	840,00	1260,00
69 000	425,00	106,30	212,50	637,50	850,00	1275,00
70 000	430,00	107,50	215,00	645,00	860,00	1290,00
71 000	435,00	108,80	217,50	652,50	870,00	1305,00
72 000	440,00	110,00	220,00	660,00	880,00	1320,00
73 000	445,00	111,30	222,50	667,50	890,00	1335,00
74 000	450,00	112,50	225,00	675,00	900,00	1350,00
75 000	455,00	113,80	227,50	682,50	910,00	1365,00
76 000	460,00	115,00	230,00	690,00	920,00	1380,00
77 000	465,00	116,30	232,50	697,50	930,00	1395,00
78 000	470,00	117,50	235,00	705,00	940,00	1410,00
79 000	475,00	118,80	237,50	712,50	950,00	1425,00
80 000	480,00	120,00	240,00	720,00	960,00	1440,00
81 000	485,00	121,30	242,50	727,50	970,00	1455,00
82 000	490,00	122,50	245,00	735,00	980,00	1470,00
83 000	495,00	123,80	247,50	742,50	990,00	1485,00
84 000	500,00	125,00	250,00	750,00	1000,00	1500,00
85 000	505,00	126,30	252,50	757,50	1010,00	1515,00
86 000	510,00	127,50	255,00	765,00	1020,00	1530,00
87 000	515,00	128,80	257,50	772,50	1030,00	1545,00
88 000	520,00	130,00	260,00	780,00	1040,00	1560,00
89 000	525,00	131,30	262,50	787,50	1050,00	1575,00
90 000	530,00	132,50	265,00	795,00	1060,00	1590,00
91 000	535,00	133,80	267,50	802,50	1070,00	1605,00
92 000	540,00	135,00	270,00	810,00	1080,00	1620,00
93 000	545,00	136,30	272,50	817,50	1090,00	1635,00

Wert-klasse bis einschl. *RM*	Volle Gebühr *RM*	1/4 Gebühr *RM*	1/2 Gebühr *RM*	1 1/2 Gebühr *RM*	Doppelte Gebühr *RM*	Dreifache Gebühr *RM*
94 000	550,00	137,50	275,00	825,00	1100,00	1650,00
95 000	555,00	138,80	277,50	832,50	1110,00	1665,00
96 000	560,00	140,00	280,00	840,00	1120,00	1680,00
97 000	565,00	141,30	282,50	847,50	1130,00	1695,00
98 000	570,00	142,50	285,00	855,00	1140,00	1710,00
99 000	575,00	143,80	287,50	862,50	1150,00	1725,00
100 000	580,00	145,00	290,00	870,00	1160,00	1740,00
von da ab: auf 1000 *RM* auf-gerundet	½% + 80 *RM*	⅛% + 20 *RM*	¼% + 40 *RM*	¾% + 120 *RM*	1% + 160 *RM*	1½% + 240 *RM*
z. B.:						
110 000	630,00	157,50	315,00	945,00	1260,00	1890,00
120 000	680,00	170,00	340,00	1020,00	1360,00	2040,00
130 000	730,00	182,50	365,00	1095,00	1460,00	2190,00
140 000	780,00	195,00	390,00	1170,00	1560,00	2340,00
150 000	830,00	207,50	415,00	1245,00	1660,00	2490,00
160 000	880,00	220,00	440,00	1320,00	1760,00	2640,00
170 000	930,00	232,50	465,00	1395,00	1860,00	2790,00
180 000	980,00	245,00	490,00	1470,00	1960,00	2940,00
190 000	1030,00	257,50	515,00	1545,00	2060,00	3090,00
200 000	1080,00	270,00	540,00	1620,00	2160,00	3240,00
210 000	1130,00	282,50	565,00	1695,00	2260,00	3390,00
220 000	1180,00	295,00	590,00	1770,00	2360,00	3540,00
230 000	1230,00	307,50	615,00	1845,00	2460,00	3690,00
240 000	1280,00	320,00	640,00	1920,00	2560,00	3840,00
250 000	1330,00	332,50	665,00	1995,00	2660,00	3990,00

Wertklasse bis einschl. RM	Volle Gebühr RM	1/4 Gebühr RM	1/2 Gebühr RM	1 1/2 Gebühr RM	Doppelte Gebühr RM	Dreifache Gebühr RM
300 000	1580,00	395,00	790,00	2370,00	3160,00	4740,00
350 000	1830,00	457,50	915,00	2745,00	3660,00	5490,00
400 000	2080,00	520,00	1040,00	3120,00	4160,00	6240,00
450 000	2330,00	582,50	1165,00	3495,00	4660,00	6990,00
500 000	2580,00	645,00	1290,00	3870,00	5160,00	7740,00
550 000	2830,00	707,50	1415,00	4245,00	5660,00	8490,00
600 000	3080,00	770,00	1540,00	4620,00	6160,00	9240,00
650 000	3330,00	832,50	1665,00	4995,00	6660,00	9990,00
700 000	3580,00	895,00	1790,00	5370,00	7160,00	10740,00
750 000	3830,00	957,50	1915,00	5745,00	7660,00	11490,00
800 000	4080,00	1020,00	2040,00	6120,00	8160,00	12240,00
850 000	4330,00	1082,50	2165,00	6495,00	8660,00	12990,00
900 000	4580,00	1145,00	2290,00	6870,00	9160,00	13740,00
950 000	4830,00	1207,50	2415,00	7245,00	9660,00	14490,00
1 000 000	5080,00	1270,00	2540,00	7620,00	10160,00	15240,00

Sachregister.

Es bedeuten:

G = Gerichtskostengesetz
GV = Gebührenordnung für Gerichtsvollzieher
ZS = Gebührenordnung für Zeugen und Sachverständige
Die dahinter stehende Zahl = den Paragraphen
Die römische Zahl = dessen Absatz
Der Exponent = die Anmerkung
G 9 (ZPO 4¹) = Anm. 1 zu § 4 ZPO., abgedruckt bei § 9 GKG.

A.

B.

T.

U.

Gedruckt bei A. W. Hayn's Erben, Potsdam

Guttentagsche Sammlung

Deutscher Reichs- und Preußischer Gesetze

einschließlich

de Gruyter'sche Sammlung Deutscher Gesetze

(Handkommentare)

Systematisches Verzeichnis

Bürgerliches Recht

- Bürgerliches Gesetzbuch
- Schuldverhältnisse insbesondere
- Sachenrecht insbesondere
- Familien- und Erbrecht
- Handelsrecht
- Versicherungsrecht
- Gewerberecht
- Arbeitsrecht
- Sozialpolitische Gesetze
- Geistig-gewerbl. Rechtsschutz

Zivilprozeß

- Freiwillige Gerichtsbarkeit
- Konkursordnung u. Zwangsvollstreckung

Strafrecht u. Strafprozeß

Öffentliches Recht

- Staatsrecht
- Verwaltungsrecht
- Reichsrecht / Landesrecht
- Steuerrecht

Februar 1928

Walter de Gruyter & Co., Berlin W 10 und Leipzig

Bürgerliches Recht

Bürgerliches Gesetzbuch

Band **Reichsgesetze:**

38/39. **Bürgerliches Gesetzbuch nebst Einführungsgesetz.** Von A. Achilles. In Verbindung mit F. André, O. Meyer, O. Strecker, K. v. Unzner herausgegeben von M. Greiff. 12. Auflage. — 1926. 24.—

84. **Sammlung kleinerer privatrechtlicher Reichsgesetze.** Von G. Müller. — 1903. 5.50

129. **Zivilrechtkriegsgesetze.** Von Fischer. — 1918. 1.50

116. **Kriegs-Zivil- und Finanzgesetze.** 3. Auflage. — 1915. 1.50

116 a. Desgl. Zweite Folge: Jahr 1915. — 1916. 1.20

Preußische Gesetze:

23. **Ausführungsgesetze zum Bürgerlichen Gesetzbuche.** Von P. Siméon. 3. Auflage. — 1914. 2.20

Textausgaben:

Bürgerliches Gesetzbuch. 14. Auflage. — 1925. 5 —

Schuldverhältnisse insbesondere

Reichsgesetze:

34. **Die Abzahlungsgeschäfte.** 3. Auflage von E. Wilke. — 1910. 1.20

93. **Sicherung der Bauforderungen.** Von E. Harnier. 3. Auflage. — 1912. 1.50

55. **Beschlagnahme von Lohn- und Gehaltsforderungen.** Von G. Meyer. 6. Auflage. — 1927. 4.50

70. **Das Reichshaftpflichtgesetz.** Von G. Eger. — 1903. Vergriffen.
Als Ersatz: Seligsohn, **Haftpflichtgesetz.** — 1920. (Außerhalb der Sammlung.) 8.—, geb. 9.50

94. **Die Beamtenhaftpflichtgesetze des Reiches und der Länder.** Von H. Delius. 3. Auflage. — 1921. 3.20

52. **Rechte der Besitzer von Schuldverschreibungen.** Von H. Göppert. 2. Auflage von E. Trendelenburg. — 1915. 1.50

50. **Der Viehkauf (Viehgewährschaft).** Von H. Stölzle. 6. Auflage. — 1926. 15.—

Band

90. **Das Internationale Privatrecht.** Die Haager Abkommen über. Von G. Bogeng. — 1908. 2.—

98. **Sechs Haager Abkommen über Internationales Privatrecht.** H. Dungs. — 1910. 1.50

Preußische Gesetze:

37. **Enteignung von Grundeigentum.** Von O. Meyer. 3. Auflage. — 1927. 5.50

Sachenrecht insbesondere

de Gruyter'sche Sammlung Deutscher Gesetze (Handkommentare):

Aufwertungsrecht von Michaelis. — 1926. Mit Nachtrag 1927. 16.—
Nachtrag einzeln —.30

Reichsgesetze:

135. **Erbbaurecht.** Von H. Günther. — 1919. 2.—

42. **Grundbuchordnung.** Von O. Fischer und R. Fischer. 9. Auflage. — 1927. 5.—

156. **Mietrecht und Wohnungsmangelgesetz.** Von Krieg. 3. Auflage. — 1925. Mit Nachtrag 1927. 7.—
Nachtrag einzeln 1.50

Textausgaben:

Aufwertungsgesetze mit Einleitung. Von Michaelis. — 1925. Mit Nachtrag 1927. 1.50

Reichsmietengesetz. — 1922. —.50

Familienrecht und Erbrecht

Reichsgesetze:

45. **Entmündigungsrecht.** Von P. Koll. — 1900. 1.20

58. **Recht der unehelichen Kinder.** Von H. Jastrow. — 1901. Mit Nachtrag 1925. 1.60

47. **Deutsches Vormundschaftsrecht.** Von M. Schultzenstein und P. Köhne. 2. Auflage. — 1901. Vergriffen.

124. **Todeserklärung Kriegsverschollener.** Von J. Partsch. — 1917. 2.—

59. **Beurkundung des Personenstandes und die Eheschließung.** Von F. Fibler. 2. Auflage. — 1912. 2.30

Preußische Gesetze:

3. **Nottestamente.** Von E. Kurtz. — 1904. 1.50

Handelsrecht

Band **Reichsgesetze:**

4. **Handelsgesetzbuch** ohne Seerecht. Von Litthauer und Mosse. 17. Auflage. Von E. Heymann. — 1926. 14.—
162. **Handelsrechtliche Nebengesetze.** Von Schreiber. — 1926. 14.—
169. **Bank- und Börsengesetze.** Von Arthur Nußbaum. — 1927. 11.—
41. **Börsengesetz.** Von Th. Hemptenmacher. 3. Auflage von O. Meyer. — 1915. 3.50
26. **Münz- und Notenbankwesen.** Von R. Koch. 7. Auflage von Schacht. — 1925. 14.—
117. **Darlehnskassengesetz.** Von H. Salomon u. K. Bud. — 1915. 1.80
40. Gesetz, betr. die **Pflichten der Kaufleute bei Aufbewahrung fremder Wertpapiere (Depotgesetz).** Von F. Lusensky. 3. Auflage. — 1916. Mit Nachtrag 1924. 1.—
24. **Aktiengesellschaft und Kommanditgesellschaften auf Aktien.** Von H. Keyßner und H. Veit Simon. 7. Auflage. In Bearbeitung.
32. **Gesellschaften mit beschränkter Haftung.** Von L. Parisius und H. Crüger. 17. Auflage. — 1926. 3.50
29. **Erwerbs- und Wirtschaftsgenossenschaften.** Von L. Parisius und H. Crüger. 19. Auflage. — 1928. 4.—
51. **Hypothekenbankgesetz.** Von H. Göppert. 2. Auflage von Seibel. — 1911. Mit Nachtrag 1926. 2.20
100. **Kaligesetz.** Von B. Boelkel. — 1910. 2.40
167. **Verordnung gegen Mißbrauch wirtschaftlicher Machtstellungen (Kartellgesetz).** Von Staffel. — 1927. 3.50
115. **Das vertragliche Wettbewerbsverbot (Konkurrenzklausel).** Von G. Baum. — 1914. 3.—
113. **Postscheckgesetz.** Von J. Weiland. — 1914. Mit Nachtrag 1918. Vergriffen.
113 a. **Postscheckordnung.** Von J. Weiland. — 1914. Mit Nachtrag 1918. 1.50
85. **Scheckgesetz.** Von M. Apt. Vergriffen. Neue Auflage von W. Schmidt. In Bearbeitung.
Kommentar von Michaelis. — 1927. (Außerhalb der Sammlung.) 16.—, geb. 18.—
5. **Wechselordnung.** Von J. Stranz und M. Stranz. 12. Auflage. — 1923. Mit Nachtrag 1926, enthaltend **Wechselstempelgesetz und Scheckgesetz.** 3.50
Nachtrag einzeln —.60

Band

36. **Privatrechtliche Verhältnisse der Binnenschiffahrt und Flößerei.** Von E. Löwe. 6. Auflage. — 1923. 4.—

19. **Die Seegesetzgebung.** Von W. E. Knitschky. 5. Auflage von O. Rudorff. — 1913. 8.—

Preußische Gesetze:

54. **Anlegung von Sparkassenbeständen in Inhaberpapieren.** Von H. Döhring. — 1914. 2.80

21. **Handelskammern.** Von F. Lusensky. 2. Aufl. — 1909. 3.—

Textausgaben:

Handelsgesetzbuch mit **Seerecht.** 11. Auflage. — 1924. 2.60

Wechselordnung. — 1908. Mit Anhang: **Wechselprozeß** und **Ausführungsanweisung.** — 1920. —.50

Versicherungsrecht

Reichsgesetze:

62. **Private Versicherungsunternehmungen.** Von H. Koenige. 3. Auflage von Koenige und Petersen. — 1927. 20.—

83. **Versicherungsvertrag.** Von P. Hager und E. Bruck. 5. Auflage. — 1926. 14.—

164. **Aufwertung von Versicherungsansprüchen.** Teil I: **Lebensversicherungen.** Von Berliner und Pfaffenberger. — 1926. 6.50

164 a. Desgl. Teil II: **Sach-** (Feuer-, Glas-, Wasser- usw.) **und Transportversicherung, Unfall- und Haftpflichtversicherung.** — 1926. Mit Nachtrag 1927. 3.50

Nachtrag einzeln —.30

Gewerberecht

Reichsgesetze:

6. **Reichsgewerbeordnung** nebst Ausführungsbestimmungen. Von Fr. Hiller und H. Luppe. 20. Auflage. — 1921. Mit Nachtrag, enthaltend alle Änderungen und Neuerungen bis Ende 1924. 6.—

Nachtrag einzeln 1.50

64. **Handel mit Drogen und Giften,** Gesetzsammlung, betr. den. Von H. Sonnenfeld. 3. Auflage. — 1926. 12.—

Band

48. **Drogen-, Gift- und Farbenhandel außerhalb der Apotheken,** Gesetze, betr. den. Von J. Broh. — 1899. 1.20

130. **Ersatzlebensmittelverordnung.** Von H. E. Wendel. — 1918. 1.50

54. **Nahrungsmittelgesetze** mit Erläuterungen. Von Georg Lebbin. 2. Auflage in zwei Bänden.
   a) I. **Lebensmittelgesetz** vom 5. Juli 1927 mit Nebengesetzen (Margarine, Fleisch, Milch, Süßstoff, Essigsäure usw.). Von Lebbin und Gießner. — 1928. 8.50
   b) II. **Getränkegesetze und Getränkesteuergesetze** (Wein, Bier, Branntwein, Mineralwasser). Unter Mitarbeit von Kniebe. — 1926. 10.—

65. **Weingesetz.** Von G. Lebbin. 2. Auflage. — 1909. Vergriffen.

71. **Kinderarbeit in gewerblichen Betrieben.** Von H. Spangenberg. 2. Auflage. — 1904. 1.20

Preußische Gesetze:

16. **Konzessionierung gewerblicher Anlagen.** Von W. v. Rüdiger. 2. Auflage. — 1901. Vergriffen.

Textausgaben:

Gewerbeordnung, Preußische Ausführungsanweisung zur. — 1904. 1.—

Arbeitsrecht

Reichsgesetze:

138 a. **Arbeiterschutz und Arbeitsrecht.** Von A. Günther. 2. Auflage. Teil I: **Arbeitszeitschutz.** Von Günther und Schneider. — 1927. 7.50

138 b. **Betriebsrätegesetz.** Von A. Günther. — 1920. Vergriffen.

168. **Arbeitsgerichtsgesetz.** Von Depène. — 1927. 3.60

74. **Die Kaufmannsgerichte.** Von M. Apt. 3. Auflage. — 1904. Vergriffen.

112. **Kaufmannsgerichtsgesetz.** Von H. Depène. — 1914. 2.60

112 a. **Kaufmanns- und Gewerbegerichtsgesetz nebst Schlichtungsordnung.** (Ergänzungsband zu Bd. 112.) Von H. Depène. 1924. 3.50
   Die Bde. 112 und 112 a enthalten zusammen den vollständigen Text des Gewerbegerichtsgesetzes.

Preußische Gesetze:

58. **Arbeitsnachweis.** Von P. Wölbling. — 1920. 1.—

Sozialpolitische Gesetze

Band **Reichsgesetze:**

106—109. **Reichsversicherungsordnung.** Von F. Caspar und A. Spielhagen. 1913—1922. 4 Bände. Komplett. 18.—

161. **Reichsversicherungsordnung.** Von Lippmann. — 1925. 11.—

161 a. Desgl. **Ergänzungsband,** enthaltend die neue Fassung des **Unfallversicherungsgesetzes** sowie die Änderungen der übrigen Bücher der RVO. Von Lippmann. — 1926. 4.—

161 b. Desgl. **Zweiter Ergänzungsband,** enthaltend die im ersten Halbjahr 1926 ergangenen Änderungen der RVO. — 1926. —.80

155. **Reichsknappschaftsgesetz.** Von Max Reuß und Fritz Hense. 2. Auflage. — 1926. Mit Nachtrag 1927. 12.—

152. **Wohlfahrtsgesetze.** Von Behrend und Stranz-Hurwitz. Teil I. — 1923. 5.—

152 a. Desgl. Teil II. — 1925. 9.—

152 und 152 a zusammen bezogen 12.—

165. **Handbuch der Erwerbslosenfürsorge.** Von Schmeißer. 2. Auflage. — 1926. Mit Nachtrag 1927. 13.—

Nachtrag einzeln 2.50

160. **Fürsorgepflicht.** Von Sandré. — 1925. 6.—

154. **Jugendwohlfahrtsgesetz und Jugendgerichtsgesetz.** Von Drewes und Sandré. — 1923. Mit Nachtrag, enthaltend die Ergänzungen bis April 1924. 6.—

Textausgaben:

Versicherungsgesetz für Angestellte. 2. Auflage. — 1927. 2.50

Geistig-gewerblicher Rechtsschutz

Reichsgesetze:

81. **Urheberrecht an Werken der bildenden Künste und der Photographie.** Von L. Fuld. 2. Auflage. — 1926. 6.—

60. **Das Urheberrecht an Werken der Literatur und der Tonkunst.** Von O. Lindemann. 4. Auflage. — 1921. 1.80

102. **Urheberrecht an Mustern und Modellen** und Schutz von **Gebrauchsmustern.** Von J. Neuberg. — 1911. 2.40

95. Die Berner Übereinkunft über **Internationales Urheberrecht.** Von H. Dungs. — 1910. 1.—

61. **Verlagsrecht.** Von B. Marwitz. 3. Auflage. — 1922. 1.60

22. **Patentgesetz.** Von R. Lutter. 8. Auflage. — 1920. Mit Nachtrag 1927. 4.—

Nachtrag einzeln 1.—

Band

87a. **Das deutsche Warenzeichenrecht.** Von Freund und Magnus. 6. Auflage von Jüngel und Magnus.
Teil I: **Die internationalen Verträge.** — 1924. 9.—
Teil II: In Bearbeitung.

37. **Unlauterer Wettbewerb.** Von A. Pinner und A. Elster. 8. Auflage. — 1927. 5.—

Zivilprozeß

de Gruyter'sche Sammlung Deutscher Gesetze (Handkommentare):

Zivilprozeßordnung. Von Sydow-Busch-Krantz. 19. Auflage. — 1926. 25.—

Reichsgesetze:

14. **Gerichtsverfassungsgesetz.** Von R. Sydow. Fortgeführt von L. Busch. 10. Auflage. — 1925. 6.—

15. **Das deutsche Gerichtskostengesetz.** Von R. Sydow. Fortgeführt von L. Busch, F. Koehler und Krieg. 11. Auflage. In Bearbeitung.

17. **Gebührenordnung für Rechtsanwälte usw.** Von R. Sydow. Fortgeführt von L. Busch und O. Krieg. 13. Auflage. In Bearbeitung.

16. **Rechtsanwaltsordnung.** Von R. Sydow. 5. Auflage von M. Jacobsohn. — 1907. Mit Nachtrag 1910. Vergriffen.

80. **Gerichtliche Registerführung.** Von O. Lindemann. — 1906. 2.40

Preußische Gesetze:

17. **Preußisches Gerichtskostengesetz.** Von P. Siméon. 8. Auflage. In Vorbereitung.

35. **Geschäftsordnung für Gerichtsvollzieher.** Von E. Exner. — 1904. 3.—

Textausgaben:

Zivilprozeßordnung mit **Gerichtsverfassungsgesetz** und **Einführungsgesetzen.** — 1924. 3.50

Freiwillige Gerichtsbarkeit

and

Reichsgesetze:

46. **Freiwillige Gerichtsbarkeit.** Von H. Jastrow. 6. Auflage von Herm. Günther. — 1921. 4.50

76. **Die Rechtshilfe im Verkehr mit den ordentlichen Gerichten.** Von A. Friedländer. — 1906. 1.50

63. **Notariatsrecht.** Von Szkolny und L. Kober. — 1925. 8.50

Preußische Gesetze:

4. **Gebührenordnung für Notare** vom 28. Oktober 1922. Von Rausnitz. 6. Auflage. — 1925. 7.—

29. **Ärztliche Ehrengerichte, das Umlagerecht und die Kassen der Ärztekammern.** Von F. Fidler. — 1901. 1.50

Textausgaben:

Freiwillige Gerichtsbarkeit. — 1920. 1.—

Konkursordnung und Zwangsvollstreckung

Reichsgesetze:

13. **Konkursordnung und Anfechtungsgesetz.** Von R. Sydow. Fortgeführt von L. Busch und O. Krieg. 14. Auflage. — 1926. Mit Nachtrag 1927, enthaltend die **Vergleichsordnung.** 10.—
Nachtrag einzeln —.80

27. **Geschäftsaufsicht zur Abwendung des Konkurses.** Von G. Klien und Ernst Jaeger. — 1917. Durch Nachträge ergänzt. 3.—

43. **Zwangsvollstreckung.** Von J. Krech und O. Fischer. 9. Auflage von O. Fischer. — 1922. 3.50

Textausgaben:

Konkursordnung. 2. Auflage. — 1915. Mit Nachtrag 1925. 1.—

Strafrecht

Band

Reichsgesetze:

2. **Strafgesetzbuch.** Von Fr. v. Liszt und E. Delaquis. 27. Auflage von E. Kohlrausch. — 1927. 8.—
9. **Sammlung kleinerer strafrechtlicher Reichsgesetze.** Von R. H. Kriegsmann. 3. Auflage. — 1910. 4.—
53. **Reichspreßgesetz.** Von A. Born. 3. Auflage. — 1924. 4.—
133. **Reichswuchergesetzgebung.** Von Ad. Lobe. — 1918. 2.80
67. **Militärstrafgesetzbuch.** Von A. Romen und E. Rissom. 3. Auflage. — 1918. Vergriffen.

Preußische Gesetze:

34. Sammlung der wichtigsten **preußischen Strafgesetze.** Von Lindemann. 2. Auflage. — 1912. 3.50
36. **Polizeiverordnungen in Preußen.** Von O. Lindemann. 2. Auflage. — 1912. 2.50

Textausgaben:

Strafgesetzbuch. — 1925. 3.—

Strafprozeß

de Gruyterſche Sammlung Deutscher Gesetze (Handkommentare):

Strafprozeßordnung von Feisenberger. — 1926. Mit Nachtrag 1927. 17.—

Nachtrag einzeln —.80

Reichsgesetze:

12. **Strafprozeßordnung und Gerichtsverfassungsgesetz.** Von E. Kohlrausch. 21. Auflage. — 1927. 7.50
158. **Strafprozeßordnung.** Alte und neue Fassung synoptisch gegenübergestellt. Von Feisenberger. — 1924. Mit Nachtrag 1927. 4.50
3. **Militärstrafgerichtsordnung.** Von A. Romen und E. Rissom. 2. Auflage. — 1918. 5.—
128. **Verhaftung und Aufenthaltsbeschränkung.** Von A. Romen. — 1917. 1.20
73. **Entschädigung für unschuldig erlittene Verhaftung und Bestrafung.** Von A. Romen. — 1904. 1.70

Textausgaben:

Strafprozeßordnung. 5. Auflage. — 1924. Mit Nachtrag 1927. 2.50

Öffentliches Recht

Staatsrecht

Band **Reichsgesetze:**

37. **Reichsverfassung.** Von Arndt. 3. Auflage. — 1927. 8.—
66. **Das deutsche Ausländerrecht.** Von Fraustädter und Kreutzberger. — 1927. 9.—
86. **Die Auslieferungsverträge des Deutschen Reiches.** Von A. Cohn. — 1908. 4.—
44. **Auswanderungswesen.** Von F. Stoerk. — 1899. 2.—
34. **Der Ostfrieden.** Von Karl Strupp. — 1918. 3.—
11. **Reichs- und Staatsangehörigkeitsgesetz.** Von A. Romen. 2. Auflage. In Bearbeitung.
41. **Sozialisierungsgesetze.** Von Reier. — 1920. 2.20
99. **Die Abkommen der Haager Friedenskonferenz.** Vergriffen. Jetzt: Wehberg, **Völkerbundakte.** — 1919. (Außerhalb der Sammlung.) 4.—

Preußische Gesetze:

1. **Die Verfassung des Freistaats Preußen.** Von A. Arndt. — 1921. 2.—
Ausführlicher Kommentar von Stier-Somlo. — 1921. (Außerhalb der Sammlung.) 3.—

Textausgaben:

Verfassung des Freistaates Preußen. — 1921. —.60

Verwaltungsrecht

a) Reichsrecht

Reichsgesetze:

82. **Reichsbeamtengesetz.** Von A. Arndt. 3. Auflage. — 1923. Mit Nachtrag, enthaltend die Änderungen bis 1924. 3.50
22. **Belagerungszustand.** Von H. Pürschel. — 1916. 3.50
35. **Die Reichs-Eisenbahngesetzgebung.** Von W. Coermann. — 1895. Vergriffen.
66. **Die Eisenbahngesetzgebung.** Von W. Pietsch. 2. Auflage. — 1913. Vergriffen.
91. **Eisenbahn-Verkehrsordnung.** Von E. Blume. 3. Auflage von Weirauch. — 1926. 12.—

Band

147. **Filmzensur.** Von Szczesny. — 1920. 1.50

68. **Fleischbeschaugesetz.** Von G. Lebbin und G. Baum. — 1903. 2.80

27. **Gesundheitswesen im Deutschen Reich.** — 1888. Vergriffen.

56. **Bekämpfung gemeingefährlicher Krankheiten.** Von B. Burkhardt. — 1900. 1.20

63. **Gesetzestafel des deutschen Reichsrechts.** Von H. Bruhns. 2. Auflage. — 1913. 3.—

49. **Deutsche Kolonialgesetzgebung.** Von Ph. Zorn. 2. Auflage von Sassen. — 1913. 5.—

21. **Die Konsulargesetzgebung.** Von Ph. Zorn. 3. Auflage von K. Zorn. — 1911. 4.50

75. **Konsulargerichtsbarkeit.** Von A. F. Vorwerk. — 1908. 1.60

92. **Verkehr mit Kraftfahrzeugen.** Von R. Kirchner. 3. Auflage. — 1915. Mit Nachtrag 1926. 5.—

Nachtrag einzeln 1.50

119. **Kriegsleistungsgesetz.** Vergriffen.

118. **Militärhinterbliebenengesetz.** Von Reh. — 1915. 2.20

79. **Die Militärpensionsgesetze.** Von A. Romen. Vergriffen.

136. **Militärversorgungsgesetz.** Von H. Günther. — 1919. 2.30

7. **Post- und Telegraphen-Gesetzgebung.** Vergriffen.

120. **Telegraphenwegegesetz.** Von Wolf. — 1916. 1.—

148. **Reichsausgleichsgesetz.** Von Decke. — 1920. 1.50

150. **Reichsschädengesetze.** Von Adolf Hohenstein und Wenzel Goldbaum. — 1922. 4.—

97. **Schutzgebietsgesetz.** Von J. Gerstmeyer. — 1910. 2.50

105. **Das Geldwesen in den deutschen Schutzgebieten.** Von W. Hinze. — 1912. 1.80

140. **Die Siedelungsgesetzgebung im Reich und in Preußen.** Von W. Holzapfel. — 1920. 3.—

125. **Vaterländischer Hilfsdienst.** 3. Auflage. — 1917. 1.—

88. **Vereinsgesetz.** Von A. Romen. 5. Auflage. In Bearbeitung.

33. **Vereins- und Versammlungsrecht.** Von E. Ball. 2. Auflage von F. Friedenthal. — 1907. 2.—

103. **Reichs-Viehseuchengesetz.** Von W. v. Hippel. 2. Auflage. — 1913. 4.—

Band

89. **Vogelschutzgesetz.** Von L. v. Boxberger. — 1909. 1.—
69. Reichsgesetz über die **Naturalleistungen der bewaffneten Macht im Frieden.** Von W. v. Hippel. — 1903. 1.—
14. **Waffengebrauch und Festnahmerecht des Militärs.** Von A. Romen und C. Rissom. — 1914. 1.80
42. **Wirtschaftliche Demobilmachung.** Von Gg. Fischbach. — 1920. 1.—

Preußische Gesetze:

18. **Zweckverbandsgesetz für Groß-Berlin.** Von L. Brühl, K. Gorban und W. Ledermann. — 1912. 4.—

b) Landesrecht

Preußische Gesetze:

50. **Gesetz, betr. die Anlegung und Veränderung von Straßen und Plätzen in Städten und ländlichen Ortschaften.** Von O. Meyer. — 1913. 3.—
46. **Austritt aus der Landeskirche.** Von H. Caro. — 1911. 2.40
2. **Preußische Beamtengesetzgebung.** Von K. Pfafferoth. 5. Auflage. — 1916. 2.40
51. **Das preußische Disziplinargesetz für die nichtrichterlichen Beamten.** Von E. v. Dultzig. — 1914. 4.20
25. **Preußische Kommunalbeamtengesetzgebung.** Von F. Kremski. — 1901. 3.—
22. **Anstellung und Versorgung der Kommunalbeamten.** Von W. Ledermann. 2. Auflage von L. Brühl. — 1914. 2.—
26. **Diensteinkommen der Lehrer und Lehrerinnen.** Von E. Cremer. — 1900. 2.20
12. **Allgemeines Berggesetz.** Von Schlüter und Hense. 4. Auflage. In Vorbereitung.
47. **Feuerbestattung.** Von W. Lohmann. — 1912. 1.50
28. **Die Fürsorgeerziehung Minderjähriger.** Von P. F. Aschrott. 3. Auflage. — 1917. 2.80
31. **Die preußischen Gesindeordnungen.** Zwei Bände. Von St. Gerhard.
    - 31 a. Altpreußische Provinzen und Rheinland. 2. Auflage. — 1914. 3.—
    - 31 b. Hannover, Schleswig-Holstein, Hessen-Nassau und Hohenzollern. — 1902. 2.50
24. **Die Hinterlegungsordnung (1879).** Von G. Bartels. 2. Auflage. — 1908. 2.—

Band

53. **Hinterlegungsordnung** von 1913. Von H a g e m a n n. — 1914. 2.20
41. **Die preußischen Jagdpolizeigesetze.** Von F. K u n z e und R. K ü h n e m a n n. 2. Auflage. — 1907. Vergriffen.
19. **Jagdscheingesetz.** Von F. K u n z e. 2. Auflage. — 1899. 2.—
45. **Rechtsverhältnisse der Juden in Preußen.** Von M. K o l l e n s c h e r. — 1910. 2.40
15. **Die Kreisordnungen.** Von O. K o l i s c h. — 1894. Vergriffen.
57. **Landeskulturbehörden,** Gesetz über. Von W. H o l z a p f e l. — 1919. 2.—
42. **Allgemeine Landesverwaltung** und **Zuständigkeit der Verwaltungs- und Verwaltungsgerichtsbehörden.** Von K. F r i e d r i c h s. 3. Auflage. — 1927. 5.—
44. **Quellenschutzgesetz.** Von C. V o e l k e l. — 1909. 1.—
33. **Rentenguts- und Anerbenrechtsgesetzgebung.** Von M. P e l t a s o h n und B. P e l t a s o h n. — 1903. Vergriffen.
30. **Preußisches Staatsschuldbuch** und **Reichsschuldbuch.** Von J. M ü c k e. — 1902. 2.—
59. **Bildung der neuen Stadtgemeinde Berlin.** Von P. W ö l b l i n g. 2. Auflage. — 1920. 1.40
32. **Städteordnung.** Von W. L e d e r m a n n und L. B r ü h l. 2. Auflage. — 1913. 6.—
56. **Das preußische Tumultschadengesetz.** Von Bruno F r i e d l ä n d e r. — 1919. —.80
60. **Umlegungsordnung.** Von W. H o l z a p f e l. — 1921. 1.80
43. **Verschuldungsgrenze** für land- und forstwirtschaftlich benutzte Grundstücke. Von R. L e w e c k. — 1908. 2.40
49. **Gesetze gegen die Verunstaltung landschaftlich hervorragender Gegenden.** Von O. G o l d s c h m i d t. — 1912. 2.40
40. **Verwaltungsstrafverfahren.** Von R. K a t z e n s t e i n. — 1907. 3.50
39. **Unterhaltung der öffentlichen Volksschulen.** Von A. M a r c k s. — 1906. 1.80
52. **Preußisches Wassergesetz.** Von G. W u l f f und F. H e r o l d. 2. Auflage von G. W u l f f. — 1928. 12.—
55. **Preußisches Wohnungsgesetz.** Von B. S c h m i t t m a n n. — 1918. 2.60

Steuerrecht

Band **Reichsgesetze:**

143. **Reichsabgabenordnung.** Von Nieberl. 2. Auflage. — 1927. 12.—
126. **Besitzsteuergesetz.** Von A. Mrozek. Vergriffen.
151. **Einkommensteuer und Körperschaftsteuer.** Von Hollaender. — 1926. Mit Nachtrag, enthaltend die Änderungen vom 22. Dezember 1927. 24.—
77. **Das Erbschaftssteuergesetz.** Von B. Henckel. 1920. Vergriffen. Neue Fassung von H. Schachian. 4. Auflage. — 1926. (Außerhalb der Sammlung.) 2.50

54 b. **Nahrungsmittelgesetze** mit Erläuterungen. Von Georg Lebbin. 2. Auflage in zwei Bänden. II. **Getränkegesetze und Getränkesteuergesetze** (Wein, Bier, Branntwein, Mineralwasser). Unter Mitwirkung von Kniebe. — 1926. 10.—

139. **Grunderwerbsteuergesetz.** Von Otto Lindemann. 2. Auflage. — 1926. Mit Nachtrag 1927. 4.— Nachtrag einzeln —.30
159. **Industriebelastungsgesetz.** Von Höpker. — 1925. 4.—
121. **Direkte Kriegssteuer.** Von A. Mrozek. — 1916. 3.50

131 a. **Reichsfinanzgesetzgebung 1918.** Bd. I: **Getränkesteuern.** Von G. Mayer. — 1918. 2.50

131 b. **Reichsfinanzgesetzgebung 1918.** Bd. II: **Einkommen, Umsatz** usw. Von G. Mayer. — 1919. 1.50

149. **Reichsnotopfergesetz.** Von Friedmann und Wrzeszinsky. — 1921. 4.—
18. **Reichsstempelgesetz.** Von P. Loeck. Vergriffen. Wird durch Kapitalverkehrssteuergesetz ersetzt. Erläuterte Ausgabe in Bearbeitung.
145. **Steuer- und Kapitalflucht.** Von E. H. Meyer. 2. Auflage. — 1921. 1.60
157. **Dritte Steuernotverordnung vom 14. Februar 1924** mit den Vorschriften über **Aufwertung.** 2. Auflage unter dem Titel: **Aufwertungsgesetze.** Von Michaelis. — 1925. 16.—
132. **Umsatzsteuergesetz.** Von Otto Lindemann. 4. Auflage. — 1926. 10.—
110. **Wehrbeitragsgesetz.** Von A. Fernow. 2. Auflage. — 1913. 1.60
146. **Tabaksteuergesetz.** Von Wündisch. — 1920. Mit Nachtrag 1925. 4.— Nachtrag einzeln 1.50

Band

78. **Zigarettensteuergesetz.** Von C u n o. Vergriffen.

101. **Zuwachssteuergesetz.** Von W. C u n o. Vergriffen.

153. **Zwangsanleihegesetz.** Von S i m o n und B e u t n e r. — 1923. 8.—

Preußische Gesetze:

20. **Die preußischen Erbschaftssteuergesetze.** Von U. H o f f m a n n. — 1905. 3.—

13. **Ergänzungssteuergesetz.** Von A. F e r n o w. 5. Auflage. 1914. 3.—

11. **Gewerbesteuergesetz.** Von A. F e r n o w. Vergriffen.

14. **Kommunalabgabengesetz.** Von F. A d i c k e s. 6. Auflage von F a l k. — 1922. 3.50

38. **Kreis- und Provinzialabgabengesetz.** Von F. S c h m i d t. — 1906. 1.20

18. **Preußisches Stempelsteuergesetz.** Von P. L o e c k und W. S e y f f a r t h. 10. Auflage von E i f f l e r. In Bearbeitung.

61. **Preußische Verwaltungsgebührenordnung.** Von K. E i f f l e r. — 1925. Mit Nachtrag 1925. 6.—

27. **Warenhaussteuer.** Von G. S t r u tz. — 1900. 1.20

Textausgaben:

Erbschaftsteuergesetz. Neue Fassung von H. S c h a c h i a n. 4. Auflage. — 1926. 2.50

Reichssteuergesetze 1925 (Steuerüberleitungsgesetz mit Durchführungsbestimmungen — Einkommensteuer, Körperschaftssteuer, Reichsbewertungsgesetz, Vermögensteuer, Erbschaftsteuer). — 1925. 4.—

Wehrbeitrag und **Besitzsteuer.** — 1913. —.50

Zuwachssteuergesetz. — 1911. —.50

—, **Ausführungsbestimmungen.** — 1911. —.40

Druck von Otto Walter, Berlin S 14

FSC
www.fsc.org
MIX
Papier | Fördert gute Waldnutzung
FSC® C083411

Kolibri 360 GmbH
Ferdinand-Jühlke-Straße 7
99095 Erfurt, Deutschland
produktsicherheit@kolibri360.de